编　辑　说　明

一、《旅顺口年鉴》是中共大连市旅顺口区委、大连市旅顺口区人民政府主办、旅顺口区史志办公室主持编纂的大型地方综合年鉴，是记载大连市旅顺口区当代历史的编年史。每年出版一卷，记载上一年度全区改革开放、经济发展、社会进步等方面的基本情况和最新成就，旨在展示旅顺口区建设社会主义现代化新型城区的崭新形象。所记载资料全面、系统、准确、翔实，具有权威性，是国内外各界人士了解旅顺口区的最佳途径。

二、《旅顺口年鉴(2011)》采用分类编辑法。主体内容分为篇目、类目、分目、条目4个层次。全书设篇目8个，类目40个，类目下设分目158个，含有条目802个。

三、《旅顺口年鉴(2011)》卷首为彩色图片专辑，主要反映旅顺口区重要活动和部分单位三个文明建设的成果。

四、《旅顺口年鉴(2011)》的检索方法有目录和索引两种，目录在卷首，索引在卷尾。

五、《旅顺口年鉴(2011)》的稿件由区属部门、单位和街道(开发区)及驻区单位提供，并经各供稿单位领导审阅。

六、《旅顺口年鉴(2011)》所用统计数据均经各供稿单位审核。因统计口径不同等原因，个别数据在不同稿件中不尽一致，使用时请注意出处。反映全区国民经济和社会发展的统计数据，以区统计局提供的“社会经济统计资料”为准。

七、《旅顺口年鉴(2011)》的编纂工作得到各方面的大力支持和协助，在此表示诚挚谢意。

目 录

特 载

概 貌

经济建设

经济概览

工业和信息产业

交通物流

城乡建设管理

财税·金融

旅顺口区人大常委会

旅顺口区人民政府

文化建设

医疗卫生

劳动就业

社会保障

社会生活

资源环保

党的建设

统战工作

政法工作

附　录

索　引

特　载

□旅顺口区国民经济和社会发展第十二个五年规划纲要

旅顺口区国民经济和社会发展第十二个五年规划纲要

《旅顺口区国民经济和社会发展第十二个五年(2011－2015)规划纲要》(以下简称《纲要》),是根据《中共中央关于制订国民经济和社会发展第十二个五年规划的建议》、《中共辽宁省委关于制订国民经济和社会发展第十二个五年规划的建议》和区委十三届八次全会精神要求编制的。《纲要》主要阐明了"十二五"期间旅顺口区国民经济和社会发展的战略谋划和具体部署,是政府履行职责的重要依据,是团结和带领全区人民加快现代化建设、努力实现新一轮跨越式发展的蓝图和行动纲领。

第一章 站在新的历史起点上 实现经济社会发展新跨越

"十一五"时期,是改革开放以来经济发展最快的五年,是对外开放水平全面提升的五年,是全区面貌发生显著变化的五年,是民生得到明显改善的五年。过去的五年,全区经济社会发展取得的成就令人瞩目,使人振奋,为"十二五"时期实现科学发展新跨越积累了巨大的能量,我们已站在了新的历史起点上。

第一节 "十一五"时期经济社会发展取得巨大成就

"十一五"时期,区委、区政府团结带领全区人民,深入贯彻落实科学发展观,紧紧抓住东北老工业基地振兴和辽宁沿海经济带国家战略全面实施等重大发展机遇,以建设生态型、科技型、和谐旅顺为根本目标,坚持深化改革,努力扩大开放,不断解放思想,奋力开拓创新,着力破解封闭状态、基础设施薄弱等发展瓶颈,努力转变经济发展方式,经济结构不断优化提升,城市化进程不断加速,全区经济社会实现了跨越式发展,民生得到显著改善,"十一五"规划确定的主要目标和任务均已完成,为"十二五"时期旅顺加快发展奠定了坚实基础。

综合经济实力迈上新台阶。"十一五"期间地区生产总值年均增长 25.4%(现价)。2010 年地区生产总值实现 180.1 亿元,人均地区生产总值 7.2 万元;地方财政一般预算收入 18.3 亿元,年均增长 40.4%;全社会固定资产投资 312.2 亿元,年均增长 50.8%,五年累计完成 750 亿元;社会消费品零售总额 39.7 亿元,年均增长

17%,五年累计实现143亿元。

对外开放取得历史性突破。2009年末,国务院、中央军委批准旅顺口区全面对外开放,省人民政府将大连旅顺绿色经济区全域纳入辽宁沿海经济带重点发展区域,旅顺新港口岸对外开放,旅顺口区步入改革开放历史新阶段。在国际金融危机背景下,我区外向型经济依然取得了较好的成绩,五年累计实际利用外资8亿美元,年均增长30%。

现代产业体系正在形成。三次产业结构由2005年的13.7 ∶ 52.2 ∶ 34.1调整为2010年的7.5 ∶ 55.5 ∶ 37,以临港产业、现代服务业为主体的现代产业体系初步建立。旅顺经济开发区的船舶、机车、重大装备制造三大支柱产业加速集聚,辽宁(大连)科技创新园、大连旅顺高新技术产业园区建设快速推进,2010年全区规模以上工业总产值190.4亿元,年均增长39.5%。港航物流、旅游文化等现代服务业高速发展。烟大铁路轮渡正式运营,2010年港口货物吞吐量完成1801万吨,年均增长66.7%。2010年接待海内外游客792万人次,实现旅游业总收入10.2亿元,"十一五"期间年均增长分别为10.3%和18%。

基础设施承载力大幅提升。"十一五"新增港口泊位8个,改扩建3个,新增港口泊位通过能力1466.6万吨,港口生产经营性最大靠泊能力提高到2万吨级。旅顺经济开发区、辽宁(大连)科技创新园、双岛湾临港新区、长城三涧工业园区等园区基础设施建设逐步完善。旅顺南路轻轨工程全面开工,土羊高速、滨海路、长盐路等公路工程竣工通车,全区公路总里程达到387公里,路网体系更加完备。新建66千伏变电所四座。建成旅顺南路供水管线,实现南北双水源供水,完成双岛湾、北海"一根管"工程,基本解决人民生活、生产用水。城市综合承载力和服务功能大幅增强。

生态环境不断改善。关闭了45家重污染企业。实施了凤河改造、龙河上游污水治理等6项河道治理工程,建成全区污水收集管网45公里。新建了三涧污水处理厂,完成了柏岚子污水处理厂升级改造工程,城市生活污水处理率达97.5%,沿海周边水环境显著改善。城乡居民生活垃圾全部统一收集和外运处理,生活垃圾密闭清运率达到100%。全面完成"十一五"节能减排任务。全区空气质量优良天数达到360天。人均公共绿地面积达18.7平方米,继续保持全省第一。获得"全国人居环境范例奖"。

社会事业取得重大进步。中小学适龄入学率达到100%,普通高中和中等职业学校录取率达到100%,基本普及高中阶段义务教育,大学园区粗具规模。公共医疗卫生服务设施水平明显提高,涉农街道卫生院预防保健和公共卫生突发事件应急处置能力显著提升,社区卫生服务功能全面增强,全面启动医疗卫生体制改革。公共文化服务网络覆盖全区,群众文化生活日益丰富。军民"双拥"共建活动不断创新。

人民生活质量显著提高。2010年城镇居民人均可支配收入实现19093元,年均增长15.7%;农村居民年人均纯收入实现15681元,年均增长15.5%。居民住房条件进一步改善,2010年城市人均住房建筑面积实现36平方米,比2005年增加了9平方米,农村人均居住面积由2005年的29.7平方米增加到2010年的34.7平方米。城市和农村恩格尔系数分别由2005年的42.2%和35.3%下降为36.2%和31.7%。

社会保障体系日趋完善。2010年全区养老和医疗保险参保人数分别达到6.42万人和11.5万人;新型农村合作医疗参合7

万人。城市最低生活保障标准由2005年的每月240元提高到380元,农村低保标准由每年1680元提高到2600元。"十一五"期间累计安置就业人员2.7万人,城镇登记失业率控制在3%以下。以经济适用房货币化补贴、廉租住房补贴等多种方式,解决中低收入家庭住房困难,"十一五"期间发放了廉租补贴801户次,为560户中低收入家庭解决了住房问题。社会福利事业、残疾人事业、老龄事业全面发展。

城市化进程步伐加快。城市化率由2005年的63.4%提高到2010年的78.3%。启动"村改居"工作。新建和改造了一批农村社区服务中心。实现村村通公交、通程控电话和通数字电视。

表1 **"十一五"规划指标完成情况**

序号	指标名称	"十一五"规划指标	2010年	完成情况
1	地区生产总值(亿元)	175	180.1	完成
2	全社会固定资产投资(亿元)	150	312.2	完成
3	地方财政一般预算收入(亿元)	10	18.3	完成
4	社会消费品零售总额(亿元)	24	39.7	完成
5	三次产业比重	5 : 62 : 33	7.5 : 55.5 : 37	完成
6	规模以上工业总产值(亿元)	100	190.4	完成
7	旅游业收入(亿元)	12	10.2	未完成
8	研发中心和工程中心(家)	>5	6	完成
9	适龄人口高中阶段普及率(%)	95	100	完成
10	千人拥有医生(人)	3.5	3.58	完成
11	千人拥有床位(张)	5	5.39	完成
12	实际利用外资(亿美元)	【7.5】	【8】	完成
13	进出口贸易总值(亿美元)	3.6	12	完成
14	城镇居民人均可支配收入(元)	20000	19093	未完成
15	农民人均纯收入(元)	15000	15681	完成
16	城镇居民住房人均使用面积(平方米)	26	36	完成
17	农村居民住房人均使用面积(平方米)	30	34.7	完成

续表

18	城市恩格尔系数(%)	<35	36.2	未完成
19	农村恩格尔系数(%)	<35	31.7	完成
20	城镇登记失业率(%)	<4	3	完成
21	城镇职工基本养老保险参保率(%)	100	100	完成
22	失业保险参保率(%)	100	100	完成
23	基本医疗保险参保率(%)	100	100	完成
24	农民社会劳动保险参保率(%)	60	65	完成
25	农民基本医疗保险参保率(%)	100	100	完成
26	全区常住人口(万人)	40	30.2	未完成
27	计划生育率(%)	98	99	完成
28	城市化率(%)	>70	78.3	完成
29	空气质量优良天数	350	360	完成
30	森林覆盖率(%)	50	51.3	完成
31	人均绿地面积(平方米)	16	18.7	完成
32	城市建成区绿化覆盖率(%)	53	54.5	完成
33	万元 GDP 能耗降低(%)	【20】	【21.7】	完成
34	城市生活污水处理率(%)	>95	97.5	完成
35	工业用水重复使用率(%)	>80	87.2	完成
36	城市生活垃圾无害化处理率(%)	98	98	完成

注:【】内数为五年累计数

*说明:由政府主导实现的指标全部完成规划目标,由市场主导实现的预期性指标除了个别指标外,均完成了规划目标

在取得历史性成就的同时,我们要清醒认识到,旅顺在加快发展过程中,还存在一些问题。一是经济发展方式、产业结构与绿色经济区的发展要求不完全适应;二是旅顺的生产力发展水平与人民群众的期盼和日益增长的物质文化需求不完全适应;三是一些干部的思想观念与改革开放的新形势不完全适应;四是城市化发展进程与建设国际化主城区的任务不完全适应。面对这些问题,我们必须居安思危,增强忧患意识和责任意识,紧紧抓住重大发展机遇,充分发挥优势,脚踏实地,努力实现科学发展新跨越。

第二节 “十二五”时期面临的发展机遇和挑战

“十二五”时期的国内外形势,从总体上看,机遇大于挑战。经济全球化日益深化,科技创新孕育新突破,工业化、信息化、城镇化、市场化、国际化深入发展,我国仍处于经济发展的重要战略机遇期。

“十二五”时期,旅顺面临着实现新一轮跨越式发展的重大历史机遇。一是东北振兴和辽宁沿海经济带国家战略的深入实施,为旅顺加速国内外生产要素的聚集、加快建设绿色经济区提供了新环境;二是大连全域城市化战略的推进,为旅顺加速经济和社会转型升级指明了新方向,坚定了旅顺经济上从传统产业结构向三次产业协调发展升级、社会结构由城乡二元结构向全域城市化发展转型的工作思路;三是旅顺全面对外开放和旅顺绿色经济区全域纳入辽宁沿海经济带重点发展区域,为旅顺实现科学发展新跨越提供了新平台。

我们在看到发展机遇的同时,也要清醒地看到国际国内经济环境尚存在的很多不确定性和不稳定性,经济发展方式转变和经济结构调整的任务仍然十分艰巨,都将是旅顺未来发展面临的挑战。总的看,“十二五”期间旅顺经济社会发展机遇大于挑战。

“十二五”时期,旅顺将进入一个承上启下、继往开来的关键历史时期,是经济跨越发展和转型升级的加速期,是由封闭式发展转向开放式发展的攻坚期,是民富、区强、生态友好和谐发展的关键期,是服务型政府建设和体制机制创新的转型期。

第二章 指导思想与目标

第一节 指导思想

以邓小平理论和"三个代表"重要思想为指导,深入落实科学发展观,全面贯彻中共十七届五中全会精神,紧紧抓住国家进一步实施振兴东北老工业基地和辽宁沿海经济带发展战略的重大历史机遇,以全面建设绿色经济为特征的科学发展示范区为目标,以转变发展方式为主线,以保障和改善民生为出发点和落脚点,以深化改革、扩大开放、提高自主创新能力为动力,坚定不移走国际化道路,以建设"五城一都"为载体,加快产业结构调整,加强生态环境保护,加速全域城市化进程,建设辽宁对外开放最前沿和辽宁沿海经济带新的增长极。

第二节 发展战略

环境优先战略。坚持生态环境是旅顺发展之根本、是旅顺第一品牌的理念,始终以保护生态为基础和前提,进行产业发展、空间布局、资源开发和基础设施建设,实现经济社会与自然的高度和谐,建设绿色旅顺。

科教兴区战略。把提高自主创新能力作为转变经济发展方式的着力点,加快推进科技创新、体制创新,搭建创新平台,打造创新体系,大力发展高等教育和职业教育,积极引进高端人才,打造科教产业发达、创新动力强劲的科技型城区,建设科教旅顺。

产业强区战略。紧紧抓住世界新一轮科技革命的机遇,积极培育战略性新兴产业,加快发展高端服务业,推动传统产业改造升级,拉长产业链、培育高端产业集群,占领新的产业制高点,实现临港制造业和现代服务业对旅顺口区经济发展的双轮驱动,建设实力旅顺。

全域城市化战略。以建设资源节约型和环境友好型社会为目标,走出一条功能提升、内涵拓展、集约发展、节能环保、品质提升、人文关怀的新型城市化道路。将城市化与公共服务均等化、基础设施现代化、生活环境生态化有机结合，建设幸福旅顺。

第三节　发展定位

东北亚国际旅游胜地。立足旅顺深厚的人文历史资源和丰富的山海旅游资源，高标准建设旅游休闲度假城，成为大连市民休闲前厅，东北腹地、环渤海客源市场休闲度假重要目的地和东北亚国际旅游休闲半岛。

东北亚国际航运中心组合港。突出旅顺口区在环渤海地区的中心位置，发挥联络东北、华东、华北的节点功能，成为环渤海乃至东北亚地区人流、物流、信息流的战略枢纽，成为东北与山东、华东、华北交流的大通道，构建环渤海综合交通枢纽。

历史文化名城。弘扬旅顺厚重的历史文化，发展现代文化创意产业，向世人展示中国北方的深厚底蕴和独特魅力，建设历史文化名城，成为承接历史与未来的连接点和桥梁。

科技创新区。发挥科研院所和高级人才密集的优势，大力提高自主创新能力，加速高端科技要素在旅顺的集聚，着力发展高端装备制造、节能环保、生物与海洋、新能源新材料等战略性新兴产业，形成独具特色、自主创新能力强的新兴和高技术产业基地。

第四节　发展目标

总体目标：

到2015年，绿色产业体系初步形成，城市服务功能大幅提升，人民生活更加幸福，社会保障体系更加完善，生态环境更加优越，基本建成绿色经济区，真正实现富民强区。

具体目标：

经济发展再上新台阶。在优化结构、提高质量、降低消耗、保护环境的基础上，实现经济平稳较快发展。到2015年，地区生产总值力争实现500亿元，年均增长16%以上；地方财政一般预算收入实现50亿元，年均增长16%以上；全社会固定资产投资实现倍增，五年累计完成投资1500亿元以上。

绿色经济实现新突破。到2015年，服务业增加值占地区生产总值达到48%，科技创新成为经济增长的新动力，科技研发投入占地区生产总值比重超过2.5%。土地、能源、水资源利用效率大幅提高，全区的垃圾和污水得到全面处理，河流水质得到全面改善，森林覆盖率达到55%以上，形成碧海蓝天、青山绿水的宜居环境。

城市功能得到新提升。交通能源等一大批基础设施建成使用，智能城区、花卉城区建设取得重大突破，旅游文化产业和港航物流业在国民经济中的地位日益重要。以“五城一都”为载体的城市功能大幅提升，高标准全域城市化框架基本确立。城市化率达到95%。

民生改善达到新高度。城镇居民人均可支配收入和农村居民人均纯收入实现倍增，城镇居民人均可支配收入年均增长16%以上，农村居民人均纯收入年均增长17%以上，城乡收入差距进一步缩小，生活水平显著提高，生活条件和环境进一步改善。覆盖全社会的社会保障体系初步形成，弱势群体基本生活需求得到有效保障，初步实现基本公共服务均等化。

表 2 “十二五”规划指标

序号	指标名称		单位	2010 年	2015 年	年均±%	指标属性
1	经济发展	地区生产总值	亿元	180.1	500	>16	预期性
2		地方财政一般预算收入	亿元	18.3	50	>16	预期性
3		全社会固定资产投资	亿元	312.2	【1500】	……	预期性
4		外贸自营出口总额	亿美元	7.79	15.7	15	预期性
5		社会消费品零售总额	亿元	39.7	90	18	预期性
6		规模以上工业总产值	亿元	190.4	800	35	预期性
7	绿色发展	三次产业比重	%	7.5：55.5：37	2：50：48	……	预期性
8		科技研发投入占地区生产总值比重	%	2	2.5	……	预期性
9		专利申请量	件	447	1110	20	预期性
10		万元地区生产总值能耗下降	%	【21.7】	【22.5】	……	约束性
11		城市生活垃圾无害化处理率	%	98	100	……	约束性
12		城市生活污水集中处理率	%	97.5	100	……	约束性
13		城市建成区绿化覆盖率	%	54.5	56	……	约束性
14		工业用水重复使用率	%	87.2	>85	……	约束性
15		森林覆盖率	%	51.3	>55	……	预期性
16		人均公共绿地面积	平方米	18.7	20	……	约束性
17	城市功能	旅游业总收入	亿元	10.2	23	20	预期性
18		港口货物年吞吐量	万吨	1801	3000	11	预期性
19		年客货滚装能力	万辆	58	148	……	预期性
20		常住人口	万人	30.2	50	……	预期性
21		城镇5年新增就业人口	万人	2.7	4.1	……	预期性
22		城市化率	%	78.3	95	……	预期性
23	人民生活	城镇职工基本医疗参保率	%	100	100	……	约束性
24		城镇居民基本医疗参保率	%	98	100	……	约束性
25		新型农村合作医疗保险参保率	%	100	100	……	约束性
26		基本养老保险参保率	%	100	100	……	约束性
27		农民社会劳动保险参保率	%	65	80	……	约束性
28		普通高等教育毛入学率	%	93	96	……	预期性
29		城镇居民人均可支配收入	元	19093	42000	>16	预期性
30		农村居民年人均纯收入	元	15681	35000	>17	预期性
31		城镇登记失业率	%	3	3	……	预期性

注:【】内数为五年累计数。

第三章　加快全域城市化进程　增强城市功能辐射力

优化全域空间布局，以六大功能区为空间载体，全力提升“五城一都”城市功能。基础设施建设先行，实现城市组团、产业功能区的有机连接，提高承接现代产业转移的能力，实现城乡一体化、城区现代化、村镇社区化、农业都市化和农民市民化，有序推进全域城市化。

第一节　优化全域空间布局，提升“五城一都”城市功能

积极优化生产空间、调整生活空间、改善生态空间，建设六大功能区，形成以生态型园区和宜居城区为核心，以生态绿带为区隔，以交通网络为联系纽带的组团式城市空间发展格局。

西北部临港功能区。围绕东北亚国际航运中心组合港建设，加快推进旅顺新港和双岛湾港建设。依托旅顺经济开发区、双岛湾、长城三涧工业园区，重点发展先进船舶、轨道交通设备、高端装备、特种泵等制造业和港航物流等现代服务业，建设国家级先进交通运输装备产业基地和环渤海综合交通枢纽。高标准推进船舶配套产业园、北方机车产业园、机车配套产业园、双岛湾中小企业园等专业化功能园区建设，完善园区基础设施配套水平，优化提升产业发展的服务软环境，打造“产业集群发展、港航功能完备”的西部临港新城。

旅游文化功能区。紧紧围绕东北亚国际旅游胜地和历史文化名城，建设旅游文化功能区。以滨海岸线、六大特色主题海湾和六个海岛建设为重点，完善高端休闲度假游、医疗保健游、文化旅游等旅游休闲度假功能，大力提升旅游基础配套设施，高标准建设滨海旅游休闲度假带，打造“高端化、国际化、品牌化、特色化”的旅游休闲度

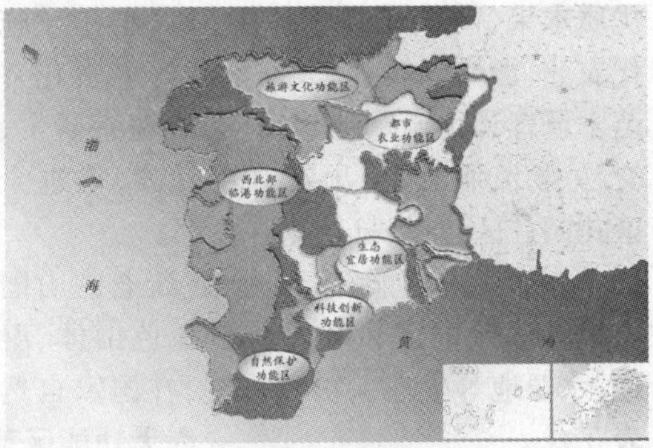

六大功能区布局示意图

假城。以太阳沟景区为核心，加强历史文化保护和传承，重点发展影视传媒、文化博览、论坛等文化创意产业和影视文化旅游业，积极发展文化休闲、旅游购物、餐饮、宾馆、高端住宅等配套服务。建设国内一流、国际知名的露天摄影棚，打造具有多国风情，集影视传媒、文化创意、休闲娱乐、餐饮购物等功能为一体的历史文化名城。

科技创新功能区。依托辽宁（大连）科技创新园、大连旅顺高新技术园区、旅顺大学园区，重点发展新能源、新材料、节能环保、生物与海洋、能效产业等战略性新兴产业和教育培训业。建设智慧型产业园区，积极发展智慧医疗、智慧公用事业、智能交通、智慧楼宇等科技产业，成为旅顺建设智能城市的示范基地。以科技创新功能区为核心载体，完善创新体系，推动高科技研发和产业化，打造“科技要素汇集、引领作用突出”的科技创新城。

生态宜居功能区。依托新老城区，完善现代商贸、金融、商务、会展、房地产等城市功能。加强生活配套基础设施建设，提升教育、医疗等各种城市综合服务，发展绿色建筑、智能交通和智慧楼宇，创建一批绿色智能示范社区，打造“健康生态、服务完善”的生态宜居城。

都市农业功能区。依托长城街道和三涧堡街道的部分区域，重点发展绿色蔬菜、

优质水果、高档花卉等休闲型农业和设施化农业,加快蝴蝶兰、大花蕙兰等名贵花卉苗木繁育和生产基地建设,拓展花卉研发、交易、物流服务,突出花卉主元素,推进全区花园社区建设,打造花卉之都。

自然保护功能区。加强蛇岛老铁山国家级自然保护区和区内众多绿色山体、湿地、水源地等生态保护和修复,在国家自然保护区内严格控制开发建设活动。坚持依法实施保护管理,不断强化管理手段,完善管理措施。建立区、街道、村三级自然保护网络。对蛇岛老铁山自然保护区范围内及周边全面推行生态农业、生态林业和林地恢复建设。自然保护区及其周边地区严格实施环境准入制度,保护具有生态绿化隔离作用的外围山林。

表3　　六大功能区范围及发展方向

功能区	范　围	发展方向
西北部临港功能区	旅顺经济开发区、双岛湾临港新区和长城三涧工业园区	重点发展先进船舶制造、轨道交通设备制造、重大装备制造、特种泵制造和低碳设备制造
旅游文化功能区	太阳沟、北海街道滨海区域、三涧堡街道滨海区域、南天门山、铁山街道滨海区域以及龙头街道滨海区域	重点发展旅游、文化创意、影视、传媒、会议、酒店产业
科技创新功能区	辽宁(大连)科技创新园、大连旅顺高新技术产业园区、旅顺大学园区	重点发展新能源、新材料、节能环保、生物与海洋、智慧医疗等高新技术产业研发和产业化以及教育培训
生态宜居功能区	新城区、老城区	重点发展现代商贸、金融、商务、会议、房地产等现代服务业
都市农业功能区	长城街道部分区域、三涧堡街道部分区域	重点发展绿色蔬菜、优质水果、高档花卉等休闲型农业和设施化农业
自然保护功能区	蛇岛老铁山国家级自然保护区和区内众多绿色山体、湿地、水源地等	以环境保护和生态功能修复为主,严格控制开发建设活动,逐步迁出自然保护区内的居民区和产业生产活动

第二节　构建城区一体化发展新格局

城区与人口布局。加快人口向中心城区集中,形成以新老城区为主城区,西部临港新城和长城三涧为两个新城,铁山、北海、龙头等涉农街道为支撑的城区空间体系。主城区作为全区人口的主要集聚地,其中老城区向外疏解人口,新城区成为新增人口的主要承接地。西部临港新城和长城三涧是吸纳产业新增人口和城市化人口的主要承接地。铁山、北海、龙头等涉农街道是城市化人口集中的重要节点。

重点推进新城区建设。围绕生态宜居核心区的定位，建设体现旅顺现代城市风貌的窗口。发挥二〇二路轻轨对周边区域经济的辐射带动作用，大力发展楼宇经济、金融、会议等现代服务业，建设旅顺中央商务区。结合龙河水系生态环境改造工程，以龙河一期、龙河二期等大项目为牵动，建设中高端生态住宅，加快人口集聚。有序推进城区路网、供排水、燃气等基础配套设施建设，提高学校、医院等公共设施服务水平，大幅提升新城区生活服务功能。

加快旅顺老城区改造。加强太阳沟历史建筑和文化遗迹的保护和修复。对黄金山、火车站、商业步行街区域和滨海沿线地段进行重点改造，引导人口疏解，打通交通通道，透出滨海景观，建设宜居花园城区。提升现代服务功能，重点发展商务、金融、法律、咨询等现代服务业。积极提升老城区基础设施水平，完善社区服务。着力将老城区建成环境优雅、产业高端、生活便利、交通便捷、和谐文明的滨海宜居城区。

高水平规划建设涉农街道居住社区。推广以大项目牵动、村企合作、新农村自我升级和土地增减平衡等新型模式，高水平、高效率推进城市化进程。以涉农街道回迁区建设为重点，适当发展中高端低密度生态住宅，依托北大河、凤河等水系生态环境，建设一批示范性花园街区，形成经济活力强、人口聚集度高、各具特色的田园式生态宜居区。支持涉农街道加快建设一批大型旅游项目、高新技术产业项目和都市农业项目，带动农村人口向新社区集聚。按照“适度超前、城区一体”的原则，推进涉农街道交通、供排水、通信、污水和垃圾处理等基础设施建设。加快涉农街道公共服务设施建设，建立完善涉农街道教育、医疗、文化等基本公共服务体系，推进公共服务的网络化、全域覆盖化，使涉农街道居民享

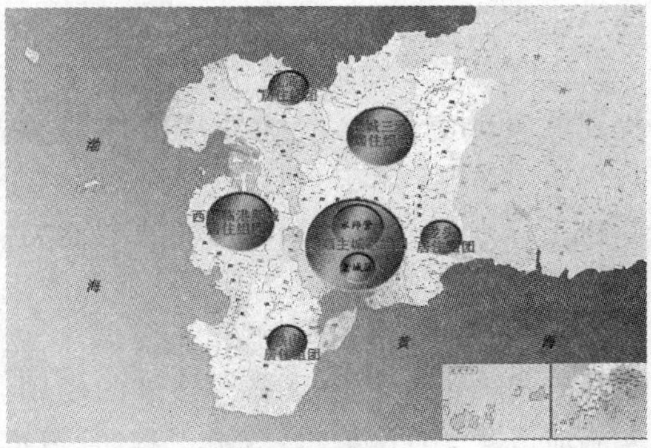

居住组团布局示意图

受到与新老城区基本相同的公共服务。积极推进“村改居”工作，大力提升社区管理和服务能力。

专栏 1

重点生态改善和宜居建设项目

◆重点生态改善项目：蟠龙寺文化公园、南山森林公园、龙引泉公园以及龙河、北大河、凤河等城区河道生态治理工程。

◆重点宜居项目：龙河一期、龙河二期、三八里居民回迁区、双岛湾居住小区、北海回迁区、铁山街道回迁区、龙头街道蓝湾镇和卧龙湾、保利西岸、蓝湾度假区。

第三节　加强基础设施建设

按照全域城市化的要求，加快新老城区、涉农街道、旅顺经济开发区等组团内部及组团之间的重大基础设施建设，全面提高城市承载力。

交通设施建设。推进新建公路和公路改造工程，加快轨道交通建设，加强港口基础设施建设，增强与大连中心城区及环渤海区域的交通联系。增强新老城区间、涉农街道等各组团间的交通联系，形成纵横有序、通畅便捷的交通网络。完善老城区内部交通网络，缓解老城区交通拥堵问题，规划建设一批停车场，有效解决老城区停车难问题。有序推进水师营新城区路网体系建设，加快旅顺经济开发区、涉农街道等

路网建设。

建设绿色节能城区。优化能源结构,提高能源供应能力,鼓励使用清洁能源。加快旅顺热电厂和开发区220千伏变电所新建工程建设,增强全区供热供电能力。推进风能、太阳能、生物质能等新能源的应用。推进燃气在出租车、城市燃煤供热、城市分布式热电冷联供系统等领域的使用。实施城市燃气管网建设、改造工程,管道覆盖率提高10%,老化管网改造率达100%,使所有管网达到与天然气接轨的标准,完善新城区和涉农街道的燃气供应网络,推进现有各供气站并网。

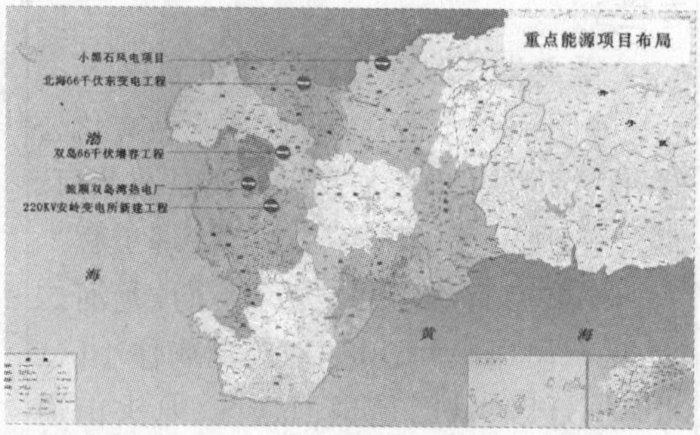

重点能源项目布局示意图

完善供水和污水处理设施。完成全域自来水主供水管线工程,加快推动涉农街道自来水上水工程。结合污水处理厂新建和改造,实施污水再生循环利用工程,鼓励将符合标准的再生水应用于工业、农业、建设、景观用水和绿化用水。推进生活节水、工业节水和农业节水等节水工程建设。推进双岛湾海水淡化厂工程建设。新建小孤山污水处理厂、开发区污水处理厂、双岛湾污水处理厂,改造和建设主城区排水管道,使污水全部入网,雨污分流达到100%,各重点产业园区要配套建设污水处理站,形成覆盖全区的污水处理体系,到2015年全区污水收集率达到95%,污水处理率达到100%。

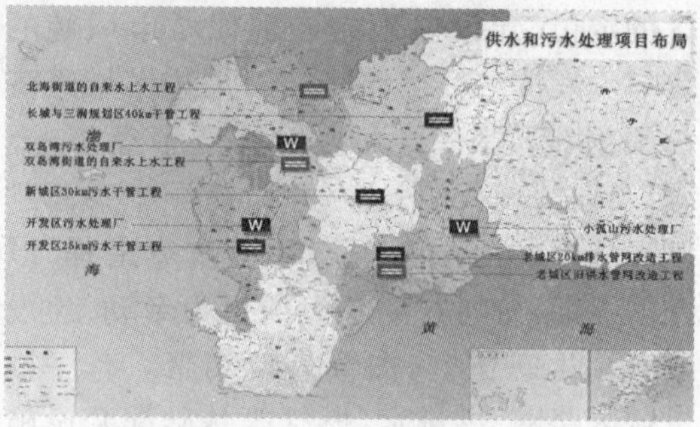

供水和污水处理项目布局示意图

提高城区智能化水平。加强信息化建设和通讯基础设施建设,加快城区光纤宽带网络建设,建设无线城域网,提高计算机网、邮政网、电信网、广播电视网等基础传输网的覆盖率和利用率,推进宽带通信网、数字电视网和下一代互联网"三网融合",积极发展物联网。以一批智能楼宇、智能示范社区、信息公共服务平台等重点工程为示范,在政务、金融、物流、旅游、公共服务、农业等经济社会领域广泛实施信息化工程。健全信息安全保障体系。

专栏2

重点基础设施项目

◆重点交通项目:旅顺(中路)大连快速通道,滨海路连接线,双岛湾港区疏港路,双长线,姜水路延伸,新老城区连接路,水北线延伸线,大盐线、盐尹线、盐柏线等道路拓宽工程,202轨道交通延伸线工程,双岛湾进港铁路项目,白玉山人防隧道工程,郭水路跨越黑大线立交桥工程,提升改造向阳街、迎春街、和顺街、育慧街等城区主干道路面,水师营新城区路网体系建设,旅顺新港扩建改造,旅顺新港航道改扩建,双岛湾1#-2#通用泊位,双岛湾公共航道。启动旅顺北路轻轨工程。启动烟大跨海通道南桥北隧工程前期工作。

专栏2

◆重点能源项目：旅顺双岛湾热电厂、小黑石风电项目、220KV安岭变电所新建工程、北海66千伏东变电工程、双岛66千伏增容工程。

◆燃气项目：老化管网改造、液化石油气瓶组站整合并网，启动LNG入旅项目。

◆供水项目：老城区旧供水管网改造工程、双岛湾街道自来水供水工程、北海街道自来水供水工程、建设双岛湾海水淡化厂、中水回用工程。

◆污水处理项目：新建小孤山污水处理厂、开发区污水处理厂、启动双岛湾污水处理厂、老城区20km排水管网改造工程、新城区30km污水干管工程、开发区25km污水干管工程、长城与三涧规划区40km污水干管工程、其他涉农街道污水干管工程。

◆垃圾处理工程：新建垃圾中转站、建筑垃圾场。

第四章　构建绿色产业体系 着力提升核心竞争力

以服务化、高端化、低碳化为方向，优先发展现代服务业，优化发展临港制造业，大力发展战略性新兴产业，积极发展都市型现代农业。推进产业结构优化升级，提升产业核心竞争力。

第一节　优先发展现代服务业

加快发展物流、文化、研发设计、商务会议、会展、金融、教育培训等生产性服务业，积极发展旅游、现代商贸、医疗保健、房地产等生活性服务业，努力开拓新兴服务业领域。大幅提升服务设施水平，开发现代服务产品，营造现代服务环境，开拓东北亚、东北、环渤海等高端市场，使现代服务业逐步成为拉动全区经济增长的新动力。

一、大力发展生产性服务业

港航物流业。建设大连市客运滚装中心基础设施、旅顺新港滚装综合交通枢纽项目，完善集疏运体系，形成集海上客滚航运、长途客运、轻轨交通、近郊客运等多功能为一体的发达交通运输体系，实现各种运输方式在旅顺新港的有机链接。积极推进大连客运滚装中心搬迁到旅顺新港和双岛湾港建设，争取开通中日韩海上滚装运输航线。积极建设旅游游艇码头。加快建设跨海滚装运输的物流园区、农副产品物流中心、粮食物流中心、钢材物流中心等专业性物流园区，延伸供应链管理服务。大力发展仓储、中转换装、运输组织、信息咨询、金融等港航服务业，提升港航服务功能。积极配合国家开展大连——烟台跨海通道前期研究，预留项目用地。到2015年，客运滚装年通过能力148万辆，港口年吞吐量5000万吨。东北亚国际航运中心组合港粗具雏形。

文化创意产业。重点发展影视、传媒、文化博览、文化创意、文化休闲旅游和商贸服务业。遵循“修旧如旧”的原则，依据史实对太阳沟区域具有重要历史文化价值的老建筑进行抢救性修复。依托俄罗斯风情街、日本风情街等重点项目建设，引进各具特色的博物馆、画院、文化名人工作室，建设具有异国风情的休闲文化设施。积极创建国家文化产业试验区，制订优惠政策，吸引国内外文化资本和优秀的影视传媒公司、制作机构、影视文化中介组织和衍生产品研发公司集聚，构建集剧本原创、影视制作、版权交易、主题体验和衍生品研发于一体的综合性影视产业集聚区。

科技研发业。依托辽宁（大连）科技创新园，大力发展新能源、新材料、节能环保、海洋资源开发、生物医药等研发产业。加快机车车辆研究所搬迁、牵引与控制产品产业化基地等项目建设,重点发展轨道交通装备和通用动力机械研发、多型号车厢制造、轨道交通设备零部件和轨道交通设备新材料,构建国家级轨道交通设备研发设计中心。依托都市农业园区,加快大连国际花卉中心、世纪大地花卉种苗繁育中心等项目建设,建设东北花卉研发中心。

金融服务业。加大与国内金融机构的合作力度,吸引更多金融机构在旅顺设立分支机构和总部。积极推动区内企业上市。搭建和完善投融资平台。加快培育和发展债券市场,扩大企业债券发行规模。积极引进外资银行、信托公司等外资金融机构,拓展国际结算、网络服务、短期融债等新服务领域,建设大连区域性金融中心重要节点。

会展业。加强与国内外知名的策划公司、会议公司合作,重点发展以生态环境、文化影视、旅游、绿色低碳发展、海洋、医疗等为主题的专业会议服务业。策划、承办一批影响力大、辐射面广的会议活动,打造旅顺会议品牌。以老城区和水师营新区为核心,建设一批高端、特色化的酒店、餐饮、娱乐休闲等会议配套设施,提供一流的会议服务。

节能服务业。加快集聚能源效率相关的监控设备研发、解决方案、数据服务和运营管理托管等产业,积极推广应用合同能源管理。

软件和服务外包业。大力发展医疗、船舶、机车、汽车、物流、金融、通讯等行业应用软件、跨行业应用软件和个人消费软件,以及系统集成服务、工业控制系统等领域的嵌入式软件的自主研发和应用。积极发展数据中心、清算中心、呼叫中心、灾备中心等服务外包。加快发展港航等系统运营和支持服务。

商务服务业。重点发展适应绿色经济区发展需求的投资服务、咨询、会计、审计、经纪、代理、法律等服务业。引进一批优势企业,形成龙头示范效应,提升专业服务业发展能级。支持区域内具有一定知名度和品牌效应的专业服务企业做强做大。

二、积极发展生活性服务业

旅游业。以建设东北亚国际旅游休闲胜地为目标,实施"大旅游"战略,推动旅游与文化、商贸、体育、商务、会议融合发展,延伸旅游产业链。以滨海岸线为轴线,以大型海湾和特色海岛为开发重点,积极构建"一核一带六岛六湾"的旅游发展空间格局。以东北亚国际高端消费群体为目标市场,重点发展休闲度假游、教育修学游、生态养生游、特色文化游、运动探险游、时尚美食游、奢华购物游、节庆会议游等八大旅游产品,建成一批旅游休闲度假大项目,完善会议中心、五星宾馆、特色餐厅、私人会所、游艇码头、高尔夫俱乐部、医疗保健、时尚购物等高端休闲度假功能,全力打造东北亚国际休闲半岛。以东北和环渤海为目标市场,加快温泉会馆、体育公园、高尔夫练习场等一批特色休闲健身项目建设。围绕大连本地居民休闲需求,开展爬山、观海、农家乐等休闲体验旅游活动和"樱花节"、"樱桃节"、"美食文化节"和"渔人节"等特色节庆活动,形成规模和地方特色,使旅顺成为集观光游览、休闲度假、综合体验、美食娱乐于一体的市民休闲胜地。

现代商贸业。重点发展高端购物中心、大型综合超市、仓储式超市、体验式购物中心、专业连锁店、专卖店等多样化商业业态,构建一批现代化、时尚化、国际化的特色购物街,建设一批农产品、花卉、家具、汽车等专业批发市场。形成以大型专业批发市场为牵动,以新老城区商业中心为核心,以社区商业中心为副中心,以特色商业街为骨干,以便民商业网点为支撑的商贸服务体系，建设大连重要区级商业中心。

医疗保健服务业。发挥旅顺生态环境优势和大连医科大学等医疗科研资源优势，加快旅顺国际医疗城、九龙湾国际生命健康城等项目建设，发展集医疗治疗、医疗疗养度假和医疗衍生服务配套为一体的医疗保健服务。引进国内外一流医学院校和医疗研究机构，发展医疗教育科研服务。发展医疗旅游购物、医疗产品和保健品等医疗衍生服务。建设集温泉度假游、体育健身游、医疗保健为一体的东北养生健身度假半岛。

房地产业。合理调整房地产结构，围绕城市功能提升，提高商业地产、金融地产、文化地产、旅游休闲地产、科技地产等高档功能性地产的比例，促进房地产业有序健康发展。引进知名的大型房地产开发企业，高标准规划建设一批特色突出、疏密有序的高档生态宜居住宅。做大做强建筑业，培育一批具有工程总承包能力的综合型工程集团。

家庭服务业。重点发展家政服务、社区服务、养老服务和病患陪护、家庭用品配送、废旧物资回收等产业。鼓励各种资本投资创办家庭服务企业，培育家庭服务市场，加强市场监管，依法规范家庭服务机构从业行为。推进公益性信息服务平台建设。积极发展中小型家庭服务企业，鼓励多种方式的便民服务。

专栏3

重点服务业项目

◆物流业：旅顺新港综合交通枢纽、农产品、钢材等专业性物流园区、铁路轮渡物流二期。

◆文化产业：太阳沟历史风貌恢复工程、俄罗斯风情街、日本风情街。

专栏3

◆软件和服务外包：理工计算机控制工程研发中心、合德科技、联通服务外包、亿达软件园。

◆旅游业：综合性旅游信息服务中心、琥珀湾综合开发、渔夫码头、泛海国际海景花园项目、小黑石国际海洋生态城、天门山国际休闲度假城、阳光海岸五星级酒店、旅顺温泉度假酒店、大连北部湾旅游生态园、二〇三公园温泉城、白银山温泉、湾山度假区和小孤山度假区。

◆医疗保健服务业：旅顺国际医疗城、九龙湾国际生命健康城。

◆重点商贸业：蓝湾沃尔玛超市、大连国际世达大厦、建材果蔬批发市场、旅顺宾馆周边地段商贸区改造。

第二节　优化升级临港制造业

推动临港制造业的集聚和升级。以西部临港新城、长城三涧工业园区建设为依托，以先进船舶制造、轨道交通设备制造、重大装备制造和特种泵业等制造业为重点，扶持高端制造企业做大做强，加快推进中小企业升级改造，拉长产业链、培育产业集群，加强名牌建设，增强产业国际竞争力，建设国家级先进交通运输装备产业基地。

先进船舶制造。以中远造船、今冈船务、辽南造船厂等企业为核心，加快推进船舶配套产业园区建设，发展高技术、高附加值的大型油轮、集装箱船、豪华游艇、化学品船舶、船舶关键部件和海洋工程的装备制造。到2015年，形成200万吨以上造船能力，船舶本地配套率达到40%。

轨道交通设备制造。依托北方机车产业园、机车产业配套园建设，大力支持大连机车、齐车集团的快速发展，重点发展铁路内燃机车、电力机车、城市轨道车辆、工程机械机电设备和机车控制系统等多元化产品,形成包括研发、设计、制造、检测、维修、销售、技术服务等于一体的轨道交通装备产业集群,建设国家级先进轨道交通装备和通用动力机械的研发和制造基地。到2015年,北方机车项目全部竣工,形成年制造各类机车1000台、中高速柴油机1000台、城市地铁车辆1000辆和铁路货车3000辆的能力,年产值达到250亿元,力争使轨道交通装备本地配套化率达到30%。

重大装备制造。充分发挥大连重工·起重集团旅顺生产基地、亚明汽配等重点企业的辐射带动作用,积极发展起重、运输、装卸机械、新能源设备和冶金设备等重大装备和汽车配件的研发设计和制造。

特种泵制造。鼓励帝国屏蔽、环友屏蔽、四方电泵等核心企业做大做强,建设国内一流特种泵业制造基地。

专栏4

重点制造业园区及项目

◆船舶配套产业园

◆中远造船

◆北方机车产业园

◆机车产业配套园

◆齐齐哈尔铁路车辆集团特种集装箱产业基地

◆南通远洋船舶配套有限公司南通舵业

◆大机车铸锻分厂项目

第三节 重点发展战略性新兴产业

围绕国家发展战略性新兴产业重点领域,争取在节能环保、生物与海洋产业、新能源和新材料产业等领域取得突破,打造科技创新城。

节能环保产业。依托辽宁(大连)科技创新园,重点发展烟气脱硫、除尘工艺、工业固体废弃物资源综合利用及海水淡化、中水利用、水污染控制等相关产业,积极推动生物基因工程技术在环境工程中的应用。

生物与海洋产业。重点开展以健康检测、医药研发、保健品研发为重点的健康产业核心技术研究,开发优质高效的生物保健品、生物创新药物、重大疾病防治药物和医疗保健器械。依托丰富的海洋资源,研究开发冻干海珍品、调味制品、海洋功能食品、海洋医药产品等海洋资源开发产业。

新能源产业。积极开发太阳能、生物质能、氢能等清洁能源设备及产品,加快推进超级电容器及配套产品、高容量电池、特种电源、高科技电缆、工业特种电源系统等产业发展,着力培育新能源产业链。

新材料产业。重点发展光电信息材料、高性能陶瓷、高性能工程塑料,积极拓展生物医药材料、碳纤维、膜材料。加快建设光电应用材料产业基地建设,积极培育光电材料产业集群。

专栏5

重点战略性新兴产业园区及项目

◆机车车辆研究所　牵引与控制产品产业化基地

◆中科院产业园　理工科技产业园

◆日本科技产业园　交通大学科技园

◆俄罗斯科技产业园　海洋科技产业园

◆光电应用材料产业园　理工环境工程研究中心和科研基地

◆鸿峰生物科技二期　金太阳2.5MW光伏发电项目

◆大连塑料研究所研发中心　精细化工国家重点实验室

第四节 积极发展都市型现代农业

加快农业转型升级,推动都市农业向

现代服务业发展。大力发展设施农业和观光农业，实现农业与旅游业融合发展。逐步退出畜牧业，规范和控制水产养殖业。积极推广农户向超市、菜市场和便民店直供农产品的新型流通方式。建设集科技示范、旅游观光、休闲度假、文化体验、加工物流等多功能为一体的品牌化的现代都市农业。

积极发展高档花卉产业，加快建设蝴蝶兰、大花蕙兰等高档优质花卉苗木生产基地，辐射带动适宜花卉生产的涉农街道联动发展，努力构建融智能化、规模化、集约化于一体的国际高端花卉生产基地。建设国际花卉交易中心和物流枢纽，积极拓展花卉研发服务、交易服务、信息服务、物流服务、展示服务以及综合服务等花卉产业服务功能，完善以高档花卉生产为支撑的花卉产业链。

壮大优势产业，做精做优以大樱桃为重点的优质水果产业，鼓励农业品牌建设。推进有机农业发展，结合“菜篮子工程”，建设绿色有机蔬菜生产基地。积极推广联栋智能温室，建设大连市设施化农业示范区。

提高农产品精深加工程度，增加农业附加值。积极发展水果、蔬菜、花卉、水产品等加工业，争创地方特色品牌，重点扶持一批市场前景广阔、产业辐射力强、技术实力雄厚的农副产品加工龙头企业。

以土羊高速公路沿线风情各异的都市农业景观带为主要轴带，以北大河滨水休闲带和东南部山体生态涵养带为支撑，加快建设现代农业科技创新区、都市农业展示休闲区、精品园艺产业集聚区、国际农产品加工物流区四大功能片区，构建“一轴、两带、四片区”都市农业空间格局。

专栏6

重点都市农业园区及项目

◆大连绿晨都市型现代农业产业园　大连新洪现代都市农业园

◆大连国际花卉中心　旅顺灵山圣果生态高科产业园

◆大连荣涛现代都市农业园　世纪大地花卉种苗繁育中心

◆大连绿源联栋温室花卉育苗工厂　格林园艺大花蕙兰繁育基地

◆国家级寒温带植物隔离检疫中心　大连春园都市型现代农业产业园

◆大连现代食用菌农业园

专栏7

重点产业园区

◆旅顺经济开发区：以先进船舶制造、轨道交通装备制造和重大装备制造为发展重点，着力培育国内一流的机车产业集群，形成“产业配套齐全、服务功能完善、资源要素集聚”的产业集聚地。

◆双岛湾临港新区：以节能环保、低碳设备和低碳服务业等为重点，高标准推进基础配套设施建设，大力推广应用低碳交通、低碳能源、低碳建筑，着力打造辽宁沿海经济带低碳产业示范基地、大连市低碳产业集聚区之一。

◆辽宁（大连）科技创新园：重点发展新能源、新材料、节能环保、电子信息、生物工程、医疗保健、海洋资源开发等高新技术产业。积极引进一批跨国企业和国内知名企业的研发中心、国内外知名大学的研究所、实验室、技术转移机构、科技成果转化机构，积极打造国家级科技创新基地。

专栏7

◆长城三涧工业园区:重点发展交通运输设备配套、农副产品加工、特种泵制造,积极推进产业升级和技术改造,加快建设船舶配套园区、食品工业园区和以泵业为主的机电园区建设,积极创建辽宁沿海经济带生态工业示范园区,为旅顺经济开发区和双岛湾低碳产业基地提供产业配套和支撑。

◆大连旅顺高新技术产业园区:重点发展软件和信息服务业、工业设计、节能产业、金融等知识密集型产业和智慧医疗、智慧公共事业等智慧民生科技产业,实现与大连高新园区的联动发展,打造“环境优雅、产业高端、设施完善、交通便捷”的高新技术产业集聚地。

第五章 大力发展社会事业

提高公共服务能力

以实现基本公共服务均等化为目标,加大政府对公共服务的财政投入,千方百计增加人民群众收入,提高社会保障能力和水平,大力扩大就业,推动教育、文化、卫生、体育等各项社会事业快速发展。

第一节 千方百计提高居民收入

逐步提高居民收入在国民收入分配中的比重。实现居民收入的倍增。着力扩大中等收入群体,努力提高低收入者收入。加快完善企业工资调节机制,在提高工资性收入同时,创造条件让更多群众拥有财产性收入、经营性收入。加强基本生活品的价格调控,着力降低居民生活成本。

努力提高农民收入。增加农业基础设施建设、农村公共事业发展、科技服务方面的投入,积极发展高效益、高附加值的特色农业,提高农民经营性收入。积极引导、激励和支持农村劳动力转移就业,实施农村劳动力转移培训工程,提高农民就业能力。

努力扩大就业。建立重大项目带动就业增长机制,推动服务业发展,大力扶持中小企业发展,鼓励企业吸纳更多劳动力就业。加大创业扶持力度,促进创业带动就业。完善旅顺生源高校毕业生的就业工作,实施“三支一扶”计划。加强就业公共服务体系建设,建立覆盖城乡劳动者的职业技能培训体系,建立统一的人力资源市场和公共就业服务体系。

第二节 全面推进社会保障体系建设

逐步实现城乡居民社会保险的全域覆盖,包括城市养老保险和农村新型养老保险、基本医疗保险和新型农村合作医疗、失业保险。实现农村养老保险的应保尽保和“人人享有医疗保障”。完善“失地、失海”农民社会保障政策,积极探索“土地入股”等新型农村社会保障方式。切实加强工伤和生育保险工作。

完善以最低生活保障为主体、专项救助为辅助、慈善救助为补充的社会救助体系。大幅提高城乡低保标准。完善城区低保标准自然增长机制,显著提高城区低保标准。完善分类救助政策,继续加大对重残、重病、孤老、孤残、孤儿以及子女上学等低保对象的救助力度。通过财政转移支付等手段,加强自然保护内居民的生活保障。

积极发展社会福利事业。构建以居家养老为基础、社区服务为依托、机构照料为补充的养老服务体系。大力发展慈善事业,创新慈善筹募形式和机制,努力构建政府推进、民间运作、社会参与各方协作的慈善发展新格局。建立健全残疾人社会保障体系和服务体系,切实保障残疾人的生命健康权和生存发展权。

加大保障性住房建设,发展公共租赁住房,增加中低收入居民住房供给,建立健全以经济适用住房、公共租赁住房和廉租住房补贴为主要形式的住房保障制度。

第三节 优先发展教育事业

巩固提高基础教育。普及学前教育，扩大公办幼儿园比例，到2015年，公办幼儿园的比例达到45%以上，3—6岁幼儿入园率达到99%以上。继续做好双高普九工作，普及高中阶段教育。加强教师队伍建设。逐步开展残疾儿童少年的学前特殊教育和高中段特殊教育。到2015年，实现基础教育资源的均衡化发展，小学学龄人口入学率、在校生年巩固率、适龄儿童小学毕业率稳定在100%，九年义务教育完成率达100%，基础教育力争达到全省先进水平。

做强做特职业教育。加快建设满足旅顺经济社会发展需要的特色突出的职业教育体系。建设一批特色学科，建设一批实训基地工程，增强学生实践能力和创新能力，解决就业难和企业招聘难问题。积极发展社区教育，完善终身教育服务体系，争创全省社区教育示范区。

推动高校与旅顺经济社会一体化发展。继续吸引高校在旅顺设立研发和高端人才培养基地，鼓励区内高校人才创业和科技成果转化，鼓励区内企事业单位走进高校和科研院所开展培训和科研，满足区内高端人才需求和产业发展需要。

第四节 加快发展医疗卫生事业

继续完善医疗服务体系建设。加大投入，强化医疗服务能力建设。加强培训，提高基层医疗机构服务水平。健全制度，强化新型农村合作医疗执行力。完善措施，强化新农合专项资金监管。加快卫生综合信息平台建设，初步实现公共卫生、医疗服务、新农合、基本药物制度、综合管理工作的信息化管理。深化医疗卫生体制改革，优化医疗资源的合理配置。

完善公共卫生体系建设。重点推进疾病预防控制体系、医疗救治体系和卫生执法监督体系建设。建立覆盖城乡的卫生监督体系，健全突发公共卫生事件应急机制，加强传染病疫情管理与监测。大力发展城市社区卫生服务，推动街道卫生院向社区卫生服务中心的全面转型，实现基本公共卫生服务的全域覆盖，建立“15分钟健康服务圈”。到2015年，社区卫生服务人口覆盖率达到95%以上。加大地方病、慢性病、职业病和精神卫生疾病防治力度。深入开展爱国卫生运动。

第五节 积极发展文化体育事业

加快发展文化事业。加强文化设施建设。抓好“旅顺国际合唱节”、“欢乐大年”等大型品牌特色文化活动。积极开展多种形式的文艺创作活动，实施文化普及出精品工程。支持旅顺博物馆等文化场馆的发展。创新文化事业体制机制，以市场化运作的模式，盘活全区文化资源，激活文化演出和电影放映业。

积极发展体育事业。完善体育设施布局，加快体育场馆设施建设，积极承办全运会曲棍球等高水平体育赛事。大力贯彻落实《全民健身纲要》。高标准建设全民健身活动中心，完善体育健身设施配套，构建全民健身服务体系。

第六节 其他社会事业

人口和计划生育工作。以城乡人口有序流动、合理分布为重点，加强人口总量调控，到2015年，常驻人口达50万。进一步优化人口结构，提高人口整体素质。加强计划生育工作保障体系，形成布局合理、功能配套、覆盖城乡的计生服务网络体系。

加强和改善社会管理。增强社区自我管理与服务能力。加强公共安全保障。保障居民食品药品安全，严格实行质量安全准入制度，加强对食品、药品等生产和使用的检测和监管。健全对突发公共事件以及自然灾害等的应急处置体系。高度重视安全生产,建立健全重大危险源监控体系。深入做好民族宗教工作,维护社会和谐和稳定。加大殡葬改革力度,实施殡仪馆搬迁工程。提高地震等自然灾害的预报水平,增强减灾防灾能力。重视全民国防教育,支持国防建设,开展多种形式的双拥共建活动,推进双拥优抚工作深入开展,促进军地军民关系更加紧密和谐,逐步提高优抚对象生活保障水平。

专栏8

重点社会事业项目

◆重点教育项目:新建旅顺中学、新建旅顺职教中心、旅顺口区中小学素质教育中心、新建五十九中学和六十中学、七十中学、江西中心小学、伯阳小学、北海中心小学、长城中心小学

◆重点文体项目:新城区文化综合体、市民健身中心、行政服务综合体、体育中心

◆重点医疗项目:新建旅顺中心医院项目、开发区中心医院、社区卫生服务中心

◆重点计生项目:新建计划生育服务站

第六章　加强生态环境保护　增强人与环境亲和力

加强土地、水、岸线资源的集约利用,扎实推进节能减排,积极发展循环经济,加强生态环境保护,全面建设资源节约型和环境友好型社会。

第一节　推进生态环境建设

推进旅顺国家生态区建设,构建以自然保护区为核心、以生态廊道为骨干、以重点控制恢复节点为支撑的生态安全格局。加强对蛇岛老铁山国家级自然保护区以及南天门山保护地等自然保护区的保护,严格控制保护区内建设活动和人口密度,逐步迁出自然保护区内的居民和产业。

营造绿色生态空间。推进绿化工程,提高森林覆盖率。将区内河道治理工程与城市土地开发相结合,构建清澈透明、绿色生态的水系空间。实施环境综合整治工程、道路美化和亮化工程,加大对湿地的保护和治理,建设湿地公园,保护生物多样性。

加强矿山治理和修复。逐步减少矿山企业,引导已有污染企业退出。对暂时不能关闭的矿山,实施生态补偿机制,按照“边开采边修复”原则,分阶段实施景观和生态恢复。加强废弃矿山修复力度。

第二节　加大节能减排力度

大力推进节能工作。加快太阳能、风能等清洁能源发展,积极提高天然气、洁净煤替代石油比例,优化能源的生产和消费结构。大力推广地源热泵、光伏发电、垃圾生物处理等节能技术和节能应用产品。大力推广建筑节能,到2015年,争取全区70%的新建建筑实施节能设计标准,逐步开展现有居住和公共建筑节能改造,新型墙体材料在城乡建筑应用达到90%以上,城区及涉农街道的光电照明设施在现有基础上增加一倍。推进工业生产、交通运输和公共机构等重点领域节能工作。

加强水环境和大气污染防治。加大对重污染行业的治理力度,加快实施技术改造,对污染严重的企业坚决实施“关、停、并、转”。增加集中供热面积,在城市集中供热规划区内,不再新批20吨以下燃煤锅炉,加强全区的烟尘综合整治工作,控制烟尘、工业粉尘等可吸入颗粒物排放,加强机动车尾气污染控制,加大建筑施工等扬尘污染控制。到2015年,工业烟尘排放达标率99.5%。

加强固体废弃物污染防治。推行城镇居民生活垃圾的分类收集和资源化回收利用,配备建设完善的生活垃圾收集设施,建设生活垃圾中转站,城市生活垃圾无害化处理率保持100%。建设一般工业固体废物处置设施,推进粉煤灰、煤矸石、炉渣等资源综合利用。规范危险废物综合利用和无害化处理处置监管。加强对全区医疗单位和处置企业的监管,医疗废物无害化处置率达100%。

专栏9

重点生态环境保护与能力建设工程

◆生态保护工程:生态廊道建设工程、湿地保护工程、北大河河道治理工程、中水回用工程、矿山生态恢复工程、郭水路－马北路绿化工程、土羊高速两翼绿化工程、滨海路绿化工程、"一街一品"绿化工程

◆环境监管能力建设工程:新建旅顺环境监测站实验室、新建机动车污染环保检测站、环境监管信息平台工程、自然保护区管理站

◆污染减排与治理工程:大型锅炉脱硫减排项目、城镇污水处理减排项目、饮用水源保护项目、农村污水与禽畜污染治理项目、烟尘污染治理项目、机动车污染防治项目、建筑施工扬尘污染治理项目、清洁能源利用项目、固体废弃物综合利用项目。

第三节　完善资源节约机制

集约利用土地。"十二五"时期土地资源管理的基本思路是坚持解放思想,深化改革创新,全面构建保障和促进科学发展新机制,积极主动服务、严格规范管理,统筹保障发展和保护资源,大力实施节约优先战略,显著提高国土资源保障能力和保护水平,促进经济社会全面协调可持续发展。耕地面积不减少,质量有提高。基本农田稳定在国家标准之内,严格落实耕地占补平衡,建设占用和灾毁足额补充,通过农田整治、村庄整治、工矿废弃地复垦和宜农未利用地适度开发增加耕地。节约集约利用水平明显提升。全面落实节约优先战略,实现单位GDP建设用地消耗降低标准。维护民生作出新贡献。优先保障民生用地供应,保障性住房用地做到应保尽保,严格落实被征地农民的补偿政策,全面建立地质灾害调查评价、监测预警、防治和应急体系,防灾减灾能力明显提高。严格土地审批和项目准入制度,推进产业向园区集聚,引导居住向社区集中。科学安排建设用地需求量、供应量,提高新增建设用地的使用效率,大力盘活存量建设用地。

保护和集约利用水资源。加强生活、生产中的节水设施建设,强化重点用水行业管理,倡导节水生活理念。实施农业节水灌溉,推广喷灌、滴灌等节水灌溉技术。创建一批节水型企业、灌区、社区。积极开发利用再生水、海水和雨洪水资源,提高工业重复用水率和污水处理厂中水利用率,建设城市雨洪利用设施和农村地区集雨工程。严格控制地下水开采,积极开发利用地下水库。大力推行闭路循环用水、废水回用、中水回用等节水技术,加快水资源管理系统建设。

合理开发和保护岸线资源、海域资源、海岛资源。依据海洋功能区划,切实做好海域使用、岸线管理和海岛开发保护,预留备用岸线。清理整治沿海各街道的水产养殖业,合理控制浮筏养殖、网箱养殖等。限制中小型工业项目和街道及村级中小型项目占用岸线资源。逐步修复遭到渔业和工业占用、破坏、污染的海岸,积极恢复原生态的自然环境和海岸景观。

第四节　大力发展循环经济

严格项目准入标准,禁止高耗能、高排放的落后项目进入。构建工业循环经济体系,加快造船、机车、重大装备制造、能源等产业共生网络建设,完善生态产业链。加快构建农业生态系统网络,推广农业清洁生产模式,促进无公害农业和生态农业发展。

积极倡导循环型生活消费方式。转变传统能源消费观念和生活方式,降低生活消费领域对能源的需求。鼓励采用绿色出行方式,建设一批绿色低碳示范小区。

第七章　完善科技创新体系,增强自主创新能力

第一节　加速高端创新要素的集聚

建立以企业为主体的技术创新体系。倡导开放式创新,扶持一批市场前景好、发展潜力大的科技型龙头企业和中小科技企业。鼓励企业通过外部合资、技术特许、委外研究、技术合伙、产业技术创新联盟或风险投资等方式,加速高新技术产业化和利用高新技术改造传统产业。

加速高端研发要素在旅顺的集聚。制订优惠政策,鼓励跨国公司、国内知名企业、国内外知名大学在我区设立研发机构、技术转移机构、科技成果转化机构,研发一批在国内保持领先的关键技术,力争在船舶制造与配套产业、轨道交通设备研制和制造业、冶金装备制造、特种泵制造、名贵花卉、优质水果、绿色蔬菜、高档海珍品等关键技术研发和产业化应用领域实现突破。

第二节　完善创新环境,推动科技成果产业化

积极搭建科技创新服务平台。积极推进公共技术服务平台和公共实验室建设,引进专利事务所、法律咨询、技术交易市场等科技服务业。健全科技中介服务体系,为科技成果引进、转化和推广提供服务。加大知识产权保护力度,全面提升知识产权创造、运用、保护和管理水平。

提高科技企业的融资能力。发挥政府资金的引导作用,通过建立引导基金,积极引进国内外创业投资、种子基金。支持高新技术企业上市。

推进高新技术产业园区建设。重点发展节能环保、新能源新材料、电子信息、生物和海洋工程、医疗保健等高新技术产业和战略性新兴产业,以及软件和信息服务、工业设计、金融、商务服务、研发中心等高端知识密集型服务业。培育具有国际竞争力的科技产业集群。建设辽宁沿海经济带重要高新技术产业基地。

第八章　深化改革、扩大开放,激发全区发展动力

深化重点领域改革,大力开展软环境建设,加大对外招商引资力度,加强区域合作,全方位提升旅顺对外开放水平。

第一节　深化重点领域改革

创新管理体制和运行机制。积极争取辽宁沿海经济带重点发展区域有关政策落实到位,探索建立行政区和经济功能区融合管理的体制,成立旅顺绿色经济区管委会。

开展各类改革试点。探索开发区、旅游度假区、文化区等在资源开发、经济管理、社会公共服务、行政管理一体化。以辽宁(大连)科技创新园和铁山街道整合为试点,推动现行的旅顺开发区管委会、辽宁(大连)科技创新园管委会、大连旅顺高新技术园区管委会的行政资源,与现行的街道管理体制进行整合。积极推动三涧堡和

长城等相关涉农街道的整合。

建立权威性的军地联动常设机构，搞好历史文化名城的保护、开发与有效管理。积极推动土城子机场实现军民合用。

加快推进经济体制改革。支持和引导非公有制经济发展，积极推动有条件的民营企业进行股份制改造，推进企业管理现代化，逐步建立现代企业制度。支持和引导民营经济发展，创造利于民营经济发展的体制环境。完善创业投资机制和中小企业支持政策，建立中小企业投融资机制和贷款风险补偿制度，建立健全耕地补偿和责任追究机制。完善农村土地经营权流转机制。

第二节　继续加大对外开放工作力度

积极争取对外开放政策，成为辽宁省对外开放的前沿和高地。进一步扩大口岸对外开放功能，依托旅顺新港和双岛湾港，积极开辟国际新航线，争取建设双岛湾保税港区，逐步拓展国际贸易、国际中转、国际物流等功能。争取建设旅顺国际旅游自由半岛。

营造良好的亲商环境。建立健全亲商、惠商、安商、富商的快速反应和高效服务机制，通过提供高效的政府运作、健全的法律机制、强有力的知识产权保护、较低的商务成本、广泛的国际网络、良好的基础设施、高素质的人力资源，为商家精心打造一个优良、便利的经营和成长环境，使旅顺真正成为商家首选之地。

加大招商引资力度。以重点园区为载体，以培育产业集群为方向，扩大利用外资规模，提高外资引进质量。做好境外招商的宣传和推介工作，重点开展对俄罗斯、日本、韩国、香港、台湾、东盟、欧美及澳大利亚等国家和地区的绿色产业招商。创新招商形式，积极开展主题招商、产业链招商。积极吸引国外资金、高端技术、高端人才向旅顺聚集。积极鼓励本区企业走出国门，开拓海外市场。

第三节　加强国内外区域合作

围绕绿色经济区建设，探索建立与周边区域、环渤海区域、东北亚合作的长效机制，打造辽宁沿海经济带对外开放最前沿。

加强与周边区域的协作发展。以轻轨延伸线等重大交通线路建设为契机，加快提升区内软硬件服务设施水平，完善城区综合服务能力，积极承接大连市老城区会展、金融、物流等现代服务功能拓展。探索与高新园区、甘井子区等周边区域合作模式，在规划衔接、政策协调、产业招商、基础设施建设等方面加强协商沟通。

加强与环渤海区域的合作。依托自身区位优势和交通优势，以东北腹地资源和产业基础为依托，逐步建立与环渤海区域之间的产业、港口、科技、文化等方面的互动协作机制，使旅顺成为东北腹地与环渤海区域经济、文化、生态等合作交流的最前沿和重要窗口。

加强与东北亚区域合作。充分利用旅顺的文化资源和产业优势，采用多种形式，加强与俄日韩等东北亚国家的经济、文化、科技方面的交流合作，打造连接东亚地区的经济文化交流平台，集聚更多的国际资金、人才、技术等生产要素和产业。

第九章　保障措施

第一节　创新绩效考核体系

争取省市政府调整对旅顺的考核指标。旅顺是全市重要的环境生态功能区、都市农业区和绿色经济区，要提高生态环境考核指标的权重，降低 GDP、招商引资、固定资产投资等经济指标的权重，并加大对旅顺生态环境保护建设和财政转移支付的力度。建立由经济指标、生态指标、社会发展指标等多项指标形成的综合性的绿色的指标体系。根据区域功能的不同,对各项指标赋予不同的权重。建立绩效考核结果追究制,把绩效考核结果与干部选拔任用、奖惩结合起来。

第二节 加快人才引进培养

大力引进国内外高层次人才,为加快推进旅顺绿色经济区建设提供智力支撑。制订吸引外部高层次人才的优惠政策,着力打造具有比较优势的人才政策环境,创新人才引进模式,围绕全区经济社会发展的紧缺型人才,加快引进一批领军型人才和研发团队。落实好高层次人才引进奖励、落户、子女就业政策。

建设大连高等教育集聚区和高素质人才培养基地。完善高校配套服务设施,使旅顺成为大连市科技成果孵化基地和高素质人才的培育基地。加强职业技能培训、学生实训、产学研一体化,发展中高级技术培训产业,建设辽宁沿海经济带高技能人才培训中心。

完善人才激励机制。建立人才收入增长快于经济增长的长效机制。实行优秀专业技术拔尖人才奖励制度,激发为旅顺服务的各类人才创新创业的积极性。完善高技能人才技能培养、考核评价、岗位使用、竞争选拔、表彰激励工作机制。设立人才开发专项资金,主要用于重大人才开发活动、人才服务平台的建立、重点领域紧缺及高端人才培养和引进、杰出人才奖励、重点人才基地建设等。

第三节 加强规划衔接,注重规划实施

加强规划实施衔接。坚持"全区一盘棋"的大局观,切实加强总体规划与专项规划之间的衔接,特别是国民经济和社会发展规划与城市总体规划、土地利用规划之间的衔接,确保各类规划的一致性,构建空间布局协调,开发时序合理,符合国家和省、市各项要求,定位明晰、相互支撑的规划体系。

增强规划执行力。提高各级领导干部在规划原则指导下的创新能力,增强实施规划、实现规划目标能力。各部门、各区域要以"十二五"规划为基础,制订详尽的实施细则和政策措施。

强化规划执行监督和评估机制。区人大进一步加强对规划实施的监督,全区各有关部门要加强规划实施中各项指标的跟踪和统计,规划主管部门定期对总体规划和各专项规划执行工作进行评估,并将有关实施情况向区委、区人大汇报,向区政协通报。加强规划实施的民主监督。

完善规划修订机制。在规划实施期间,如遇国内外环境发生重大变化,由区政府适时提出规划修订方案建议,报请区人大常委会审议批准后实施,并向社会公布调整方案。

第四节 加大重大项目建设力度

进一步增强重大项目在全区经济跨越式增长中的支撑作用,做好项目储备工作,做好重大基础设施项目的前期准备工作,积极引进重大产业项目,继续保持全区固定资产投资的合理增长。

继续抓好"重大建设项目领导包干责任制"的落实,加强对重大项目推进的调度、协调和监督。推进基础设施和公共事业建设投资主体的多元化,构建以企业为主体进行市场化运作的机制。积极落实国家、省、市一系列政策措施,进一步拓宽融资渠道,争取、吸引更多的国家、社会资金推动我区经济发展。

附:名词解释

1. **全域城市化**:是推进大连地区人口

向中心城镇和城市逐步聚集的过程，也是以城市文化、城市价值观和生活方式影响、“同化”和改变乡村型生产和生活方式的战略举措。其主要特征包括：城乡一体化、城区现代化、村镇社区化、农业都市化和农民市民化。

2. **六大功能区**：指把全域划分为西北部临港功能区、旅游文化功能区、科技创新功能区、都市农业功能区、生态宜居功能区和自然保护功能区。

3. **“五城一都”**：西部临港新城、旅游休闲度假城、历史文化名城、生态宜居城、科技创新城、花卉之都，是旅顺未来发展的六大核心功能。

4. **“一核一带六岛六湾”**：“一带”即滨海旅游带；“一核”即由新城区、老城区和太阳沟组成的核心区；“六岛”即蛇岛、双岛、鸟岛、猪岛、虎平岛和牤牛岛；“六湾”即；即创意主题湾、风情主题湾、养生主题湾、邮轮主题湾、产业主题湾和运动主题湾。

5. **战略性新兴产业**：以重大技术突破和重大发展需求为基础，对经济社会全局和长远发展具有重大引领带动作用，知识技术密集、物质资源消耗少、成长潜力大、综合效益好的产业。《国务院关于加快培育和发展战略性新兴产业的决定》中提出，现阶段重点培育和发展节能环保、新一代信息技术、生物、高端装备制造、新能源、新材料、新能源汽车等产业。

6. **三网融合**：指电信网、计算机网和有线电视网三大网络通过技术改造，能够提供包括语音、数据、图像等综合多媒体的通信业务。

概　貌

□自然概况

□2010 年大事记

□开发区和街道

自 然 概 况

■**地理**　旅顺口区位于辽东半岛最南端，属大连市辖区。南与东濒临黄海，西依傍渤海，北接陆路，与甘井子区接壤，距大连市区32公里。

旅顺口区陆地南北纵距26.1公里，东西横宽31.2公里，总面积506.8平方公里，海岸线长169.7公里。全境属长白山余脉构成的沿海丘陵地带，地势东高西低，平均海拔140米，地形构成为六丘、半水、三分半田；共有山丘292座，最高的老铁山海拔465.6米，临黄渤海分界线，被称为辽宁的“天涯海角”。境内河流多为间歇性小河。农田耕地多处在15度左右的缓坡上，少量在丘陵间盆地或沿海河谷地带。

旅顺口区是国家级风景名胜区、国家级自然保护区、国家级森林公园。境内有举世闻名的天然不冻港——旅顺军港，为京津海上门户和东北的天然屏障。旅顺新港已成为沟通辽东半岛和山东半岛的“黄金水道”。

旅顺口区属北温带海洋性季风气候，冬无严寒、夏无酷暑。2010年，全区年平均气温为10.1℃，比多年年平均值低0.6℃。年极端最高气温为32.5℃，出现在7月5日。年极端最低气温为-14.6℃，出现在1月6日。全区年降水量为876.8毫米，比多年年平均值多5成。全区日照总时数为2268.0小时，比多年年平均时数少271小时。出现大风(≥7级)日数有45天，比多年年平均日数少32天。出现大雾(能见度小于1000米)日数有34天，比多年年平均日数多4天左右。

■**沿革**　战国末期，旅顺属燕国辽东郡(郡治在今辽阳市)。秦始皇统一全国后，属秦朝辽东郡。

汉代以前，旅顺被称作“沓渚”。汉武帝元封四年(公元前107年)，辽东郡下设18个县，今大连南部地区设沓氏县，旅顺属沓氏县(三国时期沓氏县改称东沓县)。

西晋、东晋及十六国时期，旅顺隶属辽东郡平郭县，其间，旅顺被称作“马石津”(马为乌之误)。

唐代在辽东设安东都护府，旅顺隶属其辖区的积利州。后因州治所被契丹攻陷，州治所迁山东，旅顺隶属平卢淄青节度使节制。此间，旅顺称“都里镇”，成为唐朝沟通山东半岛与辽东联系的海路通道。

辽代，在今辽东地区建东丹国，旅顺属东丹国。公元1031～1054年，辽在今大连南部地区设苏州(因居民从南苏迁入得名)，下设来苏县、怀化县。旅顺属东京道来苏县，都里镇改称狮子口。

金灭辽后，在辽东实行路、府、州、县制。1143年，金撤销苏州，降为化成县，旅顺属之。1216年，化成县升为金州，旅顺属金州。元代隶属辽阳路金复州万户府，仍称狮子口。

明代，洪武四年(1371年)，朱元璋任马云、叶旺为定辽都指挥使，率十万大军自山东登莱渡海在狮子口登陆，打击元朝在辽东的残余势力，因旅途航海一帆风顺，遂将狮子口改名为“旅顺口”。洪武八年，置金州卫，旅顺属之。洪武二十八年(1395年)废州制，专行卫制，旅顺口隶属金州卫。

清代,初袭明制。顺治元年(1644 年)裁撤明代诸卫。顺治十八年(1661 年)设金州巡检司,旅顺隶属海城县。康熙三年(1664 年)旅顺隶属盖平县。康熙五十四年(1715 年),旅顺水师营建成,水师营协领(旗衙门)兼理汉民一般民政。雍正五年(1727 年),复设金州巡检司,改隶复州通判。雍正十二年(1734 年),升金州巡检司为宁海县,属奉天府,理旅顺汉族民政事务。道光二十三年(1843 年)升宁海县为金州厅,旅顺隶属金州厅管辖。光绪二十年(1894 年)11 月 21 日,日本军侵入旅顺口,打乱建制。光绪二十一年(1895 年)俄、德、法三国"干涉还辽",金州厅建制恢复。光绪二十三年(1897 年)12 月 14 日,俄军舰队占据旅顺口。翌年 3 月 27 日,强迫清廷签订《中俄旅大租地条约》,毅军提督宋庆奉命率军撤出旅顺口。3 月 28 日,俄军在旅顺黄金山举行占领仪式。5 月,在彼得堡签订《中俄旅大租地续约》,租借旅顺、大连 25 年。10 月俄国在旅顺成立临时民政管理局。光绪二十五年(1899 年)8 月,改临时民政管理局为关东州总督府(在今新市街),颁布《暂行关东州统治规则》,州辖 3 市 5 区。旅顺境内分设旅顺市、旅顺行政区。旅顺行政区亦称旅顺抚民府或旅顺民务所,旅顺民务所设在水师营。

日俄战争后,旅顺进入日本占领时期,1905 年 1 月,在旅顺建旅顺军政署和旅顺民务所。5 月,设关东州民政署,6 月,设旅顺民政支署,撤销旅顺军政署。1906 年 5 月,关东总督府(1905 年 10 月在辽阳设置)迁到旅顺,9 月,关东总督府改为关东都督府,同理军事和民政事务,管辖关东州,改旅顺民政支署为旅顺民政署,撤销旅顺民务所。1915 年 9 月,旅顺民政署增设旅顺市役所。1919 年 4 月,废关东都督府,置关东厅,专理民政。1924 年 5 月,旅顺民政署与旅顺市役所分立。1934 年 12 月,日本在长春置关东局,关东厅改称关东州厅,隶属关东局。1937 年 6 月 1 日,关东州厅由旅顺迁到大连,直至 1945 年"八一五"日本投降。

1945 年 8 月 17 日,旅顺伪商会会长召集地方头面人物组建旅顺地方治安维持委员会(简称维持会)。8 月 22 日,苏联红军进驻旅顺实行军事管制,在旅顺上沟成立以工人、农民为主体的旅顺民众联合会(简称民联会),张心斋任会长。9 月下旬,旅顺民联会经过整顿,张心斋仍任会长,王泽民任副会长。10 月 15 日,由苏联驻军主持,召集民联会和维持会领导人协商成立旅顺市政府。11 月 25 日,旅顺市政府成立。1946 年 10 月 23 日,旅大行政联合会办事处成立(驻旅顺,不久迁到大连),旅顺市政府隶属旅大行政联合会办事处。1947 年 4 月,旅大行政联合会办事处改称关东公署,旅顺属之。1949 年 4 月,关东公署改为旅大行政公署,旅顺属之。

新中国成立后,1949 年 12 月 10 日,旅顺市政府改为旅顺市人民政府,隶属关系不变。1950 年 12 月,隶属旅大市人民政府。1955 年 4 月 16 日,改旅顺市人民政府为辽宁省旅顺市人民委员会,隶属旅大市人民委员会。1960 年 2 月 12 日,撤销旅顺市建制,建立旅大市旅顺口区人民委员会。1968 年 10 月 8 日,成立旅大市旅顺口区革命委员会,隶属旅大市革命委员会。1981 年 4 月 15 日,旅顺口区革命委员会改为大连市旅顺口区人民政府,隶属大连市人民政府。

■人口 2010 年,全区共有居民 81340 户,比上年增加 1057 户,户籍人口 204994 人,增加 1429 人,其中,男性 101207 人,女性 103787 人,人口性别比为 97.51 :100(女性人口为100)。在总人口中,18岁以下23158人,18岁—35岁47546人,35岁—60岁92407人,60岁以上41883人,所占人口的比例分别为11.3%、23.2%、45.1%、20.4%,与上年相比,老年人口比重提高0.8个百分点,中青年人口比重下降0.5个百分点。迁入人口3934人,其中,省外迁入3354人;迁出人口996人,人口机械增加2938人。非农业人口160515人,其中,投资购房落户455人,城市化率推进到78.3%,同比增加0.6个百分点。

全年出生人口1270人,出生率为6.28‰,其中,男孩661人,女孩609人,出生人口性别比108.5 : 100;死亡人口1491人,死亡率7.38‰;人口自然增长率-1.09‰。计划生育率97.72%。

■区划 2010年,旅顺口区实际管辖10个街道、1个经济开发区,68个村委会和13个社区委员会、487个居民小组、331个村民小组。

2010年大事记

1月

1月2日 旅顺口区市场街道迎春街83号楼顶层701室突发燃气爆炸事故,该楼601室、602室、701室、702室楼体严重破损,事故造成两人死亡。

1月5日 区政协七届三次会议开幕,会期三天。区领导熊博力、金德锐、惠凯、段炼、王岩、崔岩、韩伟、唐立,驻旅部队首长以及军工单位领导应邀出席大会。区委、区人大常委会、区政府、区纪委领导、区级老领导、各民主党派、工商联、人民团体负责人和无党派代表人士出席开幕式。会上,区政协主席刘永斌作了《政协旅顺口区第七届委员会常务委员会工作报告》;区政协副主席陈秀燕作了《旅顺口区第七届委员会常务委员会关于七届二次会议以来提案工作情况的报告》。

1月6日 旅顺口区第十六届人民代表大会第三次会议隆重召开,会期四天。大会执行主席:熊博力、金德锐、段炼、徐金祥、于丽华、张起和、温志强、杜德明。区委、区政府、区政协的领导同志,区人民法院院长、区人民检察院检察长、区级老领导、驻旅部队首长以及大会主席团成员出席大会开幕式。会议邀请了部分老领导,出席政协旅顺口区第七届委员会第三次会议的委员、区政府组成人员以及省直、市直有关部门和单位负责同志、军工单位负责同志列席大会。邀请了4位公民代表旁听会议。会上,区委副书记、区政府区长惠凯作了政府工作报告。

1月11日 旅顺口区作为辽宁省唯一涉农县区,被国家科技部确定为"国家科技进步示范区"。

1月13日 旅顺口区大樱桃、海参、鲍鱼三个品牌在首届中国农产品区域公用品牌建设论坛会上,跻身中国农产品区域公用品牌价值百强。

1月18日　大连中远造船工业有限公司开始建造首制船,标志着该项目由建设期转向生产期。

1月19日　区纪委召开第五次全体会议暨行政监察工作会议。区四大班子领导、区各有关部门及部分市属单位主要负责人、特邀监察员出席会议。会上,区委常委、区纪委书记黄坚作了题为《践行科学发展 创新工作理念 推进党风廉政建设和反腐败工作深入开展》的工作报告,区委书记熊博力作了讲话。会议由区委副书记、区长惠凯主持。

1月20日　经国务院同意,旅顺新港一类口岸通过国家验收,正式对外开放。

1月25日　大连"绿晨"果蔬专业合作社获得欧盟国际组织颁发的"中国良好农业规范认证"证书,成为大连市首家由该组织认证的农业生产单位。

2月

2月1日　旅顺口区举行"庆开放、迎新春"移动杯原创歌曲电视大赛。

2月3日　区委书记熊博力率旅顺口区招商团在日本进行了为期4天的主题推介活动。期间,区委书记熊博力代表区委、区政府与石川县内滩町签订了友好城区协议。

2月5日　市长李万才到科学发展观学习实践活动联系点——旅顺经济开发区进行工作调研,并走访慰问了6户困难党员和困难群众。李万才在调研中要求旅顺在辽宁沿海经济带开发开放建设中起到带头和示范作用,要借助全域城市化这个载体,抓住固定资产投资这个关键,在新的一年里继续鼓足精神,真抓实干,按照已经确定的规划方案,将全区工作继续推向一个新高度。区领导惠凯、段炼、车民陪同调研。

2月9日　省委常委、市委书记夏德仁来本区看望慰问海军驻旅某部广大官兵。市领导肖盛峰、宋善云、姚家凯,大连军分区领导,区领导熊博力、惠凯陪同慰问。

同　日　大连港集团董事长邢良忠一行来到本区商谈旅顺新港规划建设的有关事宜。区领导惠凯、张文哲、孙家平出席会议。

2月10日　《旅顺口年鉴(2009)》在全国年鉴编纂出版质量评奖活动中分获综合质量一等奖、框架设计一等奖、条目编写一等奖、装帧二等奖。

2月24日　国家文物总局局长单霁翔来旅顺口区视察不可移动文物保护情况,省文化厅厅长郭兴文、大连市副市长朱程清、区领导惠凯等陪同视察。单霁翔一行先后视察了旅顺船坞旧址、唐代鸿胪井遗址、北洋水师旅顺集合所旧址、日本关东都督府旧址等文物遗址,并听取了文物保护工作情况介绍,对本区的文物保护情况给予了充分肯定。

2月25日　本区启动国家基本药物制度试点,全区5家卫生服务中心和6个乡镇卫生院配备使用基本药物,并实行零差率销售。

3月

3月2日　旅顺图书馆在第四次全国县级以上公共图书馆评估定级中荣获"一级图书馆"称号。

3月3日　区委书记熊博力会见日本儿童友好交流后援会副理事长大仓孝三,就后援会向本区赠送樱花有关事宜进行了商谈。

3月4日 2010年大连市政府重点工程项目——旅顺口区北大河河道生态治理工程开工仪式在长城街道周家村隆重举行。区领导熊博力、杨仲、惠凯、刘永斌、赵志孝及市、区相关部门负责人出席了开工仪式。开工仪式由副区长赵志孝主持。北大河通过生态治理后,将使防洪提升到二十年一遇的标准,从根本上保护该流域工农业和居民的生产生活财产安全。

同 日 国家工商总局认定大连海晏堂生物有限公司的“海晏堂”商标为“中国驰名商标”。

3月6日 区长惠凯会见香港中国国际基金有限公司董事长徐京华一行。

3月8日 旅顺口区政府十六次常务会通过开发区管委会行政执法主体资格。

3月10日 区委书记熊博力接受辽宁电视台、大连电视台、《辽宁日报》、《东北之窗》、《大连日报》以及天健网等省市媒体记者采访。

3月14日 联合国规划署专员阿兰·史密斯和国际花园城市竞赛全球评委会主席克罗蒂特·塞维利亚一行来本区进行工作考察。区领导熊博力、惠凯、郭晓迪陪同考察。史密斯此行的主要目的是考察大连市申请承办2011年国际花园城市全球总决赛的有关事宜。史密斯一行先后来到东鸡冠山北堡垒、白玉山景区,考察了旅顺口区的战争历史遗址、城市建设风貌和城市绿化情况,并观看了水师营街道三八里村等三支秧歌队的民俗表演。

3月15日 中国北车集团大连机车研究所有限公司、中国北车股份有限公司大连电力牵引研发中心项目落户旅顺经济开发区,两个项目投资总额为10.3亿元,占地面积20万平方米。

3月16日—29日 区长惠凯率旅顺代表团随市政府赴荷兰、新西兰、澳大利亚招商。

3月18日 区委书记熊博力会见了日本NHK广播电视台国际放送局记者并介绍了旅顺全面开放的历史背景、经济社会发展面临的主要问题、旅顺未来发展的方向以及旅游基础设施建设等方面情况。

3月23日 由区委宣传部、大连盛迈文化发展有限公司合作开发的大连旅顺民间艺术馆与旅顺民间艺术家协会签订了展品展出协定。区委常委、宣传部部长张守财出席了签字仪式。

3月30日 开发区管委会与大连华森房地产开发有限公司签订了《南天门山区域土地开发协议书》,项目总投资75亿元,占地面积250.2公顷。

4月

4月2日 12家全国知名网媒组成的采访团来本区,对登峰街派出所进行了采访。登峰街派出所荣获全国“爱民模范先进集体”。

4月6日 旅顺港集团投资建造的“旅港拖1”轮下水。该船为2200马力全回转“消拖“两用拖轮,能满足近海航行、拖带和消防作业。

4月10日 主题为“展现义工风采,弘扬旅顺精神”的全区义务奉献活动启动仪式在新开广场举行。参加此次活动的有42支义工队,1300余人。

4月19日 旅顺经济开发区管委会分别与中国北车集团大连机车研究所、北车大连电力牵引研发中心签署了大连机车研究所旅顺开发区产业基地和电力牵引与控制产品产业化项目协议书,两个项目合计总投资10.3亿元。

4月22日 省中小企业厅副厅长单成繁、大连市副主任赵文旗及全省14个市中小企业局领导110余人到本区考察，考察了旅顺小企业创业基地、开发区火车轮渡、开发区台山观景台项目。

4月23日　市委书记夏德仁来本区调研，副市长孙广田、市长助理姜周，区领导熊博力、惠凯等陪同调研。夏德仁在听取区工作汇报后，对旅顺取得的成绩给予了充分肯定，并强调，旅顺口区要进一步增强紧迫感和责任感，按照"旅游胜地、国际航运中心组合港、历史文化名城和科技创新区"的发展定位，科学规划，高标准建设，高水平发展，把旅顺建设成为大连最漂亮、最优美、最优雅的地区。要明确目标定位，加快发展方式转变，保护好旅顺的自然生态环境和历史遗迹，大力发展以商贸物流、软件信息、科研开发为主的现代服务业，转变经济发展方式，优化经济发展结构，推进绿色经济和绿色产业健康快速发展，把旅顺口区打造成为国际化、现代化的绿色生态城区。要增强政治责任感，保持社会和谐稳定，统筹经济和社会事业协调发展，时刻关注民生，解决好百姓最关心和最需要解决的实际问题，切实保障百姓的合理诉求，让发展成果惠及百姓。要加强干部队伍建设，提高领导科学发展的能力，认真贯彻落实中央十七届四中全会精神，不断加强领导班子的思想建设、组织建设、作风建设和反腐倡廉建设，建设一支特别能吃苦、特别能战斗、特别能奉献的干部队伍。要加强学习，拓宽国际化视野，提高全局观念，按照科学发展观的要求，努力把旅顺口区建设成为绿色和谐的现代化主城区。夏德仁表示，市委将于近期研究旅顺绿色经济区体制问题。

4月27日　老铁山突然降雪。国家级自然保护区缓冲区以上的地方积雪较多，而试验区内靠近海边的地方积雪较少，和镇中心地带相比，形成了一绿一白鲜明对比，尽管雪来得很突然，对农作物和果树生长会造成一定影响，但总体上没有形成太大的灾害。

4月28日　区委、区政府召开旅顺口区2008—2009年度劳动模范、先进单位表彰大会。区四大班子领导参加会议。区委书记熊博力作了讲话。会议对区级以上劳模进行了表彰。其中全国劳动模范：李明波、张杰；辽宁省五一劳动奖章获得者：刘日祖；大连市特等劳动模范：李皆辉；大连市特别劳动奖：增本公勇、清水广；大连市劳动模范：杜咏梅（女）、孙连和、于可望、刘焕恩、韩丽红（女）、于溟、王家升、陈生发、高宏一、孙洪钢、于涛、王志波、张媛（女）、姜和英、张红文、王德余、张德智、姜永建、韩晶（女）、尹明刚、李作民、蒋再鑫、刘明东、田东风、王成新、张大勇、刘任鹏、刘万明、季建庄、康瑞洪、王家平、胡家起、王全军、刘仁梅、高本业、王成宝、刘凤云（女）、许传福、柳忠明；大连市外来农民工劳动模范：尤宝华；大连市先进单位：旅顺经济开发区管理委员会、大连世达集团有限公司、旅顺口区环境卫生管理处、旅顺口区人民政府婚姻登记处、旅顺口区北海街道袁家沟村民委员会。

5月

5月1日　第二届中国大连（旅顺）国际樱花节在二○三景区新樱花园开幕，至15日结束，共接待游客68.5万人次，实现旅游综合收入986万元，分别比上年同期增长0.4%和3.3%。

同　日　位于旅顺南路塔河湾的"大连湾山高尔夫五星级温泉"度假酒店正式开工。该酒店工程占地1.5万平方米，总建筑面积3.51万平方米，其中温泉会所5000余平方米，客房150间，多功能会议厅800

余平方米,总投资2.8亿元,计划于2011年10月投入使用。酒店建成后,将结束本区没有五星级酒店的历史。

5月8日　辽宁蛇岛老铁山国家级自然保护区管理局和铁山中、小学校共同举办辽宁省第29届“爱鸟周”活动启动仪式。本年爱鸟周活动的主题是:科学爱鸟护鸟,维护生物多样性。

5月9日　一艘葫芦岛籍渔船在老铁山附近海域与一艘浙江籍货轮发生碰撞翻沉,经区海洋与渔业局组织力量搜救,3人获救,6人失踪。

5月10日—14日　区领导惠凯、张文哲率区直有关部门、经济开发区及相关街道负责人赴深圳、厦门招商,并于5月12日在深圳福田香格里拉大酒店举行旅顺绿色经济区“五城一都”推介会暨项目签约仪式,市领导夏德仁、孙广田,区领导惠凯、张文哲及相关部门领导参加推介会和项目签约仪式。

5月15日　世界唯一一座透视生命迹象的生命奥秘博物馆在旅顺开发区开馆。该馆由大连鸿峰生物科技有限公司投资兴建,展览面积3000平方米,展品300余件,拥有世界独一无二的珍稀标本10余件。馆内展示的标本均采用世界上最先进的生物塑化技术,可以保存上千年。

同　日　大连韩伟集团董事长韩伟在“第二届中国绿色产业论坛”会上,获得“2009中国节能减排领军人物”称号,大连韩伟集团是辽宁省获得此项殊荣的唯一企业。

5月19日　水师营街道小南村编纂的《小南村志》由辽宁民族出版社出版发行。

5月24日　《唐鸿胪井碑》一书首发式在棒棰岛宾馆举行。该书由上下两卷35篇论文构成。上卷分设为五个题目,选编了22编研究东北地方史及渤海史的论文。下卷收集了对唐鸿胪井碑本身进行研究和考证的论文。“唐鸿胪井碑”遗址位于旅顺港内东侧的黄金山北坡下。此书的主编、《唐鸿胪井碑》研究会名誉会长韩树英参加了此书首发式。

5月29日　区委书记熊博力率旅顺口区经贸考察团赴美国、加拿大开展为期10天的经贸交流活动。代表团先后考察了美国印地安纳州SEYMOUR公司、美国联合太阳能奥佛公司、美非亚集团、美国博根社区学院,在新能源开发利用、企业品牌合作、人才交流合作等方面达成合作意向。考察团还拜访了旅顺友好城市森都布鲁克市。

5月31日　旅顺开发区管委会与南通远洋船舶配套有限公司签署了南通舵叶项目协议书,协议金额4.5亿元。

6月

6月7日　旅顺八一烈士陵园开始全面整修,主要工程包括新建中心广场大型纪念碑、铺设园区道路、进行环境绿化等工程,总投资额达到450多万元,工期170天。旅顺八一烈士陵园是大连市重点文物保护单位,始建于上世纪50年代,陵园内共安葬在解放战争、抗美援朝战争以及在保卫和建设祖国各个时期牺牲、病故的中国人民解放军干部战士近400名,占地面积2万多平方米。

6月8日　原国务委员、原全国政协副主席李贵鲜视察旅顺,市领导刘俊文,区领导熊博力、刘永斌、段炼陪同视察。

同　日　区长惠凯会见日本川崎造船株式会社董事长神林伸光一行。

6月10日　旅顺中路龙头街道姜家村路段的跨线桥工程竣工通车。该桥长97.08米,宽14米,投资367.6万元。该工程竣工通车，解决了大连至旅顺中路龙头街道姜家村路段铁路道口堵塞问题，使旅顺至大连南、中、北路全线畅通无“瓶颈”。

同　日　根据《农产品地理标志管理办法》规定，“旅顺大樱桃”经过初审、专家评审和公示，符合农产品地理标志登记程序和条件，荣获中华人民共和国农产品地理标志登记证书，这是大连市首次唯一获得国家农业部农产品地理标志殊荣的农产品。

6月18日　“2010年大连旅顺国际樱桃节”开幕，7月20日正式闭幕。期间，全区共接待国内外游客21.5万人，比上年增加了35%；销售大樱桃2万吨，比上年增长了100%；大樱桃采摘园门票收入860万元，同比增长了54%；全区实现大樱桃销售总收入5.2亿元，同比增长了68%；带动农民增收1.8亿元，增长了64%。

6月19日　由旅顺口区人民政府、中视传媒联合主办，大连德享房地产开发有限公司、旅顺口区水师营街道以及大连医科大学共同承办的央视大型综艺节目《欢乐中国行》大连旅顺大型广场文艺演出，当晚7：30在大连医科大学体育场举行。

6月20日　两艘外籍轮船在大连老铁山海域相撞，其中一艘柬埔寨轮船当场沉没，造成5名船员死亡，2名船员失踪。

6月24日　中共西安市委副书记、市长陈宝根率西安市代表团一行来旅顺考察，区领导惠凯、车民陪同。

同　日　由国家教育部、辽宁省教育厅联合举办的“2010年高雅艺术进校园”活动在大连外国语学院举行京剧专场演出。来自国家京剧院的艺术家们为大学生们表演了传统剧目《望江亭》。

6月29日　教育部副部长鲁昕一行视察大连交通大学信息工程学院，省政府副秘书长何庆良、省教育厅厅长魏小鹏、区委书记熊博力、区委副书记、区长惠凯等陪同视察。

6月30日　澳大利亚澳华科技协会、旅美华人科技协会及全国归国留学人员参观考察团一行90人来旅顺口区考察投资项目和投资环境，市委统战部副部长郭成安，区领导张文哲、王岩陪同考察。

7月

7月2日　2010年高考成绩公布，大连市理科状元花落旅顺中学。应届毕业生何梓瑄（男）以总分699分的高分荣登大连市高考榜首，位列辽宁省第三名。《大连电视台新闻60分》、《大连晚报》、《半岛晨报》等多家媒体对此进行了采访和报道。

7月5日　公安部应急救援现场会在旅顺开发区召开，公安部副部长刘金国，副省长滕卫平，省政协副主席、公安厅厅长李文喜，市长李万才，副市长王立科和全国31个省市区领导出席。

同　日　省委副书记张成寅来旅顺开发区调研。

同　日　旅顺开发区管委会与大连天邦房地产开发有限公司签订了《天邦房地产项目协议书》，项目总投资3.5亿元，占地面积5.3万平方米。

同　日　国家一级美术师宋慧莹书法作品展在旅顺博物馆开展，也是其从艺40余年来首次举办的个人书法展览。展出作品43幅，以行书、草书为主，展品内容多以毛主席诗词为主。她的作品被中南海、毛主席纪念堂、辽宁省博物馆等多家单位收藏。

7月6日　陕西省委常委、宣传部部长胡悦一行来本区考察文化产业发展情况，市委常委、宣传部部长孙世超及省、市有关部门领导，区领导熊博力、张守财陪同考察。

同　日　市政府下达了《大连市人民政府办公厅关于调整最低工资标准的通知》,决定从是年7月10日起,对全市最低工资标准进行调整。其中旅顺口区最低工资标准由每人每月700元调整为900元,小时最低工资由7元上调为9元。

7月12日　旅顺口区62中学初三九班的左源同学以总分628分的优异成绩一举夺魁,摘得旅顺口区中考状元,实现了62中建校以来的历史性突破。

7月14日　省人大常委会委员、省人大农业与农村委员会主任委员万福民和部分省人大代表,对本区新农村建设情况进行调研。市人大常委会副主任钱忠杰及市政府有关部门领导,区领导惠凯、温志强、夏德永及区有关部门负责人陪同调研。

7月18日　山东省海阳市市委书记、市人大常委会主任王玉波带领海阳市党政考察团到本区考察现代服务业、重点项目建设和渤海铁路轮渡等项目情况。

7月22日　旅顺口区第一个太阳能光伏发电项目由大连奥林电器制造有限公司开始兴建,建成后将成为东北地区第一座离网式光伏发电系统。该项目已经申报了国家级太阳能光伏发电示范工程。

7月24日　大连旅顺"渔人节"开幕式在北海街道举行,省政协常务副主席李国忠,大连市政协副主席张荣杰,区领导熊博力、惠凯、张守财、孙长胜出席"渔人节"开幕式。

7月25日　大地数字影院大连新玛特旅顺世达店举行开业典礼。

8月

8月9日　旅顺口区举办慈善基金建设情况通报暨慈善基金签约仪式。首批有11家企业和慈善总会签订了慈善基金协议,基金签约年限为5年,基金总额为3050万元,每年可支配基金额度为615万元,用于扶危济困、社会公益、助医、教育等多个慈善公益领域。区委副书记段炼出席了签约仪式。

8月10日　旅顺民间艺术馆开馆。该馆全方位整合了全区的民间艺术资源,品种多样,内容广泛。根雕、渔民画以及鱼标本等传统民间艺术作品极具地域特色,使人们感受到了深厚的非物质文化底蕴,为全区的旅游产业发展带来新亮点,助推文化旅顺建设。

8月25日　在第七届"星星火炬"中国青少年艺术英才推选活动全国总决赛中,旅顺海之韵艺术学校的吕传凯同学获得电子琴组特金奖,吕孟洳、周玲慧、冯鑫然、张慧凝同学分别获得竹笛、小提琴和电子琴组金奖。

8月31日　旅顺口区的大糖火烧、民间剪纸艺术、花板秧歌、编扇秧歌同时被评为大连市非物质文化遗产。

9月

9月2日　区委召开连心活动经验交流会,有关单位介绍了工作经验,区委书记熊博力在讲话中强调,要继续深入开展好连心活动,更加准确地把握好活动的基本要求,更加充分地发挥好领导干部的引领作用,确保活动高位运行;要抓住关键,不断深化活动主题,集中开展好"四个一"活动,促使连心活动发挥更大效应;要全力解决好实际问题,不断提高群众的满意度;要点面结合,强化舆论导向,跟踪问效,严格督导检查,确保活动取得实效。

9月6日　副省长滕卫平带领省政府办公厅、省卫生厅、省科技厅领导,到大连医科大学进行工作调研。

9月21日　辽宁省合唱邀请赛暨第六届旅顺(国际)合唱节在大连人民文化俱乐部隆重开幕,于9月24日下午闭幕。这届合唱节是由旅顺口区人民政府、辽宁省音乐家协会、辽宁省群众艺术馆主办,旅顺经济开发区管委会承办。合唱节历时4天,来自国内外及旅顺口区共60个合唱团3600多名演员参加,将经过6个专场比赛,评出特等、金、银、铜奖和歌曲创作一、二、三等奖。

9月24日　2010旅顺国际人居节开幕(为期3天),共成交房屋265套,成交面积24462.3平方米,实现交易金额1.7524亿元,签订购房意向1234套,达成意向金额7.425亿元。

9月26日　来我国进行国事访问的俄罗斯联邦总统德米特里·阿纳托利耶维奇·梅德韦杰夫到旅顺口区,拜谒了苏军烈士陵园,访问了大连外国语学院。

9月27日　中国大连·旅顺第二届美食文化节开幕,10月3日结束。期间,共设置50个中华特色小吃摊位,接待顾客10多万人次,实现销售额500多万元。

10月

10月7日　国内最大客滚船之一的“渤海银珠”轮正式从烟台至大连航线调整到蓬莱至旅顺航线运营。渤海轮渡股份有限公司用新建造的“渤海银珠”豪华客滚船舶替代了原来的“英华轮”。该船设施新颖,宽敞明亮,有1200个客位,120多个车位,数量均比过去翻了一番。

10月8日　共青团旅顺口区委召开第十七次代表大会,区领导熊博力、杨伸、刘永斌、段炼、郭晓迪出席会议。熊博力作了讲话。李宝升当选为共青团旅顺口区第十七届委员会书记,王飞、贾囡当选为共青团旅顺口区第十七届委员会副书记。

同　日　“十一”黄金周期间,全区共接待海内外游客15.32万人次,同比增长12.6%,实现门票收入219.6万元,同比增长10.9%。

10月12日　旅顺开发区供水工程开工建设。工程投资7000万元,升级管线7公里,新建10000立方米蓄水池一座。

10月18日　旅顺口区有四项企业改扩建工程被列入省亿元以上项目工程重大工业项目。一是大连大玖机械有限公司新型挖泥船爬吸设备生产项目、二是大连东方亿鹏设备制造有限公司的专利产品——改进型螺旋折流板换热器三期扩建项目、三是大连今冈船务工程有限公司三期建设项目、四是大连伯顿冠力电机有限公司厂房建设项目。

10月22日　旅顺口区“万人健身徒步大会”在世达广场举行。

10月28日　旅顺—台湾现代农业推介会在大连富丽华大酒店二楼多功能厅举行,区长惠凯向与会人员介绍了旅顺口区区情,区农林水利局局长赵元吉就旅顺口区都市型现代农业建设及重点项目做了推介,台湾三溢集团董事长侯宗助、台湾宏齐公司总经理谢兆麟、台湾汉光果菜生产合作社主席廖丁川发表了感言。会议由夏德永副区长主持。

11月

11月8日　双岛湾街道胡家村、三涧堡街道石付村、开发区三羊村和铁山街道牧羊城村同时被评为“区生态文明家园”。区委常委、宣传部长张守财出席了授牌仪式。

11月10日　区长惠凯接受俄罗斯工

业能源杂志社主编专访,就俄罗斯与旅顺在旅游方面的合作以及健康养生、港口交通等方面的问题做了解答。

11月13日 市委书记夏德仁来本区调研,先后考察了大连国际花卉中心、农副产品国际物流园、羊头洼港、中国北车股份有限公司大连机车旅顺制造基地、中科院大连旅顺科技创新园、市民健身中心等项目。区委书记熊博力、区长惠凯、副区长张文哲、夏德永等陪同考察。

同 日 由大连世达集团投资兴建的大连旅顺农副产品国际物流中心项目一期工程竣工并正式投入试营业。市领导夏德仁、王萍、孙广田等和区领导熊博力为该中心揭牌。

11月18日 北海工业园区的大连宇星净水设备有限公司成为大连市高新技术企业。该公司配备了11人的科技研发人员,投入研发资金500多万元,重点研发高分子复合材料,用于管道、压力容器的制作加工,实现产值4000多万元,获得国家发明奖专利6项,实用技术专利5项,其生产工艺技术获得国家发明专利,填补了国内空白。

11月22日 市"创先争优"活动领导小组组织《大连日报》、大连电视台、大连电台等七家市级主流媒体,对本区连心活动开展情况进行集中采访报道。

11月24日 中国老式汽车联盟来到大连向阳老式汽车博物馆考察,双方就在旅顺口区建设世界最大的"国际汽车博览园"计划进行商讨。大连向阳老式汽车博物馆是我国第一座老爷车博物馆,馆藏老式汽车、摩托车数量和馆区面积均居全国第一,位居世界第二,仅次于美国黑鹰堡老爷车博物馆。为了展示汽车产业的发展历程,做大做强老爷车产业,大连向阳老式汽车博物馆计划联合中国老爷车联盟、香港老爷车协会、美国黑鹰老爷车机构,在本区建设世界最大的"国际汽车博览园"。

11月25日 当代绘画大师徐悲鸿夫人廖静文,中央美术学院资深教授、徐悲鸿弟子戴泽,徐悲鸿艺苑院长柏庶人等一行12人参观了长城敬老院,对长城敬老院的设施、环境以及服务给予了高度评价,并为敬老院现场题字作画。88岁高龄的廖静文女士,还亲笔为敬老院题写院名。

12月

12月2日 以国家海洋监测中心主任、中国工程院院士丁德文为首的辽宁省生态区验收组来本区考核验收。

12月7日 由国家民政部等部门组成的评估组来本区评估"全国农村社区建设实验全覆盖"工作情况,本区顺利通过评估并成为全省"全国农村社区建设实验全覆盖"示范单位之一。

12月8日 以中科院太空植物繁育技术为依托,由水师营街道小南村投资一千万元建设的东北地区首家太空植物展馆建成。5000多平方米的太空植物展馆内集中展示20类、70多种太空植物,具备观光、科普和展品推广多重功能,成为集采摘、探险、垂钓、民俗为一体的"南山森林公园生态村落"。

12月15日 省委政法委副书记、省综治办主任王宝刚率省平安建设工作考核组来本区检查平安区创建工作。

同 日 本区举行"情暖滨城"2010年感动人物颁奖典礼。本次情暖滨城十大感动人物共评出8名个人、一对夫妻和一个集体,分别是:8年不离不弃照顾病患妻子的村民徐云华,全国三八红旗手、沈阳军区215临床部护士长袁辽荣,革命生涯60余载的抗美援朝老军人钱英杰,40年扎根农村、救死扶伤的乡村赤脚医生郭少英，17年跨越血缘收养孤残儿的于庆文、南文夫妻，书写中远造船新篇章的高级技术人才王汝义，把全部的身心投入到社区和谐建设中的耄耋老人季正夫，坚守亲情、与命运抗争、用双肩担起家庭重负的刚强女人王淑兰，全国五一奖章获得者、旅顺殡仪馆优秀职工王德强，披星辰、送晚霞，宁愿一人脏、换来万人洁的旅顺环卫处车队。

12月17日　举行开发区安岭220千伏变电站开工奠基仪式。

同　日　投资2亿元、总长度5.8公里的旅顺开发区园区铁路专用线正式开通，大连齐车轨道装备公司首列国铁车上线。

12月28日　区委召开十三届十次全会暨经济工作会议，会议的主要任务是总结2010年工作，回顾“十一五”重要成果，明确“十二五”总体目标，部署2011年主要任务。会上，区委书记熊博力做了题为“突出绿色导向 坚持富民惠民 为实现旅顺科学发展新跨越而努力奋斗”的报告。熊博力在报告中指出，“十二五”期间，旅顺口区工作的指导思想是：高举中国特色社会主义伟大旗帜，以邓小平理论和“三个代表”重要思想为指导，突出科学发展这个主题，以全面建设绿色经济区为抓手，加快转变经济发展方式，大力推进富民惠民，着力强化创新驱动、开放牵动、城市化带动三个动力，全面实施环境优先、科教兴区、产业强区、全域城市化四个战略，力促经济建设、政治建设、文化建设、社会建设以及生态文明建设和党的建设协调共进，努力实现科学发展示范区建设的决定性突破。总体目标是：以转型升级为基础提升综合经济实力，以“五城一都”为载体构建绿色产业体系，以强化功能为重点构筑全域城市化新格局，以保持环境优势为前提增强可持续发展能力，以惠及民生为根本促进社会和谐发展。2011年要抓好以下六个方面工作：一是深入推进改革开放，进一步强化支撑发展的战略优势；二是全力发展绿色经济，进一步促进产业结构的战略转型；三是始终坚持执政为民，进一步落实富民惠民的战略任务；四是着力建设宜居城区，进一步把握全域城市化的战略导向；五是充分调动积极因素，进一步打牢和谐稳定的战略基石；六是注重提升科学化水平，进一步构筑党建工作的战略新格局。区委副书记、区长惠凯作了讲话，总结了2010年经济工作，并对2011年经济工作作出安排。

12月30日　中国石油化工股份有限公司科技开发部主任谢在库一行6人考察旅顺创新园，区长惠凯、常务副区长车民等陪同考察。

开 发 区 和 街 道

旅顺经济开发区

■概况　1992年6月，经大连市城乡一体化领导小组批准，旅顺经济开发区正式成立，时称旅顺新港经济开发小区；2002年1月，旅顺新港经济开发小区晋升为省级开发区，更名为辽宁省大连旅顺经济开发区（以下简称开发区），规划面积为20.38平方公里；2004年，开发区被大连市政府确定为10个重点工业园区之一;2005年末,大连市西部规划重新确定开发区用地规模为29平方公里;2006年1月,开发区被纳入大连市“一岛十区”发展规划;2007年5月,开发区被纳入大连市“两区一带”发展规划;2008年4月,开发区被纳入辽宁省“五点一线”重点支持区域;2008年11月,经旅顺口区委、区政府研究决定,将原江西街道整体并入开发区,园区面积扩大到60平方公里;2009年7月,开发区被纳入辽宁沿海经济带发展规划;2010年,开发区被省政府纳入辽宁沿海经济带重点发展区域,规划面积由60平方公里调整至88平方公里。园区海岸线长23.9公里,下辖12个行政村,户籍人口15570人,常住人口6.6万人。

开发区成立至2010年,历届领导班子带领广大干部群众,始终秉承高起点规划、高标准建设的原则,坚持以建设促引进、以特色促集聚的发展理念,积极发挥港海优势,做强临港产业,着力培育船舶制造、轨道交通、重大装备制造、港航物流等主导产业,推进产业间协调发展。一批事关园区长远发展的重大项目先后落户园区,中远集团、中国北车集团、日本今治株式会社、大连重工起重集团、大连船舶重工集团、大显集团等国内外知名企业分别在开发区建立生产基地,园区具备了航运、物流和生产功能,成为大连国际航运中心和现代产业聚集区的重要组成部分,步入了科学发展的快车道。特别是在基础设施建设方面,随着烟大火车轮渡开通、旅顺至蓬莱客滚航线的复航、土羊高速公路贯通以及铁路专用线投入使用,加之建设中的轻轨工程竣工后,开发区将形成港口、铁路、火车轮渡、高速公路、城市轻轨“五位一体”的综合交通运输体系,园区集聚生产要素的能力将得到极大提升。

■经济建设　2010年,开发区实现企业增加值27亿元,比上年(下同)增长30%,其中,工业增加值23.4亿元,增长27.6%;地方财政一般预算收入6.26亿元,增长56%;固定资产投资150亿元,增长76.7%;实际利用外资1.25亿美元,增长72%;实际使用内资110亿元,增长94%;出口交货值27.3亿元,增长26%。主要经济指标增幅在全省40个省级以上开发区和辽宁沿海经济带40个重点区域中保持领先地位。

1. 项目建设取得新突破。全年共实施投资3000万元以上的重点项目34个,其中,亿元以上31个。一批重大项目建设取得突破性进展,逐步形成了新的经济增长点。大连中远造船项目完成投资7.3亿元,累计完成投资47.8亿元,项目由建设转入生产阶段,开始建造首制船;大连机车旅顺基地项目累计完成投资9.3亿元;天门山国际旅游度假城项目完成投资2.7亿元;农副产品国际物流中心项目完成投资5.8亿元,11月份竣工并投入使用。消防特勤站、交大二期、中心学校、北部供热中心、西部供热中心等5个项目竣工并投入使用。全年重点项目完成投资120亿元。

2. 主导产业不断壮大。积极用好用足辽宁沿海经济带贷款贴息等相关政策,扶持重点骨干企业做大做强。全年共为船舶制造及配套企业争取市级财力资金和沿海经济带贷款贴息资金1400万元;旅顺新港公共港区、旅游休闲区以及机车产业园基础设施等四个项目列入省沿海经济带贷款贴息计划。年末,船舶配套和重大装备制造两个产业实现产值77.7亿元,占全部工业总产值的70%。其中,船舶配套业实现产值40亿元,重大装备制造业实现产值37.7亿元,全年产值超亿元工业企业达到15家。

3. 招商引资成效显著。先后赴香港、哈尔滨、日本、深圳、南通、上海、苏州、长春、台湾、呼和浩特等10余个国家和地区开展系列招商活动,全年新签约项目31个,总投资超过100亿元,其中,圣美绿能、特种集装箱产业基地、北车研发中心、大连机车研究所、诚阳起重机、南通舵叶、荣华塑料、天门山国际旅游休闲度假城、顺海房地产开发、后三羊城区改造、鹏达起重机等11个项目超过1亿元。此外,与中铁西南投资管理有限公司签订了交通枢纽及西部临港新城工程BT项目合作协议,与中庚集团签订了西部临港新城核心区配套设施及旅游休闲区建设项目合作协议。到2010年末,园区累计引进项目93个,总投资460亿元。

■**基础设施建设**　2010年,开发区以前所未有的力度加大对城市基础设施建设的投入,切实完善城市功能,提升城市容量。年末,用于基础设施建设的投资达到49亿元。

1. 科学编制各项规划。依据西部临港新城规划,邀请清华大学城市规划设计院完成了核心区控制性规划和城市设计的编制工作,并开展核心区景观设计;完成了基础设施工程规划设计、轻轨线市政管网改线规划、引碧工程线规划工作;完成土羊高速延伸工程可研编制,并组织专家组进行了评审。着眼于未来发展,邀请大连理工大学专家,深入实际调查研究,广泛征求意见,科学编制了"十二五"发展规划,高水平、高标准确定了此后五年的发展方向和发展目标。

2. 进一步完善城市功能。城市"七通一平"建设快速推进,投资4.6亿元完成20项道路工程,摊铺路面1.8万平方米;投资8989万元,完成海韵路、羊头洼休闲公园等16项绿化工程;投资5.8亿元铺设供水、供热、污水处理等各种管线6885米;投资4.4亿元完成电力工程建设;投资8565万元用于通讯工程建设;投资2.4亿元用于船舶配套产业园工程建设。同时,启动了投资7000万元的重点民生工程——供水管线改造工程。

■**社会建设**　2010年,开发区在加快经济发展的同时,始终坚持"两条腿"走路,高度重视民生等各项社会事业发展,切实做到发展为民,发展惠民。

1. 各项民生工程稳步实施。全年用于教育、医疗、老年人生活保障等10项惠民政策的投入达到2000余万元,为1456名失地老年人发放生活保障费1231万元;为995名60周岁以上老年人发放农村老年人生活补助费45万元;为8000名农民、2000名学生免费办理了新农合保险,支付配套款40万元;为1700人次办理了新农合医疗费二次补贴,发放补贴资金260万元;发放大额医疗费补助金20万元,为584人发放教育扶助奖励费30万元。民生工程进展顺利,启动了中心学校二、三期项目,中心医院建设项目主体工程完工。

2. 和谐园区建设扎实推进。积极开展扶贫帮困活动,全年共向155户低保户、优抚对象发放临时救济款12.4万元,临时救济困难群众50户,发放救济金15万元。积极伸出友爱之手,组织企业和个人共向青海玉树和甘肃舟曲灾区捐款107万元。积极开展军民共建活动,与海军航空兵某部建立了军地共建关系。大力开展村级精神文明建设,三羊村被评为省级农家书屋先进单位。积极稳妥完成了村"两委"换届选举工作。

3. 综治、信访和安全工作得到进一步加强。开展矛盾纠纷化解年活动,共排查各类矛盾纠纷188起,调处成功185起。加强社会治安防控工作,确保了在世博会期间的社会安全稳定。积极开展综合治理宣传月活动,“法轮功”等邪教组织的违法活动得到有效遏制。开发区被评为2009—2011年度大连市星级平安稳定街道。

■重大项目 1. 中远造船项目。该项目是国家环渤海船舶建造基地的重点项目,也是中远集团成立以来投资最大的单体项目。项目占地1.8平方公里,规划占用海域约1.5平方公里,由中远工业公司和中远南通公司共同投资兴建,总投资93亿元,建设期3年,形成2个船坞、5个泊位、年生产能力240万载重吨,年钢材加工量40万吨。项目全部建成后,年实现销售收入105亿元,实现利润9.7亿元。项目于2007年5月签定合作协议,2008年8月开工建设。2010年,项目取得了阶段性成果,连续迈出了三大步:一期生产性主体工程全部完工,并进入生产阶段;首制船20.5万吨散货船开工建设;由建造单船型向建造多船型转变,建造第二艘20.5万吨散货船和第一艘30万吨矿砂船建设。

2. 大连机车旅顺基地项目。该项目是北车集团大连机车车辆有限公司投资建设轨道交通装备和通用动力机械制造基地项目,位于开发区铁路专用线南侧,占地2.06平方公里,计划投资80亿元,建设期3年;建成投产后,年生产机车1000台、中高速柴油机1000台、城市地铁车辆1000辆,产值达到200亿元。项目一期投资15亿元,占地71万平方米,建筑面积18万平方米,于2009年11月开工,到2010年末,累计完成投资9.3亿元。项目二期占地35万平方米,计划建设两个联合厂房、一个柴油机组装厂房和一个柴油机试验站。

3. 今冈船务项目。大连今冈船务工程有限公司为日本独资企业,成立于2001年2月5日,由日本今治造船株式会社和幸阳船渠株式会社二家共同投资兴建,投资总额为19880万美元,注册资本为12240万美元,占地48.2万平方米,主要从事船舶设计制造及修理、船用舾装件、各种钢结构和船舶分段制造,港口大件运搬装置,起重运输设备的设计、制造及检验,汽车驱动桥总成、空气悬架的制造等,产品全部销往日本,经营年限50年。2010年,今冈船务工程有限公司纳税2728万元。

4. 天门山国际休闲度假城项目。该项目将董家村、山沟村进行整体改造,将打造成大连市乃至东北区域具备国际标准、融合本土特色、以休闲度假为主题的高端综合旅游地产品牌项目。项目由大连华森房地产开发有限公司投资建设,占地2.5平方公里,建筑面积93万平方米,其中占地7.65万平方米、建筑面积10.58万平方米的回迁楼住宅建设启动。

5. 旅顺新港扩建项目。该项目拟新建大型、专业化汽车客滚泊位11个,项目总投资约18亿元,设计通过能力556万人次、120万辆车次。2008年开工建设,计划2012年竣工,至2010年底,已累计投资7.1亿元,完成了7个泊位水工结构建设。

■党的建设 2010年,开发区坚持以创新精神推进党的建设,注重强化党政班子和广大党员的理论教育,进一步规范党委中心组学习制度和党员教育制度,着力提高党组织领导科学发展的能力,干部队伍建设进一步加强。

1. 学习实践活动和创先争优活动取得初步成效。在科学发展观学习实践活动中,着力抓好整改阶段各项工作的落实。认真听取基层意见,查找不足,制订了整改方案,及时将整改方案向基层党员群众传达,联系点领导——市长李万才对开发区学习实践活动的做法和取得的成效给予充分肯定。在创先争优活动中，设计了“1+3”活动实施方案，分别对非公企业、机关和村级等层面确定了三个不同载体。各级党组织和全体党员在完成公开承诺的基础上，分别结合各自的工作实际，把活动的着力点放在为民、便民、利民、惠民上，组织党员开展了各具特色、形式多样的活动，并取得了较好的成效。

2. 基层党组织建设再上新台阶。全面强化党的基层组织建设，通过“两推一选”和“公推直选”两种方式，选举产生了党员、群众和党委较为满意的新一届村级党组织班子，后山羊头村换届选举做法得到省、市的肯定。全年新建6家非公有制企业党组织，新增4个非公有制标准化党员活动室。思想建设得到进一步加强，进一步规范党委中心组学习制度和党员教育制度，组织领导干部撰写论文20篇，巩固了A级中心组创建成果，开发区被评为市级理论学习示范点。加强党风廉政建设，组织区管干部做好廉政承诺工作；完善党委领导接访制度，有效降低了重信重访案件的发案率。加强党内监督工作，强化扶贫帮困、工程招投标等专项资金的管理，建立2个重大村务听证示范点。注重加强与上级新闻单位的沟通联系，加大重大项目建设、民生工程实施等方面工作的宣传，营造了良好的舆论氛围。

3. 群团组织作用得到进一步发挥。加强基层工会组建工作，成立12个村级工会联合会，实现工会组织全覆盖。加强维权工作，建立职工诉求代理网络和职工维权联席会议制度，渔业行业工资集体协商做法在全省工作会上进行了交流。年内，开发区党委被市委授予支持工会工作先进单位称号。新建5家非公企业团组织，开发区团委被评为大连市“五四”红旗团委。注重加强妇女干部和广大妇女的培训工作，三羊村被评为全区“妇女维权服务暨社会治安综合治理工作示范站”。

开发区各村党总支、村委会主要负责人名录

行政村	书　记	主　任
后三羊村	许传福	许传福
方家村	陈仁政	陈仁政
高家村	赵德岐	包万林
三羊村	杨佳臻	马康泰
羊头洼村	王安林	柳忠明
董家村	陈吉宏	陈吉宏
大口井村	刘凤云	杜世鹏
江西村	杜祖文	杜祖文
隋家村	隋长昆	隋　宇
大潘村	潘宏建	潘宏建
小潘村	杜祖明	潘明任
太平沟村	安丰仕	安丰仕

（撰稿人：吴德学　审稿人：梁作彬）

登峰街道

■**概况**　旅顺口区登峰街道辖区面积6.5平方公里。街道党工委直属56个基层党组织，其中社区党总支3个、非公有制经济党总支1个，基层党支部52个，有党员1549名。街道办事处设在和顺街32号，下辖3个社区，人口12016户24874人。辖区有16个驻街单位，146家企业；有2所学校，3所幼儿园；有东鸡冠山景区和旅顺日俄监狱旧址博物馆两个全国著名景区景点。

2010年，登峰街道党工委、办事处深入贯彻落实党的十七届四中、五中全会和区委十三届九次全会精神，紧紧围绕全域城市化和绿色经济区建设以及区“两增一保”竞赛活动考核办法，立足新目标，谋求新优势，实现新跨越，取得了显著成效。

■**经济建设**　2010年，登峰街道实现社会总产值11.5亿元，完成年度计划105%，同比增长25%；实现固定资产投资11亿元，完成“两增一保”考核指标的100%，同比增长16%;实际使用外资1617万美元,完成“两增一保”达标指标的135%,奋斗指标的101%,同比增长593%;实际利用内资5.5亿元,完成全年计划的110%,同比增长49%;实现财政收入3942万元,完成达标指标的109.8%,完成奋斗指标的101.6%。新注册私营企业45家,新增个体工商户110户。

实施项目牵动战略,超额完成投资任务。2010年,登峰辖区有项目20个,项目总投资额超过30亿元;在20个项目中,涉及地产项目11个,航运项目4个,商贸项目3个,其他项目2个。有区级重点项目9个,其中超亿元的项目有4个。本年投资12亿元,在街道的全力协调下,区级重点项目推进顺利,开工率达100%。

大力发展“税源”导向型经济。为发展“总部经济”搭建平台,出台了扶持“总部经济”优惠政策,吸引科技含量高、消耗资源少、税收贡献大的企业入驻基地,先后引进欧祥船务、龙达盛海运、康平顺海运、华锐重工、天熙信达房地产、北京金海华装饰等企业。当年,街道“总部经济”基地,又成功引进企业8家,使街道“总部经济”基地企业达30多家,全年形成财力1000多万元。

扎实推进动迁工作。2010年,开工建设的大项目涉及动迁的有6个,三个续建项目总占地面积18.5万平方米,总建筑面积22.6万平方米,需要动迁居民270户和企业13家,已动迁居民264户和企业12家。三个新建项目总占地面积31.6万平方米,总建筑面积33.9万平方米,需要动迁居民321户、企业5家、个体工商户16个,已动迁居民259户和个体工商户16个。“庭林熙谷”二期是旅顺口区实行土地储备工作以来的第一块,也是唯一的一块净地。迁坟工作顺利推进,红线内达85%,红线外达67%。

招商引资工作成果喜人。2010年先后引进外资项目三个:大连峰景美墅地产发展有限公司投资开发的“启新街局部地块”项目,已到位资金1617万美元;大连海桥国际有限公司注册外资投资公司项目和大连半岛集团投资开发的“半岛印象”项目。全年实际利用内资5.5亿元,完成内联资金3亿元。引进的项目有天熙鑫达地产的“庭林熙谷”二期、峰景美墅地产的“启新街局部地段开发”、康平顺海运的“造船”、泉城置业的“半岛印象”等项目。

■民生工程 2010年,登峰街道确定为群众办的10件实事,经过全街上下的共同努力,全部得到落实。全年实现灵活就业604人,稳定就业622人,培养失业职工创业带头人6人,自主创业者150人,新建启新大市场、元宝海产品市场再就业基地两处。发布就业信息104条、岗位813个,实现43人就业。为大学生提供培训信息15次,就业指导56人次,有3名大学生走上了创业之路。全街实名制就业1390人,扶持创业带头人10人。与辖区工商所联合进行食品安全的日常监督管理,与辖区学校和企业签订食品安全责任书50多份,组织5次专项安全整治行动。投资近50万元,改造三个楼院,新建一个社区警务室,维修社区办公设施,安装8套40件健身器材。开展了花卉精品小区建设工程。成立了街道社会救助中心,低保工作实行动态化管理,2010年11月全街低保户为498户984人,月保障金216156元,停发49户108人,新增30户59人。临时救济与救助668户375600元,为81户低保户办理了廉租住房补贴。

■民主法制建设 2010年,街道建立了《街道综治基础工作簿》、《社区综治基础工作簿》、《社区中心组工作簿》、《社区居民组工作簿》四种簿册。认真做好“蚁力神”养殖户和“法轮功”习练者人员的防控帮教工作，共教育转化2名，巩固提高2名。接待群众法律咨询50多人，调解民间矛盾纠纷61件，无“民转刑”案件的发生。全年接待来信来访268人次，化解疑难上访案件2起，处信率达到100%，处信满意率达到98%，扎实做好“两节”、“两会”安保工作，受到市信访局好评。

■**精神文明建设**　2011年，登峰街道紧紧围绕抓创新、抓精品，全力创建“连心楼院”精神文明精品工程，被区委、区政府评为精品工程。加大投入力度，累计投入50万元。各社区根据自身的特点，分别确定了道德、健康和幸福创建主题，按照社区确定的特色主题分别在二道街、启新街、四道街建成“连心楼院”一条街。楼院面貌的强烈对比和巨大变化使居民群众成为最大受益者，一是环境的变化；二是楼院的居民交往多了，心情好了；三是居民安全感更强了。各社区收到群众提出的意见和建议54条，各楼院成立志愿者服务队28支成员432人。建立邻里生活互助对子145对，志愿服务队伍开展服务活动2800多人次。扎实开展了以“点燃读书激情、建设文化旅顺”为主题的“全民读书月”活动，着力开展了读书“十个一”活动。

■**党的建设**　2010年，登峰街道党的建设工作跨上新台阶。

扎实推进理论武装工程，不断提高执政能力。以学习型党组织建设为契机，依托党工委理论学习中心组、社区党校等载体，开展了《科学发展观》等知识的学习。理论学习中心组全年安排学习18次，记学习笔记在20000字以上；机关社区干部安排学习16次，记学习笔记平均在16000字左右；辖区党员开展集中学习辅导48次，近5000人次参加学习。机关成立五个理论学习研究小组，各小组不定期开展活动，推动了机关理论学习。

加强基层党组织建设，提高党组织教育管理水平。机关党支部“公推直选”选举产生了新一届支部班子，平均年龄下降了11岁。继续夯实登峰街道“四联两共两服务”的社区党建品牌，发扬辖区所有党组织共同参与，资源共享，优势互补，条块结合的工作传统。深入开展“六联六共”活动，认真参与示范点三级联创，申报长风机械制造有限公司评为区级非公企业示范点。开展企业党建品牌创建工作，培树2家企业党建工作品牌企业。扎实开展“创先争优”活动中，领导小组成员分别与23个党支部建立了创先争优活动联系点，开展了“三承诺两公开”为主题的创先争优活动，新建1个非公企党支部。制订了《党员先锋岗评选办法》，建立健全申报制，有7家企业、30名党员申报先锋岗。加强党员干部队伍建设，新发展党员15名，采取三项措施，开展党内“关爱工程”活动。开展了“党员关爱空巢老人志愿服务行动”，对空巢老人开展生活照料、心理抚慰、应急帮助、法律援助等服务，共发放连心卡近2000张，结爱心对子516对，上门服务900余次，进行心理疏导30余次。

以作风建设为突破口，认真抓好领导干部廉洁自律。认真抓好《廉政准则》学习教育，扎实抓好党务公开工作，建立公开机制，确定公开内容，探索公开形式，规范公开程序，注重公开时限。坚持抓好“社区百姓评站所”活动。结合“连心楼院”建设，建设“廉政文化”一条街。

登峰街道各社区负责人名录

社　区	书　记	主　任
和顺社区	闫培杰	闫培杰
高升社区	周　丽	周　丽
元宝社区	高　君	高　君

（撰稿人：陈厚华　审稿人：张利伟）

得胜街道

■概况 旅顺口区得胜街道东起白银山，西至龙河，南濒黄海，北与登峰街道毗邻，总面积13.36平方公里，下辖九三、大华、光辉、黄金、迎春、长兴、立新七个功能齐全的服务型社区，拥有户籍人口22403户53247人。全街有8个党总支(7个社区党总支、1个非公企业党总支)、112个党支部(其中非公企业党支部44个、楼院党支部66个、1个老干部党支部、1个机关党支部)，党员4041人。2010年，得胜街道以科学发展观为指导，认真贯彻落实区委十三届八次、九次全会精神，紧紧围绕区委下达的各项工作任务，抢抓旅顺全面对外开放的历史机遇，不断进取，开拓创新，经济工作、街政工作、民主与法制建设、党的建设、精神文明建设实现了跨越发展。

■机构合并情况 2010年，旅顺口区委13届第53次常委会议决定，将旅顺口区得胜街道与市场街道机构合并，这是加快推进全域城市化、完善城市基层管理体制、不断适应全区经济和社会发展需要的重大战略决策。5月7日，新班子到任伊始，就从交接工作开始全面进入工作状态。

1. 在时间紧、任务重、难度大的情况下，积极主动向有关领导和相关部门请示，调整部分人员编制，经区委、区政府反复研究，决定为街道增加部分事业编，解决了合并后街道人手不足的燃眉之急，为应对合并后成倍增长的工作提供了人员保证。

2. 分别在得胜街道、市场街道召开工作交接动员和部署会，就具体措施、工作纪律等提出了明确要求。成立了由周良忠书记、刘佳陆主任为组长，程双凤、刘吉星、宿家慧、纪兴华为副组长的工作领导小组；成立由程双凤副书记为交接工作组组长，刘吉星、宿家慧、纪兴华为副组长，各科室长和相关人员为成员的交接工作组，主持交接工作开展，仅5月12日至14日三天时间，除财政审计科工作需由区财政局、审计局审核后进行外，基本完成交接工作。5月17日，人员在区人事局的组织监督下全部顺利到位。人事关系、组织关系以及档案一并交到新单位负责人手中。至此，交接工作完成了人、财、物的全面交接。

3. 5月18日，街道新班子带领各科室长到7个社区看望社区干部，开展调研，迅速对接社区工作，保证了工作不断档、不耽误。

合并后得胜街道机构设置情况：街道领导班子由8名成员组成。内设6个科室，即党政办公室、经济发展科(安全生产监督管理科)、社会事务科(人口与计划生育科)、财政审计科、城市管理科、社会治安综合治理办公室(人大街道工作委员办公室)。

■经济社会环境 得胜街道处于旅顺口区金融、商贸、文化、交通、旅游中心。辖区内有驻军单位多个，机关事业单位近百家。工商银行、中国银行、建设银行、交通银行、农业银行、中信银行、城市合作银行等十几家金融机构汇聚在此，大商集团新玛特旅顺世达店、台资零售商好又多大型超市、旅顺供销大厦等各类大型商厦商家和个体工商业户云集于此，旅顺中心广场、剧场和邮政、通信等机构设置也在辖区中心，旅顺给水、供电、房产等服务管理机构和汽车站、火车站均设在得胜辖区，餐饮、旅游、娱乐业发展迅猛且潜力较大，是旅顺口区人流、物流、资金流和信息流高度集中的地域，具有发展现代商贸、科技和服务型经济的环境优势。尤其是辖区内旅游资源十分丰富，旅游景点相对集中。有白玉山景区里的白玉山、海岸公园(军港公园)、旅顺火车站、友谊公园、万忠墓纪念馆，黄金山景区内的中日甲午战争、日俄战争留下的重要战争遗迹，主要有电岩炮台、清代南子弹库、黄金山海水浴场、旅顺船坞、鸿胪井遗址、老虎尾等。其中万忠墓纪念馆被列入全国文物保护单位，电岩炮台为省级文物保护单位，旅顺船坞（大坞）为市级文物保护单位。旅顺军港内的唐代鸿胪井已有一千多年历史，被称为“国宝”。白玉山屹立在旅顺口港的北岸，海拔130米，每年接待来自全国各地的游客80余万人次。旅顺火车站是沙皇俄国侵占旅顺时期修筑的南满支线上的终点站，候车室是木结构建筑，白墙绿顶，仿哥特式，是东北铁路沿线保存最完整的欧式站舍之一。友谊公园位于旅顺口区市中心地带，傍依白玉山，毗邻旅顺军港，面积1.97万平方米，建于1949年，园内建有解放塔一座，龙柏、雪松四季苍翠。海岸公园是沿路临海的小型游园绿地，巨大的雄狮青铜雕，傲立海口，是旅顺古狮子口的象征，每年有大量游客来此观光游览。

■**经济建设**　2010年，得胜街道经济工作坚持以招商引资为牵动，以推进大项目建设为动力，以企业扶强做大为重点，以盘活闲置资产为途径，以为辖区企业“一条龙”服务为手段，以增加财政、税收，繁荣区域经济构建和谐社会为目标，突出了以下主要特点。

经济指标增幅较大。全年实现财政收入9016万元，分别完成达标目标和奋斗目标的108.3%和104.3%，增长43.98%；实际使用内资10.5亿元，完成目标的105%，增长58.5%；固定资产投资完成21.21亿元，完成达标目标和奋斗目标的101.02%和84.85 %，增长138%。

重点项目建设全面推进。2010年，得胜街道确定的重点项目10个，包括房地产开发项目5个，旅游项目1个，公共设施建设项目2个，商用建设项目2个。全年开工运营项目7个，包括中拥蓝天下、开世嘉年、育慧苑、育慧名苑、鸥逸云祥A区（雁谷岚山三期）、迎春街局部地段开发项目、白玉山人防隧道工程，实现投资7.95亿元，对街道经济发展起到强力的支撑作用。尤其是大连中拥房地产开发有限公司承建的房地产项目中拥蓝天下，全年实现投资4亿元，上缴税金5956万元，形成街级财力1446万元，占街道财政收入的16%；天津大众集团承建的开世嘉年项目，实现投资1.6亿元，上缴税金2546万元，形成财力511万元，占街道财政收入的5.7%。

楼宇经济和现代服务业推进效果良好。在继续巩固和提高商贸业、服务业、旅游业层次和水平的基础上，着力加快推进楼宇经济、总部经济和现代服务业。重点打造了鼎泰海景大厦、原市场街道办公楼、四八一零厂外协队伍楼3栋总部经济楼宇，引进、注册企业35家，增加税收1725万元，形成财力680万元。发展各类现代新型服务企业73家，新增个体工商户412户。

民营经济发展迅速。实现民营经济总收入40.8亿元，同比增长115.71%；企业增加值完成9.31亿元，同比增长126.69%；新增企业73家，新增个体工商户412户，企业总数可达745户，个体工商户发展到3407户。

闲置资产得到有效盘活。精心策划和包装，以招商为手段，以引资引企为重点，进一步加快扩充和推进。盘活较大规模的闲置资产7处，如原部队结算中心改造为大连卧凤土大酒店，圣美利加酒店扩建改造等，盘活面积1.6万平方米，全年增加税收60万元。

■**社会建设**　2010年，得胜街道投入2000余万元，重点落实了13件民生实事，辖区百姓幸福指数不断提升。

改善生活环境。投资220余万元，对辖区1.8万平方米裸露地面进行改造,安装室外健身器材20余件套;投资50万元,为迎春街141号和市场街59号两处透寒房加装保温层;投资20万元,改建了横山街10号一处建筑历史长达50年的公厕;投资10万元,清理了市场街北巷30号楼二层旧式建筑下方垃圾山,修建了梯形防护墙和安全护栏。全年共解决影响居民生活的环境难题21件,被评为辽宁省建设健康街道先进单位。

完善社区服务功能。投入40万元,建成面积达275平方米的养老服务中心;投入190万元,新建500平方米的迎春社区服务中心;为各社区更换电脑和桌椅等办公用品。

加大民生保障力度。全年累计发放低保金、救助金及节日慰问物资370余万元;发放廉租住房补贴39.2万元;通过区、街、社区、企业和自主创业等形式实现再就业3095人;为驻军某部军嫂、机关社区已婚妇女及辖区700名无业妇女进行"双情检测";关注教育、老年人等工作,在儿童节、教师节、重阳节期间,为幼儿园、学校、敬老院等送去慰问金16.9万元;协调解决了40余件群众就业、取暖、大病救助等困难问题;投入资金改造残疾人家庭无障碍28户,资助残疾人自主创业3户1.5万元;安排重度居家安养17人,落实残疾人就业15人。

成功创建国家安全社区。按照《国家安全社区建设基本要求》,以街道为牵头单位,整合辖区资源,成立了跨部门合作的安全社区创建工作机构——得胜街道安全社区建设促进委员会。由街道12个科(所)、辖区26个政府部门、10个企业、4个所属社区和社区志愿者代表组成,涵盖了辖区跨界组织各方面的资源和力量。安促会下设执行机构和专门办公室,成立了宣传、考核评估组和9个项目工作组。在专业部门提供的数据及居民抽样调查分析基础上,通过危险源辨识分析,明确事故与伤害预防和控制目标,设立了九个安全项目工作组,从家居、儿童、交通、消防、社会治安、工作场所、公共场所、涉水、老年人九个方面进行干预与控制,落实了66个安全促进项目,筑起了坚实的安全屏障,创建工作得到国家检查验收组成员高度肯定,成为旅顺口区第一个进入"全国安全社区"的单位,对全区安全社区创建工作起到了带头示范作用。

与此同时,优抚、老龄、计生、残联、社区教育等工作也得到了全面推进。全年共投入2000余万元,重点落实了13件民生实事,辖区百姓幸福指数有新提升。

■**社会稳定** 2010年,得胜街道注重强化综治信访工作,辖区更加和谐稳定。

以制度建设规范信访秩序。出台了《得胜街道信访稳定工作实施意见》,从制度规范上把信访稳定工作纳入科学化轨道。落实了领导干部大接访、领导包案等信访工作制度,全年接待信访案件75件,结案和息访71件,结案率94.7%,无一例进京上访和重大群体访事件发生。

舍得投入,把解决信访疑难问题作为取信于民的重要措施。街道自筹资金和争取上级支持资金440多万元,解决了一批长期无法解决的历史积案和疑难信访案件。经过多方协商,争取区街二级财政投入1900万元,成功解决了迎春街爆炸事故中300多受灾户的善后处理问题,受到区委、区政府和群众的一致认可。

强化源头预防,构筑安全防护网。投入80余万元,形成了一套覆盖所有重点地段、部位的可视监控网络,辖区治安、刑事案件发案率大幅下降。着力抓好矛盾纠纷排查调解工作,全年开展排查54次,排查调解矛盾纠纷69起,成功调解68起,实现调解率100%,调解成功率98%。狠抓安全基础性工作，全年签订安全生产责任书和消防工作责任状3900份，开展安全生产检查百余次，消除事故隐患600多起。辖区安全形势呈现平稳态势，街道被评为“大连市社会治安综合治理平安创建先进集体”。

■精神文明　2010年，得胜街道以建设和谐得胜为目标，着力打造得胜文化高地，以核心价值体系建设，全面提升居民的思想道德素质、科学文化素质和健康素质。

深化精品创建，打造文化品牌。对读书节、社区邻里文化节、社区文化大院等原有精神文明精品工程进行再包装、再深化，投入资金30余万元，打造了“特色文化进社区”和“欢乐得胜社区文化节”两大特色鲜明的文化品牌。“特色文化进社区”活动贯穿全年，极大地调动和激发了辖区百姓参与文化活动的积极性与主动性，全年开展百姓喜闻乐见的文化活动百余场次，涌现出一批鲜活而生动的特色团队、特色家庭和特色标兵；“欢乐得胜”社区文化节，通过专业团体与社区文化同台演出的形式，连续4天为辖区百姓奉上7场次精彩纷呈的文艺节目，实现了文化活动普及与提高的双重目的，成为得胜街道历史上规模最大、内容最丰富、参与群众最多的一次盛会。在品牌力量的带动下，辖区精神文明建设硕果累累：“特色文化进社区”活动被评为旅顺口区2010年精神文明精品工程，得胜街道合唱团在辽宁省合唱邀请赛暨第六届旅顺国际合唱节中荣获金奖，参加大连市社区中老年啦啦操团体大赛获特等奖，参加大连市健身丽人比赛中获团体特等奖和最佳组织奖，腰鼓队参加全区民俗比赛并获得最佳表演奖。

深化公民思想道德建设，树立道德品牌。2010年，街道形成了道德载体品牌，创造性地开设了“绿色心理工作台”，聘请专业心理咨询师，定期为辖区老年人及妇女提供咨询服务和举办心理健康讲座，帮助妇女建立正确的人生观和价值观。同时，发挥理论宣讲团和社区讲师团的作用，开展形式多样、内容丰富的培训，提升辖区居民文化素养，全年共组织培训、授课30多场次，受教育人员达3000多人次。街道还树立起道德模范品牌，通过开展“道德之星”、“十大感动人物”评选工作，培育、树立和发掘新典型，用身边人、身边事教育和感召群众，引导广大居民自觉遵守社会基本道德规范，培育文明、道德的良好社会风尚。

深化未成年人教育，培育阵地品牌。2010年，街道将党组织对下一代的关心教育向社区楼院延伸，充分发挥楼院共产党员和“五老志愿者”作用，利用街道和社区青少年教育园地、文化活动室、青少年教育示范基地、辖区内爱国主义教育基地等，广泛开展青少年教育活动，取得了很好的效果，受到了市、区关工委的肯定。九三社区党校楼被评为“得胜街道党员先锋楼关心下一代工作示范楼院”，这标志着以社区楼院为载体对青少年开展社会主义核心价值体系教育工作向纵深方向进一步推进。

■党建工作　2010年，得胜街道党工委以执政能力建设和先进性建设为重点，以载体建设为依托，做到常规工作有深化、重点工作有创新、难点工作有突破。

依托“创先争优”、“连心”活动载体，增强党员干部服务意识。2010年，在创先争优和连心活动中，街道成立了领导小组，建立了49个工作联络点，下派科室长等党员骨干担任活动指导员，制订了《以打造“四个一流”为目标，深入开展创先争优活动工作方案》和《得胜街道“五个好”工程考核验收标准》，从街道到社区、企业各级党组织和党员都开展了承诺活动，建立了“党员示范窗口”和“党员示范岗”。街道机关开展了“‘四个一流’创先进，为民奉献争优秀”

活动,在社区开展了“创先进从我做起,争优秀甘当表率”活动,在“两新”组织中开展了“创先进争优秀促发展,亮身份树形象比贡献”活动。并力求做到四个结合:一是街道党工委把创先争优和连心活动相结合,31名党员干部共走访连心户600余户次,解决各类民生难题120余件;二是与日常工作相结合,街道机关以共产党员示范岗评选为主,社区以党员设岗定责为载体,设立了51个共产党员先锋岗和共产党员示范岗,社区956名党员投入到58个社会岗位奉献中;三是与调研和体察民情相结合,街道31名党员干部共走访连心户267户次,征集各种意见和建议25件,有的已经解决,有的正在解决;四是与改进作风、提高工作效率相结合。领导班子召开了专题民主生活会,结合本职工作和群众提出的问题和意见,从发展经济、改善民生、稳定社会、转变作风等方面进行了自查,提出了有针对性的改进措施。这些措施,既保证了创先争优和连心活动的常态化、特色化、制度化,又提高了领导干部领导科学发展的能力,增强了党员干部联系服务群众和基层的意识,密切了党群干群关系,赢得了广大人民群众的信任和支持。街道创先争优活动在区创先争优推进会上做了典型发言。

依托街道合并契机,培养锻炼干部队伍。5月份,在街道合并过程中,原市场街道分流人员顾全大局,认真做好工作交接;新班子克服各种不利因素,缩短磨合期,迅速理清思路,确定了打造“四个一流”街道的目标;全体机关干部发扬“得胜精神”,全力以赴开展工作。整个合并工作有序推进,实现了平稳过渡,受到区委、区政府的充分认可与高度评价。在合并中,锻炼打造了一支和谐进取、干事成事、心齐气顺、风正劲足的全新领导班子;一支素质过硬、作风正派的党员干部队伍和社区工作队伍。

依托“四联四建”载体,拓展党的基层组织。2010年,街道进一步完善工作机制和工作内容,深化三大传统领域党建工作,创新基层组织设置模式,拓宽三大新兴领域党建工作,推进新经济组织和新社会组织党建工作纵深发展。“两新组织”党支部组建率达42.42%,党组织覆盖率达47.47%,党建指导员覆盖率达100%,辖区非公企业在区委组织部举办的党建(安全)知识竞赛中获第二名,党员电教片《红色堡垒户》在区委组织部电教片评选中获二等奖,并被推送到市里参选。组织开展理论中心组集中学习13次,党员干部学习20次。“廉政教育月”活动和“社区百姓评站所”活动受到纪检部门充分肯定。发展成立独立工会企业3个,加入联合工会企业4个,发展会员264人,实现了7个社区全部成立社区区域性职代会;新建非公企业团支部14个;首批创建了省级“妇女儿童维权服务暨社会治安综合治理示范工作站”。人大代表、政协委员履职能力切实增强。高质量完成区征兵办下达的新兵征集任务。老干部、老体协、关工委、文书、档案、史志等工作全面推进,不断提高。

得胜街道社区负责人名录

社　区	书　记	主　任
九三社区	管建合	管建合
大华社区	肖　军	肖　军
光辉社区	徐建华	徐建华
黄金社区	宋元社	宋元社
迎春社区	李　玲	李　玲
立新社区	崔　英	崔　英
长兴社区	吕冬华	吕冬华

(撰稿人:王　宏　审稿人:周良忠)

光荣街道

■**概况**　光荣街道位于旅顺老城区西部太

阳沟，东起龙河西岸，西与铁山街道、中科院创新园毗邻；南向旅顺军港，北接水师营街道，总面积16平方公里，辖新华、友谊、龙河3个社区居委会、33个居民组；2010年底有5423户居民、12344名户籍人口，其中非农12320人，暂住人口2216人。光荣街道办事处设在新华大街12号。辖区内省属单位2个，市属单位1个，区直属单位6个，驻军单位多个。党工委下设3个党总支、48个党支部，党员1031名。

■经济建设　2010年，光荣街道以学习贯彻科学发展观为动力，以创建科学发展示范区"绿色光荣"为目标，按照打造海滨生态宜居区、旅游商贸集聚区、历史文化遗产保护区三个定位，坚持以人为本、生态优先、创新发展三个理念，抢抓旅顺全面对外开放和辽宁沿海经济带开发开放的历史机遇，充分发挥光荣辖区区位优势、环境优势、人文优势和后发优势，保增长促发展、保民生促和谐，加快经济发展步伐，综合实力显著增强。实现社会总产值20.04亿元，地区生产总值5.65亿元，分别比上年增长21%和22%；营业收入19.98亿元，同比增长21%；招商引资完成内资5.1亿元，外资1300万美元，均超额完成区下达指标；税收总额1.12亿元，同比增长6%，形成财政收入4806万元，是2009年的1.4倍，完成区"两增一保"任务101%；固定资产投资13.3亿元，完成年计划103%。民营经济长足发展，新增企业45家，民营企业达260户，个体工商户704户。

2010年，光荣街道经济发展呈现三个突出特点：一是项目建设有序推进。坚持把重点项目建设作为转变经济发展方式的第一抓手，不断提升项目建设的质量和实效。有5个项目被列为区重点项目，太阳海住宅项目：该项目占地面积7.4万平方米，建筑面积为8.9万平方米，共建12栋楼，842套房屋，计划总投资为3亿元，当年有10栋楼封顶，2栋楼进行基础工程施工。文化街旅游商贸城项目：该项目占地面积3.5万平方米，建筑面积5.3万平方米，计划总投资4.5亿元人民币，列宁街南侧基础工程完工，列宁街北侧平整土地。二〇三公园周边改造项目：包括：老大连民俗博物馆、五星级温泉度假酒店、风情商业街、休闲主题公园及高端居住小区等，该项目占地面积40万平方米，建筑面积50万平方米，计划总投资28亿元人民币，2010年累计完成投资1亿元，一期工程公园、停车场已修建完成，二〇三公园内B区、C区共计22万平方米，土地调编等相关手续办理完毕。枫阳万嘉住宅项目：该项目占地面积4.48万平方米，建筑面积5.3万平方米，计划总投资2.5亿元，开始平整土地。土地储备项目：革新街C区地段项目，该项目占地面积2.83万平方米，建筑面积4.7万平方米，总投资2亿元。该建设项目分两期进行，开始工程设计规划。二是规模企业稳步发展。2010年，光荣街道有规模企业12家，实现工业总产值7.6亿元，增幅20%；完成增加值2.4亿元，增幅18%；营业收入完成7.4亿元，同比增长20%；实现利润4349万元，同比增长18%；上缴税金实现3978万元，同比增长15%。2010年，为2家企业申报了省诚信企业；为3家企业申报了省成长型企业；为海晏堂申报了2010年沿海经济带园区项目贴息补贴；为亚明公司申请全国中小企业扶持发展专项资金项目补贴。三是科技项目创新发展。为企业申报2010年科技项目计划的有5家企业，同时还为多家企业申报了区科技示范企业、科技研发项目、创新型企业等多种项目。为9家企业申报专利补贴，为6家企业申请创业发展风险补偿专项资金贷款，为7家企业申报2010年技术改造贴息。上报贷款需求企业5家，办理企业融资贷款5家；

申报鼓励中小企业扩大出口资金补贴200万元(亚明);品牌奖励企业100万元(海晏堂);成长型企业区级补贴2万元(鑫连服装);科技研发项目补贴10万元(翰坊酒业);科技应用技术研究与开发资金补贴50万元。

■社会建设 2010年,光荣街道注重改善民生,为基层办实事,把发展成果更多惠及百姓,围绕年初提出的民生工程十件实事的目标,先后投入500多万元,着力在社会保障、环境治理、社区楼院建设、供暖改造、安置就业等方面下工夫,取得了明显实效。一是社区楼院办公条件进一步改善。投资400万元新建1000多平方米的友谊社区办公楼;投资5万多元新建了50多平方米的友谊社区新启街楼院活动室;投资10万元,增加2套市民室外健身器材。二是温暖改造工程进一步扩大覆盖面。投资150万元,为同心街120户居民进行了供暖改造。同时还积极帮助无物业弃管小区解决住房维修问题,原7417工厂家属楼维修问题已得到解决。三是环境治理有了进一步提高。对辖区的临时建筑、违章建筑和乱堆乱放、乱搭乱建现象进行了集中整治,投资10万元,拆除了新华大街、二〇三景区道路两侧13处违章建筑。街道先后组织5次整治活动,重点对8条街巷、3条沟渠、300多个楼洞、50余个花坛、12条道路进行综合治理。投资5万余元将革新街到东里沟一条长达300多米的土道铺垫平整;投资3万元为新华社区的太光街修整了道路。新华社区获得大连市绿色社区荣誉称号。四是社会保障体系进一步完善。全街共安置1500名失业人员再就业,完成年计划115%,发展3个就业安置基地,扶持个体营业户带头人8名,带动就业80人,自主创业100人,为794名失业人员办理了医疗补贴卡,为602人办理了城镇社会化医疗保险,为失业人员办理失业证178个,为350户低保户、重点优抚对象及困难边缘户发放救济金、米面油等生活必需品,为72名困难家庭子女发放助学金,为232户469人办理低保,为64户低保家庭办理了采暖手续,为37户低保家庭办理了廉租房,为155户无供暖低保户领取供暖补助。深入开展计生工作,稳定了低生育水平,计划生育率保持在100%,实现人口“零”增长。五是安全社区创建工作成效显著。在开展安全社区建设中,街道党工委、办事处认真贯彻旅政办发〔2008〕47号文件精神,把创建工作列入“一把手”工程,坚持“以人为本,共创安全社区,互帮互爱,共建和谐光荣”的理念,通过资源整合,共投资1.16亿元,开展了21个安全促进项目,使创建全国安全社区工作取得了一定成效。

■精神文明建设 2010年,光荣街道精神文明建设有新成果。以“凝心、聚力、鼓劲”为目标,着力推进理论武装工程、精品工程建设和思想政治宣传工作。坚持每月一期的宣传简报。在街道开展的“连心楼院”、“传统文化诵读行”、“百户特色文明家庭评选”等活动中,结合旅顺全域城市化和城乡一体化的发展要求,与铁山街道党工委联合开展了“城乡联手,共筑文明”精品工程的创建活动,被评为全区精神文明建设精品工程。围绕“五四运动”91周年、建党89周年,“三八”节100周年等,开展了一系列主题鲜明的教育活动。举办了“2010旅顺之夏和谐光荣文化节”主题晚会。积极开展了大型图片展览6次,共展出作品1万多幅。举办了“热爱党,跟党走”红歌演唱会和安全社区创建展演活动。推荐了“情暖滨城”感动人物季正夫的事迹,提升了辖区居民和谐文明程度和精神文化需求。围绕街道党工委、办事处中心工作,开展专题新闻宣传,全年《大连日报》发表文章5篇,

《旅顺口》报40篇，电台40篇，电视台35篇，连心活动专题报导12次，创先争优专题报导4次，积极营造了奋发进取的舆论氛围。

■党的建设　2010年，光荣街道党建工作在创新中前行。一是班子和队伍建设有新提高。深入开展科学发展观学习实践活动和以"创先争优"和"连心活动"为抓手，加强干部作风建设。提高党员干部思想政治素质。继续开展"全民读书月"活动，充分利用"党员读书会"、"社区讲坛"、"老干部讲师团"、"五老调研员"等有效载体，促进学习型社会建设。按照"学习、调研、决策、落实"四位一体的要求和"一月一题一讨论"的模式，组织中心组的学习调研活动，党工委班子成员带头学习，带头调研，带头实践，全年机关干部完成读书笔记2万字，领导干部完成调研文章13篇，现场办公58次，解决突出问题35个。服务效率和服务质量进一步提高，群众满意度提升。光荣街道学习中心组被区委评为A级理论学习中心组，新华社区被评为基层理论学习示范单位。二是党的建设得到加强。开展了"创先齐努力，争优当先锋"和连心活动。积极引导各行各业，党组织发挥领导核心作用，强化党建示范点建设，擦亮"三色"社区党建品牌（即"橙色"沟通型社区、"红色"学习型社区、"绿色"服务型社区）；努力打造"光荣模式"。认真落实党员激励、关怀、帮扶机制，提升党员的凝聚力。落实干部联片、党员联户制度，在连心活动中，结成连心对子78个，领导干部深入基层，调查研究，体察民情，用满意贴心的服务赢得了辖区百姓的认可。在具规模非公企业中建立了党建工作联系点，下派了22名党建指导员，非公企业党建覆盖面达到100%。仁海重工有限公司被推荐为区级非公企业示范点。新建党员标准化党员活动室2家，整改规范非公企业党员标准化活动室3家，发展1名私营企业主入党。发展新党员7名，6名预备党员按期转正，培养积极分子33名，有300多名党员加入到义工志愿者队伍。夯实了光荣街道"四联两共两服务"的社区党建品牌。三是群团工作成果丰硕。街道工会以"3A五好"工会创建为载体，加强了基层工会组织建设，建会率达到95%，职工参与率达到100%，为辖区女职工办理安康保险212份，新签订集体合同、工资合同、女工合同30份，全年累计投入扶贫帮困资金26000元。友谊养老院的韩晶被评为大连市劳模，新华社区周启香、仁海重工郭学增被评为旅顺口区劳模，大连鑫连服装有限公司被评为旅顺口区先进单位。建立了新华社区妇女儿童维权服务站，全年共为妇女维权4次，走访困难母亲14人，投入4900元。与机关工委妇委会联合走访贫困妇女23人，投入资金9200元。全年累计出资7000余元，为辖区近400名妇女进行生殖健康体检，组织80余人参加了免费体检，龙河社区被推荐为辽宁省和谐家庭示范社区，友谊社区代表旅顺口区迎接辽宁省妇女权益调查工作。积极推进非公有制企业团组织建设，已成立非公企业团支部19个，涌现出一批优秀青年代表。有4名团员青年参加区第十七届团代会，军利汽修团支部被评为十佳青年志愿者服务队，仁海重工孙洪刚被评为十佳创富带头人，鑫连服装的彭国华被评为十佳外来务工青年，龙河社区、营港酒店团支部被评为旅顺先进团支部。老干部工作长足发展，组织了一系列为老干部群体喜闻乐见的文体活动。

光荣街道社区党政领导名录

社　区	书　记	主　任
新华社区	周启香	周启香
友谊社区	姜月巧	姜月巧
龙河社区	任丽娜	任丽娜

（撰稿人：谭　扬　审稿人：刘宝文）

水师营街道

■概况 旅顺口区水师营街道地处辽东半岛最南端,位于旅顺中心,是区委、区政府的所在地。街道辖区面积42平方公里,下辖8个村民委,42个居民小组。总户数8939户,户籍人口23021人。街道北与大连中心城市遥相呼应,南通烟大火车轮渡港口羊头洼港,距大连国际机场32公里,距大连海港40公里,距羊头洼港12公里,距土羊高速公路出口2公里,旅顺北路、旅顺中路和旅顺南路三条公路在街道辖区交汇穿行直通大连,土羊高速公路贯穿全境,形成了"四陆一水"的交通格局。水师营境内旅游资源十分丰富,自然景观和人文景观比比皆是,龙眼泉、会见所、蟠龙寺、清朝水师兵营、二〇三高地、鸡冠山堡垒、松树山堡垒、苏军烈士陵园、孔孟山庄、《闯关东》影视基地等均分布在水师营境内。

水师营的历史可上溯到290年前暨公元1715年(清康熙五十四年),因清朝水师曾在这里驻扎营盘而得名"水师营"。此后的"甲午战争"、"日俄战争"等重大历史事件相继发生在这片土地上,使水师营在中外近代史上备受瞩目。早在唐朝(公元628年)时期,这里的民间贸易就十分活跃,并成为当时的区域性贸易中心。闻名辽南地区的农历四月十八"蟠龙山娘娘庙会"沿袭至今已历经百年之久,并逐步发展成为颇具特色的地方性民俗节日。如今的水师营作为著名的历史文化商贸旅游重镇,已成为旅顺口区政治、文化活动的中心。

2010年是"十一五"规划的收官之年,全年水师营街道紧紧依靠全街广大干部群众,以城市化建设为主线,以民生稳定为前提,以项目建设为核心,以征地动迁为重点,以加快发展为目标,较好地把握了改革、发展、稳定的关系,超额完成了年初确定的各项工作目标和区委、区政府下达的各项工作任务,保持了水师营地区经济和社会各项事业持续、快速、健康发展,为"十二五"高起点起步奠定了坚实基础。

■经济建设 2010年,水师营街道实现社会总产值71.2亿元,比上年增长18%;固定资产投资完成22亿元,比上年增长83.3%;引进内资10亿元,比上年增长122%;实际利用外资3420万美元,比上年增长128%;一般财政预算收入实现10187万元,比上年增长77%,水师营成为旅顺历史上继开发区之后第一个财政超亿元的街道。

招商引资成效显著。2010年,街道多次随同省市区经贸代表团赴珠三角、长三角和内蒙古等地区进行招商,分别就南山森林公园、新城区文化公园温泉城、欣温商陶瓷城等项目初步达成开发合作意向。积极配合区土地部门对辖区基本农田进行调编,调编后水师营地区基本农田由742公顷缩减为616公顷,新增建设用地126公顷,同时还完成了水晶城二期、政府东侧储备地等6个地块1.07平方公里的征地组件,为项目引进和新城区城市化建设拓展了空间。

项目建设进展顺利。2010年,水师营街道各类建设项目56个,其中区级重点建设项目30个,除龙河二期、公安应急指挥中心、新广电中心等6个项目外,其余全部开工建设,开工率达到80%。阳光波尔多项目2栋回迁楼和8栋商品楼已经开工建设,计划2011年底竣工并组织动迁居民回迁安置;三八里回迁区项目已完成工程总量的90%,计划2011年5月回迁安置;龙河一期项目达成企业动迁协议11家,A23地块20栋商品楼正在施工;文体中心项目主体工程完工,现代化高中项目完成场地平整和土石方工程。

工业经济运行平稳。随着新城区城市化进程的不断加快,因开发建设和征地动迁使辖区内的工业企业由原来的355家减少至282家,但工业经济总体运行态势良好,全年工业总产值、利润总额分别完成38.1亿元和1.6亿元,同比增长18%和19%。工业园区累计投资1.2亿元,用于动迁补偿、征地和基础设施建设,道路、供电、供排水、绿化等配套工程陆续完成,部分区域开始场平,入驻企业19家,机械装备制造、船舶制造及配套、矿山冶金和机电电器等主导产业在园区形成集聚效应。

设施农业稳步推进。按照新城区功能定位,弱化传统农业发展模式,适度发展都市型观光农业,积极推广新产品和新技术,提高和改善农民的生产生活条件,努力拓宽增收途径。2010年,水师营街道新建大樱桃防雨棚347.8亩、气调库49个、温室大棚200余亩。发放粮食良种补贴资金3.4万元,争取冷库机械12台,补助资金20余万元。全面启动大规模绿化造林工程,结合新城区实际,精心制作规划设计方案,投入100多万元,完成了南山森林公园、前夹山村河道周边和大王村路两侧绿化,平整绿地350亩,栽植各类树木8万余株,争取上级资金,对工业园区道路两侧进行了绿化美化。

■城市建设　2010年,全街连续5次开展大规模环境卫生治理会战,清运各类垃圾800余吨,配合区城建等相关部门对苏军烈士陵园周边环境进行综合整治,保证了外事活动顺利进行。提前完成辖区100户农厕改造工程,极大改善了农民的生活环境。投资30万元打造光明工程,在辖区25公里主干路沿线安装彩灯7000余盏,营造了祥和的节日气氛。加大违章建筑整治力度,清理旧门窗卖点26个,拆除私搭乱建39处,清除破旧广告牌匾27个,处罚违章乱停车辆214台。水师营街道城市管理体制改革后,中心区市容市貌发生了明显变化。

■社会事业　2010年,街道成功举办了水师营第十二届商贸文化节,实现销售额700多万元。出色地承办了"欢乐中国行"大型文艺演出活动,积极参加旅顺第六届国际合唱节,获得了"沃土之声"专场比赛金奖第一名。以小南村"文化大篷车"为代表的群众业余文化活动在各村普遍开展,率先在全省启动全域村志编修工作。第六次全国人口普查工作圆满完成,安全社区创建工作有序推进。2010年确定的失地农民培训、自来水改造、困难家庭救助等十大民生工程顺利完成,同时还筹资144万元走访慰问了辖区638名优抚对象、低保户、困难职工、残疾人、老党员、老干部、高龄老人、大病特困人员、部分信访户、动迁户以及驻街共建部队官兵、消防武警和公安派出所民警。热心慈善事业,组织辖区社会各界为玉树地震灾区和旅顺慈爱月活动募集善款172万元。提供法律援助70余次、1000多人,受理拖欠农民工工资投诉32起、1100余人次,涉及金额约2100万元。

■党建工作　2010年,历经3个月顺利完成了辖区8个行政村"两委"换届选举任务。为转变机关作风,规范办事程序,提高工作效率,街道编印了《村级财务管理制度汇编》、《2010年水师营街道工作材料汇编》和《水师营街道机关工作制度汇编》3本小册子。创新开展了党风廉政示范村建设,计划通过2-3年的时间将辖区8个行政村全部建成示范村。辖区各村和街属企业结合各自实际,集中进行了一次半年工作总结、开展了一次民主测评、召开了两次班子民主生活会,街道党工委派出两个工作组,深入各村和企业出席总结大会、主持民主测评、参加民主生活会,并以简报形式对各村、街属企业上半年的工作情况进行了汇总,充分肯定了各单位所取得的成绩,客观指出了存在的问题和不足,有效推动了全街工作向纵深开展。召开纪念建党89周年暨创先争优动员大会,总结了一年来街道党建工作,开展"关爱共产党员"活动,向辖区25位建国前老党员授予了荣誉证书和纪念章,为8名困难党员发放了困难补助金4000元。"中秋节"和"元旦"前夕两次走访慰问了辖区连心户,并与各村连心户代表进行座谈,进一步加强了机关干部与群众的密切联系,掀起了新一轮"连心"活动的高潮。

水师营街道行政村党、政负责人名录

行政村	书　记	主　任
水师营村	生力军	生力军
西沟村	赵元鹤	赵元鹤
三八里村	康瑞宏	康瑞宏
小南村	解麟海	解麟海
寺沟村	王连兴	王连兴
火石岭村	郝树宏	郝树宏
大王村	刘吉良	张明怀
前夹山村	刘道平	刘道平

(撰稿人:王　丹　审稿人:王明亮)

铁山街道

■概况　旅顺口区铁山街道地处辽东半岛最南端,黄渤海东、西、南三面环绕,背依老铁山,与山东半岛隔海相望。全街总面积64平方公里,海岸线长40.23公里。2010年,辖14个行政村,62个村民组,有7973户,总人口20803人。全街耕地面积9146亩,果园面积9102亩,农作物播种面积12716亩,规模以上企业35家。

2010年是"十一五"规划收官之年,也是铁山街道和创新园全面建设生态科技创新城开局之年。铁山街道坚持以发展绿色、低碳、科技创新和生命健康产业为主导,科学制订了琥珀湾、科技创新园、国际医疗城、九龙湾四大区域规划,并结合全域规划,明确了产业布局。加快推进重点项目建设,加大招商引资力度,出色地完成年初确定的各项工作任务。实现社会总产值41.6亿元;财政总收入6504万元;固定资产投资32.2亿元;人均收入达到15783元,全街道主要经济指标增幅在全区位居前列,社会各项事业稳步发展。

■经济快速发展　2010年,全街社会总产值完成41.6亿元,完成全年计划105%;固定资产投资32.2亿元,完成达标目标的124%;实现财政收入6504万元,完成达标目标的112.3%;实际利用外资4400万美元,完成工作目标的122%;实际使用内资23.1亿元,完成目标的231%;内联引进9.83亿元,完成目标的196.6%;外贸出口1200万美元,完成计划的109%。实际使用外资、内联引进和固定资产投资位列经济开发区和各街道第一;"两增一保"指标考核实现历史性突破,位列全区第二,荣获红旗单位称号。

2010年,全街有10个项目被列为区级重点项目,均取得了突破性进展,成为重要经济增长点,实现固定资产投资30.9亿元。一是理工大学科技城项目。计划总投资7.4亿元,已投资2.14亿元,建成建筑面积1.8万平方米的安道大厦、建筑面积1万平方米的计算机控制研发中心。二是合生创展江山帝景房地产项目。总投资20亿元,已累计投资8亿元,建成15万平方米地产。三是铁山家园回迁楼项目。一期工程11栋372户,共计3.3万平方米住宅楼建设完工,回迁居民已陆续入住。四是大连渤海轴承项目。总投资5.5亿元,已累计投资3.5亿元,建成14栋厂房和综合办公楼。五是铁山购物中心项目。计划投资3亿元,土地已经摘牌,开始前期规划。六是科技创新园基础设施建设项目。规划占地5.8平方公里,2010年投资1.8亿元,建成了1#路1500延长米的道路,铺设4100米的综合管网,建成1座人行桥和1处沉砂池,完成14万平方米凤河两岸及广场的景观绿化。七是世达集团金山海景项目。计划投资7亿元,已投资2.2亿元,建成14栋回迁楼 。八是琥珀湾旅游文化产业区。计划总投资200亿元,一期总规划面积1.73平方公里,7块地已全部摘牌,完成土石方回填300万立方米,平整土地40万平方米。琥珀湾展示中心已竣工。九是国际医疗城项目。规划用地总面积12.9平方公里,计划总投资150亿元,已经完成12.9平方公里控规,规划医疗城中心区1.2平方公里。十是科技创新园热源厂项目。总投资额2.5亿元,锅炉房主体工程开工,已安装40吨锅炉,铺设供热管线500米。

2010年,全年新签约项目8个,总投资35亿元。中国建材国际工程集团有限公司投资建设的中建材光电应用材料产业基地,规划占地面积40万平方米,计划总投资20亿元。交大连续挤压装备、超细粉体、福思达、中式研发等项目,已经进行项目征地、规划设计等前期工作。跟踪和落实的项目7个,生殖健康、塑料研究所、海洋生物加工、海晏堂海珍品、船舶压载水管理系统研发与生产、理工精细化工、LED显示屏和照明灯等项目,有望签约。新入驻科技大厦的孵化企业5家,累计15家,注册资本为6000万元,壮大了研发孵化实力。

■优化农业产业结构 2010年,铁山街道调整思路,优化产业结构,促进都市型现代农业快速发展。加强农业基础设施建设,完成保护地面积1900亩,设施小区15个,总投入6000余万元。完成新植大樱桃300亩,建设大樱桃标准园2300亩,精品采摘园2个,新增富硒樱桃400亩,4个合作社完成了绿色食品认证,3个合作社完成了三品认证,铁山红大樱桃获得辽宁省名牌农产品称号。继续加强农业水利基础设施建设,投资140万元完成中鸦户嘴村3万方截潜平塘,投资450万元完成柏岚子村5公里河道治理,投资120万元完成张家沟村水库除险加固,投资150万元完成郭家村、张家村节水灌溉管网改造,新增管网550余亩。郭家村、对庄沟村总投资590万元的国家综合开发项目正在施工中。加强对2个渔港和11个自然船只停泊港湾的安全宣传、检查监督和海域管理工作,积极完成海上油污清理工作。

■新农村建设 2010年,铁山街道因地制宜实施“六化”工程,对街道中心环境进行整治。新修花坛3个,摊铺路面3000平方米,道路画线3公里。对庄沟村率先达到大连市“六化”建设要求。投资300万元完成柏岚子、张家沟、对庄沟、南牙4个生态文明村绿化任务。投资102万元完成王家村矿山绿化70亩,投资20万元完成韭张路道路绿化3公里,全街植树15万株。投资600万元新修村屯路12公里,投资300万元增加村屯硬覆盖10万平方米,投资450万元新上太阳能路灯300盏,投资130万元新上太阳能热水器400台,新建农产品批发市场1个。

2010年,街道着力打造老铁山休闲旅游度假园区,提高旅游业的整体效益。完成了大连旅顺国际樱桃节开幕式工作,包装14个精品樱桃采摘园,增加果农收入

178 万元。与旅行社联合推出了南山里休闲、观光、采摘旅游线路,以葆源山庄、巧嫂农家乐等为代表的农家游项目不断成熟,服务水平和接待质量有了大幅度提高。岚兴渔家乐被评为大连市四星级渔家乐。全街已发展农家乐 72 家,全年接待游客 5.7 万余人次,收入 700 余万元。

■民生工作 2010 年,铁山街道加大开发式扶贫项目跟踪服务力度,启动 4 个重点开发式扶贫、5 个助残创业工程。积极贯彻落实《村民委员会组织法》,"村务公开、民主管理"形式逐步向规范化、制度化、科学化、现代化发展,农村社区建设工作通过国家民政部专家组考核,民主听证会经验在全市推广。

保持劳动关系和谐稳定,维护劳动者的合法权益,企业职工签订劳动合同 6500 余份,覆盖率达 92% 以上。加大劳动保障监察力度,对 130 余个企业进行常规巡查。工伤保险覆盖面达到 95% 以上。扩大新型农村合作医疗覆盖面,全街共计 11843 人参加了新型农村合作医疗,参合率达到 98%。及时为征地动迁的南鸦户嘴、金家、张家沟村失地农民办理养老保险、医疗保险。计生工作顺利开展,计划生育率 100%。

开展健康教育活动,提高健康水平。开展爱国卫生月工作。坚持食品安全长效宣传机制,开展食品安全"四无"社区建设。在杨树沟村、中鸦户嘴村、北鸦户嘴村和张家沟村改造三格式卫生厕所 770 座,顺利完成年初目标。街道成功通过辽宁省卫生镇验收。

文化体育活动丰富多彩,组织秧歌队和鼓乐队参加迎新春秧歌展演,组织中鸦户嘴村秧歌队代表街道参加区闹新春秧歌表演等。新申报 8 家农家书屋,通过验收。旅顺口区社区学院铁山分院和 14 个社区教育中心正式挂牌。街道荣获省"双高普九"先进单位称号。

大力加强普法教育,营造和谐社会的法治环境。举办"12.4"《宪法》宣传日活动,"3.15"《消费者权益保护法》宣传活动,村委会换届选举后开展"送法进乡村"活动等。开展"促和谐、保稳定,化解矛盾在基层"活动,调处各类矛盾纠纷 80 件。民事纠纷调解率达到 100%,调解成功率 98%。

■动迁工作 2010 年,铁山街道严格按照"发展地区经济与关注百姓民生并重,科学开展动迁工作"的思路,通过落实资金政策,建立全程责任制度,针对不同群体制订了切实可行的搬迁计划,使动迁工作保持和谐稳定发展,为推进城市化进程和重点项目建设提供了坚强的保障。

全年动迁 7 个重点项目,涉及动迁 1112 户。2010 年底,202 轻轨延伸已动迁 157 户,大盐线 50 户已动迁完毕,马北线绿化已动迁 117 户,铁山家园已动迁 78 户,金山海景已动迁 206 户,琥珀湾项目已动迁 41 户,科技创新园动迁 153 户。共计动迁 800 余户,已投入资金 2 亿多元。

■安全生产和维稳工作 根据老铁山自然资源和森林资源丰富的特点,2010 年,铁山街道重点加强消防队建设,在区消防二队的基础上,成立了三支村级消防队,并与三支部队消防队联合,实现资源共享、联合作战。加大对风力灭火机、防火服等消防设备的投入,全街风力灭火机达到 80 台。对建筑工地、船舶制造、重大装备等高危企业每季度进行一次检查,对油漆厂、鞭炮厂、液化气站等重大危险源每月进行一次检查,未发生安全生产、动物疫情、重大火灾等事故。

积极开展了"下访"和领导干部大接访

活动，尽最大可能排查矛盾纠纷，做到发现问题及时解决。村委会换届选举工作依法操作，严格程序，取得了很好的效果。

■党建工作 2010年，铁山街道进一步完善了干部考核评价体系，调整了“两增一保”考核指标，将指标完成情况、为民办实事解难题情况、廉政建设规定执行情况和村两委班子民意测评情况等纳入到多位一体的干部考核体系当中。

强化基层党组织作用，加强农村致富型党组织建设。重视村级经济发展，从政策和资金上对低收入村进行帮扶。加强了新经济组织党建工作，规模以上非公有制企业党组织单独组建率达到100%，顺和电镀有限公司党支部被评为区级非公企业党建工作示范点。

加强党风廉政建设，加强党员及人才队伍培养。继续推进发展党员票决制，发展新党员17名，培养积极分子186名；抓好优青、优妇培训，完善了40人的后备干部队伍；发挥了农村党员干部远程教育的载体作用，为党员教育和人才培训搭建了平台。

积极创建先进基层党组织，街道党工委被评为大连市“五个好”先进单位。全街24个直属基层党组织，1146名党员参加了第二批学习实践科学发展观活动。在群众满意度测评中，满意率达到99%以上。街道机关包括事业单位在内的59名干部与所辖14个村224户居民结成了连心对子，走访连心户600余人次，收集群众反映的各类信息350余条，为民办实事266件。

充分发挥街道党工委和基层党组织作用，在全区第一个圆满完成了全街14个村的党组织换届选举工作。

铁山街道各村党、政负责人名录

行政村	书　记	主　任
南牙户嘴村	王有伟	王有伟
中鸦户嘴村	乔正发	李忠实
北牙户嘴村	王忠铭	王忠铭
大兴村	刘文珊	刘文珊
杨树沟村	陈信民	徐明义
张家沟村	丛荣莲	丛荣莲
柏岚子村	刘仁梅	刘仁梅
王家村	王贤君	王贤君
对庄沟村	王　敏	王　敏
韭菜房村	陈祥德	陈祥德
全家村	柳耀君	张海显
牧羊城村	刘作洪	于学富
郭家村	王仁辉	郭成民
张家村	张成勇	王庆东

（撰稿人：钟丽娟　审稿人：刁成炜）

双岛湾街道

■概况 双岛湾街道位于旅顺口区西北部，东与水师营街道毗邻，南与旅顺开发区接壤，西临渤海，北依台山与北海街道相连。全街道总面积56平方公里，海岸线长33.8公里，海域面积300多平方公里。街道下辖7个行政村，34个村民组，5108户，14121人，外来务工人员约3000人。街道有耕地面积7359亩，果园面积8807亩，滩涂面积1900亩，林地面积1853公顷，其中防护林1502公顷、特用林40公顷、经济林311公顷。淡水资源比较匮乏，海洋资源丰富，沿海水域礁岩面积100公顷，盛产鲍鱼、海参、海胆、赤贝、扇贝、藻类等海产品及含碘量高的海带菜、裙带菜等水产品。滩涂资源丰富，全区最大的滩涂开发基地——山头海珍品养殖基地就坐落在山头村。农业产业化形成了以大樱桃、洋梨、苹果、养貂等品种为特色的专业村。双岛湾街道工业经济占主导地位,全街已形成机械、塑料、化工、化纤、建筑、建材、水产品加工等多种经济门类。

2010年,双岛湾街道紧扣“保发展、保稳定、保民生”主题,努力克服各种困难,大胆创新工作方法,一心一意谋发展,千方百计保民生。通过广大干部群众一年的艰苦努力,较好地完成了各项目标任务,推动了街道经济社会事业较好较快发展。

■经济建设 2010年,全街道实现企业总产值45亿元,完成年计划的105%,比上年增长9.5%。其中:规模工业总产值达到5.1亿元,完成年计划的104%,比上年增长6.8%;企业增加值完成9亿元,完成年计划的103.5%,比上年增长9.2%;企业销售收入完成42亿元,完成年计划的103.2%,比上年增长11%;实缴税金完成9500万元,完成年计划的105.6%,比上年增长4.4%。

该街道始终以促进工业经济增长为目标,以优化产业结构为主线,按照“加强服务促发展,调优结构壮财源”的工作思路,加大对企业的服务力度,推进产业调整和结构升级,不断壮大街道工业总体经济实力。进一步完善船舶构件、建筑材料、机电设备、食品和服装加工等多个门类的工业体系。重点项目进展顺利。双岛湾临港工业起步项目规划面积3.08平方公里,总投资6.7亿元。完成了立项批复、环评、土地、规划,回填约60多万立方米,路网工程5000余米。继续推进双岛湾居住小区建设前期工作,东部回迁区位于曲家村,占地面积20.3万平方米;西部回迁区位于山头村,占地面积24万平方米。东部回迁区的征地组件已完成,5100万元已上交区财政,开始办理土地出让、项目立项、规划等相关手续。西部回迁区开始办理项目立项手续;港区码头项目积极推进。该街道开始全力配合区港口与口岸局、海洋与渔业局做好港区及航道内的动迁方案制订及动迁补偿测算,为尽早开工做好前期准备工作。动迁工作有序推进。街道本着统筹组织、上下配合、合力攻坚、依法高效的原则,加大了拆迁工作的力度,年内完成的拆迁工作有:临港新区东部回迁区已拆户数140户;双岛湾临港工业区已拆迁企业4家;艾子口游艇产业园区已拆迁13户,企业6家。

该街道以农业增效、农民增收为目标,大力发展附加值较高的设施农业。2010年,新建大樱桃防雨棚450余亩,新建防雨棚小区12个,新建气调库9个,新建温室大棚50栋,完成曲家村、胡家村的中低田改造项目260亩。艾子口村、山头村引碧“一根管”工程开始施工;张家村修建8万立方米平塘1座;胡家村、山头村、曲家村河道治理5200米;艾子口村、胡家村新农村建设六化(硬化、绿化、净化、亮化、美化、气化)工程基本完工;继续加快发展农业机械化。2010年街道实现机械化春播玉米4500亩、大豆1000亩,打药1500亩;张家村、曲家村被评为2010年度大连市“平安农机”先进村。全街道拥有大中小型拖拉机150台,农业机械的增加推进了街道率先实现农业现代化的进程;养殖业发展渐具规模,生猪饲养量6000头,肉鸡饲养量2万只,水貂饲养量1.5万只。大力发展养殖扇贝、藻类和海参、鲍鱼等品种,并向优势产区集中,全年实现渔业社会总产值52670万元,完成水产品产量32600吨。

■精神文明建设 2010年,双岛湾街道坚持以人为本,以提高人的文明素质和培育社会文明新风尚为重点,努力营造文明和谐的社会环境。新农村建设的主体是农民,该街道以提高广大农民的文明素质和培育社会文明新风尚为重点,精心设计活动载体，深入开展了“绿色家庭”精神文明建设精品工程创建活动，活动的主题是倡导健康生活，营建绿色家园，通过举办“绿色环保进万家”知识竞赛、“我与绿色家园”环保征文比赛、发放“绿色果蔬袋”、开展环保志愿者义务奉献等多种形式，普及环保知识，调动了广大群众参与创建的积极性，取得了较为显著的成效，使一批在家庭环保和家庭绿化美化等方面表现突出的家庭脱颖而出，通过典型的示范作用，带动全街越来越多的家庭参与到创建活动中来，从而推动农村文明程度的提高，加快和谐社会的进程。把低碳生活、环保行为作为一种生活方式、一种文化品位，正逐渐被人们所接受，新农民逐步形成新面貌、新风尚；街道群众性文化体育活动日益丰富，全年共组织各类广场表演和文艺晚会10余场；组织参加第六届旅顺合唱节，夺得银奖；成功举办了双岛湾街道第六届文体大会，取得了良好的社会效果，丰富了广大群众的精神文化生活。

■和谐社会建设　2010年，双岛湾街道继续加强民主法制建设，完成了第十届村两委换届选举工作，基层政权建设进一步加强，坚持和完善政务公开和村务公开等公开办事制度。强化依法行政，提高行政执法和法制监督水平。加大社会治安综合治理工作力度，坚持做到依法治街；搞好普法宣传教育，提高群众的法制观念；各类应急预案逐步完善，重大动物疫情和突发公共事件处置能力逐步增强；严格执行信访工作相关规定，实行领导接待日负责制和分级处理制，认真解决好土地流转、土地承包及动迁过程中出现的各类问题；切实抓好安全生产工作，从做好面上检查、重点监控、隐患整改“三结合”入手，按照属地管理的要求，强化监督管理，发现安全隐患及时限期整改，确保把隐患消灭在萌芽状态；加大食品、药品监督管理力度，避免和减少各类事故的发生；加大劳动监察力度，全年共处理劳动争议案件41件，其中涉及拖欠农民工资案36起，涉及农民工72人。返还被拖欠工资近14万余元，调处率为100%，成功率为100%。积极开展平安创建活动，营造稳定和谐社会局面。

2010年，双岛湾街道以建设健康街道及美化家园为工作重点，开展了爱国卫生月活动，清除卫生死角50多处，清除垃圾500多吨，使街道卫生面貌得到极大改观；积极开展卫生村创建工作，2010年艾子口村申报了省级卫生村；完成张家和台山西村改厕430个，改善人民群众生活卫生条件；加强对水源监测和饮用水的消毒管理，保障了群众饮用水安全，张家村被中国健康水协会授予“健康饮用水首家示范村”；加强公共卫生和医疗服务体系建设，全面推行农村合作医疗保险制度，学生和农民参保率均达到99%；加强各村内外环境的改造和建设，推动卫生初保工作的深入开展；加大传染病预防控制力度，提高突发公共卫生事件应急处置能力；完善人口与计划生育工作机制，坚持优质服务与基础工作并重、奖励兑现与依法行政并举，全面落实基本国策，稳定街道低生育水平。深入开展计划生育优质服务活动，做好育龄妇女生殖健康普查，全年共发放各种奖扶资金50.59万元。社会救助体系不断完善。强化“以民为本，为民解困，为民服务”的工作理念，突出抓好“惠民工程”，对弱势群体实施低保、大病、灾害救助。2010年，对226户397人进行了低保救助，累计发放低保金72.9万元，各类临时救济31.9万元。全面启动特别职业培训计划，对辖区内131名农民进行了“创业有方，勤劳致富”的主题培训，新就业安置325人，实现再就业575人。

■**党的建设** 2010年,双岛湾街道不断创新党建工作方法和思路。该街道坚持党工委班子周一晨学制,每位成员都能做到认真撰写读书笔记、心得体会和理论文章,强化了学习效果,进一步增强了大家运用理论解决实际问题的能力,有效地提高了党政班子的整体素质,这一学习制度已被省市所肯定,并由街道撰写了经验材料,分别编入省市的理论研讨文集里;建立关爱党员与党员作用发挥长效机制,继续在街道全体党员中开展关爱基金活动,对有困难的党员进行帮扶。巩固农村党建体制创新的新成果,重点抓好支部+协会、支部+基地、支部+项目的党建运行模式,把党的政治优势和专业协会的经济优势有机结合起来,使农村党建与经济建设良性循环,互动发展,真正意义上实现了"建一个组织、兴一项产业、活一地经济、富一方百姓"的目标。严把发展党员关,为组织增加新鲜血液,提高党组织的战斗力,2010年共发展党员12名;积极开展党员承诺活动,以"促进绿色经济区建设,争创科学发展示范区"为主题,紧密结合街道实际,改革创新,务求实效,充分发挥基层党组织的战斗堡垒作用和共产党员的先锋模范作用,街道共有8个党总支,8个党支部,700多名党员都参加了这项活动。

双岛湾街道各村党、政主要负责人名录

行政村	书　记	主　任
艾子口村	姜福智	姜福智
大甸子村	王瑞胜	周宗冰
山头村	周金华	王成俊
台山西村	王家平	王家平
张家村	戴帮军	冷万军
胡家村	胡家起	胡家起
曲家村	王传玖	王传玖

(撰稿人:王　成　审稿人:单葆英)

北海街道

■**概况** 北海街道位于旅顺口区西北部,东连三涧堡街道,南与水师营街道毗邻,西与双岛湾街道接壤,北临渤海;陆地面积32平方公里,海岸线总长18公里,海域面积170平方公里;辖5个行政村、21个村民组,居民3028户、8492人。街道办公地点位于李家沟村。全街道耕地面积6069亩,果园面积4776公顷,林地面积1137.5公顷,滩涂面积3平方公里。

2010年,北海街道办事处认真贯彻区委十三届八次、九次全会精神,自觉践行科学发展观,围绕区委、区政府给北海所确定的"旅游产业区"的功能定位,在稳定一、二产业的基础上,全力向发展旅游产业转型,以"阳光海岸"项目建设为牵动,调结构,转方式,加快发展绿色经济,积极推动北海各项工作实现新突破。

■**经济建设** 2010年,北海街道实现国民生产总值7.44亿元,同比增长20%;财政收入2770万元,同比增长47.4%,完成奋斗目标的105.3%。固定资产投资17.9亿元,同比增长244%,突破了达标指标。实际使用外资1395万美元,完成达标目标的45%。其他经济指标,如规模工业总产值(增加值)、营业收入、出口创汇等,均完成或超额完成了区政府下达的考核目标,经济发展实现了新的跨越。

一、围绕规划,科学发展。街道立足于国际化视野,结合区委所提出的"全域城市化",将北海街道区域规划命题为"北海街道城市化建设规划",根据阳光海岸综合旅游项目,按照城市化建设要求,委托加拿大一家国际设计集团为北海街道规划设计,突出旅游、度假休闲、生态宜居主题,结合原有产业特点,强调各产业板块重点突出、综合平衡发展的理念，规划文本全部完成，受到区政府领导的高度肯定。

二、加快推进重点项目建设。 2010年，北海街道纳入区重点项目共计6个，计划投资17.46亿元。已经竣工的有由天津大众集团与澳洲新西兰投资发展集团共同投资兴建的阳光海岸李家沟回迁楼项目，总投资4亿元人民币，占地面积13万平方米，建筑面积9.5万平方米，共建住宅34栋，公建2栋。

正在建设或即将开工的项目有：

1. 由天津大众集团投资兴建的阳光海岸石门山温泉城项目，总投资5亿元人民币，规划占地面积5万平方米，建筑面积1.5万平方米。

2. 阳光海岸综合旅游开发项目基础设施，该项目计划总投资5亿元人民币，规划服务区总占地面积8万平方米，中心区域规划主要以中轴线“开世大街”为依托，可称之为公共配套服务区。

3. 阳光海岸集中供热锅炉房项目，由天津大众集团投资兴建临时锅炉房。

4. 新建66千伏北海变电所项目。该项目属北海的公益性项目，开始办理相关手续。

三、积极做好招商引资工作。 2010年，北海街道抢抓全面对外开放的历史机遇，全方位开展对外经济合作，积极参加市、区组织的赴澳大利亚、新西兰、深圳等地进行招商活动，推介北海后发优势和城市化建设规划，引起了当地新闻媒体的广泛关注。在宣传北海、加深与老合作伙伴联系的同时，也拓展了新的合作项目和合作伙伴，为以后的发展贮备了一批新的意向性项目。北海村回迁楼、海鲜一条街、九头山文化产业园等项目进入实质性洽谈阶段。海昌集团关于猪岛项目的谈判正在运作之中。大连联众复合材料有限公司等工业项目已进入征地阶段。实现了在建一批、储备一批、在谈一批的良好态势。

四、调结构，农业经济稳步提升。 以“农业增效，农民增收”为目的，加强农业基础投入，积极调整农业产业结构，发展优质、高产、高效、生态安全农业。投资120万元建设完工5万立方米的袁家沟村水库。投资80万元建成总灌溉面积500亩的泥河村节水灌溉工程。建设农业小区6个，其中建设蔬菜小区3个，袁家沟大樱桃防雨棚小区3个，建设完成200亩大樱桃防雨棚。以大樱桃、巴梨为主，全年新植果树2000亩。建大樱桃采摘园3个，建标准示范园3个。动用渔船15条，春季投放8000万尾车虾苗，以补充海洋资源可持续发展。

■**社会建设**　2010年，北海街道扎实推进社会建设。积极落实“一根管”工程，实现了900户村民安全饮水；投资120万元完成了中、小学校及街道敬老院大楼维修，实施了卫生院设备更新；为村民新安装了200盏太阳能路灯；完成辖区失业人员就业及失业培训工作，为78名“4050”失业人员办理大龄补贴，共发放补贴金304200元；为小城镇居民和失地农民办理“双保”，辖区内共有3416名居民参加城镇职工养老，有1327名居民参加城镇职工医疗保险；完成108户201人农村低保调标及新增23户57人的低保申报、审核工作，全年发放低保金、救助金83.5万元；为5名精神病人员办理居家安养，为6名精神病人员办理免费服药卡；建立了计划生育健康家庭指导站5个，完成了计划生育农村奖励扶助，特殊家庭、独生子女父母奖励费16万元；开展群众性文化体育活动，组织秧歌、门球队参加区大型演出，组织北海街道合唱团参加“区第六届国际合唱节”，获得银奖；开展了第二十二个爱国卫生月活动，组织清运越冬垃圾

30余吨,做好食品安全工作,组织了多次专项治理整顿,全年无食物和毒蘑菇中毒事件发生;全年办理私人住宅过户200余件,补办房证、地证丢失手续56件;严禁私搭乱建,落实好门前三包。

继续开展新一轮争创省市"平安稳定街道"、"平安稳定村标兵"活动;加大对"法轮功"等邪教组织的打击力度;加强普法宣传;强化科技安保,投入20万元,5个村分别配齐了治安巡逻警车。投入30万元配齐各学校、幼儿园监控系统和值班岗亭,配齐保安人员,加强校园治安整治;大力开展矛盾大排查、大调解、领导干部大接访活动,排查化解了6起准备进京和到市上访的案件,防止群体性上访3起,防止群体性械斗1起,调解成功各类矛盾纠纷45件,有效化解社会矛盾。继续做好安全生产工作,强化学校安全、生产安全、食品安全等安全措施的管理,组建了安全社区创建办公室,加大了经费、人员、设备投入,将安全工作与各村干部报酬挂钩,与评先选优挂钩,与企业享受政策扶持挂钩。

北海街道各村党政主要负责人名录

行政村	书　记	主　任
李家沟村	李作民	李作民
袁家沟村	李皆辉	李皆辉
沙包村	乔彦伟	刘淑秋
泥河村	孙先胜	孙先胜
北海村	刘吉玉	刘吉玉

(撰稿人:费义华　审稿人:范德宇)

三涧堡街道

■概况　三涧堡街道地处旅顺口区北部,北临渤海,南接水师营街道,东临长城街道,西连北海街道,北与甘井子区接壤。街道以辖区内的三条季节性河流而得名,有"旅顺小平原"之称。辖区面积48.7平方公里,海域面积9300公顷,海岸线长12.2公里;耕地面积824公顷,果园面积527.2公顷。辖8个行政村,45个居民组,有居民7333户,人口19354人,企业1298个,其中规模企业47个,私营企业216个,个体企业1068个。

该街道农、牧经济居全区首位,是大连市的主要副食品基地之一,蔬菜年产量5万吨,肉蛋2.78万吨。中国最大的机械化养鸡场——韩伟养鸡场坐落于此,全市最大的"绿色"蔬菜生产基地——大连绿晨园艺有限公司也在该街道。企业经济是三涧堡的经济支柱,包括机械制造、船舶机电、橡胶化工等工业门类,其中机械制造业的厂家数和拥有固定资产占全街工业企业的80%以上。辖区内拥有帝国电泵、华宇冶金、敖东药业、中车机车等知名规模企业。三涧堡街道第三产业蓬勃发展,在全区涉农街道中率先建设了一条云集近百家商户的商业步行街,建立了旅顺唯一的畜牧交易市场——韩家畜牧交易市场,唯一村级成立的蔬菜专业批发市场——万绿春蔬菜批发市场和辽南乡镇中设施最为完备、标准最高的综合性市场——三涧堡大市场。作为旅顺北部地区的中心城镇,三涧堡街道商铺林立,商贾云集,餐饮服务业也别有特色,圆丰、矿业等四大酒店和三大中心市场使三涧堡成为带动周边文化、休闲、餐饮、娱乐发展的中心。

■经济建设　2010年,三涧堡街道实现财政收入5750万元,完成全年达标指标的100.2%;固定资产投资22亿元,完成区下达计划100%,同比增长112.5%,是2005年的5.5倍;实缴税金1.6亿元,完成计划的100%,同比增长25.7%,是2005年3.4倍;实际利用内资16.5亿元,完成计划的206.5%,同比增长139.6%;实际利用外资

1176万美元，完成计划的98%，同比增长96%；农民人均纯收入达到15986元，同比增长20%，比2005年翻一番，较好地完成了区委、区政府下达的“两增一保”工作任务指标。街道经济实力明显增强，经济结构明显优化，农民收入显著提高，街域面貌明显改善，社会发展速度明显加快。

工业经济发展持续加快，招商平台建设不断加强。到2010年末，三涧堡街道有规模企业47家，当年实现总产值57.7亿元，纳税16102万元，其中纳税额超千万元的企业2家，超200万元的企业7家，华宇冶金纳税2462万元，形成街道财政收入519.2万元；招商引资项目17个，其中3000万元以上项目9个，合同金额62.8亿元；4个重点工业项目（大连大正船舶重工有限公司的海工基地工程、大连伯顿冠力电机有限公司、大连鑫圆重工有限公司和大连双龙泵业制造有限公司）全部开工建设，实际投资16.2亿元，完成年计划的101.9%，同比增长116.4%。工业园区基础设施建设投资1.6亿元，完成了8.3公里道路摊铺和排水沟及部分绿化、排污管网的建设。

农业项目全面启动，农业现代化步伐加快。2010年，三涧堡街道农业建设投入总额13768万元。新发展农业设施保护地面积1422.14亩，完成任务的101.6%，投资5977万元。许家窑村栽植各种树木2.1万株，投资106万元，荣获“市级绿化村”称号。石灰窑村投资80万元，建设完成2万立方米集雨项目，被评为市级项目；石付村绿化建设项目被确定为市级工程；小黑石村将蔬菜园区打造成生态型、观赏型、清洁型于一体的现代农业园区；东泥河村投资400万元进行了河道整治工作，共治理河道总长2公里，街道还投资411万元将该村2500亩低产田进行综合治理。当年，全街道海产品产量2120吨，总产值1900万元。除此之外，街道投资67万元，促成大连洪家畜牧有限公司与沃尔玛超市实现农超对接，于5月13日举行签约仪式；绿晨都市农业产业园项目总占地面积16万平方米，规划设计总投资1.5亿元，当年超市累积投资3400万元，完成3.6万平方米联栋智能温室工程基础建设和1.2万平方米联栋智能温室主体框架安装；新洪都市农业园项目总投资1.87亿元，占地总面积90万平方米，已投资2300万元，完成9个阳光大棚基础工程。至年底，完成造林绿化面积5690亩，植树73.6万株。

全域城市化加速推进，街道环境面貌不断改善。2010年，三涧堡街道中心区改造明显加快，大连元兴理想新城房地产项目已完成投资4930万元，8栋商住楼主体完成封顶；新建学校二期塑胶操场基础工程完成；新建文化中心主体工程全面完工；街道行政服务中心改造项目施工方案确定。三涧堡街道委托大连市规划设计院，对三涧堡全域45平方公里进行控制性详规，将三涧堡划分为工业园区、都市农业区、旅游度假区和商贸居住区四大功能分区。三涧·长城工业园区包装为整体项目申报省级开发区，形成了可行性分析报告。街道参与创建省级环保优美乡镇，6月初获批准挂牌。石灰窑村参与创建优美村庄和生态文明村，通过了区委宣传部、环保局领导现场验收。企业排污管网并网工作全面铺开，除付家甸园区企业因施工难度较大暂缓并网外，主要工程全部竣工。

■精神文明建设　2010年，三涧堡街道党工委、办事处进一步加强精神文明建设，坚持正确的舆论导向，向上四级新闻媒体发送并采用的新闻报道130余篇，其中中央级媒体2篇，省级5篇，市级45篇，区级70余篇。2010年组织上报年度“情暖滨城”十大感动人物的评选推荐,穆冬荣进入候选名单。广泛开展群众性文体活动,举办庆“七一”三涧堡文艺晚会、庆祝建国61周年三涧堡文艺晚会等5场大型文艺专场演出,民间自发形成的多个小剧团全年演出场次达到60余场,观众达6万多人次。工会、妇联、共青团等群团组织围绕中心工作,开展了丰富多彩的特色活动,对增强街道工作活力、推进精神文明建设起到了积极的作用。

■**党的建设** 2010年,三涧堡街道有30个直辖基层党组织,其中5个党委、3个党总支、22个党支部。双管单位4个,企业党支部16个,包括二级党委下辖支部共有77个,其中工业支部28个,农村党支部49个,占支部总数68%。有党员919名,其中机关、双管单位、企业党员共有274名,占党员总数29%;农村党员645名,占党员总数70%;农村党员中男性518名,占80%;女性127名,占20%;60岁以上的党员279名,占党员总数43%;30岁以下党员28名,占党员总数4%。加强教育培训,强化目标管理,从不同层面和不同角度开展理论培训班,培训党员400多人次。积极做好非公有制企业党建工作,按照区委组织部的“三联四同步”模式要求,完成非公有制企业党支部组建3家,提高了民营企业的党建规模。抓好组织发展,夯实党的根基,增强队伍活力。发展新党员16名,全部是高中以上文化程度,其中大学毕业生5名,占21%。强化农村基层党组织建设,深入开展连心“六个一”党组织创建活动,打造出一支新型涉农街道干部队伍。全街百名党员干部深入百姓家庭,同基层农民结成了50多个对子,走访900多人次,帮助农民实现建业120多人,共收集到连心户提出的问题142条,帮民办实事60余件,受到了广大居民群众的普遍好评。以“抢抓机遇保增长,‘四民四带’促和谐”为主题,以“倾听农民群众心声”为载体,深入开展了学习实践科学发展观活动。

三涧堡街道各村党、政主要负责人名录

行政村	书　记	主　任
东泥河村	顾　兵	王智斌
土城子村	张广有	张广有
曹家村	丁玉枝	丁玉枝
洪家村	刘永田	刘永田
许家窑村	高万铭	高万铭
韩家村	牟正富	牟正富
石付村	刘明东	刘明东
小黑石村	王德业	王德业

(撰稿人:李忠卫　审稿人:刘殿贤)

长城街道

■**概况** 长城街道位于旅顺口区最北端,东、北与甘井子区营城子街道为邻,南与龙头街道相连,西与三涧堡街道接壤。街道办事处距旅顺口区中心15公里,距旅顺新港24公里,距大连国际机场19公里,距大连市中心35公里,街道总面积32平方公里。

2010年,街道有24个村民小组,4615户,12126人;耕地面积458.8公顷、果树面积459公顷、林业面积3406.66公顷。1992年12月28日,由大连市人民政府批准成立了大连市长城经济开发区,是大连市13个经济开发区之一。

2010年,长城街道坚持以基础设施建设为载体,以项目建设为牵动,以高效农业生产为依托,以社会稳定为保证,开创了长城经济跨越式发展和社会全面进步的新局面。全街社会总产值45.4亿元,同比增长21%;财政一般预算收入6177万元,同比增长49%,跃居全区第二;实缴税金13660万元,同比增长45%;固定资产投资20亿元,同比增长163.15%;人均收入15805万元。

■**经济建设**　2010年,长城街道积极优化投资环境,改进招商方式,全力做好新项目引进以及在谈、在建项目的跟踪和服务。共有9个项目被列为区级重点项目,总投资17.7亿元。全年完成实际使用内资10.5亿元,同比增长64.06%;实际使用外资1600万美元,同比增长106%;大连北城建设集团在赵家村实施的新社区建设项目的首期工程和计划投资4.7亿元、占地面积13万平方米的大连国际花卉市场项目的主体工程、大连协同食品有限公司的新建食品加工项目和大连九州船舶工程有限公司厂院内改建项目等相继竣工,大连盛阳重工的扩建项目、大连进东建设集团有限公司的房地产开发等项目落户或建成,使街道经济发展的潜力进一步增强。

2010年,长城街道完成粮食播种面积4400亩、蔬菜种植面积6500亩,建成大樱桃防雨棚总面积712亩,新植果树300亩,新建1个温室小区、30个温室大棚、15个防雨棚小区,新增2个农机合作社,街道被辽宁省农委授予"平安农机示范街道"荣誉称号。完善了周家村、曹家地村和赵家村大樱桃采摘园的基础设施。通过开辟绿色通道,提升了观光农业的档次,曹家地村大樱桃采摘园荣获大连市大樱桃优秀品种种植管理金奖。按照区政府给长城划定的15平方公里现代农业产业园区规划,加快了长城都市农业休闲园以及长城灵山圣果生态休闲园的建设。

■**城市化建设**　2010年,长城街道城市化建设有了突破性进展。赵家村的新社区建设项目,首期回迁区主体工程竣工,开始进行污水处理、自来水、电力、通讯、供热、绿化等基础设施配套建设;曹家地村、李家村、赵家村、大房身村分别实施了村路硬覆盖工程和光明工程,共改造路面25.8万平方米、安装太阳能路灯830余盏;长岭子村植树3000余棵,完成了长盐支路绿化工作;刘钟村投资400余万元,植树2万株,进一步完善了生态文明村建设;在卫生街道创建工作中,曹家地村、大房身村共完成民厕改造550个,街道被评为旅顺口区唯一的"辽宁省改厕先进单位"。

■**民生工程**　2010年,长城街道全力推进民生建设。1. 民生工程全面落实。进一步健全、完善了低保和社会救助工作制度,先后为低保户、临时救济户、困难家庭学生发放各类救助款57.4万元,通过开发式扶贫使4户低保户实现了脱贫;新农合参合率达到100%,为农民报销医疗费320万元;发挥救助超市的服务功能,为全街道低保家庭无偿发放米、面、油、衣物等生活必需品;按照三星级标准规划建设的长城敬老院一、二期工程顺利完工,投入运营,是大连市61个区域性敬老院中建设规模最大、内部设施档次最高的区域性敬老院。2. 文化事业蓬勃发展。投资730万元的长城街道综合文化站在刘钟村落成并投入使用;组织参赛队参加了"第六届旅顺国际合唱节"和"旅顺口区啦啦操比赛",均取得了较好成绩;全街道7个行政村已自发组建了6支各具特色的秧歌队,春节前夕,街道组织开展了新春秧歌汇演;近年来,每逢区里举办大型活动,都会由长城的秧歌队进行开场表演,得到了市、区领导和全区群众的广泛认可和好评。3. 教育教学质量不断提高,教育管理工作得到加强。长城中心小学在全国暨辽宁省首批"七巧科技"系列活动中获得"校本课程示范学校"称号;60中学的6名学生在全国中学生科技创作活动中获得专利发明奖。4. 公共卫生服务体系得到加强。按照国家基本药物制度改革办法，长城卫生院实现了基本药品“零差价”销售，每年还为辖区居民免费进行健康体检，为3300名居民建立了健康档案。

■党的建设 2010年，长城街道以创先争优活动为抓手，不断创新党建工作的思路和方法，以创建“五个好”党委、“五个好”村党支部为活动载体，全面深化基层党建工作。圆满完成了村“两委”换届选举工作，配齐配强了村“两委”成员。大连海威金属结构有限公司党支部荣获旅顺口区唯一的“辽宁省非公有制经济组织党建工作示范点”称号。根据省、市、区综治工作要求，成立了长城综治维稳工作中心，街道7个行政村全部建立了综合治理管理服务站，通过“四室合一”的工作模式，积极有效地为群众化解矛盾、解决难题。圆满完成了“五五”普法工作，街道被评为旅顺口区“先进集体”。开展了新一轮“平安创建”工作，街道被评为大连市“平安稳定街道”。加强民调工作力度，街道调委会、司法所和村级、企、事业调委会共解决民事纠纷117起，结案率100%。

长城街道各村党、政负责人名录

行政村	党支部(总支)书记	主　任
长岭子村	王怀增	王怀增
黄家村	宋成芳	宋成芳
周家村	周广虎	王学勇
李家村	张立兴	张立兴
刘钟村	刘任鹏	刘任鹏
赵家村	赵成阳	赵成阳
曹家地村	刘万明	刘宝胜

(撰稿人：浦　瀛　审稿人：黄富昆)

龙头街道

■概况 龙头街道位于大连市西部，旅顺口区东南部，东至大连高新技术产业园区，南至黄海，西至旅顺新、老城区，北至旅顺长城工业园区。总面积约41.9平方公里，海岸线长约7公里。2010年，街道辖盐厂新村、郭家沟村、龙头村、王家村、姜家村、大八里村、东北山村七个行政村，常驻人口10150人，是一个幅员较大、具有发展实力、富有开发空间的涉农街道。

■经济建设 2010年，龙头街道以科学发展观为统领，围绕“全力打造旅顺高新技术产业发展示范先行园区”的奋斗目标，抢抓机遇，凝心聚力，扎实苦干，负重拼搏，圆满完成了各项目标任务，街道经济和社会各项事业稳步发展，综合实力再攀新高。该年实现社会总产值55.4亿元，完成年度计划的100.4%，同比增长23.2%；财政收入5008万元，完成年度奋斗指标的107%，同比增长54%；出口交货值6.1亿元，完成年度计划的106.2%，同比增长33%；实缴税金13277万元，完成年度计划的106.2%，增长337.3%；固定资产投资额24.2亿元，完成年度达标指标的110%，增长130.6%；实际使用外资3900万美元，完成年度达标指标的108%，增长290%；实际使用内资12.8亿元，完成年度计划的128%，增长41.9%；农民人均收入16800元，增长16%。

2010年，龙头街道经济发展呈现四个特点：一是重点项目建设顺利推进。2010年，街道共有21个项目，其中区重点项目13个，至年底，蓝湾度假区项目、蓝湾度假区三期、污水管网项目、盐场ABC区地块回迁区项目、博瑞新建厂房项目、尚品学府项目等9个重点项目实现了开工建设，累计完成投资22亿元，渔夫码头项目、卧龙湾项目、污水处理厂等项目前期准备工作完成。二是招商引资成绩显著。2010年，以旅顺高新技术产业园区为平台，随区委、区政府招商团先后到澳大利亚、香港、深圳、台湾等地开展招商推介活动，共签订化工产品交易中心、联通呼叫中心项目、天安老年公寓项目、国家湿地公园项目、大连皮尔蒙特时装创意园项目、清华天地（医疗光学）科技园项目等7份合作协议，预计投资总额500亿元，为园区的未来发展奠定了良好的基础。三是产业结构进一步优化。继续加大对中小企业的政策扶持力度，争取上级为大连四重冷冻设备有限公司贷款贴息19万元、为大连碧隆木制品有限公司贷款贴息18万元、为大连益洋经贸有限公司贷款贴息30万元；积极鼓励中小企业进行技术改造升级，亿斯德制冷设备有限公司投资2000万元用于科研创新，制冷性能试验室处于全国领先水平；加强街道金融服务体系建设，年内引进国汇小额贷款公司项目，注册资金1.5亿元；大力发展观光农业、都市农业，大连光明农业专业合作社投资1000余万元引进温室无土雾气栽培技术；大连秀岭农业合作社投资近1000万元建成农副产品储藏库，为果蔬延后销售探索了新途径；巴厘生态园、大富民樱桃园全年接待游客1万余人，门票收入30万元，采摘水果增收20余万元，大富民樱桃园先后被评为市区标准化果园和精品采摘园。

■城市化建设　2010年，龙头街道城市化建设步伐不断加快。一是加强区域规划，改善街道整体面貌。聘请新加坡裕朗国际规划设计公司对龙头街道实施全域高标准规划，已经完成全境测量、总体规划编制和评审工作。二是扎实推进动迁工作。重点推进了卧龙湾、软件学院、202轻轨、盐厂回迁B区、圣杰地产、郭水路绿化带、天安老年公寓等项目的拆迁动迁工作，涉及拆迁企业、个体工商户、私人住房944户，完成拆迁856户，拆除房屋面积4.6万平方米，较好地完成了年度拆迁任务，拆迁经验做法在全区进行了交流。三是实现了城市污水管网的全覆盖。投资9000万元，铺设污水管线30公里，完成了龙头、姜家、东北山、大八里、小孤山段污水管线铺设。四是加快推进以“九室三点”为主要内容的村委会建设。增强村级综合服务功能，姜家村、东北山村和王家村村委会新的办公楼已投入使用。

■社会事业　2010年，龙头街道社会事业取得丰硕成果。

重视改善民生，社会事业全面发展。全街始终把民生作为一切工作的出发点和落脚点，注重从广大人民最关心、最直接、最现实的利益问题入手，全面推进社会事业建设。圆满完成了村“两委”换届选举工作，群众对换届选举各项内容的满意度测评均达优秀以上；狠抓计划生育责任落实，兑现计生奖励30余万元，年内，代表大连市和旅顺口区参加全国计生检查受到好评；坚持百年大计教育为本，投入80万元，用于中小学校维修房屋、配套教学设施，69中学的信息技术教育代表区教育系统在大连市进行了成果汇报；积极推行新型农村合作医疗保险工作，街道实保5389人，参保率为98%；不断加大农村卫生基础设施建设，投入50万元，为街道卫生院购买医疗设备和职工保险，解决了多年遗留问题；加强环境治理，全年出动清洁人员1500人次，动用车辆50台次，清运垃圾40余吨；健全完善了低保和社会救助工作机制，195户低保家庭得到了低保保障，6户低保户实现了扶贫脱贫；认真做好统筹就业工作，积极为辖区

393名动迁失海失地农民举办就业培训,基本实现了失海失地不失业;积极开展"四进农家、真情惠民"活动,各村基本达到"有一个爱心基金会、一个百人义工队、一个标准化农家书屋、一个特色文艺团队"的标准,此项活动被区委评为精神文明建设"十大精品"工程。盐厂新村参加区迎新春秧歌汇演取得第一名,合唱队参加区合唱节获得铜奖;东北山村的老年门球队参加区比赛获得优秀组织奖;龙头村被辽宁省和大连市评为群众文化先进单位,10月份代表全区接受文化部、省文化厅、市文化局的调研受到高度评价。

全力维护稳定,社会环境更加和谐。一是大力开展"安全社区创建"活动。认真开展安全预防知识教育,加大农村居民治安保险宣传力度,村民安全意识明显增强,社会治安参保农户实现100%;加大"三线"保护力度和"法轮功"的治理,确保"欢乐中国行"大型活动在本街用电的安全,街道被评为市区"三线保护"先进单位;加强"两节"、"两会"、"世博会"和"两委"换届期间的安全巡查,辖区实现了安全稳定。二是积极做好矛盾纠纷排查调处工作。以征地拆迁、涉农利益、环境保护、安全生产、食品安全、社会保障等容易引发社会矛盾的领域为重点,建立和完善社会稳定风险评估机制,从源头上预防和减少社会矛盾的发生。进一步完善大调解工作机制,从源头上预防和减少群体访、群体性事件及"民转刑"案件的发生。全年共排查矛盾52个,调处52个,调处成功率100%。三是突出抓了校园周边的专项治理。采取健全组织、明确责任、校区周边拉网排查、加派干警巡逻、加强内部防范、每周一调度、每月一检查等措施,不折不扣落实上级专项治理要求。先后对辖区3所中小学和1所幼儿园投入资金近10万元,通过增加保安、安装室内外监控设施等,确保了学校和幼儿园的安全稳定。四是从严抓安全生产工作。坚持"安全第一,预防为主"的方针,健全机制、强化监管,突出抓好生产安全、食品安全、防火防洪、易燃易爆和危险品管理等工作,搞好隐患的排查和应急情况处置演练,海上安全管理工作走在全区的前列,海上清污工作得到区领导的肯定。没有发生重大公共安全事故和有重大影响的刑事、治安案件,无越级上访和集体访,街道被评为区综合治理和政法工作先进单位。

■党的建设 2010年,龙头街道不断夯实党建基础,执政能力明显增强。一是抓了十七届四中全会和区委十三届八次、九次全会精神的学习贯彻。结合召开党工委会议、每月党日教育、中心组学习和街道全年工作会议等时机,认真组织全街干部群众原原本本学习全会精神,下发了"区委全会精神学习教育提纲",街村两级党组织都专门召开会议研究全会精神的贯彻落实,及时把区委的决心意志变为街道干部群众的共识和行动。二是抓了基层党组织建设。结合村党组织换届,在对各村党组织建设情况进行摸底的基础上,指导帮助各村选出了新一届党组织班子,并组织了集体谈话和集中培训,有效提高了新班子成员服务群众、引领发展的能力,在市委组织换届工作调研中,此做法得到好评。三是开展了"连心"活动。坚持把"连心"活动与落实重点工作、与推进惠民工程、与学习"连新"精神、与"四进农家"活动相结合,改善了党群、干群关系,连心活动做法受到了区委检查组的好评。四是开展了创先争优活动。坚持把创先争优活动作为加强基层党建工作的有力抓手和推进各项工作的有效载体,贯穿于项目建设、招商引资、动迁等中心工作,有效提升了党员素质,各级党组织的向心力、凝聚力和战斗力明显增强，龙头村党员活动室被确定为大连市委党校党建教学实践基地；街道党工委作为唯一一家街道典型，在区委组织工作会议上介绍了经验。人大、武装、工、青、妇等各项工作也取得了较好成绩。

龙头街道各村党政负责人名录

行政村	书　记	主　任
龙头村	张　杰	张　杰
东北山村	徐臣功	徐臣功
王家村	王成新	王成新
大八里村	穆道盛	穆传玲
姜家村	韩基明	韩基明
盐厂新村	李长魁	郭玉有
郭家沟村	宫再良	宫再良

（撰稿人：冯春波　审稿人：刘晓红）

经济建设

经 济 概 览

综 合

■经济总量 2010年,全区生产总值突破180亿元,达到180.1亿元,按可比价格计算,比上年增长17.5%。其中,第一产业增加值14亿元,增长5.4%;第二产业增加值104.2亿元,增长23.8%;第三产业增加值61.9亿元,增长10.9%。三次产业对经济增长的贡献率分别为5.7%、71.5%、22.8%,分别拉动GDP增长1个、12.5个、4个百分点;工业依然成为拉动全区经济增长的主导力量,对经济增长的贡献率为66.7%,拉动GDP增长11.7个百分点。人均生产总值,按常住人口计算为7万元,按年末汇率测算超过1万美元,达到10500美元,比上年增长19.3%。

■财政 2010年,旅顺口区全年财政总收入规模达到841178万元,同比增长110.2%,其中,地方财政收入规模为730150万元,增长132%。地方财政一般预算收入完成182789万元,增收52483万元,为预算的120.9%,增长40.3%,是2005年的5.46倍。其中,区本级收入完成62386万元,为预算的93.5%,增长22.5%;涉农街道收入完成102639万元,为预算的140.1%,增长54.8%;城区街道收入17764万元,为预算的159.1%,增长36%;所有街道财政收入均突破三千万元,其中,旅顺开发区财政收入达到62677万元,水师营街道10187万元,得胜街道、铁山街道、三涧堡街道、长城街道、龙头街道财政收入突破5000万元。在财政收入中,各项税收完成151888万元,为预算的117.3%,增收36478万元,增长31.6%,占财政收入的比重为83.1%,其中,共享税收完成92364万元,为预算的118.6%,增长37.3%,其中,国内增值税完成14367万元,营业税完成49290万元,企业所得税完成14805万元,分别增长26.5%、50.3%、28.7%;地方固定税收完成59524万元,增长23.6%,其中,契税23337万元,增长24.9%,资源税5361万元,增长275.7%;非税收入完成30901万元,为预算的143%,增收16005万元,增长107.4%。全年地方财政一般预算支出199293万元,为预算的93.6%,增长32.6%,低于财政收入增速7.7个百分点,其中,一般公共服务支出28855万元,增长37.1%;教育支出36034万元,增长44.6%;社会保障和就业支出33752万元,增长26.4%;医疗卫生支出11993万元,增长25.8%;城乡社区事务支出38561万元,增长43.7%。财政收支平衡状况保持良好,一般预算财政收支相抵,滚存结余14143万元。

■税收 2010年,旅顺口区全年实现税收278395万元,比上年增长30.5%,增幅提高近10个百分点,其中,个体私营税收88292万元,增长7.8%。国税实现税收112050

万元，增收25496万元，增长29.5%，其中，增值税收入72182万元，增长26.2%；地税实现税收166345万元，增收39518万元，增长31.2%，其中，营业税65115万元，企业所得税12150万元，分别增长47.7%和10.2%，在营业税中，建筑业实现税收19127万元，增长41.9%；房地产业实现税收37325万元，增长63.8%；住宿餐饮业税收1147万元，增长14.5%。11个街道（开发区）有8个街道税收收入均超过亿元，其中，开发区税收收入超10亿元；水师营街道、得胜街道税收收入超3亿元。

■价格指数 2010年，旅顺口区居民消费价格指数为102.7%，比上年增加2.5个百分点，其中，在外饮食价格指数103.9%，增加0.8个百分点。商品零售价格指数为104%，增加4.6个百分点。服务项目价格指数101.9%，增加4.5个百分点。工业品出厂价格指数为103.6%，增加3.7个百分点。固定资产投资价格指数102.2%，增加3.7个百分点。房屋销售价格指数为107.9%，房屋租赁价格指数为108.2%，分别增加6.7个、5.2个百分点。

固定资产投资

■投资总量 2010年，旅顺口区全年固定资产投资完成2132383万元，比上年增长33.3%，增速在大连市各区市县中位列第四，其中，城市建设项目投资1528784万元，增长42.0%，增速高于总投资额8.7个百分点；房地产开发601672万元，增长86.3%，占总投资额的比重由上年的20.2%上升到28.2%。“十一五”期间，全区固定资产投资累计完成651亿元，是“十五”的6倍。

■投资构成 按产业划分，2010年，旅顺口区第一产业投资182488万元，增长548.3%；第二产业投资467444万元，下降21.7%，其中，工业投资442978万元，下降16.6%；第三产业投资1482451万元，增长52.1%；三次产业投资比例为8.6 : 21.9 : 69.5。按资金来源划分，各级财力投资109292万元，增长175.0%；自筹资金1817177万元，增长28.1%；银行贷款195417万元，增长98.8%；利用外资10497万元，下降75.6%；投资比例为5.1 : 85.2 : 9.2 : 0.5。

■重大项目 2010年，旅顺口区全年固定资产投资项目326个（不含房地产开发），比上年增加4个，其中，新开工项目235个，减少23个，所占比例达72.1%。重点项目建设进展顺利，全区计划投资额3000万元以上的项目181个，其中，重点实施项目149个，前期推进项目32个，重点实施项目开工121个，开工率为81.1%。截至年末，全区完成固定资产投资额超3000万元项目111个，同比增加58个，投资额133.4亿元，增长22.0%，占投资总量的比重为62.5%，其中，固定资产投资额超5000万元项目54个，同比增加19个，投资额111.7亿元，增长9.1%；超亿元项目20个，完成投资额87亿元。中远造船、中科院旅顺创新园、北车基地、琥珀湾等重点投资项目完成投资30.8亿元，占全区固定资产投资额的14.4%，重大项目的全面推进，成为拉动全区经济稳定增长的主力，为全区经济的可持续发展提供了有力保障。

农　业

■概况 2010年，旅顺口区农林牧渔业产值(现价)完成330770万元,与上年基本持平,其中,种植业产值71812万元,下降6.1%;林业产值2500万元,下降21.7%;牧业产值47957万元,下降8.2%;渔业产值183000万元,增长7.6%;农林牧渔服务业产值25500万元,下降10.5%。

■种植业 2010年,旅顺口区农作物播种面积7.85万亩,比上年减少0.93万亩,其中,粮豆作物播种面积4.31万亩,蔬菜播种面积3.22万亩,分别减少0.66万亩和0.32万亩;果园面积6.32万亩,其中,大樱桃面积4.07万亩,占果园面积的64.4%。农产品产量下降,粮食总产量16493吨,单产383公斤,其中,小麦和玉米的单产分别达到458公斤和400公斤;蔬菜总产量113400吨,下降18.3%;水果总产量36051吨,下降21.0%,其中,红富士苹果产量1.23万吨,下降25.9%;大樱桃产量7549吨,增长2.2%,本区荣获"中国大樱桃之乡"的美誉,"樱桃节"已成为全区农业经济的新增长极。

■林业 2010年,旅顺口区全面提高"绿色经济区"建设水准,实现造林面积0.78万亩,新植各类树木275.2万株,完成率分别是市计划的111.4%和100.2%。建设国家级海防林2300亩,高标准建设生态文明村16个,完成矿坑复垦工程3项、150亩,道路绿化96公里,生态河建设17公里,荒山补植900亩,大规模造林绿化秋冬整地4944亩,栽植大树5.9万株,高标准完成滨海大道绿化25.1公里、土羊高速两翼绿化主体工程、郭水路绿化工程13.9公里。新发展林下产业1000亩,其中,林下野山参种植面积800亩,林下中草药种植面积200亩。加大森林病虫害监控和防治,林业有害生物成灾率控制在0.6%以下,无公害防治率达到100%。全区森林覆盖率达到51.3%。

■牧业 2010年,旅顺口区生猪饲养量13.67万头,比上年增长1.4%,其中,年末生猪存栏5.52万头,增长4.9%;肉鸡饲养量550.0万只,增长15.8%,蛋鸡存栏202.9万只,增长38.0%;奶牛存栏4646头,其中,能繁殖奶牛2912头;羊存栏5944只。主要牧业产品产量稳中有升,肉类总产量18961吨,增长13.3%,其中,猪肉产量6464吨,下降3.5%,禽肉产量12253吨,增长27.8%;奶类总产量16807吨,下降6.8%,其中,牛奶产量15631吨,下降9.0%;禽蛋总产量23079吨,增长14.8%,其中,鸡蛋产量22993吨,增长15.8%。

■渔业 2010年,旅顺口区年末拥有渔业船舶1961艘,总吨位2万吨;渔业从业人员1.47万人,其中,专业从业人员1.0万人。水产品总产量23.3万吨,其中,海水养殖产量14.7万吨,海水捕捞产量8.4万吨;海水养殖主要以藻类养殖为主,产量10.6万吨,占海水养殖比重达72.1%。海水养殖面积39.1万亩,其中贝类养殖面积32.3万亩;新增海珍品底播面积2万亩,投放鲍鱼苗7400万粒,海参1.6亿头。2010年,全区共放流褐牙鲆100万尾、三疣梭子蟹1000万尾、中国对虾1.5亿尾,充实了本区海域渔业苗种资源,为渔民增收创造了条件。有步骤的开展"旅顺海带"地里商标标志推广工作。继续发展水产健康养殖项目,2010年申报健康养殖项目4个。继续推进无公害水产品、产地认证,新增无公害水产品产地1个,无公害水产品3个。

■新农村建设 2010年,旅顺口区积极推进北海街道阳光海岸工程、长城街道赵家村、经济开发区董家村等新农村建设。其中阳光海岸工程完成投资3.6亿元，建设居民回迁楼34栋；赵家村农民新居工程完成投资1.5亿元，竣工16栋住宅。加强推进农村“六化工程”建设，完善道路、供水等基础设施以及生态绿化建设，安装太阳能路灯（庭院灯）3060盏，新建污水处理系统（净化）7处，日处理污水能力达125吨，太阳能热水器1000余台，完成村巷道硬覆盖64万平方米，新修村屯路20.7公里，新建生物质气化工程2处，新建大中型沼气20个，解决1500户居民的生活用气，有力地推动了农村清洁能源建设。

■农业产业化 2010年，旅顺口区新发展保护地1.1万亩，新建规模以上设施农业标准小区104个，新建标准化果园2.6万亩，新建大樱桃防雨棚6000亩，发展反季大樱桃1000亩，完成水果套袋1.2亿个，推广应用反光膜2500亩；狠抓落实，加快推进农业产业化进程，总投资5.3亿元的大连国际花卉交易中心完成投资9000余万元；总投资1.5亿元的大连绿晨都市型现代化农业产业园完成投资3000余万元；总投资5.8亿元的旅顺农副产品国际物流基地项目完成投资4.5亿元。都市型现代农业工程项目的开工建设，实现了本区农业由规模型向效益型方向转变。“旅顺大樱桃”成为大连市首个获得农业部农产品地理标志殊荣的优质农产品。重点扶持绿晨、绿缘、盖世等市级以上农产品加工龙头企业发展，促进绿晨果蔬专业合作社与沃尔玛公司完成农超对接。新建农产品出口基地3个；新建农产品批发（农贸）市场3个；新建1000吨以上冷藏库（气调库）3个；培育发展5个市级“一村一品”特色产业村。规范和完善农民专业合作社，新发展农民专业合作社9家，农民专业合作组织已达80个。全年新认证绿色食品4个，绿色无公害农产品产地认定面积达13.6万亩，本区被农业部评为全国无公害农产品标准推广与监管示范区（县）。

■农业机械化 2010年底，旅顺口区农用机械总动力28.21万千瓦，比上年增加0.31万千瓦。拥有各种拖拉机1847台，拖拉机配套农具5236台，农用排灌动力机械2986台，拥有农用载货汽车和机动三轮车2149辆和2076辆。农机作业户5122户，农机从业人员6802人。机耕面积10.3万亩，机播面积4.5万亩，机电灌溉面积6.9万亩，机收面积1.1万亩，机械植保面积14.5万亩，机械深施化肥面积4.5万亩，农机跨区域作业面积10050亩。

■农业基础设施 2010年，旅顺口区认真编制《2010－2013年旅顺口区农村饮水安全工程规划》、《水资源配水规划》和《农田水利规划》，全年完成农田基本建设工程51项，其中，集雨工程12项，安全自来水工程6项，有效解决12000人饮水安全问题，节水灌溉工程10项，增加灌溉面积4400亩，治理河道12项，水土保持治理面积4050亩。

工　业

■工业生产 2010年，旅顺口区工业企业通过产业升级、技术创新，提高产品竞争力，积极拓展国内外市场，工业经济继续保持良好的发展势头，为全区经济快速发展提供了可靠的保证。初步核算，全年工业增加值完成96亿元，比上年增长24.3%，增幅高于经济总量6.8个百分点；工业总产值完成324亿元，增长22.1%；工业用电量

5.0亿千瓦时,增长19.1%。在中远造船、齐车集团、华锐重工、今冈船务等大中型工业企业推动下,全区规模以上工业发展势头强劲,有效拉动了工业经济的发展,工业效益和发展速度呈现又好又快的良好态势。全区规模以上工业发展到335家,工业总产值实现190.4亿元,增长28.0%,与全区工业总产值相比,增速提高了5.9个百分点,其中,国有及国有控股经济实现59.5亿元,增长25.1%;销售产值实现183.4亿元,增长30.0%;工业增加值完成59.2亿元,增长26.0%;利税总额18.7亿元,增长33.8%,其中,利润13.9亿元,增长38.7%。产值超亿元的工业企业发展到24家,其中,6家企业超5亿元,4家企业超10亿元;纳税超千万元企业30家,其中,超两千万元企业10家。

■产销衔接 2010年,旅顺口区规模以上工业产品产销率96.3%,同比增加1.5个百分点。按经济类型划分,国有及国有控股企业93.1%,增加2.5个百分点;集体企业95.9%,增加2.1个百分点;股份合作企业100.6%,增加4.5个百分点;股份制企业97.7%,增加1个百分点;外商及港澳台企业98.6%,增加4.6个百分点;其他经济107.3%,增加18.7个百分点。

■产品开发 2010年,旅顺口区工业企业开发新产品80项,大连华宇冶金设备有限公司生产的成套焦炉机械设备拥有专利技术42项,自主研发的30锤捣固机打破国外技术封锁和价格垄断;四方佳特自主研发的流体设备集成单元装备,填补国内生化、制药、食品行业的空白;大显精密轴自主研制的异型精密轴荣获国家优秀新产品奖、省政府优秀新产品金奖。

建筑业

■建筑业生产 2010年,旅顺口区拥有资质以上建筑业企业45家。建筑业企业签订合同金额21.4亿元,比上年增长45.6%,其中,新签合同额18.9亿元,增长58.8%,占全部合同金额的比重由上年的81%提高到88%。建筑业总产值完成205097万元,比上年增长38%,其中,建筑工程产值181245万元,安装工程产值21759万元,分别增长45.2%和6.4%;竣工产值103624万元,增长1.7%。期末从业人员11713人,同比增加1672人,其中,工程技术人员1488人,增加84人;人均劳动生产率14.9万元,同比增长12.2%。

■企业效益 2010年,旅顺口区建筑业企业年末资产总计21亿元,比上年增长75%,其中,负债合计12.1亿元,增长69.2%;所有者权益9亿元,增长82.7%。全年完成工程结算收入20.8亿元,比上年增长67.7%,工程结算成本17.6亿元,增长70.9%,实现利润总额12205万元,增长73%。

■房屋建筑 2010年,旅顺口区房屋建筑施工面积126.9万平方米,同比增长52.7%,其中,新开工面积94.6万平方米,增长66.8%;实行投标承包面积102.3万平方米,增长67.2%。房屋建筑竣工面积42.9万平方米,同比下降4%,其中,住宅竣工面积18.9万平方米,下降9.6%。

旅游业

■旅游效益 2010年,旅顺口区全年共接待海内外游客 792 万人次,比上年增长 9.2%,其中,接待海外游客 10.2 万人次,增长 30.8%;实现旅游业总收入 10.2 亿元,增长 14.6%,其中,外汇收入 60 万美元,增长 14.6%。按海外游客国籍划分,接待日本游客增长 96.1%;按景点划分,东鸡冠山景区接待旅游人数增长 255.8%。

■旅游设施 2010 年,旅顺口区拥有星级饭店 5 家,其中,三星级饭店 4 家;旅行社 6 家。重点旅游项目进展顺利,12 个重点旅游项目中有 9 个项目陆续开工,其中,5 个项目被纳入到大连市十大系列工程。进一步加强景区硬件设施建设,对东鸡冠山景区、二〇三景区进行全面改造;军港公园增设 4 门速射野炮,东鸡冠山特制 5 门加农炮。闯关东影视基地、生命奥秘 4A 级景区申报工作通过省、市旅游局初检;白玉山景区、东鸡冠山景区、日俄监狱旧址博物馆 3 家 4A 级景区顺利通过省旅游局复检。

■旅游促销 2010 年,旅顺口区积极开拓国际旅游市场,首次组织赴韩国开展旅游促销,推出两条精品旅游线路,参与香港、日本举办的旅行商恳谈会、招商会、说明会;继续强化国内旅游市场促销,参加海南博鳌旅游论坛、东北国际旅游博览会和上海世博辽宁旅游推介会,组织参加在大连举办的第七届东亚旅游博览会,有效提升旅顺旅游的知名度;充分发挥新闻媒体的推介作用,与中央、省、市电视台等媒体合作,制作并播出旅顺全面开放等专题宣传片。推出"辽宁市民看旅顺"、"旅游旺季,旅顺旅游送下乡"活动,进一步拓展旅游市场。

■生态旅游 2010 年,旅顺口区继续巩固创建特色旅游村镇成果,重点扶持 6 户星级农家乐、2 个旅游专业村改造升级工作。铁山街道郭家村大力发展乡村旅游,走上脱贫致富道路,葆源山庄被评为大连市十大休闲农庄。至年底,全区经过专业规范的农(渔)家乐项目已达 38 家。第二届中国大连(旅顺)国际樱花节盛装启幕,丰富多彩的文艺演出、面貌一新的游览环境、独具特色的樱花品种吸引大批国内外游客,活动共接待游客 68.5 万人次,实现旅游综合收入 986 万元;组织举办旅顺樱桃节、渔人节等节庆活动,推出特色旅游线路,实现"安全、秩序、质量、效益"四统一。

交通运输业

■公路 2010 年,旅顺口区拥有营运客货车辆 6369 辆,比上年减少 314 辆,其中,客运车辆 868 辆,货运车辆 5501 辆;出租轿车 653 辆。公路客运量 2100 万人次,增长 1.1%;公路货运量 3294 万吨,增长 2.5%;客、货运周转量 35121 万人公里和 39005 万吨公里,分别增长 1.4% 和 0.9%。全年总投资额 6.5 亿元,实施五项工程;总投资 7742 万元、全长 5.1 公里的黑大线拓宽改造工程竣工通车;投资 2500 万元,完成水西路绿化工程 4 公里;工程造价 3.5 亿元、全长 9.1 公里的大盐线路面摊铺工程竣工;202 路轻轨延伸工程本区已累计投资 4.8 亿元,现已分别完成住户动迁 95.2%、企业动迁 82.8%,果林木动迁 98%、地下管线、通讯线动迁 84.5%;投资 832 万元,完成 5 条 9.7 公里农村公路建设。开展创建"文明的士"、"文明公交车"竞赛活动,表彰了"十星文明的士"25 人,"爱心的士"71 人,"文明公交车"10 人;城乡 4 万名老年人享受到持证和专用票乘公交车的优惠政策。截至年末,全区公路总里程 387 公里,公路密度76.5公里/百平方公里。全年实有乡级以上公路里程287公里,比上年减少23公里,其中,国道45公里,省道80公里,县道114公里,乡道48公里;一级路37公里,高级路200公里;养护里程287公里,绿化里程180公里,占总里程的62.7%,年平均好路率85%。

■铁路 2010年,旅顺口区铁路客运量14万人次,比上年下降36.4%;货运量473万吨,增长37.5%,其中,发送量、到达量完成342万吨和131万吨,分别增长9.6%和309.4%。

■港航 2010年,旅顺口区港口建设项目17项,旅顺新港扩建工程开工建设,口岸查验工作全面启动,大连港旅顺港口有限公司注册成立;双岛湾港区总体规划通过专家评审。港口货物吞吐量完成1801万吨,比上年增长19.6%;旅客吞吐量47.3万人次,增长57.7%。

国内贸易

■概况 2010年,旅顺口区实现社会消费品零售总额397482万元,比上年增长19.2%;社会消费品销售额547750万元,增长17%。

■商业开发 2010年,旅顺口区编制《旅顺口区服务业发展规划》,全面实施服务业“4624”工程。总投资5.8亿元、占地面积31万平方米、集农副产品中转、仓储、加工、配送于一体的农副产品国际物流中心投入使用;钢材物流中心、建材果蔬批发市场建设加快推进。全年新建农家店5个,累计达到150个;新建铁山、水师营、三涧堡街道农资二级配送站,涉农街道农资加盟连锁店20个,培育8个农资加盟连锁示范店;改建20个农家日用品连锁示范店。新建和改造4个农产品市场,发展培育15个废旧物资回收示范站和网点。新发展农民专业合作社12个,培育农民专业示范合作社10个。按照“健康、安全、实惠”原则,升级改造2家宾馆、10家餐饮店。

■居民消费 2010年,旅顺口区加强商业市场运行监测,推行流通企业质量安全追溯管理制度,与70家单位签订诚信经营承诺书。落实食品安全“三方”责任制,完成7大类食品、52批次样品的政府评价性检测检验,开展食用油脂、食品添加剂、海(鱼)米加工、校园周边食品安全专项整治,规范食品市场秩序。成功举办“大连旅顺口区第二届美食文化节”,提高“顺菜”知名度和美誉度。继续实施家电下乡工程,销售各类家电2万台件,兑现补贴400余万元。

■消费构成 2010年,从零售额来看,全区批发业完成36349万元,增长19.9%;零售业完成324050万元,增长19.5%;住宿业完成4660万元,增长8.6%;餐饮业完成32423万元,增长16.4%。从销售额来看,批发业完成229622万元,增长6%;零售业完成278357万元,增长26.3%;住宿业完成8093万元,增长14.2%;餐饮业完成31678万元,增长16.6%。

■集市贸易 2010年,旅顺口区城乡集市贸易成交额43784万元,比上年增长13.7%,其中,水师营市场、三涧堡菜场、新开市场分别增长45%、42.9%、38.5%;顺屹商城下降46.1%。

金 融

■银行 2010年,全区各类银行存款余额235.6亿元,净增53.7亿元,比上年增长29.5%;各类银行贷款余额113.4亿元,净增26.9亿元,增长31.1%;存贷款余额的增幅与上年相比分别提高了8.2个和1.6个百分点;各类银行现金收入378.6亿元,增长8.7%;各类银行现金支出401.1亿元,增长9.1%;货币净投放22.5亿元,比上年增加3.2亿元。区融资平台融资15.25亿元;发放小额担保贷款870万元,完成大连市计划的145%,其中,下岗失业人员小额担保贷款760万元,创业富民小额担保贷款110万元,位居大连市各区市县第一位。

■保险 2010年,全区共拥有各类保险公司14家,其中,新增1家。全年保费总收入实现23181万元,比上年增长20.3%,其中,8家财产保险公司保费收入9971万元,增长11.9%;6家人寿保险公司保费收入13210万元,增长27.5%。全年赔款支出6442万元,增长22.3%,其中,财产险赔款支出5666万元,增长22%;寿命险赔款支出776万元,增长24.6%。赔付率44.2%,同比减少3个百分点,其中,财产险赔付率55.8%,寿命险赔付率28.7%,分别增加3.2个和减少10个百分点。

(撰稿人:包树枫 审稿人:梁 岩)

工业和信息产业

综 述

■概况 2010年,作为"十一五"规划的收官之年,旅顺口区工业经济既面临着辽宁沿海经济带开发上升为国家战略和旅顺全面对外开放的历史机遇,又面临着国际金融危机带来的严峻挑战。在机遇与挑战并存的新形势下,全区工业经济发展坚持以《旅顺口区科学发展规划》为统领,围绕"保增长、保民生、保稳定、促发展"的主线,采取了一系列强有力的措施,有效解决了经济运行中出现的突出问题,保持了工业经济平稳较快的发展势头,为全区保增长做出了重要贡献。

工业经济总量和质量同步提高,主导地位进一步加强。2010年,全区工业企业发展到3200户,其中,规模工业企业达到400户,较"十五"末增加239户。吸纳就业人员6.5万人。实现总产值321.1亿元,较"十五"末年均增长24.8%;增加值89.2亿元,年均增长31.1%;占全区GDP的49.6%,工业经济对全区经济增长的贡献率达到48.3%;工业税收11.5亿元,年均增长21%,占全区税收总额的45%。完成工业固定资产投资71.1亿元,年均增长30%。出口创汇8.1亿美元,年均增长21%。

2010年,全区工业用电量4.7亿千瓦时,较"十五"末年均增长11.9%;万元工业增加值综合能耗1.18吨标准煤,较"十五"末降低0.9吨标准煤,年均降低率为

9.2%。“十一五”期间,关闭水泥生产企业2家,23家黏土砖厂实现转型。

■规模工业 2010年,规模工业总产值190.4亿元,比上年增长28%,占全区工业总产值的58.8%;增加值59.2亿元,比上年增长26%,规模工业增加值率为31.1%。

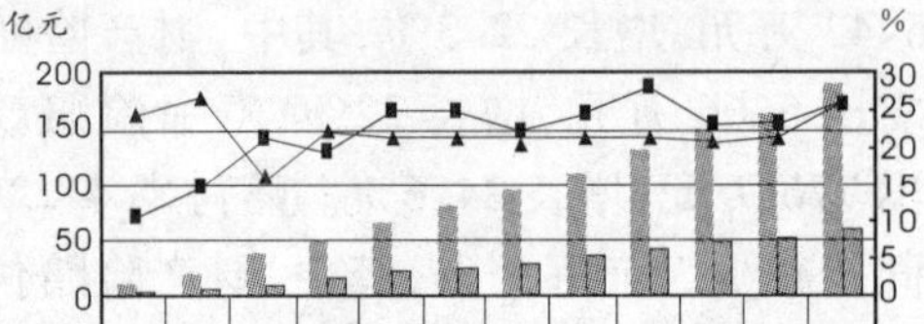

	1月	1-2月	1-3月	1-4月	1-5月	1-6月	1-7月	1-8月	1-9月	1-10月	1-11月	1-12月
产值	10.6	21.3	37.2	48.1	64.0	79.2	94	109	129.7	148.1	163.5	190.4
增加值	3.1	6.3	10.6	15.4	20.6	25.4	30.3	35.1	41.7	47.4	52.5	59.2
产值增幅	24.7	27	15.8	22.4	21.4	21.4	21.2	21.5	21.6	20.8	21.5	25.7
增加值增幅	10.7	15	21.4	19.5	24.8	25.1	22.1	24.5	28.1	23.1	23.5	26

规模工业产值、增加值累计完成情况及增幅

2010年,民营规模工业企业实现总产值75.72亿元,比上年增长23%,占规模工业总产值的43.3%。其中产值比上年增幅较大的企业有:华宇冶金设备2.58亿元,增加0.85亿元;海顺重工环保设备0.99亿元,增加0.45亿元。

国有控股规模工业企业实现总产值57.5亿元,同比增长8%,占规模工业总产值的32.9%。其中产值比上年增幅较大的企业有:中远造船新增6.65亿元;华锐重工焦炉车辆10.37亿元,增加1.09亿元;华锐重工起重机9.93亿元,增加0.83亿元。

外商控股规模工业企业实现总产值41.8亿元,同比增长0.9%,占规模工业总产值的23.8%。其中产值比上年同期增幅较大的企业有:百炼铸造2.36亿元,增加0.93亿元;帝国屏蔽电泵2.87亿元,增加0.75亿元。

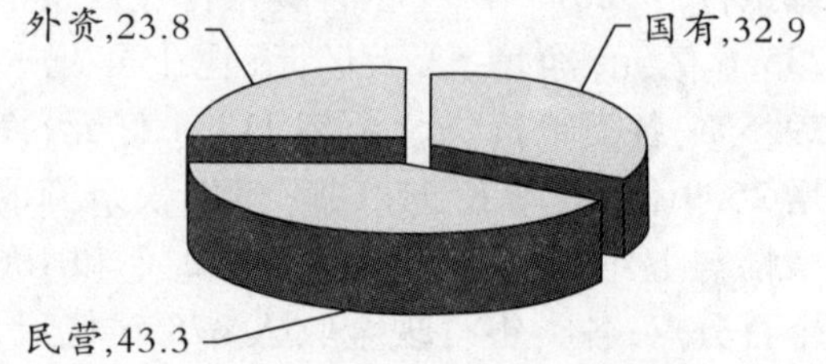

规模工业产值所有制比重图(%)

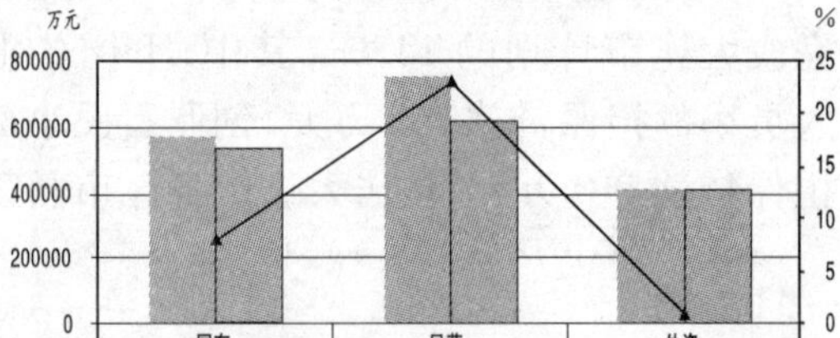

	国有	民营	外资
产值	575441	757205	418020
同期	532597	615619	414239
同比	8.0	23.0	0.9

规模工业产值分所有制完成情况

2010年,规模工业实现利税18.7亿元,同比增长33.6%。其中利税增幅较大的企业有:华锐重工起重机0.98亿元,增加0.61亿元;华锐重工焦炉车辆1.42亿元,增加0.29亿元;辽南船厂0.1亿元,增加0.24亿元(同期为-0.14亿元);华宇冶金0.65亿元,增加0.21亿元。上述4家企业共实现利税3.14亿元,比上年同期增加1.2亿元,拉动规模工业利税增长8.6个百分点。

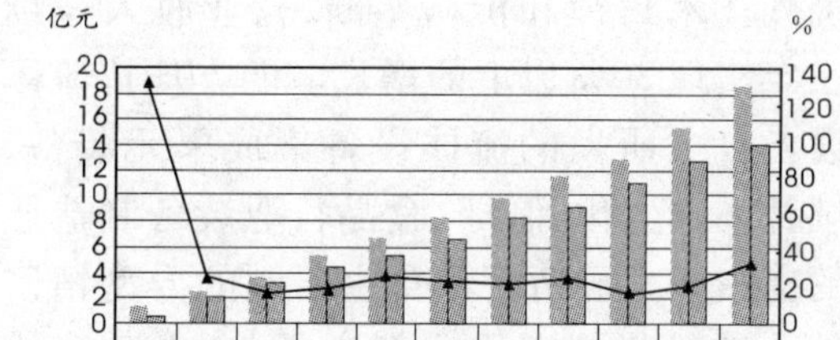

	1-2月	1-3月	1-4月	1-5月	1-6月	1-7月	1-8月	1-9月	1-10月	1-11月	1-12月
2010年	1.23	2.5	3.6	5.35	6.8	8.3	10.1	11.6	1.31	15.4	18.7
2009年	0.53	2	3.1	4.49	5.4	6.7	8.3	9.2	11.2	12.8	14
同比	132.1	25.2	16.1	19.2	26.7	23.1	21.5	25.8	16.5	20.4	33.6

利税完成情况

2010 年,规模工业企业销售利税率为 10.2%,其中矿山冶金行业利税率最高为 15.6%,其次为泵类及电机 14.9%、汽车配件行业 12.3%。

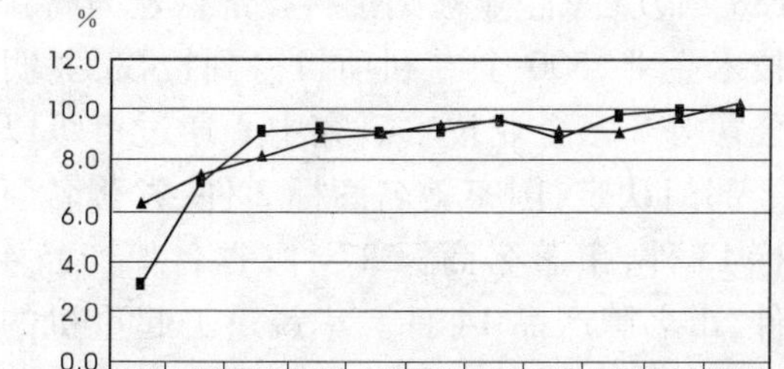

	1月	1-3月	1-4月	1-5月	1-6月	1-7月	1-8月	1-9月	1-10月	1-11月	1-12月
2010年	6.3	7.5	8.1	8.9	9.1	9.3	9.6	9.2	9.2	9.8	10.2
2009年	3.1	7.1	9.1	9.2	9.1	9.2	9.6	8.9	9.8	10.0	9.9

销售利税率趋势图

■龙头企业　2010 年,全区营业收入超千万元工业企业 210 家,实现收入 160 亿元,占规模工业总收入的 84.2%。收入 5000 万元以上企业 60 家,超亿元企业 23 家,超 5 亿元企业 6 家,超 10 亿元 3 家;纳税超千万元工业企业达到 18 家,税金总额 4.4 亿元。龙头企业的快速成长成为带动工业经济发展的新亮点。

■重点项目　2010 年,全区 22 个投资 3000 万元以上工业项目都开工建设,实现投资 44.7 亿元,同比增长 70.9%,占全区重点项目固定资产投资总额的 34.4%。其中中远造船项目完成投资 47.8 亿元,船体车间、培训中心、3#码头、船坞围堰等一期工程竣工。北车集团大连机车旅顺基地项目全面启动,完成规划用地内 181 户居民动迁,完成了 200 万立方米的土石方回填工程,地基单击夯能实验阶段全面结束,场评工作有条不紊进行,城市轨道设备一期厂房开始建设。今冈船务三期、龙源生物、大电机集团重德公司三期等项目竣工投产,东方亿鹏三期、寺冈机械等项目如期推进。

■产业集群　2010 年,按照《关于加快推进工业经济发展的指导意见》的总体部署,以构建绿色经济区为目标,以工业实现集聚化、集群化、高端化、特色化为重点,全区着力打造以船舶制造与配套业、轨道交通产业和汽车零部件产业为主的现代交通运输装备制造产业集群。按照"五城一都"整体规划,重点打造西北部临港新城,轨道交通装备、船舶及配套产业集群分别被纳入大连市十个产值超千亿元产业集群发展规划。新能源新材料研发中试产业集群,泵及电机产业集群和高新技术产业集群的初步形式,打造了一批辽宁沿海经济带最具影响力、最具特色的绿色产业集群。

到 2010 年底,全区规模以上交通运输装备制造业实现产值 80.9 亿元,年均增长 35%,占全区规模工业的 42.6%。其中:中远造船、今冈船务、辽南船厂、大连船舶重工等船舶制造及配套企业 45 家,产值 64.7 亿元,占规模工业的 34.1%。大机车、齐车轨道等机车及配件企业 6 家,产值 7 亿元,占规模工业的 3.6%。亚明汽车、百炼铸造、必诺铸业等汽车配件企业 7 家,产值 8.9 亿元,占规模工业的 4.7%。

■园区建设　2010 年底,全区工业园区规划面积 124.1 平方公里,已开发建设面积

72.5平方公里,入驻企业500户,吸纳就业人员2.5万人,累计完成固定资产投资300亿元。2010年,工业园区实现总产值140亿元,增加值43.5亿元,上交税金6.8亿元,占工业经济比重分别达到43.6%、48.8%和59.1%。旅顺经济开发区总体规划面积由29平方公里扩大到88平方公里。长城三涧工业园区和中科院大连(旅顺)科技创新园的基础设施建设步伐加快,双岛湾绿色临港产业区全面规划建设,对大项目的吸纳能力和支撑能力进一步增强。

■新产品和技术改造 2010年,出台《旅顺口区关于加快推进绿色工业品牌建设的指导意见》,坚持政府引导、企业主体的原则,树立品牌兴企意识,提升企业核心竞争力;坚持创建和营销并重原则,做大做强企业;坚持以自主创牌和引进相结合原则,提升品牌总量,打造"品牌旅顺"。设立品牌建设发展专项资金,重点支持一批技术含量高、市场潜力大的名牌产品和企业,培育一批有条件的企业和产品争创国际知名品牌。"十一五"期间,引导企业组织实施了一批重大装备研制和零部件攻关等重点创新项目。其中中国北车集团货车研发中心研制开发了D38型载钳夹车等特种长大货车,填补多项国内空白,达到国际先进水平,开发设计了澳大利亚用C3型集装箱平车,实现了中国铁路货车向世界发达国家的整机出口的新突破。辽宁轨道交通装备电传动及控制工程技术研究中心研发的SS7E型电动机车和电力牵引交流传动试验系统获得铁道学会二等奖,TCN网关获得铁道学会三等奖。东方亿鹏有限公司研制成功的螺旋折流板换热器技术达到世界领先水平,较传统换热器节能35%以上。华宇冶金生产的成套焦炉机械设备拥有专利技术42项,自主研发的30锤捣固机打破了国外技术封锁和价格垄断,营业收入连续三年实现30%以上的增长。四方佳特流体设备自主研发的流体设备集成单元装备,填补国内生化、制药、食品行业装备制造业的空白。大显精密轴自主研制的异型精密轴一举荣获国家优秀新产品奖,省政府优秀新产品金奖。鸿峰生物科技自主研发和创新的多聚物保存生物标本塑化技术获得多项技术专利,产品具有世界领先水平。华锐重工多次荣获国家科技进步奖、国家新产品奖,产品远销美国、日本、俄罗斯、巴西等40个国家和地区。

"十一五"期间,全区企业科技投资达30亿元,开发新产品400项,完成技术改造188项,15家企业被国家科技部认定为高新技术企业,500个专利项目得到授权,亚明公司等8家企业技术研究中心通过市级以上部门认定,国家驰名商标2件,省著名商标13件,市著名商标27件;省名牌产品4件,市名牌产品14件。华锐重工起重机的核电机组环形起重机获得国际知名品牌称号。

■企业改制 2010年,旅顺内燃机配件厂改制先后经历了三次企业资产评估,三次区长办公会研究讨论,再会同区人力资源和社会保障局、发改局、国资办、土地局等相关单位反复协商研究后,经过全方位酝酿,形成了全面、可行的企业改制方案。2010年,区工业和信息化局代表区企业家联合会与区人事和社会保障局、工会联合,共同于5月份组织企业开展农民工劳动合同签订春暖活动,切实维护了职工合法权益,同时开展了联合评选区级诚信企业等项活动。通过组织基层企业参加市企业家联合会举办的各种知识讲座、培训及企业参展等形式,为企业发展搭建发展平台,还组织企业开展申报市百强企业,以及申报省、市级企业管理成果奖等项工作。旅顺口区顺泽船舶电器工程公司获2010年大连市企业管理成果二等奖。

2010年工业及民营经济领军企业简介

■**大连亚明汽车部件股份有限公司** 该公司是以生产汽车、游艇动力总成压铸件及脚踏板机构总成等产品为主的股份制企业，是我国汽车压铸件行业的骨干企业。注册资金3000万元，资产总额27437万元，2010年有员工860余人，其中专业技术人员占员工总人数的13%。公司已通过ISO9001/ISO14001/OHSAS18001及汽车行业TS16949等质量体系认证，是辽宁省安全生产标准化二级企业。

公司主导产品是为一汽大众、上海大众、长安福特、奇瑞等十余个国内市场及德国大众、德国戴克(奔驰)、美国通用、北美/南非福特、美国/日本水星等国际市场配套生产各种汽车、游艇用发动机缸盖罩盖、变速器/离合器壳体、上/下缸体、油底壳等压铸件及脚踏板机构总成。

公司拥有250t－2000t压铸机及各种数控加工设备，具有先进的高压铸造生产能力和检测能力，可针对复杂的薄壁件、局部厚壁件等采用抽真空压铸、半固态压铸及二次加压等压铸技术，生产规模居国内同行业前五位。公司生产的驱动轴箱体、EA111缸盖罩盖、下缸体等压铸产品被中国铸造协会评为优质铸造金奖。

大连亚明是国家第一批振兴东北老工业基地项目企业之一，是国家商务部、发改委正式确认的全国160家“国家汽车零部件出口基地企业”之一，是中国机械工业优秀企业、辽宁省诚信示范企业、大连市免检企业、AAA级企业及大连市重点支持的汽车零部件生产企业。

■**大连帝国屏蔽电泵有限公司** 该公司是日本株式会社帝国电机制作所(下称“帝国电机制作所”)在中国的独资企业。本公司成立于1994年9月。16年来，作为帝国电机制作所的全资子公司，本公司完全采用帝国电机制作所先进的技术、设备、工艺、检测手段和管理方式，已成为中国屏蔽电泵的主导企业，产品遍布全国二十九个省市自治区，部分产品销往国外。该公司产品被广泛应用于石油、化工、制冷、中央空调、高速机车、航天、核电工业等领域中。

1999年11月，该公司产品在酒泉卫星发射中心发射的“神舟”号宇宙飞船任务中，圆满地完成了火箭推进剂的加注任务。另外，在西昌、太原卫星发射中心为“亚洲2号”等多颗卫星的发射也做出了贡献。到2010年，该公司是中国唯一一家向西昌、太原、酒泉卫星发射中心提供屏蔽电泵的厂家，为在中国成功运行的包括“神舟”号宇宙飞船的卫星发射做出了贡献。

2007年，该公司产品开始应用于岭澳核电站，之后又成功应用于秦山二期核电站扩建项目和宁德、阳江、红沿河核电站，以及福清、方家山核电站等，使其成为中国唯一一家向中国核电站提供核级屏蔽电泵的国内厂家，为中国核电站的设备国产化做出了贡献。

该公司通过了ISO9001质量体系认证并升级为ISO9001：2008版本，通过了CE认证、ISO14001环境体系认证并已经升级为ISO14001：2004版本，还先后获得了“大连市著名商标”、“纳税信用等级A级证书”、“辽宁省个人所得税代扣代缴先进单位”、“旅顺口区纳税大户”、“残疾人就业工作先进单位”、“环境保护模范企业”等荣誉称号。

2010年,该公司共实现产值2.87亿元,营业收入2.2亿元,利润总额2753万元,上交税金2591万元。

■大连今冈船务工程有限公司 该公司系由日本今治造船株式会社和幸阳船渠株式会社投资兴办的大型船舶分段制造企业。于2001年取得大连市工商行政管理局颁发的企业法人营业执照;注册资本10945万美元;注册地址:大连市旅顺经济开发区兴港路16号;法定代表人:桧垣和幸;营业范围:船舶设计制造及修理、船用舾装件、各种钢结构件和船舶分段制造(不含特种船、高性能船舶的修理、设计与制造)、(涉及行政许可的必须凭许可经营);码头和其他港口设施经营及在港区内从事货物装卸、驳运、仓储经营;船舶建造配套设备、港口运输配套设备、大件运搬装置的制造;气体过滤装置的批发;货物、技术进出口(进口商品分销和法律、行政法规禁止的项目除外;法律、行政法规限制的项目取得许可后方可经营)。

2002年5月,该公司与旅顺经济技术开发区政府签订项目合同,并开始投资建设,经过六年不懈努力,公司规模不断发展壮大,到2010年底,已形成占地面积42万平方米,投资总额人民币12亿5千万元,公司自有员工500人,协力单位17个,协力单位员工3500人。2007年获得了日本海事协会颁发的ISO9001质量管理体系认证。

2010年,该公司实现营业收入23.9亿元,实现利润2.4亿元,合计上缴税金7306万元。先后荣获大连市人民政府颁发的"2010年度外贸出口50强"、旅顺口区人民政府颁发的"旅顺口区2010年度纳税大户"、"2010年扶贫帮困先进单位"等荣誉称号。

■大连中远造船工业有限公司 该公司是中远造船工业公司旗下的第二家大型现代化船舶制造企业,是国家环渤海湾船舶建造基地的重点项目,是中远集团成立以来投资最大的单体项目。公司依托中远造船工业公司所属南通中远川崎船舶工程有限公司的成熟技术,主要建造18万吨级以上散货船、VLCC油船、VLOC矿砂运输船、10000TEU以上集装箱船等大型高附加值远洋船舶。

2007年5月31日,中远集团与大连市政府于北京签订了《中远大连造船项目合作协议》,同年7月18日,大连中远造船工业有限公司正式注册成立,2008年7月14日获国家发改委核准,2008年8月2日,项目正式开工。

大连中远造船项目占地面积188万平方米、海域使用面积约166万平方米(其中填海面积20万平方米),项目总投资93亿元,其中固定资产总投资65.5亿元,建设期3年,形成2个船坞、5个泊位,年生产能力240万载重吨,年钢材加工量40万吨,达到设计生产能力后,可实现年销售收入105亿元。

2010年,中远大连造船项目一期工程基本建成,累计投资47.8亿元,已形成120万载重吨的生产能力。船体车间、装焊车间、管舾车间、涂装车间、1号船坞和综合办公楼等27个单体工程项目陆续投入使用。首制20.5万吨散货船于2010年1月18日举行了钢板切割仪式,2010年8月1日成功举行了首制船铺龙骨仪式,12月底全部分段无余量合拢。继首制船开工建造后,2010年7月19日、12月15日又陆续开工建造两条船,实现由单船建造转向多船连续建造的转变。2010年实现产值6.6亿元,上交税金2314万元(不含资源税4300万元)。

■**大连华宇冶金设备有限公司** 该公司是研发制造焦炉机械、环保设备的专业厂家，拥有多项自主知识产权，获得国家专利55件。为国家高新技术企业。2010年，实现产品销售收入2.6亿元，比上年增长49%；缴纳税金2462万元，比上年增长238%；实现利润3988万元，同比增长19%。

■**大连华锐重工焦炉车辆设备有限公司** 该公司是大连重工·起重集团有限公司下属的全资子公司，国有企业，成立于2008年1月25日，位于大连旅顺经济开发区大连路29-7号，企业法定代表人郑治兴。公司作业面积近9万平方米，注册资本为7500万元。公司的经营范围是冶金车辆、焦炉设备、干熄焦设备设计、制造、安装、调试服务及其配件销售；金属制品、金属结构件、机电设备零部件制造；机械零部件加工。拥有在岗员工600余人，机加工设备50余台。2010年，实现产值103723万元，销售收入103820万元，利润8777万元，上交税金5431万元。产品全国市场占有率达65%，成为中国第一的焦炉机械专业化生产基地。

■**齐齐哈尔轨道交通装备有限责任公司大连研发中心** 该中心是专门从事铁路货车、起重机及相关多元产品研发的机构。现有在职员工104人，大学本科以上学历的102人。其中，博士生2人，硕士及工程硕士研究生47人；教授级高工22人，高级工程师37人，工程师33人；国内知名专家十余人。同时，还聘请了中国工程院、中国铁道科学研究院、同济大学、北京交大、西南交大、中南大学、大连交大等有关科研院(所)、大专院校40余位专家。

该中心有着坚实的研发底蕴和光荣的发展历史，其前身为齐车公司技术中心，成立于1998年。组建当年就被黑龙江省评定为省级企业技术中心；2001年被中国北车集团确定为北车货车研发中心；2006年，被黑龙江省评定为省级工程研究中心。2006年9月，国家发改委、科技部、财政部、海关总署、税务总局五部委联合发文批准齐车公司技术中心为国家级企业技术中心。2000年，技术中心获国家人事部、国资委授予的中央企业先进集体光荣称号，技术中心货车设计室连续获得团中央等部委评定的全国青年文明号、全国青年文明号标兵、全国青年文明号十年成就奖等多个国家级光荣称号。至2010年，齐装备公司大连研发中心及其前身累计开发了280余种铁路货车新产品，荣获国家级奖项30个、省部级奖项90个，居同行业之首。

为实施中国北车货车业务专业化与区域化相结合结构调整战略，建设一个人才聚焦、手段先进、技术领先、高效运作的世界铁路货车研发中心，齐轨道装备公司从2007年开始在大连旅顺经济开发区筹建齐轨道公司大连货车研发中心，2010年大连研发中心开始试运行。

■**大连东方亿鹏设备制造有限公司** 该公司是集科研、设计、生产制造、销售及服务为一体的高新技术公司，是国内专业生产专利产品——改进型螺旋折流板换热器(专利号：ZL 02.2.40238.1)的品牌企业。主要服务于石油炼化、煤化工、核电及海洋工程领域，是大连市科技型民营企业。公司地处旅顺经济开发区兴发路86号，占地面积158000平方米，建成投产了研发办公及公寓楼12000平方米；生产厂区面积43000平方米，其中重型容器26000平方米，容器车间9000平方米；机加车间3000平方米；不锈钢车间5000平方米；具有一、二、三类压力容器的制造与设计许可证，通过了ISO9001—2008认证及年审，持有美国机械工程师协会ASME认证，是中国石化物资资源网络一级成员、中石油资源市场一级成员会员单位。

■龙源海洋生物股份有限公司 该公司总部位于大连市旅顺口区老铁山国家自然保护区，是由大连龙源鱼粉股份有限公司、厦门建发股份有限公司共同发起设立的一家现代化农牧企业，主要从事海洋渔业资源精深加工及相关国内、国际贸易，被业内誉为"中国鱼粉第一品牌"。

■大连世达集团有限公司 该公司是世达集团母公司，其前身是大连旅顺经济开发区建筑安装工程总公司。2002年，以大连世达集团公司和建筑工程公司等为核心，组建了大连世达集团。至2010年，世达集团发展成为集房地产开发、建筑安装、港口建设、现代高端服务业、工业、科技服务、商贸、装饰、物业管理、文体教育为一体的新型企业集团，拥有20多家子公司，是全区唯一具有国家一级建筑资质和二级房地产开发资质，并通过了国家环境、质量、职业健康安全三个管理体系认证的企业，连续十年被列为旅顺口区纳税大户，先后被授予全国"五一劳动奖状"和国家级"守合同重信用企业"、建设行业"AAA级信用单位"称号；被省、市、区授予"明星企业"、"百强企业"等荣誉称号。集团董事长方世纯连续多年获得全国"乡镇企业家"、"民营企业家"和辽宁省劳动模范、"五一"劳动奖章及大连市特等劳动模范等荣誉称号。2010年，企业完成总产值54816万元，上缴税金3279万元，利润总额1564万元。

1. 房地产开发和建筑业。房产开发和建筑施工是世达集团的支柱企业，分别下属十多个项目部和二十多个分公司。近几年来，投资10多亿元，在大连市、鞍山市、新沂市及本地开发和建筑施工100多万平方米，其中在鞍山市台安、岫岩开发、建筑施工的十几处县政府及所属机关办公楼、商住小区等工程被评为市优工程，台安梅园写字楼被评为省优工程。

2. 商贸业。大连新玛特世达购物广场是世达集团全资子公司，是旅顺商贸业最大的购物广场，2010年销售额达到2.4亿元，上交集团2000万元，先后获得"中国商业信用企业"和大连市"守合同重信用单位"等荣誉称号。该集团与美国"沃尔玛"、台湾"好又多"联合创办了沃尔玛·好又多超市，年销售额达1.2亿元，每年上交世达集团500万元。

3. 航运工程和港口业务。大连世达集团建港工程公司是具有雄厚经济实力和港建(水工)施工能力的子公司。2008年，世达集团投资1.4亿元，在旅顺新港建设的3万吨客货滚装、重大件码头泊位2个，泊位长242米一个、176米一个，2009年6月与蓬莱港通航。

4. 科技服务业。世达集团创办的科技企业孵化器，2008年被国家科技部评为"全国优秀民营科技产业园"，2009年被认定为国家级孵化器。

5. 公益事业。十几年来，世达集团在加快发展的同时，不忘回报社会，先后投入近亿元用于学校、幼儿园、俱乐部等社会公益事业，参与社会扶贫，扶助教育、体育健身和抗震救灾捐赠等公益性活动。该集团参与建设的辽宁对外经贸学院，已发展成为有近20亿资产，1万多生源，600多教职员工的本科大学，集团董事长方世纯兼任学院副董事长、副院长(在国家教育部注册)。2002年，世达集团投资的建筑面积4300平方米，配备了现代化教学仪器设备的幼儿园无偿提供给社会使用。2007年，世达集团投资2000多万元，建设成“大连世达健身俱乐部”，作为公益性健身活动场所，面对社会开放。世达集团为建设和谐社会做出了积极贡献，多次受到市、区政府和有关部门的表彰。

6. 现代高端服务业。世达集团抓住旅顺全面对外开发的历史机遇，建设了占地76万平方米，投资31.1亿元的大连旅顺农副产品国际物流基地，为大连及整个东北地区农副产品进出口建立了一条便捷的通道。

（撰稿人：刘士伟　审稿人：孔繁君）

通　信

■**中国联通旅顺口区分公司**　中国联通大连市旅顺口区分公司（以下简称分公司）至2010年底，拥有固定电话用户10.04万户、移动电话用户13.53万户、宽带用户3.71万户，下设营销服务部、建设维护部、集团客户部、综合部、财务室和11个支局、营业所，员工236余人。

打造精品网络，加快推进3G业务推广应用。分公司围绕市场经营和客户需求，加快重点工程建设力度，为全业务运营提供高质量的网络支撑。分公司3G基站总数达到156个，3G网络信号已经实现全区覆盖，3G网络达到行业领先水平。2G基站总数达到223个，2010年分公司主要进行了2G网络的优化，着力解决部分区域存在的有信号打不出、掉话和串话问题，进一步提升网络质量。

2010年，分公司开展“政企客户业务演示推介会”活动，邀请市公司专业演示团队为政企客户进行3G业务、iphone手机及行业应用产品演示推介。分别组织区内和支局的政企客户开展了两次业务演示推介会，经过现场业务演示推介和后续跟踪，取得了良好的推介效果。

2010年，分公司开展“3G业务路演”活动，选择市区、乡镇人流密集区域开展现场宣传演示活动。分公司员工走向繁华路街，进行现场业务演示、发放宣传单，宣传和推介3G业务，全年共组织现场宣传演示活动近百场，让全区百姓深入了解“3G”业务、运用“3G”业务，享受到联通“3G”带来的巨大变化。

打造宽带品牌优势，促进宽带业务规模发展。该公司推进宽带升级提速工程，加快解决接入覆盖、质量、速率等方面的不足问题，全年新建并开通EPON小区，对全区局点的宽带设备进行了扩容，保证了全区的宽带放号。分公司以3A达标为契机，提升运行维护基础管理水平，保证了网络的安全稳定运行。针对EPON和互动电视等新业务，组织设备安装维护人员和终端安装维护人员开展了安装维护专项技术培训，为新业务的快速推广和发展奠定基础。全区已建成EPON小区21个。

创新服务模式，进一步提升服务水平。分公司立足完善服务标准体系和服务监督体系，坚持规范、特色、差异化的客户服务策略，持续优化服务质量监控管理。全力推行三个领先计划，切实履行“以客户为中心、用服务促发展、创效益”的服务职能，服务工作整体水平稳步提升。分公司通过成立VIP客户营销中心，完善VIP客户俱乐部信息资料，加强VIP客户俱乐部管理，不断丰富和创新VIP客户俱乐部活动内容。VIP客户营销中心通过组织VIP客户开展健康体检活动，车友俱乐部活动，中秋节、国庆节答谢会等有创新、有特色的VIP客户俱乐部活动，加强了公司与客户沟通，得到了客户们的认可。旅顺联通公司创新营业厅服务，加强了对营业厅的硬件建设，在区内主营业厅增设了业务演示区、摘机演示系统、自动缴费机、LED 电子演示屏、排队机等设施和设备,及时让用户了解本公司业务,体验到真机的同时,也方便了全区百姓办理业务快速流程。

开展服务质量问题"零距离"行动。分公司在自有营业厅、VIP 客户营销中心电话外呼、入户服务、业务管理、网络维护五个方面,基础管理、服务规范、业务管理等工作中,建立了零容忍库,设置服务禁忌项目和服务管控项目。通过预警提示、通报批评、达标测评等办法予以管控,进一步提高服务质量和水平。

强化制度建设,狠抓安全管理。分公司安全生产工作坚持"安全第一、预防为主、综合治理"的方针,紧紧围绕科学发展促和谐,创新转型增效益的工作中心,牢固树立安全生产是企业发展基础的理念,围绕"强化制度建设,狠抓安全管理,突出隐患治理,确保企业安全"的工作目标,严格实行安全生产责任制与责任追究制,深入贯彻落实各项安全生产制度,认真开展对员工的安全生产宣传教育工作,着力完善安全生产长效机制,进一步强化目标管理,抓住重点,加强监管,狠抓工作落实。加强线路保卫工作力度,预防和减少事故的发生。

打造团结进取的高素质团队。分公司通过组织员工开展"迎新春年会"、"三八妇女节女员工联谊会"、"踏青徒步走"、"员工排球赛"、"新员工座谈会"、"推荐一本好书,一篇好文章读书活动"等各项活动,打造团结进取的高素质团队,同时也为企业文化建设搭建了良好的平台,用文化的魅力感召和引导员工行为,用文化的渗透力激励和约束员工。分公司开展员工职业道德教育,培养全体员工敬业爱岗、遵纪守法的良好职业道德规范。坚持以落实岗位责任制为核心,推动基层班组建设。加大员工培训力度,加强一线技能型员工队伍培养,逐步建立起技术专家体系。培训形式多样化,采取"请进来,走出去"的方式多层面推进员工教育培训。在基层党支部和广大共产党员中开展了创先争优活动,注重创新活动载体,深入开展践行党员承诺和争创"党员先锋岗"活动。

2010 年,旅顺联通公司九三路营业厅被区总工会授予"工人先锋号"集体荣誉称号,被大连市公司授予"大连联通优秀团队"集体荣誉称号。

(撰稿人:赵元斌　审稿人:刘铭杰)

■**中国移动大连市旅顺分公司**　2010 年,中国移动大连市旅顺分公司已累计建成营业厅 22 个,基本覆盖旅顺城乡和驻区高校。在加快完成专营店升级的同时,加强了对通信零售网点的服务和管理,将区内通信零售点纳入渠道管理,有效地提升了对中国移动客户的服务能力。

分公司结合便捷服务"满意 100"等系列优化服务活动,全面落实集团公司六项便捷举措,把客户利益放在第一位,切身为客户着想,为客户量身推荐各种资费套餐,使客户感受到中国移动的便捷服务。

为了更好地服务于集团客户,对集团客户进行以节日拜访、座谈、上门服务、乒乓球邀请赛、农信通推荐会及开办校讯通业务等方式,进行回馈,进一步拉近了集团客户与中国移动之间的关系。2010 年,中国移动大连市旅顺分公司英武街营业厅荣获旅顺口区总工会颁发的"2010 年工人先锋号"荣誉称号。

(撰稿人:周芳岩　审稿人:孙远红)

■**中国电信大连旅顺分公司**　该公司隶属于中国电信集团大连市分公司,2006 年进驻旅顺口区,重组前主要经营固话及数据业务,2008年重组后秉承"用户至上,用心服务"的经营理念开展包括C网业务在内的全业务经营,在旅顺地区为广大客户提供国际国内长途电话、本地网电话、C网移动业务、智能网业务;数据、图像及多媒体通信与信息服务;各种带宽的接入服务;提供与通信、信息服务相关的系统集成、技术开发、技术服务、通信设备销售、设计安装等电信业务。拥有商务领航、我的E家、天翼等著名客户品牌,服务网号为"189"、"133"、"153"、"180"。

公司2006年成立以来,秉承"合作、创新、服务、高效"的理念,以追求客户满意服务为宗旨,迎难而上,开拓创新,求实进取,加快发展,用户总数翻了几番,运营收入增长数倍,基础建设逐年增加,做到了电信信号的城乡全覆盖,其中旅顺九三路自有营业厅由于管理到位,服务卓绝,受到旅顺用户的一致好评,荣获区"工人先锋号"称号。

(撰稿人:邵迪 审稿人:郭泽滨)

供 电

■概况 旅顺供电局隶属于大连电业局,负责旅顺地区的电网规划、建设、运营和电力供应。至2010年底,旅顺供电局供电区域506平方公里,用电客户16万,用电人口26万余人。下辖5个部室,15个专业班组,3个城市营业所,9个农村供电营业所,职工总数402人。管辖220千伏变电所1座、66千伏变电所14座;变压器24台,总容870兆伏安;220千伏送电线路2条,亘长66.724千米;66千伏送电线路10条,亘长321.916千米;10千伏配电线路125条,回长1021.083千米;2010年售电量完成8.9亿千瓦时。

2010年,旅顺供电局贯彻落实大连电业局和区委、区政府的各项工作部署,以科学发展观为指导,加快推进"两个转变",全面实施"一强三优"发展战略,全体员工解放思想,转变观念,努力超越,追求卓越。加快电网建设,新增变电容量127兆伏安、送电线路29.241千米、配电线路33.65千米、配电容量32.53兆伏安。提升经营能力和管理水平,促进安全、稳定、和谐发展,践行"四个服务"宗旨,坚持为客户提供"优质、方便、规范、真诚"的服务,坚持"新农村、新电力、新服务"农电发展战略,不断完善优质服务常态机制和服务体系,客户经理制正式推出,特色服务、延伸服务手段不断强化,行风评议再占排头,为旅顺口区经济社会发展提供可靠的电力保障和优质服务。旅顺供电局先后荣获"国家电网公司先进集体"、"辽宁省文明单位"、"电网先锋党支部"、大连市五一奖状、大连供电公司精益化管理先进单位、旅顺口区先进职工之家、综合治理先进单位、"大连市3.4风暴潮先进单位"、连续六年被评为旅顺口区"勤政为民最佳单位",并多次荣获大连电业局"标兵单位"、"先进单位"、"先进党总支"、"多经先进单位"、"先进工会"、"新闻宣传工作先进单位"等荣誉称号。

■安全生产 至2010年12月31日,旅顺供电局已实现连续安全生产7372天(自1990年10月25日起)。多年来,旅顺供电局坚持"安全第一,预防为主,综合治理"的方针,加强安全培训教育,营造全方位的安全氛围。开发了安规音频教材,开办了手机安全课堂,强化了《安规》学习;开展了"三个不发生"、"电力设施保护宣传月"、"安全生产月"、"三查四防"等活动。强化"反违章"工作,严格作业计划的刚性管理。通过编制到岗到位工作安排,明确管理人员到岗到位职责,确保现场工作组织到位、措施到位和责任到位。同时结合安全生产月、电网迎峰度夏和主设备安全专项检查活动,查找在思想、管理、行为、装置等方面存在的问题并进行了整改。与“三线办”、街道、社区共同开展电力设施巡视、保护工作,完善了群治群防体系,圆满完成了高考、中考、樱花节、樱桃节、合唱节、人居节、《欢乐中国行》和俄罗斯总统访华等大型活动保电任务。

■**电网规划和改造** 旅顺供电局按照“规划一批、开工一批、储备一批、投运一批”的工作思路,结合旅顺口区发展规划完成电网规划,重点做好开发区、水师营、铁山、长城、龙王塘地区的网架规划,提高环网配网互倒能力。抓住国家实施城、农网改造的历史机遇,加大电网改造力度。2010 年,正式启动新一轮农网改造升级工程,安岭 220 千伏和北海 66 千伏变电站开工奠基,创新和龙王塘 66 千伏变电站完成新建、改建。66 千伏及以上变电容量同比增加 18%、线路长度同比增加 9%,电网主干网架日益坚强,装备自动化水平显著提高,供电能力和供电可靠性快速提升。

■**创新服务** 2010 年,旅顺供电局以客户满意为目标,把政府最重视、群众最需要的事情作为改进工作的重点来抓,主动关注客户利益和社会评价。营销 SG186 系统应用得到深化,基础数据管理得到完善。开发了工行灵通卡电费缴纳方式,并在工行设立电费储蓄专用窗口,用户交费方式由 4 种增加到 7 种,在 6 个供电营业厅安装了自助交费终端机,服务环境和硬件设施得到改善。同时,通过建立社区公示宣传栏、联系点、办事公开“走进农村”、“走进企业”、“走进社区”系列活动,真诚听取客户的意见和建议,延伸了用电服务。通过组织特约监督员参与行风工作明查暗访、扎实开展优质服务“百问百查”和行风建设“评星创优”等主题活动,主动寻求社会监督,展示供电局服务社会的良好形象,让社会各界更多的了解供电企业,更好的服务用电客户。

2010 年,旅顺供电局根据同业对标、争先进位的工作思路和关键绩效指标,制订重点工作推进计划,按月考核推动;开展了“走出旅供看旅供、对照先进看旅供”同业对标学习考察活动,按季召开同业对标分析会和经济分析会,根据指标完成情况和排名位次,分析存在的问题并及时整改完善,促进了指标提升。结合基础管理年活动,以专业为主线、以专责为主体开展了“五查”活动(查制度、查流程、查管理、查标准、查数据),共修订完善规章制度 345 项,编制岗位职责 43 个、工作流程 110 个,不断强化 SG186、ERP、PMS 信息数据管理和业务应用。生产 PMS 完成数据清理 230 万条。创新开发的网络公文流转、工作日志和基础管理信息系统成功应用,开展了“三组联创标杆” 和共建“五型班组”活动,争取经过两年的努力,使所有班组达到“国家电网公司达标班组”标准,所有党小组和工会小组达到规范化标准,建设成“五型班组”。积极创建“四好”领导班子,推行党建目标责任管理,开展以“四型”党支部建设和“三组联创标杆”活动为载体的“创先争优”活动,开展党员干部“讲党性、重品行、作表率”、“学廉规、讲廉课、征廉语”和“学制度、促廉洁、保发展”主题教育活动,党组织的政治核心作用、党支部的战斗堡垒作用和共产党员的先锋模范作用得到有效发挥。弘扬“诚信、责任、创新、奉献”核心价值观,开展安全文化进家庭、小展板促进大安全系列文化创建活动,以及素质提升、QC 活动讲座和“感悟美好,快乐生活”主题教育活动,增强员工“比思想、比学习、比业绩、比奉献”的进取精神，打造了旅顺供电局“不走捷径”的安全文化、“政府放心、客户满意”的服务文化、“干事、干净”的廉洁文化和“乘势而上”的进取文化。

（撰稿人：郭文超　审稿人：李清波）

供　水

■概况　旅顺自来水公司系大连市自来水集团有限公司所属分公司（以下简称分公司），下设职能科室5个，营业、维修等专业班组13个，另有净水厂2座、水库3座、配水池3处、泵站3个、无人值守加压泵站9个，现有职工221名，主要负责旅顺口区的源、净水输送，城区供水管网规划设计，管道维修和水费收缴等工作。至2010年底，该公司日供水量达5.5万立方米，供水服务面积220平方公里，供水人口24万人，水质合格率97.73%、水费回收率99.36%、维修及时率100%、产销差率24.86%，圆满完成了全年销售计划，取得了经济效益和社会效益的双丰收，先后荣获“大连市水务系统先进单位”、“旅顺口区勤政爱民先进单位”，并连续多年被评为“大连市自来水集团公司优秀单位”等光荣称号。

2010年，分公司积极贯彻落实区委、区政府的方针政策和工作部署，坚持“开源与节流并重、控制需求、谨慎用水、合理开采、加强保护、科学管理、综合利用”的工作原则，牢固树立“以客为尊，用户至上”的服务宗旨，注重技术创新，推动管理体制完善，不断加大供水基础设施建设的资金投入，系统性的改造、新建供水设备，使分公司的供水能力、供水安全、供水服务得到了大幅度的提升，为旅顺口区的经济建设和社会发展提供了强有力的用水保障。

■营业工作　2010年初，分公司召开了营业工作专项会议，结合“机关效能建设及行风建设年”活动精神，加强对外服务工作，以“最短的流程、最少的环节、最高的效率、最优的服务”为工作目标，增强信访工作的处理力度，深化服务人员礼仪文明教育，细化前台咨询、勘察、抄表、维修人员的岗位服务规范和操作流程，并制订相应考核细则，增强员工自觉服务的工作意识，认真履行社会服务承诺制，确保营业工作积极稳妥的开展。

2010年4月，旅顺铁山街道铁山家园回迁楼供水项目顺利开工，当年11月正式供水，4月成立了铁山营业所。已于5月对驾驶员实行了一次轮岗交流，有效缓解不同部门相同岗位之间劳动强度差异大的矛盾；6月，对各营业班组长进行以管理水平和业务知识为主要内容的岗位测试，积极营造学习型、争优型工作氛围，为企业未来的创新、高效发展创造有利条件。到2010年末，仅营业科全年就完成维修件数2585件，更换大小口径水表1763台；检测大小漏点830处，其中口径在DN100以上的大暗漏点160处，解决了大华街、井岗街113－115号两处共计500余户居民吃水难问题，清欠以往年度欠费4万多元，顺利完成全年各项工作指标。

■水厂生产　2010年，分公司开展了主要针对各运转班组的高压设备、水泵、电机、变压器、消防等易出现安全问题的供水设施为主的大检查，排除安全隐患。2010年2月，分公司按照集团公司部署，对东卡门净水厂进行了维修改造，5月20日，改造后的东卡门净水厂开始正式送水，日供水量2万吨，送水区域占旅顺老城区的70%。5月份，分公司各单位严格落实防台、防汛的准备工作，对坝体、溢洪道、吐泥等蓄水、排水设施实施检查清理，完善防台、防汛应急预案,加强管理,落实责任。8 月 8 日至 10 日,旅顺口区普降大暴雨,为确保水库安全度汛,分公司启动了防汛应急预案,其中小孤山水库、寺沟水库在强降雨过程中水库溢洪,由于组织有力、有序,整个过程中没有出现重大险情及人员伤亡,有效保证了旅顺地区的居民用水安全和经济建设需求。

■管网规划设计 2010 年,分公司全年共委托受理设计 189 件,完成房地产开发供水配套工程 11 项,配套面积 89 万平方米、完成集团公司 185 公里管网改造项目中旅顺段 6.1 公里设计任务、完成双岛湾街道艾子口村、曲家村以及北海街道泥河村共计 2000 余户的农村人畜饮水工程的设计任务以及小管改造项目 9 项,全长 1 公里。

■安全生产 2010 年,旅顺自来水公司领导班子按照上级主管部门要求,结合生产实际,切实转变工作作风,全面加强思想建设,树立勤政、廉洁、高效的工作形象,带领企业广大职工取得了阶段性的工作胜利。在抢抓工作的同时,分公司领导十分注重企业人才的战略性培养,至 2010 年底,分公司累计举办员工业务管理、技能素质培训 8 次,培训人员 30 余人,业务知识考核、对外服务考核共 4 次,参加各级岗位技术竞赛 6 次。广大职工在技能培训和技能竞争过程中,积极努力、不断创新,使得企业经营、营销服务、水网运行和人力资源等方面各项指标得到进一步提高。先进的管理模式和工作机制的运行,绩效创先考评体系的建立,使得企业的运作、经营日趋完善,也进一步推动了旅顺自来水公司优质高效、服务于民的奋斗目标向前迈进。

(撰稿人:董学峰 审稿人:张信智)

商业和服务业

综 述

■概况 2010 年,旅顺口区商务局坚持以科学发展观为统领,围绕建设绿色经济区这一总体目标,转变职能,主动作为,抢抓机遇谋发展,狠抓项目兴产业,圆满完成了商贸服务业 15 项重点工程和便民惠民 10 件实事,在扩大城乡居民消费,加快城乡商品市场体系建设,提升商贸便民服务功能,保障市场安全运行等方面实现了新的跨越。全区服务业呈现出繁荣活跃、快速增长的良好态势,全面完成了区委、区政府下达的各项任务,实现了“十一五”期间服务业发展的完美收官,为“十二五”实现服务业高起点开局奠定了坚实基础。2010 年,全区实现服务业增加值 61.9 亿元,同比增长 12.2%;服务业增加值占全区 GDP 比重达到了 34.4%;固定资产投资额实现 179 亿元,同比增长 92.5%,占全区固定资产投资完成额的 57.3%;社会消费品零售总额实现 39.7 亿元,同比增长 19.2%;其中:商品批发业批发额 3.7 亿元,同比增长 19.3%;商品零售业零售额 32.4 亿元,同比增长 20%;餐饮业营业额 3.1 亿元,同比增长 16%;住宿业营业额 0.5 亿元,同比增长

19%。

2010 年旅顺口区服务业发展一览表

指标 年份	单位	2010 年	2009 年	同比增减(%)
服务业增加值	亿元	61.9	55.17	12.2
服务业固定资产投资	亿元	179	92.98	92.5
社会消费品零售总额	亿元	39.7	33.3	19.2

旅顺口区 2010 年消费结构和消费量一览表

类别 年份	单位	2010 年	2009 年	同比增减(%)
社会消费品零售总额	亿元	39.75	33.37	19.2
一、按行业类型分				
批发业	亿元	3.64	3.04	19.9
零售业	亿元	32.41	27.12	19.5
餐饮业	亿元	3.2	2.75	16.4
住宿业	亿元	0.5	0.46	8.6
二、按消费结构分				
吃的商品	亿元	17.2	14.5	19.6
穿的商品	亿元	8.1	6.5	17.8
用的商品	亿元	13.3	11.4	19.5
烧的商品	亿元	1.1	0.96	16.4
三、按主要农资经销量分				
化肥料	吨	66	186	-64.5
农药类	吨	18	37	-51.5
农膜	吨	2	5	-60

2010 年旅顺口区商业业态

大型商场	大商新玛特购物广场旅顺世达店、旅顺供销大厦、瑞鑫商城、瑞鑫购物中心、光辉世纪、旅顺百货大楼、瑞帮商城、世达旅游购物广场
连锁超市	供销大厦好益家、好又多、苏宁电器、乐哈哈超市、金玛超市、大连富华开发区连锁店
配送中心	大连旅顺农副产品国际物流中心、供销大厦好益家配送中心、旅顺富华配送中心、大连白云佳家菜交易储藏配送中心
集贸市场	水师营人和市场、三涧元和市场、铁山市场、顺屹市场、新开市场、文化街市场、育慧市场、五一路批发市场
早夜市	九三路早市、启新街夜市、横山街夜市
农村大集	分布在各涉农街道
宾馆酒店	旅顺千品渔港、春华园、川王都酒店、粗粮食府、晋元亨食府、新纪元大酒店、辉煌达酒店、广洋酒店、元丰宾馆、营港酒店、永明大酒店、三明聚大酒店、宏光天宝大酒店、宏利酒店、瑞帮会所、圣美利加会所、龙门驿站、湘海楼酒店、金玉湾宾馆、海鲜一条街等

■项目培育与建设 2010 年,全区商贸服务业积极抢抓旅顺全面对外开放的历史机遇,全方位开展招商引资,全区服务业已成为跨国公司和大型企业集团竞相投资的热点领域。培育形成了一批牵动力强、辐射面广的重点项目,有效提升了服务业整体功能。培育和引进商贸服务业重点项目15个,规划建设了大连旅顺农副产品国际物流中心、大连国际花卉交易市场、大连湾山温泉假日酒店、大连白云佳家菜交易储藏配送中心、中安欧尚花园、世达集团铁山NTS购物中心、大连世纪国际大厦、旅顺三明聚大酒店和亚惠主食加工配送中心等重点项目。瑞邦会所、金玉湾宾馆改造工程等4个重点项目已建成并投入运营。全区利用外资涉及零售、批发、餐饮、服务、流通加工等10多个行业。通过服务业大项目牵动,促进了发展方式的转变,有效地提升了服务业占国民生产总值的比重,进一步巩固了服务业的产业地位。

■商贸服务业流通体系 2010 年,旅顺口区正确运用现代信息技术、先进管理模式对旅顺供销大厦有限公司、新玛特旅顺世达店、新屋百货、大华轻工市场进行升级改造,进一步提升了旅顺的购物环境和产业业态的形象,成为引领消费的热点和重点场所。区域性商业中心街区建设改造步伐加快,乡村农贸市场和农村消费市场改造水平逐步完善。全区6个涉农街道对农贸市场都进行了改造和扩建,规划和建设了水师营区域性商业中心街区、铁山区域性商业中心街区、三涧堡区域性商业中心街区等特色商业街区。"千村百镇"市场工程投资改造建成标准化农家店总量达到161家,"新网工程"投资改造建成农资连锁配送店总量达到35家,街村覆盖率为98%,进一步改善和提高了农村购物环境和服务档次。完成了8个社区服务中心建设任务。以隆盛再生资源有限公司为依托,发展培育了5个废旧物资回收示范站和10个废旧物资回收网点。积极领办创办各类专业合作社,2010年新发展12个农民专业合作社,带动入社会员3000多户,培育了10个农民专业示范合作社,6个被省供销社评为百强专业合作社。连锁经营水平不断提高,由过去封闭式、一对一的传统型柜台销售为主要特征的百货单一店,转变为多种业态并存的新型经营模式。城乡涌现了一批个体超市、连锁店、专卖店、购物中心等新型零售批发网点。以新玛特旅顺世达店、旅顺供销大厦有限公司为代表的商贸企业在赶超发展中实现了传统商贸业向现代服务业的历史性跨越。配送、代理、租赁等经营方式逐步普及,电子商务经营模式正在兴起。新型商贸流通业的不断发展壮大,推动了行业经营管理水平向更高层次、更高水平迈进。

■大连·旅顺第四届品牌樱桃展销会

2010年,为进一步推动地产农副产品品牌建设,扩大旅顺地产农副产品品牌知名度和市场影响力,拓宽销售渠道,增加农民收入,按照区政府"2010大连·旅顺国际樱桃节"活动统一部署,区商务局组织安排了两项活动内容:一是组织沈阳银达利有限公司、鞍山市果品有限公司等4家外地经销商参加"2010大连·旅顺国际樱桃节"樱桃购销经贸洽谈签约活动,并当场与本地专业合作社签订樱桃购销协议2800吨。二是举办"2010大连·旅顺第四届品牌樱桃展销会"。6月25日,在大连青泥商业街举行了"2010大连·旅顺第四届品牌樱桃展销会"开幕式,市服务业委、市供销社领导,区政府领导和区相关部门领导参加了开幕式,同时组织各专业社、樱桃种植农户等40余人与外地经销商签订了长期购销框架协议。现场展示当地品牌樱桃25个,当天销售大樱桃5000余公斤,发放宣传材料2000余份。

■中国大连·旅顺第二届美食文化节

2010年9月27日—10月3日,旅顺口区举办中国大连·旅顺第二届美食文化节。本次美食节的主题是"绿色旅顺、健康美食",活动宗旨是创新、交流、合作、发展,目的是围绕绿色、营养、健康的国际美食发展趋势,展示中国传统特色美食和不同民族特色、不同地方风味的传统食品,弘扬中华饮食文化,丰富人民生活,凝炼中国"顺菜"品牌,将旅顺打造成为中国"顺菜"美食之都、世界餐饮之窗。第二届美食文化节,在活动内容上新增加了烹饪技能大赛、美食文化论坛、美食节招待酒会3项内容;在美食文化展区设置上,增设了"中国顺菜"美食文化展、中华老字号精品展暨中国名菜名点名小吃展、中外经典食品展,活动的内容和参与的范围更加丰富和宽广。9月27日下午至晚间,先后举办了美食文化论坛、招待酒会、美食节开幕式和文艺演出等4场大型活动,通过突出历史与现代的对话、民俗与激情的碰撞、传统与时尚的交融、旅顺与世界的连接,将文化与饮食紧密融合在一起,进一步提升了中国"顺菜"的文化内涵和社会影响力,扩大了旅顺对外知名度和影响力,有6名厨师荣获“中国顺菜厨师新秀”奖;10名厨师荣获“中国顺菜名厨”奖;大连元丰宾馆有限公司荣获“中国顺菜”名店称号;旅顺瑞帮会所、大连旅顺宏光天宝大酒店有限公司荣获“中国顺菜”特色店称号;28道顺菜荣获中国“金牌顺菜”。7天的美食节,共实现社会商品零售总额9135万元,同比增长20.6%。其中:美食街特色小吃零售额实现200万元左右;2家名店和13家特色店等餐饮业零售额累计完成1759万元,同比增长44.4%;各大商场零售额实现6837万元,同比增长23.38%;各大市场零售额实现357万元,同比增长26.32%,拉动了旅顺的假日经济,丰富了百姓的物质和文化生活。

■**富民惠民工程** 2010年,旅顺口区实施《旅顺口区2010年商贸服务业便民惠民10件实事》,培育了1个便民早餐示范店,改造建设了12个便民早餐店,创建了铁山郭家村、水师营小南村2个农家特色餐饮街区,完成了10个放心食品柜台和社区便民、惠民示范超市建设,新建改建社区示范菜店5个。“家电下乡”工程推向深入,累计销售产品22531台(件),实现销售金额5241万元。

行政执法

■**市场法制化建设** 2010年,全区在粮油、酒类、肉类经营业户及定点屠宰场中开展诚信经营承诺制活动,与4个屠宰场、41个酒类生产批发企业、25家粮油经销企业签订了诚信经营承诺书。加大流通市场整顿和执法力度,全年办理酒类批发许可证5家、审核酒类批发许可证39家,查处处理假冒伪劣酒类商品70余瓶。对全区4个定点屠宰场、近百个鲜肉摊点进行了专项检查。粮油市场执法检查65次,检查粮油经营业户236户次,扦取检测样品294个,上市检测率98%,合格率为96.5%,粮油商品市场准入率80%以上。开展粮食仓储企业规范化管理活动,建立和完善了相关管理制度。扎实开展粮食清仓查库工作,共清查粮食58634吨。

(撰稿人:徐建红 审稿人:郝桢明)

农业和新农村建设

综 述

■**概况** 2010年,全区上下认真贯彻市、区农村工作会议精神,以农业增效、农民增收为目标,大力发展都市型现代农业,加快推进新农村建设,呈现出农业生产全面丰收、农民收入大幅增长、农村社会和谐稳定的良好局面。全区农林牧渔业总产值完成33亿元,比上年增长13.6%;农村固定资产投资完成32.3亿元,比上年增长9%;开发区和各涉农街道财政一般预算收入完成10.26亿元,比上年增长54.8%;农民人均纯收入15681元,比上年增长12.8%。

■都市型现代农业 2010年,全区上下相互配合,狠抓落实,推进规模大、前景好、效益高的十大都市现代农业重点项目建设。总投资5.3亿元的大连国际花卉交易中心完成投资9000余万元。其中,花卉研发中心大楼完成地下两层和地上一层主体建设,鲜花交易广场大楼完成地下两层和地上三层主体建设,莲花博览中心完成地上一层主体建设;总投资5亿元的大连新洪都市型现代农业产业园完成投资5000万元,建设联栋智能温室16栋,面积4.8万平方米;总投资1.5亿元的大连绿晨都市型现代农业产业园已完成投资3000余万元,建设联栋智能温室2栋,面积1.2万平方米;总投资2亿元的旅顺灵山圣果生态高科技产业园投资2400万元,建设联栋智能温室2万平方米。另外,世纪大地花卉种苗繁育中心、大连绿源联栋温室花卉育苗工厂、格林园艺大花蕙兰繁育基地、国家级寒温带植物隔离检疫中心等开始前期准备工作。都市型现代农业工程项目的开工建设,实现了全区农业由规模型向效益型方向的转变,将成为大连市发展现代都市农业的集聚区,为旅顺农业增效和农民增收起到巨大推动作用。

■农业标准化生产 2010年,旅顺口区认真抓好农业标准化生产操作规程和无公害农产品标志的推广与监管工作,新发展保护地1.1万亩,新建规模以上设施农业标准小区104个,设施农业机械整地达到3.6万亩。积极推进"三品"认证工作,不断强化监管职能,全年新认证绿色食品4个,绿色无公害农产品产地认定面积达到13.6万亩。旅顺口区被农业部评为全国无公害农产品标准推广与监管示范县(区)。强化农产品质量监管,确保食品安全。区农产品质量安全检测中心全面投入使用,形成以区级检测机构为骨干,农业园区、生产基地和农产品批发市场快速检测站为补充的农产品质量监测体系,全年配合农业部、省、市完成例行监测4次,抽检合格率100%,完成农产品检测2200样次,检验合格率97%,有效保障了全区市场的农产品质量安全。

■农业产业化经营 2010年,旅顺口区积极开展国家、省、市级农业产业化重点龙头企业认定和运行监测工作,申报大连盖世食品有限公司为国家级龙头企业,大连东泽海产品有限公司为市级龙头企业。至2010年底,旅顺口区共发展大连韩伟集团有限公司、大连盖世食品有限公司2家国家级龙头企业;大连海晏堂生物有限公司、大连洪家畜牧有限公司2家省级龙头企业;大连华源海珍品开发有限公司、大连安心食品有限公司、大连丰禾食品有限公司、大连益洋经贸有限公司、大连锦程农业发展有限公司、大连斯扶特农业科技有限公司、龙源海洋生物股份有限公司、大连东泽海产品有限公司8家市级龙头企业。计划总投资5.8亿元的旅顺农副产品国际物流基地项目完成投资4.5亿元,占地76万平方米,蔬菜水果交易加工配送厅、恒温冷藏库、综合服务楼、检疫检测中心、展示中心全部完工并投入使用;加大农产品品牌宣传推广力度,做大做强绿晨、绿缘、铁山红、仙缘等优秀农产品品牌;促进绿晨果蔬专业合作社与沃尔玛公司完成农超对接,让农产品直接走入销售市场,实现商家、农业企业、消费者共赢;新建农产品批发(农贸)市场3处;新建白云佳家菜等1000吨以上冷藏库

(气调库)3个;培育发展5个市级"一村一品"特色产业村;提高农业对外开放水平,扩大出口规模,新发展农产品出口基地3个。强化合作组织带动功能。新发展农民专业合作社9家,全区蔬菜、大樱桃、肉鸡、水貂、花卉、农机等农民专业合作组织已发展到80个,其中仙缘、绿晨获得省级示范项目,在促进农民增收工作中起到重要的桥梁和纽带作用。"旅顺大樱桃"成为大连市首个获得农业部农产品地理标志殊荣的优质农产品。

■**农业科教工作** 2010年,全区不断加大农业科技的推广、宣传、培训力度,健全都市型现代农业服务体系,全年共引进推广新品种新技术10项;推广配方施肥、种子磁化、声波助长仪等先进实用生产技术20余项;更新农机具,成立了大连市首家"农机4S店";举办农产品标准化生产培训班60余次,累计发放资料3万余份,培训农民2万余人次,接待咨询群众500余人次。

种植业

■**种植结构调整** 2010年,全区新发展保护地10000亩,其中温室大棚5000亩,中小棚5000亩,保护地总面积达到2.3万亩,带动农民直接增收1亿多元。新建规模以上设施农业标准小区104个。完善设施农业专业村3个。新植果树面积10720亩,其中大樱桃10520亩,杂果200亩;栽植果树53万株,累计投资达4000多万元,百亩以上樱桃示范园19处,发展温室水果1000亩,新建大樱桃防雨棚1000亩。完成标准化示范果园4万亩,建设精品樱桃采摘园10个。新发展"一村一品"专业村5个,双岛湾街道台山西村被农业部认定为"一村一品"专业村。花卉苗木栽植面积达到6000亩,花色品种增多。

■**粮食生产** 2010年,全区稳定粮食作物播种面积4.8万亩,粮食产量1.8万吨,受水灾影响,粮食平均单产372公斤/亩,比上年有所减少。重点推广了测土配方施肥、种子磁化、机械化药剂除草免中耕、赤眼蜂防治玉米螟、地膜覆盖等生产实用新技术。应用玉米测土配方施肥3万亩,地膜覆盖两茬生产0.5万亩,推广专用玉米良种3万亩,玉米新品种普及率和新技术应用都在90%以上,玉米出苗率达95%以上。

■**蔬菜生产** 2010年,全区完成蔬菜播种面积3.5万亩,总产量12万吨。通过整合资源,完善功能,绿色蔬菜基地生产面积扩大1.5万亩。全区建成三涧堡街道、铁山街道、长城街道3个千亩设施农业示范园区和曹家村、许家窑村、北牙户嘴村等60多个百亩以上设施农业小区。张家沟村、大房身村、沙包村、钟家村、胡家村、台山西村等十多个村,已基本形成食用菌、西甜瓜、蔬菜、大樱桃设施农业生产专业村。全区保护地蔬菜产量10万吨,占蔬菜总产量的83%。

■**水果生产** 2010年,全区共完成新植果树面积10720亩,其中大樱桃10520亩、杂果200亩,栽植果树53万株,累计投资达4000多万元。百亩以上樱桃示范园19处,发展温室水果1000亩,新建大樱桃防雨棚1000亩,完成标准化示范果园4万亩,建设精品樱桃采摘园10个,新建樱桃气调库17个,铺设苹果反光膜2700亩,完成水果套袋1亿个。共举办果树技术培训班25期,接受培训农民6000余人,发放资料7000余份。成功举办旅顺樱桃节活动,共接待国内外游客16万人,销售大樱桃1万吨,实现樱桃销售总收入3.1亿元,带动全区果农增收1.1亿元。旅顺口区获得“中国大樱桃之乡”荣誉称号,旅顺大樱桃获得“中国农产品区域共用品牌价值百强”称号,被评为“中国名优果品金质奖”。

■**花卉生产** 2010年,旅顺口区花卉产业发展按照“五城一都”功能定位,以现代装备和先进科技为支撑,积极推进大连市花卉产业快速发展。区政府聘请农业部规划设计院专家编制了《旅顺口区现代花卉产业发展规划》,花卉产业规划紧密结合大连都市型现代农业发展布局,提出了“政策推动、龙头牵引、重点推进、内联外引、高端发展”的总体发展思路,大力发展高端花卉产业,重点发展生物组培和种苗繁育,将代表和引领大连市花卉产业的发展方向,对于全市农业产业结构调整、就业人口转移、城市品位提升、发展总部经济和打造花卉之都发挥巨大作用。在花卉产业发展方面,大力开展科技创新、科技服务和科技推广,努力培育具有自主知识产权的特色花卉新品种、加强种苗种球繁育、鲜切花保鲜、盆栽花卉栽培与繁殖等关键技术研发,加强花卉质量及病毒检测、产后加工保鲜、温室成套设备等配套技术的研发,将旅顺口区打造成为世界闻名的国家花卉之都。至2010年末,十大花卉基地有5个基础建设基本形成,3个基地投入生产,主要培育蝴蝶兰、玫瑰等高档花卉约15万株。

附录:

《旅顺口区现代花卉产业发展规划》摘要

一、规划原则

(一)产业融合原则。以花卉产业为主导,结合都市农业观光特性,将一三产业有机结合,充分发挥都市农业多功能性,打造集生产、观光、休闲、展示、教育、餐饮等功能于一体国内领先的都市型现代农业产业园。

(二)市场导向原则。充分发挥重点龙头企业的品牌优势,对市场供求现状及市场前景进行充分调研,合理确定园区生产规模、发展品种、销售渠道、营销策略。应以市场需求为导向,及时进行产品品种调整。

(三)科技支撑原则。从国内外引进先进的生产技术和品种,以科技为支撑,不断提高种植技术,进行高档花卉和特色水果的现代化、标准化、规范化生产,同时加大种植人员科技培训,提高员工素质。

二、发展目标

到2015年,全区花卉产业争取实现年产值20亿元,从业人员3万人,花卉生产规模达到2万亩,花卉流通体系基本完善,争取花卉贸易额达到12亿元,花卉观光接待游客300万人次,争取花卉旅游观光收入达到1亿元。将旅顺口区打造为东北三省连接华北、华东沿海地区和东北亚国家的花卉贸易中心、花卉博览中心和育种研发中心。

三、发展思路

按照“政策推动、龙头牵引、重点推进、内联外引、高端发展”的总体发展思路,推进全区花卉产业走高端化、品牌化、国际化、市场化之路。

四、总体布局

根据旅顺口区花卉产业发展现状、资源优势和发展目标,确定全区花卉产业发展布局为“一心、两带、多园”。一心是以大连国家花卉中心为全区花卉产业发展的中心。两带是将土羊高速和202国道两侧建成花卉产业发展带。多园是在全区重点打造大连绿晨产业园 、大连新洪产业园 、大连国际花卉中心 、大连世纪种苗生物技术中心等多个产业园。

畜牧业

■畜牧业发展 2010年，全区生猪饲养量13.5万头，同比持平；肉鸡饲养量469万只，同比持平；牛期末存栏5115头，同比上升8个百分点；羊期末存栏6253只，同比上升5个百分点。继续积极探索现代畜牧业的发展思路，逐步向标准化、规模化转变，生猪年出栏500头以上的饲养场达到21家，出栏生猪3.6万头占全区生猪出栏总数的45%，生猪规模化饲养水平跨上一个新台阶。全年继续贯彻落实《国务院关于促进生猪生产发展稳定市场供应的意见》，落实中央及地方扶持资金20万元，鼓励和引导农民不断采取科学实用的养殖方式发展畜禽养殖业，提高畜牧业发展水平与产品质量，实现畜牧业与农村环境的和谐发展。

■畜产品安全 2010年，区畜产品安全监管工作不断创新工作思路，加大执法力度，强化对兽药产品销售、使用的监督管理。一是按照区域化管理原则，在规模化养殖场全面推行“一卡、三档、三书”管理模式，即养殖场监管联系卡，药品购入和使用档案、免疫台账档案、病死畜禽无害化处理档案，未使用瘦肉精保证书、畜产品质量安全承诺书和安全用药告知书。通过实行“一卡、三档、三书”管理，将养殖环节用药、用料全面覆盖在监管之中，保证了养殖用药、用料安全。为切实杜绝购进、使用假、劣、违禁兽药和饲料的现象，对规模化畜禽养殖场实施定期“三查”，即查药品采购记录、查用药记录、查无害化处理记录，对购进和使用假、劣、违禁兽药和饲料的行为依法进行查处。二是在充分调查研究的基础上，对全区兽药经营市场进行了规划。计划到2012年，全区兽药经营企业总数控制在18家以内，平均每个街道2—3家，主要目的是淘汰不规范的小型经营企业，保留并鼓励兴办管理好、制度全、规模大、服务优的兽药经营单位，以规范兽药经营秩序。三是实行了兽药生产厂家供货备案及资格审查制度。由各兽药经营企业对兽药供货厂家认真进行资格审查，主要审查内容包括企业名称、地址、法人、兽药生产许可证编号及有效期、兽药GMP证书编号及有效期、所供兽药的批准文号、产品检测报告等。通过建立备案制度，保证兽药经营企业经营兽药的合格率。四是全面贯彻实施兽药GSP，提高兽药经营管理水平。2010年，严格按照《辽宁省兽药经营质量管理规范实施细则》和省、市畜牧兽医局的指示精神，在全区兽药经营企业中，积极推行兽药GSP的实施工作。验收组对16家递交申请的兽药经营企业逐个进行实地考察，按照《兽药GSP现场检查评定标准》，对兽药经营企业的经营场所、仓储场所、机构与人员设置、设备设施配备、药品质量控制、制度建设及各种档案记录等，一一进行了认真核实，对存在的不足提出了整改意见，并将验收申请上报至市农委，经省、市验收小组现场审核，除三家兼营兽用生物制品的企业需等待进一步验收外，其余十三家均通过验收。五是积极开展兽药市场专项整治行动，保证兽药产品质量安全。年初制订了《旅顺口区2010年兽药及兽药残留专项整治行动实施方案》、《旅顺口区2010年饲料质量安全整治行动实施方案》，明确了工作目标、任务和整治的重点产品、重点单位和重点内容。根据《方案》要求，积极开展了专项整治行动，先后开展集中专项整治行动4次，不定期抽查70余次，出动执法人员600人次，车辆180辆次，检查饲料生产企业、兽药经营业户400余个(次)，规模化养殖企业1200余个(次)，依法查处没收违禁、假、劣、过期失效兽药产品312瓶（支、袋）。对查处的假、劣、违禁兽药等不合格产品全部进行了无害化处理。

为增强养殖者、经纪人等生产经营主体的法律意识和守法自觉性，对辖区内所有饲养场、养殖户、屠宰场以及农贸批发市场进行大力宣传，发放《食品安全法》、《饲料兽药管理条例》以及有关介绍“瘦肉精”危害性的宣传材料200余份，检查规模场户100个，肉类加工厂4个，共出动执法人员80人次。同时还公布了举报电话，随时接受群众的举报。还对辖区内的生猪、肉牛养殖场（户）进行全面调查摸底，告知“瘦肉精”等国家明令禁用药物的有关法律责任，并签订承诺书，签订率达100%。为严厉打击在饲料中添加瘦肉精和莱克多巴胺等违禁药物和非法添加物的违法行为，分别于1、4、7、11月四次进行瘦肉精集中专项整治行动，共检测生猪尿样720余份，未查出有生产、经营、使用“瘦肉精”的违法行为。

依据国务院第536号令《乳品质量安全监督管理条例》规定，区动物卫生监督管理局负责奶畜饲养以及生鲜乳生产环节、收购环节的监督管理。据此，区农林水利局重点加强了对全区152个奶牛饲养户及4个生鲜乳收购单位的监管力度。一是制订了《2010年旅顺口区生鲜乳专项整治行动实施方案》，确定全年工作目标，定期对四个生鲜乳收购站进行监管，严厉打击生鲜乳生产收购和运输环节添加三聚氰胺等有毒有害物质的违法行为，共抽检样品90份，从市农产品质量检测部分反馈的结果看，未发现添加违禁物质的违法行为。同时，与奶站签订了《生鲜牛奶质量安全责任状》，与规模饲养场签订安全生产责任书，将生鲜乳生产、收购环节的责任落实到人，确保全区奶业健康有序发展。二是根据《进一步加强乳品及含乳食品监管工作》的通知要求，区农林水利局开展了生鲜乳专项整治活动，出动80人次、30车次，对四个收购站进行了监督检查，检查内容包括酸、碱、盐、蛋白比重等13项常规检测的监测记录，生鲜乳收购记录，销售记录，环境卫生情况，每周五向区食安办上报了专项行动的进展情况，行动结束后各区域动物卫生监督所落实专人对四个收购单位进行定期监管，促使形成长效机制。

为加大对制售病死畜禽违法行为的打击力度，确保畜禽产品质量安全和人民群众身体健康，5月初至8月，开展了病死畜禽专项整治的百日会战行动。加强畜产品市场的日常监管，指派检疫员和协检员深入市场进行检疫、检查和消毒的工作。加强商贩收购和屠宰过程的跟踪与监督，确保不收购、不销售病死畜禽的同时，把好屠宰场的进场出场关，病猪、病死猪绝对不准进入屠宰环节。此外，执法人员还重点强化了加工环节的监管，对4个熟食品加工点定期或不定期地进行了抽查，未发现收售和加工病死畜禽的违法行为。行动期间，共出动执法人员260人次，50车次，查没病死畜禽90公斤，并对其进行了无害化处理。百日会战行动后，各相关单位建立了病死畜禽监管的长效机制，把病死畜禽无害化处理的检查纳入到日常工作计划，对大的规模饲养场屠宰场指定专人定点监管，确保此次专项整治行动取得的成效不会“昙花一现”，保障全区人民的饮食安全，促进畜禽及其制品产业健康有序发展，维护社会和谐稳定。

■防疫　2010年，旅顺口区召开了“2010年重大动物疫病防控暨无规定动物疫病区评估工作动员会议”，按照属地化管理的原则，建立了区、街、村三级工作责任制，组织开展了3、7、11月三次集中防控活动。全面实施动物强制免疫，全区累计免疫畜禽11210.6万头（只），应免畜禽免疫密度达到100%；全面实施动物疫病监测，采取集中监测、日常监测和随机抽取相结合的方式，全年共完成畜禽免疫抗体监测4400份，免疫抗体合格率达到80%以上，病原学监测3.25万份；全面实施奶牛“两病”净化，开展以“手套工程”为载体的布病防控知识普及活动，全年完成奶牛布病检测3273头，结核检测3530头，检出阳性畜全部进行无害化处理。大力营造群防群控的氛围，采取印发宣传材料的形式，全年共印发《防控重大动物疫病告知书》2万份、《无规定动物疫病区宣传手册》500册、《致广大养牛、养羊朋友一封信》1万份。无规定动物疫病区评估认证工作卓有成效，代表大连市通过了省级认证，得到省、市有关领导的好评。

■检疫 2010年，旅顺口区全面加大检疫监督力度，严厉打击逃避检疫，以及加工、运输、销售病死动物等违法行为。全年共完成产地检疫生猪4.0019万头，屠宰检疫猪6.1163万头，活禽产地检疫463.3949万只，禽产品检疫33.4121万只。无害化处理动物产品9.814吨。查处案件8起，罚款8265元，保障了畜产品安全。

■动物卫生体系建设 2010年，旅顺口区动物卫生监督体系建设日趋完善。全区已经基本建立健全了动物卫生行政管理机构、执法监督机构、技术支持机构、区域动物防疫机构和村防疫员工作体系。村防疫员队伍建设得到加强，总数达到76名。待遇由以前的每年4000元上调到5000元。区疫病控制中心和各区域所定时分批次对全区村防疫员和基层工作人员进行职业道德规范、法律法规、业务知识和操作技能的培训，提高了全区动物卫生监督系统人员的整体素质。

林　业

■概况 2010年，旅顺口区完成造林面积0.78万亩，植树255.2万株。其中道路绿化88公里；生态文明村建设15个；矿坑复垦项目3处，总面积97.5亩；生态河建设17公里；荒山补植造林900亩；完成滨海大道旅顺段25.1公里绿化工程，绿化面积410亩；完成土羊高速两翼绿化（旅顺段）19.342公里绿化工程，绿化面积1004亩；启动郭水路—马北路绿化道路改造工程；完成全区36家苗圃3000亩面积的产地检疫工作，办理苗木调运要求书和检疫证69份，发放苗木生产、经营许可证10个单位；认真开展二代美国白蛾及林业有害生物防治工作，完成面积30万亩，打药6吨，全年无害。

■林政管理 2010年，旅顺口区办结林地征占项目7个，办理森林（林木）采伐许可证16件，采伐面积62.07公倾，采伐蓄积1918.6立方米，采伐林木70838株，无超限额及分项限额批采现象。配合省、市林业部门完成了全区6个森林资源监测点、87个角规点、1300余株树的资源调查和监测任务，有效地实施了森林资源以点带面全方位监测工作，编制旅顺口区森林资源“十二五”采代限额。做好生态公益林管理和森林资源变档工作，全区国家公益林变档后总面积9.58万亩，补偿面积（有林地）9.6万亩，补偿资金93.4万元；地方公益林变档后总面积11.96万亩，补偿资金23.3万元。

■森林资源保护 2010年，旅顺口区广泛进行防火宣传,有效开展森林防火工作,落实森林防火责任制、强化扑火队伍建设、开展扑救山火演练,未发生重大火灾。根据《中华人民共和国森林法》等林业法律、法规,严肃查处盗伐林木等涉林案件,共查处案件40起,其中林业行政案件36起,刑事案件4起,行政处罚36人,有力地打击了违法犯罪,保护了森林资源的安全。

全区有专业森林消防队2支(每队队员10人),准专业森林消防队7支(每队队员5人),均配备消防运输车辆和森林消防扑火机具。全区62名专职护林员在森林防火期内进行森林防火巡查。

水　利

■水利工程　2010年,全区完成水利工程建设53项,总投资2.3亿元,动用土石方297.5万立方米。其中,完成集雨工程12项,动用土石方43.5万立方米,增加蓄水量66.5万立方米,增加灌溉面积4444亩,投资1700万元;节水灌溉工程10项,效益面积达4000亩,工程总投资1700万元;治理河道12条段14公里,周边绿化10公里,动用土石方254万立方米,总投资1.2亿元;完成水毁工程8项,投资176万元,完成除险加固和应急工程2项,投资245万元;完成水土保持面积4050亩,投资800万元;实施安全自来水工程7项,解决了开发区、北海、双岛、水师营街道共计1.2万余人的安全饮水问题,工程总投资5300万元。

■重点水利工程和项目简介　2010年,旅顺口区编制完成了《水资源配水规划》、《2010－2013农村饮用水安全复核规划》、《农田水利规划》、《农村安全饮水工程"十二五"规划》。

(一)凤河生态河道治理工程

凤河位于辽东半岛最南端,发源于老铁山,由西向东流经旅顺口区铁山街道境内的中科院创新园,并由此注入黄海海域的旅顺西港。凤河整个流域的集雨面积为23.931平方公里,河道总长度10.123公里。

工程建设地点:旅顺口区铁山街道南牙户嘴村

工程建设时间:2007年3月至2010年10月

工程建设规模:治理河道总长度约2.75公里,河道底宽25米—45米,地下截渗墙长395米,采用高压旋喷工艺;橡胶坝底宽40米,高2.20米,生化池长度50.0米,宽40.0米,深度2.0米。土方229万立方米,土方回填228万立方米,草皮护坡3.1万平方米,干砌石6.6万立方米。工程总投资9129万元。

2010年主要工作是河道生态建设,总面积30万平方米。主要包括围栏、种植草皮,栽植树木及景观建设。投资2000万元。

工程效益:工程的建设可以改善本地区生态环境,提升本地区土地及产业价值,同时达到50年一遇的防洪要求。

（二）北大河生态治理工程

北大河是旅顺口区最大的河流，流经三涧堡街道、长城街道境内，是本地区主要地上水源。流域总面积为92.7平方公里，河道长度18.18公里。本次治理范围是从北大河下游入海口橡胶坝处至上游长城街道李家村水库以上200米，总长度13.07公里。主要工程包括：河堤修筑26.14公里、挡水闸4座、橡胶坝4座、新建主槽2.19公里、跨河桥4座、过水路3条、河道清淤125.68万立方米及河道两侧近30米的景观绿化带，着力打造集城市公园、湿地公园、居住游园等特色景观于一体的综合性生态治理工程。治理后河道的防洪标准可以达到20年一遇，工程级别为4级。

此工程与长城、三涧堡街道整体规划相结合，预计总投资9.5亿元。其中：直接工程费用4亿元，动迁费5.5亿元。工程预计于2011年12月竣工。

北大河工程于2010年3月4日正式开工，已对土羊高速路上下游960米段进行治理。此段治理工程主要包括：新建堤防、堤防防护、主槽工程及生态建设等。

此段工程河道堤防采用复式断面（下部为直墙，上部为1 ：3坡）和单一坡式断面（坡比为1 ：3）相结合的形式。治理后河床平均宽度可达50米，河堤均宽70米。迎水面在设计洪水水面线以下采用混凝土框格护坡，框格内填300毫米厚种植土，种植紫穗槐，连翘等灌木。设计洪水水面线以上进行生态治理，种植紫丁香、枫杨等；护脚采用铅丝石笼。河道上游纵向坡度较大，故设置主槽，并采用芦苇等植物对河滩地进行生态绿化。下游河底坡度比相对较小，设宽顶堰拦截水流，形成70米×500米左右的水面，作为亲水景观和农业园区灌溉用水，设计水深2.5米，蓄水量约4.4万立方米。

此次治理段的生态建设，以乡土树种为主，满足生态习性要求。采用乔木、灌木和地被植物相结合，常绿树种与落叶树种相搭配，形成完整的防护林带、灌木带及水生植物群。以丹东桧、垂柳、新疆杨、紫穗槐、连翘等抗性强的树种为主，组团栽植，随坡就势，高低错落、起伏有序、并与周边自然环境相协调，形成层次分明、疏朗有序的植物带。

附录：

一、旅顺口区主要河流一览表

流域名称	集雨面积（m^2）	河道长度（km）
北大河	93.45	31
龙河	30.46	8.6
凤河	22.75	10.5
西大河	21.9	8

二、塘坝

到2010年，旅顺口区共有塘坝121个，总蓄水量650万立方米。

三、旅顺口区水库一览表

序号	水库名称	库容（万 m3）
1	铁山甲水库	106
2	石门子水库	6

序号	水库名称	库容(万 m3)
3	大甸子水库	36.4
4	军民水库	12.6
5	官家北沟水库	9.65
6	官家东沟水库	7.6
7	台山西水库	11
8	曲家水库	42.5
9	安岭水库	22.6
10	隋家水库	26.5
11	西大河水库	30
12	八一水库	28.8
13	山沟水库	9.45
14	里台沟水库	12.9
15	姑子庵水库	10.9
16	大东水库	47
17	杨树沟水库	14
18	张家沟水库	17.7
19	对庄沟水库	16.6
20	长征水库	15.35
21	创业水库	12.65
22	泉水眼水库	28.3
23	友谊水库	13.8
24	寺沟水库	128
25	沈家水库	20.3
26	长春庵水库	14.8
27	凤凰山水库	18.9
28	城山水库	55.1
29	工农兵水库	25.5
30	老虎沟水库	49.45
31	十字沟水库	28
32	盐厂水库	12

农业机械

■**概况** 2010年是旅顺口区都市型现代农业建设年,旅顺口区农机工作按照“围绕都市农业、发展特色农机、实现农业装备化”的思路,抢抓国家购机补贴政策和建设都市型现代农业的双重机遇,重点发展优质水果、绿色蔬菜和设施农业生产机械化。全区农机队伍6500人,比上年增长3%;农机总动力28.2万千瓦,比上年增长1%。其中:农田总动力14.25万千瓦,所占比重稳定在52.2%;农机装备总量3.5万台(件),比上年增加13%。其中:拖拉机(园田机)保有量2688台,比上年增加2%。农机作业总量550万标准亩,比上年增加4%。农机固定资产总值1.87亿元,比上年增长6%,农机经营总收入3.3亿元。拖拉机与农具配套比1∶3;每百亩耕地拥有农田总动力142.5千瓦;全区农村农业75%的劳动量由机械来完成,农村一产从业人员占全社会总从业人员比率为31%,主要粮食作物耕种收综合机械化水平达到68%,粮、菜、果生产主要环节机械化水平达到81%,提前进入农机化发展的中级阶段。年内旅顺口区荣获“全省农机工作先进单位”称号。

■**农机作业** 2010年,农机作业领域由种植业已经扩大到粮食、蔬菜、花卉、水果、林业、畜牧、西甜瓜、加工、储藏、运输等10大作业领域,主要粮食作物已由耕种收环节机械化向产前、产中、产后全程机械化延伸。全区农机总作业量折合550万标准亩。其中:机整地15万亩,机灌溉15万亩,机收获1.9万亩,机脱粒1.74万吨,农副产品加工2.48万吨,农业运输0.64亿吨/公里,饲料加工0.21万吨,农田基本建设398万立方米，植树植果机挖坑50万个。

■**农机监理** 2010年，全区检验拖拉机、联合收割机575台，检验农机具1600台，参检率100%，合格率100%。新注册登记拖拉机、联合收割机20台，新办理拖拉机驾驶证12人。农机安全隐患排查拖拉机、园田机、收割机等278台次，纠正各类违法行为5起。实施区、街、村三级农机安全生产目标管理。区政府与区农机总站签订农机安全生产责任状；区农机总站同9个基层单位签订农机安全生产责任状；各涉农街道同村委会签订农机安全生产责任书68份；村委会与农机驾驶人签订农机安全生产保证书600余份，做到农机安全生产层层落实。注重抓好安全教育，开展“农机安全四进四查”、“平安农机进园区”、“农机安全生产月”等活动6次，播放农机安全视频20场、受教育人数1300余人、印制农机安全宣传横幅20幅、发放《卷帘机安全操作注意事项》等宣传材料6000余份，印发《小麦联合收割机跨区作业安全须知》30册，编印塑封《卷帘机安全使用注意事项》200张。对全区在用的旧卷帘机实施安全技术改造立项，引进了ZW－2型卷帘机遥控器10台进行试验。全年未发生重特大农机事故，农机事故“三率”指标不超标。在开展“平安农机”创建活动中，旅顺三涧堡街道等5个单位荣获辽宁省2009～2010年度“平安农机示范乡（镇）”称号，这是继2008年旅顺口区荣获全国“平安农机示范县（区）”、铁山街道等3个单位荣获省“平安农机示范乡（镇）”称号后，再获佳绩。至此，全区8个涉农街道全部达到省“平安农机示范乡（镇）”标准，实现了全覆盖。

■**农机培训** 2010年，全区举办新拖拉机驾驶员培训班1期20人；举办村级农机协管员培训班2期200人；深入到土城子村、许家窑村、小黑石村等设施农业园区举办农机新技术培训班16期800人；开展科普大集等活动3次，现场指导和咨询600人次，展示宣传图版30块，发放各种宣传材料3000余份，展示新型农机具30种60台（套）。共组织编辑农机信息简报53期。其中在《大连日报》、《旅顺口》报、市区电视台、市区广播电台以及区政府信息网站发表各种农机信息130多条。

■**农机推广与研制** 2010年，市财政局、市农委下拨给旅顺口区100万元的国家农机购置补贴资金，为全区的农机化发展注入了活力，极大地调动了农民群众买农机、用农机的积极性，使全区农机装备的增量结构得到调整，存量结构得到优化。全区落实国补资金100万元，带动农民投资277万元，受益农户183户，户均受益5464元；共购买国补农机具396台，其中：铲运机9台、大型拖拉机3台、挖掘机2台、手扶拖拉机47台、园田机59台、旋耕机22台、耕整机7台、电动卷帘机204台、水帘降温设备9套、简易保鲜储藏设备12台、机动喷雾机7台、割灌机15台。大量新农机具的增加，优化了农机装备结构，呈现出新的“三多三少”的新结构。一是小型机具多大型机具少，其数量比为1.8万台（件）：1.3万台（件）。二是农用汽车多拖拉机少，其数量比为4225台：2688台。三是新的机具多旧的机具少，其拖拉机存量新旧比率为70%：30%。

农业技术推广

■**概况** 2010年，旅顺农业技术推广中心发表科研论文11篇，引进粮菜果新品种4

个,推广农业新技术6项,获辽宁省土肥工作先进单位称号,“保水剂在大樱桃栽培中应用技术”和“有机肥分解技术研究”分别获得辽宁省农业科技贡献奖。

■农业技术推广 2010年,旅顺口区在农业技术推广应用方面做了大量工作。主要是:

(一)中科绿宝1#应用及鉴定。中科绿宝1#的有效成分海松精华素(MSM),是一种消炎、杀菌、止痛的含有机硫的保健食品,在农作物上可起到防病作用。中科绿宝1#是由玉米发酵的产物淀粉糖及海松精华素、食用酸等辅料组成,经过严格提纯,得到医药食品级原料,然后用先进工艺合成的产品。主要利用各材料之间的相互作用,增加各自效应,提高土壤中硫含量,从而促进氮磷钾养分吸收,增加肥效。产品为乳黄色、无味、可食用的粉末,有效成份95%,硫含量占33%。中科绿宝1#在旅顺的应用从2007年开始在樱桃上试验,到2010年底累计使用面积超过100亩。经过试验表明,施用中科绿宝1#的果树均叶片大、厚、颜色深。喷施中科绿宝1#的樱桃含糖量比其他处理都高。喷施中科绿宝1#后,樱桃在室温上延长保鲜期。经过多年的试验、示范、推广,于2010年开始撰写相关鉴定材料,申请科技鉴定。函审鉴定在大连市科技局的组织下于2010年9月中旬举行,专家的意见是:中科绿宝1#将海松精华素应用领域深度开发,是一种创新,在国内没有研究与应用,填补国家空白。中科绿宝1#提高土壤中硫含量,从而促进氮磷钾养分吸收,增加肥效,具有明显的增产、增效的作用。中科绿宝1#与美国的有机硫植物生长促进剂和韩国的绿色植物生长促进剂相比含糖量高出2.0%—3.8%,产量高出5.9%—9.5%。该项目总体技术水平达到国内领先水平。

(二)薰衣草的繁育、种植。薰衣草属唇形科薰衣草属,可以在绿化、食用、药用、化妆品上应用。2010年,区农业技术推广中心对从新疆地区引进的15个薰衣草品种进行了抗逆性试验观察,筛选出适合本区种植的优良品种2个,并已在双岛湾街道发展薰衣草种植园100亩,平均亩产薰衣草花1200公斤。薰衣草种植园既具备休闲观光功能,又具有实际利用价值,是旅顺口区农业经济发展的一个新突破,将推动新农村建设,促进全区农村休闲观光旅游业的发展。

(三)测土配方施肥工作。2010年,是旅顺口区参加测土配方施肥工作的第四年(巩固项目县)。一年来,全区紧紧围绕测土配方施肥项目区建设的工作中心,全面完成全区测土配方施肥工作任务。根据项目区建设要求,2010年全区共采集土样600个;化验土样600个;检测项目5项:土壤有机质、碱解氮、有效磷、速效钾、土壤PH值,获得检测数据3000个。发放土壤样品采集调查表600份、农户施肥情况调查表600份,进行“3414”试验7个、校正试验7个,试验资料齐全;发放施肥建议卡登记记录、农民满意程度调查表。经试验和调查表明,粮田测土配方施肥比农民习惯施肥每亩节约肥料约10%以上,增产幅度15%—30%以上,亩增产粮食75公斤以上,亩增收在90元以上,测土配方施肥应用在蔬菜上每亩能增产15%左右,增收740元左右。如果按全区蔬菜播种面积5万亩计算,则每年可增收3700万元。大樱桃精准施肥技术的应用使全区大樱桃每亩增产50－100公斤,平均每亩增收500－1000元。在全体科技人员的共同努力下,全区粮菜果在运用测土配方施肥技术中取得了很好的效果。

(四)大樱桃贮藏保鲜实现产后增值。

随着全区大樱桃结果面积增加、产量增长，产大于销的矛盾日渐突出，大樱桃贮藏保鲜工作提到了重要议程。通过保鲜，拉长销售链，实现产后增值，2010年又新建6处微型减压节能贮藏库，总贮藏量达到400吨，增值效益800万元，向着"小群体、大基地"方向发展。

（五）搞好脱毒薯类作物高产栽培技术推广及快速育苗技术研究应用。完成脱毒马铃薯保护地高产高效模式化栽培新技术的推广工作，总结完善并创新一整套保护地高产高效模式化生产新技术，扩大规模化生产区域，形成市场化优势生产。完成脱毒甘薯模式生产区域，形成市场化优势生产。完成脱毒甘薯"高剪头、低位缩节循环"快速育苗技术，对该项技术各技术环节进行认真总结，完善创新，制订一整套快速育苗新技术生产模式以满足脱毒甘薯种苗在生产上的需求。根据各推广区域自然条件特点制订一套脱毒马铃薯的高产高效模式化栽培技术标准及达到产量指标水平确定。将已完成的脱毒马铃薯春种、夏播高产技术推广到全省及全国。

（六）有机食品认证相关工作。有机食品是一种国际通称，是从英文 Organic Food 直译过来的，来源于有机生产基地，依据有机生产方式生产，生产过程可控制，实现纪录可追溯性，符合相关有机标准、法规要求，加工环节不添加化学合成助剂，添加剂，利用可降解回收的包装材料，贸易证书可追根溯源，执行产品召回制度。

有机食品与无公害绿色食品有很大不同，见下表：

项目	无公害/绿色	有机食品
标准级别不同：	部门行业标准	国家标准
证书有效期不同：	三年	一年
检查方法不同：	结果检测	过程控制
检查机构不同：	绿色食品发展中心	27家认证机构
过渡期要求：	无过渡期规定	有过渡期规定

旅顺口区位于辽东半岛的最南端，冬无严寒夏无酷暑，十分适宜樱桃的种植。到2010年，已有多家单位进行了无公害食品樱桃的认证工作，但是有机樱桃还是一个空白，为了填补空白，增加种植户的收入，提高旅顺樱桃在全国的知名度，旅顺口区农业技术推广中心于2006年接受IMO（瑞士生态研究所）有机认证检查，按照EEC2092/91标准进行有机生产和管理，到2009年已经获得正式证书。旅顺有机种植基地总面积48.1公顷，分别位于双岛湾街道胡家村（编号SS/YT/HJ/01）3.2公顷、铁山街道对庄沟村（编号LCC/YT/DZG/01）40公顷、江西街道小潘家村（编号TEZ/YT/XPJ/01）4.8公顷。

■农业技术培训 2010年，农业推广中心结合测土配方施肥补贴资金项目，深入各街道、村委会举办培训86次，培训农民6400人，发放项目科技宣传材料2.6万份。植保站完成全区病虫害预测预报与统防统治工作，受益农民9.5万人。土肥站结合测土配方施肥项目，完成测土配方施肥技术培训20期，培训0.15万人次，培训技术骨干100人，农户入户调查600户，发放宣传资料0.55万份。同时农业技术推广中心的专业技术人员，根据农时深入村、社进行现场技术培训66期，培训农户近0.49万人。在测土配方施肥项目实施中，10名科技人员驻乡镇现场指导和技术服务6个月，为项目的顺利完成和进一步提高农民的科技水平做了工作。

为了及时解决农民生产中遇到的问题，在区科协的帮助下，购买了摄像头和麦克风，利用QQ的语音和视频功能，为农民解决生产实际中遇到的问题10余次。使用QQ的优点是及时、快捷，不用车辆、人员到达现场，由于受光线等条件的影响，诊断一些病害的时候,仅凭视频不是十分清楚,难以确认。本着有求必办、无偿服务的原则,全年共接受农业"120"服务热线电话470台次,出诊496次,出诊科技人员780人次,出动技术服务车行程2万余公里,达到服务一户,带动一面的效果。

全年整理发行《旅顺农业科技》12期,总印数为2.4万份,结合市农委发行双月刊《农家福》,定期按时发到农民手中。

■植物保护与农药执法 2010年,区农业技术推广中心为贯彻《农药管理条例》,建立了进货台账制度、销售流向记录、绿色无公害农药专柜和诚信经营四项制度。以甲胺磷、对硫磷等5种高剧毒农药为重点,对全区55个农药经营点相关人员进行两次培训(4月3日和6月5日),以春耕生产为重点时期,坚持集中检查与日常管理相结合,出动执法人员16次,共进行3次市场大检查,检查农药经营单位55个,检查标签226个,合格率78.3%,没收违禁杀鼠剂122袋,起到了净化市场作用。

按照市植保站要求,全区设立果树测报点3个,蔬菜测报点2个,鼠情监测点2个,发布《2010年旅顺口区农作物主要病虫害发生趋势预报》、《保护地蔬菜病虫害发生趋势预报与防治技术》、《一代玉米螟发生期及防治技术》、《大樱桃桑白蚧一代若虫和白粉病发生期预报》、《苹果桃小食心虫发生期预报》等8期植保信息,印发4800份,为全区农作物病虫害防治起到了指导作用,无重大病虫害发生。

新农村建设

■概况 2010年,旅顺口区积极开展新农村"六化"工程项目建设。扶持推进长城街道刘钟村、龙头街道龙头村、铁山街道对庄沟村、北海街道袁家沟村、双岛湾街道艾子口村、胡家村等18个村实施以硬化、亮化、美化、净化、绿化、气化为重点的农村公益性基础设施"六化"工程建设,达到市级"六化"工程建设标准,总投资10290万元,工程全部竣工,完成道路硬覆盖64万平方米,村屯路20.7公里,安装太阳能路灯(庭院灯)3060盏,新建污水处理系统(净化)7处,日处理污水能力125吨,美化工程14.6万平方米,新建设生物质气化工程2处,新建大中型沼气20个,解决1500户居民的生活用气,推动了农村清洁能源建设。积极推进北海街道阳光海岸工程、长城街道赵家村、经济开发区董家村等新村建设,实现农民居住向社区集中。至2010年底,总投资4亿元的北海街道阳光海岸工程完成投资3.6亿元,占地面积15万平方米,建筑面积9万平方米,建设居民回迁楼34栋;预计总投资2亿元的长城街道赵家村农民新居完成投资1.5亿元,占地5.5万平方米,建筑面积10.9万平方米,16栋住宅竣工;预计总投资300亿元的开发区董家村天门山休闲旅游度假城完成投资1亿元,主要建设居民回迁楼10栋。

■农村公益事业建设 2010年,全区认真落实省、市、区对信访工作的部署,全年共接待和受理各类信访案件93起,接听信访热线电话197次,完成市区交办案件7起。在案件的调处过程中,认真做好深入细致和耐心地接待、及时协调和准确把握政策,结案率达到100%,群众满意率100%。村级财务管理进一步规范。不断加强集体资产管理,建立资产台账,防止资产流失。进一步健全村级财务公开制度,保障农民知情权。加强债权债务管理,逐步化解现有债务。制订了《旅顺口区农村土地补偿费管理办法》,确保专款专用。农业行政执法措施得力。规范、充实农业行政执法责任制,完善执法程序,加强查处力度,进一步健全和完善农业行政执法管理机制。严厉打击经营假劣农药、种子、兽药等违法行为。

(撰稿人:李晓锋　审稿人:王渔林)

渔业和海洋管理

渔业生产

■**概况**　旅顺口区三面环黄、渤两海域,资源状况良好。海岸线长158.5公里,岛礁坨共13个,其中有闻名世界的蛇岛和鸟岛等岛屿6个。海域区划面积2038平方公里,浅海区面积103万亩,其中可开发利用的海域面积83万亩,滩涂8000亩,盐田10000亩。全区已开发利用并纳入管理的海域面积70余万亩,近岸海域开发面积趋于饱和。辖区盛产海参、鲍鱼、海胆、扇贝等海珍品,三面环海的自然环境和得天独厚的海洋资源,使旅顺的海洋经济和海洋渔业产业得以长足进步。全区有五个沿海街道和一个开发区,涉海渔村18个,涉渔人口两万余人。

2010年,全区捕捞产量8.6万吨,产值6.5亿元,分别比上年增长6.2%和6.6%;完成增养殖产量14.7万吨,产值11.5亿元,苗种产值2.8亿元,分别比上年增长6.5%和5.5%;水产品加工量18万吨,产值13亿元,分别比上年增长12.5%和10%。全年实现渔业产值20.8亿元,渔业社会总产值37亿元,分别比上年增长7.8%和12%。渔业和涉渔产业成为全区农村致富、农民增收的重要途径。

■**旅顺渔港简介**:　1. **董砣渔港**。董砣中心渔港位于旅顺经济开发区董家村,地理坐标为东经121°07′,北纬38°52′,始建于1987年,2004年农业部将董砣渔港确定为中心渔港,并于9月投入资金进行扩建,2006年6月竣工。该项目投资总规模为5093万元,其中农业部下拨2300万元,大连市政府配套1150万元,地方自筹资金1643万元。董砣中心渔港现建有防波堤580米,其中防波堤兼码头122米,水域面积78万平方米,陆域面积23万平方米,建有1200平方米综合执法楼,日处理20吨水的污水处理厂,建有包括通导、航标灯等附属设施。渔港可供2000艘渔船停泊,年吞吐量达8万吨。渔港抗风等级为12级,是全区唯一的一座防台渔港。

2. **柏岚子渔港**。柏岚子渔港位于旅顺口区铁山街道柏岚子村,地理坐标为东经121°13′,北纬38°45′。始建于2001年3月,属内掘式渔港。总投资3000万元,投资单位为铁山街道柏岚子村委会。渔港防波堤长300米,码头总长1200米,港池面积4万平方米,陆域面积5.3万平方米;航道长1200米,宽180米,航道为东南向,港池内平均水深6米,最大水深10米,最小水深2米. 港口朝向为东北方向,避风等级为7级,年进出港渔船10000船次,年吞吐量5

万吨左右．渔港内水、电、冰设施齐全,有1000吨冰库一座、100吨水库一座、100吨油罐两个。

3. 铁山渔港。铁山渔港位于旅顺口区铁山街道大兴村,地理坐标为东经121°08′,北纬38°42′。始建于1998年,总投资2010万元,其中国家投资10万元,外资1000万元,大兴村投资1000万元。防波堤兼码头270米,护岸堤200米。内港池面积16万平方米,外港池面积48万平方米,陆域面积6000平方米,航道长1000米,宽200米,航道走向南北向,平均水深5米,最大水深10米,最小水深2米,港口走向西南向,避风等级为6级,停泊渔船150艘,年进港渔船2000船次,年吞吐量2万吨。

4. 艾子口渔港。艾子口渔港位于旅顺口区双岛湾街道艾子口村,地理坐标为东经121°06′,北纬38°56′。始建于2001年,由艾子口村委会自筹资金建设,总投资3000万元,防波堤270米,护岸堤500米,内港池45000平方米,陆域面积5000平方米,航道长800米,宽200米,航道走向为西南向,平均水深5米,最大水深8米,最小水深2米,港口走向为西南向,避风等级为6级,停泊渔船200艘,年进出港2000船次,年吞吐量1万吨,50吨油罐1个。

5. 北海渔港。北海渔港位于旅顺口区北海街道北海村,地理坐标为东经121°11′,北纬38°56′。始建于1995年,总投资3000万元,其中渔业建设费投资100万元,地方投资2900万元。建有防波堤兼码头304米,护岸堤367米,内港池面积46000平方米,外港池面积65000平方米,陆域面积5万平方米,航道长800米,宽200米,航道走向为东南向,平均水深6米,最大水深10米,最小水深2米,港口朝向东北向,避风等级为7级,停泊渔船200艘,年进出港渔船1500船次,年吞吐量2万吨。500吨冰库一座、50吨油罐2个。

6. 小黑石渔港。小黑石渔港位于三涧堡街道小黑石村,地理坐标为东经121°41′,北纬38°57′。始建于1993年,总投资70万元,其中国家投资20万元,三涧堡渔政站投资50万元,防波堤70米,内港池面积3500平方米,外港池面积3000平方米,航道长500米,宽200米,航道走向为西北向,平均水深3米,最大水深6米,最小水深2米,港口走向为南北向。避风等级为6级,停泊渔船50艘,年进出港渔船1000船次,年吞吐量5000吨。

7. 郭家沟渔港。郭家沟渔港位于龙头街道郭家沟村,地理坐标为北纬38° 47′,东经121°21′。始建于2005年8月,总投资4300万元。防波堤兼码头300米,护岸堤320米,港池面积36000平方米,陆域面积12000平方米,航道长3海里,宽80米,航道走向为东北向,平均水深4米,高潮最大水深8米,低潮最低水深2.5米,港口朝向偏南,避风等级7级,停泊船舶100艘,年进出港渔船1600船次,年吞吐量2万吨,有300吨冰库一座。

■水产养殖 旅顺口区水产品养殖包括海水浮筏养殖、工厂化养殖、港池养殖和底播增殖,主要养殖品种是藻类和海珍品。2010年,全区有规模养殖企业37家,养殖专业户139户。办育苗生产许可证企业55家。水产养殖生产呈现养殖模式多元化、养殖品种精品化的特点,2010年,全区新增海珍品底播面积2万亩。大力推进海水健康养殖,申报健康养殖项目4个。加强对养殖、苗种企业水产品源头质量安全监管,逐村、逐企进行全面普查登记,做好动态信息数据库建立的前期准备工作。

■海洋捕捞 2010年,旅顺口区继续坚持捕捞产量零增长，积极落实捕捞渔民转产转业政策。积极争取资金开展海洋生物增殖放流活动，在北海、三涧、铁山等海域累计放流中国对虾1.5亿尾，放流褐牙鲆100万尾、三疣梭子蟹1000万尾，充实了全区海域渔业苗种资源，为渔民增收创造了条件。

■**水产加工** 2010年，全区有加工企业76家。全年新申报项目7个。“旅顺海带”已成为国家级地理商标；旅顺海参、鲍鱼确定为“中国农产品区域公用品牌价值百强”。积极促进海带生产加工企业转型升级，为水产食品技术专家与企业技术对接搭建平台，推动全区海带加工向精深方向发展的进程。

重点企、事业单位选介

■**大连太平洋海珍品有限公司** 该公司是大连韩伟集团下属企业，创办于1993年，2009年总资产3.2亿元人民币，员工400多人，是以鲍鱼、海参、海胆等珍品育苗、养成和深加工为一体的综合性产业化的水产企业。公司拥有世界上最大的鲍鱼生产基地(4.5万平方米育苗水体)和8000亩养殖海面，年可育鲍苗5000万枚，海参苗5000万头，海胆苗4000万枚。海上养殖水域8000亩，年可产成鲍200吨、海参100吨、海胆100吨，裙带菜出口加工品3000吨，鲜海带3000吨。

经过多年的不懈努力，此公司在建有育苗一场、育苗二厂、养殖一场、养殖二厂4个生产部门基础上，近年来，又投资兴建了以藻类深加工为主的大连太平洋海宝食品有限公司、以从事海洋生物研发和海洋健康食品生产的大连太平洋海龙科技有限公司和从事鲍鱼育苗、养成的福建新洋公司3家子公司，形成了海珍品的育苗—养殖—深加工为一体的产业链。

■**大连杰顺水产品有限公司** 该公司为大连旅顺新顺水产食品有限公司股东及家庭关联人员投资近6000余万元新建同类型水产食品公司。公司位于大连市旅顺开发区新港一条街，注册资本1500万元人民币。该公司主要经营为水产品加工、收购、销售等，较新顺水产食品有限公司增加冻品业务。新建公司占地2.2万余平方米，厂房、冷库及附属建筑19440平方米，其中新建冷库8000吨面积4241平方米。公司于2006年投产，业务经营主要是干鱼类及鱿鱼丝等水产干品的生产，出口日本、俄罗斯等国家和地区。

■ **大连龙源鱼粉股份有限公司** 该公司一直被业内人士冠以“中国鱼粉第一品牌”，与通威集团、正大集团、海大集团、正大康地、农标普瑞纳、禾丰牧业、深圳华宝、成农集团、沈阳双良、山东环山、广东天田、重庆蜀达等上百家大中型饲料企业保持着良好的合作关系，国产鱼粉销量稳居全国第一，其注册的“鳀源”商标，已形成品牌优势。

■**旅顺水产技术推广站** 推广站隶属于区海洋与渔业局，人员编制6人，正科级单位。主要负责全区水产技术推广管理和水产技术体系指导，水产新技术引进与试验示范和水产技术、水产职业技能培训；水产养殖病害的防治、病害测报；渔业环境治理、渔业水质监测、渔业技术服务、渔业信息与市场服务；以及水产品质量安全监督。按照国家对于水产技术推广站“技术推广、疫病防治、苗种检疫、质量安全、海洋监测”五位一体职能的定位，该站开展以扇贝为主要品种的大肠菌群及贝毒检测47批次，检疫水产育苗生产企业24家，监测海参、鲍鱼苗种27批次，开展海水质量和沉积物质量检测30余批次。该站贝类毒素监测能力已经通过国家认监委组织验证。

海洋管理

■**海洋综合管理** 旅顺口区海域空间广阔，资源优势和区位优势得天独厚，海洋经济发展势头强劲。立足当前和今后全区海洋产业发展需要，积极开展海洋功能区划修编工作，协调相关技术部门向省主管部门上报修改意见，保证全区重点用海项目有充足的预留空间。在关系旅顺快速发展的大项目方面，对项目用海做到提前介入，全程跟踪，多个项目取得了突破性的进展。

2010年，旅顺新港2、3号泊位扩建和郭家沟旅游度假作业区扩建项目成功办理了海域使用权证书；旅顺新港扩建二、三期及防波堤工程顺利完成听证；双岛湾港1#、2#泊位填海工程、金龙湾水上旅游及泛海国际休闲度假项目的海域和环评报告书顺利通过省厅专家评审，海域清理工作结束；琥珀湾等区重点项目前期的调查摸底、评估工作完成；旅顺渔夫码头项目已经通过省厅预审。

2010年，为了规范用海秩序，对三涧、北海等街道的40余家用海业户进行了逐一走访、检查，进一步规范了业户的用海行为；同时加强日常执法检查，及时查处非法围填海案件，全年共查处非法案件2起。此外，多次开展水下文物保护巡查，依法坚决打击非法采砂活动，立案查处了6起非法采挖海砂案件，依法保护了全区海砂资源和海域生态环境。

■**海洋环境保护** 2010年，旅顺口区加强海洋环保宣传与建设，利用防灾减灾日、世界海洋日等开展多种形式的海洋知识宣传；积极应对海冰灾害，指导渔民防灾减灾，中央、省市媒体多次对旅顺口区海冰灾害进行了报道，使全区抗击海冰灾害工作备受瞩目。

“7·16”大连火灾漏油事故发生后，按照市清污领导小组的要求和部署，在各有关部门的通力协作下，区海洋与渔业局周密组织、妥善安排，调动广大干部、渔民群众投入到清污战斗中，经过一线工作人员一个多月的艰苦奋战，最终实现了海上油污“不流入渤海、不流入公海”的目标。从8月1日16时至8月26日16时，全区共出动船只8213船次，动用人力2万余人次，共清理海上脏物106吨。8月26日，全区海域成功通过市专家组验收，标志着全区历时一个月的海上清污工作取得了全面胜利。

积极开展海洋工程环评工作，完成了旅顺新港扩建、大正船舶重工游艇等六个用海项目的环境影响评价工作，围填海项目环评率达到100%。大力开展海洋环境监测，对本区所辖的黄、渤海域内的郭家沟、铁山、开发区、北海4个站点进行了水质监测和海底沉积物监测，为海洋环境监管提供了翔实的数据。

■**“平安渔业”建设** 2010年，全区注重渔业安全教育和技术培训。全年举办安全教育及业务培训班10余期，培训渔民、船员和技术工人4000余人次。从源头入手，积极探索解决“三无”渔船痼疾的新思路、新办法。对全区40马力以下渔船喷刷船名号，对720条渔船拍摄了渔船“身份照”，确保船、证、号相符，降低渔船随意买卖产生新“三无”渔船的几率；对被批准纳入特定渔船管理的29条“三无渔船”实施船体检验，确保渔船达到适航标准。

强化渔船安全生产大检查,重点加强对全区养殖渔船的安全检查,规范养殖生产行为;实施海上渔船安全检查60余船次,消除安全生产隐患。继续强化制止越界捕捞工作,全区具有捕捞能力的270条渔船均签订了《不越界捕捞保证书》,全部落实包保责任。渔业互保工作实现新突破。为了帮助渔民规避海上作业风险,最大程度降低事故损失,全区加强渔业互保的宣传,动员渔民未雨绸缪、防患未然,渔民的保险意识进一步提高,全年入保渔民达到3600人,入保渔船达到230艘。积极组织海上清理和海上救助,配合海军演习执行扫海任务2次,组织抢险救助5次,救助渔船9条、渔民20人,河北乐亭县政府、葫芦岛市政府分别向旅顺口区赠送牌匾和锦旗,表扬危难之中的无私救助行为。

■水产品质量管理 2010年,旅顺口区继续推进无公害水产品、产地认证。2010年新增无公害水产品产地1个,无公害水产品3个。加大水产品水质及产品检测力度,全年实施海水环境监测10次,合格率100%;对全区9个站位实施贝类毒素监测27批次;开展全区范围内的水产苗种检验检疫,抽查检疫海参苗种7批次,鲍鱼苗种20批次。继续开展水产品质量安全方面的业务培训,培训120余人次。继续加强水产品质量安全体系建设,完善水产品质量安全检测站配套设施,为全面加强水产品安全质量检测、监控奠定基础。

■渔业资源保护 2010年,旅顺口区伏季休渔工作得到了省、市、区政府的高度重视和社会各界的高度关注。在严峻的形势面前,旅顺口区把伏季休渔管理工作纳入全年工作的重中之重,统一思想、团结一致,早谋划,重宣传、勤巡查、严处罚,维护了伏季休渔管理秩序,受到广大渔民群众和社会各界的认可。一是加大宣传力度。利用休渔前一周的时间,在区电视台滚动播放《旅顺口区人民政府关于二〇一〇年伏季休渔有关事项的通告》,印刷《通告》100份在全区各渔港、渔村、市场、社区张贴,制作宣传彩页、宣传磁带,利用宣传车深入到各渔港、渔村进行宣传;二是强化执法力度。根据上年的工作经验,伏季休渔前,特别找到上年主要组织者、所有渔港承包经理和主要渔货物收购者谈话,做好他们的思想工作,向他们表明政府的休渔管理的决心。伏季休渔开始后,联合公安、边防、工商等多个部门设陆地和海上两个巡查组,调动全局一切可以调动的力量,进港入村,24个小时轮流值班,死看死守。发现违捕渔船,采取没收渔货物、罚款、通报"黑名单"、取消燃油补贴等较为严厉的措施依法予以处罚。三个月里,全区共投入执法检查车辆392车次,陆地执法人员2040人次;出动执法船62航次、执法艇125艇次、出海检查人员1380人次;由边防配合进行集中大规模行动3次,共查处违法渔船61条,30条被取消2010年油补。在全区伏季休渔管理人员的有效监督和管理下,违法捕捞风气得到有效遏制,伏季休渔秩序实现了良好开局。

针对进入渔民定置网地偷捕现象,出动执法船30余次,处理纠纷8起,涉及渔户80余户,为定置网渔民索赔人民币25万元。通过集中管护,基本消灭了大马力渔船进入定置网地生产现象,保护了定置网具生产渔民的合法权益,维护了渔区社会的和谐稳定。

(撰稿人:高美娟 审稿人:刘连杰)

建筑和房地产业

建筑业

■建筑业生产 2010年,区建筑业管理处在建筑业产值高位增长的形势下,工作变压力为动力,较好地完成了各项任务,实现了经济效益和社会效益的双丰收,2010年,全区建筑业总产值实现19.9亿元,比上年增长23.6%;劳动生产率实现11.87万元/人,比上年增长6%;施工总面积达448万平方米,比上年增长30.6%;实现利税总额1.5亿元,比上年增长25%;竣工工程合格率达100%。实现安全生产全年零死亡、零重伤。

■工程质量 2010年,在建筑工程质量管理中,区建筑业管理处大力宣传和贯彻执行《中华人民共和国建设工程质量管理条例》、《大连市住宅工程质量通病防治导则》《关于进一步加强房屋建筑工程质量通病防治工作的通知》等文件精神,促进全区工程质量水平全面提高。2010年,建筑业管理处共监督新开工及上年度结转单位工程项目650项,建筑面积448万平方米;完成基础验收230项,建筑面积76万平方米;主体验收261项、建筑面积83.4万平方米;竣工验收75项,建筑面积33.7万平方米。

■建筑市场 2010年,区建筑业管理处按照市建委的统一部署,组织专家组,对全区所有在建工程进行包括春检、秋检、防台防汛、各类专项检查和安全隐患排查治理等共计12次安全生产专项大检查,同时与质检站一起开展了旅顺中小学墙体加固补强安全检查,下达各类整改指令书121份,发现安全事故隐患340处,责令停工整改工地21个,查封工地5个,整改消灭安全隐患340处,整改合格率达100%。全年整顿规范建筑市场大检查,共检查了全区56个在建项目,下达各类整改指令书43份,补办建设工程施工许可证等手续21个,同时做好大连市建筑工程安全监督站和东北“三市”联检等省市领导到旅顺口区进行的安全检查指导工作。大连建工集团工程有限公司承建的大连理工科技城8#地块和大连阿尔滨建设集团承建的塔河湾旅游度假区D区E1、E2楼工程荣获哈尔滨、长春、大连三市联检金牌工程。

■企业效益 2010年,通过市、区的共同努力,在省建设厅的支持下,有6个新办建筑业企业取得了资质证书,另有5个企业正在申办中。其中“建筑智能化”专业填补了旅顺口区建筑业空白;3个劳务企业取得了劳务作业资质;4个园林绿化企业取得了城市园林绿化资质。同时还对在本区有施工工程的确有实力的外省企业,鼓励并帮助他们在旅顺成立子公司。到2010年底,已有2个外省企业在本区成立了独立法人子公司,他们分别是:安徽三建工程有限公司(大连徽达建设工程有限公司)、葛洲坝第六建筑工程有限公司(大连葛六建筑工程有限公司),其中大连徽达建设工程有限公司实现建筑业产值12780万元,上缴利税310万元(按实收),为全区建筑业发展做出了积极贡献。

■保障农民工权益 2010年8月,区建筑业管理处与旅顺口区慈善总会合作,为全区范围的建筑施工现场发放防暑降温茶。2010年9月中旬,在区城建局三楼会议室举行活动,通过农民工慈善基金,为旅顺全区建设领域的部分家庭困难和身患残疾的职工提供困难补助,解决了部分农民工生活等实际困难。

在推进大项目建设过程中,区建筑业管理处继续采取收缴建设工程劳动保险费、建筑业农民工工资保障金、建设工程团体意外伤害保险、建设工程安全生产文明施工措施费等四项措施,保障建筑一线农民工及时兑现工资和生产中的人身安全,同时积极解决拖欠工程款问题,保障了建筑业农民工生活安定,没有后顾之忧。

■建筑节能 2010年,旅顺口区进一步推进建筑节能工作。一是发展各种新型墙体材料达14万立方米,实现节地316亩,节约标煤3.8万吨,利用废渣约18.6万吨。全区商品混凝土生成量达80万立方米,发展散装水泥32万吨,"工业利废"6.1万吨,节约包装纸854吨,节约用水21.4万吨,节电102.5万千瓦时,节约标准煤1320吨,减少粉尘排放562吨,减少二氧化碳排放5028吨,为全区创综合经济效益2060余万元。二是区节能处加强对新型墙体材料和散装水泥的使用管理,大力推广新型墙体材料和散装水泥,严格按照有关规定征收新型墙体材料专项基金和散装水泥专项基金,对未使用新型墙体材料和散装水泥的,不给予退还专项基金。"两金"征纳率100%。三是开展建筑节能专项检查工作。先后4次开展了全区范围内的专项检查工作,开出建筑节能监察通知33份,限制整改通知书32份,总计追缴"两金"10万余元。四是进行节能示范工程和光电照明工程建设。组织申报建筑节能示范项目1个,光电照明示范项目2个,全区安装太阳能路灯1500,农村覆盖率达到70%,年节电219万度,节省资金175万余元。五是加大建筑节能宣传力度。2月25日至3月24日,开展了旅顺口区《民用建筑节能条例》宣传月活动,在广场、主要街道、工地等地悬挂标语、发放宣传单2000余份、宣传品500份,摆放宣传看板40余块。

房地产开发

■概况 2010年,全区房地产开发项目97个,比上年增加24个,其中,续建项目69个,新建项目28个,完成投资601672万元,比上年增长86.3%,占全社会固定资产投资比重由上年的20.2上升到28.2%,增长了8个百分点。截至年末,全区商品房施工面积442.0万平方米,增长71.8%,其中,新开工面积198.3万平方米,增长371%,新开工率为44.9%;商品房竣工面积37.3万平方米,下降19.6%;商品房销售面积100.4万平方米,增长3.1%,其中,住宅施工面积396.5万平方米,增长78.4%;住宅新开工面积179.5万平方米,增长409.9%;住宅竣工面积33.4万平方米,下降23.4%;住宅销售面积98.3万平方米,增长4.0%。实现商品房销售额586317万元,增长15.1%,其中,住宅销售额566382万元,增长15.9%;商品住宅平均销售价格5762元/平方米,比上年增加592元/平方米。商品房空置面积缩小,至年底,全区商品房空置面积15.3万平方米,同比减少2.5万平方米,下降14.0%,其中住宅空置面积7.5万平方米,同比减少2.9万平方米,下降27.9%。

房产管理

■**房屋产权产籍管理** 2010年,旅顺口区房产局颁发商品房预售许可证29件、324栋、11360套、建筑面积106.52万平方米。按照《城市商品房预售管理办法》的规定,严把商品房预售审批关。加强房屋中介组织管理,严格"二手房"交易程序。对全区23家中介机构、10家分支机构、131名房地产经纪人进行了登记备案,实行持证上岗。为进一步规范全区房地产市场秩序,促进房地产业健康有序发展,对房地产经纪机构法人代表和业务主管进行了专业培训,实行了"二手房"交易资金托管业务,确保了消费者的资金安全。认真贯彻落实新颁布的《房屋登记办法》,提升房产交易网上登记的质量,强化管理的科技含量,增设电子照拍身份证识别系统和电子叫号机,打造一流的房产市场,不断提高科学化管理水平。积极组团参加大连春、夏、秋季房交会和旅顺樱桃节房展;主动协调有关部门,兑现发放2009年区政府出台的购房货币补贴优惠政策资金。2010年受国家房地产市场宏观调控政策的影响,全区房地产市场仍保持平稳健康发展。全年,房产交易收取税费8191万元,同比增长13%;商品房网上合同备案10815套,同比减少13%;销售面积93.12万平方米,同比减少14%;销售额达到55.16亿元,同比减少12%。二手房销售3647套,同比减少24.2%;销售面积29.94万平方米,同比减少22.6%;销售额达到12.12亿元,同比减少0.16%;二手房收取契税1956万元,同比增长17.76%。全年办理权属证书23998件,同比减少9.65%;办理他项权证书9049件,同比减少2.84%,权属登记准确率达到100%。

■**人居节** 2010年,成功举办大连旅顺国际人居节。本次人居节以"绿色旅顺,健康之城"为主题,对宣传旅顺对外开放整体形象,打造魅力旅顺和生态宜居环境起到了积极促进作用。人居节开幕式上,中国科协《科学中国人》杂志社及科学中国人专家委员会授予旅顺口区"全国科技创新宜居城市"金奖、国家住房和城乡建设部授予旅顺口区"房地产交易与登记规范化管理先进单位"称号,并均颁发证书和奖牌;大连市委、市政府有关领导参加了人居节。共有19家房地产开发单位、6家中介机构和1家外商投资企业参展。

■**住房保障** 2010年,全区继续加大对住房保障的投入。

一是进一步完善住房保障相关政策。为加强对本区解决低收入家庭住房困难工作的指导,确保全区低收入家庭住房困难有计划、有步骤、分层次地得到有效解决,结合全区实际情况,对《旅顺口区经济适用住房管理办法》和《旅顺口区经济适用住房货币补贴方案》进行了修订;草拟了《旅顺口区经济适用住房建设方案》,并会同有关部门对经济适用住房选址及建设规模进行多次的论证,确定经济适用住房的建设地址,做好前期的规划、设计工作。

二是积极做好廉租住房补贴的审核、发放工作。通过宣传发动、组织申报、资格审查,共有236户符合廉租住房补贴条件,发放补贴101万元。

三是维修基金管理科学规范。针对2010年二手房交易量持续增加,房屋维修基金数量增多的实际，简化办事程序，提高工作效率。筹集维修基金 8900 万元，为 13 个单位拨付维修基金利息 268 万元，为 4800 户办理维修基金返还 800 万元。

四是住房货币补贴工作稳步推进。在 2009 年完成机关、全额拨款事业单位离休干部住房补贴的基础上，2010 年与老干局配合，对全区企业离休干部住房补贴进行审核，共有 190 人符合补贴条件，需发放补贴 775 万元。审核发放机关、全额拨款事业单位职工住房货币补贴 2600 万元。此外，先后帮助得胜街道、旅游集团和航海技术学校等十多个单位实行改革，住房货币分配改革的覆盖面进一步扩大。

五是公有住房出售继续推进。随着房改的深入，可售公有住房逐年减少，但遗留的问题日益凸现，2010 年，继续对破产倒闭企业职工购买自住房在政策上适当优惠，在程序上尽量简化，主动协调各相关部门，坚持原则又不失灵活，较好地处理了遗留十几年的问题，满足了职工购房的愿望。共出售公有住房 175 户，5000 平方米，回收住房资金 300 万元。加大贷款回收力度，先后对欠款单位下达了催款通知书，对抵押物进行了盘点，回收贷款 860 万元。

■公有住房管理 2010 年，全区有直管公房 338 栋，建筑面积 77232 平方米，928 户。其中住宅建筑面积 35240 平方米；非住宅工商业用户建设面积 37219 平方米。一是租金收缴，落实"经租、使用、维修"三大管理职能，做好公有住房的维修养护工作，确保国有资产的保值增值。全年实现直管产房屋租金收缴 202 万元，其中工商业 159 万元，住宅 41 万元。二是公房维修，投资 60 万元，对井岗街 169 号、新启街 77 – 81 号、公路运输管理所、电视台等 7 处直管公房进行了维修。三是加强直管产房屋管理，对 98 户、4962 平方米的住宅进行房改出售；完成 15 户公房承租权变更。四是险墙加固及边坡支护，投资 120 万元，对启新街 348 号、开明街东巷 69 号、登峰街 47 号、春光街 33 号四处挡土墙和春光街 18(1 – 3)号、6 – 16 号两处险情进行加固。汛期由于雨水多、雨量大，有 6 处挡土墙在雨季中倒塌，区房产局立即将倒塌的挡土墙修复，确保群众的生命和财产安全。使用维修基金维修的屋面瓦、外墙铲抹共计 118 户约 1416 平方米，屋面防水共计 903 户约 56085 平方米。五是适时开展防台防汛工作，制订了防台防汛工作预案，成立了防台防汛抢险小分队，分工明确，工具齐全。重点对危房、危墙、低洼区、有倒塌危险的挡土墙、围墙、外走台等部位进行排查，做到心中有数。六是危险房屋安全鉴定，对新开街西三巷 72 号、向阳街 171 – 6 – 101 等 6 处房屋申请安全鉴定，并出具鉴定结果。七是对全区棚户区进行普查，经过对惠工街、开明街、元宝坊、孙家沟、茂林街、靠山街、刘家沟、井岗街、同心街等地段进行的初步勘察，成片棚户区共有 10 个，房屋总建筑面积 65464 平方米，总占地面积 194835 平方米，总户数 1053 户，人口 3278 人。

■房屋动拆迁 2010 年，旅顺口区采取各种措施，积极做好房屋动迁工作。一是抓好房屋拆迁政策的调研和指导。针对全区拆迁任务重、难度大、问题多的实际，多次进行调研，起草了旅顺口区房屋拆迁有关政策的调整意见，并经区长办公会议通过；研究制订了《旅顺口区房屋拆迁工作业务程序》，加强了对房屋拆迁公司、房屋拆迁评估机构的业务指导；邀请市拆迁办有关领导对全区各街道从事拆迁工作的人员进行业务培训；制订了全区“百日拆迁行动”实施方案，并取得了可喜的效果；继续实施

“两增一保”拆迁目标考核工作制度。二是加强房屋拆迁拆除安全生产和文明施工大检查。制订《关于加强房屋拆迁拆除现场安全管理监督检查工作的通知》,对房屋拆除工地进行了不定期的安全生产与文明施工情况的检查,并下发《检查通报》,对发现的问题限期进行整改,保证了拆迁现场无安全事故。三是协同有关部门促进重点项目拆迁。牵头做好203景区、天门山、马北路和郭水路30米绿化带、土羊高速路两侧绿化带、琥珀湾一期工程、南路轻轨、太阳沟农贸市场、新开街局部地段、启新街、迎春街、北大河改造、刘家沟危房改造等项目的拆迁普查摸底和测算工作。积极参与和指导刘家沟、天门山、琥珀湾一期工程等项目的动迁工作。会同储备中心和各相关街道及开发单位,研究各拆迁项目存在的遗留问题,对按政策尚未搬迁的住户有重点地选取部分住户进行行政裁决,履行拆迁法律手续。共依法受理行政裁决28户,下达拆迁裁决书21户,组织行政强制拆迁听证会2次,上报行政强制拆迁3户,实施行政强制拆迁1户。全年启动拆迁项目88个,完成拆迁户数5748户,拆迁面积为70.33万平方米,其中:住宅5526户,面积为43.36万平方米,企业222户,面积为26.97万平方米,实际拆迁农户1733户。

■物业管理 2010年,旅顺口区进一步加强物业管理工作。一是加强行业管理,规范企业经营行为。按照上级要求,积极做好物业企业资质年检、资质审核、物业从业人员培训和全区物业行业管理及住宅小区业主委员会组建的监督、指导工作,促进了全区物业企业管理项目服务水平、人员素质的不断提高。完成了50个管理项目的考核和31家物业企业资质检查和审核工作,全区物业管理面积达388.5万平方米,从业人员一千余人。二是改善居住环境,提高幸福指数。落实区政府《关于加强城市旧有住宅区管理、开展创建和谐楼院活动的实施方案》和政府工作会议精神,全面实施旧有住宅区治理的民生工程,对旧有楼院内乱搭乱建、乱堆乱放杂物、毁绿地种菜,住宅环境脏、乱、差等进行了全面清理,实施软硬覆盖治理。2010年投资100万元,对育慧街、一道街、横山街等住宅区实施治理改造,治理面积近1.5万余平方米,取得了明显的效果。为巩固住宅区居住环境的治理整顿成果,成立了专业绿化养护队,积极做好旧有小区楼院绿地、树木修剪和浇灌、灭虫等绿化养护工作。三是建设花卉社区。按照区长办公会责任分工,区房产局采取多项措施,积极落实花卉社区建设。对规划区内的楼院、绿地实施了清理,清理临建、违建小房20处,清理私栽乱种35处。投资226万元,完成了启新街、众安街、惠工街占地11万平方米、绿地面积2.5万平方米的花卉社区建设,栽植各类花冠木2.6万余株,乔木100株,各类木本和草本花卉2万余株,完成土建工程和护栏安装,并对已栽植的苗木实施了修剪、施肥和浇灌,确保苗木成活率。四是房屋节能改造和房屋外立面改造稳步推进,投资200余万元,对八一街、市场街和同心街等6栋住宅房屋实施外墙保温、粉刷和屋面防水等节能改造工作,改造面积1.5万平方米,彻底解决了旧有住宅透寒和冬季室内温度低的问题。按照市政府“三个一”工程中的一条路改造工程,投资49万元,对迎春街58-60号、21号、62号三栋沿街房屋的外立面进行改造,改造面积2800平方米。五是合理使用维修资金,确保房屋维修。严格执行《住宅专项维修资金管理办法》,加强维修基金管理,合理使用维修资金,把好维修基金工程计划、施工、验收、决算关,做到监督有力,维修及时，保证质量。2010年使用维修资金337万元，重点做好旧有住宅区物业小区自管房的房屋维修工作，维修房屋800余栋、1500余户，维修面积6万余平方米。投资70万元，完成了城市住宅区和水师营街道居民住宅区室外下水的疏通、清淤工作。

■供热管理　2010年，全区供热工作实行了供热五个"首次"，两个"专项"。五个"首次"：一是首次实行公司、全区供热行业和局领导三个层面现场调度会制度，及时解决供热难题，做好区重点民生项目供热准备工作，实现了供热工程提前半个月完工，确保居民按期供热。二是首次实行了《旅顺口区供暖质量保证金管理暂行规定》、《旅顺口区供热单位检查考核暂行办法》，制订并同步实施《大连市采暖用户停止用热管理暂行办法》和《大连市供热住宅室温检测管理暂行规定》等十项管理工作，强化供热行业监督，提高供暖企业服务意识。下发《旅顺口区供热收费管理办法》，并组织全区22家供热单位解读供热相关规定。在政府支持下，帮助供热企业拆借购煤资金1300万元，引导全区提早收费，确保早购煤，储好煤。三是首次实行了全区重点供热项目全部招投标，确保公开、公正、安全高质量地完成了全区关注的重点民生工程。同时，按照供热账目要清、工程底数要明晰的要求，及时做好当年工程的预决算和往年陈欠工程的预决算及清算工作，确保国有资产保值增值。四是首次将防寒保暖和无暖气改造工程配套实施，完成了同心街120户无暖气改造，解决了多年来无暖气改造房屋因墙体透寒影响供热效果的难题，切实把政府温暖惠及百姓。同时，积极做好了区领导大接访中百姓要求解决的供热难题，克服技术难题和资金压力，解决了新怡家园供热问题、八一街2栋楼住户的无暖气改造问题和洞庭街的系统管网改造。五是首次启用已建成4年的全区最大的政府新区80T锅炉房，保证政府新区供热需求和质量。及时召开了全区供热大会，同步完成了元宝坊锅炉房新增40T锅炉建设和向阳街、中拥蓝天下换热站建设及新怡家园并网改造、茂林小区锅炉房取消等供热十个重点项目。

实行"两个专项"：一是举办首期供热专项测温培训，保证全区供热质量达标。与旅顺质量检定测试所联手共同举办了全区首期测温规程培训会，并邀请了大连市计量检定测试所室内温度检测站第三检测室主任做测温专题实战辅导，对全区22家供热单位的负责人和室温检测员进行了培训，确保测温及时准确。同时，在春节期间，按照省市纠风办要求，及时做好省民心网"评议供暖"活动的参与、指导、跟踪、监督、回复、办理工作。在大连市主办的供热市民热线栏目和辽宁省民心网中，旅顺在全市县区群众满意率最高，投诉率最低。二是召开供热安全运行专项会议，制订供热安全应急预案，确保了供热安全高质运行。会同监督局对全区22个供热单位，41座锅炉房进行为期3天的锅炉安全运行大检查，从供热准备情况、运行情况、投诉情况三个方面25项内容进行详细考核。制订供热安全应急预案、建立健全供热抢修队伍，做好供热期设施及所需备品的应急储备。特别是在区"两会"期间，从两会维稳角度出发，局领导、供热办、供热公司、消防队、市政等领导连续四天坚守在现场，对育惠街、元宝坊、白云高中、宁波街、同心街等地势低的地段的育惠街锅炉房、元宝坊锅炉房和白云高中换热站进行了紧急补水救援，动用消防、市政、园林专用车和运用社会拉水车昼夜奋战，共拉水35车，水量达510余吨，有效地保证了全区百姓的正常供热,创造了虽停电、停水但未停供的奇迹。

■**白蚁防治** 2010年,旅顺口区继续重点抓好白蚁防治政策宣传及重点文物保护建筑白蚁危害的预、灭治处理工作。签订新建房屋白蚁预防合同31份,面积175万平方米;实施新建房屋白蚁预防231栋,面积101.54万平方米;老建筑蚁情普查356栋,面积19.4万平方米;为25户低保特困家庭免费进行白蚁灭治25栋,面积1250平方米,减免费用6500元。重点文物保护建筑普查回访35处,面积10.8万平方米。对各类建筑预埋诱杀坑100个,白蚁防治率100%,白蚁防治合格率100%,蚁害灭治率100%。在全省唯一首次开通了"白蚁防治专用车",提供更优质高效服务。

■**重点保护建筑** 2010年,继续加强重点保护建筑管理,保护好城市宝贵财富。一是组织相关技术人员,集中对旅顺太阳沟区域的老建筑进行了全面摸底普查,并整理制作成《旅顺太阳沟老建筑图册》三册,汇集图片355张。据普查统计,太阳沟区域共有老建筑355栋,总建筑面积约为17.48万平方米,其中俄式老建筑75栋,建筑面积约为4.55万平方米;日式老建筑263栋,建筑面积约为6.99万平方米;大连市重点保护建筑17栋,建筑面积约为5.93万平方米。通过此次的摸底普查工作,不仅全面掌握了旅顺口区太阳沟区域老建筑房屋的现存状况,也为全区下一步对老建筑的统一管理和开发利用提供了翔实的基础资料。二是收集整理第三批重点保护建筑材料。按照大连市重点保护建筑的工作安排,对全区市重点保护建筑进行现场检查论证,提出以沙俄堡垒为代表的38处建筑为第三批市重点保护建筑,经过论证报大连重点保护建筑专家组审批。

(撰稿人:贯珊珊 审稿人:张国卫)

住房公积金管理

■**概况** 2010年,大连市住房公积金管理中心旅顺口办事处(以下简称旅顺口办事处)按照"强化归集、突出效应、规范管理、改进服务"的工作思路,以服务社会、造福百姓为目的,以狠抓规章制度落实为手段,以办事群众满意为标准,规范运作程序,完成了市中心下达的年度各项工作任务。归集住房公积金27560万元,完成年度计划26000万元的106%,比上年同期增加3323万元,增长14%。支取住房公积金15907万元,完成年度计划14000万元的114%,比上年同期增加2894万元,增长22%。发放个贷1810户、3.54亿元,完成全年计划3亿元的118.1%。全年累计本息回收率100%。

■**调整缴存政策** 2010年,旅顺口办事处系统内正常缴存单位中没有低于正常缴存比例的单位,12%比例以上的单位有386个、职工16033人,占正常缴存职工的59%。全年有654个单位的17171名职工调整了缴存比例和缴存基数,月均增加归集额190万元,年度增加归集额1506万元。

■**提高覆盖率** 2010年,旅顺口办事处核对出社保已交、但住房公积金未缴或者住房公积金缴存人数少于社保缴费人数的单位500多个,依此建立催建信息数据库,并采取分行业的方式进行催建工作。与此同时,把重点企业作为突破口,注重示范带动作用,全年新增缴存职工3638人,比上年增加843人,增长30%,成为其办事处上划后新增职工最多的一年。

■**强化管理** 2010年,旅顺口办事处强化各项管理工作。一是执法工作稳中求进,全年通过媒体对3家单位进行公示曝光，下发《限期改正通知书》、《催建催缴通知书》等执法文书42份，通过执法手段新增开户单位29户，新增职工750人，追缴住房公积金200余万元。二是专项检查有条不紊，对12家服装企业、幼儿园等进行专项执法检查，其中对违规事实清楚的7个单位下发了《催建催缴通知书》，并全部整改。三是完善核实系统内部单位的信息资料，对正常缴存的600多家单位的基本信息进行清理，对313家单位的1608条基础信息进行维护，全年注销住房公积金单位账户134个，进行可托管账户维护单位28家。

■**规范业务** 2010年，旅顺口办事处切实做好贷款风险防范工作。通过前台严格把关、后台认真复核，有效地防范了贷款风险，贷款回收始终处于正常状态。在贷款催收工作中，采取了相关部门、办事处全体员工全方位参与的方式，初期进行电话催收，然后将仍未及时还款的分段包干到相关科室催收，后期再抽调专人采取上门、到单位、找欠款户亲友等多种方式加紧催收，连续4年取得了年终回收率100%的好成绩。

■**队伍建设** 2010年，办事处根据市中心党委的统一安排，紧密结合实际，坚持每周三政治学习、不定期业务培训和全方位谈话活动。一是采取普遍教育与个别教育相结合，发挥办事处党员干部、尤其是老党员比较多的优势，以多带少，以业务促学习，做到学习内容和学习时间“两到位”、研学意识和学习效果“两提高”、开展学习和当前工作“两不误”、解放思想和创业创新“两促进”，使政治理论学习活动稳步开展。二是通过开展向曹连心、苏方毅同志学习活动，讲奉献、做贡献的良好风尚已基本形成。三是组织党员深入开展“创先争优”活动，每名党员都承诺做到“五带头”，力争做到一名党员就是一面旗帜。四是进一步完善窗口服务体系，简化审批程序，提高办事效率，缩短审批时限，并牢固树立“客户利益无小事”的理念，真正把以人为本、优质服务贯穿于住房公积金管理工作各个方面。

（撰稿人：孙凤媛　　审稿人：宫田令）

外贸招商和旅游业

进出口贸易

■**概况** 2010年，全区自营进出口总额119716万美元，比上年增长13.7%。其中，进口41781万美元，比上年增长5.0%；外贸出口77935万美元，比上年增长19.0%，完成市政府下达的目标任务。

全区外贸直接出口企业141家，年出口额超200万美元的企业45家，占出口企业的31.9%；超过300万美元的企业38家，占出口企业的27.0%。船舶制造业是本区外贸出口的“主力军”，大连今冈船务工程有限公司以4.61亿美元位居全区出口企业第一位,占全区总出口额的59.2%。此外,机械化工、纺织服装、粮油食品、轻工产品、石油化工、五金矿产也呈逆势上扬良好态势。其中,大连丰和工业有限公司位居第二位,出口1228.7万美元,大连必诺铸业有限公司位居第三位,出口1224.4万美元。

■新增出口企业 2010年,全区新办理进出口权备案登记企业17家,其中,开发区4家、长城街道2家、三涧堡街道4家、水师营街道1家、得胜街道1家、龙头街道2家、铁山街道2家、光荣街道1家。年内,有4家企业办理进出口权备案变更登记。

■主要出口企业简介 大连丰和工业有限公司。该公司是旅顺口区重要的自营出口企业,坐落于经济开发区,是由日本和韩国联合投资的外资企业。公司创立于1997年11月,注册资本金134万美元,并于1999年9月正式投产。主要加工生产汽车零部件,产品全部销往国外。公司采用先进的生产工艺和设备,能够进行高精度的汽车零部件加工。公司共有CNC数控机床58台、自动旋盘15台、油压单能机14台等高精密机械加工设备,年生产能力1500万件,产值182万美元。

招商引资

■概况 2010年,随着旅顺经济社会的不断发展,现代服务业项目、科技创新项目、都市农业项目和其他一些牵动力强的重大项目成为了全区招商引资工作的重点。旅顺口区在继续做大港澳台和东北亚地区市场的基础上,努力开拓欧美市场,精心策划和组织了多次境内外专题活动,赴美国、俄罗斯、荷兰、新西兰、澳大利亚、日本等国家和香港、温州、深圳等地开展招商工作,并先后在香港举办了"生态港湾 绿色旅顺"项目说明会,在日本大阪举办了"开放的旅顺欢迎您"主题说明会,在日本东京举办了"日本产业园"主题说明会暨项目签约仪式,配合市政府在荷兰举办了"中国大连花卉业经贸合作推介会暨签约仪式",在深圳举办了旅顺绿色经济区"五城一都"推介会暨项目签约仪式,并与日本石川县内滩町缔结为友好城市。在各次招商活动中,全区的签约项目多达46项,其中百亿元以上项目5个,招商引资成果显著。

2010年,全区还进一步加强与国内其他城市和地区的经济合作与交流。区经合局按照省市区政府的工作要求,积极部署,全面规划,分别于2月21日、5月10日、5月30日、8月25日、10月7日组织规划、土地、旅游、街道等相关部门,到温州、深圳、上海、苏州、杭州、呼和浩特、宁波等地开展招商活动,签约项目18项,协议金额500亿元。年内,二〇三公园及周边改造项目开工建设,泛海国际海景花园项目省外注册资金1.8亿元到位,大连北部湾国际休闲生态旅游基地项目账户到位5亿元。此外,3月30日-4月1日,区经合局组织区工商联、区政府办在旅顺接待了浙江省知名企业家考察团,达到了预期效果,为旅顺口区后来在"长三角"、"珠三角"地区的招商工作,做了很好的基础工作。

■主要招商活动 2010年,旅顺口区开展了一系列招商引资活动,主要有:

1月26日,以区长惠凯为团长的专业招商队伍随省市政府出访香港,签约项目5项。

2月3日,以区委书记熊博力为团长的经贸代表团出访日本,与日本石川县内滩町签订了友好交流关系协议书,缔结为友好城市。并于2月5日在大阪成功举行了“开放的旅顺欢迎您”主题说明会。

2月21日,以区长惠凯为团长的经贸代表团,通过主题概念招商活动为主要载体,向与会省市领导和客商宣传介绍了旅顺口区的绿色产业体系,与温州客商签订一系列合作协议。

3月17日,以区长惠凯为团长的经贸代表团随大连市政府赴荷兰、新西兰、澳大利亚开展招商活动,签订合作协议2项。

5月11日,以区委书记熊博力和区长惠凯为团长的代表团随大连市委、市政府代表团前往深圳开展招商活动,签约项目18项。

5月29日,以区委书记熊博力为团长的旅顺口区政府代表团赴美国、加拿大开展招商活动,与SEYMOUR公司、美国联合太阳能奥佛公司(United Solar Ovonic)等就扩大产品品种的供应,进一步加强合作及新能源合作项目等事宜达成共识。

7月20日,以区长惠凯为团长的代表团出访日本。就旅顺口区与日本企业的深入合作进行了进一步的磋商和洽谈。

8月25日,以区长惠凯为团长的代表团赴呼和浩特开展经济合作活动,与内蒙古、吉林、京津客商签订四份合作协议,切实加快了旅顺绿色经济区的建设步伐。

9月9日,以区长惠凯为团长的代表团赴香港和日本招商。代表团在香港会见了世茂集团、合和集团、中庚集团、中建材、福佳集团、恒丰集团、清华天地、椰林阁集团等项目单位;在日本会见了川崎造船、今治造船、财团法人日中经济协会等公司,并考察了德岛兰之梦项目和筑波科技城。

10月7日,以区长惠凯为团长的招商代表团赴宁波开展经济合作活动,以主题概念招商活动为主要载体,与长三角地区、珠三角地区的客商签订三份合作协议。

■外资利用 全年新批外商投资企业14个,比上年增加2个,增长16.7%,其中,合资企业8个,增长14.3%;独资企业5个,增长25%;合作企业1个。总投资额33682万美元,增长4.7%;合同外资额24009万美元,增长60.9%;实际使用外资额33565万美元,增长98.9%。11个街道(开发区)实际使用外资额均超1000万美元,其中,旅顺经济开发区实际使用外资额超亿美元,达到12530万美元;6个街道实际使用外资额增幅超100%。积极组织赴美国、香港等9个国家和地区开展招商推介活动,与日本内滩町建立友好城市关系;开辟欧美、大洋洲等新的合作领域,全年接待国外友好使团130余批次。

■内资引进 2010年,全区实际使用内资235亿元,完成区计划指标150亿元的156.7%,同比增长131.3%。其中内联引进实际到位金额70亿元,完成市计划指标65亿元的107.7%,同比增长74.1%,完成区计划指标70亿元的100%。

(撰稿人:王　君　审稿人:王　清)

旅　游

■概况 2010年,全年共接待海内外游客792万人次,比上年增长9.2%,其中,接待海外游客10.2万人次,增长30.8%;实现旅游业总收入10.2亿元,增长14.6%,其中,外汇收入60万美元,增长14.6%。按海外游客国籍划分,接待日本游客增长96.1%;按景点划分,东鸡冠山景区接待旅游人数增长255.8%。2010年,全区拥有星级饭店5家,其中,三星级饭店4家;旅行社6家。

■**项目建设** 2010年,旅顺口区提速了重点旅游项目建设步伐,一大批旅游项目落户本区,主要包括湾山高尔夫五星级温泉度假酒店项目、渔夫码头综合开发项目、亿达五星级酒店项目、福佳新天地项目、北部湾生态旅游基地项目、国际海洋城项目、老铁山温泉酒店项目、黄金海岸综合旅游开发项目、琥珀湾综合开发项目、天门山休闲度假城项目、阳光海岸综合旅游开发项目、甜蜜生活度假旅游项目。其中,由大连华森房地产开发有限公司开发兴建的天门山休闲度假城项目,规划通过评审,完成14栋回迁楼的主体工程;由天津大众集团,澳洲新西兰投资发展集团投资200亿元人民币的阳光海岸综合旅游开发项目,温泉已开工建设、回迁楼基本完成,会所建设开始办理相关手续;由大连中港旅集团投资200亿元的琥珀湾综合旅游开发项目,规划设计通过政府评审,摘牌38万平方米,填土区工作全面动工;由大连海昌集团投资的渔夫码头综合开发项目,回迁楼开始规划设计;由大连老铁山温泉续建的准五星级温泉酒店,设计完成。2010年,旅顺口区还投资1900余万元完成对二〇三新樱花园木栈道和停车场的升级改造工作,为第二届中国大连(旅顺)国际樱花节的成功举办提供了良好的外部环境保障。

■**乡村旅游** 2010年,旅顺口区旅游业管理部门认识到发展休闲农业和乡村旅游是建设现代农业,发展旅游业,推动社会主义新农村建设的重要途径。2010年,全区以创建绿色经济生态区为目标,以"走进绿色旅游、感受生态文明"为宗旨,在巩固创建特色旅游村镇成果基础上,重点扶持6户星级农家乐、2个旅游专业村的改造提升工作,取得明显效果。铁山街道郭家村依托地处自然保护区的优势条件及丰富的生态资源和农业资源,大力发展乡村旅游,由一个贫困村走上了脱贫致富的富裕路。到12月,仅特色生态采摘项目就为果农增收1823万元,"农家乐"营业额达172万元。葆源山庄被评为大连市十大休闲农庄,岚星农(渔)家乐被评为大连市四星级农(渔)家乐。禾香宜农家乐、巧嫂农家乐分别被评为大连市三星、二星农(渔)家乐。全区经过专业规范的农(渔)家乐已有38家。2010年,乡村旅游争取市局以奖代补资金为2万元。

■**旅游规划** 2010年,按照《旅顺口区科学发展示范区建设总体规划》及《旅游规划通则》的要求,区政府组织编制了《大连市旅顺口区旅游发展总体规划》(2011-2025)和《大连市旅顺口区"十二五"旅游业发展规划》。其中,《大连市旅顺口区旅游发展总体规划》于11月16日在区委党校进行了终评,大连市旅游局相关领导及区主要领导、评审专家、旅游领导小组成员单位负责人参加了终评会,受到了与会领导及专家的高度评价,一致认为规划理念先进、定位准确,发展目标明确,空间布局合理,旅游产品体系比较完善;规划起点高,有创意,有特色,重点突出了旅游项目策划和品牌打造,是一个高水平的、操作性较强的旅游规划,对旅顺口区旅游业的发展具有重要的战略意义。《大连市旅顺口区"十二五"旅游业发展规划》共五章、二十六节;分述了全区旅游业的发展重点。

■**理论研讨征文** 2010年,开展了由旅顺口区人民政府、大连市旅游局、大连市政协人口资源环境委员会主办,中共大连市委宣传部、中共大连市委政策研究室、大连市广播电视局、大连市日报社协办的大连市旅顺口区加快旅游产业发展主题征文活动，评委对收到的65篇论文进行了认真的评选，分别评出了一、二、三等奖及纪念奖，并将所有获奖文章印刷成集。此次理论研讨活动对促进旅顺口区旅游业的快速发展具有很好的参考价值。

■宣传促销 2010年，旅顺口区抓住旅顺全面对外开放和旅顺全域纳入辽宁沿海经济带并上升为国家发展战略的有利契机，全方位、多渠道提升旅顺知名度。一是积极开拓国际旅游市场，首次组织赴韩国进行旅游促销，特别推出了日俄监狱旧址、白玉山景区和东鸡冠山景区、旅顺博物馆景区等两条精品线路；参加在香港、日本等境外举办的旅行商恳谈会、招商会、说明会，招徕韩国游客4万余人，拓展韩日俄三国国外市场取得显著效果；二是加大国内旅游市场的宣传，参加了海南博鳌旅游论坛、东北国际旅游博览会和上海世博辽宁旅游推介会等，对西安、延安等重点城市进行了旅游市场推介；特别是组织参加在大连举办的第七届东亚旅游博览会，效果良好，旅顺旅游集团、闯关东影视基地、老式汽车博物馆、生命奥秘博物馆、老铁山温泉等景区及部分农家乐业户参展，发放各类旅游宣传资料3万余份，有效地宣传推介了全区的新景点、新资源；三是发挥媒体作用，配合央视二套、辽宁电视台、大连电视台制作旅顺全面开放和第二届中国大连（旅顺）国际樱花节的宣传专题，并制作了4次区领导专访；为进一步提高旅顺的知名度，投资25万元，邀请中央电视台制作了《旅游风光片》，并在中央电视台新闻频道的早间七点三十分时段播放，时长10秒；四是完成《新编导游词》改版工作，投资3万余元，聘请中国社会科学院的卢骅副研究员对全区38家旅游景区（点）的导游词进行全面、系统的规范修改，进一步规范全区导游员讲解的习惯用语、概括介绍、重点讲解等专业方法。

■节庆活动 2010年，由大连市旅游局和旅顺口区人民政府主办，区旅游发展局和旅游集团承办的第二届中国大连（旅顺）国际樱花节于5月1日在二〇三新樱花园盛装启幕。本届樱花节是在旅顺口区全面对外开放的新形势下举行的一届展示旅顺新形象的大型节庆活动，区政府拨出专款1500余万元，对二〇三景区的整个园区、停车场及进出道路进行了全面改造。樱花节开幕式当天，丰富多彩的文艺演出、面貌一新的游览环境、独具特色的樱花品种吸引了大批游客，仅二〇三新樱花园就接待中外嘉宾3万余人。樱花节的开幕也有力带动了全区旅游业的升温，仅樱花节期间，全区接待游客68.5万人次，实现旅游综合收入986万元，分别比上年同期增长0.4%和3.3%；积极参与旅顺樱桃节、渔人节等节庆活动，并以此为载体推出特色旅游线路，使旅顺的农副产品成为旅游市场重要元素，为全区旅游业的健康发展起到了积极的推动作用，实现了“安全、秩序、质量、效益”四统一的目标。

■市场管理 2010年，旅顺口区认真贯彻新的《旅行社条例》和《导游员管理条例》，充分利用年末旅行社年检的有利时机，对全区6家旅行社、14家旅行社门市部进行业务档案检查和备案检查，对查出的问题填表上报并限期整改。全年共检查导游员600人次，批评教育58人次。按照“安全、秩序、质量、效益”四统一目标，构筑旅游安全保障体系，深入开展“安全无小事”、“没有安全就没有旅游”的理念宣传教育，对全行业安全生产隐患排查治理工作做到早部署、早准备、早检查，同时举办了全区旅游行业消防演练培训工作，参加单位40家。全年共下发、转发18份有关安全方面的文件，组织安全大检查15次。积极推进标准化建设，按照国家星级酒店和4A、3A级景区标准，分别对3家4A级、2家3A级景区和4家三星级酒店、1家二星级酒店进行标准复合检查，有针对性的提出了整改意见。加大对旅游市场秩序规范力度，积极推进和巩固旅游经营联盟成果，开创了旅顺口区旅游统一经营的先河，使全区旅游市场秩序明显改观，基本达到了“统一旅游线路、统一优惠率、统一促销、统一管理”的目标，使游客的投诉率明显降低，努力为中外游客提供安全、和谐、诚信、文明的旅游环境。

■新增景点选介

生命奥秘博物馆。生命奥秘博物馆坐落在旅顺经济开发区，是国家AAA级景区，建筑面积2万平方米，展览面积3000平方米，是国内唯一一座可以透视生命迹象的综合性博物馆。生命奥秘博物馆内设有人体展厅、脊椎动物展厅和大型动物展厅。馆藏各类标本300余件，其中人体标本100余件，动物标本200余件。馆内所有标本均采用世界最先进的生物塑化技术制成，具有极高的教学、科研和科普价值。

湾山高尔夫俱乐部。湾山高尔夫俱乐部位于盐场新村，是由著名的日本设计师梅山昌章先生规划设计的一座国际标准27洞山地式球场。湾山高尔夫球场总占地面积130万平方米，在设计上充分利用了当地自然地形和可用地块，使球道造型保留自然景观，充满美感。整个球场仿佛没有经过人工雕琢，而是自然天成的球场地形。湾山高尔夫球场每一条球道的果岭及果岭周边，都极具趣味性与挑战性。

太空植物王国。太空植物王国位于水师营街道小南村松树沟，项目总占地面积2万平方米，展馆面积5050平方米，总投资1200余万元。该旅游项目是由小南村民委与中国科学院遗传与发育生物研究所共同开发的东北第一家太空植物展馆，开发建设以太空植物为主题，展示人类将一个个普通的种子带入太空，经历基因变异，梦幻般的生长出各种奇异果实的真实过程，具有强烈的科普性、趣味性、真实性、艺术性和互动性，是游人休闲、观光的好场所。

《闯关东》影视城。旅顺口区三里桥边的“清风小镇”，是国家AAA级景区，是以电视剧《闯关东》第二部主要拍摄场景为基础，精心打造的20世纪30—40年代东北民俗文化村。文化村现有建筑面积近4万平方米，已成为东北地区独具特色的影视拍摄基地。著名编剧严歌苓的作品《小姨多鹤》，以及反映东北民族工业之父周家兄弟创业历史的电视剧《周家炉》等多部影视作品，先后在这里开机拍摄。走进“清风小镇”，不仅能够使人置身于电视连续剧《闯关东》的拍摄现场，感受剧中人物的惊天地泣鬼神的浩然正气，也可以领略东北民俗风情的独特魅力。

大连老式汽车博物馆。位于旅顺口区太阳沟景区，该馆收藏和展示国内外各种品牌的老式汽车、老式摩托车，同时传播汽车文化、开展汽车运动、引导汽车旅游。该馆藏品分为汽车、摩托车、助力车、自行车、汽车部件、汽车工具、车模型等7大类600多辆(件)，馆藏汽车和摩托车品牌囊括了奔驰、凯迪拉克、道奇、劳斯莱斯、哈姆贝尔、华沙、查克等，其中国产汽车中以红旗轿车最为抢眼，我国另一著名品牌——上海牌轿车，从第一代到第四代车型，包括敞篷检阅车、皮卡等，也均有收藏。该馆“老式汽车”的年龄也是值得称道的，如1938年出厂的法国雪铁龙，距今已70年历史了，至于20世纪50年代、60年代、70年代的"老式汽车",在该馆也均有收藏。

（撰稿人:程丽华 审稿人:艾宁军）

交通物流

公路

■公路建设 2010年,旅顺口区完成投资6.85亿元,其中争取市补2630万元,新建和改扩建各级公路19.8公里。主要实施五项工程:一是202路轻轨延伸线21.6公里征地动迁工程。这是全年工作的重中之重,其中永久性征地360亩,需要动迁住宅357户、企业和集体单位64家、果林木29.7万株、林地12亩、地下管线等138处、电力线77处、电力铁塔9处。预计总投资9亿元,年内完成投资5.53亿元,完成征地动迁总量的82%。二是大盐线延伸扩建工程。大盐线一级路延伸扩建工程自北牙户嘴至胡家村,突出为开发区建设开辟新通道,并解决双岛和江西之间公交断档、周边百姓乘车难问题,全长9.1公里,路基宽34.5米,路面宽27.5米(含中间留有3米宽的绿化带),是全区目前公路建设中最宽敞的道路;工程计划总造价3.5亿元,其中区政府已拨付动迁款5500万元。工程在2月22日开工,11月18日完成5公里路面摊铺工程并通车。三是黑大线大修改造工程。旅顺北路水师营至张家桥一级路5.068公里大修改造工程,突出提升202国道档次和畅通能力。工程总造价5200万元,其中区政府拨付2900万元动迁款。该工程8月5日开工,其中郭水路交叉路口至水北路交叉路口段1.775公里由原来19米路面加宽至30米,9月25日全线竣工通车。四是水西路绿化、美化工程。水师营至西湖嘴8.5公里的水西路段投资1800万元,完成绿化、美化4公里,并在与土羊高速公路接口处修建一处小广场和象征和平、和谐、绿色、向上的雕塑,使该路段形成较好的景观。五是新建农村公路工程,共5条9.76公里,投资768万元。其中许家窑至石灰窑村许石线3.6公里、石灰窑洪庙至小黑石洪小线2.6公里7月25日建成通车,突出解决该区域重载车辆碾压致使路面破损、影响周边百姓行路安全、环境污染问题。其余3条(南牙线、中牙西福线、长城李赵线)10月份竣工通车,突出为部分村庄开辟新通道,并着力解决周边企业运输需求问题。

■公路养护 2010年是"国检"之年,旅顺口区进一步完善和提高公路养护水平,努力达到理念提升、管理升级、技术进步、服务改善的目标。全年共修补翻浆路22788平方米;填补坑槽2476.37平方米;浆砌边沟1364.6平方米;黑大线路肩平整18公里;栽种地被菊23万株;全年维修桥梁16座;完成水毁恢复工程32处;桥涵清淤124座;路面灌缝10公里。对全区176.337公里的县级以上公路进行了系统数据采集汇总,好路率达到90%。安全隐患排查桥梁124座共3426.49延长米。疏通涵洞保证排水通畅,修剪整形遮挡标志的花草树枝,使绿化林带、边沟、路缘石整洁醒目,给人以线形流畅的美感。保质保量按时完成路面挖补、灌缝、油封等养护工作,做到坑槽挖补不过夜,365天无坑槽,保证了干线公路全年无坑槽、翻浆、沉陷、断板等影响行车安全的严重隐患。将提高绿化标准作为绿化工作的重要内容,科学规划,精心设计,舍得投入,先后引进了国槐、银杏、桧柏、云杉等多种名贵树种,重点对马北线、长盐线、滨海路和水西路进行了高标准立体绿化并着重在“绿”字上做文章,在“美”字上下工夫,“求活、求精、求美、求新”,提升公路整体形象,形成了“上乔、中灌、下花草”的立体布局。其中:长盐线栽种马莲27万株,安装轮廓标900根,道口硬化52处,种植草线10公里;完成滨海路绿化37公里,栽植黑松550株,龙柏535株,海棠640株,樱花326株,花灌木149932株,紫穗槐69000株;完成水西路绿化8.54公里,栽植法桐815株,蜀桧455株,香花槐500株,龙柏500株,道口硬化143处,建隔离挡墙400延长米,绿化隔离挡墙栽植大叶黄杨33000株,绿化景观带4公里。马北线安装轮廓标200根;绿化景观带5公里。郭水路绿化景观带10公里。同时还因地制宜,增设别致新颖的园林小品,起到了画龙点睛的作用。2010年,全区县级以上公路有四分之一的路段实现了四季长青,三季有花的目标。

■公路运输 2010年,全区共有营运车辆6230台。其中货运车辆5360台(包括农用三轮车520台),客运车辆870台,客车车辆中交运集团97台,旅南公司80台,万祺客运公司17台,三寰客运公司21台;出租轿车653台;出租大客车2台。有营运线路38条,线路总长1486.2公里。全年共完成货运量3556万吨,比上年增长2%,货运周转量42929万吨公里,比上年增长3%;完成客运量2261万人,比上年增长2%;客运周转量35181万人公里,比上年增长2.5%。

■运输市场管理 2010年,全区办理货运许可1027户,许可经营车辆1569台。22家10台车以上货运企业和危险品运输企业,全部参加了考核,共考核车辆519台。维修市场管理坚持做好许可现场勘察前置条件审核,厂房、场地设备、人员都达到要求后受理审批,受理业户申请26户,经审查批准经营许可26户。审验维修业户415户,其中一类12户,二类63户,三类233户,摩托车107户,审验合格率达96%。车辆二级维护全部实行网上监控、微机签章。受理二维合同4780份,二维签章10443台次,二维竣工检2480台,二维上线抽检率达100%,抽检合格率为89%。全年派出稽查人员4631人次,出动车辆2630台次,查处各种违章车辆2106起。其中:无证经营客运“黑车”256台次;无证货车375台次;摩托车、三轮车非法载客31台次;其他违章车辆1444台次。结案1784台,结案率为84.7%。

■文明创建 2010年,旅顺交通局努力把获得区精神文明精品工程的“文明的士”、“文明公交车”竞赛活动办成旅顺的特色名片,并提升和扩大品牌效应。出租车“爱心小组”已经由过去通运公司的1个,发展到全区四家出租车公司的13个,与城区四个街道96个家庭结成帮扶对子。其中通运公司发展到5个“爱心小组”帮扶25个家庭,而且“八一”建军节和高考期间,先后出车80台免费为军人和考生服务,并捐资15万元资助孤儿贫困生就学。10月22日，又隆重表彰"十星文明的士标兵"5人、"十星文明的士"20人，"爱心的士"71人，"文明公交车"10人。年末。汽车站站务班被市总工会授予大连市第三届"工人先锋号"称号。同时，基层各单位分别以文明工地、党员先锋岗、工人先锋号、青年文明号、延时服务等为载体，使全行业文明创建活动开展的扎实有效。

■排忧解难 2010年，旅顺交通局以强有力的过细工作化解纠纷，努力作到小事不出站所，大事不出局，矛盾不上交。对历史遗留的信访难点问题，采取综合攻坚的方式，合情合法的处理，做到钱清事了。对现实利益冲突的老年人优惠乘公交车问题，采取全面协调的方式，7月1日实施了城乡近4万名老年人持证上车减免费的优惠政策，使公交化成果进一步惠及百姓。对存在上访苗头的北路公交化改造问题，先后召开20余次论证会，30余次与各方沟通协调，力保和谐推进。对群众日常举报的客车运营服务和道路破损等问题，采取及时与举报人见面、及时到现场解决的快作为方式，避免了群体上访。同时，注重把办理两会"两案"与百姓诉求和落实全年工作目标相结合，人大22件建议案和政协15件提案办结率和满意均达100%，其中对老年人优惠乘车提案的圆满办结受到上级表彰。

■依法行政 2010年，旅顺交通执法坚持规范执法制度、规范执法程序、规范执法行为，加强了客货运输市场的监管，其中打击"黑车"列为重中之重。根据"标本兼治、综合治理、依法监管"的原则，一是成立专项工作领导小组，分头落实责任；二是依靠群众，坚持24小时畅通举报渠道；三是重事实重证据，不允许任何人充当"保护伞"；四是利用新闻媒体正面宣传，并对严重违法运营行为进行曝光；五是加强出租车公司运营管理并多次调整公交车运力投入，从源头遏制"黑车"生存空间。运管所和交通治安派出所等部门联合执法，年度内查处无证客运车辆、货运车辆、摩托车和出租车拼客及其他违章2106台次，出现了打击力度加大、监管质量提高、违章车辆减少、行业稳定形势好转的好局面。

■端正行风 2010年，旅顺交通局把党风政风行风建设作为树立班子集体形象、干部个体形象、队伍群体形象、窗口服务形象的保证措施去落实，形成党委保障、行政分管、科室实施、基层落实、社会监督的工作机制。在行业管理上，成立项目工程指挥、公交管理服务、行政执法、文明创建、议案提案办理、信访办理等各项工作领导小组，强化领导和规范管理。在班子和队伍建设上，注重及时充实加强力量，选好人，干实事，带出一支好队伍。其中，运管所争取资金实施办公楼立面改造、检测站争取到汽车尾气环保检测站项目、汽车站形象好引来很多单位参观学习，已经成为年度工作的亮点。在社会监督上，形成政风行风监督制度，聘请行政监察、检察院、区人大、审计、新闻媒体等部门7人为社会监督员，常年开展监察活动，并与检察院召开立项介入公示会议，制订了工程预防职务犯罪实施方案和工程廉政合同，从源头上为工程优质、干部优秀创造了条件。

（撰稿人：史云东 审稿人：陈秉琨）

港口与口岸

■概况 旅顺口区港口与口岸局2009年12月24日成立，编制11人，其中：行政编

10人,工勤编5人。2010年实有在岗行政编人员5人,工勤编1人。

2010年是"十一五"收官之年,也是区港口与口岸局成立后的第一年,全局各项工作按照区委十三届八次全会和人大、政协两会要求,积极抢抓辽宁沿海经济带发展战略上升为国家战略和旅顺口区全面对外开放的历史性机遇,以科学发展观为统领,克服困难,开拓思路,顽强拼搏,全力围绕"国际航运中心组合港"建设这一中心任务开展各项工作。

■规划"十二五"发展 2010年,旅顺口区按照"辽宁沿海经济带规划"、大连东北亚国际航运中心建设的要求,为充分发挥港口对经济发展的牵动作用,提升旅顺港对环渤海地区的服务能力以及对东北亚区域的辐射能力,加快推进港口的功能完善,全面提升港口综合实力,确立了"以打造环渤海滚装运输枢纽为核心,实现各种运输方式在旅顺新港的无缝链接;全力推进大连市客滚中心转移和双岛湾港区建设,积极促进临港产业基地的逐步形成;进一步强化重大装备构件的专业化作业能力,大力发展港口物流服务。使旅顺港具备装卸储运、中转换装、运输组织、现代物流、临港工业以及信息、综合服务等主要功能,成为客货兼顾、内外贸结合、商工贸并举的多功能、现代化的综合性港口,成为东北亚国际航运中心和国际物流的重要组成部分"的"十二五"发展目标。明确"十二五"期间要规划布局两个重点港区,形成两大核心、1个预留、多点旅游港区的港口格局(两大核心:旅顺新港港区将作为大连市滚装运输转移的承接地,着力构建环渤海湾海上滚装运输枢纽,并计划在"十二五"期间开通中日韩海上滚装运输航线;双岛湾港区近期临港工业起步,"十二五"期间主要为临港工业及周边区域经济发展服务,并着手建设特大型油品中转泊位。1个预留:将大潮口宜港线作为预留港区,视大连市及旅顺口区未来发展适时统一规划利用。多点旅游:以旅顺新港游艇码头为中心,以黄渤海沿岸为两翼,布置游艇码头及其相关旅游休闲作业区,打造旅顺口区沿岸海上观光旅游产业)。争取在"十二五"期间,全面完成旅顺港结构布局调整,建成适应旅顺口区发展要求的大型化、集约化、专业化、多功能的现代化港口体系和高效、完备的港航综合服务功能,把旅顺新港打造成环渤海综合交通运输枢纽,成为大连国际航运中心的重要组合港。

■国际航运中心组合港 2010年,旅顺口区按照大连市对旅顺港口的定位,重新修订完善了旅顺新港和双岛湾两大港区总体规划,调整确定了年度港口建设计划,并着力做好旅顺新港扩建和双岛湾港公共航道及起步工程建设各项前期工作。

1. 港口规划工作

双岛湾港区规划。按照市、区两级政府有关港口与产业互动、港口与城市协调,注重生态保护、打造双岛湾绿色生态型港口的规划要求,在《大连港旅顺双岛湾港区总体规划(征求意见稿)》通过市政府组织的交通运输部专家组评审的基础上,完成了双岛湾港区总体规划平面方案修改和《大连港旅顺双岛湾港区总体规划岩土工程补充勘察报告》,并委托大连海事大学开展双岛湾港区规划阶段通航安全论证工作;编制完成《双岛港湾区铁路规划方案》。

旅顺新港港区规划。根据大连建设东北亚国际航运中心的总体规划思路,为进一步突出旅顺生态环保港口理念,扩大和完善旅游休闲港区和综合交通枢纽,形成各交通功能无缝对接,实现乘客零距离换乘，旅顺口区结合双岛湾港区规划，委托大连理工大学设计院进一步调整完成了《旅顺新港港区总体规划》，将旅顺新港通用泊位功能调整到双岛湾港区，旅顺新港共规划5千－5万吨级客货滚装泊位11个，以满足大连市滚装运输布局调整的需要，打造环渤海滚装运输枢纽。

2. 港口建设

2010年，全区港口建设项目共17项，主要包括：中远造船船坞及防波堤、旅顺新港航道改扩建、旅顺新港综合交通枢纽和双岛湾1#－2#通用泊位（含双岛湾水陆域动迁）、公共航道等建设项目。2010年，全区完成港口建设投资13亿元，比上年增长21.5%，完成年计划的36.79%。

旅顺新港客滚作业区建设项目是区港口和口岸局2010年重点推进的港口建设项目之一，该局由主要领导负责，采取周调度会、进度旬报等形式，掌握工程进度，明确进度计划、解决实际困难，积极帮助项目单位协调办理各种相关手续，全力推进项目进度。

双岛湾港区1#、2#通用泊位和公共航道建设工程完成投资1000万元，并通过预可行性研究报告专家评估会，取得了市发改委项目建议书的批复；工程可行性研究报告编制完成并报市发改委；海域使用论证、通航安全论证、环境影响评价等研究论证工作均已完成。同时，由大连港集团和旅顺顺兴公司合作组建港顺公司的相关工作正在积极推进中。

旅顺新港综合交通枢纽建设项目按照大连港集团提出的扩大客运主体部分、缩小商业部分面积的建议，修改完成初步设计方案，基础部分开工建设；旅顺新港航道改扩建工程接近尾声；旅顺新港3000吨泊位建设和2#、3#泊位加固改造工程前期工作展开。

■综合交通运输枢纽 2010年，为使旅顺港航运输业持续健康快速发展，打造环渤海综合交通运输枢纽的工作目标，区港口和口岸局克服诸多不利影响，着力开辟客货源市场，实现港航经营市场的跨越式发展。2010年，全区共有港口经营企业10家，建成3000—20000吨级生产经营性泊位17座（含中远造船材料码头1座），港口设计通过能力：货物1614.2万吨/年、旅客201.7万人次/年、汽车58万辆/年；水运企业有6家，运输船舶9艘，共计52243载重吨；营运海上旅游业户1家，旅游船（艇）6艘，总客位76个，另有3家正在办理中；水运服务企业13家；地方修造船企业105家；“旅－蓬”、“烟－大”2条客货运输班轮航线，2万吨级营运班轮4艘。旅顺新港已经形成集火车轮渡、客滚运输、杂货装卸等多种运输方式为一体的综合性港口。

■综合性物流基地 以羊头洼物流园区为核心，旅顺口区积极推行重大装备构件的专业化作业方式，不断增强大型装备制造件的吊装能力。2010年，旅顺新港新添置安装120吨门座式起重机2台、25吨门座级式起重机2台，至此，旅顺新港港区已有10吨－300吨岸机共15台（300吨4台、120吨2台、55吨1台、40吨1台、25吨2台、16吨1台、10吨4台），港口重大件吊装能力位于大连市公共港区前列，为提高港作业能力而建造的2200马力拖船已下水，旅顺新港已经形成服务于环渤海经济圈，连接中日和辽东、胶东半岛间，集船用钢材、重大设备和钢结构件以及矿建材料进出口转运的物流基地。

■口岸环境建设 为构建优质、高效、便捷的口岸环境，更好地为旅顺外向型经济服务，2010年，旅顺港口和口岸局在对全区现有外运需求港口企业和重点在建船舶制造企业进行充分调研、审核的基础上,已将双岛湾港区1#、2#通用泊位、旅顺新港2#、3#泊位、旅顺新港客滚作业区9#、10#、11#泊位以及具有开放需求的中远造船、今冈船务、滨海船厂以及寺冈船舶重工等企业码头列入"十二五"口岸开放计划上报市政府,并积极争取保税政策,将保税仓库列入近期口岸建设计划。

自2010年初旅顺新港4#、5#泊位正式开放以来,区港口和口岸局不断与各口岸查验单位进行协调、沟通,努力促使各查验单位尽早入驻,并开关、开检,办理业务。2010年,口岸查验基础设施已基本完工,口岸监控管理系统安装完,海关筹备处、边防检查站、检验检疫办事处等联检机构已全部入驻。与此同时,旅顺海关在积极筹备中,待国家批复。

■**安全监管** 2010年,旅顺口区港口和口岸局采取措施,努力做好安全监管工作。1. 结合行业实际,抓好安全生产隐患排查。结合安全生产年的各项工作,该局深入开展行业企业安全隐患的排查工作,各相关企业也充分认识到安全生产的重要性,层层落实隐患排查责任,制订隐患排查治理方案,卓有成效地开展工作。至年底,全系统共排查治理各种安全隐患近200多项,努力将安全隐患消灭在萌芽状态。2. 抓住工作重点,加大行业监管督查力度。本着"谁主管谁负责、谁审批谁负责"的原则,按照责任分工,分头加强日常监管。结合全区港航系统实际和季节特点,以滚装运输、水上旅游运输、港口客运站、港口重大件装卸作业和危险品作业场所为重点,坚持每天对滚转运输进行跟班监管,对水上旅游运输企业进行不间断巡查,加大对重点港口企业检查密度。至年底,先后十余次,分别联合区安监局、旅顺海事处等相关部门到港口企业、水上旅游运输企业和船舶修造企业进行专项或综合性安全检查。3. 夯实管理基础,强化应急管理工作。为夯实安全管理基础,提高行业安全管理水平和应急反应能力,组织系统内管理机构和10个行业企业单位中层以上管理人员,以及专兼职安全员100余人,进行了安全知识考试,组织相关企业法人和安全管理人员参加安监局组织的培训班;以企业应急机构设置、应急队伍建设、应急救援预案、应急设施、设备和物资的储备等为重点,对港航系统各行业企业的应急管理工作进行了检查;分别组织海上游艇运输救生和防油污等演练观摩活动;共14次向行业管理机构和重点行业企业发布气象预警信息,及时通知他们做好应对和预防准备;针对海上游艇作业缺乏统一管理的现状,制订并下发了《水上旅游运输旅客登乘作业管理规定》(试行),加强游艇作业管理,确保水上运输安全。4. 充分利用媒体,营造齐抓共管的良好氛围。充分利用电视、报纸、简报、专项信息、展板、标语等形式,提高行业安全生产意识,向社会及相关群体普及安全常识,发布安全生产动态,以引起全社会的重视,营造良好舆论氛围。

■**管理与服务** 2010年,区港口与口岸局不断加大行政执法力度,规范执法行为,严把准入关口;坚持跟踪服务,为企业排忧解难,促使行业环境持续优化。年内,对辖区内23家水运、水服、旅游船企业进行了年度审验,颁发了《船舶年审合格证》;受理变更及申报筹建的船修企业16家,对其进行了现场审核,并按时限给予许可;对21艘来港外地船舶的运政检查,其中有一条船因营运证过期被处罚。

按照交通运输部统一部署,对照新修

订出台的《港口经营管理规定》,结合打非防违专项行动,区港口与口岸局先后3次到全区各港口企业进行调研,对他们的范围进行重新核定,对企业的生产经营设备实施进行检查,对经营资质申报材料进行逐项的反复审核,对旅顺目前一些港口建设手续不完备和主体工程完工、尚未取得经营资质从事港口建设、港口货物装卸作业的港口企业进行从严监管,下发了整顿通知书,并到现场抽查,严厉查处各种非法建设、非法营运行为。同时,采取上门服务、跟踪指导的方式,对大连一航港湾、寺冈船舶重工、郭家沟游艇码头等缺少港口建设手续的项目单位和大连港旅顺港务有限公司、大连电机重德钢结构分公司、中远造船等经营资质缺项的企业进行跟踪服务,与相关主管部门沟通协调,帮助其办理相关手续。全区已有4家港口企业完成了经营资质核查,完成了港口经营许可换发工作,核销了旅顺新港燃油供应公司的港口经营许可,其他港口企业的此项工作有望在近期结束。

■队伍建设 2010年,自成立区港口与口岸局机关支部以来,为充分发挥党组织的战斗堡垒作用,充分利用各种途径,不断夯实党的基层组织基础:以深入开展学习实践科学发展观活动为切入点,以全民“读书月”活动为载体,以服务于年度刚性任务为目标,港口与口岸局组织机关和基层单位进行理论学习、形势教育和业务培训,努力创建学习型党组织、学习型机关、培养学习型人才;以“德才兼备、以德为先”为标准,以“注重品行、崇尚实干、重视基层、鼓励创新、群众公认”为导向,向区委组织部推荐区管后备干部3名、优秀青年干部1名;以“广纳言、慎决策、速执行”作为决策机制,畅通沟通渠道,广泛征求各方意见,确保各项制度、决策的科学性和可行性;以水路运输为综合治理重点领域,坚决消除各类治安隐患;以“阳光执法”为手段,加强行风、政风和机关廉政建设。

(撰稿人:刘　庆　审稿人:徐振春)

■大连港旅顺港务有限公司 2010年9月21日,大连港集团控股成立了合资公司大连港旅顺港务有限公司,收购了原旅顺口区港务局及所属企业,全面接管旅顺港(南半部岸线及港区),员工总数近200人,外协队伍约20人。

公司改建泊位及浮桥,更新运力,与山东渤海轮渡有限公司合作,于10月7日引进“渤海银珠”号客滚船上线,接替了“宝华”、“英华”2条老旧的小型客滚船,减少了甩车问题,提高了单船运营的综合效益,进一步巩固了旅顺客滚运输市场,使大连港集团客滚业在旅顺的布局及发展得以有效实施。依靠大连港集团完成了三方合资的第一次资产收购,为第二次资产收购奠定了基础。

深入调研,调整产业经营布局,广泛开展宣传,统一员工思想,顺利完成了机构、人员、资产及资源的科学重组,使公司作为大连港集团所属的新的子公司得以正式营运。公司内设机关5个部,下设货运公司、客运公司、机械公司、环保公司和市场开发中心5个基层单位。重组了所属基层单位领导班子,重新聘任、聘用了全体管理人员和工人等岗位员工,实行扁平化管理,完善了港口生产经营服务体系,全力维护职工权益,保持了港口稳定。

充分发挥新成立的独立的市场开发中心的职能作用,大力承揽货源。针对过去客户及货源流失的问题,实行灵活定价,不搞一口价、一刀切,主动联系流失走的客户,积极做工作,成效显著,争取一些客户回港了、货源回流了,遏制了逐渐下滑不景气的货源形势,有效稳定了货源,确保了散杂货业正常生产。充分发挥新组建的机械公司的维修、供应等综合服务功能作用,使港口机械设备的维修、水电的供应维修得到科学整合,机械公司效率更高、服务更佳、支撑保障功能更强。充分发挥新组建的独立的安监部的安全监管职能,使港口安全管理工作更加规范科学、运作更加高效有力,确保了全年未发生等级安全事故。获得旅顺口区2010年春运工作先进单位称号。

经国务院同意,所辖旅顺港(4#、5#件杂货外贸码头泊位)于2010年1月20日起正式实现对外开放,使大连口岸又打开了一条通往国外的便捷国际通道,进一步提升了大连市对外开放水平,对促进大连及旅顺经济快速发展和大连航运中心建设具有重大意义。

2010年,公司全年共完成货物吞吐量257万吨,同比增长144.76%。其中,散杂货吞吐量为28万吨(其中外贸货物吞吐量6万吨,大型机械设备、船舶构件和钢材装卸量8.63万吨);进出港船舶达224艘次,其中,内贸船为142艘次,外贸船为82艘次;客滚业吞吐量为229万吨;完成固定资产投资1.32亿元(吊装设备、拖轮及客运站安检系统投资,口岸开放、基础设施建设投资等)。

(撰稿人:张东明　审稿人:贺业栋)

邮　政

■**概况**　2010年,大连市邮政局旅顺口分局(以下简称分局)邮务类业务收入完成613.86万元,完成年计划104.24%,同比增长4.24%。

■**函件业务**　2010年,分局函件业务实现业务收入216.7万元,完成年计划的100.32%,同比增长20.28%。一是继续抓窗口贴票收入,加大窗口营业员的营销能力,开展“多说一句话”活动,以高水平的格式化服务,扼制住贴票收入下滑的趋势。二是注重项目开发,提高收益水平。开发了水师营街道招商贺年折1200册,形成业务收入7.8万元;开发大连外国语学院邮资封3000枚,形成收入4800元;开发中国人民解放军海军某部队纪念折400册,形成业务收入2.2万元;开发金洋游艇俱乐部贺卡宣传折1000册,形成业务收入1.46万元。开发了大连广播电视大学旅顺分校成立30周年纪念折,形成业务收入3万元;开发无名址商函广告收入8万元;制作黄渤海分界线景点门票明信片,形成收入3.7万元。三是加大中邮广告的开发力度,开发了移动公司中邮广告业务,形成业务收入3万元。

■**包裹业务**　2010年,分局包裹业务实现收入36.51万元,完成年计划的156.01%,超计划进度13.11万元。一是抓住时机大力发展普通包裹业务,拉动了普通包裹业务的增长。二是启动了家乡包裹、爱心包裹业务。三是积极宣传邮件保险、保价、回执业务,大力发展包裹增值业务。四是与部队、学校及时沟通,全局上下齐动员,圆满完成军营和校园包裹收寄工作,共收寄大学生毕业包裹2340件,形成收入6.4万元;复转军人包裹1190件,形成收入4.4万元。

■**报刊发行业务**　2010年,分局报刊发行业务实现业务收入146.19万元,完成年计划的100.47%,同比增长10.7%。一是紧紧依靠区委宣传部门、各街道、企事业单位领导做好党报党刊发行工作。2010年收订党报党刊流转额81万元。二是在抓报刊收订工作的同时，狠抓投递服务工作，及时解决投递工作中出现的问题。三是抓住重点报刊发行，拉动报刊流转额快速增长。四是抓住行业报刊发行不放松，确保行业报刊发行量稳中有升。五是加大都市报、行业报刊的宣传力度。六是维护好各大专院校图书馆工作，保量增量。

■电子信息业务 2010年，分局电子信息业务实现业务收入60.42万元，完成年计划的104.17%，同比增长为53.94 %，超计划进度2.42万元。一是大力发展“储蓄短信”业务，力保每天都有新突破。全年发展储蓄短信7600户，形成业务收入26万元；发展速递短信52208条，形成收入5.22万元；发展汇兑短信78787笔，形成收入7.88万元；代放号8828个，形成业务收入6.96万元。二是加强代售机票的宣传力度，出售机票1415张。

■集邮业务 2010年，分局集邮业务实现业务收入140.07万元，完成年计划的105.32%，同比增长为7.1%，超计划进度7.07万元。一是利用旅顺口区全面开放这一商机，加大邮品开发力度，做好区招商引资纪念册的策划、开发工作，印制旅顺口纪念册1000册，形成收入16万元。二是及早准备2011年新邮预订工作，在保证老客户的前提下不放松新客户的开发，年内已预订证2083套，各项票品共形成收入531380元。三是集邮窗口人员发挥自己的特长，向旅顺口区广大集邮爱好者继续宣传世博会产品，形成收入10万余元。

■机要业务 2010年，分局机要业务实现业务收入13.99万元，完成年计划的107.59%，超计划进度0.99万元。

■农资分销业务 2010年，分局农资分销业务实现业务收入5万元，完成年计划100%。借鉴兄弟局经验，销售化肥47吨，实现销售额14.6万元。二是采取各种形势开展业务宣传，销售大宝日化产品6.24万元；天达“2116 ”农药25983元。三是加快农村社会加盟网点渠道建设，建立直营店1个。

■代理速递物流业务 2010年，分局速递物流业务实现业务收入80.84万元，完成年计划的109.25%，并超计划6.84万元。其中：代理快递包裹收入完成19.79万元，完成年计划91.61%；代理国际包裹收入完成11.99万元，完成年计划103.33%；代理速递业务收入完成49.07万元，完成年计划120.27%。一是做好窗口收寄工作，以优质的服务吸引用户。二是做好投递工作，将邮件迅速、准确地送到用户手中，妥投率达到上级要求。三是时时关注各网点的业务发展，为各网点做好服务工作，及时解决他们工作中的问题。四是在“思乡月”营销活动中，面对困难，不等不靠，以最优质的服务让客户满意，完成业务收入13.16万元。

（撰稿人：冯丽琴　审稿人：杨　怡）

城乡建设管理

规　　划

■概况　2010年,区规划局围绕全区城乡建设、经济发展这个中心任务,科学规划、创先争优,使全区规划工作有了新突破,为社会经济发展起到了龙头作用。

■全域规划　2010年,为深入贯彻落实全域城市化发展战略,使全区未来各功能区之间能够有机衔接,及时有效地指导全区全域基础设施,区规划局完成了旅顺口区全域总体规划。该总体规划涵盖旅顺口区全域,涉及确定发展定位、整合规划关系、完善空间布局、制订发展策略等多项内容;重点是梳理和提升全区六大板块的规划设想,完善和填补空白区域。该规划还将选择重点区域进行概念性城市设计,并结合区水系分布提出切实可行的水系规划;同时完成全区道路交通和基础设施规划,并对新城区原控详规进行总结、论证和调整。全域规划对全区未来发展从宏观上具有科学指导意义。

■园区控制性详细规划

1. 长城、三涧工业园区概念性规划。该园区位于旅顺口区长城和三涧堡街道两个组团之间,是旅顺口区北路产业链的重要一环,为此委托大连市规划设计院编制完成了控制性详细规划,填补了全区六大板块中最为突出的规划空白点。

2. 旅顺高新技术产业园区(龙头)概念性总体规划。规划区位于旅顺口区中部,水师营新城东侧、龙头街道北部。东与大连高新技术产业园区相连,南至旅大铁路支线,西至三八里村,北至长城大房身村。规划总用地14.7平方公里,其中可建设用地面积8.4平方公里。规划区城市建设用地形成"一核、一带、两片、三廊、四屏障"的结构,一核是园区核心区;一带是工业发展带;两片是一南一北两个城市功能区片;三廊是沿现状三条南北方向水系规划绿色生态廊道,为规划区提供生态景观,休闲场所;三屏障是规划区内山体将规划用地分割为有机分布的各个组团,各组团用地皆为山体环绕,植被茂密绿树成荫,成为规划区绝佳的绿色屏障。

旅顺口区龙头高新技术产业园概念性总体规划的完成,体现了创新性、超前性、生态性、协调性、示范性,将为旅顺绿色经济区建设、促进产业调整、产业升级、循环经济发展,起到引领作用。

3. 北海阳光海岸建设规划。该规划用地向东通过滨海路、旅顺北路与甘井子、大连中心城区联系紧密;向西通过滨海路、三双路与双岛临港产业区联系;向南与水师营、旅顺老城相辅相成;向北,通过海上通道,联系渤海湾经济发展带。本项目规划用地包括北海街道全域和三涧堡街道石灰窑村部分用地,共约35.58平方公里。

本规划在概念方案的基础上,结合地形地势特点,在规划区域内形成"两轴六区"的规划结构。两轴:中央景观商业轴;

环绕大潮口滨海功能轴；六区：中央商业服务区（以商业大道圆广场为中心，包括中央商业街、滨海居住、行政教育医疗等公共服务、滨海浴场游乐等功能）、滨海酒店度假区（以大潮口西侧星级酒店为中心，结合临海悬崖地势开发星级酒店和高级会所、临海开发游艇码头和滨海居住）、体育休闲运动区（以区域内山丘上文体中心为中心，结合湿地地貌开发湿地公园、水上运动基地、休闲运动基地和文体中心）、滨海滑雪度假区（以滨海商业服务区为中心，包括滨海室内滑雪场、滨海游乐场、滨海温泉疗养基地、商业服务和滨海居住）、生态农业观光区（以沙包村回迁区为中心，利用原有农业基地建设生态农业观光园、采摘园、利用山丘地势开发山地越野和野外拓展训练基地）和森林观光区（以葡萄酒庄园为中心，利用森林资源，开发森林观光和探险、马术俱乐部等旅游项目）。

旅顺口区北海阳光海岸建设规划充分体现了对生态环境的尊重，体现了可持续发展理念的不断强化，会为北海全域、三涧堡区域带来前所未有的发展机遇，更会为旅顺口区的经济和社会发展注入强大动力。

4. 双岛湾临港新区发展建设规划。该规划地块位于旅顺口区双岛湾街道，南邻双岛湾港区，西邻渤海，北靠九头山，南邻土羊高速公路及江西街道。距水师营新区5公里，距旅顺经济开发区羊头洼港9公里，距大连市中心城区35公里，规划用地面积约26平方公里。

依据港口条件、现状土地使用情况及相关规划政策，地块目标定位为建设临港绿色产业示范区、低碳经济示范区、体育文化新城。具体为：以装备制造为主、物流业协调发展的综合产业发展区；建设循环经济产业体系、和谐的社会系统、自然生态景观系统、生态型交通系统和生态型基础设施体系，将双岛湾建设成为生态型产业新区。

围绕产业、服务、居住三大核心功能，打造宜业、宜居、宜乐的核心功能架构。其中，产业门类主要为临港制造业、物流业及科技研发，同时打造高品质的原住民生活社区及为产业区配套的生态型宜居社区，并构建完善的公共服务设施体系，涵盖行政办公、商业、文化娱乐、医疗教育等方面，尤其是构建旅顺口区体育中心。

双岛湾临港新区发展建设规划无论是港区的建设，还是体育公园的建设，都将为双岛湾地区带来前所未有的发展机遇，更会为全区经济和社会发展注入强大动力。

5. 蟠龙寺旅游文化园区规划。在该区域概念性规划确定后，抓紧落实该园区控制性详细规划，进行现场勘察，资料梳理，完成新区绿地系统规划、文化公园概念规划、城市新区发展概念规划、蟠龙山文化公园概念规划。

此外，完成新城区城市设计规划调整工作，完成旅顺口区空间战略规划，完成中科院大连旅顺创新园控制性详细规划，以及旅顺西部临港新城概念性规划。

■重点建设项目 2010年，全区完成大连中远造船工业有限公司新建旅顺造船基地规划，已全面建设。完成中国北车集团大连轨道交通制造中心规划，完成旅顺经济开发区滨海休闲度假区规划，完成大连至旅顺新港轻轨工程规划，已分段开工建设，区规划局将积极配合相关部门，为该项重点工程提供优质服务。完成旅顺热电厂项目规划。还完成了旅顺口区市民健身中心、旅顺口区行政中心规划、龙头清华园规划、琥珀湾建设规划等。

■**“三个一”工程** 2010年,旅顺口区高标准高质量地完成了一条道路、一个市场、一片旧城区的改造即“三个一”工程,改善了城市环境,促进了商贸产业发展,提高了居民生活质量。在2010年大连市城市建设“三个一”工程总结评比中,旅顺口区获集贸市场建设和路灯改造优胜奖。

路街改造项目是迎春街综合改造工程。该工程起点为长江路,终点至博爱街,全长1735米,路宽15米,人行道宽度为3米,两侧绿地宽度为0.5米至7.8米不等。工程自2010年8月18日开工,10月18日竣工,总投资1200万元。迎春街道路的升级改造,不仅为全区创造了畅通便利的交通条件,提升了旅游线路的观赏效果,也有效改善了周边居民的生活环境,对旅顺绿色经济区的建设发展将起到有力的推动作用。

集贸市场改造项目是华通和平海岸综合服务区农贸市场的综合改造。该项目由南通弘峰建筑工程有限公司承建,位于旅顺经济开发区双沟村。建筑面积2200平方米,摊位数230个。2009年7月3日开工建设,2010年8月竣工。农贸市场每天热闹非凡,日均人流量达几千人,极大的方便了群众生活,完善了开发区的城市功能,推进了城乡一体化进程。

旧城区改造项目是新城区三八里回迁区改造。该项目选定在旅顺口区新城区三八里村,占地面积5.95万平方米,总建筑面积11.21万平方米。由大连旅顺水师营房地产开发有限公司承建,定名为“三八里回迁区”居住小区。该项目于2010年5月17日完成所有规划审批手续,项目投资4亿元,容积率为1.57,主要以改善当地居民居住环境为主,拆迁面积6万多平方米,已拆迁5万多平方米,拆迁住户460户,企业13家,拆迁费用1.43亿(其中住宅1.07亿)。该小区建设住宅22栋,其中多层15栋、高层7栋。该工程全部用来三八里村周边居民回迁,周边有完美便民的商贸、医疗、教育等配套设施,是高标准化的回迁小区,该工程的综合改造对旅顺新城区的开发建设起到积极的促进作用。

■**村镇房屋管理** 2010年,旅顺口区进一步强化村镇房屋管理。1. 换证工作有序进行。随着旅顺城市化步伐加快,受重大项目动迁影响,农民普遍要求房屋确权发证。为此,区规划局采取村街组件、集中管理、循序渐进、统一缮证的措施,逐步进行权属审核、逐户进行面积测量,使换证工作做到权属清楚、面积准确、缮证无误,各街道和村镇办具体负责同志严格审核,使房证换发工作顺利进行,已换发房屋所有权证7972件。2. 抵押交易日趋活跃。全区产权产籍登记共1793件,登记总面积28.07万平方米,其中新发证245件,转移变更发证1548件;办理房屋交易356件,交易金额达2453.96万元,其中商品房交易14件;办理房屋抵押登记310件,比上年同期增长62%,抵押金额8.95亿元;办理房屋租赁登记9件。全年经济收入216万元,上交营业税14万元,提前超额完成财政预算。

■**规划审批** 2010年,区规划局召开“旅顺口区规划专家评审委员会”会议6次,评审项目37个,召开建筑方案专家评审会1次,召开“旅顺口区规划预审会”1次,评审项目7个。接受项目申请198件,受理198件;下发“建设项目规划设计条件”119件,《建设项目选址意见书》53件,《建设用地规划许可证》83件,批复用地面积1153.36公顷,下发《建设工程规划许可证》72件,批复建筑面积205.27万平方米(其中开发项目面积134.17万平方米),道路长度

7618.25米，供水管线5952米，污水管线76712米，《乡村建设工程规划许可证》1个，建筑面积0.65万平方米，完成私人住宅审批140件，建筑面积1.37万平方米。

■完善制度 2010年，区规划局进一步完善各项制度。一是实行专家评审制。认真落实领导专家集体审定规划建设的管理制度，实施并完善专家咨询审定等各项制度，提高服务水平和效率。针对重点建设项目、大型公建及房地产开发项目的方案审批，对重点建设项目，重点区域、重要地段的城市建设及改造项目，大型公建以及房地产开发项目的建筑设计方案等进行专项审查，并实行全过程的动态监督管理。通过专家评审会这种制度，既规范了规划审批程序，同时也提升了全区规划成果的完成质量。

二是完善规划公示制。区规划局在依职能、依申请适时举行听政的情况下，为让社会群众参与规划监督，提高规划行政效能，增加规划审批透明度，在《大连日报》等多家媒体和政府网站上，对社会关注的、涉及群众切身利益的开发项目进行审批前的公示，公示内容包括各项主要建设指标。至2010年，共向社会公示93项规划建设工程公示，规划面积370余万平方米。

三是实行行政听证制。为倾听社会各界对城乡规划工作的意见，规划局面向全区开展为规划建设事业献策活动，创造科学规划、市民互动的良好氛围。为规范建设行政管理行为，促进科学民主决策，保护公民、法人和其他社会组织合法权益，依据《城乡规划法》和《行政许可法》，规划局建立健全了规划行政许可听证制度，对于有争议和群众关注的项目实行行政许可听证，增强项目审批的透明度，在规划审批中注重满足协调各方利益，现场勘察，多方沟通，合理解决，相关利益群众非常满意。从《城乡规划法》颁布至今已进行了9次建设项目行政许可听证会。

四是实行集体例会制。区规划局对规划建设项目的厂房、公建等，组织相关人员共同选址看点，提出可行意见，集体例会研讨确定选址意见。

五是实行监督制。区规划局对政府投资建设项目及投资3000万元以上建设项目，进行重点全程跟踪，动态监督，重点监察规划审批手续是否健全、是否违反规划超标建设、是否实行招投标等，发现问题，按《城乡规划法》给予处罚或补办手续，既保证规划严肃性，也使规划建设行为得到有效监督。

（撰稿人：宋晓春　审稿人：吕　宁）

城乡建设

■基础设施建设 2010年，区城建局组织实施城市基础设施建设改造工程26项，完成投资1.27亿元。其中重点工程6项，截至2010年底，已完成了总投资1300万元的旅顺南路大学城地下人防工程、总投资2500万元的太阳沟15条路街改造工程、总投资1200万元的迎春街道路综合改造工程3项，启动了总投资1亿元的白玉山人防隧道工程，另有2项开始招投标，分别为总投资1.4亿元的新城区基础设施建设工程和总投资2.6亿元的启新街东段新老城区连接路一期工程。

■民生工程 2010年，区城建局组织完成了城市公共基础设施民生工程20项，完成投资4969万元。1. 推进道路改造配套工程。工程造价3400万元，先后完成了模珠街道路改造和中科院道路、开发区道路建设，姜水路和北路照明、新区取暖配电等6

项工程,建设改造道路23972平方米,安装LED路灯330盏,供电线路300多米。2.推进燃气建设工程。为迎接天然气入旅,全年投入资金1000多万元,铺设了符合天然气标准管网30余公里。另外,对老百姓安全使用燃气的问题给以极大的重视,一是组织100多人进入2800余户排查燃气隐患,检查大型公建用户112个,地下管网、燃气外线管网及管网附近窨井200多公里,改造老旧管网16公里;二是开展燃气安全进社区、进学校、进单位活动,普及燃气安全使用常识,直接受教育人数达5800人。3.实施绿色生态建设工程。完成投资469万元,先后完成了迎春街道路绿化、新城区广场及周边绿化、向阳街等4条行道树补植等13项建设工程,全年栽植各种树木15.83万株,栽植各种花卉47万株,新增绿地2.9万平方米,新增草坪1.49万平方米,引进名贵树种8054株、彩叶树种1920株,城区绿化覆盖率已达54.45%,人均公共绿地面积达到18.65平方米,两项指标仍名列省市前茅。4.推进改水改厕和健康工程。为了让群众吃上放心自来水,对农村集中式38家供水单位进行消毒指导和水质监测;按照省市要求,在五个涉农街道11个行政村完成改厕2000座,通过健康城市创建工程,培育健康人群15万人。

■市政管理 2010年,旅顺口区主要实施了两项市政工程。一、迎春街道路改造工程,2010年5月28日动工,7月29日竣工,道路面积27809平方米,方砖步道13550平方米,条石3955米,盲道2190米,工程造价为539万元。二、太阳沟区域道路环境治理工程,2010年9月7日动工,12月24日竣工,道路面积59000平方米,方砖步道49546平方米,条石15175米,排水6221米,盲道5779米,工程造价为902万元。

■环境卫生 2010年,旅顺口区环境卫生管理处发扬"环卫精神",为旅顺绿色经济区建设创造优美整洁的环境。一、2010年6月开始,区环卫处对水师营街道实行环卫专业化管理,在人员编制、管理资金、设施设备、基础配套都没有到位的情况下,主动增加劳动强度,加大工作力度,克服重重困难,坚持高标准起步、高质量管理,使水师营环境卫生状况得到彻底改观。二、不断提升城区环境卫生管理水平,按照"七净六无"质量标准,完成全区246条道路280万平方米的清扫保洁任务,清扫率100%,保洁率99.9%,全年除运生活垃圾17万吨,保证垃圾日产日清,做到车走地净,无撒漏。三、增加基础建设投入,提升环卫管理档次,总投资300万元,新购置了13台环卫专业车辆,其中2台大型密封垃圾压缩车,4台道路清扫车,2台翻斗车,3台小型密闭垃圾车,1台电动野广告清洗车,1台小型电动垃圾车。在水师营新建职工休息点1座,面积160平方米,安装公厕1座,基本实现了水师营地区环卫设施的配套和完善。在全区继续推广使用地埋式垃圾桶,新安装200个,更新、更换破损的垃圾桶300个,维修180个,全区已安装地埋式垃圾桶946个,普及率达到80%,确保生活垃圾集中收集,避免垃圾二次污染。全年共维修公厕109处,花费25万元。旅顺环卫处被评为大连市先进单位,三八红旗集体,交通安全管理优秀单位,环境卫生管理优秀单位,环卫处车队被评为"情暖滨城"2010年感动人物。

■园林 2010年,区园林处加强绿化养护管理,使城市面貌发生较大变化。

一、园林处完成城区树木补植、迎春公园绿化改造、彩色树种引进培育三项绿化工程任务,栽植乔灌木33242株,模纹集栽

52206株,栽植宿根花卉144562株,草坪5102平方米,铺设方砖3278平方米,清渣7028立方米,回填种植土5055立方米,浮雕景墙505平方米,铺设混凝土管193米,安装座椅55套,安装栏杆33延长米,景石3块,条石607延长米,组合花钵8套,垂直绿化128.5延长米,工程总投资469万元。

二、节日花卉布置工程。"五一"、"十一"期间美化城区环境,栽植矮牵牛、串红、三色堇、彩叶草、四季海棠、万寿菊等花卉品种33万株,总投资52万元。

三、提高养护标准,制订新的管理措施,形成新的管理模式;增加草坪修剪频率,保持良好的观赏性;拓展树盘6600株,形成规范化管理格局。

四、建设职工休息室。2010年在解放街31号新建一处职工休息室,建筑面积300平方米,改善职工的工作环境和休息环境,投资45万元。

五、更新机械设备。自筹资金购置两台货车,投资16万元,用于园林处绿化生产作业和养护管理。

六、2010年春节光明工程,于2009年12月中旬正式启动,2010年1月25日结束。设计制作春节灯饰30余个品种,大型组合灯饰20余座,孔雀灯、树灯、串灯、宫灯、卡通灯等1200多盏,满天星达到13000余串,总投资73万元。

■防火绿化 2010年,全区绿化工作取得新进展。

1. 护林防火工作。2010年在防火期到来之前,区绿化管理处组织职工,雇佣铲车、推土机对灯具厂后山、老座山、南子弹库、太阳沟小白楼、石板桥等地段因雨水冲刷和杂草丛生的防火通道进行了整修、改造,对影响防火车辆通行的树枝、杂草、垃圾进行了清理。在整修、疏通防火通道中,共动用铲车、推土机等各种车辆100台次,清理建筑、生活垃圾100余吨,整修、清理路面达9000余延长米。在春节、清明节、农历七月十五、农历十月一上坟人员比较密集的时段,全体干部职工早上5时30分全部到岗,严防死守,为做好期间的防火宣传工作,制作宣传标语(横幅)30条,向广大市民发放倡议书15000份。在各街道、社区人员的大力协助下,期间没有发生火情和火灾,实现了全年零火险的预定目标,有力地保证了全区风景林地的安全。

2. 抚育和植树造林工作。全年投资5万元,对太阳沟牛角山的风景林地进行了抚育作业,抚育面积达1100亩。清明节期间,为提倡文明祭祀,投资2万元为上坟群众提供侧柏苗10000棵,并提供了铁锹、镐头、水桶以及栽树用水18吨,受到群众好评。

3. 美国白蛾防治工作。风景林地的病虫害防治工作是绿化管理处一项重要工作,为切实做好病虫害防治,尤其是做好第一代、第二代美国白蛾的防治工作,在第一代白蛾发生之前就做好了充分的物质准备。2010年在两代美国白蛾的防治工作中,共出动防治人员5000余人次;人工剪除网幕4000多个;出动喷药车辆190台次,喷洒氯氰菊酯药物400吨,喷洒白僵菌烟剂5000个,苦参碱烟剂600个,施放周氏啮小峰蚕蛹20000个。

4. 白银山洞口草坪的养护管理工作。2010年春季干旱少雨,为使草坪早日返青,开春及时动手,为草坪浇足水份,并实时对绿篱草坪进行了修剪,在"五一"、"十一"前栽植串红、万寿菊等各种花卉10000余株,修剪绿离草坪15次,浇水300余吨,喷洒杀虫剂5吨。为林山逸景公园除草修整4次,喷施灭虫药剂10吨。

5. 完成的绿化工程。(1)为蓝湾绿化

工程进行养护,换植大、小叶黄杨球、蜀桧球等500余棵。(2)在4309厂绿化工程中,平整绿化用地15000平方米,栽植大、小龙柏20000棵、叶黄杨1500棵、大叶黄杨3000棵、各种花灌木2000余株,栽植草坪15000余平方米,浇水300吨。

6. 其他工作。一是在财务管理中严格按照规章制度办事,严把资金管理和使用关,厉行节约,合理开支。二是投资1万元为军民共建单位某海防连购置了空调设备。三是投资1.5万元为职工和离退休老干部进行了体检。四是实现了全年的"创先争优"工作目标,共产党员于庆文同志获得了"大连市道德模范孝老爱亲模范"和"旅顺口区感动滨城年度十大人物"两项荣誉;绿化处在"全国双拥共建城"评比中首次获得"旅顺口区双拥共建模范单位"荣誉称号。

■城乡建设档案馆 2010年,旅顺口区城乡建设档案馆接收瑞景鑫城、合生帝景、黄泥川安置工程、开世嘉年、龙王塘旧区改造等工程竣工档案3000余卷。减免查档费用,全年为社会各界提供档案利用1100卷,121人次。2010年征集地下管网档案40卷,电子档案15张(光盘),发放电子档案加密锁665把(企业签章324把、个人签章341把),为全区电子档案的全面开展打下良好基础。

■人防(民防)指挥信息保障中心 2010年,旅顺口区人防工程院警报管理所对老化设备进行了改造升级,其中购置警报器5台共计28万元,保证了"9.18"警报试鸣鸣响率及沈阳军区演习和平时电台值班、日常工作;争取资金149万,完成专项工程4项,平战结合创收75万元。加强执法,处理人防违法案件10余起,收取赔偿款40余万元。同时,投资60万元,对五一路浪琴湾、砂轮厂两个人防山洞进行被覆,被覆长度96延长米,面积576平方米,完善了两条坑道,为平战结合提供了安全保证。2010年,人防管理所正式更名为旅顺口区人防(民防)指挥信息保障中心,为全额拨款事业单位,其职能更加明确。

(撰稿人:张 蕾 审稿人:田承琳)

城市管理综合执法

■概况 2010年,旅顺口区城市管理综合执法工作以创新工作思路为重点,以提高执法水平、转变执法理念、增强服务意识为突破口,依法行政,严格文明执法,不断提高执法能力和管理水平,各项工作取得了新突破。全面达到了年初确定的违章案件发现率达到90%以上、违章案件查处率达到95%以上、案件查处准确率达到100%、案件查处执行率达到98%以上、"两案"、信访案件解决率达到95%等8项工作指标。共查处各类违法违章案件2998件,其中,简易程序2745件,一般程序253件,罚款382.7万元。

■市容管理 2010年,区城市管理综合执法局将市容管理作为工作的重中之重来抓,形成了对市容能放能收的长效监管机制。除做好日常监管外,开展了春季市容、水师营地区市容、户外烧烤专项整治和秋菜秋果集中上市市容管理。共清理马路市场10处,规劝清理流动商贩1万余人次,查处违章占道经营商贩3000人次,规范取缔外摆外卖1700余户,查处违章车辆300台次,收缴物品1000余件。为大力推进郭水路——马北路绿化改造建设项目,连续两次对郭水路——马北路小南村段影响市容的临建进行了强制拆除,拆除违章临建41

处,3600多平方米,清理影响市容的经营业户29户,实现了在“零补偿”条件下的零事故,为政府节省动迁资金200多万元,成为2010年市容管理工作的一大亮点。为配合大连市公众文明指数测评,区综合执法局连续五天,加班加点清理和规范市容,最长每天工作15个小时,圆满完成了测评工作。秋季,由于菜价上涨,全区6个秋菜秋果交易点交易量和交易人数都创历史新高,给全局的管理带来了难度。全体执法人员没有畏难情绪,认真履行职责,每天都在各交易点疏导交通,规范交易秩序,维护了市容整洁。为此,大连电视台、旅顺电视台两次给予正面报道。继续开展“门前三包”工作,召开了全区会议,查找了2009年工作不足,对2010年工作进行了部署,共检查12次,发现问题200处,按照大连市城市管理考核新要求,把检查考核工作抓实,抓出成效。经过努力,获得城区组第一名的好成绩。2010年,共查处市容方面违法违章案件2812件,处罚14.1万元。

■**建筑市场秩序** 2010年,全区采取提前介入、全面巡查、重点部位和项目严看死守、辖区执法中队日常监察、专业执法科随时抽查等各种有效措施,控制了规划建筑市场的秩序,取得了明显成效。特别是执法局被列入建设项目竣工验收单位后,积极主动参与验收全过程,实现了建前预防与建后监督的有机结合,在春季规划建设市场大检查中,共检查17个建设工程项目,总建筑面积148万平方米,对发现的5个问题进行了规范和处罚。同时,积极开展政府财力投资项目自检和秋季建设项目大检查工作。共检查16个开发建设单位,163万平方米。区综合执法局对违章建筑,始终保持高压态势,组织相关部门对开发区和7个涉农街道的违章建筑进行拉网式统计调查,对查出的违章建筑予以拆除,执法局开展了整治违章建筑百日攻坚行动,旨在通过集中整治,有效遏制私搭乱建现象。同时,继续实行违法建设行为有奖举报制度,共受理有奖举报16件,对符合要求的立案查处,从而扩大了案件来源,充分发挥了社会参与作用,调动了广大市民的积极性。全年共查处规划建设方面违法违章案件139件,处罚346万元。

■**拓宽执法领域** 2010年,在抓好市容和规划建设市场两大重点执法领域执法的基础上,继续加强人员专业知识培训。采取了专业科和属地科相配合、日常监管与专项治理相结合的方式,加强了市政基础设施、园林绿化、房产、公用事业等方面的执法力度。全年共查处公用事业案件23件,处罚3.85万元;园林绿化4件;房产14件,处罚1.55万元;市政设施2件,处罚400元。

■**动迁工作** 2010年,全区动强迁工作任务十分繁重。执法局全局上下统一思想,服务大局,用创新和超常规的工作方法,在动强迁中突显了主力军作用。一是牵头组织相关部门,完成了141处违法建筑的拆除任务,拆除面积13055平方米。仅水师营街道沈家村一地,就拆除5处1200平方米。二是采取专业化分工协作方式,成立了动迁科,抽调工作经验丰富、能力强的同志,专门从事动迁工作。积极开展了半岛印象项目动迁工作,局领导亲自带队,分成三组,每天从晚上5时开始工作,逐户做动迁户工作。三是组织专门人员对开发区、龙头盐场村、郭家沟、铁山街道等重点地段的抢栽抢种行为进行严看死守,24小时值班。四是集中优势兵力,圆满完成了秧歌汇演、樱花节、欢乐中国行演出、应急演练、人居节、美食节、合唱节以及俄罗斯总统访华等国家省市领导视察重要活动的市容整顿和现场执法工作任务。按照区政府的要求和布署,采取宣传发动、检查整改、巩固提高等方式,圆满完成了消防安全大检查工作。

■强化服务理念 2010年,执法局继续建设"服务型"、"亲民型"执法队伍。一是采取建立有效载体、实现六个转变、加强考核检查等方式,进一步提高服务意识,促进队伍作风转变。二是开展了法制宣传进社区、村委会活动。从4月初开始利用两个月时间,针对抢栽抢种、私搭乱建等现象,在全区各社区和村委会采取领导干部和执法人员走进基层、走进群众家中进行宣传,提高了群众的法律意识,密切了干群关系,取得了明显成效。三是不断提高"两案"办理和信访工作水平。全年共协办"两案"4件、接待群众来信来访160件,在这些案件的承办和接访中,始终坚持对政府负责,对社会负责,对人民群众负责的服务理念和办案标准,从领导到每位具体办案同志都认真、高质量地抓好每一个案件的落实。执法局被评为2010年度信访工作优胜单位、职能部门热线电话达标单位。

■队伍建设 2010年,执法局认真开展创先争优活动和以"四个一"为主要内容的连心活动,党员干部的向心力、凝聚力和服务意识进一步增强,同时,党的组织、宣传、纪检工作也全面进步,5名同志发展为预备党员。工会、妇联、共青团等群团组织作用进一步显现。

在班子、队伍建设上,领导班子继续发扬优良传统,班子成员密切配合,团结一致,充分体现了立足全局、谋好一域的思想境界;爱岗敬业、大局为重的奉献精神;以人为本,宽容理智的博大情怀;吃苦耐劳,敢打硬仗的工作作风和改革创新、驾驭全局的工作能力。

在队伍建设上,采取各种有效措施,强化内部管理,优化执法人员素质,规范执法行为。同时,强化经常性的政治教育、业务培训,提高人员综合素质;落实行政执法责任制和评议考核制,监督和规范行政执法行为;完善内部管理制度,整治执法纪律,打造了一支作风优良,凝聚力强,敢打硬仗的队伍。全局人员人均加班加点300小时以上,近30人主动放弃休年假,涌现出了一大批爱岗敬业、无私奉献的先进集体和个人。

(撰稿人:孟庆林、孙文彦 审稿人:王云礼)

财税·金融

财 政

■财政收入 2010年,全区财政一般预算收入(简称财政收入)完成182789万元,为预算的120.9%,比上年(下同)增长40.3%。其中:区本级收入完成62386万元,为预算的93.5%,增长22.5%;涉农街道收入完成102639万元,为预算的140.1%,增长54.8%;城区街道收入完成

17764万元,为预算的159.1%,增长36%。

主要收入项目执行情况:各项税收完成151888万元,为预算的117.3%,增长31.6%。其中:主体税种增值税、营业税、企业所得税、契税收入完成101799万元,为预算的122.4%,增长37%;地方固定税收完成59524万元,为预算的115.2%,增长23.6%。非税收入完成30901万元,为预算的143%,增长107.4%。其中:专项收入完成3592万元,为预算的112.3%,增长17.2%;行政性收费及罚没收入完成12988万元,为预算的83.2%,增长65.7%。

■财政支出 2010年,全区财政一般预算支出(简称财政支出)完成199293万元,为预算的93.6%,增长32.6%。其中:区本级支出完成111674万元,为预算的89.1%,增长15.1%;涉农街道支出完成77719万元,为预算的100%,增长70.9%;城区街道支出完成9900万元,为预算的100%,增长26.5%。

主要支出项目执行情况:一般公共服务支出完成28855万元,为预算的100%,增长37.1%;公共安全支出完成4412万元,为预算的88%,增长22.5%;教育支出完成36034万元,为预算的97.1%,增长44.6%;科学技术支出完成2959万元,为预算的100%,增长44.3%;社会保障和就业支出完成33752万元,为预算的99.3%,增长26.4%;医疗卫生支出完成11993万元,为预算的99.5%,增长25.8%;城乡社区事务支出完成38561万元,为预算的100%,增长43.7%;农林水事务支出完成10086万元,为预算的100%,增长41.6%。

■财政收支执行平衡情况 2010年,全区财政收入完成182789万元,上级补助收入26471万元,上年结余9909万元,财政总收入为219169万元;2010年,全区财政支出完成199293万元,上解支出5733万元,财政总支出为205026万元,收支相抵,滚存结余14143万元,其中:当年净结余7万元。

■基金预算收支执行情况 2010年,基金收入完成547362万元,为预算的107.1%,增长196.7%。其中:土地出让金收入完成513470万元,为预算的108.6%,增长197%;地方教育附加收入完成1054万元,为预算的125.5%,增长30.9%。2010年,基金预算支出完成558784万元,为预算的98.2%,增长199.5%。其中:土地出让金支出完成515066万元,为预算的100%,增长195%;地方教育附加支出完成632万元,为预算的33.9%,增长426.7%。

■财政调控能力 2010年,财政收入占GDP的比重为10.2%。财政收入的三产结构情况是,第一产业完成税收435万元,增长56%,所占比重为0.2%;第二产业完成税收137794万元,增长20.7%,所占比重为52.4%;第三产业完成税收124686万元,增长26%,所占比重为47.4%。全区纳税额超千万的企业达到45家。

■财政收入结构 2010年,税收与非税收入同步增长,各项税收完成151888万元,增长31.6%,占财政收入的比重为83.1%。主体税收增幅较大,全年完成115701万元,增长34.6%,占财政收入的比重为63.3%,拉动财政收入增长25.5个百分点。非税收入的规模逐步扩大,加大了对国有资产经营、土地出让金、海域使用金的征收力度,全年非税收入实现30901万元,增长107.4%,占财政收入的比重为16.9%。另外,全区连续五年对享受国家优惠政策的企业,全部做到了税收应退尽退。

重点经济发展区域财政收入增长明显。旅顺经济开发区财政收入已实现62677万元,增长55.8%,水师营街道财政收入历史性突破亿元大关,财政收入超5000万元的街道达到6个。街道财政收入总和120403万元,增长51.7%,成为拉动全区财政高速发展的主要动力。

■支持主导产业发展 2010年开始,对享受振兴东北老工业基地增值税减免政策的企业,由过去的先征后返改为企业申报纳税时直接抵扣,有效地缓解了企业资金周转的困难;落实循环经济发展政策,为再生资源企业办理减免税款490万元;积极支持企业自主发展、自主创新,全年列支应用研究与开发资金1160万元,扶持了66个项目研发;列支3000万元,作为工业经济发展专项资金及民营和中小企业发展专项资金,为企业固定资产投资和大额贷款项目资金进行了补助;支持各类经济园区建设,提高园区大项目承载能力,全年筹措资金185045万元(融资平台融资152500万元,土地出让金32545万元),投入园区的基础设施建设,全区的科技园区、工业园区已相继形成,产业基础逐步夯实,发展能力得以增强。积极支持都市农业建设,全年共投入农业生产建设资金9099万元,其中:预算内投入3448万元,土地出让金投入5651万元,用于农业设施建设、水利工程、花卉基地建设等,推动农业生产向高尖端发展。

■支持全域城市化 2010年,共筹集资金196688万元,用于城区基本建设,其中:投资1726万元,用于区消防设施建设;全年共列支16923万元用于城区公路建设,城乡公路网建设已具规模;投入43000万元,用于轻轨建设;积极推进节能减排环境治理工作,全年用于南北路污水处理工程建设资金2700万元,用于城市污水处理费1645万元;列支植树造林和绿化资金1789万元,全区城乡绿化覆盖面已达到51.3%;加大城区和新农村建设的投入,全年共列支34189万元,其中:城市基础建设投入30762万元,新农村建设投入3427万元,城乡基础功能得以强化;全年筹集资金82691万元,用于卧龙湾、琥珀湾等项目改造建设,城市环境得到了改造,品牌效应不断提升。

■促进各项事业发展 2010年,全区共完成教育投资36666万元,增长46.4%,在完善义务教育保障机制的同时,着力加强校园安全建设,投资1300万元,对7所学校危房校舍进行加固改造,列支233万元,用于校园安全网络建设和校园增设保安人员的经费,列支1812万元,用于班班通校园网络建设,现代化教学规模已初步形成;积极推进基层公共卫生保障体系建设,全年列支医疗卫生事业费11993万元,增长25.8%,其中:用于基层卫生保障体系建设经费436万元,推进了全区公共卫生事业的稳步发展;加大对公检法司经费的投入,全年列支4412万元,增长22.5%,通过中央、市、区三级公检法司部门经费保障机制的建立,为全区治安环境改善提供了有效的经费保障;文化、体育、传媒等事业发展经费支出达到了2539万元,增长22.6%,通过社会化运作的旅顺体育健身中心正在建设之中。

■落实惠民政策 2010年,全区落实各项惠民政策支出47517万元,增长39%。落实再就业政策,筹措资金4668万元,为企业改制和职工就业提供资金支持,列支921万元,通过公益性岗位帮助778人实现再就业,发放小额贷款和创业富民基金820万元,为148名下岗再就业人员提供资金支持;加大对困难居民的救助,2010年又提高了低保人员的救助标准,全年拨付低保资金1180万元,2837户家庭得到了救助;全年拿出96万元对困难家庭取暖进行了救助;继续完善城乡居民医疗卫生保险制度,全年共列支37452万元,为185000名城乡居民提供了医疗保险;落实计划生育奖励扶贫政策,全年拨付1314万元,对城乡63277名享受计划生育政策的人员进行了补助;落实各项惠农政策,拨付318万元对11995户种粮农民进行了补助,继续开展家电下乡和汽车摩托车下乡补贴工作,拨付资金750万元,对农户购买家电和汽车等进行了补贴;列支115万元,对全区70岁以上老人免费乘坐公交车进行了补助;列支804万元,用于破产企业和改制企业离退休人员家庭供热社会化管理。

■财政改革和管理 2010年是旅顺口区全面推进绿色经济区建设的开局之年,在全域城市化建设的过程中,面对收支上的尖锐矛盾,坚持以改革化解矛盾,着力构建有利于科学发展的体制机制。

一是不断完善预算管理制度,制订了适合本区基本情况的行政事业单位定额标准,规范预算编制周期,建立涵盖预算编制、预算指标、资金支付、会计核算、部门决算、会计监督的电子管理平台。二是完善国库集中收付制度,全区141个预算单位全部纳入国库集中支付管理,全年国库集中支付额度为9亿元。三是继续完善预算单位财务核算体系,按照《预算法》、《会计法》的有关规定,对区行政主管局及下属单位恢复了会计核算机构,进一步细化财务核算和财务管理,理清了行政事业单位经济活动的责任。四是政府采购工作全面展开,将节能减排、新农村建设、城市绿化等采购项目纳入政府采购范围,全年已完成采购额度12000万元,增长39.5%。五是加强非税收入管理,制订了非税收入约束机制,确保按政策收缴到位,做到了应收尽收,全年已纳入财政专户管理和缴入预算内的非税收入32500万元。六是加强财政监督检查,在全区范围组织开展“小金库”专项治理工作,查处违纪金额43.6万元,已全额入库,并按照不同性质对当事人进行了行政处罚。七是不断深化国有资产管理改革,加强国有资产经营收益管理,同时将全区行政事业单位国有资产出售收入纳入财政预算内管理,全年增加财政收入5870万元。八是建立政府债务的预算管理机制,2010年底,全区债务余额为576342万元,其中:偿还国债转贷贷款余额5941万元,各融资平台贷款余额570401万元,按照上级财政部门的有关规定,全区政府债务全部纳入预算管理。九是强化会计工作的监督与管理,全力推进新会计准则体系的贯彻执行,组织会计人员继续教育培训工作,加强行政事业单位和企业会计信息检查工作,进一步提高会计信息质量。

(撰稿人:张巧燕 审稿人:迟俊鹏)

附录:

关于旅顺口区2010年财政预算执行情况和2011年财政预算(草案)的报告

——2011年1月5日在大连市旅顺口区第十六届人民代表大会第四次会议上

区财政局局长　于华业

各位代表:

我受区人民政府委托,向大会作《关于旅顺口区2010年财政预算执行情况和2011年财政预算(草案)的报告》,请予审议,并请各位政协委员及其他列席人员提出意见。

一、2010年财政预算执行情况

2010年,财政工作在区委的正确领导下,在区人大的法律监督和区政协的民主监督与支持下,紧紧围绕绿色经济区建设这一总体目标,全面落实科学发展观,锐意进取,克服困难,跨越赶超,狠抓增收节支,优化财政收支结构,全面完成了区十六届人大三次会议批准的预算任务,为我区经济社会全面、协调、可持续、快速发展提供了坚实有力的财力保障。

(一)财政收入执行情况

2010年,财政一般预算收入(简称财政收入)完成182,789万元,为预算的120.9%,比上年(下同)增长40.3%。其中:区本级收入完成62,386万元,为预算的93.5%,增长22.5%;涉农街道收入完成102,639万元,为预算的140.1%,增长54.8%;城区街道收入完成17,764万元,为预算的159.1%,增长36%。

主要收入项目执行情况:各项税收完成151,888万元,为预算的117.3%,增长31.6%。其中:主体税种增值税、营业税、企业所得税、契税收入完成101,799万元,为预算的122.4%,增长37%;地方固定税收完成59,524万元,为预算的115.2%,增长23.6%。非税收入完成30,901万元,为预算的143%,增长107.4%。其中:专项收入完成3,592万元,为预算的112.3%,增长17.2%;行政性收费及罚没收入完成12,988万元,为预算的83.2%,增长65.7%。

(二)财政支出执行情况

2010年,财政一般预算支出(简称财政支出)完成199,293万元,为预算的93.6%,增长32.6%。其中:区本级支出完成111,674万元,为预算的89.1%,增长15.1%;涉农街道支出完成77,719万元,为预算的100%,增长70.9%;城区街道支出完成9,900万元,为预算的100%,增长26.5%。

主要支出项目执行情况:一般公共服务支出完成28,855万元,为预算的100%,增长37.1%;公共安全支出完成4,412万元,为预算的88%,增长22.5%;教育支出完成36,034万元,为预算的97.1%,增长44.6%;科学技术支出完成2,959万元,为预算的100%,增长44.3%;社会保障和就业支出完成33,752万元,为预算的99.3%,增长26.4%;医疗卫生支出完成11,993万元,为预算的99.5%,增长

25.8%;城乡社区事务支出完成38,561万元,为预算的100%,增长43.7%;农林水事务支出完成10,086万元,为预算的100%,增长41.6%。

(三)财政收支平衡执行情况

2010年,我区财政收入完成182,789万元,上级补助收入26,471万元,上年结余9,909万元,财政总收入为219,169万元;2010年,我区财政支出完成199,293万元,上解支出5,733万元,财政总支出为205,026万元,收支相抵,滚存结余14,143万元,其中:当年净结余7万元。

(四)基金预算收支执行情况

1. 基金预算收入执行情况

2010年,基金收入完成547,362万元,为预算的107.1%,增长196.7%。其中:土地出让金收入完成513,470万元,为预算的108.6%,增长197%;地方教育附加收入完成1,054万元,为预算的125.5%,增长30.9%。

2. 基金预算支出执行情况

2010年,基金预算支出完成558,784万元,为预算的98.2%,增长199.5%。其中:土地出让金支出完成515,066万元,为预算的100%,增长195%;地方教育附加支出完成632万元,为预算的33.9%,增长426.7%。

需要说明的是,上述财政收支执行情况的数字,反映的是2010年全年财政预算收支执行情况,在财政收支决算后,还将发生一些变化,届时,将再按程序向区人大常委会报告财政收支决算情况。

(五)2010年财政主要工作

1. 完善财政收入征管体制,促进财政收入快速增长

2010年,全区各级财政、税务等部门上下联动,层层分解任务,落实责任,齐抓共管,国、地税部门大力实施精细化、科学化管理,深化税收经济分析,开展清缴欠税和纳税评估工作,完善重点税源监控体系,确保了税收收入及时足额入库。财政部门认真落实"收支两条线"管理的各项规定,严格财政票据管理,加强监督检查,进一步完善区、街两级"属地征税、分税、分享"的财政管理体制,极大地调动了各级、各部门组织财政收入的积极性。2010年,全区财政总收入规模达到841,178万元,增长110.2%,其中:中央级收入为87,936万元,增长28.3%,占财政总收入的10.5%;市级收入为23,091万元,增长37.3%,占财政总收入的2.7%。税收总规模达到262,915万元,增长31%。地方财政收入规模达到730,150万元,增长132%,其中:一般预算收入完成182,789万元,增长40.3%;基金预算收入完成547,362万元,增长196.7%,再创历史新高。

经济的快速发展与财政收入增长呈良性互动。今年我区GDP预计达到180亿元,同比增长20%,财政一般预算收入完成182,789万元,同比增长40.3%,财政收入增幅高于GDP增幅20.3个百分点,财政收入占GDP的比重为10.2%。财政收入的三产结构情况是,第一产业完成税收435万元,增长56%,所占比重为0.2%;第二产业完成税收137,794万元,增长20.7%,所占比重为52.4%;第三产业完成税收124,686万元,增长26%,所占比重为47.4%。全区纳税额超千万的企业达到45家。

财政收入结构日趋优化。税收与非税收入同步增长,全年,各项税收完成151,888万元,增长31.6%,占财政收入的比重为83.1%。主体税收增幅较大,全年完成115,701万元,增长34.6%,占财政收入的比重为63.3%,拉动财政收入增长25.5个百分点。非税收入的规模逐步扩大,加大

了对国有资产经营、土地出让金、海域使用金的征收力度,全年非税收入实现30,901万元,增长107.4%,占财政收入的比重为16.9%。另外,我区连续五年对享受国家优惠政策的企业,全部做到了税收应退尽退。

重点经济发展区域财政收入增长明显。旅顺经济开发区财政收入已实现62,677万元,增长55.8%,水师营街道财政收入历史性突破亿元大关,财政收入超5,000万元的街道达到6个。街道财政收入总和达到120,403万元,增长51.7%,成为拉动我区财政高速发展的主要动力。

2. 创新财政体制机制,促进绿色经济区快速发展

发挥财税效应支持主导产业快速发展。从今年开始对享受振兴东北老工业基地增值税减免政策的企业,由过去的先征后返,改为企业申报纳税时直接抵扣,有效地缓解了企业资金周转的困难;落实循环经济发展政策,为再生资源企业办理减免税款490万元;积极支持企业自主发展、自主创新,全年列支应用研究与开发资金1,160万元,扶持了66个项目研发;列支3,000万元,作为工业经济发展专项资金及民营和中小企业发展专项资金,为企业固定资产投资和大额贷款项目资金进行了补助;支持各类经济园区建设,提高园区大项目承载能力,全年筹措资金185,045万元(融资平台融资152,500万元,土地出让金32,545万元),投入园区的基础设施建设,我区的科技园区、工业园区已相继形成,产业基础逐步夯实,发展能力得以增强。积极支持都市农业建设,全年,共投入农业生产建设资金9,099万元,其中:预算内投入3,448万元,土地出让金投入5,651万元,用于农业设施建设、水利工程、花卉基地建设等,推动农业生产向高尖端发展。

多渠道筹措资金支持全域城市化建设。全年共筹集资金196,688万元,用于我区城区基本建设,其中:投资1,726万元,用于我区消防设施建设;全年共列支16,923万元用于城区公路建设,城乡公路网建设已具规模;投入43,000万元,用于轻轨建设;积极推进节能减排环境治理工作,全年用于南北路污水处理工程建设资金2,700万元,用于城市污水处理费1,645万元;列支植树造林和绿化资金1,789万元,我区城乡绿化覆盖面已达到51.3%;加大城区和新农村建设的投入,全年共列支34,189万元,其中:城市基础建设投入30,762万元,新农村建设投入3,427万元,城乡基础功能得以强化;全年筹集资金82,691万元,用于卧龙湾、琥珀湾等改造项目建设,城市环境得到了改造,品牌效应不断提升。

加大资金保障力度促进各项事业发展。坚持教育优先发展,全年共完成教育投资36,666万元,增长46.4%,在完善义务教育保障机制的同时,着力加强校园安全建设,投资1,300万元,对7所学校危房校舍进行加固改造,列支233万元,用于校园安全网络建设和校园增设保安人员的经费,列支1,812万元,用于班班通校园网络建设,现代化教学规模已初步形成;积极推进基层公共卫生保障体系建设,全年列支医疗卫生事业费11,993万元,增长25.8%,其中:用于基层卫生保障体系建设经费436万元,推进了我区公共卫生事业的稳步发展;加大对公检法司经费的投入,全年列支4,412万元,增长22.5%,通过中央、市、区三级公检法司部门经费保障机制的建立,为我区治安环境改善提供了有效的经费保障;文化、体育、传媒等事业发展经费支出达到了2,539万元,增长22.6%,通过社会化运作的旅顺体育健身中心正在

建设之中。

落实惠民政策着力改善民生。全年落实各项惠民政策支出47,517万元,增长39%。落实再就业政策,筹措资金4,668万元,为企业改制和职工就业提供资金支持,列支921万元,通过公益性岗位帮助778人实现再就业,发放小额贷款和创业富民基金820万元,为148名下岗再就业人员提供资金支持;加大对困难居民的救助,今年又提高了低保人员的救助标准,全年拨付低保资金1,180万元,2,837户家庭得到了救助;全年,拿出96万元,对困难家庭取暖进行了救助;继续完善城乡居民医疗卫生保险制度,全年共列支37,452万元,为185,000名城乡居民提供了医疗保险;落实计划生育奖励扶贫政策,全年拨付1,314万元,对城乡63,277名享受计划生育政策的人员进行了补助;落实各项惠农政策,拨付318万元对11,995户种粮农民进行了补助,继续开展家电下乡和汽车摩托车下乡补贴工作,拨付资金750万元,对农户购买家电和汽车等进行了补贴;列支115万元,对全区70岁以上老人免费乘坐公交车进行了补助;列支804万元,用于破产企业和改制企业离退休人员家庭供热社会化管理。

3. 财政改革不断深化,管理水平进一步提升

今年是我区全面推进绿色经济区建设的开局之年,在推进全域城市化建设的过程中,面对收支上的尖锐矛盾,我们坚持以改革化解矛盾,着力构建有利于科学发展的体制机制。

一是不断完善预算管理制度。制订了适合我区基本情况的行政事业单位定额标准,规范预算编制周期,建立涵盖预算编制、预算指标、资金支付、会计核算、部门决算、会计监督的电子管理平台。二是完善国库集中收付制度,全区141个预算单位全部纳入国库集中支付管理,全年国库集中支付额度为9亿元。三是继续完善预算单位财务核算体系,按照《预算法》、《会计法》的有关规定,对区行政主管局及下属单位恢复了会计核算机构,进一步细化财务核算和财务管理,理清了行政事业单位经济活动的责任。四是政府采购工作全面展开,将节能减排、新农村建设、城市绿化等采购项目纳入政府采购范围,全年已完成采购额度12,000万元,增长39.5%。五是加强非税收入管理,制订了非税收入约束机制,确保按政策收缴到位,做到了应收尽收,全年已纳入财政专户管理和缴入预算内的非税收入32,500万元。六是加强财政监督检查,在全区范围组织开展"小金库"专项治理工作,查处违纪金额43.6万元,已全额入库,并按照不同性质对当事人进行了行政处罚。七是不断深化国有资产管理改革,加强国有资产经营收益管理,同时将全区行政事业单位国有资产出售收入纳入财政预算内管理,全年增加财政收入5,870万元。八是建立政府债务的预算管理机制,截至目前,我区债务余额为576,342万元,其中:偿还国债转贷贷款余额5,941万元,各融资平台贷款余额570,401万元,按照上级财政部门的有关规定,我区政府债务全部纳入预算管理。九是强化会计工作的监督与管理,全力推进新会计准则体系的贯彻执行,组织会计人员继续教育培训工作,加强行政事业单位和企业会计信息检查工作,进一步提高会计信息质量。

各位代表,回顾2010年财政工作,我们虽然取得了一些成绩,但也存在着不少困难和问题。一是我区财政收入总量虽然增长较快,但仍不能满足全区经济和各项事业发展所需,收支矛盾较为突出,增收节支工作需进一步加强。二是财政收入结构

不尽合理,在我区财政收入中,房地产业和大项目进驻旅顺所形成的税收占财政收入的比重较大,生产流通环节的税收增速不快,税源结构需进一步优化。三是项目预算的细化程度和预算的约束力不强,个别单位违反财政纪律的现象时有发生,财政管理体制改革仍需进一步加强。针对上述问题,我们要高度重视,并在今后的工作中采取更有力的措施加以解决。

二、2011 年财政预算(草案)

2011 年,是我区"十二五"规划的开局之年,全面做好财政工作,对推进旅顺绿色经济区建设,具有重大意义。按照区委对今年经济工作的总体部署和要求,结合财政工作面临的新形势,2011 年财政工作指导思想是:全面贯彻党的十七届五中全会精神,深入贯彻科学发展观,按照建立完善公共财政体制的要求,继续深化改革、完善机制、加强管理,推进财政管理科学化、精细化进程,不断优化财政收支结构,努力完成今年财政工作任务,为推进绿色经济区建设提供坚实有力的财力保障。

按照上述指导思想,结合我区经济发展的特点,充分考虑我区财政收支增减变化因素,在预算安排上,一是财政收入的增长速度要与经济增长速度相适应,并注重结构上的调整和优化。二是按照"保运转、保民生、保偿债、再科学发展"的理财思路,坚持行政管理经费零增长、厉行节约和突出重点的原则,除国家政策规定外,严格控制财政资金向竞争领域的投入。三是重视提高财政资金使用绩效,优先保障教育、民生、医疗卫生、偿债等项目资金需要,严格控制招待费、会议费、车辆购置费、党政机关信息化建设等支出。四是强化预算约束力,财政预算一经批准,必须严格执行,各预算单位必须做到精打细算,统筹安排,严格控制一般性支出的增加。

(一)地方财政总收支规模

2011 年,我区财政总收入规模为 865,180 万元,增长 2.9%,其中:中央级收入为 111,000 万元,增长 26.2%,占地方财政总收入的 12.8%;市级收入 29,400 万元,增长 27.3%,占地方财政总收入的 3.4%。税收收入总规模为 328,700 万元,增长 25%。地方财政收入规模为 724,780 万元,下降 0.7%;地方财政支出规模为 736,745 万元,增长 11.7%。

(二)财政预算收入安排

2011 年,财政收入安排 212,100 万元,增长 16%。其中,各项税收收入 188,300 万元,增长 24%。在各项税收中,增值税、营业税、企业所得税、契税等主体税收安排 127,650 万元,增长 25.4%。非税收入安排 23,800 万元,下降 23%。在非税收入中,专项收入安排 4,310 万元,增长 20%;行政性收费与罚没收入安排 18,490 万元,增长 42.4%。

(三)财政预算支出安排

2011 年,财政支出安排 224,065 万元,比上年预算(下同)增长 50.7%。其中:一般公共服务支出安排 22,160 万元,增长 15.5%;公共安全支出安排 3,410 万元,增长 40.9%;教育支出安排 24,320 万元,增长 20.1%;科学技术支出安排 6,150 万元,增长 26.1%;社会保障和就业支出安排 30,290 万元,增长 32.1%;医疗卫生支出安排 7,980 万元,增长 22.1%;城乡社区事务支出安排 40,740 万元,增长 46.2%;农林水事务支出安排 5,500 万元,增长 6.6%,其中:农业支出安排 4,036 万元,增长 7.1%;国债事务支出安排 51,404 万元,增长 311.5%;其他支出安排 7,281 万元,增长 9.6%;预备费安排 10,610 万元,增长 46.2%。

(四)财政预算收支平衡情况

2011年，财政收入安排212,100万元，加上上级补助收入18,305万元，财政总收入为230,405万元；财政支出224,065万元，上解省市专项支出4,700万元，支援新疆、西藏专项资金634万元，津贴补贴调节基金500万元，出口退税上解500万元，财政总支出为230,399万元，收支相抵，收支平衡并略有结余。

（五）基金预算收支安排

1. 基金预算收入安排512,680万元，下降6.3%。其中：国有土地使用权收入安排476,751万元，下降7.2%，主要是考虑土地出让金收入的不确定性因素较大。

2. 基金预算支出安排512,680万元，增长0.4%。其中：国有土地使用权出让金支出安排476,751万元，增长0.8%。

三、2011年财政工作重点

（一）加大财源建设，力求财政收入再上新台阶

一是从全区发展大局出发，推进重大项目建设，紧紧抓住重点企业、重大产业、重点园区、产业集聚区等关键环节，全力支持经济发展，在提高经济运行质量中，培育稳定财源。二是充分利用我区的地域优势，大力发展现代服务业。通过财政资金的引导作用，实行市场化运作，扶持发展总部经济和楼宇经济，使新型服务业成为全区新的经济增长点。三是加强财税征收力度。积极支持和配合收入征管部门，依法加强征收管理，严厉打击涉税违法活动，做到依率征收，应收尽收，确保财政收入的稳定增长。四是有效整合政府财力资源，提高政府集中财力办大事的能力，整合专项资金，集中财力用于重点建设和重要事业支出。整合政府经营性和非经营性资产，变现闲置资产、盘活政府存量资产，增强政府统筹资金能力。进一步明确非税收入范围，完善征管体系，大力挖掘非税收入增收潜力，确保非税收入应收尽收。

（二）优化财政支出结构，提升财政支出保障能力

一是着力支持教育事业优先发展，强化义务教育经费保障制度，将义务教育经费全部纳入预算内给予保障，积极支持发展职业教育、远程教育和继续教育，着力改善办学条件，促进教育均衡发展。二是继续完善社会保障体系建设，建立健全覆盖城乡居民的社会保障体系，逐步提高保障标准。三是积极落实支农惠农政策，继续加大财政支农力度，积极推进支农资金整合，落实农业补助政策，积极探索农民收入稳定增长长效机制。四是建立健全基层公共卫生服务体系，继续完善农村新型合作医疗和城镇居民基本医疗保障制度，建立覆盖城乡居民的公共卫生服务体系。五是落实就业与再就业政策，认真落实岗位补贴，小额贷款、创业富民资金贷款担保、免费培训、保险补贴和税费减免等就业、再就业扶持政策，加强对失地、失海农民就业培训，拓宽社会就业渠道，维护社会稳定。

（三）深入财政体制改革，推进财政管理向科学化、精细化迈进

一是按照零基预算和综合预算的要求，继续加强和完善部门预算管理，重点是加强项目支出管理，严格控制预算追加。二是继续深化和完善财政国库管理制度改革，逐步建立财政资金单一账户体系，分阶段将建设资金和各涉农街道财政资金纳入国库统一支付体系。三是政府采购要向纵深发展，按照“采管”分离要求，加快推进政府采购平台建设，同时进一步完善政府采购制度，扩大政府采购规模，提高政府采购效率。四是加快财政法制建设，全面推进依法理财工作，逐步探索与群众生活关系密切以及对经济发展有重大影响的财政专项资金，向社会公开资金分配方式，提高政府工作的透明度,加强会计工作监管力度,提高会计信息的质量,自觉接受区人大依法监督和区政协的民主监督。五是建立与完善"融资、建设、偿债"一体化预算管理体系,完善偿债准备金制度,规范政府投资项目管理,充分发挥融资平台作用,为全区经济社会发展作出积极贡献。

各位代表,2011年是"十二五"规划开局之年,也是我区绿色经济区建设的重要一年,我们要按照区委十三届十次全会精神,自觉接受人民代表的监督和指导,认真履行职责,不畏困难,努力做好财政各项工作,全面完成区十六届人大四次会议提出的财政收支任务,为绿色经济区建设做出新的贡献!

地方税务

■概况 2010年,旅顺地税局牢牢抓住以组织税收收入为中心,牢固树立"党的税收事业至上,共和国纳税人至上,依法行政至上"的理念,坚持"始于纳税人需求、基于纳税人满意、终于纳税人遵从"的服务理念,税费收入不断创新高,税收征管质量稳步提升,依法行政扎实推进,税收信息化水平快速提高,干部队伍建设活力明显增强,两个文明建设长足进步,为旅顺口区经济社会发展作出了应有的贡献。2010年,旅顺口区地方税务局累计组织税收收入166345万元,同比增收39518万元、增长31.2%。其中:中央级收入13750万元,占全口径收入8.3%,同比增收2554万元,增长22.8%;市本级收入21704万元,占全口径收入13%,同比增收5435万元,增长33.4%;县区级收入130891万元,占全口径收入78.7%,同比增收31529万元,增长31.7%。组织代征工会经费1815万元;社会保障基金18548万元;残疾人就业保障金681万元。地方税费收入的平稳增长,为旅顺口区经济社会稳定发展提供了可靠的资金保障。

■税收征管 2010年,全区加强税收征管,强化税源监控,挖掘增收潜力,深化纳税评估,大力清理欠税,整顿规范税收秩序,实现了地税收入稳定增长。税种管理富有成效,对317户企业所得税实行定率征收管理,实现企业所得税6160万元,同比增收824万元、增长15.44%。抓好年所得12万元以上个人所得税纳税人自行申报工作,全区有495人主动进行申报,申报年收入额共计65422万元,应纳税额4198万元,补缴税款28万元。推行应用网络发票工作,对建筑安装业纳税人一般自开票、简易自开票、一般代开票和简易代开票的业务及工作程序进行了规范、代开网络发票2019户次,征收税款7474万元。组织816户企业所得税纳税人年度企业所得税年终汇算工作,汇算入库企业所得税1356万元,同比增收566.96万元。加强土地增值税清算工作,本着"谁管辖、谁负责"的原则,全面推进土地增值税清算工作,效果显著。加强重点建设项目的监控管理,对市局监控的九项亿元以上重点项目建立台账,做好千万元以上固定资产投资项目的税收统计,提高了纳税评估的能力。

■税务稽查 2010年,旅顺口区地税局严格遵循依法行政工作原则,加强税收法制建设,不断强化税收执法监督。统筹安排,科学选案,有针对性地确定稽查对象,创新开展纳税检查工作。实行税务稽查前提醒服务,倡导服务型稽查理念,不断提高纳税遵从度;注重大要案、涉税举报案件的查处工作,打击发票涉税违法行为,达到震慑目的,强化税务稽查人员的稽查业务,查账技巧培训,充分发挥税务稽查外反偷逃,内促征管的职能作用。一年来,查补入库税款411万元,企业自查补报入库467万元,企业废业检查入库184万元,清理企业欠税188万元,四项合计1250万元。

(撰稿人:齐凤军 审稿人:郈 义)

国家税务

■概况 2010年,旅顺口区国税累计完成税收收入112050万元,比上年增长29.5%,增加25496万元;不含免抵调库的税收直接收入累计完成98780元,比上年增长25.9%,增加20301万元。其中:国内增值税收入完成58912万元,比上年增长19.9%,增收9793万元;国内消费税收入134万元,比上年增长0.8%,增加1万元;企业所得税完成34193万元,比上年增长36.9%,增收9220万元。区级收入完成25378万元,增长30.6%,增加5948万元,完成区政府奋斗指标的100.5%。

■依法治税 2010年,区国税部门进一步加大依法治税力度。一是规范税收执法,严格组织收入,处理好税收计划与依法治税的关系,严格按照法定权限和程序执行好各项税法和管理规定。二是进一步整顿和规范税收秩序,建立欠税监督清理机制,做好欠税清缴工作,严格控制新欠发生,全年共清理欠税1310万元。三是加大稽查查处力度,打击偷逃税款行为,全年查补税款670万元。四是加强执法考核监督,落实税源管理责任。

■税收征管 2010年,区国税局不断夯实税收征管基础,建立与工商部门信息定期比对制度,及时比对工商登记信息,查找漏征漏管户。利用税收监控分析系统,加强指标监控,保持各项征管指标稳定。落实管理员岗位职责,加强一般纳税人资格认定及非正常户的认定及清理工作,做好税收资料普查工作。做好企业所得税汇算清缴工作和企业所得税的核定征收工作,对553户符合条件的企业实行核定征收。加强优惠政策落实,扎实做好审核、审批、备案工作,全年共审核审批税收优惠企业270户,减免税款13815.65万元。加大个体典调、带票申报管理,确保个体税收稳步增长。进一步深化行业纳税评估,纳税评估质量效能得到明显提高,累计评估入库税款1042万元。组织开展行业鉴定专项核查、福利企业专项核查、零申报核查、发票检查等工作。不断加强信息化建设,积极推行网上申报、远程认证、远程报税、财税库银横向联网等多元化申报方式,切实提高信息管理应用水平。提升服务理念,改进服务措施,全面提高纳税服务水平。开展办税服务厅"四心服务",加大税法宣传力度,共举办税法讲堂12期,不断扩大宣传影响力。

■队伍建设 2010年,区国税局加强领导班子自身建设,坚持班子学习制度和领导班子议事规则,充分发挥核心领导作用。通过开展党员创先争优活动、全员读书活动、党课活动以及捐书、捐款等活动,不断加强干部思想政治建设。通过举办以局办税服务厅作为场所,以展示全局亮点工作为目的的全局性展板展示及网上专题交流等活动,努力营造税务文化氛围。加强业务培训力度,借助市局网上税校的有利平台,全面提高广大干部的业务素质。进一步推进廉政建设,坚持每月一次廉政教育日和节前教育,努力营造廉政氛围,提高干部廉洁自律意识。通过设立兼职监察员、特邀监察员及开展第三方调查,不断强化内部监督和外部监督。旅顺国税局连续三年在全区政风行风民主评议中获得第一名。

(撰稿人:方 媛 审稿人:尚 滨)

金 融

■**银行** 2010年,全区各类银行存款余额235.6亿元,净增53.7亿元,比上年增长29.5%;各类银行贷款余额113.4亿元,净增26.9亿元,增长31.1%;存贷款余额的增幅与上年相比分别提高了8.2个和1.6个百分点;各类银行现金收入378.6亿元,增长8.7%;各类银行现金支出401.1亿元,增长9.1%;货币净投放22.5亿元,比上年增加3.2亿元。区融资平台融资15.25亿元;发放小额担保贷款870万元,完成大连市计划的145%,其中,下岗失业人员小额担保贷款760万元,创业富民小额担保贷款110万元,位居大连市各区市县第一位。

■**保险** 2010年,全区共拥有各类保险公司14家,其中,新增1家。全年保费总收入实现23181万元,比上年增长20.3%,其中,8家财产保险公司保费收入9971万元,增长11.9%;6家人寿保险公司保费收入13210万元,增长27.5%。全年赔款支出6442万元,增长22.3%,其中,财产险赔款支出5666万元,增长22%;寿命险赔款支出776万元,增长24.6%。赔付率44.2%,同比减少3个百分点,其中,财产险赔付率55.8%,寿命险赔付率28.7%,分别增加3.2个和减少10个百分点。

(撰稿人:包树枫 审稿人:梁 岩)

综合经济管理

审 计

■**概况** 2010年,旅顺口区审计局(以下简称区审计局)以科学发展观为统领,继续坚持“依法审计、服务大局、围绕中心、突出重点、求真务实”的二十字审计工作方针,认真履行法律赋予的审计监督职责,紧紧围绕区委、区政府把旅顺建设成为科学发展示范区和绿色生态经济区的宏伟目标,树立新的审计理念,把推进法制、维护民生、推动改革、促进发展作为审计工作的出发点和落脚点。以全部政府性资金为对象,按照“保增长、扩内需、调结构、惠民生”的要求,通过强化审计监督,提高政府性资金的使用效益,充分发挥审计机关“免疫系统”功能和建设性作用,保障全区经济建设又好又快发展。全年完成审计项目38项,查处违规金额1468万元,管理不规范金额49302万元;应上缴财政金额684万元;移送经济案件线索3件。完成动迁、土地储备、工程预决算审核1267项,报审金额31.7亿元,审定金额26.6亿元,审减额5.1亿元,审减率16.09%,其中工程项目审减6961万元。

■财政预算执行审计 2010年,财政预算执行审计继续坚持整体联动、全局一盘棋的思想,把预算执行审计看成一个整体的审计项目,紧紧围绕区委、区政府加快全区科学发展示范区建设的中心工作来选项。在工作实施上,实行统一领导、各负其责、协同作战、成果共享;在审计方法上实行预算执行审计与其他常规审计和审计调查相结合等方式,形成了既有分工又有合作的审计整体。全年共延伸审计了56个部门及项目单位,审计资金额45亿元。在全面审计的基础上,坚持"揭露问题、规范管理、促进改革、提高绩效"的审计思路,围绕社会反响较大的热点、难点和关系到群众切实利益的财政专项资金进行延伸审计,对财政部门预算管理、设施农业建设、捐赠资金的管理使用、政府投资项目管理等多个方面进行了重点审计,着重揭示了财政资金在使用效益和管理上存在的问题,提出了30多条审计意见和建议,在促进依法理财上发挥了积极的作用。

■基本建设项目审计 2010年,为有效地开展好投资项目审计工作,针对全区政府投资项目的规模和特点,结合全区的实际情况,对15个政府投资建设项目、上年度结转10个项目、工程概(预)算24.2亿元进行了审计,发现部分工程项目存在着施工单位违规分包工程、设计监理未纳入公开招投标、违规签订工程合同等问题,及时在审计报告中提出了建议,并对部分违规操作问题作了处理处罚。

区工程造价审查中心承担着旅顺口区所有动拆迁项目的最终审核。在社会中介机构评估的基础上,全年共完成动迁、土地储备、工程预决算审核1267项,报审金额31.7亿元,审定金额26.6亿元,审减额5.1亿元,审减率16.09%,其中工程项目审减6961万元。

■重点专项资金审计 2010年,针对全区积极推进全域城市化,加快主城区建设步伐等目标要求,有重点地选择了5个审计调查,分别是:全区重点项目投融资管理及使用情况的审计调查;2008至2009年设施农业小区建设及绩效情况的审计调查;2007至2009年全区扶贫捐款资金管理和使用情况的审计调查;旅顺污水处理厂和北路污水处理厂建设及运营情况审计调查;中央扩内需6个投资项目相关政策实施情况和效果审计调查。在投融资审计调查过程中,从程序的规范到资金的使用进行了全面的调查,发现了部分资金使用不尽合理等问题。在设施农业小区资金审计过程中,区审计局和大连市审计局联手开展了审计,在项目的建设管理、资金的使用、相关配套政策的执行等方面强化了审计监督,以期从体制、制度等方面分析原因,提出建设性意见。在扶贫捐助资金、污水处理建设资金、中央扩内需相关政策落实情况等审计调查上,区审计局以强化民生资金和落实宏观调控政策为目标,从资金的使用、审批、发放等环节进行严格检查,并揭示了资金管理、部分项目建设、工程验收等方面存在的问题,切实发挥审计的建设性作用,促进全区经济平稳较快发展。

■领导干部经济责任审计 2010年,区审计局坚持以科学发展观为指导,创新思路,改进方法,积极推进经济责任审计工作向更深层次、更高水平发展,把对经济决策权、政策执行权、经济管理权、资金分配权的监督,放在经济责任审计的突出位置。通过对被审计责任人在任期内单位的财政财务收支、固定资产增减、债权债务的增减以及重大经济活动的审计分析,重点分清被审计领导应负有的主管责任和直接责任,更加科学地评价领导干部的经济责任。通过稳步推进经济责任审计,加强对权力的制约和监督,促进领导干部廉洁自律,更好地促进社会和谐发展。全年共完成了区委组织部委托的15个部门18个主要领导的经济责任审计,查出违规金额42万元,管理不规范金额10777万元。

■村级财务收支审计 2010年初,区审计局在2008-2009年度村级财务收支审计的基础上,根据市纪检委、监察局、农村经济委员会、审计局联合下发的《关于加强农村村级组织负责人任期经济责任审计的意见》精神,以旅顺口区2010年村级换届为契机,有针对性地制订了全年的村级组织经济责任审计项目。由于村级组织负责人经济责任审计是一个全新的审计类型,因此,从项目的审前调查、到审计方案的制订,从审计证据的收集到审计报告的出具,都得到了局领导的高度重视。审计人员在审计中,方案制订有可操作性,证据收集有分量,报告撰写有层次,村级经济责任审计质量得到了进一步的提高,形成了领导重视、各涉农街道支持、村级配合的氛围和村级财务有人审、村级干部有人管的局面,同时,也促使各涉农街道加强对村级财务管理、土地承包、规范工程管理等方面规章制度的建立和完善。

(撰稿人:张丽清　审稿人:王正斌)

安全生产监督管理

■概况 2010年,旅顺口区安全生产监督管理局(以下简称安监局)以建设绿色经济区为统领,进一步深化"寓安全于监管,寓监管于服务"的工作理念,继续围绕全国"安全生产年"的工作部署,以开展"安全在身边,平安伴我行"主题宣传教育活动为主线,继续加大安全生产执法监督检查力度,认真排查治理安全生产隐患,全方位强化安全生产教育培训,巩固安全生产基层基础工作,确保了全区安全生产形势的平稳。在全市安全生产工作评比中连续两年位列前三名,被评为辽宁省安全生产工作先进单位。

■安全基础工作 2010年,区安监局圆满完成安全管理工作的三年打基础工作,全区安全生产形势向全面好转逐步迈进。安监局始终把安全基础建设作为各项工作的出发点和落脚点,建立健全开发区、各街道以及责任单位的安全管理档案19套,规范了危化、民爆、非煤矿山、烟花爆竹、铁路道口、重大危险源、安全设施"三同时"、安全标准化、执法监察等9套较为完善的安全管理档案,对29家企业进行了安全设施"三同时"评价,其中1家企业通过机械企业安全标准化2级企业评价,4家企业通过机械企业安全标准化3级企业评价;累计完成安全生产风险抵押金存储额度553万元,雇主责任险超过500人次。

■安全生产监管监察 2010年,区安监局紧紧围绕继续深入开展"安全生产年"的工作部署,抓住重点,突破难点,关注热点,全面深化安全生产监管监察工作。

一是以打击非法违法、治理违规违章为重点,深化安全生产执法行动,着力加强安全监管。全年相继开展"安全隐患排查整治百日会战"、"安全生产专项整治行动"、"打击非法违法生产建设行为专项行动"等一系列安全生产活动,将各类安全生产检查、专项督查贯穿始终,形成常态化监管监察模式,加大执法监察力度。安监系统在各类专项检查中,共检查生产经营单位1400余家(次),查出安全隐患1000余处,下达执法文书860份,其中下达责令改正指令书127份,强制措施指令书6份,依法责令停产整顿企业14家,处罚企业29家,处罚金额28.3万元。

二是以加强安全生产标准化建设、持续抓好重点行业领域安全专项整治为主要内容,深化安全生产治理行动,着力落实预防为主。重点针对危险化学品,重大装备制造、烟花爆竹、建筑施工、非煤矿山等重点行业和领域开展隐患整治排查,先后对20家危险化学品生产单位和112家危化品经营单位进行了专项检查,确保生产、经营、储存等环节万无一失;依据《重大危险源辨识标准》(GB18218－2009),对26处重大危险源定期进行重新认定评价,重新核定为6家;对18家砖厂和2家非煤矿山企业进行安全检查;对圣维特炸药库进行定期检查,企业顺利通过民爆行业的标准化评价;对永嘉烟花爆竹专营公司仓库和150家烟花爆竹临时零售网点进行地毯式的排查。对40家重大装备制造及修造船企业的作业现场进行检查,重点整治了作业现场的各类隐患。加大职业卫生监管力度,在开发区和10个街道,相继开展了作业场所职业危害普查与申报、24个行业的职业危害调查,木质家具企业的专项调查、粉尘与高毒物品专项整治行动等工作,开展网上申报讲座11次,完成职业危害网上申报备案企业216家。对23家建筑工地安全管理情况进行检查,加大建筑安全监管力度,落实施工安全管理措施。

■安全生产队伍建设 2010年,全区继续加强安全生产监管队伍建设,区安监局成立了安全生产监察三科即职业卫生监管,标志着区安监局在组织机构建设上的完整性。基层监管队伍建设也逐步正规化,开发区成立了安监局,配备9名监管人员,所有街道都至少有2名专职监管人员,奠定了街道进行安全生产委托执法的坚实基础。

■应急演练 2010年,全区开展各类应急演练10余次,涉及危化、学校、商场、农机、旅游、重大危险源、重大装备制造、燃气民爆等行业,并加强对职工进行事故预防教育。特别是在7月5日,全国燃气泄露爆炸事故应急救援综合演练在旅顺口区举行,中央电视台对演练进行了现场直播。演练中共有消防、应急、安监、城建、环保、卫生、气象、供水、供电以及驻军部队和预备役在内的14支救援队伍近300人参与,参演车辆48台,直升机1架。通过演练,在全国充分展示了旅顺口区应急队伍的建设情况,提高了全区应急救援队伍的整体救援水平,有效锻炼了各支应急队伍的实战能力,达到了预期的效果。

■全国安全社区创建 旅顺口区安全社区创建工作自2008年开展以来,通过培训学习、工作交流、专家指导、实地整改等不断推进和深入。2010年8月27日和28日,得胜街道通过了"全国安全社区"专家组的评定,被命名为"全国安全社区",成为全区首个获得"全国安全社区"称号的街道,为开发区及其他街道的创建工作提供了宝贵的经验。

■**安全生产宣传教育培训** 2010年,围绕"安全在身边、平安伴我行"主题宣传活动,推动安全文化进企业、进车间、进社区、进家庭、进学校工作,提高安全生产在全区百姓中的关注度、知晓度和参与度。

一是强化标识宣传,在交通主干线、主要街道、公共场所、主要建筑物及企业厂区悬挂安全旗、安全标语及宣传条幅。

二是强化集中宣传。全区26个单位,200余人参与了"安全生产月"宣传活动,展出安全生产宣传板100余块,为群众提供安全生产、家庭燃气、安全用电、交通安全等各类咨询100余条;向居民发放安全生产宣传单1万余份,发放各类安全知识书籍1000余册。

三是加强群众宣传。区委组织部、广电局、安监局联合举办"非公企业党建和安全生产知识竞赛",各非公企业职工的积极参与,进一步普及了安全生产法律法规、安全生产知识、职业健康知识和应急救援知识。

四是强化信息宣传。加大《旅顺安全信息》的宣传力度,共发布《旅顺安全信息》二十二期,累计发送信息210篇。开通了"旅顺口区安全生产短消息平台",向区安委会成员单位的主要领导,责任单位的安全生产主管领导、各街道和部门的安监专干,以及全区1000余家企业的负责人和安全员,发布安全提醒、安全预警、事故通报等信息60余条,近7万人次接收到安全短信息。

五是强化人员培训力度,提高从业人员素质。培训特种作业人员2100余人,企业负责人和安全生产管理人员900余人,外来务工人员2000余人,全员教育培训企业30家,培训职工2000余人。同时强化安监干部自身业务能力,组织全区安监系统监管人员,参加市、区组织的各类业务培训10余次,参加人员达到100余人次。

(撰稿人:张志刚 审稿人:汤 敏)

质量技术监督管理

■**概况** 旅顺口区质量技术监督局是大连市直属单位,隶属大连市质量技术监督局管理,下设综合业务、特种设备安全监察2个科室及办公室,编制16人,在编15人。主要负责产品质量、综合计量、标准化及特种设备的监督管理、服务工作。局下属质量技术监督稽查队、计量检定测试所2个事业单位,编制41人,主要负责质量技术监督行政执法、计量器具检定工作。

旅顺口区质量技术监督局担负综合管理和行政执法两大职能及"打假"工作。依据国家《计量法》、《产品质量法》、《标准化法》、《食品安全法》、《特种设备安全监察条例》和《辽宁省计量监督管理条例》、《商品质量监督管理条例》、《标准化监督管理条例》、《信息标准化监督管理条例》、《锅炉压力容器压力管道特种设备安全监察行政处罚规定》、《大连市劳动保护条例》等一系列国家和地方法律法规的要求,开展计量、质量、标准、锅炉压力容器、特种设备监督管理工作,强化技术监督行政执法及服务功能,积极为旅顺口区经济建设服务。

■**产品质量监督管理** 2010年,全局上下进一步转变观念和工作重心,积极探索从生产源头抓质量的新路子,取得一定成效。把好市场准入关,全区87家食品企业顺利通过食品生产许可证年审,8家食品企业获得市场准入许可证。以产品质量监督检验为手段,加大对不合格产品企业的整改力度,开展了食品添加剂和食品加工环节两个专项整治工作,全年共巡查食品企业76

家，对2009年巡查的30余家问题企业进行回访，查处无证违规食品企业12家。同时，积极帮助生产和销售有问题产（商）品的个体、私营企业查找原因，编制、印发《旅顺口区食品生产加工企业添加剂使用指导手册》等资料400余份，下发给各相关企业，协助其制订产品标准备案，完善质量管理措施，认真做好整改工作，促进其产品质量稳步提高。

■标准化监督管理 2010年，区质量技术监督局对标准化工作在人力和精力上有所倾斜，采标和农业标准化工作取得新突破。对辖区内硬件条件好、管理水平高、产品上档次的一家园区进行帮扶，帮助修订农业技术规范29项；帮助、鼓励区内两家企业采用国际先进标准，提升了全区的采标覆盖率。着眼全区农业经济，努力协调农业和海洋渔业等管理部门，发展农业标准化工作，积极组织有条件、有优势的农产品生产园区申报标准化示范区。将代码证书新办和年审工作全部移到区行政服务中心窗口，既提高了效率，又方便了企业。全年新办换代码证1500余件，年检2000余件，扫描1900余件。

■计量监督管理 2010年，区质量技术监督局关注民生、计量惠民活动稳步推进，每月第一个周三在全区各街道社区开展免费计量检测活动，全年共组织进行了8次，接听咨询电话500余次，现场接待市民1600余人次，检定血压计、人体秤等家用计量器具800余台次，深受群众好评。旅顺计量所全年共检测计量器具5000余台件，企业1230余家，超额完成全年任务；组织完成了对中石油、中石化25家加油站的检定，检查油枪220条，全部合格；检定全区医院、诊所及企业在用压力表3000余台件；对全区餐饮业、废品回收业衡器鉴定600余家、1200余件计量器具。

■特种设备安全 2010年，开展了多项整治工作。积极开展燃气压力管道专项整治，重点对餐饮业、大型食堂等人员密集场所和液化气充装站、贮罐站、瓶组间等高危场所的燃气压力管道开展监察，共检查相关单位40余家，发现有7家饭店、1家贮罐站、3个瓶组间压力管道未按期检验，100余块压力表超期未检，都依法下达了《特种设备安全监察指令书》，限期整改，并按照相关法律法规的要求予以处罚，消灭事故隐患。开展浴池锅炉专项整治，特种设备安全监察人员共检查浴池、旅店等20余家，下达《特种设备安全监察指令书》11份，对6家小型汽水两用锅炉安装未报批、未监检、未办理注册登记的违法行为进行了处罚，并要求补办锅炉相关手续，按期检验；对1家使用无证蒸汽锅炉浴池的锅炉强制拆除；对1家擅自将常压锅炉改为承压使用的锅炉强制报废，并更换合格锅炉。开展供热锅炉专项整治，与区供热办联合，对全区10余家供热单位的22个锅炉房开展了安全监察，下达《特种设备安全监察指令书》2份，对锅炉未注册登记、司炉工未持证上岗等违法行为予以纠正，限期整改。

优化服务，脚踏实地，做好特种设备安全管理工作。在开展特种设备安全管理工作中，本着以人为本的工作原则，优质、高效为企业服务。共注册登记特种设备515台（部/条），其中锅炉12台，压力容器94台，压力管道7条，电梯84部，起重机械178台，厂内机动车44台。全年特种设备报停14台，报废26台。全年审查锅炉房7座，审批锅炉安装图纸13份，接收锅炉安装告知书13份。全年锅炉应检135台，实检135台；压力容器应检102台，实检102台；

压力管道实检9条481米。

■质量监督“打假”工作 2010年,旅顺质监局稽查队开展了农资、建材、食品、建筑等领域的专项检查活动,先后对农药、种子、化肥、地膜等农资商品的质量和计量进行检查,共出动执法人员20多人次,检查经销点20余家,有效地保证了农耕生产。加强对建筑工地钢筋、管材、安全网等建筑材料产品质量监督检查工作,共检查10余个建筑工地,抽查产品20余批次,合格率达90%。开展对手机店、玩具店、电器店、配电箱等产品的3C认证情况监督检查工作,共检查30余家。年内,共立案查处18起,结案18起,累计罚没款项10万余元。

(撰稿人:许振微 审稿人:王明利)

食品药品监督管理

■概况 2010年,旅顺口区未发生食品安全等级事故和无药品质量引起的重大人员伤亡事件,涉药单位受检率100%,案件查结率100%,无诉讼案件,100%街道卫生院和90%农村医疗机构达到“规范药房”标准。

■食品安全综合监管 2010年,区领导多次对食品安全情况和乳粉的彻查情况进行检察、视察,区人大主任会议专题听取食品药品安全监管工作汇报,区政府拨付40万元用于食品安全综合监管工作,并同各街道和相关成员单位签订责任状,层层落实工作任务和责任。制订综合考评细则,对开发区、各街道食品安全工作进行考核,进一步落实食品安全属地管理责任制。对食品流通领域开展食品安全抽样检测,共完成7大类食品、52批次样品的政府评价性检验检测;无偿为五一路批发市场药残检测中心和农贸市场快速检测点配备检测试剂,把住源头检测关。

■食品安全联合执法 2010年,区食品药品监管局牵头组织各职能部门在元旦、春节、“两会”、“五一”、“十一”和中秋、人居节等重大节日和活动期间,开展有针对性的食品安全联合执法大检查,制订方案、周密组织,确保重要时段、重要部位、重点品种的食品安全。除此以外,还组织开展了食用油脂、问题乳粉、食品添加剂、海(鱼)米加工、校园周边食品安全等专项整治,加大监管力度,规范食品市场秩序。共出动执法人员2531人次,执法车辆871车次,检查单位4517家,检查品种400多个,发放责令改正通知书382份。

■药械市场秩序整顿 2010年,区食品药品监管局大力整顿药械市场秩序,全年共出动执法人员1164人次,检查涉药涉械单位558家次;依法立案查处28件,取缔无证经营2起,责令整改56家;受理投诉举报26起,立案查处6起。一是深入开展药品和医疗器械专项检查。以个体诊所、村卫生所、药品经营企业为重点,开展了节日期间、过期药品、无证经营药品、非药品冒充药品、假冒国内知名品牌药械等12次专项检查。二是加强生产源头监管。加强对药品生产企业和医疗机构制剂室的日常监管,现场指导、跟踪检查,及时提出整改意见,积极进行复查,抽取3批次医院制剂进行送检,全面提高药品生产、医疗机构制剂质量水平。三是加强药品经营企业监管。完成19家药品经营企业换发许可证的审核、办理,做好34家药店GSP认证材料的受理、审核工作,对8家药品经营企业、1家药品连锁企业门店变更地址进行现场检查验收,完成26家认证已满24个月的药品经营企业跟踪检查工作;对14家隐形眼镜经营企业进行了专项检查。四是加强医疗机构药品监管。对医疗机构购进、使用的药品、诊断试剂、植入体内医疗器械、医用氧气等进行监督检查;开展农村医疗机构"规范药房"建设,按照标准对7家卫生院进行全面检查,使"规范药房"覆盖面达100%。五是加强基本药物和特殊药品监管。加强基本药物使用质量监管,建立供货档案、药品质量验收制度;开展特殊药品专项检查,对全区使用麻醉药品情况进行摸底备案,无特药流弊事件。六是加强药品监督抽验工作。全年共针对性抽样75批,其中快检抽样35批,基本药物抽样10批,抽样送检合格率100%,客观反映区药品安全状况良好。

■药械不良反应监测 2010年,区食品药品监管局组织开展不良反应监测专题培训,提高药械不良反应监测报告质量,上报药品不良反应报告81例,医疗器械不良事件22例;强化报告主体的法律责任,扩大报告单位覆盖面,将个体诊所、村卫生所、药品经营企业纳入药品不良反应报告范围并进行硬性规定,定期督查上报情况。

■诚信体系建设 2010年,全区积极推行企业负责人约谈督察制度,所有医疗机构和药品经营企业全部签约,签约率达100%。在辖区开展药品经营企业"诚信承诺"活动,依据GSP认证跟踪复查、药品抽样、行政处罚等情况评定诚信等次,全区有153家药品经营企业被评定为守信药店,提高了药品行业的信用程度。

■食品药品安全宣传 2010年,旅顺口区食品药品监管局通过形式多样、内容丰富的宣传教育活动,提高全民的参与度和自我保护能力。一是同区委宣传部联合举办2010年食品药品安全宣传启动仪式,先后组织2次大规模宣传活动,接受群众咨询近千人次,发放宣传材料3万份,设立拱门、悬挂条幅、摆放宣传板40张(个)。二是做好野生鲜蘑菇中毒防控工作,通过电台、电视台、网站、报刊等媒介及时发布"勿采勿食野生鲜蘑菇"警示,印制预防野生鲜蘑菇中毒彩色挂图0.5万份、宣传单15万份、警示横幅200余条,街道、社区、居民层层签订"勿采勿食"责任状、保证书,通过全方位、多角度、立体式的宣传,确保全年无野生鲜蘑菇中毒事件发生。三是发布2期食品安全预警,编印食品安全简报3期,印制70万份宣传单发放到社区、农村、企事业单位,增强群众辨假识劣能力和维权意识,全力营造人人关心食品药品安全的良好社会氛围。

(撰稿人:高 猛 审稿人:王兴伟)

工商行政管理

■概况 2010年,大连市工商行政管理局旅顺口分局(以下简称分局)坚持围绕旅顺经济社会发展大局,以科学发展观为统领,以服务发展、促进和谐为主线,以进一步推进工作重心转移和职能到位为目标,以"三深入送服务"活动为载体,以提升队伍素质和执法服务能力为基础,努力营造便捷高效的投资环境、公平公正的市场环境和安全健康的消费环境,为旅顺科学发展示范和绿色经济区建设做出了新贡献。2010年,全区民营经济稳步发展,各类企业发展到4580户,注册资金达到165.8亿元,同比分别增长了18%和14%;个体工商户达到14641户,注册资金4.3亿元,同比分别增长了29%和41%。新发展各类企业642户，同比增长了25 %；注册资金155150万元，同比增长 -22%；新发展个体工商户3073户，注册资金1.55亿元，同比分别增长46%和32%。

■开展"三深入、送服务"活动 2010年，分局为进一步推动"连心"活动深入开展，促进工商队伍作风建设，更好发挥工商部门服务经济、服务企业、服务群众作用，开展了"三深入、送服务"活动。以辖区企业、社区、村为重点，制订了操作性强、工作指标量化、执行标准明确、日程安排合理的具体工作方案，深入基层走访调研，组织问卷发放和回收，推动"转企升级"、"兴企解难"、"就业帮扶"和"消费维权"等五大工程的贯彻落实。

在"三深入送服务"活动中，全区实现"个体转企"330户，完成实名就业2110人，新发展农村经纪人80户，农民专业合作社15户。

■创新管理和服务 2010年，分局围绕促进全区经济发展，进一步创新了对工商企业的管理和服务。

推进"商标战略"，为品牌企业送服务。分局以培育和申报驰(著)名商标为重点，与梯队建设紧密结合，助推企业打造以品牌促效益的战略途径。帮助企业申报著名商标，把一些规模较大、产品质量较好、信誉度较强、纳税额度高等企业纳入驰(著)名商标梯队建设中，对一些条件成熟的企业，积极指导其申报驰(著)名商标，利用商标品牌的影响把企业做大做强。同时，开展商标监管工作，加强注册商标专用权保护，推进商标监管"关口"前移，积极查处商标侵权案件。大力宣传商标知识，召开座谈会，现场指导企业，鼓励企业注册商标，积极培育并协助符合条件的企业申报驰(著)名商标。全区获国家驰名商标1件，辽宁省著名商标5件，大连市著名商标12件；新注册商标40件，其中涉农商标16件；工业商标20件；服务商标4件。

推进"转企升级"，为企业做大做强送服务。区工商局出台了《关于个体工商户转企工作中有关问题的通知》，进一步明确了转企工作原则、具体程序、优惠政策和工作要求和转企个体工商户的范围，以及工商所和注册科的工作程序，设计和印发了《个体工商户转企登记表》，并召开全区"个体转企"启动现场会和"个体转企"工作培训会，利用媒体和宣传材料扩大影响力。同时，通过个体私营协会组织会员沟通交流，以宣传"转企"典型和"转企"后的经济效益，调动个体工商户"转企"的积极性和主动性。在各工商所和区行政服务大厅的注册登记窗口开辟了"个体转企"绿色通道，向具备条件且有意向"转企"的个体工商户提供全程代理服务，各工商所和注册科安排专人负责代办登记注册等转型登记的相关手续，帮助解决转型中遇到的难题，稳步推进了全区"个体转企"工作。全区成功"转企"330户。

推进"兴企解难"，为企业排忧解难。分局进一步深化大项目跟踪服务和现场办公制度。局领导带头深入街道、村(社区)和企业调查研究，帮助企业查找影响企业发展的深层问题。各工商所所长为辖区企业联络制度的第一责任人，机关各部门负责人按业务对口协助各工商所工作，帮助企业解决在生产经营发展过程中的困难和问题。为扶持企业健康发展，区工商局支持企业拓宽投融资渠道，帮助企业盘活存量资本，并积极发展民间金融资本，引导协助小额贷款公司注册登记。大力推动农村专业合作社发展。一方面在注册大厅和各工商所的办事窗口都开设了合作社注册登记绿色通道，对前来申办合作社的农民实行“首问负责制”，专门指派责任心和业务能力强的干部负责咨询、受理和指导，对提交材料齐全的随到随办。另一方面减免合作社的工商登记费用，实现登记注册和日常监管服务全部免费，使合作社的注册登记成本降到最低。

全面加强农资市场日常监管。分局深入企业、社区和村屯，以服务经济发展为重点，全力做好农资市场的监管工作。以“农资培训学政策、红盾护农维权益”为主题，对全区农资经营户开展培训，使农资经营户对相关法律法规有了进一步的了解，对自身肩负的责任有了更深的认识，明确了农资经营单位和经营者是农资商品质量的第一责任人，为农民把好种子、农药、化肥等农资商品进货准入关，以营造良好的农资销售环境。

创新食品安全监管模式。努力探索食品安全监管的新模式，坚持食品安全抓源头，加强食品安全示范店、食品安全监管信息化、食品安全快速检测三大工程建设，将监管与走访相结合，将日常巡查与集中排查相结合，推广定时定量走访巡查模式，努力做到监管与服务相统一。工商局聘请专家对全局食品检测人员进行了专业技能培训，推进工商所快速检测日常化、制度化、规范化。以食品经营者和送货商或供货商的营业执照复印件、送货车辆情况、卫生许可证复印件等相关资料为内容，建立规范的网络食品监管档案，将食品安全监管的各项任务、经营者日常管理制度的落实和网络监管员的执法绩效融为一体，努力营造安全健康的消费环境。

■维权工作 2010 年，分局充分发挥“12315”申诉举报网络和“一会两站”的作用，及时受理和依法处理农民消费者的咨询、申诉和举报。对有关农资的申诉举报做到特事特办，确保申诉举报网络畅通，切实维护农民利益。在“3·15 活动”中，分局在铁山街道、水师营街道、三涧堡街道大集开展了“爱农、亲农、助农”为主题内容的“红盾护农”宣传活动，现场受理并解决消费投诉和咨询 13 件，发放《红盾护农联系卡》1 万余张，23 家相关单位现场进行了宣传、咨询、服务活动，发放相关法律法规、维权知识、农资技术等方面宣传材料 1.5 万份，现场为农民讲授果菜培育新技术、新知识，传送农产品市场需求信息，组织农资经营业户代表现场签订《农资商品质量承诺书》，14 家农资、农机、家电经销单位进行了以旧换新、让利销售，让利金额达到 2.1 万元，受到农村消费者的好评。

■规范化建设 2010 年，分局进一步加大制度化、规范化建设工作力度。以 ISO9000 体系为基础，改进了对局机关、基层工商所的考核体系，将 ISO9000 体系与日常工作和年度考核紧密结合，促进工作落实和效能提升。精心组织并通过了区委“五五”普法工作检查和考核，细化依法行政项目和标准，完成换发工商执法证工作，进一步提高了依法行政水平。将行政指导贯穿网络化监管和网上年检工作，在全区划分网络 28 个，明确各层级网络的事权划分和工作标准，形成了三级网络互动的监管格局。以网络化监管为抓手，把行政指导工作贯穿于日常监管巡查、新办企业及个体回访、年检验照、经济户口任务提示、重热点行业监管、无照经营查处取缔等各个监管环节，合理运用行政指导手段把事后查处变为事前指导。印制《网上年检操作说明》免费分发给企业，并对落户企业比较集中的村（社区）、大型企业集团和纳税大户分批进行集中培训、现场指导及登门年检服务，现场登录网上年检系统，现场演示、指导申报年检流程，指导企业顺利年检。先后投资12万余元，为基层九个工商所购置电脑15台、打印机15台，开通了互联网，并组织网上年检、企业监管、食品安全监管、执法办案等软件应用培训，规范了日常监管，提升了业务素质。加强了旅顺工商分局门户网站的建设和管理，版面更加丰富，内容涵盖全面，更好地服务社会公众。

■队伍建设 2010年，分局党委突出班子成员的带头和示范作用，把科学执政、公平公正、民主公开、正直诚信、宽容理解作为班子的工作准则，坚持理论中心组学习，强调人性化管理。坚持和谐工作，班子成员之间有分工无分家，增强班子的凝聚力和战斗力。坚持抓基层干部思想教育不放松，利用科(所)业务会学习理论知识，积极推进基层党支部建设，培育发展基层党员干部。充分利用网络优势，在局域网开辟了行风教育每月两题、时事政治教育每日一题、法规学习每月一题等廉政教育栏目，保证每人必读。进一步加强党风廉政建设，在上年查找和制订防范措施基础上，组织干部学习讨论“两个风险”防范管理措施，针对不同岗位的防范措施落实情况开展定期拉网排查和监督检查。强化专项督察和社会监督，及时办理群众来信来访件。针对年检容易产生的问题，加强年检纪律教育和明察暗访，多次组织相关部门到基层检查指导，实现年检零投诉。

(撰稿人:姜宝和 审稿人:李广义)

统 计

■概况 2010年，区统计局以统计服务科学发展为目标，以提高统计数据质量为中心，以改革创新为动力，以信息化为支撑，认真做好第六次全国人口普查和有关专项调查，着力统计改革、服务优化、系统建设、素质提高，努力打造机构体系完善、调查制度科学、技术手段先进、法制保障有力、队伍素质过硬的现代统计体系，为加快推进科学发展示范区建设提供统计保障。

■第六次全国人口普查工作 2010年，按照国家、省、市要求，从1月份开始，先后下发了《旅顺口区人民政府关于做好全区人口普查工作的通知》，成立了由常务副区长为组长、21个部门为成员的区人口普查领导小组；召开全区人口普查动员大会以及街道、各部门人口普查办公室主任业务培训工作会议；开展人口普查试点工作，发现问题，积累经验，锻炼队伍，培养骨干；组建一支1800人的普查队伍，分13期开展业务培训；开展入户摸底工作，为正式入户登记提供了有效保障。11月1日，正式入户登记，经过全体普查员的勤苦工作，至年末，全区第六次人口普查第一阶段、第二阶段工作圆满结束。

■统计服务 2010年，统计服务有新提高。根据实际需要，在统计服务上实现了由传统型被动式服务向开放型主动式服务的转变。改变过去“事后统计”，强化前瞻性统计，着重强化统计预测、监测能力，对重点指标以及敏感性指标加大跟踪力度，为领导决策及时提供相关数字和信息。统计资料发布有新规范。数据发布实行登记制度，避免了随意发布数据的现象，对群众关心的数据及时发布，发布数据经得起推敲、经得起考验，维护了统计数据的严肃性和权威性。统计信息质量有新提升。充分运用统计资料全的优势，紧紧抓住经济发展中出现的热点，加大对统计数据的开发、利用强度，全年共撰写各种统计信息、人口普查信息40余篇，其中，结合当前经济发展撰写了《GDP与固定资产投资、财政收入、居民收入之间的关系》、《我区GDP核算现状》、《我区固定资产投资现状》等一批较有分量的信息，得到区领导的好评。

■统计法制建设 2010年，旅顺口区统计局加强专业人员依法统计意识。领导班子及全局人员积极学习统计相关法律法规，保证了专业人员在统计执法过程中的抗干扰能力，形成依法统计的良好氛围。结合第六次全国人口普查，开展声势浩大的《统计法》宣传，为人口普查的开展营造了浓厚的气氛。

统计法制建设有序推进。成立了以局长为组长的统计执法检查领导小组，采取“先自查后抽查”的方法，全年共检查各类企业100余家，查处各类统计违法案件13起，得到省统计局的表扬。

（撰稿人：包树枫　审稿人：梁　岩）

物价管理

■概况 为维护市场价格秩序，保护经营者和消费者的合法权益，2010年，旅顺口区强化市场价格检测，做好价格形势分析，平抑市场菜价，做好市场管理工作。认真研究上年价格运行，在2010年价格走势基础上，形成了2009年全区价格运行情况和2010年价格走势分析，并在每季度、重要节日及特别情况下作出分析，为上级领导决策提供依据。开展药品及医疗服务价格专项检查，切实维护广大消费者合法利益。开展了旅游市场价格检查，结合旅游黄金周，开展了以景点门票、停车场、商场、餐饮等行业和场所为重点的旅游市场专项检查。认真受理查处各类价格举报，注重规范办案程序，提升办案质量，强化服务意识，全力打造“12358”便民、快速、高效、务实的绿色通道；坚持“有报必查，查必有果，有果必答”的服务宗旨，为保护群众的权益，密切党群关系，促进经济发展和保持社会稳定发挥了积极的作用。

■物价监管 2010年，旅顺口区加强市场监测，掌握和分析市场价格变化动态。每日派人对主要食品价格进行登记，发现价格变化异常，及时报告。每半个月进行专题市场分析，报区委、人大、政府、政协及相关部门。

对本区及周边市场价格进行调查分析，形成了《关于我区市场价格现状调查及调控建议的报告》，得到了惠凯区长及相关政府领导重视，召开政府常务会议专题研究。区物价局根据区领导的意见，拟定了贯彻区政府常务会议精神、稳定市场价格的实施方案，并采取了积极的措施。

1. 发挥“五一路”中心批发市场作用，在吸引运销大户入场外，还引进地产大户入场销售，拉低蔬菜批发价格。国庆节后，地产菜进入淡季，通过补贴形式（补贴100元/吨），降低运输成本和批发价格。“五一路”批发市场在蔬菜、水果销售基础上，利用空闲地点扩大水产品批发，引进大户进场交易，促进全区水产品价格的快速下行。2. 协助开发区农副产品国际物流中心加快启动。一方面帮助吸引产销大户入场经营，扩大影响；另一方面督促企业加快气调库等配套设施建设，为业户提供优质服务。3. 选择适当地点，建蔬菜销售门市，以较低价格将优质蔬菜供应市民，平抑菜价。

加大市场价格的监督检查。区物价局价格检查科每周安排两次市场价格检查，严肃检查处理经营者串通定价、合谋涨价、捏造和散布涨价谣言、囤积居奇、不明码标价等价格违法行为,维护正常的市场价格秩序。

(撰稿人:呼振佳　　审稿人:刘芝胜)

烟草专卖管理

■**烟草专卖管理**　2010年,旅顺口区烟草专卖局共查获各类违法卷烟124.63万支,案值80.6万元,联合执法3次;查处违法案件115起,破获万元以上案件30起,其中1-5万元的案件30起,罚没款15957元。一是专卖市场监管和整治力度不断加大。始终坚持把打假作为市场监管的重中之重,加强对重点客户、重点市场和重点区域检查监管和整治,开展打假打私专项行动,不断强化零售许可证管理和零售户自律,坚决取缔无证经营,加强与公安、工商、新闻媒体等各单位密切配合,为营造诚信经营、公平竞争的良好市场环境创造了条件。二是专卖内部监管不断强化。建立了规范市场管理与内管职能互动工作机制,重点强化客户经理对客户拜访、卷烟配送和零售客户销售环节的同步跟踪、日常监管,在强化专项检查的同时,依托内管信息管理系统加强同步监管,严格内部自律,为保证开展网上订货、电子商务和网络营销奠定了更加规范的基础。三是专卖基础管理进一步夯实。专卖管理部门坚持例行检查制度,加强行政许可证管理,建立换证培训工作机制,认真落实责任制,确保换证工作质量;坚持合理布局,从严控制零售户的数量;积极组织开展岗位技能练兵活动,并组织参加市局的比武竞赛。四是办事公开民主管理试点取得良好开局。按照国家局和市局(公司)的要求,全面启动了试点工作,成立工作组织领导机构,制订了工作实施方案,按程序组织实施,已确定公开的内容涉及六个方面、39项。五是普法宣传教育和验收取得新成果。充分利用各种形式,组织宣传烟草专卖法及相关法规,积极参加地方消协组织的消费者维权活动,营造了广大群众和消费者学法、懂法、守法、用法的良好社会氛围;认真做好新修订的《烟草专卖法》及《烟草专卖行政处罚程序规定》的宣传贯彻工作,全面接受国家局的普法检查验收,并荣获国家局授予的"五五普法"先进单位称号。

■**烟草营销管理**　2010年,旅顺烟草专卖局深入践行科学发展观,以"五个上水平"为目标,唱响主旋律,适应新转型,探索新举措,着眼新规划,不断加强企业的全面建设。一是经济运行质量和水平稳步提升。全年完成卷烟销量18000箱,同比增长7.2%;实现卷烟销售额(含税)3.3亿元,同比增长23.2%;实现卷烟单箱销售收入为18300余元,同比每箱增加2355元;实现毛利(含税)7530万元,同比增长30%,提前一年完成市局对旅顺提出的"两年内实现两个"17000"的奋斗目标。二是品牌发展上水平得到新推进。"20+10"行业重点骨干品牌销量完成13620箱,集中度达到76.1%,形成了以重点品牌培育成果拉动结构上移和效益提升的良好局面。三是市场营销上水平取得新成效。全面推进网上订货,实现订单模式新转变,到11月20日,全区1860户卷烟零售户全部加入了网上订货;深入做好客户培训与营销指导,开启了网上营销新起点;高度重视需求预测工作,加强市场和客户分析,强化对客户拜访服务和营销指导,加强明码标价规范管理工作,认真做好"四化一无"的目标落实;积极探索零售终端建设工作,组织客户代表对企业相关工作进行监督和评议,从而为推进辖区市场营销管理服务上水平提供了基础保证;营销人员岗位练兵活动扎实开展,“争先评比竞赛”活动深入推进,为实现业务模式转型奠定了基础。

■烟草企业管理 2010年,全区烟草企业全年实现安全生产零事故,预算管理全面落实,资金运行规范有效,物资采购严格流程,审计监督得到强化,各项基础管理不断夯实,费用水平控制在合理范围之内,为促进“卷烟上水平”目标的顺利实现创造了条件。一是职业健康安全管理体系建设扎实推进。以突出安全生产上水平为目标,注重加强企业安全管理工作的组织领导,坚持逐级落实安全责任制,坚持安全生产日常检查、设备设施年检和干部节假日值班制度,强化设备设施管理、消防安全管理、生产现场管理和隐患整改工作;不断强化干部员工安全教育培训,积极在健康体系的视觉形式、工作内容和企业特色方面进行创新,并通过了企业内审和认证公司认证;二是车辆运行管理进一步规范。单位与全体驾驶员签定了安全责任状,实行驾驶员安全责任制,认真做好驾驶员学习培训工作,建立完善涉及驾驶员和车辆安全管理方面的相关规定和办法,注重加强车辆基础管理,积极组织开展驾驶员比武和车辆管理创优活动,并荣获全系统车辆管理优胜单位。三是全面预算管理得到切实加强。按照市局(公司)全面预算管理的要求,突出强化成本费用控制这一重点,结合企业费用使用实际,不断加强预算执行过程的检查和考核,强化资金规范运行,认真做好企业资产管理,不断提高预算编制的准确性和执行的自觉性,各项费用均控制在市局(公司)规定的范围之内。四是绩效考评工作不断强化。建立了年度企业和部门的目标体系、标准体系和考核考评体系,制订了员工岗位绩效考评办法和员工德能勤绩考核办法,以及员工岗位考核具体操作流程;认真做好重点工作指标项目的日常检查和考评工作,以及日常基础工作。

(撰稿人:王仁君 审稿人:孙克战)

政治建设

- □中共旅顺口区委员会
- □旅顺口区人大常委会
- □旅顺口区人民政府
- □政协旅顺口区委员会
- □旅顺口区人民检察院
- □旅顺口区人民法院
- □旅顺口区人民武装部
- □旅顺口区人民团体

中共旅顺口区委员会

区委领导名录

■**区委常委(2010 年底情况)**

熊博力	区委书记
惠　凯	区委副书记、区长
段　炼	区委副书记
车　民	区委常委、副区长
黄　坚	区委常委、组织部部长
李　军	区委常委、纪委书记
张守财	区委常委、宣传部部长
夏翠萍	区委常委、政法委书记
孙长胜	区委常委、武装部政委

■**区委委员、候补委员(2010 年底情况)**

区委委员(37 人,以姓氏笔画为序):

于华业	于丽华	王　军	王成新
王珍和	王渔林	车　民	丛　霞
丛贵立	刘永斌	刘先和	刘宝德
孙长胜	孙家平	李　军	李佳彬
杨　伸	肖　群	张　斌	张守财
张利伟	张树槐	金德锐	周良忠
单聚宁	段　炼	赵元吉	姜玉龙
夏翠萍	夏德永	徐金祥	唐　斌
黄　坚	彭建伟	惠　凯	董志慧
熊博力			

区委候补委员(8 人,以得票多少为序):

王发东	陈美云	王来伟	金德发
郝桢明	王　岩	孔繁君	张贵富

区委重要会议

■**区委十三届九次全会**　中共旅顺口区委十三届九次全会暨半年经济工作会议于2010 年 7 月 17 日在区行政中心二号会议室召开。会议高举中国特色社会主义伟大旗帜,以邓小平理论和“三个代表”重要思想为指导,深入贯彻科学发展观,总结上半年工作,部署下半年任务,团结和带领全区广大干部群众,围绕既定工作目标,把握新形势,谋求新跨越,进一步开创旅顺科学发展的新局面。出席会议的有:区委委员、区委候补委员。列席会议的有:区人大常委会、区政府、区政协领导班子成员,区法院、区检察院的主要领导,副区级领导干部,区纪委委员,全区机关实职正处级领导干部,区委各部门的副职,区直学校、医院、企业的主要领导,市属有关单位及军工企业的主要领导。会议传达了全市推进惩治和预防腐败体系建设工作会议精神。区委副书记、区长惠凯总结了上半年工作,区委书记熊博力作了重要讲话。会议由区委副书记段炼主持。

■**区委十三届十次全会**　中共旅顺口区委十三届十次全会暨经济工作会议于 2010年 12 月 28 日在区行政中心二号会议室召开。会议全面贯彻党的十七届五中全会及中央经济工作会议精神,认真落实市委十届十次全会部署的各项任务,深入践行科学发展观，总结2010年工作，回顾“十一五”重要成果，明确“十二五”总体目标，部署2011年主要任务，团结带领广大党员干部群众，以科学发展为主题，以加快转变经济发展方式为主线，突出绿色导向，坚持富民惠民，在更高层次上开启“十二五”新征程，为实现旅顺科学发展新跨越而努力奋斗。出席大会的有：区委委员、区委候补委员。列席大会的有：区人大常委会、区政府、区政协领导班子成员，区纪委委员、开发区和各街道党政主要领导、区直各部门党政主要领导、区委各部门的副职、群团机关主要领导、区直企事业单位主要领导、市属有关单位和军工企业主要领导。区委书记熊博力作了题为《突出绿色导向 坚持富民惠民 为实现旅顺科学发展新跨越而努力奋斗》的工作报告。区委常委、常务副区长车民作了《旅顺口区国民经济和社会发展第十二个五年规划纲要（草案）》的编制情况说明。区委常委、组织部部长黄坚代表区委常委会作了《旅顺口区2010年度干部选拔任用工作专题报告》。区委副书记、区长惠凯作了重要讲话。会议由区委副书记段炼主持。

■区委常委会 2010年，旅顺口区委共召开13次区委常委会议，研究决定了一系列重大事项。主要内容如下：

1月19日，区委书记熊博力主持召开了区委13届第50次常委会议。会议听取并原则同意了区民政局关于《旅顺口区2010年村党组织和村民委员会换届选举工作指导方案》；听取并原则同意了区委政法委关于《旅顺口区政法工作会议日程》和《政法工作会议报告》；会议先后听取了区委宣传部《关于2009年度“双佳”和精神文明建设“精品工程”评选情况》、区委办公室《关于2009年度开发区、街道“两增一保”竞赛活动考核情况》、《2010年度开发区、街道“两增一保”竞赛活动考核方案》、《2009年度“两增一保”暨“双佳”总结表彰大会方案》、区财政局《关于通报表彰2009年度纳税大户的意见》、区人力资源和社会保障局《关于旅顺口区2009年度贡献突出公务员集体和公务员评选情况》、区民政局《关于表彰2009年度扶贫帮困献爱心慈善捐助贡献突出单位的意见》的汇报。会议讨论并原则同意了以上汇报意见。

3月5日，区委书记熊博力主持召开了区委13届第51次常委会议。会议听取了区发展和改革局关于《旅顺口区2010年重点项目情况》、区土地储备中心关于《2010年土地储备项目》的汇报；传达了上三级纪委全会及《党员领导干部廉洁从政若干准则》电视电话会议精神；传达了市民族宗教会议精神，听取了区民政局《关于民族宗教工作情况》的汇报；会议听取了区总工会、区农林水利局关于工口和农口2008－2009年度大连市、旅顺口区劳动模范和先进单位推荐和评选情况的汇报；研究了干部任免事宜。

4月22日，区委书记熊博力主持召开了区委13届第52次常委会议。会议研究并同意了区总工会关于《旅顺口区2008－2009年度劳动模范、先进单位表彰大会方案》；听取了区民政局《关于建议将“旅顺口区”更名为“旅顺区”的报告》，讨论并原则同意将“旅顺口区”更名为“旅顺区”的意见。会议听取了辽宁立杰咨询有限公司董事长刘立博士关于《旅顺口区绿色经济区发展规划》（征求意见稿）的汇报，讨论并原则同意该规划；讨论并原则同意了区发展和改革局关于《旅顺口区2010年财政性投资预安排计划》；讨论并同意了区财政局关于《旅顺口区2010年财政预算安排情况》的报告、区人大常委会办公室关于《区委进一步加强和改进人大工作的意见》和区委人大工作会议筹备情况的汇报;会议听取了区委宣传部《关于庆祝旅顺全面开放暨<欢乐中国行>走进旅顺大型综艺广场演出安排意见》的汇报;会议听取了区委组织部《关于2009年区中层正职领导干部年度考核评优情况》的汇报。

5月5日,区委书记熊博力主持召开了区委13届第53次常委会议。会议研究通过了车民等41名领导干部职务调整事宜;会议决定:得胜街道与市场街道机构进行合并,合并后以得胜街道为主核定街道编制,办公地点设在黄金街原得胜街道办公楼,原市场街道办公楼作为社区活动中心。

5月28日,区委书记熊博力主持召开了区委13届第54次常委会议。会议听取了区委常委、常务副区长车民关于区政府与泛华建设集团进行双岛湾战略合作洽谈情况的汇报;会议听取了区农林水利局关于《2010大连·旅顺国际樱桃节活动方案》的汇报,讨论并原则同意该方案,提出了部分修改意见。会议决定,2010大连·旅顺国际樱桃节于2010年6月12日至7月12日举行。会议要求,把2010大连·旅顺国际樱桃节作为庆祝全面开放、建设绿色经济区系列活动之一,与"欢乐中国行"走进旅顺专场演出以及人居节等活动结合起来,进一步加大宣传推介力度,提高旅顺樱桃品质的美誉度,扩大大连·旅顺国际樱桃节的影响;会议听取了区委办公室《关于区委常委工作分工事宜的汇报》。会议决定:区委书记熊博力主持区委全面工作,联系区人大、区政协工作。区委副书记、区长惠凯主持区政府全面工作。区委副书记段炼负责区委日常工作,负责社会稳定、与驻军联系和双拥共建工作,分管区委办公室、区委统战部、区直机关党工委、区编委办公室、区史志办公室、区委机要局(区党政信息网络管理中心)、区国家保密局、区档案局和群团组织,协调教育、卫生、计划生育、民族、宗教、残疾人工作。区委常委、常务副区长车民协助区长负责区政府常务工作,负责区政府分工的各项工作。区委常委、组织部部长黄坚负责组织工作,分管区委党校、老干部局。区委常委、宣传部部长张守财负责宣传、意识形态和精神文明建设方面工作。区委常委、政法委书记夏翠萍负责政法和信访工作,协助分管社会稳定工作。区委常委、区武装部政委孙长胜负责区武装部工作。区委常委、区纪委书记李军负责纪律检查工作;会议听取了区委组织部《关于在全区基层党组织和党员中深入开展创先争优活动的实施意见》的汇报,讨论并原则同意该意见,提出了部分修改意见。会议要求,要结合旅顺建设绿色经济区和科学发展示范区的实际,精心设计载体,务求活动取得实效;会议传达了上三级贯彻实施干部选拔任用工作四项监督制度有关会议精神,学习了《党政领导干部选拔任用工作责任追究办法(试行)》、《党政领导干部选拔任用工作有关事项报告办法(试行)》、《地方党委常委会向全委会报告干部选拔任用工作并接受民主评议办法(试行)》、《市县党委书记履行干部选拔任用工作职责离任检查办法(试行)》和《深入整治用人上不正之风 提高选人用人公信度》等有关材料。会议强调,认真学习贯彻中央和省、市关于干部选拔任用工作的有关规定,进一步提高全区选人用人工作水平,抓好领导干部队伍建设,为旅顺绿色经济区建设提供坚强的组织保障。

6月24日,区委书记熊博力主持召开了区委13届第55次常委会议。会议听取了区发展和改革局关于《旅顺口区1-5月份重点项目情况》的汇报;区政府各副区长及开发区党委书记、管委会主任单聚宁分别汇报了各自分管项目的建设和推进情况；会议决定，对2010年重点项目政府分管领导进行调整；会议听取了区港口和口岸局关于旅顺新港港务公司与大连港集团有限公司合资合作进展情况的汇报，原则同意旅顺新港港务公司与大连港集团有限公司的合资合作事宜。

7月27日，区委书记熊博力主持召开了区委13届第56次常委会议。会议听取了区财政局（国有资产监督管理局）所作的《关于大连顺兴投资有限公司与大连港集团有限公司共同出资成立大连港顺投资开发有限公司的有关问题的报告》，会议讨论并原则同意组建大连港顺投资开发有限公司，加快双岛湾综合港区码头和临港工业园区开发进程；会议讨论并原则同意了区人大常委会办公室关于《旅顺口区人民代表大会常务委员会关于工作评议的暂行办法》（修订草案）和《旅顺口区人大常委会2010年工作评议实施方案》；会议讨论并原则同意了区经济合作局《关于进一步加强全区领导干部出国（境）管理的若干规定》（征求意见稿）和区委组织部关于《在职区管领导干部因私出国（境）管理细则》；会议研究并原则同意了区委组织部关于《旅顺口区2010－2013年党员教育培训工作实施意见》；会议听取了区委组织部关于建立党员教育管理联席会议制度有关事宜的汇报，会议决定建立党员教育管理联席会议制度；会议研究了有关干部事宜。

8月23日，区委书记熊博力主持召开了区委13届第57次常委会议。会议听取了团区委关于拟召开共青团旅顺口区第十七次代表大会有关工作情况的汇报；会议听取了区纪委关于进一步完善区反腐败协调机构及相关工作机制有关意见的报告；会议研究了违纪干部处理意见；会议讨论并原则同意了区委办公室关于《中共旅顺口区委关于进一步深入开展连心活动的实施意见》；会议听取了区委组织部关于成立区人口和计划生育局党组有关意见的汇报，会议决定成立区人口和计划生育局党组；会议决定，将旅顺广播电视台从区文化体育广播影视局分离出来，确定为区委直属事业单位，独立法人实体，旅顺广播电视台党委确定为区委直属党委，旅顺广播电视台作为区委领导的新闻机构，由区委宣传部负责业务指导，区文化体育广播影视局行使行业管理职能。会议讨论并原则同意了区委组织部、区人力资源和社会保障局关于《旅顺口区机关事业单位引进博士安家补贴等优惠政策的意见》和区委组织部关于《2010年旅顺口区处级非领导职务晋升工作方案》。

9月6日，区委书记熊博力主持召开了区委13届第58次常委会议。研究了有关干部事宜。

9月20日，区委书记熊博力主持召开了区委13届第59次常委会议。会议先后听取了区文化体育广播影视局关于辽宁省合唱邀请赛暨第六届旅顺（国际）合唱节、区房产局关于2010中国大连旅顺国际人居节、区商务局关于中国大连·旅顺第二届美食文化节各项工作筹备情况的汇报，会议讨论并原则同意三个节庆活动的筹备方案；会议研究了非领导职务晋升和干部职务任免事宜。

10月22日，区委书记熊博力主持召开了区委13届第60次常委会议。会议学习了《中国共产党第十七届中央委员会第五次全体会议公报》；讨论并原则同意了区农林水利局关于《旅顺口区继续开展对低收入村“五帮一”活动的实施方案》；会议听取了区人大办公室关于召开旅顺口区第十六届人民代表大会第四次会议有关事宜的汇报和区总工会关于召开旅顺口区工会第十五次代表大会有关事宜的汇报;会议研究并通过了区史志办公室关于编纂《中国共产党旅顺口区历史》、《党史专辑》,以及《旅顺口区志》中录入人物和所需资金等问题的汇报;研究了干部事宜。

12月16日,区委书记熊博力主持召开了区委13届第61次常委会议。会议听取了区政府法制办公室《关于赋予旅顺经济开发区管委会行政执法主体和行政执法职能工作的情况报告》;讨论并原则同意了区农林水利局关于《旅顺口区二轮土地延包工作指导意见》;会议讨论通过了《旅顺口区国家公务员医疗补助暂行办法》;会议听取了区妇联关于妇联工作和换届事宜的汇报和区科协关于召开旅顺口区科协第七次代表大会有关情况的报告;会议研究了区委常委分工事宜和区关工委主要领导变更事宜;会议研究并原则同意了区委政法委关于《旅顺口区重大事项社会稳定风险评估办法》(试行)和《旅顺口区选聘专职人民调解员实施方案》;听取了区委政法委关于旅顺口区反邪教工作情况的汇报;学习了《中华人民共和国国防动员法》;会议传达了全国基层党务公开电视电话会议精神;听取了区政协办公室关于政协旅顺口区七届四次会议筹备情况的汇报,讨论并原则同意了《区政协第七届委员会常委会工作报告》;讨论并原则同意了区委办公室关于《中共旅顺口区委十三届十次全会暨经济工作会议方案》和《区委全会报告》;会议研究了违纪干部处理意见和部分干部任职事宜。

12月23日,区委书记熊博力主持召开了区委13届第62次常委会议。会议听取了区人大常委会办公室关于《区人大常委会工作报告》及区十六届人大四次会议相关材料的汇报;讨论并原则同意了区发展和改革局及辽宁立杰咨询有限公司关于《旅顺口区国民经济和社会发展第十二个五年规划纲要(草案)》和区政府办公室关于《政府工作报告》(征求意见稿);会议听取了区委组织部关于成立旅顺口区十六届人大四次会议临时党组、分党组成员名单的汇报;讨论并原则同意了区直机关党工委关于《加强和改进新形势下机关党的建设工作的意见》;传达了全国政法工作电视电话会议精神和夏德仁书记的重要批示。

区委办公室

■概况 中共旅顺口区委办公室是中共旅顺口区委的综合办事机构。主要职责:认真贯彻落实党的路线、方针、政策,围绕区委中心工作和各项决策进行督促检查,并定期向区委领导提出工作建议;做好区委领导活动的安排,当好区委领导的参谋助手;承办区委、区委办公室各种文件、简报的制发及处理工作,参与和承担区委领导部分文稿的起草工作;承担以区委名义召开的各种会议的筹备和组织工作;协助区委领导经常与区委委员、候补委员进行沟通和联系,反映他们对区委的意见和要求;负责全区党委系统信息的收集、整理和反馈工作,为区委、市委乃至省委及中央提供有价值的信息服务;协助区委领导协调区委与区人大常委会、区政府、区政协和驻军领导机关、市属单位以及区直机关等单位的有关事宜;负责制订全区调研计划,围绕区委中心工作和有关重大决策进行调查研究;负责中央和省、市领导来旅顺参观考察等公务性活动的接待服务工作;负责全国各地党委部门领导和有关人员来旅顺进行各种公务性活动的接待工作;负责本市内其他区市县领导和党委办公部门领导及有关人员来旅顺进行各种公务活动的接待工作;负责区委领导直接受理的人民群众来信来访的催办和查办工作;负责全区党委系统文秘工作的业务指导;负责区委办公室离退休干部、工人的服务和管理工作;负责全区保密工作和机要通信工作;负责全区党史和地方志工作;负责区委机关的行政管理、后勤保障和安全保卫等工作;完成区委领导交办的其他工作。2010年,旅顺口区委办公室下设秘书科、综合信息科、督查室、政研室、保密科、行政科,并加挂大连市旅顺口区国家保密局牌子。有工作人员19人,其中公务员13人,工勤人员6人。

2010年,区委办公室以科学发展观为指导,紧紧围绕服务科学发展示范区和绿色经济区建设大局,坚持抓班子、带队伍、建制度、强作风、树正气,创出了良好的工作业绩,有力保证了区委机关的高效运转,在区直部门和街道中树立起了良好形象。区委办公室相继被评为旅顺口区勤政为民最佳单位、拥军优属模范单位、辽宁省和大连市党委系统信息报送工作先进单位、辽宁省保密工作先进单位和全区老干部管理工作先进单位。

■政策研究 2010年,区委办公室围绕区委中心工作,以保证区委领导和上级政研部门调研服务为重点,围绕绿色经济区、科学发展示范区、富民惠民、和谐稳定等方面重点工作,开展各种调研活动50多次,撰写各类领导讲话和理论文章60余篇,结合形势发展和旅顺实际,编辑刊发《领导决策参考》100期,为服务各级领导决策发挥了应有的作用。

■督查工作 2010年,区委办公室以区委重大决策部署和涉及人民群众利益的问题为重点,加大督查督办力度,承办市委查办件9件,抓好区委领导批示件查办,特别是件的督办落实,51件批示件全部办结,做到了件件有回音,事事有着落。配合市委督查组对贯彻落实市委全会精神、推进对外开放和辽宁沿海经济带建设、维护社会稳定、加强党对人大、政协、妇联工作的领导等,开展了专项督查工作,上报《旅顺督查专报》51篇,被省委市委采用6篇。督查工作基本实现工作制度化,规范化水平进一步提高。

■综合信息 2010年,区委办公室高质量完成了区委十三届九次、十次全会报告以及其他会议材料的起草任务,撰写区委领导讲话稿件50余篇。发挥信息服务的“参谋”作用,及时准确地编报《旅顺信息专报》43期45条,向省委、市委报送《旅顺今日重要信息》330期1365条,党委信息考核在全省和全市都位居第一,实现了历史性突破。

■秘书工作 2010年,区委办公室严格工作规范,在优化文秘服务上下工夫。全年制发区委、区委办文件82个文号9800余件,组织承办区委常委会13次,上传下达会议通知600多份,在准确及时地做好上传下达的同时,文件和会议的质量得到保证。机要传递、文书、信访接待、会议服务等各项工作的运转正常。刊物征订、电话号码簿编印等上级和领导交办的任务圆满完成。

■保密工作 2010年,区委办公室重视抓好保密工作,以新修订《保密法》颁布实施为契机,深入开展保密普法教育,开展了保密知识竞赛和“保密法宣传教育周活动”;依法对党政机关进行了网络保密工作抽查,对全区废品交易市场进行了清理检查;完成了全区高考、中考、自考和成人高考在试卷运送、保管、考试中的安全保密监督检查工作。

■行政工作 2010年,区委办公室行政管理制度进一步完善,服务方式得到改进,工作执行力进一步加强,财务、接待、文印、车辆、物资、会议室管理等方面都有新进步,接待工作热情、周到、节俭;会务服务更加严谨细致;车辆管理制度先行,安全为重,全年安全行车30多万公里;坚持昼夜值班工作制度,确保了办公安全信息畅通;职工福利得到改善,工会活动有声有色。

(撰稿人:刘宝庆　审稿人:吴庆禹)

■信息化工作 2010年,旅顺口区党政信息网络管理中心以"服务党政机关、服务社会公众"为宗旨,扎实有效地做好政务信息化各项工作,为旅顺口区加快"绿色经济区"建设提供了及时有效的信息服务,在宣传推介旅顺、提高旅顺知名度和影响力方面发挥了积极作用。对政府政务信息网站进行全方位改版,将网站打造成信息更新及时、功能完善、服务优质的信息平台;结合本区全面对外开放的实际,积极报道重大政务要闻及各类政务信息;网站更新各类图文信息2200余条,新增"视频新闻"、"连心活动"、"事业机构"等专栏,丰富了网站内容。完成了行政办公楼电子大屏幕改造工程,播放"区经济运行情况通报"、旅顺风光片、旅顺视频新闻、区领导政务活动等内容,发布信息达1000余条。协助区监察局开展电子监察行政审批系统建设工作,保证区电子监察系统按期与市系统联网。建设旅顺国际投资促进网,并将其与政务网进行整合,努力实现资源共享。编制了《智能旅顺建设规划》,制作了《"五城一都"动漫演示》等。积极推进网上办公系统应用,开展公文网上传输工作。采取措施确保网站运行安全,对来自互联网的恶意攻击起到有效的防范作用;及时排除对UPS电源、机房空调、光端机等设备出现的故障,确保网络通信正常;维修各部门计算机、打印机等设备3000余台次;建立信息安全管理责任制,落实网络安全保障措施,确保网络运行安全。

(撰稿人:周茂龙　审稿人:杜智慧)

附录一:

在区委十三届九次全会暨半年经济工作会议上的讲话

2010年7月17日

熊博力

同志们:

今天的这次全会主要目的是总结上半年工作,贯彻落实市委十届九次全会精神,部署下半年任务。刚才,惠凯区长对上半年的经济工作和下半年的全区工作做了详尽的总结和部署,讲得非常好,我都完全同意。下面,就如何全面做好下半年工作,我再强调三点意见。

一、保持清醒头脑,正确分析当前面临的形势

从上半年全区的发展形势看，我们取得的成绩是可喜可贺的，这里凝聚着全区干部群众的心血，尤其是在座的各位领导和同志们，大家团结一致，艰苦奋斗，共同努力，使全区的主要经济指标增幅和总量都位次前移，而且有些指标还排在前几名，这些成绩的取得来之不易。在此，我代表区委常委会对大家表示最衷心地感谢！但我们看到成绩的同时也要保持清醒的头脑，既要看到我们现在发展存在的自身优势，同时也要看到我们所面临的各种严峻挑战。

(一)要充分看到自身的发展优势。目前，旅顺正处在跨越式发展的关键时期，发展的机遇前所未有。

从外部环境来看，省市领导对我区的工作高度重视，省长、省委副书记、市委书记、市长多次到我区检查指导工作。我们去年11月21日实现了全面对外开放，今年3月份我区又全域纳入了辽宁沿海经济带重点发展区域，目前所获得的政策优势超过了历史上任何时期，我们具备了实现更好更快发展的先决条件。

从基础条件来看，经过连续多年的大规模投入，旅顺不仅在港口、道路、产业园区、城市配套等方面取得重大进展，而且还引进了中远、北车等一批投资超百亿的超大产业项目，多年积聚的优势开始集中显现。仅上半年，开发区财政一般预算收入就达到4亿元，超过了2005年全区财政收入水平，全区上半年财政一般预算收入10亿元，相当于2008年全年的总和，进一步加快发展的势头十分明显。

从干部的精神状态来看，大家目标统一、干劲充沛，特别是经过多年的磨炼和打拼，很多干部在处理难点问题、推动经济发展、维护社会和谐等方面摸索出了各具特色的做法，在机遇和挑战面前，驾驭复杂工作局面的能力不断提高。

从社会氛围来看，全区上半年保持了安定、团结、民主、和谐的社会局面，目前全区广大干部群众心往一处想，劲往一处使，共谋发展的创业氛围日益浓厚。上半年，通过连心活动和文明城市调查的反馈情况看，群众对我们的工作总体是满意的。这种宝贵的信任和支持为我们加快发展提供了不竭动力。

(二)要客观地分析当前的发展态势。

我们要客观看待发展成绩。上半年，我们自己与自己比，取得的成绩是令人振奋的。但是从发展速度上看，刚才惠凯同志讲了，现在全省各地的发展速度都非常快。从增幅角度讲，旅顺在大连的区市县里是比较好的，但并不是最好的，比如说庄河的财政收入增幅是相当高的，长兴岛、瓦房店、甘井子的实力都非常强。从全省的发展上看，我们的增幅与各区市县比只能处于中游水平，总量也是在十至二十名这个区间，并没有很大的优势。与南方先进地区相比差距更是非常大的，比如宁波鄞州区上半年财政一般预算收入已突破100亿元，是我们的10倍。并且我们所设定的一些指标并没有达到时间过半、任务完成过半的要求。

我们要理性分析政策优势。虽然我区成为了辽宁沿海经济带的重点发展区域，但在全省范围内像这样的重点发展和重点支持区域共有42个，大连就有19个，这种政策优势不只我们有，其他的地方也都有；虽然我区实现了全面开放，但国家和省市都不会直接给予特殊的扶持政策。而长兴岛已升至国家级开发区，金州新区、保税区、高新园区、包括长海县都实现了体制创新。很显然，我们可能获得的政策优势只是相对的。我区的体制创新，市委政研室已经调研结束，待市委常委会研究确定。

另外,近期国家宏观经济政策走向还存在着不确定性,特别是对房地产等方面的调控措施,因为房地产占我区财政收入比重很大,国家房地产政策对我区的经济发展影响会是很大的,而且我区很多的旅游地产、商业地产项目都会受到国家政策调控的影响,这些不确定性因素,将会给我们的招商、融资等工作带来较大的影响。

我们要积极应对区域竞争。旅顺重点发展的主导产业,周边地区也在全力竞争。长兴岛现在提升为国家级开发区,确定为造船基地,市里涉及的造船项目会全部放到长兴岛,而且省市要求将来大连造船也要搬到长兴岛,围绕造船,再加上配套,就形成了聚集优势。我区的中远造船建设得很快,目前已经投产,但对下游企业的拉动和配套企业建设工作还需进一步加强。现在长兴岛、三十里堡都在建立配套企业的园区。花园口作为国家级新材料基地,已聚集了一批新型产业项目。市内四区凭借相对完善的城市配套正在积极拼抢现代服务业项目。举个例子,沙河口为了引进全国的煤炭期货交易中心,贷款24亿买了一座大厦,无偿给期货交易所使用,要的就是它形成的税收,这个手笔是非常大的。而且北三市、花园口等地在土地出让金上竞相压价,甚至推出"零地价"来增加引资的政策优势。所以在引进项目上,从政策角度讲比我们优越得多。

面对这种严峻的发展形势,我们必须打起十二分精神,以时不我待的紧迫感,主动承担起推动旅顺争先进位的历史责任,以出色的工作业绩,向全区人民交上满意的答卷。

(三)要正视发展中存在的主要问题。回顾上半年的工作,仍然存在着一些不容忽视的问题,其中有的问题是长期存在的。刚才惠凯同志也讲了,包括讲的"小节"问题,实际"小节"也是大事。近期对机关的上下班、在岗情况进行了一个全面调查,尽管有些部门提出工作人员都下基层了,有一些理由,但总的看不容乐观。实际上有些干部到下午四点多还在街道也很难让人相信。大家可以看看,每天五点下班前,机关大楼院里还有几台车,出去坐班车的人还有几个人,和早晨上班时比能有五分之一的人,也就等于五分之四的人到五点下班就不在单位了,是不是都在乡下调研,可能有一些是,但肯定不全是。有些部门的同志是上午到基层、到单位,非得拖到中午吃顿饭,吃完饭下午就不干活了,上哪去玩了,一到下班就回家了,这种情况是存在的。这需要在座的各位领导同志,会后对本单位、本部门的工作人员进行认真的教育、督导,并且要以身作则。

一是推动经济又好又快发展的任务仍然任重而道远。上半年"两增一保"考核,段书记带领有关人员进行了调研,从调研情况看,全区是不平衡的,开发区和有的街道干的不错,实现了双过半,但有的街道进度缓慢,只完成任务的百分之三十多不到四十。从大项目开工情况,尤其是新建项目的开工情况也不容乐观,上半年的开工率仅达到60%。我们的一站式办公、行政审批入驻的部门大多数能够限时办结,但是也有几个部门做得不好,我这里就不一一点名了。希望进入行政审批中心的相关部门,回去认真查一查,找一找自身的原因,为什么别的部门能限时办结,你的部门办结率就低,是什么原因,要认真进行整改。从经济增长方式来看,房地产所占比重仍旧过高,高新技术产业、现代服务业的牵动作用并不明显,调结构的任务仍然艰巨。

二是影响社会和谐稳定的一些具体问题亟待解决。全区的稳定工作上半年整体是不错的，区街各部门领导都能坚持领导干部大接访，信访联席会议制度有关部门也能齐心协力，市里对我们的工作给予高度认可，全市的信访稳定半年工作会就在旅顺召开，还介绍了我们的经验。但也有一些矛盾点，我在接访的过程中感觉到有些街道、有些部门领导在接访问题上不认真，重要的问题不亲自去研究解决，层层向下布置，而且干群关系紧张，信访人对街道和部门领导不信任。倒过来讲街道和部门的领导没有真正做到老百姓的贴心人，老百姓有什么事情不愿意找你，你也不能热心地为老百姓解决问题。部分民生工程的建设进度较慢，群众在出行、子女就学等方面仍有较多困难；由动迁引发的群众上访呈上升趋势，失地失海农民的安置问题短期内很难彻底解决。

三是少数干部的思想观念、工作作风、工作方法还不能适应发展要求。一些干部的思想解放程度跟不上形势的发展，不能主动抢抓全面开放机遇，不能自觉服务绿色经济区建设，创新工作的意识明显不够。有些一线干部服务意识不强，慢作为、不作为现象时有发生。部分干部抓落实的力度不够，有些我们年初就提出的、影响项目推进的问题到现在还没有实质性进展。极少数干部不能够严格要求自己，党风廉政建设仍需进一步加强。

针对这些问题，我们要多在自身和主观上查找原因。采取切实有效的措施，认真加以整改，为全面完成各项任务打下坚实的基础。

二、抓住关键环节，确保实现争先进位的战略要求

（一）咬定目标，坚决完成既定任务。今年我们订立了非常高的发展目标，从上半年情况看总的是不错的，下半年我们必须继续努力，抓住关键环节，完成年初确定的各项指标。

一要全力推进重点项目建设。要继续把重大项目建设作为实现争先进位的切入点和突破口，区里大小会都强调全区的经济工作的重点就是推进大项目尽快开工建设，政府有关部门要为大项目亮绿灯，要创造条件使大项目尽快开工建设。这是完成全区经济指标的重要举措，大项目要是推不上去，我们年初的指标要完成就很困难。包项目的四大班子领导要发挥牵头抓总的作用，对所包项目要有通盘考虑，总体调度，经常调研，遇到问题要带领相关部门抓紧研究解决；职能部门要有主动服务的意识，加强对上沟通，争分夺秒办理各种手续，全力以赴协调各种关系。尤其是部门的一把手要负起责任，不仅要率先垂范，而且要着重加强对中层干部、一线同志的教育和管理，如果再出现不作为、慢作为的现象，区委将按照有关规定严肃问责；开发区、各个街道要增强责任意识，进一步加强与包项目领导、职能部门的联系，尤其对那些至今仍未开工的项目，要有什么问题就解决什么问题，全面提高重点实施项目的开工率。与此同时，还要继续加大招商力度，加紧跟进在谈项目，有针对性地组织好招商活动，争取在重大产业项目引进上取得关键性突破，为下步发展打下坚实的基础。

二要继续优化投资环境。要树立集中财力办大事的思想，继续加大对开发区、工业园区和其他重点功能区的投入力度，不断提升园区对大项目的吸引力和承载能力。平时讲的亲商、安商、富商，不能只停在口头上，要落实到行动中去，真正为企业提供“保姆式”的全程服务，真正做到“三分招商、七分安商”，使优越宽松的投资软环境永远成为旅顺招商引资的一张“金字招牌”。

三要提高驾驭经济工作的能力水平。要加强对宏观经济形势的分析，根据政策的变化和市场的走向，经常性调度经济工作，机动灵活地调整扶持政策，及时解决困扰企业发展的难点问题，确保经济健康快速发展。总之，我们就是要调动一切积极因素，齐心协力地完成争先进位的目标。

(二)创新思路，突出绿色经济的发展导向。建设绿色经济区不仅是为了一个好看的招牌，而是要以科学发展观为指导，转变发展方式，逐步建立起覆盖全区的绿色产业体系，加快推进经济结构的调整，努力使争先进位的增量过程成为绿色发展的转型过程。

一要增强发展绿色产业的紧迫感。大家要始终绷紧科学发展这根弦，绝不能为了追求短期的政绩而牺牲长远利益，尤其是各部门各街道的一把手要在工作中树起绿色经济这个“标尺”，搞清楚绿色产业的基本构成，把握好项目的引进底线，不适合区域功能定位、不适合绿色产业发展的项目一定不能再引进。要切实把产业发展重点转移到以高新技术为龙头的新型产业上，转移到以集群化为特征的先进制造业上，转移到以港口物流和总部经济为引领的现代服务业上，转移到以休闲旅游、都市农业为代表的特色产业上。要将绿色发展的理念贯穿于“十二五”规划的编制过程中，进一步明确方向，健全机制，硬化措施，切实将发展绿色经济融入到旅顺未来五年的发展实践中去。

二要增强推动全域城市化的自觉性。推进全域城市化既是发展大势所趋，又是实现争先进位的重要引擎。大家要着眼长远切实做到全域谋划，牢固树立规划至上的理念，主动运用已经形成的规划成果，立足部门实际，不折不扣地抓好规划的贯彻落实。各涉农街道要抓紧推进中心区改造，按照整体规划、分步实施、量力而行、高标准建设的原则，力争早见成效、早出形象。要始终强化环境是旅顺第一优势的理念，把保护环境作为不可突破的底线，继续加大节能、减排、降耗和美化绿化力度，注重在新城区的开发过程中保护好特色建筑和自然景观，使蔚蓝的天空、碧绿的大海、连绵的青山、清新的空气、优雅的城市成为我们旅顺永远的骄傲!

三要增强利用开放优势的主动性。我们对全面开放期盼了很久，努力了很久，今天终于实现了。但要想真正变开放优势为发展现实，还有许多具体工作要做。要强化开放的思想，善于用国际化的眼光审视自身发展，积极在辽宁沿海经济带开发开放的大格局下找准发展定位，主动瞄准先进地区查找自身差距。要推进城市的国际化步伐，无论是基础设施配套，还是人文精神塑造，都要体现鲜明的国际化导向。要实实在在运用好开放的优势，不仅要继续在招商、外宣、旅游等方面推出有力举措，还要利用区位、港口等独特优势，积极申请大连保税港区政策的延伸、积极申请成为省市重大改革的试点区和重点产业发展的先行区，从而有效突破影响旅顺长远发展的关键性问题，真正将全面开放的政策优势转化为加快发展的实际成果。

(三)要牢记宗旨，确保社会和谐稳定。夏书记在旅顺调研时说过，旅顺承担了中国太多的苦难，一定要发展好。我们必须坚定不移地将以人为本这个核心落到实处，千方百计为旅顺人民谋福祉。

一要继续加大对民生领域的投入。要全力推进各项民生重点工程，加大对就业、动迁、教育、医疗、保障性住房等方面的投入力度，确保今年9.4亿元的民生投入资金足额拨付，向群众作出的承诺、向社会公布的事项必须认真兑现。要超前谋划下一步民生建设的重点，着重解决好群众关心的热点难点问题，尤其要根据全域城市化的建设步伐，进一步做好群众就业增收、社会保障、公益设施建设、文娱设施配套、失地失海群众安置等方面工作，让发展成果更公平、更广泛、更全面地惠及全区百姓。从上半年的居民收入看，城市人均收入增长18%，和GDP增长是匹配的，但是农民人均收入增长11%相对偏低。因此，下半年各涉农部门要重点研究如何让农民增收。旅顺经济发展了，老百姓的收入也要提高，使老百姓的收入和经济发展同步增长，政府对民生的财力投入也要随着经济的发展保持同样的增幅，切实使全区老百姓都享受到发展的成果。

二要严格落实维护稳定这个第一责任。要进一步畅通信访渠道，按照"包掌握案情、包思想教育、包解决化解、包息诉息访"的要求，推动领导干部大接访活动深入开展。信访办在做好区级领导接访的同时，要对各街道、各部门的领导干部大接访进行抽查、检查，看看是不是都落实到位。全力做好"积案化解"和"重信重访"专项治理工作，下大力气再解决一批疑难复杂信访案件。加大依法治访和"双向"责任追究力度，有效规范信访秩序。要强化社会治安综合治理，深入开展平安创建活动，加大严打工作力度，切实增强群众的安全感，争创"全国法治区创建活动先进单位"。要落实安全生产责任制，加大食品、药品安全监管力度，杜绝各类重特大事故发生。

三要更加务实地开展好连心活动。连心活动开展以来，各部门领导干部积极参与，使连心活动开展取得了非常好的效果。要克服活动开展一段时间后出现的惰性思想，做好长期连心的思想准备，保证每月两次以上的入户频率。要有效地将连心活动与创先争优活动结合起来，与日常工作结合起来，与深入基层调研结合起来，与改进作风提高效率结合起来，确保连心活动常态化、特色化和制度化。要结合部门职能特点及工作实际，创造性做好"自选"动作，通过这种创新，在本行业、本系统中树立创新的典型和标杆。近期区里要出台连心活动相关文件，还要召开经验交流会，希望我们各部门、各单位、各街道利用好连心活动这个抓手，来进一步促进我们干部作风的转变，促进干群关系的密切，促进旅顺和谐发展。

三、增强使命意识，提高干部引领发展的能力

（一）要勇于创新，继续解放思想。非常之时，必须出非常之策，方能有非常之为。我们要实现大发展、快发展，最迫切、最首要的是我们的思想认识要有新突破。

一要主动转变观念。要加强对现代金融知识、经济政策、创新手段和先进经验的学习研究，让自己的视野、知识、能力始终处在经济发展的最前沿，不断增强工作指导的系统性、创造性和前瞻性。要适应绿色经济的发展导向，根据形势的变化调整思维方式、发展思路和工作方法，不断增强发展绿色产业的自觉性和主动性。要敢于打破常规积极推进创新，善于借鉴发达地区的先进经验，勇于在实践中探索新的发展模式。

二要敢于面对挑战。要在困难面前不低头，要有一种昂扬向上的精神，做到形势再紧、工作再难、压力再大，都能迎难而上、知难而进、奋力争先；要面对矛盾不回避，认真分析原因，抓住重点，统筹兼顾，集中精力抓要事、攻难事、办大事，牢牢掌握工作的主动权；要勇于攻克难关，及时破解发展中面临的资金、土地、环保、审批等各种难题，切实为发展扫清阻碍。主要领导同志要发挥好表率作用，带头解放思想，要敢

想敢干,敢于直面问题、触及矛盾,敢于拍板决定、排除障碍,努力走在解放思想、改革创新的最前沿。区委也会旗帜鲜明地保护改革者、支持创业者,让干事创业、勇于担当的同志无后顾之忧。

三要强化进取精神。要坚持整体工作创一流,单项工作创特色,特色工作创品牌的理念,真正以一流的业绩、过硬的品牌,促进新发展,展示新形象。在这一点上,各街道都要向开发区学习,都要不断加快发展步伐,争先创优、争创一流,尽快在我区形成齐头并进、多轮驱动的发展态势,开发区也不能安于现状,要继续提高效率,创新经验,保持在全区发展的龙头地位。

(二)要不辱使命,自觉承担谋求跨越的历史重任。推动旅顺实现争先进位、实现跨越式发展,是全区人民的共同愿望,更是我们全体党员干部不可推卸的历史责任。

一要不断强化争先进位的使命感。各级干部要牢固树立正确的政绩观,进一步强化"为官一任、造福一方"的责任意识,把主要精力用在推动工作上、用在事业发展上,全身心地做好本职工作。要以时不我待的精神,把握好稍纵即逝的战略机遇,自我加压,瞄准先进地区确立更高目标,努力实现赶超。各级组织要进一步明确用人导向,主动为干事创业的干部着想,绝不让那些默默无闻、埋头苦干的同志吃亏。

二要自觉维护团结奋进的大局。全区现在总的局面是好的,干部是团结的,大家是齐心协力的,风气是正的。这几年我区干部的成长也是非常快的,交流出去的干部基本上是提拔出去的。团结出干部,团结出生产力。前几天省委组织部对各地区任用干部等方面的满意度进行了调查,根据结果反馈,我区排在第一档次。但也有一些干部可能是因为自身的愿望没有达到,在各种测评的时候不能出以公心,这实际是给地区抹黑,并不是给某个领导抹黑。甘井子测评非常好达到99.8%,而我们是95%,还是有差距,大家要有一个良好的心态,要维护大局。部门和地区的工作要把控好方向,服务于全区发展的大局;党政一把手要带好班子,维护好团结共事的大局;各级干部要加强协作,维护好共谋发展的大局,从而在全区形成思想高度统一,步调高度一致的生动局面,切实为加快发展提供强大的动力。

三要有效发挥党员干部的模范带头作用。要建设强有力的领导班子,通过对各级干部的培训和后备干部队伍建设,进一步优化领导班子配置,使各级领导班子成为引领发展的中坚力量。要编制实施好中长期人才发展规划,使更多优秀人才充实到干部队伍中,不断优化干部队伍的综合素质。要通过深入开展"创先争优"活动,不断提升广大党员的影响力、带动力和基层党组织的凝聚力、战斗力,进一步打牢党的执政基础。

(三)要狠抓落实,切实转变作风。关于作风建设问题我经常讲,为什么要一直强调这个问题,就是因为我们的工作作风和新时期新任务的要求还有一定差距。

一要切实提高工作效率。要抓住一个"早"字,各项工作要抢前抓早,超前谋划,制订有前瞻性的工作预案,切实抓好工作安排和部署;要抓住一个"快"字,切实提高工作节奏,无论是改革措施实施、行政审批服务、项目资金争取,还是重点任务、重点工程、重点项目实施,都要雷厉风行、快速推进;要抓住一个"细"字,注重抓好细节的落实,充分考虑到每一个步骤、每一项环节、每一种可能发生的情况,保证每一项工作责任明确。

二要改进工作方法。要实施结果倒

逼，由“被动抓”变为“主动干”，由传统的发文开会逐步转向制度创新和社会动员。要在控文、控会、控接待上加大力度，无实质内容的文件坚决不发，不解决实际问题的会议坚决不开，一般性接待活动，党政主要领导坚决不出席，把更多的时间和精力放到推进工作、解决问题上。

三要层层抓落实。要紧紧围绕争先进位的要求，层层分解任务，逐级落实责任，一环扣一环，一级抓一级，做到明确目标任务、明确重点要求、明确时间进度、明确责任人员、明确奖罚措施。各级领导要身先士卒，敢于面对面解决问题，不要当“传令兵”。我发现我们有些部门的领导就是个“传令兵”，上级布置完了，回头就通知副职，副职又布置科长，到最后这个工作干得如何自己都说不清楚了。这样的领导是不称职的领导，领导干部的职能是能够解决问题，能够“硬碰硬”处理各种复杂难题，千万不要当“传令兵”。

(四)要勤于自律，坚持廉洁从政。我们领导干部加强廉洁自律，不仅是对自己负责、对家庭负责，也是对事业负责、对党的整体形象负责。

一要筑牢思想防线。领导干部要保持清醒的头脑，时刻绷紧廉洁自律这根弦，常修为政之德、常思贪欲之害、常怀律己之心，筑牢拒腐防变的思想道德防线。相关部门要加强惩治和预防腐败体系建设，强化对党员干部理想信念教育和反腐倡廉宣传教育，通过各种警示教育活动，使各级干部警钟长鸣。近期全区正在开展“小金库”的检查，原来我区报的是“双零”，结果在自查自纠阶段又发现了一些问题，按上级要求我们进行了严肃的处理，希望各部门要严肃对待这个问题。最近还要开展超标车的检查，现在的情况是，中层干部的车比区级领导的好，区级领导的配车是严格按标准配备的，最近纪委正在准备调查，希望大家都要严格按规定进行自查自纠，有问题及时解决。

二要严格按章办事。各级干部要把握待人、接物、处事的底线和分寸，不该去的地方不去，不该拿的东西不拿，时时处处做到严格按章办事。纪检监察机关要保持惩治腐败的高压态势，加大对违规违纪行为的打击力度，加大对渎职失职行为的查处，切实彰显区委反对腐败的坚强决心。

三要培养良好的生活志趣。党员干部要倡导勤奋敬业、夙夜为公的良好风尚，多研究正事、议论正题、交往正友，做引领旅顺正风正气的楷模。各级党组织要加强廉政文化建设，引导党员干部克服各种不良行为，从没有必要的应酬中解脱出来，把更多的时间用在学习上，用在工作上，营造风清气正的良好社会风尚。

同志们，推动科学发展，奋力争先进位，是历史的重托，现实的选择，人民的期盼。让我们以更加饱满的热情，更加振奋的精神，更加务实的举措，将既定的工作目标落实到位，努力实现科学发展示范区建设的新跨越！

附录二:

突出绿色导向　坚持富民惠民
为实现旅顺科学发展新跨越而努力奋斗

——在中共旅顺口区委十三届十次全会暨经济工作会议上的报告

2010年12月28日

熊博力

同志们:

我受区委常委会委托向全会报告工作。

一、2010年工作的简要回顾

今年以来,区委认真贯彻市委十届八次、九次全会精神,团结和带领全区广大干部群众,抢抓战略机遇,奋力争先进位,全面完成了年初确定的各项任务,实现了"十一五"规划的圆满收官。

(一)把握工作重点,综合经济实力快速提升。区委制订并努力落实了争先进位的发展目标,全年实现地区生产总值180亿元(预计,下同),增长20%(同比,下同);财政一般预算收入18.3亿元,增长40.1%;固定资产投资300亿元,增长87.5%;社会消费品零售总额39.7亿元,增长19%,主要经济指标增幅处于全市领先。中远造船、大机车旅顺基地等核心项目快速推进,工业对经济增长的贡献率达到51.4%;高新技术产业增加值实现20.3亿元,增长23.5%;港航物流等生产性服务业成为发展热点,旅游、商贸等传统服务业综合效益稳步提升,第三产业对经济增长的贡献率达到37.4%;都市型现代农业快速发展,国际花卉中心等龙头项目正在加紧建设。招商和项目工作成效显著,新引进内外资项目129个,实际使用外资3.3亿美元、利用内资235亿元,分别增长95.3%和131.3%;122个投资3000万元以上的重点项目开工建设,完成投资285亿元,增长111.3%。开发区的龙头带动作用进一步凸显,完成固定资产投资185亿元,实现财政一般预算收入6.25亿元,实际使用外资1.25亿美元,主要经济指标在40个省级开发区中名列前茅。

(二)强化宜居优势,全域城市化步伐明显加快。在《旅顺科学发展规划》的基础上编制完成了《绿色经济区规划》和《旅顺全域总体规划》,并配套编制了2个区域规划、5个园区规划和17个专项规划。启动了轻轨、白玉山人防隧道等重大城市基础设施工程,开工建设北海66千伏变电所等项目。注重保护老城区的历史风貌,有序推进太阳沟等重点区域的道路和基础设施改造;新城区建设步伐明显加快,蓝湾镇等开发项目和水师营回迁区等功能区建设进展顺利,涉农街道中心区改造稳步推进;投资1.5亿元开展了大规模绿化造林,完成了凤河下游景观改造，启动了北大河治理和2个污水厂建设工程。空气质量优良天数达到354天，顺利完成“十一五”节能减排目标，正式通过省级生态区验收。

（三）加大民生投入，群众生活质量不断提高。进一步强化政府的社会管理和公共服务职能，努力提高群众生活水平，城市居民人均可支配收入达到19700元，增长12.4%；农民人均纯收入达到15800元，增长13.2%。以扶持创业带动充分就业，城镇登记失业率控制在3%以内。不断完善城乡社保体系，基本实现了对应保对象的全覆盖。建立城乡低保标准自然增长机制，实现了动态管理下的应保尽保。继续做好住房保障工作，发放了廉租住房补贴、经济适用房补贴和购房补贴。加大公益设施建设投入，推动教育、科技、文化、体育、卫生、计划生育、广播电视、残疾人等社会事业健康发展，第6次人口普查工作正在展开。

（四）加强社会管理，和谐旅顺建设成效显著。加强社会主义核心价值体系建设，深入开展精神文明精品工程创建和“情暖滨城”十大感动人物评选等活动，公共文明指数测评名列全市第二。把握正确舆论导向，实现了国际媒体宣传上的新突破。成功举办了国际合唱节等节庆活动，《欢乐中国行》走进旅顺口，进一步提升了旅顺的对外影响力。召开了区委人大工作会议，出台《区委关于进一步加强和改进人大工作的意见》，为人大依法履行职责提供了有效保证。人民政协的政治协商、民主监督、参政议政职能得到充分体现。加强新形势下统战工作，各界人士和民主党派自觉服从服务于全区发展大局。工会、共青团、妇联、工商联、科协等群团组织的作用得到有效发挥，双拥共建、武装、老干部、民族宗教、史志、档案等工作取得新进步。不断加强基层民主法制建设，顺利完成了村“两委”换届，落实了“五五”普法任务，扎实开展平安创建活动，第四次被评为省级平安区。继续认真落实领导干部大接访和社会化大调解等机制，加大对食品、药品和生产安全的监管力度，有力地维护了社会稳定。

（五）创新工作手段，党的建设得到全面加强。继续深入开展学习型党组织建设，坚持不懈地用科学发展观等先进理论武装党员干部。不断深化连心活动内涵，推出了以“四个一”为重点的载体活动，真正架起了与群众沟通的心桥，构筑了维护社会稳定的第一道防线，为各部门转变作风、创新工作提供了有效平台。通过一年多来的创新实践，连心活动已深深植根于群众之中，深受百姓欢迎，并得到了省市领导的认同和有关部门的大力推广，7家市级媒体连续7天进行了集中宣传。认真贯彻干部选任四项监督制度，配齐配强大部制改革后的领导班子。继续落实大规模培训干部计划，后备干部队伍建设得到进一步强化。完善人才引进、培养和使用工作机制，人才工作站建设经验在全国得到推广。以“五个好”、“五带头”、“五个强”为重点，开展创先争优活动，进一步强化了基层党组织的战斗堡垒作用和党员的先锋模范作用。认真落实党风廉政建设责任制，进一步强化惩治和预防腐败体系。深入开展工程建设领域等突出问题专项整治和“小金库”清理，严肃查处了一批党员干部违法违纪案件，保持了风清气正的工作氛围。

回顾过去的一年，我们之所以能够取得这样令人振奋的成果，离不开市委、市政府的正确领导和各有关部门的大力支持，离不开全区各大班子的团结协作和社会各界的鼎力相助，更离不开全区各级党组织的务实争先和广大干部群众的拼搏奉献。在此，我代表区委向所有为我区建设发展做出贡献的同志们、朋友们表示衷心的感谢!

在为成绩感到振奋的同时,我们也应该清醒地看到存在的问题:一是创新的驱动作用尚未得到有效释放,战略性新兴产业、现代服务业仍需加快发展,转变经济发展方式的任务依然艰巨;二是居民收入未能与经济发展同步增长,部分弱势群体的生活还需进一步改善,社会转型期的不稳定因素短期内难以消除;三是绿色经济区的体制机制还需进一步理顺,制约发展的土地等资源问题亟待解决,强化生态优势的工作任重道远;四是少数干部对科学发展观的认识还不够深刻,对转变经济发展方式的理解还不够到位,工作作风也亟待进一步转变。对于这些问题,我们必须给予高度重视,并在今后的工作中认真加以解决。

二、当前的形势和"十二五"期间的发展目标

即将过去的"十一五",是旅顺战略地位提升最高、经济发展速度最快、项目建设效果最好、城市面貌变化最大、人民群众得到实惠最多的五年。

过去的五年,我们理清思路攻坚克难,实现了战略地位的空前跃升。区委把握大局、谋求突破,实现了全面对外开放和一类口岸开放,全域纳入了辽宁沿海经济带重点发展区域,并作为大连新确立的主城区组团,在建设"三个中心、一个聚集区"进程中发挥着更加明显的战略支撑作用。在赢得前所未有的政策环境的同时,我们主动作为、创新思路,提出了争创科学发展示范区的宏伟目标,做出了一系列战略规划调整,明确了产业发展方向和城市功能定位,基本实现了规划体系的全域覆盖,为旅顺未来绘就了一幅科学发展、绿色发展、和谐发展、创新发展的美好蓝图。

过去的五年,我们埋头苦干务实争先,实现了综合经济实力的快速上升。连续多年订立了超常规的发展目标,坚持推行了"两增一保"等行之有效的考评机制,引导全区上下一心一意谋发展,聚精会神搞建设。"十一五"期间完成地区生产总值628.3亿元,是"十五"期间的2.7倍;财政一般预算收入55.4亿元,是"十五"期间的4.1倍;固定资产投资795.5亿元,是"十五"期间的7.4倍;实际使用外资7.6亿美元,是"十五"期间的5.1倍,实际利用内资521.7亿元,是"十五"期间的7.2倍。旅顺已经站在了区域竞争的制高点。

过去的五年,我们夯实基础集聚能量,实现了发展潜力的大幅攀升。通过社会融资、财政投资等多种途径筹措建设资金,逐年加大基础设施投入力度,以六大产业园区为重点,进一步完善了覆盖城乡的基础设施网络;落实了火车轮渡、土羊高速、轻轨等功能性项目,区位交通优势进一步得到强化;累计开工建设了343个投资3000万元以上的重点项目,初步形成了两大千亿产业集群的雏形,为进一步实现产业集聚打下了坚实基础。

过去的五年,我们关注民生尊重民意,实现了发展合力的有效提升。五年来区级财政直接用于民生支出达到30.4亿元,全面加强了教育、医疗、文化、体育等公共事业和社会保障体系建设,解决了农村饮水、城市老旧住宅改造等一大批关系群众切身利益的实际问题,使群众更多地享受到了发展的实际成果。在认真开展党员先进性教育活动、学习实践活动、创先争优活动的基础上,推出了连心活动这个载体,进一步落实了党的群众路线,努力做到出台重大决策问计于民、解决实际问题听命于民、维护社会稳定植根于民、推进社会发展聚力于民。

五年的丰硕发展成果和积累的宝贵精神财富,使我们完全有可能、也有条件在更高起点上实现科学发展的新跨越。

当然,"十二五"期间,我们还必须面对一系列严峻挑战。从国际形势看,虽然世界经济有望继续恢复增长,但不稳定不确定因素仍然较多,而且国际贸易摩擦不断加剧,人民币升值压力持续增加;从国内环境看,中央把加快转变经济发展方式作为"十二五"期间的工作主线,进一步加强和改善宏观调控,并实施稳健的货币政策;从竞争态势看,周边地区都抢抓转型升级的战略机遇,订立了超常规的发展目标,加大了对高端项目的争取力度,使刚刚进入发展提速期的旅顺处在了慢进亦退的激烈竞争之中。

在机遇与挑战并存的"十二五"期间,全区工作的指导思想是:**高举中国特色社会主义伟大旗帜,以邓小平理论和"三个代表"重要思想为指导,突出科学发展这个主题,以全面建设绿色经济区为抓手,加快转变经济发展方式,大力推进富民惠民,着力强化创新驱动、开放牵动、城市化带动三个动力,全面实施环境优先、科教兴区、产业强区、全域城市化四个战略,力促经济建设、政治建设、文化建设、社会建设以及生态文明建设和党的建设协调共进,努力实现科学发展示范区建设的决定性突破。**

按照这一要求,"十二五"期间的总体目标是:

以转型升级为基础提升综合经济实力。紧盯国内国际市场需求全力发展生产性服务业,以高新技术为引领扶持发展战略性新兴产业,以集群化为导向优化发展先进装备制造业,有效推动旅游、文化、都市农业等特色产业的融合发展。在优化结构的基础上实现经济总量的快速提升,力争到2015年,地区生产总值达到500亿元,财政一般预算收入达到50亿元,固定资产投资累计达到1500亿元。其中服务业增加值占GDP比重达到48%,三次产业比例调整为2 : 50 : 48,成为大连转变经济发展方式的主要拉动力量。

以"五城一都"为载体构建绿色产业体系。建设国家级交通装备制造基地和环渤海交通枢纽,打造西北部临港新城;突出高端化、国际化、特色化、品牌化要求,打造旅游休闲度假城;充分挖掘资源优势,以影视传媒、文化创意产业为发展重点,打造历史文化名城;大力发展新能源、新材料等战略性新兴产业,打造科技创新城;加大环境保护力度,提升和完善城市功能,打造生态宜居城;以花卉生产、交易、衍生产品研发为主导,打造大连的花卉之都。

以强化功能为重点构筑全域城市化新格局。按照整体规划、分步实施的原则,以新城区为中心,以各街道中心区为节点,加快城市拓展进程。完善覆盖全域的基础设施体系,合理规划社会公益设施,提升城市的承载能力;规划建设中央商务区,大力发展总部经济、商贸物流等城市业态,逐步承接大连的主城区功能转移;力争到2015年,城市化率达到95%以上,全域城市化发展取得关键性突破。

以保持环境优势为前提增强可持续发展能力。继续加大节能减排力度,严把项目准入关,扶持发展低碳经济、循环经济,确保万元GDP综合能耗年均下降4.6%;城市垃圾和污水无害化处理率达到100%,空气质量优良天数保持在354天以上;继续加大绿化美化力度,森林覆盖率达到55%,城区绿化率达到56%,建成国家级生态区。

以惠及民生为根本促进社会和谐发展。强化政府的公共财政职能,民生投入占财政支出的比重达到50%以上,建立居民收入与地区经济同步增长机制,健全城乡一体化的社会保障体系和均等化的公共服务体系,加强民主法制建设,努力做到学有优教、劳有丰得、病有良医、老有颐养、住有宜居,全面提升群众幸福指数。

全区各级党组织和广大干部群众要紧紧围绕上述目标,牢固树立忧患意识、责任意识,团结拼搏、奋发进取,努力将旅顺创建科学发展示范区的美好愿景转化为跨越式发展的现实成果。

三、2011 年工作的主要任务

做好 2011 年的工作,对于"十二五"开好局、起好步,以优异的成绩庆祝建党 90 周年具有重要意义。我们要认真贯彻党的十七届五中全会、中央经济工作会议和市委十届十次全会精神,以实现科学发展新跨越为目标,以加快转变经济发展方式为主线,以发展绿色经济、坚持富民惠民、推进全域城市化为重点,进一步加快"五城一都"建设,地区生产总值、固定资产投资、财政一般预算收入、城乡居民收入等主要经济指标增幅确保达到 15%、力争达到 20%,在大连建设"三个中心、一个聚集区"的战略格局中占据更为有利的地位。

为此,我们必须认真抓好以下六个方面工作。

(一)深入推进改革开放,进一步强化支撑发展的战略优势

继续加大改革创新的工作力度。尽快落实绿色经济区体制,积极争取沿海经济带重点发展区域的有关政策,建立健全绩效考核评价体系,设立定位准确的功能区;重视发挥开发区的引领作用,积极支持开发区申报升级为国家级开发区,使之成为经济转型的先导区、体制创新的试验区、城市拓展的前沿区和超大产业集群的集聚区;大力发展民营经济,支持有条件的企业尽快上市,帮助企业解决好信息、技术、融资、用工等具体问题,全面提高企业自主创新和市场拓展能力。

充分发挥全面开放的牵动作用。瞄准国内、国外两个市场和多种要素,力推主题招商和园区招商,紧盯战略性新兴产业和核心企业加大招商力度,抢占辽宁沿海经济带对外开放的最前沿;深入研究和把握政策导向,做实前期准备工作,争取更多的项目纳入国家和省市的战略布局。把项目建设作为"转方式、调结构"的关键,继续采取重点项目区级领导包、关键项目专项办公室包等形式,定期跟踪调度,力求形成签约一批、建设一批、投产一批的项目建设格局。进一步核减行政审批事项,完善政务网络平台,加大效能监察力度,使优越的软环境成为旅顺的又一张名片。

有效解决制约发展的关键问题。加大协调和争取力度,尽快调减基本农田面积,增加可建设用地指标,适度开展土地储备工作。打牢支撑发展的人才基础,加快"两高"人才的引进,壮大创新型、创业型和实用型人才队伍。认真解决动迁农民的就业、社保等问题,审慎处理"村改居"过程中的集体资产,使动迁农民住进高标准的新社区,过上安定幸福的新生活,成为开发建设中受益的新市民。

(二)全力发展绿色经济,进一步促进产业结构的战略转型

着力培育战略性新兴产业。全力发展节能环保、新能源、新材料、电子信息、生物与海洋工程等产业。抓紧开工建设超细粉末、ITO 靶材等项目,提升高新技术产业对经济增长的贡献率。着力引进国家级重点实验室,加快建设大机车研究所、北车研发中心、塑料研究所等项目,吸引更多的研发团队入驻旅顺,使创新成为旅顺发展的核心竞争力。继续发挥科技创新园和龙头高新技术产业园的载体作用,确保理工大学

科技城、交大科技园、中建材光电材料基地等项目顺利推进，逐步把旅顺打造成为大连最重要的科技创新区。

优先发展现代服务业。抓住国家扩大内需的机遇，瞄准更广阔的市场，突出发展生产性服务业。大力发展港航运输业，加快推进新港扩建工程，开工建设综合交通枢纽，确保一类口岸封关运行。开辟新的客滚航线，稳步推进双岛湾港综合开发，提升旅顺在国际航运中心建设中的战略地位。重视发展现代物流业，加快建设农副产品、船舶配套等物流园，建立化工产品、花卉产品等专业市场，提供完善的仓储、运输、交易、信息等服务，打造东北地区重要的大宗商品交易中心。着力发展总部经济、金融商贸、餐饮娱乐、医疗康复等生活性服务业，提升旅顺的城市功能。

优化升级优势产业。发挥中远造船、大机车旅顺基地、重工·起重等大型企业的龙头带动作用，拉长产业链条，提高产品配套率，打造船舶、轨道交通、重大装备制造、特种泵四大产业集群，强化西北部临港新城的产业竞争优势。加快推进琥珀湾等一批旅游综合开发项目，重视发展博物馆、会议会展、影视传媒、文化创意等业态，着力建设功能完善、特色突出的国际旅游半岛。加快发展都市精品农业，依托国际花卉中心等龙头项目做大花卉产业，扶持发展绿色菜、优质果、海珍品等优势品种，办好樱花节、樱桃节等节庆活动，推动产业之间的融合发展。

（三）始终坚持执政为民，进一步落实富民惠民的战略任务

增加群众收入实现富民。出台有针对性的扶持政策，从财政、金融、税收等方面加大对百姓创业的扶持力度，降低经营入市门槛，定期提供创业信息，切实解决好资金、场所等影响创业的关键性问题。全面推行企业工资集体协商和最低工资保障制度，确保企业员工的收入水平与经济同步增长。扶持发展吸纳就业能力强的各类企业，进一步开发公益性岗位，开展免费就业技能培训，重点解决大学毕业生、失地失海农民等不同层次人群的就业问题，确保动态消除零就业家庭。

发展社会事业坚持惠民。优先发展教育事业，加快推进旅顺中学新校区等项目建设，协调发展各阶段教育和职业教育，不断提高教学质量。推动公共卫生服务均等化发展，健全疾病防控、医疗救治和卫生执法监督体系，强化街道卫生院和社区卫生所建设。加快发展文体事业，开工建设体育场，确保市民健身中心投入使用，继续开展群众性文体活动。通过多种途径加大城乡社区建设投入，不断强化社区的服务功能。重视加强广播电视、计划生育、史志、档案、残疾人等工作。

完善社会保障努力安民。进一步扩大养老、医疗、失业、工伤、生育等基本社会保障制度的覆盖面，优先解决失地失海农民的“双保”问题。完善社会救助体系，适时提高低保标准，鼓励发展慈善事业。强化物价调控，重视解决群众关注的“米袋子”、“菜篮子”和部分特殊群体的取暖补贴问题。加大住房保障投入力度，抓紧筹建一批经济适用房，继续发放廉租住房补贴，努力保证中低收入家庭住有所居。

（四）着力建设宜居城区，进一步把握全域城市化的战略导向

加快重大基础设施建设完善城市主体功能。依托规划适度超前建设路网体系，加快推进轻轨、新老城区连接路等关键项目。按照各功能区的定位，加快推进水电等各类基础设施配套，争取启动热电厂项目。全面加快新城区和西北部临港新城两个组团的开发步伐。严格控制老城区的新建项目,保护古建筑,恢复历史景观。加快涉农街道的中心区改造,以点带面推进全域城市化拓展。

解决难点和细节问题提升城市管理水平。注重解决停车难、行路难问题,着手规划建设一批停车场,完善城乡一体化公交体系。依法强化城市管理,及时消除卫生和消防死角,搞好弃管楼院的小区改造和物业管理,继续实施无暖气房和透寒房屋改造。加快建设欧尚、铁山世达购物中心等重点商业项目,推行便民早餐示范店工程,重视满足群众的日常生活需求。

筑牢第一优势提高城市可持续发展能力。全力落实大规模造林绿化任务,形成"一街一景、一村一品"的特色组团,变单一的绿化美化为城市景观的塑造过程。珍惜旅顺的蓝天、碧海、青山,全力推进凤河上游、龙河、北大河的改造治理,加快对废弃矿山的生态修复,把保护生态景观作为城市拓展和项目开发的基本前提。严格实行项目准入制度,加大对重点项目、重点企业和重点区域的环境监控力度,加快培育循环经济示范企业,逐步淘汰落后产能。

(五)充分调动积极因素,进一步打牢和谐稳定的战略基石

注重提升城市凝聚力。继续巩固文明城市创建成果,加强社会公德、职业道德、家庭美德、个人品德和诚信旅顺建设。挖掘和提炼城市人文精神,发挥舆论的导向作用,努力将实现科学发展新跨越变成全区上下的共同理想和自觉追求。继续深入开展连心活动,推广"连心驿站"等创新手段,进一步加强与群众的沟通联系;要深入体察民情,确保事关民生的重大决策从群众中来、到群众中去,尽可能符合大多数群众的意愿;要认真对待群众提出的具体问题,以解决问题的实际效果赢得群众的信任和尊重。

切实加强民主政治建设。充分发挥党委总揽全局、协调各方的作用,支持人大依法行使决定、监督、人事任免等权力;支持政协依照章程,履行政治协商、民主监督和参政议政职能。深入开展党务、政务、村务、厂务和公用事业单位办事公开,保证基层群众依法行使民主权利。通过统战平台将党的工作延伸到非公企业、海外代表人士等层面,保持同民主党派、无党派代表人士的密切联系,扎实做好民族、宗教、侨务、对台、新的社会阶层人士和党外知识分子工作。重视抓好党管武装,争创双拥模范城,有效发挥工会、共青团、妇联、工商联、科协等群团组织的桥梁纽带作用。

着力构建维稳长效机制。落实重大事项社会稳定风险评估办法,坚持领导接访、首问负责等工作机制,健全和延伸舆情网络,牢牢把握对敌斗争主动权,深入推进三项重点工作,力争从源头上消除不稳定因素。认真开展新一轮平安创建,健全完善社会治安防控体系,严厉打击各种违法犯罪行为,启动"六五"普法工作,抓好社区矫正,全力争创首批全国法治区。提高防范和处置突发事件的应急能力,加强对食品、药品和生产安全的监管,坚决杜绝重特大安全事故发生。

(六)注重提升科学化水平,进一步构筑党建工作的战略新格局

注重加强思想政治建设。以贯彻十七届五中全会精神为主线,以科学发展观为核心,切实强化形势教育、政治理论教育和实用知识教育。把组织集中学习与干部自学有机结合起来,深入推进学习型党组织建设。强化学以致用的理念,通过学习促使干部提升客观分析形势、把握政策导向的判断能力;协调利益关系、驾驭复杂局面的决策能力;克服各种困难、落实既定任务的执行能力。

注重强化领导班子和干部队伍建设。筹备召开第十四次党代会,做好区委班子换届选举工作。牢固树立注重品行、有利发展、崇尚实干、重视基层、群众公认的用人导向,形成充满活力的选人用人机制。加大培养、引进、选拔优秀年轻干部的力度,形成配置合理的后备干部梯队。加强干部的教育管理,继续运用党校和干部实训基地等平台大规模培训干部,建立立体化的日常监督机制,重视老干部工作,强化对农村干部的培训与管理。

注重加强基层组织建设。继续深入推进创先争优活动,推行书记履行党建职责“双向述职评议”制度,实行党代表任期责任制。继续扩大“两新”组织的党建工作覆盖面,在农村党组织中推行“四议一审两公开”制度,结合换届实现社区书记、主任“一肩挑”和“两委”班子成员交叉任职。健全教育、管理和服务党员的长效机制,拓宽党员通过组织表达意见的渠道,完善党内民主决策机制,保证党员的主体地位和民主权利落到实处。

注重加强党风廉政建设。认真落实党风廉政建设责任制,完善惩治和预防腐败体系。加强廉政文化建设,促使各级干部按照《廉政准则》规范从政行为,着力解决群众身边的腐败问题。发挥信访主渠道作用,不断创新干部监督的形式和手段,继续抓好工程建设领域等突出问题专项治理。严肃查处领导干部以权谋私的重大案件、侵害群众利益的恶性案件以及破坏发展环境的典型案件,切实以反腐倡廉的实际成效保障来之不易的发展成果。

同志们,做好今年的各项工作,任务艰巨,使命光荣。让我们在市委、市政府的正确领导下,团结和带领全区广大干部群众,解放思想,抢抓机遇,开拓创新,务实进取,为赢得“十二五”良好开局,实现旅顺科学发展新跨越而努力奋斗!

旅顺口区人大常委会

区人大领导名录

■区人大常委会组成人员(主任、副主任、委员)

主　任：杨　伸

副主任：

徐金祥　于丽华　温志强　张树槐

杜德明

委　员：

吕顺升　李晓波　杲志刚　郑清泉

刘世斌　秦　毅　宋德喜　王兆庆

郭　晶　王德旭　丛　霞　方世纯

杨大伟　张建军　张　媛　黄兆坤

隋　铎　解麟海　王立江

区人大重要会议

■区十六届人大四次会议　2011年1月5日至7日，旅顺口区第十六届人民代表大会第四次会议召开。参加会议的有区委、区政府、区政协的领导同志，区法院院长和区检察院检察长，原担任区级领导职务的老同志，中国人民解放军旅顺驻军的领导同志，出席政协大连市旅顺口区第七届委员会第四次会议的委员列席会议。会议议程：

一、听取和审议旅顺口区区长惠凯代表区政府所作的工作报告。报告回顾了2010年工作情况：1. 大力推进产业结构调整，绿色产业体系初具雏形；2. 全力推进重点项目建设，经济发展动力更加强劲；3. 深入推进改革开放，后发优势明显增强；4. 积极推进全域城市化，区域发展新格局正在形成；5. 着力保障和改善民生，社会更加和谐稳定；6. 加强政府自身建设，行政服务水平进一步提高。报告提出了2011年工作任务：1. 加快转变经济发展方式，着力培育绿色产业体系；2. 不断提升对外开放水平，坚定不移地抓好项目建设；3. 全力推进“五城一都”建设，加快全域城市化进程；4. 继续深化改革创新，增强经济社会发展活力；5. 全面实施十大民生工程，提升群众幸福指数；6. 积极发展社会事业，提高公共服务水平；7. 加快政府职能转变，推进政府管理创新。

二、审议旅顺口区2010年国民经济和社会发展计划执行情况与2011年国民经济和社会发展计划草案的报告，审查和批准旅顺口区2010年国民经济和社会发展计划执行情况的报告及旅顺口区2011年国民经济和社会发展计划。

三、审议旅顺口区2010年财政预算执行情况的报告和2011年财政预算草案的报告，审查旅顺口区2010年预算执行情况的报告和2011年财政预算草案，批准旅顺口区2011年区本级预算。

四、审议大连市旅顺口区人民政府关于旅顺口区国民经济和社会发展第十二个五年规划纲要草案的说明，批准大连市旅顺口区国民经济和社会发展第十二个五年规划纲要。

五、听取和审议旅顺口区人大常委会主任杨伸代表旅顺口区人民代表大会常务委员会所作的工作报告。报告回顾了2010年工作情况:1. 着眼全局,服务发展,在审议和决定重大事项上体现科学性;2. 突出重点,多措并举,在依法实施监督上体现实效性;3. 关注民生,维护民利,在促进社会和谐上体现针对性;4. 创新机制,搭建平台,在代表作用发挥上体现主体性;5. 强基固本,求真务实,在常委会履行职能上体现创新性。报告提出了2011年工作任务:1. 突出服务全区工作大局,依法行使人大法定职权;2. 突出代表主体作用的发挥,扎实推进代表工作;3. 突出履职能力和水平的提升,加强人大常委会自身建设。

六、听取和审议旅顺口区人民法院院长周立强代表旅顺口区人民法院所作的工作报告。

七、听取和审议旅顺口区人民检察院检察长郑家为代表旅顺口区人民检察院所作的工作报告。

八、大会选举。会议通过关于接受徐金祥同志辞去旅顺口区人大常委会副主任职务请求的决定,会议通过关于接受温志强同志辞去旅顺口区人大常委会副主任职务请求的决定。

于华业当选为旅顺口区人大常委会副主任,郭晶当选为旅顺口区人大常委会副主任。刘先和、李宝升、李正庆当选为旅顺口区人大常委会委员。

■区人大常委会议 2010年,大连市旅顺口区人大常委会(以下简称区人大)举行常委会会议6次,审议议题22项。

2010年4月30日,旅顺口区第十六届人大常委会举行第十六次会议,区人大主任杨伸主持会议。会议审议通过了《区十六届人大常委会代表资格审查委员会委员名单》;会议听取审议了区政府向银行贷款的议案、批准区政府贷款并作出了相关决定;会议审议通过了《区人大常委会关于听取和审议专项工作报告的办法》;会议通报了区人大常委会2010年工作要点;会议传达全国、省、市人代会精神;会议进行了人事任免。

2010年5月7日,旅顺口区第十六届人大常委会举行第十七次会议,区人大主任杨伸主持会议。会议根据区人大常委会主任杨伸的提请,免去:周良忠同志区人大常委会铁山街道工作委员会主任职务,田承琳同志区人大常委会市场街道工作委员会主任职务,于涛同志区人大常委会得胜街道工作委员会主任职务,刘先和同志区人大常委会光荣街道工作委员会主任职务,纪兴华同志区人大常委会市场街道工作委员会副主任职务。会议根据区政府常务副区长车民受惠凯区长的委托提请,免去:王军同志区政府办公室主任职务,张树槐同志区城市建设管理局局长职务。会议根据区人大常委会主任杨伸的提请,任命:刘宝文同志为区人大常委会光荣街道工作委员会主任,王军同志为区人大常委会铁山街道工作委员会主任,周良忠同志为区人大常委会得胜街道工作委员会主任,纪兴华同志为区人大常委会得胜街道工作委员会副主任。会议根据区政府常务副区长车民受惠凯区长的委托提请,任命:于涛同志为区政府办公室主任,田承琳同志为区城市建设管理局局长。

2010年7月29日,旅顺口区第十六届人大常委会举行第十八次会议,区人大主任杨伸主持会议。会议听取了区政府区长惠凯关于全区上半年经济社会发展情况的报告;会议听取和审议了区政府向银行贷款的议案、会议批准区政府贷款并作出了相关决定;会议听取和审议了区政府《关于旅顺口区2009年财政决算草案的报告》、《关于2009年度我区财政预算执行和其他财政收支的审计工作报告》、区人大常委会《关于2009年财政决算审查结果的报告》,审议通过了《关于批准旅顺口区2009年财政决算的决议》;审议通过了《旅顺口区人民代表大会常务委员会关于工作评议的暂行办法》;审议通过了《旅顺口区人大常委会财政预算审查监督暂行办法》;会议进行了人事任免事项。

2010年8月26日,旅顺口区第十六届人大常委会举行第十九次会议,区人大主任杨伸主持会议。会议听取和审议了区政府《关于旅顺口区2010年上半年国民经济和社会发展计划执行情况及下半年工作安排的报告》、《关于旅顺口区2010年上半年财政预算执行情况的报告》、《关于我区大力发展职业教育情况的报告》,区人大常委会《关于旅顺口区2010年上半年国民经济和社会发展计划执行情况的调查报告》、《关于旅顺口区2010年上半年财政预算执行情况的调查报告》。通过常委会组成人员投票表决,确定区人力资源和社会保障局、区民政局为区人大常委会2010年工作评议对象。

2010年11月9日,旅顺口区第十六届人大常委会举行第二十次会议,区人大主任杨伸主持会议。会议听取了区人力资源和社会保障局、民政局工作报告和工作评议组调查报告,并对人社局、民政局工作进行评议。会议认为,区人力资源和社会保障局、民政局能够认真贯彻各项法律法规,紧紧围绕全区改革发展大局、人民群众切身利益和社会普遍关心的热点、难点等重大问题,积极应对国际金融危机的不利影响,认真履行职责,攻坚克难,各项工作取得了明显成效,较好地完成了区委、区政府下达的各项指标任务。会上,各位委员和代表的审议发言质量比较高,既有深度,也有力度;既看主流、看发展,又全面分析,评出了干劲,评出了动力,评出了正气,达到了预期的目的。会议要求,会后工作评议组要形成评议整改意见通知书,下发被评议单位。两个被评议单位要按照评议整改意见通知书的要求,认真制订整改方案,切实加强对整改工作的领导,正确对待评议中反映出来的问题及提出的意见建议,推动整改工作落实。会议听取审议了区政府向银行贷款的议案、批准区政府贷款议案并作出了相关决定。会议听取审议了《大连市旅顺口国家生态区建设规划》、通过了《旅顺口区第十六届人大常委会第二十次会议关于大连市旅顺口国家生态区建设规划的决议》。会议听取审议了关于全区“五五”普法工作情况的报告。会议建议,一是提高认识,加强组织领导;二是加大力度,提高普法实效;三是拓展阵地,创新普法载体;四是完善机制,强化普法保障。根据41次主任会议的提请,本次常委会对本区“五五”普法专项工作报告采取无记名投票的方式进行满意度测评,测评结果为:满意。会议审议通过了关于召开旅顺口区第十六届人民代表大会第四次会议的决定。

2010年12月24日,旅顺口区第十六届人大常委会举行第二十一次会议,区人大主任杨伸主持会议。会议听取审议了《旅顺口区人民政府关于提请区人大常委会调整2010年财政预算方案的议案》,听取审议了旅顺口区人大常委会财经工作委员会《关于旅顺口区人民政府提请审议调整2010年财政预算议案的初审意见》,通过了《关于旅顺口区人民代表大会常务委员会批准2010年财政预算调整方案的决议》。会议听取审议了区政府《关于2009年我区财政预算执行和其他财政收支审计查出问题整改情况的报告》。会议听取了区人大常委会《关于大连市旅顺口区第十六届人民代表大会第四次会议筹备情况的报告》。会议听取审议了区十六届人大四次会议相关材料。会议决定:接受于华业同志辞去大连市第十四届人民代表大会代表职务的请求决定,报市十四届人民代表大会代表资格审查委员会备案。接受王兆庆、王德旭同志辞去区第十六届人民代表大会常务委员会委员职务的请求决定,报区十六届人民代表大会第四次会议备案。免去曲家都同志区人大常委会龙王塘街道工作委员会主任职务。会议决定:王军同志为大连市第十四届人民代表大会代表,报大连市人大常委会代表资格审查委员会确认。华宏伟同志为区人大常委会龙王塘街道工作委员会主任。

议决重大事项

■**概况** 2010年,区人大围绕全区经济和社会发展中带有全局性、长远性,事关人民群众切身利益、迫切需要解决的问题,依法讨论、决定重大事项。通过审议计划和预算工作报告,实施对政府重大事项的监督。听取和审议了区政府关于2010年上半年国民经济和社会发展计划执行情况的报告、2010年上半年预算执行情况的报告、2009年区本级预算执行和其他财政收支的审计工作报告、2009年区本级决算的报告,做出了关于批准旅顺口区2009年区本级财政决算的决议。高度重视"十二五"规划的编制,提出意见和建议,有力地促进了"十二五"规划的编制。审议批准《大连市旅顺口区国家生态区建设规划》。按照宪法和监督法关于讨论决定本行政区域内重大事项的有关规定,听取了区政府为重大项目进行商业贷款的议案,经过审议,及时作出决定。

人大监督

■**听取和审议专项工作报告** 2010年,区人大常委会立足保障发展,积极稳妥地审批政府融资项目,听取审议了区政府融资项目资金使用和偿还情况的审计调查报告;区人大常委会高度关注人口计划生育和母婴健康,主任会议听取了区政府关于计划生育和母婴保健情况的报告,提出关于计划生育和保护母婴健康等意见建议;区人大高度关注职业教育情况,将改革与发展职业教育作为破解"三难"的关键环节,听取审议区政府关于大力发展职业教育情况的报告,提出了要大力发展职业教育意见建议。

■**开展工作评议** 2010年,区人大首次开展了工作评议。制订了《旅顺口区人大常委会关于工作评议的暂行办法》和《旅顺口区2010年工作评议实施方案》。经过民意推荐、常委会票决等方式,区人力资源和社会保障局、区民政局被列为评议对象。通过工作评议,在全区产生了积极影响,推动了区人力资源和社会保障局、区民政局各项工作再上新台阶,打造了更加高效、廉洁、规范、为民的政务环境。

■**专项工作视察** 2010年,区人大加大生态环境监督力度,对鱼粉、矿山、水泥等企业的关闭和整治情况进行视察;听取审议了区政府关于全区"五五"普法情况报告,进一步推进民主法制建设;区人大非常重视残疾人事业发展情况,对全区贯彻实施残疾人保障法,参与大连市创建全国残疾人工作示范市活动情况进行视察;区人大关注涉及群众的公共利益,对六万平方米旧小区及旧有寒透房屋改造工程建设情况进行视察;区人大高度重视代表建议办理工作,对十六届人大三次会议代表建议办理工作进行视察。

■行使任免权 2010年,区人大按照法定程序,任免地方国家权力机关、行政机关、审判机关、检察机关的组成人员和工作人员33人,其中:人大任职6人,免职6人;政府任职4人,免职2人,接受辞职1人;法院任职15人,免职7人;检察院免职1人,从组织上保证了地方国家机关的正常运转。

2010年人事任免名录

■区人大任免名单 2010年,区人大任命:刘宝文为区人大常委会光荣街道工作委员会主任,王军为区人大常委会铁山街道工作委员会主任,周良忠为区人大常委会得胜街道工作委员会主任,纪兴华为区人大常委会得胜街道工作委员会副主任,李正庆为区人大常委会信访办公室副主任,华宏伟为区人大常委会龙王塘街道工作委员会主任。

免职:周良忠的区人大常委会铁山街道工作委员会主任,田承琳的区人大常委会市场街道工作委员会主任,于涛的区人大常委会得胜街道工作委员会主任,刘先和的区人大常委会光荣街道工作委员会主任,纪兴华的区人大常委会市场街道工作委员会副主任职务,曲家都的区人大常委会龙王塘街道工作委员会主任职务。

■区政府任免名单 2010年,区人大任命:车民为旅顺口区人民政府副区长,夏德永为旅顺口区人民政府副区长,于涛为区政府办公室主任,田承琳为区城市建设管理局局长。

辞职:李军辞去旅顺口区人民政府副区长职务。

免职:王军的区政府办公室主任职务,张树槐的区城市建设管理局局长职务。

■区法院任免名单 2010年,区人大任命:刘荣民为旅顺口区人民法院审判委员会委员,李晓明为旅顺口区人民法院审判委员会委员,徐瑞晨为旅顺口区人民法院审判委员会委员,张守玲为旅顺口区人民法院审判委员会委员,吴广志为旅顺口区人民法院审判委员会委员,宋永国为旅顺口区人民法院民事审判一庭庭长,张艳为旅顺口区人民法院执行一庭庭长,远立华为旅顺口区人民法院立案庭庭长,王瑞君为旅顺口区人民法院铁山法庭庭长,梅莉为旅顺口区人民法院龙王塘法庭庭长,韩建勋为旅顺口区人民法院执行一庭副庭长,王庆国为旅顺口区人民法院立案庭副庭长、审判员,李思若为旅顺口区人民法院民事审判一庭副庭长、审判员,王晓青为旅顺口区人民法院双岛湾法庭副庭长、审判员,于鸿翔为旅顺口区人民法院审判员。

免职:刘荣民的区人民法院铁山法庭庭长职务,王瑞君的区人民法院龙王塘法庭庭长职务,梅莉的区人民法院民事审判一庭庭长职务,吴广志的区人民法院立案庭庭长职务,宋永国的区人民法院民事审判一庭副庭长职务,张艳的区人民法院执行一庭副庭长职务,远立华的区人民法院立案庭副庭长职务。

■区检察院任免名单 2010年,区人大免职:刘玉清的区人民检察院检察委员会委员职务。

人大代表工作

■概况 2010年,区人大始终坚持把代表工作作为一项基础工作来抓,代表工作不断取得新进展。一、为代表知情知政创造条件。区人大及时发送人大公报、人大杂志等材料，在街道和社区建立了12个代表之家和3个代表工作室，为代表开展日常活动、联系选民提供了场所。坚持和落实代表列席常委会会议制度，激发代表小组开展活动和代表履职的积极性。对代表进行集中培训，通过培训，代表履行代表职务的能力有所提高，积极性进一步增强。有计划地安排了代表列席常委会及参加各工作委员会组成的“三查(察)”活动。各人大街工委认真组织代表学习民主政治理论和法律法规知识，对代表进行人大代表相关知识的培训，努力提高代表的履职能力。二、加强建议办理督办工作。区人大把加强代表建议办理工作，作为充分发挥代表参政的主体作用，为人民群众办实事、谋利益的重要途径。主任会议从192件代表建议中，筛选出10件代表建议作为重点建议，采取常委会主任、副主任包案的办法加强督办。对于办理难度较大的建议、意见，采取组织代表专题视察、实地检查、走访承办部门等方式督促承办单位提高办结效率。前置代表提交议案、建议时间，要求代表将议案和建议提前在人代会召开前上交，使代表的建议意见尽快进入政府决策程序、列入工作计划。区政府及承办部门对代表建议的办理十分重视，建立和完善了政府例会研究、政府领导包案、承办单位行政一把手负责制等一系列行之有效的承办制度。至2010年底，所有192件代表建议已全部办理完毕，办结率达100%，代表满意率为92.7%。

区人大自身建设

■思想和作风建设 2010年，区人大注重强基固本，求真务实，在履行职能上体现创新性，以落实区委人大工作会议精神为契机，在传承的基础上与时俱进，把务实与创新贯穿于常委会工作全过程，进一步加强思想作风建设，不断推进人大工作务实、创新、作为。一是加强学习，提升思想政治素质。常委会坚持把学习放在自身建设的首位，积极开展学习型、创新型、规范型、和谐型机关建设。进一步建立健全了人大常委会及机关学习制度，采取多种形式，组织学习政治、经济、法律和人大相关业务知识，提高常委会及机关工作人员的政治意识、大局意识、法治意识、民本意识、创新意识，增强了履职责任感、使命感。深入开展创先争优活动和“连心”活动，大力倡导真抓实干、求真务实的工作作风和开拓进取、勇于创新的精神，推动人大工作不断迈上新台阶。二是深入调研，提升审议质量。常委会把调查研究作为成事之基、谋事之道，贯穿到各项工作之中。在审议每个专项工作报告前，都要组织培训，熟悉法律，明确任务，认真调研，形成报告，为常委会集中审议和做出决定提供翔实资料和依据。全年共完成调研报告11项。

■规范化建设 区人大十分注重工作的制度化、法制化、规范化。

制订了《旅顺口区人大常委会关于听取和审议专项工作报告的办法》、《旅顺口区人大常委会财政预算审查监督暂行办法》、《旅顺口区人大常委会关于工作评议的暂行办法》等规章制度，形成了责任明确、程序合法、运作规范、科学高效的机关工作制度和运行机制，为提高人大履职水平和工作效能发挥了积极作用。

■发挥人大街道工委作用 2010年，区人大坚持从民主政治建设的高度进一步加强对人大街工委的指导，促进基层人大工作扎实开展。发挥代表在开展“连心”活动中的作用,让代表成为党和政府联系群众的桥梁和纽带。各街工委认真执行积极主动开展工作,有计划地组织代表深入选区开展“三查(察)”活动,扎实做好建议案跟踪督办,活跃了闭会期间的代表工作,夯实了人大工作的基础。

■**人大工作宣传** 2010年,区人大通过新闻媒体进一步宣传人民代表大会制度,弘扬社会主义民主法制建设,提高全社会对人大性质、地位、作用的认识,推动人大工作进一步开展。一年间,《旅顺口》报、电视台、电台等各类媒体刊(播)有关人大工作稿件120多篇。《人民代表报》、《辽宁省人大》、《大连市人大》等有关刊物采用30多篇,增强了全区人大工作的影响力。

(撰稿人:汪东宪 审稿人:吕顺升)

附录:

旅顺口区人民代表大会常务委员会工作报告

——2011年1月6日 在大连市旅顺口区第十六届人民代表大会第四次会议上

旅顺口区人大常委会主任 杨 伸

各位代表:

我受区第十六届人民代表大会常务委员会的委托,向大会报告工作,请予审议。

2010年工作回顾

2010年是我区实现全面开放、建设绿色经济区的第一年,是完成“十一五”规划的收官之年。一年来,区人大常委会在区委的领导下,按照科学发展观的要求,认真贯彻落实区委人大工作会议精神,紧紧围绕全区改革发展稳定大局,紧紧围绕关系人民群众切身利益、社会普遍关注的热点、难点问题,依法履职,与时俱进,开拓创新,各项工作取得了新成效。全年召开常委会会议7次,主任会议9次,审议议题22项,作出决议决定7项;任免国家机关工作人员39人次;组织视察、检查、考察、专题调研24次。为实现科学发展新跨越、促进社会和谐、推进民主法治建设做出了积极贡献。

一、着眼全局,服务发展,在审议和决定重大事项上体现科学性

讨论决定重大事项是人大常委会重要的法定职权。常委会坚持正确的政治方向,坚持与区委同向、与政府同步、与人民群众同心,将关系全区经济社会发展大局和人民群众关心的重要问题纳入常委会议题,积极适时地做出决议决定,为落实区委决策、支持政府工作、维护群众利益提供法治保障。

立足长远发展,审议批准各项重大规划。编制好旅顺口区“十二五”规划关系旅顺长远发展。常委会高度重视,在对“十一五”规划实施情况进行监督的同时，对科学编制“十二五”规划进行调查研究，反复讨论，提出意见和建议，有力地促进了“十二五”规划的编制。本次会议将提交大会审议批准《旅顺口区国民经济和社会发展第十二个五年规划纲要》。创建国家生态区，是对旅顺发展的科学定位，常委会在深入调研、邀请专家科学论证的基础上，审议批准了《大连市旅顺口区国家生态区建设规划》，构建了生态安全、自然资源、环境质量、生态经济、生态人居和生态文化六大生态保障体系，推进旅顺进入了辽宁省首批生态区行列。

立足稳健发展，强化对计划和预算执行情况的审查。常委会听取和审议了国民经济和社会发展计划、预算执行和调整、审计工作情况的报告，审查批准了区本级决算和财政预算调整方案。以创新的思路制订了《旅顺口区人大常委会财政预算审查监督暂行办法》，进一步明确了预算编制、执行、调整、决算、审查监督以及责任追究等方面的规定，健全了财政部门对预算执行定期报告制度，规范了常委会财政预算审查工作，使预算审查监督有章可循，有法可依，更具有科学性。此办法得到市人大的重视，在全市推广了我区的经验和做法。

立足保障发展，积极稳妥地审批政府融资项目。为促进区域经济又好又快发展，保障大项目和民生工程的顺利实施，常委会及时并认真听取审议了区政府关于争取银行贷款的议案4项，批准贷款总额为105500万元，主要用于土地储备、基础设施建设、拆迁补偿等。为防范和化解财政风险，常委会对政府贷款议案、贷款项目说明、偿债途径等相关资料进行了认真审查，要求政府财政部门完善贷款资金管理办法，规范对专项资金的使用监管，确保贷款资金安全有效运用，提高资金的使用效益。

二、突出重点，多措并举，在依法实施监督上体现实效性

人大监督是实现党的主张和人民意愿的重要保障。一年来，常委会认真实施《监督法》，综合运用多种监督形式，依法开展监督工作，促进和支持“一府两院”依法行政、公正司法。

围绕提高行政效能开展评议监督。工作评议是强化人大监督职能的重要途径，是常委会创新监督工作的重要方式。按照《区委关于进一步加强和改进人大工作的有关意见》的要求，围绕促进“一府两院”转变作风、提高效能，常委会首次开展了工作评议。制订了《关于工作评议的暂行办法》和《旅顺口区2010年工作评议实施方案》。经过民意推荐、常委会票决等方式，区人力资源和社会保障局、区民政局被列为评议对象。通过召开座谈会、走访调查、民主测评、审议工作报告等形式，多渠道、深层次、全方位对两个评议单位进行考量。在充分肯定两个部门成绩的同时，实事求是地指出了存在的问题和不足，提出了具体的整改意见。区人力资源和社会保障局、区民政局以积极、认真的态度，自觉接受监督，虚心接受评议，认真进行整改，推动各项工作再上新台阶，打造了更加高效、廉洁、规范、为民的政务环境。工作评议对其他部门也产生一定的教育、警示、约束和促进作用。

围绕推进民主法治建设开展监督。普法宣传教育是民主法治建设和依法治区的基础。常委会将“五五”普法列为专项报告审议议题，通过深入调研，形成了《关于我区“五五”普法情况的调查报告》，在此基础上，听取审议了区政府关于我区“五五”普法情况报告，并进行了满意度测评，代表们对我区“五五”普法工作表示满意，提出要进一步加强领导，加大力度，创新载体，完善机制，提高普法实效。去年是村委会换届年，为保证村委会换届顺利进行，对村民委员会换届选举进行全程法律监督和检查。为推动法院规范庭审，组织代表旁听了有关劳动争议纠纷案件庭审活动。实行规范性文件备案审查，召开了规范性文件备案审查工作会议，备案审查了规范性文件。对区法院和区检察院工作进行了专题调研，针对法院执行局关于劳动仲裁院裁决案执行难的问题进行调研和协调。听取了检察院诉讼监督年的贯彻落实情况。

围绕经济运行和重点项目开展监督。常委会高度关注我区经济运行质量和重点项目建设情况。组织代表对我区先进制造业、现代服务业、物流市场运营、“五城一都”重点项目建设等情况进行了调研视察。提出要大力发展先进装备制造业和现代服务业等产业，加快推进重点项目建设进程，在结构调整、产业升级、产品质量和管理水平上有新突破的意见和要求。区政府认真落实，将代表意见纳入了“十二五”规划。

围绕改善生态环境问题开展监督。保护生态环境是建设绿色经济区的基础。常委会加大生态环境监督力度，组织人大代表对鱼粉、矿山、水泥等企业的关闭和整治情况进行视察，提出要切实把环境保护放到更加突出的位置，抓住经济结构调整机遇，大力推进节能生产，坚决排除影响环境项目，为推进旅顺绿色经济区建设打下坚实基础。

围绕群众信访问题开展监督。常委会高度重视群众来信来访及申诉控告的接待和处理，加强了人大信访工作力量，将人大信访工作融入全区大信访格局之中。专门听取了区法院《关于区人大交办信访案件办理情况的报告》，对10件重点交办案件进行跟踪督办，使群众反映的一些强烈问题得到有效解决。一年来，共接待来信来访群众2000余人次，登记处理案件139件，已办结130件，办结率93％，为信访人实现权益金额近200万元。

三、关注民生，维护民利，在促进社会和谐上体现针对性

常委会牢固树立民本思想，把维护民生利益作为第一监督目标，针对人民群众最关心、最直接、最现实的问题开展监督，有效促进了民生改善和社会和谐。

关注职业教育发展。就业难、招工难、招生难是影响百姓安居乐业和企业及职业教育发展的难题。常委会给予高度关注，将改革与发展职业教育作为破解“三难”的关键环节，纳入常委会重要议题，组成调研考察组到外地考察，组织代表对我区职业教育发展情况和企业技能人才需求情况进行视察，形成了《关于我区大力发展职业教育情况的调查报告》。在此基础上，听取审议了区政府关于我区职业教育发展情况的报告，明确提出了要大力发展职业教育，实施积极的支持政策，搭建校企合作平台，整合培训资源，调整优化专业，打造职教品牌，建立技能人才培养高地的意见。区政府高度重视，将大力发展职业教育，异地建一所高水平职教中专纳入“十二五”规划，搭建了校企合作平台，举行了旅顺口区校企合作及培训基地启动仪式，加强双师型教师队伍建设，提高教学质量和管理水平，旅顺职教中专通过了省市验收，申报争创全国职教示范学校。为企业发展提供了实用人才保障，为百姓子女就业搭建了平台，为职业教育发展开辟了广阔空间。

关注残疾人事业。残疾人是社会弱势群体，需要全社会的关心和帮助。常委会组织代表对我区残疾人事业发展情况进行调研和视察，对我区残疾人事业发展给予充分肯定。提出了要进一步重视残疾人事业，把关心关爱残疾人事业纳入民生工程，提高残疾人低保、教育、就业、康复水平，形成尊重残疾人、善待残疾人、关爱残疾人、支持残疾人事业发展的良好氛围。

关注食品药品安全。食品药品关系到百姓生命健康安全。常委会主任会议听取了区政府关于食品药品安全综合监管工作情况的报告。建议加大食品药品市场监管力度，进一步改善人民群众饮食及用药环境。区政府召开了专题会议，在全区深入开展食品药品安全专项检查，重点加大对基本药物、餐饮、高风险品种的监管力度，立案查处、取缔了一批违法销售企业，查处下架了一批"三无"产品，百姓饮食用药安全得到了改善。

关注人口计划生育和母婴保健工作。人口计划生育和母婴健康关系到人口素质的提高。常委会主任会认真听取了区政府关于计划生育和母婴保健情况的报告，提出要重视计划生育，解决好人口结构矛盾，发展养老事业，加强流动人口管理，全面推进健康家庭行动；要加强母婴保健工作，从源头优化人口素质，整合医疗卫生资源，提高婚检率，设立贫困家庭新生儿缺陷救助资金，保护母婴健康等意见建议。区政府按照主任会议的意见认真落实。

关注涉及群众的公共利益。改善道路交通、改造旧小区和透寒房屋涉及群众切身利益，是政府的惠民工程。常委会组织代表视察了新旧道路改扩建工程，听取了202路轻轨工程动迁及进展情况的汇报。对6万平方米旧小区和透寒房屋改造情况作了专项视察。对增设临街公厕、设立公园照明灯、解决中小学门前交通拥挤等一系列民生问题进行督查，推动各项惠民工程落到实处。

关注代表建议意见反映的百姓诉求。区十六届人大三次会议，代表共提出建议、批评和意见192件。主任会议确定了10件建议、意见作为重点督办件，由常委会主任、副主任分工督办，各工作委员会加强检查落实。对于办理难度较大的建议、意见，采取组织代表专题视察、实地检查、走访承办部门等方式督促承办单位提高办结效率。前置代表提交议案、建议时间，要求代表将议案和建议提前在人代会召开前上交，使代表的建议意见尽快进入政府决策程序、列入工作计划。区政府及承办部门对代表建议的办理十分重视，建立和完善了政府例会研究、政府领导包案、承办单位行政一把手负责制等一系列行之有效的承办制度。截止年末，所有192件代表建议已全部办理完毕，办结率达100%，代表满意率为92.7%。

四、创新机制，搭建平台，在代表作用发挥上体现主体性

充分发挥代表作用，是发挥人大整体优势、增强人大工作活力、提高常委会履职水平的基础。常委会坚持为代表服务的思想，创新机制，支持和保障代表依法履行职责、行使职权。

创新代表联络机制，拓宽代表履职途径。常委会采取定期走访代表、接待代表来信来访、召开座谈会等方式，加强与代表的经常性联系。通过召开知情知政通报会，将"一府两院"工作情况向代表通报。坚持邀请代表列席常委会会议制度，为代表在闭会期间参与重大问题的审议创造条件。一年来，共邀请代表列席常委会会议140余人次。建立代表与选民联系制度，组织代表积极投入"连心"活动，广泛与选民连心。

创新服务保障机制，为代表履职创造优良条件。建立代表开展社会调查保障制度，要求有关单位必须认真对待代表的调查、检查和视察，为代表提供真实情况。按照有制度、有计划、有记录、有场所、有经费的要求,在街道和社区建立了12个代表之家和3个代表工作室,为代表开展日常活动、联系选民提供了场所。加强代表培训,提高代表素质,组织开展视察、调查、执法检查和到外地考察,引导代表在产业项目建设、发展社会事业中建功立业,在慈善月活动中,人大代表及所属企业为爱心慈善基金捐款600余万元。关心代表工作和生活,帮助代表解决实际困难和问题,为代表续办了人身意外伤害、人身意外医疗保险。

创新工作激励机制,充分调动代表履职积极性。坚持代表工作表彰制度,表奖了一批先进人大街工委、优秀人大代表,激励代表以高度的责任感履行职责,联系选民,深入调研,提出有价值的建议和意见。如代表提出的"关于尽快落实辽宁省老年人权益保障条例的建议",得到了区政府的高度重视,投入300万元,在全市率先实行了城乡一体的老年人乘车优惠待遇;代表提出的"关于加快水师营新城区城市管理体制改革的建议",区政府认真落实,将水师营街道纳入城市化管理范畴,使新城区公共卫生、园林、市政等管理问题得到有效解决。我区出席省市人代会的代表积极关注旅顺经济社会发展,通过议案、建议向上争取支持旅顺发展的政策和民生工程投入等。代表提出的"关于加快推进渤海海峡跨海通道建设的建议"、"关于要求鞍钢大连石灰石新矿实施生态补偿的建议"、"关于将旅顺绿色经济区优先纳入大连市产业振兴规划的建议"、"关于建立社区工作人员补贴自然增长机制的建议"等等,得到了省市政府的高度重视,有的纳入了省市发展规划,有的已经得到落实,并取得成效。

五、强基固本,求真务实,在常委会履行职能上体现创新性

加强自身建设是保障常委会充分发挥职能作用的关键。常委会以落实区委人大工作会议精神为契机,在传承的基础上与时俱进,把务实与创新贯穿于常委会工作全过程,进一步加强思想、组织、作风、制度建设,不断推进人大工作务实、创新、作为。

加强学习,提升思想政治素质。常委会坚持把学习放在自身建设的首位,积极开展学习型、创新型、规范型、和谐型机关建设。进一步建立健全了人大常委会及机关学习制度,采取多种形式,组织学习政治、经济、法律和人大相关业务知识,提高常委会及机关工作人员的政治意识、大局意识、法治意识、民本意识、创新意识,增强了履职责任感、使命感。深入开展创先争优活动和"连心"活动,大力倡导真抓实干、求真务实的工作作风和开拓进取、勇于创新的精神,推动人大工作不断迈上新台阶。

深入调研,提升审议质量。常委会把调查研究作为成事之基、谋事之道,贯穿到各项工作之中。在审议每个专项工作报告前,都要组织培训,熟悉法律,明确任务,认真调研,形成报告,为常委会集中审议和做出决定提供翔实资料和依据。全年共完成调研报告11项。加强人大信息和宣传工作,在省市区媒体上发表30多篇人大工作新闻信息和理论调研文章。

完善制度,提升履职水平。常委会十分注重制度建设,制订了《旅顺口区人大常委会关于听取和审议专项工作报告的办法》、《旅顺口区人大常委会财政预算审查监督暂行办法》、《旅顺口区人大常委会关于工作评议的暂行办法》等规章制度,形成了责任明确、程序合法、运作规范、科学高效的机关工作制度和运行机制,为提高人大履职水平和工作效能发挥了积极作用。

回顾一年来的工作,我们深感人大工作取得的成效,得益于区委的高度重视和正确领导,得益于区政府、社会各界的积极支持和配合,是全体人大代表、常委会组成人员、机关工作人员共同努力的结果。区委高度重视人大工作,召开了区委人大工作会议,出台了《关于进一步加强和改进人大工作的有关意见》,进一步明确了新形势下加强和改进人大工作的指导思想、目标任务和要求。区政府、区法院、区检察院主动接受人大监督,积极配合支持人大工作,对常委会提出的意见和要求、对代表提出的建议、批评和意见,采取有效措施认真办理落实。社会各界及广大群众积极关心支持人大工作。在此,我代表人大常委会表示衷心的感谢!

回顾过去的一年,我们清醒地看到,常委会工作还存在一些不足和需要改进的地方,如:监督工作的针对性和实效性需要进一步加强;专项工作报告的审议质量有待提高;审议意见的督办落实有待进一步改进;代表履职的积极性需要进一步调动;推动解决代表建议意见的力度有待进一步加大。对这些问题,我们将认真研究,切实加以改进。

2011 年工作安排

2011 年,是全面实施"十二五"规划的开局之年,是充满机遇和挑战的一年。人大常委会工作要坚持以邓小平理论、"三个代表"重要思想为指导,以科学发展观为统领,全面贯彻落实党的十七届五中全会、区委十三届十次全会和区委人大工作会议精神,认真履行职责,坚持开拓创新,努力在促进发展上有新成效;在依法监督上有新进步;在履职水平上有新提高;在发挥作用上有新作为。为推动旅顺绿色经济区建设,实现科学发展新跨越做出新的贡献。

一、突出服务全区工作大局,依法行使人大法定职权

严格履行人大法定职责,将区委决策部署、政府着力推动、群众普遍关心的问题作为常委会工作的重点,助推全年经济社会发展任务的顺利完成,促进社会和谐稳定。

以加快经济发展方式转变为重点,加强对经济工作的监督。推进经济健康运行。听取和审议区政府关于国民经济和社会发展计划执行、财政预算执行、财政决算和其他财政收支情况的审计报告,强化对经济工作的监督;推进战略性新兴产业发展。组织代表对发展绿色工业、都市型现代农业、新兴服务业、西北部临港新城、科技创新园区规划建设开展集中视察,加快新兴产业、园区建设步伐,促进产业项目集中、集约、集群发展;推进科技进步和创新。听取和审议我区科技事业发展情况的报告;推进全域城市化、生态宜居区建设。听取和审议区政府关于城市核心区建设情况的报告,对城市基础设施建设,保护性建筑的维护、老城区改造、新城区建设、健康城市建设等组织视察;推进文化产业发展。对发展文化产业,创建历史文化名城,保护历史文物进行调研;推进创建国家级生态区的进程。着力对污染减排设施、区域绿化、近海海洋资源使用和保护、矿山复垦整治、水资源利用等方面进行视察调研。

以维护好、发展好人民群众根本利益为出发点,加强对民生改善情况的监督。着眼于学有优教、劳有丰酬、病有良医、老有颐养、住有宜居等五大民生体系建设,对政府提出的惠民实事落实情况开展监督。通过专题报告、视察、调研等方式对教师队伍建设情况;居民增收的途径和创业、就业情况;社区卫生服务体系建设情况;农转城人员社会保险政策落实、养老事业进展情况;住房保障、弃管楼院物业管理情况进行检查,确保各项惠民实事办实办好,惠及于民。

以推进依法治区为着力点,加强对法律法规实施情况的监督。对《劳动合同法》、《消防法》、解决拖欠和克扣农民工工资问题的规定等法律法规的贯彻执行情况开展执法检查;对“五五”普法工作进行跟踪督查;对职业教育发展情况进行满意度测评。有计划地组织代表旁听法院庭审活动。坚持法律监督机关工作关口前移,重点对基层法庭民商审判工作进行法律监督。听取公安工作的专题报告,促进平安旅顺建设。完善规范性文件备案审查机制,扩大审查范围,规范工作程序,确保审查工作依法有效开展。确立人大信访工作新思路,建立信访工作新机制,制订《旅顺口区人大常委会信访工作办法》。转变信访督办方式,在加大案件督办力度的同时,把从源头上防范和化解涉法涉诉信访案件的发生作为今后工作的重点,听取区法院信访工作专项报告,有效解决群众的信访问题。

以促进“一府两院”及有关部门转变作风为落脚点,进一步加大工作评议力度。工作评议是人大常委会创新监督工作的一种有效形式,2011 年将扩大评议规模,从“一府两院”及有关部门中确定4个单位作为被评议对象。评议过程中要更加注重代表性、群众性,通过走访调查、座谈讨论、执法检查等形式,广泛征求代表和群众的意见和建议,全方位考查被评议单位贯彻执行法律法规和人大及其常委会决议、决定情况,履行工作职责情况,代表建议、意见的办理情况,社会满意度及自身建设情况,使人大评议监督更加全面、更具权威,推动“一府两院”及有关部门依法行政,服务于民。

以专项调研为基点,提高议政质量。针对上级没有明确政策规定,又是涉及具有全局性、根本性、群众普遍关注、工作中的薄弱环节,通过人大常委会专题调研,为区政府决策提出科学的议政建议。常委会将从转变经济发展方式、企业自主创新、中小企业服务体系建设、失地失海群众安置与增收、就业再就业社会保障体系建设及学前教育等方面实施专项工作调研。

以党管干部为原则,依法行使人事任免权。做好人事任免工作,为落实区委决策提供组织保障。

二、突出代表主体作用的发挥,扎实推进代表工作

切实尊重代表主体地位,牢固树立为代表服务的思想。进一步健全和完善代表工作机制,为代表依法行使职权创造条件,努力把代表履职的积极性保护好、引导好、发挥好。

完善制度,规范代表履职行为。依据代表法,出台《旅顺口人大代表管理办法》,把好代表入口关,建设一支高素质的人大代表队伍。坚持和完善常委会组成人员联系代表、代表列席常委会会议、代表旁听有关会议、代表联系选民等制度,增强代表履职的责任感。严格管理,实行任期考核制,采取代表向选民述职、考核代表履职情况等措施,科学评价代表工作。建立代表培训的长效机制,针对新时期人大工作特点和形势发展变化,有计划地组织代表进行专题培训,不断更新知识,更新思想,更新观念,提高代表履职能力和水平。

拓宽渠道,依法保障代表的知情权和监督权。通过召开通报会,组织代表听取“一府两院”工作报告,及时向代表传达区情政情。围绕经济和社会发展情况和人民群众普遍关心的热点和难点问题,组织代表参与专题调研和视察活动,使代表更广泛地了解区情和全局性的工作重点。

加强指导,提高人大街工委工作水平。要从坚持民主政治建设的高度进一步加强对人大街工委的指导，促进基层人大工作扎实开展。发挥代表在开展“连心”活动中的作用，让代表成为党和政府联系群众的桥梁和纽带。全面创建区、街两级代表之家，让代表学习有课堂，议政有舞台，活动有阵地，使代表之家真正成为代表联系群众的温暖之家。

评优创先，激发代表履职热情。扎实开展“评优创先”活动，通过多种有效形式，加大代表宣传力度，形成争创先进人大街工委、优秀人大代表的浓厚氛围。要注意发挥典型的示范引领作用，把争创活动的开展同促进群众关心的热点、难点问题的解决、推动经济社会各项事业又好又快发展有机结合。适时召开代表工作会议，交流经验，表彰先进典型。

严格督办，保证代表议案和建议有效落实。健全代表议案和建议交办、督查、落实、答复等制度。坚持开展“好议案、好建议”及“议案和建议办理工作先进单位”评比表彰活动。协调、督促政府及有关部门认真办理议案、建议、批评和意见，提高办理质量。

三、突出履职能力和水平的提升，加强人大常委会自身建设

区人大常委会将把加强自身建设作为一项长期任务常抓不懈，力求做到：把握正确的政治方向，在建设科学发展示范区战略中做出表率；依法履行职责，在维护大局、保障监督上做出表率；发挥代表作用，在营造聚精会神谋发展的氛围上做出表率；加强自身建设，在树立健康向上、高效务实、风清气正的机关作风上做出表率，切实发挥地方国家权力机关的职能作用。

进一步加强思想作风建设，不断提高常委会、人大机关人员能力素质。深入开展学习型机关建设活动，深化以《监督法》为主要内容的法律知识和人大业务知识学习和培训，切实提高常委会组成人员及机关干部政治理论水平和业务工作能力，为适应履职需要储备必要的知识和本领。要全面加强思想、组织、作风、纪律和反腐倡廉建设，使常委会组成人员和机关干部牢固树立大局观念、群众观念、法治观念和创新观念。要大兴调查研究之风，深入与代表连心，与群众连心，了解社情民意，进一步改进工作。

进一步加强制度建设，努力提高人大常委会工作实效。认真贯彻落实《辽宁省人民代表大会常务委员会讨论、决定重大事项的规定》，在实践中不断规范和完善人大工作的各项规则，规范议政行为。实施好已出台的关于工作评议、财政预算审查监督、听取和审议专项工作报告等各项制度，研究制订《旅顺口区人大常委会关于国民经济和社会发展计划执行情况审查监督暂行办法》。围绕提高常委会会议质量和实效，以“会议的质量在会前，会议的实效抓会后”为原则，进一步完善各项会议制度，努力提升常委会审议决定重大事项水平。

进一步加强人大工作的宣传和研究，增强人民代表大会制度的影响力。要进一步加强和改进对人民代表大会、常委会会议、主任会议等重要活动、人大代表依法履职情况的报道。以纪念地方人大常委会设立30周年为契机，加强人大工作的宣传和理论研究，扩大人大工作的影响，推动人大工作创新发展。

进一步加强对上联系和对外交流，始终保持人大工作的与时俱进。要积极主动、自觉接受市人大的指导，加强与外地人大常委会的联系和交流，借鉴先进地区人大工作理念和经验，改进创新常委会工作，不断提升人大工作的整体水平。

各位代表，我们已迈进“十二五”发展

重要时期,肩负的责任重大,使命神圣。让我们在区委的领导下,振奋精神,团结进取,开拓创新,奋发有为,为夺取"十二五"时期开局之年的新胜利,实现科学发展新跨越而努力奋斗!

旅顺口区人民政府

区政府领导名录

■**区政府区长、副区长**

区　长:惠　凯

副区长:车　民(常务副区长2010、4——)

张文哲

李　军(——2010、4)

宫　克

孙家平

彭建伟

郭晓迪

夏德永(2010、4——)

赵志孝(挂职锻炼)

区政府重要会议

■**2010年1月18日区长办公会议**　在区政府525会议室召开区长办公会议,区长惠凯主持,参加人员:区人大常委会主任杨伸(邀请),副区长张文哲、宫克、孙家平、郭晓迪、赵志孝,开发区管委会主任单聚宁、发改局局长李佳彬、政府办主任王军。

会议议题及议定事项为:

一、关于《旅顺口区国家生态区建设规划》的编制说明。会议对《规划》提出了修改意见,会后由区环境保护局做进一步修改完善。会议强调:一要进一步明确编制国家生态区建设规划的意义、目的。建设国家生态区、科学发展示范区要先做好生态区建设规划,生态区规划服务于科学发展示范区规划;建设国家生态区对旅顺口区长远可持续发展非常必要,也将对全区建设绿色生态经济区、科学发展示范区奠定坚实的基础。二要明确规划编制原则。1. 各专项规划要协调统一,特别对城市总体规划、土地利用规划、国家生态区建设规划应保持一致;保护区规划、海洋区划与生态区规划要基本协调,"优化开发区"应符合六大功能区规划;2. 生态区规划要围绕产业结构调整方向,有利于建设绿色生态经济区;3. 规划要围绕城市化发展目标,加快"五城一都"(西北部临港新城、旅游休闲度假城、科技创新城、历史文化名城、生态宜居城、大连花卉之都)建设,突出人文、自然环境和谐发展,体现以人为本的发展理念;4. 围绕长远可持续发展,坚定不移地走全域城市化发展道路,要在下步规划调整中加以把握。三要做好生态功能区划调整。1."禁止开发区"突出保护生态原则,加大资金投入;2."限制开发区"要淡化农业发展,在保护好基本农田和防护林体系基础上，积极向三产发展，最终实现全域城市化发展目标；3.“优化开发区”要向都市化、现代化方向发展，做好环境保护再造；4.“重点开发区”要按国家有关规定进行开发建设。综上，建议“优化开发区”和“重点开发区”要扩展，缩减“限制开发区”。生态功能控制性规划调整要遵循“在开发中保护，在保护中提升”的原则。四要有关重点工程项目由发改局认真进行研究，提高项目投资准确度。重点项目安排应围绕重点解决好国家生态区建设中存在的差距和不足，对缺陷之处要尽快弥补。五要将科学发展示范区总体规划和建设绿色生态经济区规划理念注入到国家生态区建设规划之中，不断加以提升和优化。会议最后强调，《旅顺口区国家生态区建设规划》原则通过后，可微观调整，并尽快报区人大审议通过。

二、审议《关于“旅顺口区创建科学发展示范区贡献突出公务员集体和公务员”评选工作的汇报》。会议对区人力资源和社会保障局牵头所做大量工作给予了肯定。会议指出，此次表彰对象要彰显其在科学发展示范区建设关键、重要领域贡献突出，如全面扩大对外开放、自然保护区调整、港口口岸开放、创建绿色生态经济区、创建科技示范区、“三保一促”等工作领域，经过艰苦卓绝的努力和无私的奉献，取得突出成绩和突破性进展的单位和有关负责同志。具体奖励范围、奖励额度需与区委“双佳”考核办进行沟通衔接，奖励名称还应认真推敲。会议决定，待会后及时与区委宣传部进一步商议，最后报区委常委会审议。

三、听取《2010年外资项目落实计划安排情况》的汇报。会议首先听取了区经济合作办2010年外资项目落实计划安排情况的工作汇报。会议强调：第一，进一步完善会议流程。今后召开外资项目调度会，开发区、各街道，有关职能部门、各服务单位，有关分管区长，都要在会上就落实外资项目进行发言，经合办要提前将发言材料进行归纳整理。第二，全区外资项目应拓展招商领域。各单位、各部门要紧紧抓住旅顺全面对外开放和全域纳入辽宁沿海经济带重点支持区域的历史机遇，进一步解放思想，全力争先进位，积极把吸引利用外资作为招商引资工作的重中之重，拓宽招商领域，推进三次产业又好又快协调发展，确保全面超额完成市政府下达的外资指标任务，必保年度实际利用外资4亿美元以上，力争达到5亿美元；第三，健全外资项目工作责任目标考核机制。各街道、开发区按照5亿美元分配指标任务，发改局、财政局、经济和信息化局、交通局、港口和口岸局、旅游发展局、土地储备中心等单位和部门，也要有相应外资考核指标任务，外资项目考核要与“两增一保”、“双佳”考评挂钩；第四，要确保一季度实际利用外资实现开门红。各有关单位和部门要千方百计做好外资引进工作，确保2010年一季度实际利用外资超过1亿美元。经济和信息化局要积极推进外资工业项目增资工作，各街道、开发区、有关部门也需积极予以配合，同时，对房地产开发项目，要严把外资项目准入关，确保注册资本中扩大外资增资规模；第五，坚定不移推进重点外资项目落实工作。由主管区长牵头，各责任单位要全程做好跟踪服务工作，确保重点外资项目落实到位；第六，经济合作办要结合全国金融产业发展方向，全力以赴做好投资公司成立工作。同时，由经济合作办牵头组织编订《旅顺口区有关招商引资政策汇编》图册，并对2010年全区3000万元以上重点项目建立项目增资扩股数据库，此项工作尽快予以落实。会议最后要求，由区经济合作办负责做好全区对外开放工作会议筹备工作。

四、审议《旅顺口区统筹解决人口问题领导小组成员单位责任分工办法》。会议原则通过该《办法》,会议要求有关部门要认真履行工作职责,抓紧予以实施。

五、审议《关于我区国家公益林区划界定的请示》。会议决定,全区现有22万亩林地(其中国家公益林10万亩,地方公益林12万亩)继续维持现状,不增报国家公益林补进面积。会议要求,区农林水利局要进一步加强全区林地管理、保护和经营,确保国土生态安全。

■**2010年5月27日区长办公会议** 在区政府525会议室召开,惠凯区长主持,参加人员:车民常务副区长、宫克副区长、孙家平副区长、夏德永副区长、赵志孝副区长,开发区管委会主任单聚宁、政府办主任于涛,会议议题及议定事项为:

一、审议《关于参照〈公务员法〉管理事业单位停止缴纳养老保险有关问题的请示》。会议原则通过该《请示》,会议议定,由区人力资源和社会保障局会同区财政局严格按照上级有关政策规定,认真操作执行。

二、审议《关于拨付旅顺口区种子公司职工安置费及核减债务等相关费用的审核意见》。会议原则通过该《审核意见》。会议议定,由区财政列支,用于旅顺口区种子公司职工安置及核减债务等相关经费;同时,在解除职工劳动关系之日起,种子公司的资产全部移交给国有资产监督管理局管理,并将旅顺口区种子公司房屋产权移交至旅顺顺兴投资有限公司。

三、审议《2010大连·旅顺国际樱桃节活动方案》。会议原则通过该《活动方案》,由区农林水利局抓紧报区委常委会审议后执行。会议指出,2010年活动策划水准较高,主题突出,但还应在以下方面做些工作,一是新闻发布会选址区政府会议室再研究,区委宣传部可邀请中央电视台经济频道及数字频道参与宣传,提升全面对外开放及节庆宣传效果;二是细致策划拟邀请领导及嘉宾,包括驻华使节,扩大影响力;三是提升樱桃节文化氛围,包括与各大学联动,推选樱桃形象大使活动,力争每个精品樱桃园都有樱桃形象大使,同时,可在樱桃精品园开辟一个小市场,推销旅顺特色旅游产品,进一步提升迎宾和樱桃产品推介文化内涵;四是积极做好精品樱桃园道路、停车场等设施建设,更好地为游客提供优质服务;五是全面做好安全隐患排查工作,确保樱桃节活动期间绝对安全。

四、审议《关于共建旅顺科技创新园—大连交通大学科技园战略合作协议》、《关于落实大连理工科技城建设相关优惠政策的请示》、《关于ITO靶材等四个项目签约工作的请示》。会议原则通过《关于共建旅顺科技创新园—大连交通大学科技园战略合作协议》。有关大连理工科技城建设相关优惠政策,按有关政府会议纪要精神给予优惠,涉及水源建设费、水资源增容费减免事宜,由旅顺口区和市科技局共同争取;涉及争取国家有关政策支持的项目,要严格按照国家支持项目有关资金管理规定办理。会议强调:中科院大连旅顺科技创新园建设发展需要进一步统一思想,提高认识,明确工作思路,并与铁山街道结合在一起深入研究。第一,积极打造科技创新园的品牌。科技创新是旅顺口区未来长远可持续发展的重要支撑,科技创新主城区是本区的四大战略定位之一,旅顺口区中科院科技创新园应该为大连、乃至辽宁提供重要智力支撑,要高标准研究发展定位,精心打造"辽宁(大连)科技创新园"品牌,将中科院大连科技创新园区、大连理工科技城、交通大学科技园作为“大连科技创新园”的园中园，加快创新园建设和发展，成为提升旅顺经济的科技创新研发和产业孵化基地。第二，中科院科技创新园应统筹规划、科学布局。要审视创新园的未来发展，营造大城区的概念，做好区域发展总体规划布局，建设生活宜居、绿色生态、节能环保的科技创新城，拉动高端产业投资，积极引领科技成果的转化、孵化，保持主体项目的一流水平。第三，突出创新园概念设计和功能。创新园要学习借鉴国际国内成功经验，借助于国家批准的新能源、新材料产业基地，引进日本筑波科学城发展理念，促使特色项目集聚，成为吸引科研机构、孵化研发、大学院校和高端人才在此区域创业、工作、居住的聚集区和产业区。第四，给予更加宽松的政策支持。创新园在体制机制创新方面，要研究与旅顺经济开发区相同的政策支持和管理权限。创新园要利用好政策优势，充分发掘、整合资源，加强自我发展运作，尽早打造出全国科技创新品牌，提高区域核心竞争力。第五，下一阶段重点工作。一是建立工作联系制度。创新园及时与市、区科技局汇报工作，紧密沟通，积极向国家、省、市争取有关政策扶持，举全区之力加快推进中科院科技创新园的开发建设。要加大对引进项目的扶持力度，给予一定的优惠的条件，优先进驻创新园，促使项目集聚；二是坚定不移走体制和机制创新之路。解决创新园的制约因素，进一步完善园区基础设施配套，采取政府、企业、金融三方整体合作的方式，寻求一级土地整理的合作伙伴，打造投资环境，扩展发展空间，实现园区的良性发展；三是建立公共服务平台。完成园区研发中心孵化基地主体建设，启动新能源、新材料重点科技实验室建设，带动科技研发项目的集聚；四是做好科技园规划和资源整合，提高园区创新能力。要高起点、高标准规划建设，打造环境优美、生态环保、科技研发为一体的科技新城。力争“十二五”期间，前2年搞好基础设施配套，后2年粗具规模，最后1年实现新城的愿景。五是区政府工作安排，会议强调，下一步政府工作重中之重，就是在6月底前要实现时间过半、任务过半的工作目标。第一，利用外资工作，各位区长要共同承担，6月底外资任务暂由孙区长负责跟踪落实。第二，加强统计工作，确保统计口径一致，由车区长负责召开统计工作专题会予以落实。第三，做好稳定和安全生产工作，继续做好信访工作，加强海上渔业安全检查，有效强化企业安全生产，确保社会稳定。第四，推进重点项目早开工、早建设。双岛湾港口项目要迅速成立合作公司，并尽快启动双岛湾港口土建工程建设；由孙区长负责，重点抓好几大城市基础设施建设项目；重点推进几个园区建设，重点是解决好中科院科技创新园体制机制创新问题，促进园区快速健康发展；长城三涧堡工业园区、龙头高新技术园区要迅速形成特色产业，合作推进重点项目开工，特色农业花卉产业项目要尽早开工建设，各项工作要给予有效落实。第五，加强政府行政效能建设。加强重点项目、动迁工作效能监察，做好跟踪督办，简化行政审批流程，认真落实限时办结制和超时默许制。第六，定期召开区长碰头会。区政府每半个月召开一次区长碰头会。

■**2010年8月3日区长办公会议** 在区政府525会议室召开，惠凯区长主持，参加人员：车民常务副区长、张文哲副区长、孙家平副区长、赵志孝副区长，开发区管委会主任单聚宁、发展和改革局局长李佳彬、政府办主任于涛。会议议题及议定事项为：

一、审议《关于以区政府名义印发〈旅

顺口区经济适用住房管理办法〉的请示》。会议要求，要严格参照《大连市经济适用住房管理办法》(大连市人民政府令第99号)制订本区《旅顺口区经济适用住房管理办法》并认真加以执行;同时,区房产局结合全区实际,认真研究《旅顺口区经济适用住房货币补贴实施方案》、《旅顺口区经济适用住房建设方案》,待以上两《方案》完善确定后,与《管理办法》同步实施。

二、审议《关于大连顺兴投资有限公司增加董事会成员的审核意见》、《关于大连港顺投资有限公司管理构架及领导层组成人员的请示》。原则同意上述《审核意见》和《请示》,会议要求,由财政局负责将有关情况向区委组织部汇报说明,下步再根据实际情况予以调整个别兼职人员。

三、审议区政府与天津二十冶建设有限公司《合作协议书》。会议原则同意该《合作协议书》,会议强调,要抓紧与天津二十冶建设有限公司签署《合作协议书》并加快土地挂牌工作。会议要求,个别条款内容要抓紧修改调整,最后由政府法制办把关;在土地挂牌出让前,要与二〇三景区及周边地块约130户居民尽快达成动迁意向;对规划红线区域内的基础设施配套应明确由摘牌单位承担。

四、审议《旅顺口区区级储备粮管理办法》。会议原则通过该《管理办法》,由区商务局会同法制办进一步修改完善后,以区政府名义行文下发。会议决定,为加快全域城市化发展步伐,改变城市面貌,保证军粮供应,结合全区现代物流业发展规划,利用旅顺经济开发区物流园区,由区商务局牵头研究设计规划年仓储能力2—3万吨,集加工、仓储、检测、军粮供应于一体的现代化储备粮库;具体选址事宜由旅顺经济开发区协助办理,最终将占地9.6万平方米的粮库彻底置换,储备粮库置换结余资金用于商务局所属商业和粮食系统离退休及遗属等人员采暖费纳入社会化统筹所需资金。

五、审议《关于在街道经济发展科增挂综合统计站牌子、增加人员编制的请示》。会议原则同意在全区街道社会保障服务中心增挂综合统计站牌子,并按街道实际增加1-2名雇员编制充实到综合统计站。雇员编制的核定由区编办负责,人员招聘由区人力资源和社会保障局会同区统计局落实,并限定人员招聘条件,学历至少在大学本科以上。会议要求,全区统计工作需要切实加强,人员整体素质要大幅度提高,要提供负责到位的统计数字,具体工作要科学、真实、有效,此项工作由车民常务副区长负责人员落实;同时,要完善硬件设备,电子政务职能要予以充分利用,形成一套完备的体系网络,能够对全区的产业、行业、五城一都及区域经济等进行系统的分析,为区委、区政府科学决策提供支持。区统计局尽快筹备全区统计工作会,认真分析研究解决统计工作中存在的问题,切实为科学决策提供统计支撑。

六、审议《关于大连顺兴投资有限公司招聘专业人员的请示》。会议决定,大连顺兴投资有限公司招聘专业人员一定要立足拓展国际金融业务,确保5年实现上市,专业人才学历一定要达到硕士研究生以上,要面向社会公开招聘。

七、审议《关于调整被征地农民缴费标准及退休人员待遇标准的请示》。会议原则通过该《请示》,会议要求开发区及各街道要广泛宣传,认真做好辖区被征地农民思想工作,确保政策执行到位,维护社会安定。

八、审议《旅顺口区关于提供博士安家补贴等优惠政策的意见》。

会议明确,此《意见》中提供博士安家

补贴实施单位仅限旅顺口区党政机关及所属事业单位。具体操作:在享受市政府安家补贴及用人单位匹配资金的基础上,同时享受区政府发放的安家补贴,总额度适当降一些,在区人社局与区委组织部进一步沟通后,由区人才工作协调小组上报区委常委会研究。

九、审议《旅顺口区职能部门绩效考评实施方案(试行)》。会议原则通过《旅顺口区职能部门绩效考评实施方案(试行)》,会议指出,区绩效考评领导小组办公室设在区直机关工委,涉及对绩效考评补助办公经费总额度要视区财力情况研究确定。会议决定,该《方案》由区人社局进一步修改后报请区委段炼副书记审定,最后上报区委常委会研究。会议要求,由区人社局按照市政府绩效考评体系进一步建立健全区政府绩效考评机制,要按照"保发展、保稳定、保安全、保环境"的总要求,结合全区工作实际及重点项目建设情况设定政府工作考核目标,定量核定绩效考核标准等次,要分为"优秀"、"良好"、"一般"、"不达标"四个等次。区政府绩效考评领导小组组长由车民常务副区长担任,考核单位由区监察局、人力资源和社会保障局、发改局、财政局、审计局等部门组成,对政府绩效考评范围要限定为政府工作部门,考核兼顾荣誉激励和经济补偿,进一步改善提升办公环境。

十、审议《旅顺口公安分局关于办理符合夫妻投靠结婚满三年条件的农转农户口的请示》。会议决定,由车民常务副区长牵头,会同张文哲副区长、孙家平副区长组织相关部门对该《请示》再作深入研究,并予妥善解决。

■**2010年9月8日区长办公会议** 在区政府525会议室召开,惠凯区长主持,参加人员:张文哲副区长、宫克副区长、孙家平副区长、郭晓迪副区长、夏德永副区长、赵志孝副区长,开发区管委会主任单聚宁、政府办主任于涛,会议议题及议定事项为:

一、审议《关于调整旅顺中心幼儿园差额补助标准有关情况的报告》。会议强调,全区应保留一个公共幼儿园,确保"收费标准不能高,服务标准不能低"。作为暂时过渡,可以对旅顺中心幼儿园实行差额补助,区财政先期拨付差额补助经费120万元;之后,由郭晓迪副区长会同财政、教育、编办研究,能否将幼儿园管理体制改变为全额拨款单位,进而从根本上解决经费和人员编制的办法,待时机成熟后予以落实。

二、审议《"五城一都"三维动漫、招商网改版事宜》。会议要求,区政府政务网站与招商网站整合为一个统一的域名,不再单独设立"旅顺口国际投资促进网",同时要以商业化思维推进政府网站建设。1. 在政府网站全面改版过程中,要深入挖掘发展经济、促进贸易、招商引资的内涵,重点突出经济活动和民生工程取得的重大进展,如经济活动包括:招商项目、推销城市和产品、贸易、地产项目、旅游工作、餐饮酒店、推进文化交流、重大节日宣传等,让老百姓真正得到实惠,实现富民强区的目标。网站建设要坚持走国际化道路,要集思广益,创新工作思路,关键要做好网页内容及时更新,浏览窗口要独具匠心,富有创意,增强对广大群众和网民的吸引力和关注度,还要力争实现一定创收。2. 关于"五城一都"三维动漫设计要体现城市文化和城市精神,要突出旅顺人文、区位和环境优势,区位优势须将规划交通布局说清楚,环境优势要将大海、海岛、绿树予以详细介绍,还要推介一些重点保护建筑物。做好新城区动漫,应采用人性化的手法,要虚实结合,实的部分以生态环境、现有的实物为主;虚的部分以规划布局轮廓为主。动漫应突出“历史、人文、绿色、临海”等显著特点。

三、审议《中安欧尚花园项目合作协议、备忘录事宜》。会议原则通过区政府与中国产业安全投资基金有限公司拟签署的《合作协议书》,具体细节再予以深入研究,但不签署备忘录。会议强调,合作协议内容不能与土地法相冲突,项目用地按国家土地政策评估价格实行挂牌方式进行出让,具体规划条件可体现在挂牌文件里,要认真研究关键环节,如建筑用地面积、项目总投资、容积率以土地挂牌文件为主,挂牌方式以楼面地价为主,涉及承担税费的约定要表述准确。由张文哲副区长会同有关部门,尽快做好调整并经法制办把关后正式签署协议。

四、审议《旅顺口区村级计划生育干部补助费发放办法》。会议原则通过《旅顺口区村级计划生育干部补助费发放办法》,具体工作由区人口和计划生育局会同区财政局负责落实。

五、审议《中国大连·旅顺第二届美食文化节活动方案》。会议强调,中国大连·旅顺第二届美食文化节系列活动要突出“绿色旅顺、健康美食”这一主题。举办论坛围绕特色餐饮企业发展路径——连锁经营、食品加工、融资上市、产业链发展、多品牌战略和“顺菜”美食之都创建活动等为主要内容开展研讨交流,为餐饮企业转变发展方式提供更多的新思路。区商务局负责更加灵活地进行策划,要把轻松活泼的气氛融入美食节各项活动中,最大限度发挥电视媒体作用,并与旅游促销有机结合,普遍提高群众参与度。主要活动安排在国庆节前后为宜。

六、审议《关于调整旅顺口区部分房屋拆迁政策的意见》(讨论稿)。会议决定,该《意见》可分期实施,具体由孙家平副区长牵头组织研究推进,适时推出该政策,不再上会讨论。会议要求,由区拆迁办牵头,会同动迁主体,立即对全区动迁项目进行统计分析,据此合理确定政策执行时间。

■**2010 年 11 月 8 日区长办公会议** 在区政府525会议室召开,惠凯区长主持,参加人员:车民、张文哲、宫克、孙家平、郭晓迪、夏德永、赵志孝、李佳彬、于涛,会议议题及议定事项为:

一、《关于审议旅顺热电厂项目动迁借款协议的请示》。会议原则同意《旅顺热电厂项目投资补充协议》。会议决定,由区发改局牵头负责区政府与国电电力发展股份有限公司签订协议具体事宜,垫款协议所需2.7亿元动迁资金要用于完成旅顺热电厂项目的动迁工作(动迁面积53.8156公顷)。会后,由孙家平副区长会同财政局就补充协议有关内容,包括还款年限和每年偿还金额等,向区人大常委会进行汇报和说明,各项工作要尽早落实到位。

二、《旅顺口区公安分局关于办理符合夫妻投靠条件农转农户口的请示》。会议原则同意区公安分局与市局沟通意见,即对2009年6月30日前符合夫妻投靠农转农条件的,一次性予以办理(据统计,全区符合条件的人员为44人);对2009年6月30日前不符合夫妻投靠农转农条件的,执行农转城或城转城政策(结婚满5年)。会议强调,本次办理符合夫妻投靠条件农转农户口工作应与全区二轮土地延包有效衔接,办理时间从区委、区政府研究确定二轮土地延包方式后执行。

三、《关于旅顺新港港务公司资产损失的审核意见》。会议决定,同意旅顺新港港务公司按照企业会计制度的规定对资产损失进行债务处理,并要严格按照国有资产管理流程进行规范操作。

四、《关于北海街道中心区主干道(开世大街)委托代建合同的呈请》、《委托投资建设郭水路——马北路绿化改造工程合同》。会议就《合同》进行了研究。会议强调,委托投资建设项目采用公开招投标的方式,确定施工单位,需甲乙双方共同确认;投资回报率按照项目总造价进行核定,而不以年度计算;建设期利息再研究,项目竣工后分3年偿还,3年期限也可压缩1年或2年;绿化工程保修期为3年,保修费5%比例偏低,应适当调整;依据《旅顺口区委托投资建设项目管理暂行办法》(旅政发[2010]38号)第七条规定,会议原则同意对绿化工程代建公司采用邀请招标方式,授权区农林水利局与中标单位签订合同。动迁征地费用应认真核算后,并在协议中加以明确。北海开世大街项目由孙家平副区长与企业负责人再次沟通落实。区财政局牵头研究全区委托投资建设项目投资回报率的论证工作,要进行科学分析(或委托投资咨询公司进行科学分析和论证);农林水利局要学习长兴岛经验,提高绿化工程项目保活率,年底前动迁资金到位后全面推动动迁工作。上述合同要在进一步修改完善并经区政府法制办审核把关后尽快予以签订。

五、《关于确定我区二轮土地延包方式的请示》。会议原则同意以"承包合同顺延"方式解决土地承包期问题。会议要求,从现在开始,农村户口要全面严格控制;为了稳妥起见,待区委常委会审议并有明确意见后,再予以实行。会议指出,全区二轮土地延包事关千家万户,由农林水利局牵头再行全面深入细致调查研究。一是认真研究新一轮土地承包与全域城市化相互推动、促进的关系;二是确保新一轮土地承包与近期土地承包流转、增加农民收入相一致;三是认真研究新一轮土地承包与推进旅顺绿色经济区建设相结合,由区农林水利局、法制办、公安分局牵头,会同区统计局,在本月底前,详实调查各涉农街道、68个行政村,核准新增户口、死亡人口数据,尽快提供完整的调查依据,形成调查报告,要进行风险评估,深入开展利、弊因素分析,解决好规避风险问题,真正反映和体现绝大多数农民的切身利益。要认真解决无地农民的身份问题,形成固定方案,一并报区委常委会研究。

■2010年11月8日区政府常务会议 在区政府525会议室召开,区长惠凯主持会议,会议议题及内容为:

一、审议《关于上报〈旅顺国营农场历史遗留问题的处理意见〉的请示》。会议强调,结合目前旅顺国营农场改制过程中发现的问题,要对农场历史遗留问题进行统筹研究。

第一,健全工作机构。区政府决定成立旅顺国营农场历史遗留问题处理工作领导小组,由车民常务副区长任组长,夏德永副区长、赵志孝副区长任副组长,办公室分别设在区农林水利局和监察局。

第二,工作要确保三个明晰。一要明晰资产,土地情况、房屋资产情况要调查清楚,由区农林水利局形成系统汇报材料并留存档案;二要明晰责任,进一步了解核实责任归属,明确有关责任人;三要明晰问题,对有关土地承包合同存在的问题要加以核实明确。

第三,要科学制订政策,确保解决问题具有连续性、科学性和针对性,为解决旅顺国营农场问题提供详实的政策依据,有关政策要研究透彻。

第四,本次务求彻底解决问题,今后绝不能出现反复。

第五,要确保平稳。有关职工取暖费、福利费问题,要排定时间表认真予以落实,同时,做好职工思想解释工作,认真听取并解决职工诉求,保证职工稳定。

会议要求,有关单位和部门要尽早处理好农场历史遗留问题,进一步规范工作程序,认真把握原则意见,最后由农林水利局形成综合意见后,再报区长办公会审议后执行。

二、审议《关于进一步加强我区建筑单体审查及实施过程的监督管理的通知》。会议决定,由区规划局行文下发文件。会议要求,区规划、城建等有关部门要切实加强监督管理,认真研究全区城市建筑特点和风格,确保全区建筑单体设计再上新水平。会议明确,区政府法制办负责把关,就加强全区建筑单体审查及实施过程的监督管理,不能作为行政许可新事项,更不能带来审批流程时限的增加,真正提高行政工作效能。

三、审议《关于开发区管委会行政执法职能对接情况的报告》。会议就开发区管委会行政执法职能对接工作进行了认真研究和审议。会议强调,对赋予开发区一些行政执法职能,不是简单的权力下放,而是为了促进开发区经济建设加快发展。要系统研究解决影响开发区经济发展的瓶颈问题,当务之急要解决好规划和人事方面的职能交接,如不加以解决,势必影响发展。会议要求,本着安全工作全区一盘棋的原则,全区各行政部门安全责任的事项不予下放。安监局行政管理权除简易程序的安全监督事项外,其他权限不能下放给开发区。区规划局在与开发区共同编制控制性详细规划后将规划职能全部交给开发区;区人社局在区编办编制核定的控制下,科级以下干部人事任免权等其他职能移交开发区;区海洋与渔业局除海上安全外,其他职能全部交给开发区;区环保局具有一定的特殊性,还需统筹考虑,做进一步对接。涉及其他各局的职能无异议的,全部移交开发区。

会议明确,上述关于下放开发区行政执法权事宜要分步实施,会后由区法制办按各部门职能进行分解,汇总后上报区委常委会审议。

四、审议《关于制订〈关于鼓励旅顺口区现代服务业发展的奖励政策〉的请示》。会议就全区现代服务业发展思路进行了深入研究。会议强调,要坚定不移发展现代服务业,进一步明晰工作思路,尽早出台《进一步推进旅顺口区现代服务业的实施意见》。会议要求,要认真学习领会大连市委、市政府《关于加快发展现代服务业的意见》,并结合正在编制的《旅顺口区服务业发展规划》,由张文哲副区长任组长,区政府办、发改局、商务局等部门在1个月内共同拟定《实施意见》。要明确全区十二五期间现代服务业发展目标、原则及重点发展几大行业,要旗帜鲜明推进生命健康产业、历史文化产业、市场商贸物流产业、金融产业、旅游酒店业,大力发展总部经济和楼宇经济,力争建设一个总部经济大厦。对金融服务、生命健康、历史文化名城、五星级酒店、市场商贸城项目建设要有非常明晰的项目支持政策,认真落实到位。要研究综合性宏观政策体系,除区财力资金支持外,在人才、就业、土地供应、税收等方面要研究具体支持措施,使资金得到有效整合并具有可操作性,同时对引进项目的个人也要给予奖励。对发展餐饮业,要政策引导,不能设立专项资金。待《实施意见》进一步修改完善并经区政府法制办审核把关后,报请区委常委会审议,最后以区委、区政府名义行文下发。

■**2010年12月12日区政府常务会议** 在区政府525会议室召开，区长惠凯主持会议，会议议题及内容为：

一、审议《关于印发〈旅顺口区公益性公墓（散坟集中点）管理暂行规定〉的请示》。会议原则通过《旅顺口区公益性公墓（散坟集中点）管理暂行规定》，会议要求，该《暂行规定》需要明确辖区街道和村委会所承担的消防安全责任，具体事项由区民政局与开发区、各街道共同商议，并会同规划局研究确定公益性公墓选址，将原有的公墓逐步迁移到新修建的公墓中，涉及迁移费用由街道解决；采取以奖代补的方式，民政局负责制订公益性公墓建设原则和规划，并明确由辖区街道负责管理；确保在“十二五”期间一次性解决，建成规范化、标准化公墓。会议强调，区民政局负责对现有的公墓烧纸、祭祀行为制订规划，实施规范管理，打造成很好的民生工程，提升农村的环境和管理水平，最大限度减少消防安全隐患。

二、审议《关于提高我区社区工作人员补贴和社区办公经费标准的请示》。会议原则通过该《请示》，由区民政局会同财政局、人力资源和社会保障局负责推进落实。

三、审议《关于加强农村集体土地出租和使用管理的意见》。会议原则通过该《意见》，同意以区政府名义行文下发《旅顺口区关于加强农村集体出租土地违法违规建设进行专项整治的通知》。会议指出，通知文件中要明确清理范围：包括农村集体出租土地合同不规范，承租方擅自流转土地、擅自改变土地性质或违法私搭乱建等；落实责任主体：由区国土资源分局牵头，法制办、农林水利局、行政执法局参加，各街道办事处主任作为第一责任人；具体工作时限为2个月之内完成专项整治工作。具体整治工作由孙家平副区长牵头负责，区监察局、公安分局、审计局、各街道办事处参加，分自查、进驻、整改三个阶段依法进行整改，绝不姑息迁就，并整理几个典型案例，广泛进行宣传，旗帜鲜明地打击农村集体出租土地违法违规建设行为。

四、《关于用旅顺粮库土地置换资金解决商贸系统改制企业离退休等人员纳入社会化管理所需资金问题的请示》。会议原则通过该《请示》。有关工作要抓紧实施，区财政局到银监局汇报有关情况，力争迅速解决2亿元融资贷款问题。涉及土地储备工作由土地储备中心会同商务局解决。关于旅顺粮库房屋、仓储设备及烘干塔等固定资产处理事宜，由区国资部门按规定程序处理；新建粮库事宜，由张区长会同区商务局等部门再行研究，要做系统考虑。通过招商是否将旅顺粮库转型成为经营性的粮食物流中心。同时，旅顺军粮供应站、旅顺粮油检验检测站由政府投资也一并规划其中。涉及军粮供应站、粮油检验检测站要一并迅速拿出方案，与市主管部门商量，同步进行粮库置换。区财政拨付2510.01万元，用于解决商贸系统改制企业离退休等人员纳入社会化管理所需资金，待旅顺旧粮库总资产（土地、地上设备设施）置换资金后归还财政。

五、审议《关于呈报〈旅顺口区征地补偿费管理办法〉的请示》。会议原则通过该《请示》。会议议定：由区农林水利局做进一步修改完善，最后报夏区长审定把关；要成立领导小组，村里自治还要规范管理，要完备行政责任追究内容和定期监督体系，有关涉农街道责任再加以明确细化。

六、审议《关于下发“涉农街道住宅房屋分户登记管理的通知”的请示》。会议原则通过该《请示》，同意以区政府名义行文下发。

七、审议《关于原文化体育局所属新华

书店工作人员郭士伦等人上访问题的相关情况说明》。会议要求,由区人社局牵头,就全区范围内事业转企业改制类似遗留问题再做全面统计,原则同意第一种方法进行改办;有关工作稳妥落实后,向车民常务副区长汇报,最后实施推动。

八、审议《旅顺口区2010年军队转业干部安置意见》。会议原则通过《旅顺口区2010年军队转业干部安置意见》。

九、审议《关于旅顺口区实施公务员医疗补助暂行办法的请示》。会议原则通过该《请示》,全区公务员医疗补助具体实施时间:从2009年7月1日调整工资标准(津贴补贴标准与市里拉平)时间开始执行,须提交区委常委会讨论通过。

十、审议《大连市环保局关于商请安置旅顺蛇岛自然博物馆人员的函》。会议未形成结论性意见。会后请孙家平副区长代表区政府与大连市环保局沟通衔接,有关安置旅顺蛇岛自然博物馆人员方式可参照旅顺蛇岛医院划转方式进行研究,连同旅顺蛇岛自然博物馆资产及土地一起操作。

■**2010年12月21日区政府常务会议** 在区政府525会议室召开,区长惠凯主持会议,会议议题及内容为:

一、审议《关于旅顺口区国民经济和社会发展第十二个五年规划纲要(草案)的编制说明》(征求意见稿)。会议对《纲要编制说明》进行了认真研究。会议议定:有关语言表述还需要提升,要抢抓重大历史机遇,科学谋划实施"环境优先、科教兴区、产业强区、全域城市化"四大发展战略;城市功能要适应全域城市化发展要求,生产力发展水平要适应人民群众日益提高的物质文化需求;打造绿色旅顺、科技旅顺、实力旅顺、宜居幸福旅顺。增加有关城市化率、森林覆盖率指标,保障措施要丰富民生工程内容,有关经济发展指标还要认真研究推敲,确保在达到全市平均增长幅度基础上,再有新提升;由区发改局进一步修改后,连同《十二五规划纲要(草案)》一并呈报区委常委会研究。

二、审议《政府工作报告》(讨论稿)。会议原则通过《政府工作报告》(讨论稿)。会后,由区政府办结合各位区长提出的修改意见和建议,对讨论稿进一步修改完善后,呈报区委常委会审议。

三、《关于我区森林消防队伍现状及2011年森林消防队伍建设的报告》、《关于对我区专业森林消防队所需资金的意见》。会议研究确定二项原则:第一,要做专业队伍;第二,要与公安分局配备辅警人员相结合,进一步整合资源,有关具体细则再予以研究明确。会议要求,公安局请示配备180名临时人员,也应有消防职能,可以放在公安系列统一集训、统一管理;森林消防专业队伍必须加强管理,人员要重新组织招聘,必须在标准设置、人员素质上严格把关。会议强调,在新队伍成立前,原队伍不能解散。

四、《关于绿能产业基地、琥珀湾航道疏浚等项目前期工作费用情况的报告》。会议决定,有关绿能产业基地产业规划项目前期工作费用先由区财政安排90万元,此后向市发改委申请等额补助予以归还;涉及琥珀湾航道疏浚工程可研编制项目前期工作费,需要按照《协议》有关规定执行,会议暂不予确定。

五、《关于区港口与口岸局使用临时雇员的意见》。会议原则同意区港口与口岸局使用2名临时雇员,主要负责港口工程建设总体指导、协调,办理海域征用、林地审批手续等;招聘雇员须具备中级职称以上,有关工资标准可适当提高,对有过港口建设经历的专业人员予以优先考虑。

六、《关于解决原旅顺口区食品公司改制历史遗留问题的请示》。会议决定，区食品公司改制遗留问题需要妥善解决。第一，由财政局拨付资金45万元，解决原食品公司与大连富岛海产品公司诉讼的固定资产投资损失40万元及瓦房店市复州供销合作社诉讼的买卖合同纠纷5万元的问题。第二，由区商务局对食品公司改制的历史遗留问题进行全面了解，上报区政府。第三，由张文哲副区长牵头，会同商务局、国土局、财政局、监察局就土地、房屋产权过户问题，共同研究解决方案（考虑到企业产权制度改革时的综合因素，原则按照旅政发[2002]109号文件执行）。土地价格如与当前土地价格不符时，可采取先征后补的方法予以落实，具体可形成方案上报区长办公会议研究后实施。第四，商务局负责督促买受人签订产权交易协议书，确保一次性全面解决原食品公司改制时的历史遗留问题。

■**2010年12月23日区政府常务会议** 在区政府525会议室召开，区长惠凯主持会议，会议议题及内容为：

一、《关于旅顺口区国民经济和社会发展第十二个五年规划纲要（草案）》（征求意见稿）。会议原则通过《十二五规划纲要（草案）》（征求意见稿）。会议指出，一些主要经济指标、绿色经济指标体系设定，由统计局再作深入研究；《规划纲要》材料要附带项目库，具体由发改局做进一步修改完善后，上报区委常委会审议。

二、《旅顺口区乡级土地利用总体规划》（2006—2020年）。会议要求，第一，尽快编制《旅顺口区土地利用战略研究》，可委托国家规划战略研究所来做，争取列入国家十二五规划之中；第二，尽快编制《旅顺口区土地增减挂钩规划方案》，争取新增建设用地指标，满足全区项目用地需求，以上材料在1个月内完成并在春节前上会讨论；第三，由区国土资源分局负责，对旅顺口区中心城区外乡级土地利用总体规划第三方案中超出指标所涉及的重点项目占用耕地规模进行等比例削减，实现增减平衡，落图后上报。

区政府办公室

■**概况** 2010年，区政府办公室围绕为区政府提供优质、高效服务，着力强化“五种”能力、打造团队核心竞争力，充分发挥了参谋助手、政策调研、督促检查、综合协调、服务保障职能，保证了区政府各项工作的高效、有序运转。

综合工作坚持“上质量、上水平、出精品”的原则，比较圆满地完成了各类会议上领导讲话等文字材料200多篇。领导讲话等文字材料内容紧密结合旅顺实际，比较准确地体现了政府工作思路和领导意图，在指导基层、推动工作方面发挥了重要作用，得到了领导和基层的广泛认可。

信息工作按照“立足本级，兼顾其他”的要求，围绕政府领导的决策需求和全区的热点、难点问题报送信息，不断提高上报信息质量，为上级和本级领导决策提供了参考依据。全年刊发信息567条，上报市政府办公厅268条，采用64条，信息工作在全市排名第二。

文秘工作着眼于提高质量和效率，严把政策关、格式关、文字关和请示性公文的事先协调关，努力做到公文格式规范，内容符合党的路线、方针、政策，观点明确、思路清晰、结构严谨、语言简练；严格公文制发程序，避免了越级行文和“体外循环”现象的发生；重视公文的时效性，对各类公文的办理，都提出明确的时限要求，坚决杜绝拖延、推诿和延误的现象,提高了公文传递效率,为区政府决策和及时在基层传达贯彻提供了重要保证。全年制发文件298个,组织各类会议1000多次。

督查工作坚持把推动上级和本级政府决策落实作为工作的出发点,对政府工作报告确定的主要工作任务及时进行立项分解,明确了各项工作的牵头单位和责任人,推动了政府工作的有效落实;围绕市政府部署和本级政府中心工作,对软环境、重点工程建设和十大民生工程实施等方面工作进行督查调研,促进了工作的有效开展;有针对性地开展查办件办理工作,促进了领导关注和群众关心的热点、难点问题的解决。全年办理督办件22件,办理人大代表建议192件、政协提案149件。

精心做好接待工作,展示了办公室的良好形象。财务工作积极主动地为办公室管好家、理好财,较好地完成了日常经费管理、备品采购发放、劳动工资人事管理、年终财务决算等项工作。车辆管理本着"爱车、守纪、安全、节约"的原则,坚持用车和维修审批、耗油登记制度,严格车辆调动手续,重点保证领导的用车时间和用车安全,全年未出现任何责任事故。加强值班管理,保证了政令畅通。改进职工福利,注重做好老干部工作,体现了办公室对离退休职工和在职职工的关心。全年组织筹办大型会议、大型活动和重要接待200多次。

■队伍建设 2010年,区政府办公室把队伍建设作为首要任务来抓,通过强化"五种"能力建设,打造团队的核心竞争力,全面提升办公室整体工作水平。

一、增强解放思想、肯于钻研的创新能力,始终保持一种奋发向上的活力。鼓励工作人员进一步解放思想,不断激发创新的灵感和动力,通过每个个体的成长和进步,共同推动整个队伍的提升。办公室鼓励创新的浓郁氛围,使工作人员形成了既遵守工作规则,又敢于创新,且不断追求完美的工作意愿。

二、增强胸怀大局、团结合作的服务能力,始终能够围绕一个目标而努力。确立了"加快机制转型,加快服务升级"的总体工作要求。为确保各项工作和服务及时到位,并使办公室每位同志都能成为多面手、复合型人才,打破科室界限,以一名科长和一名科员为一组,为9位区级领导每人配备这样松散型的一组服务人员,主要负责领导的办公室管理和会议组织。每个工作人员既要完成自己的本职工作,还可以参与到其他工作中去,大家围绕服务办公室工作大局,进一步增强了分工不分家、分岗不分责的集体归属感。同时,正是这种多岗位的锻炼和相互补位,使大家在组织协调等方面的能力进一步提高。

三、增强运筹帷幄、周密部署的谋划能力,始终确立主动服务的工作原则。把运筹帷幄、周密部署的谋划能力作为加强队伍建设的一项重要内容来抓,使每个科室的工作人员都能够按照岗位职责参与到工作中来,不仅能够胜任本职工作,还要不断提升和超越,使大家在工作中始终保持一种主动服务的意愿。在欢乐中国行走进魅力旅顺、一年一度的旅顺国际樱花节和樱桃节、重要会议、接待国内外贵宾等大型活动中,依靠办公室这个团队的紧密协作,无论是从事前的方案筹划、还是事中的组织实施,都做到了精心、细心,将每个步骤、每个环节都认真落到实处,为确保这些大型活动和重要会议的成功作出积极的努力。

四、增强不打折扣、坚决落实的执行能力,始终维护工作的严肃性。在实际工作中大力倡导"四个到位"的工作理念:一是区政府决策落实到位;二是各部门意见衔接到位；三是基层意愿沟通到位；四是服务协调保障到位。将这“四个到位”作为考验每个工作人员是否适合办公室工作的基本准则。为使这个工作准则能够贯穿办公室工作的始终，结合办公室年轻同志多的特点，在实际工作中采取科室长带头，老同志带新同志，建立完整的问题反馈机制，最后形成共识，上传或下达。各科室以“四个到位”为准则，认真履行工作职责，从而保证了各项工作的顺利完成。

五、增强博学多思、善于总结的写作能力，始终站在新的起跑线上。在加强队伍建设中，十分注重提高机关的文化软实力，以建设学习型机关为目标，积极建设学习型科室，把组织学习的重心下移到各科室，组织灵活多样的学习活动，使办公室的学习活动更具实用性，努力建设一支能干、能写、能讲的干部队伍。办公室设有专门可以借阅的书柜，提倡每个人都要博学，多学习各种知识，加快知识结构更新；提倡每个人都要善于总结，在总结的基础上实现新的提升。通过学习，目前办公室的整体工作能力得到进一步提升，各科室工作人员的写作能力明显增强。

（撰稿人：姜怀山　审稿人：李彩荣）

突发公共事件和应急管理

■预案体系建设　2010年，根据市应急办的要求，旅顺口区对2009年1月1日前出台的区总体应急预案和13项专项应急预案进行了修订，各相关单位结合应急管理工作中的新情况、新要求，重新修订了原有的各类应急预案。对全区近年发布的各专项应急预案进行了进一步梳理、汇总，并加强对街道（开发区）和村（居）、学校、企业等基层单位预案制订工作的指导和督促检查，加快基层应急预案编制步伐。同时加强对重点部门和街道应急预案编修工作的指导和督促，区应急办编制了区基层应急预案参考文本，进一步规范了街道、村（社区）、学校和企业应急预案的编制和落实。全区已制订印发区级应急总体预案1个，专项预案27个，部门应急预案85个；街道级各类预案82个；各村（居）、学校、企业等基层应急预案225个，覆盖了全区各行各业，形成了完善的应急预案工作体系。区应急办按照年初制订的应急演练工作计划，积极组织开展了各类应急演练，有效地增强了预案的实用性和可操作性，进一步充实和完善预案，并为实战积累了经验。2010年7月5日，旅顺口区承办了全国基层应急救援队伍现场会的现场观摩和演练活动。为圆满完成省、市政府部署的工作任务，从5月份开始，旅顺开发区、武装部、公安分局、消防大队、安监局、城建局、卫生局、环保局、气象局、交警大队、供电局、自来水公司等单位和驻军某部队的近300名专业救援人员，先后预演16次，正式演练4次，通过演练达到了检验预案、锻炼队伍的目的，进一步提高了全区处置突发事件的能力。在规范实施应急演练的基础上，继续统筹安排区级应急演练工作，要求各单位做好应急演练的前期准备和后期评估工作，增强应急演练效果。重点指导基层单位根据行业和地域特点，结合风险隐患开展规范化演练。各应急指挥部组织了燃气、危化、森林防火、食物中毒、校园安全等方面应急演练15次，各基层单位组织小规模应急演练65次。

■救援队伍建设　2010年5月，旅顺口区依托公安消防部队，整合全区应急救援力量，组建了旅顺口区应急救援大队，并成功承办了全国基层应急救援队伍现场会的现场观摩和演练活动，得到了公安部刘金国副部长和省、市领导的充分肯定。区政府一次性投入资金近200万元,解决了区应急救援大队的建设问题。

以属地管理为主,通过整合全区应急救援力量,积极构建专业队伍、单位专兼职队伍和社区志愿者队伍以及驻军部队四位一体的应急救援队伍体系,重点加强了各街道应急救援队伍建设,动员社区义务志愿者参加应急救援队伍,特别是驻军某部首长作为区应急委副主任以后,搭建了部队与地方救援力量的科学整合平台,在处置山林火灾等自然灾害类突发事件时起到了关键的作用。至2010年底,全区共有各类救援队伍25支,专业救援队伍约920多人,兼职救援队伍约1200多人,专家队伍28人,民兵预备役和志愿者2100多人,驻军部队2000多人。

■信息报告和预测预警机制 2010年,旅顺口区加强隐患排查和预测预警工作,切实提高风险防范能力,开展经常性的风险隐患排查工作。全区始终坚持"安全第一、预防为主、警钟长鸣、常备不懈"的原则,以提高安全监管水平、完善应急管理机制、提高应对处置能力、防范和控制重特大事故发生为目标,组织全区各部门开展了安全隐患自查工作。年初,制订了安全隐患排查计划,由区长和分管区长带队,相关单位主要领导参加,每个季度组织1次全区范围内的安全隐患排查活动,各相关单位能够坚持日常的隐患排查工作,对全区的主要危险源和危险区域建立了安全隐患数据库并定时进行更新。2010年,共排查出安全隐患652处,当场整改522处,限期整改130处。区应急办还针对2处地质灾害险情,及时发布了预警信息,并组织、协调进行了应急处置;依据区气象部门提供的气象预警信息,25次及时将特殊天气信息及防范工作通知并落实到相关部门和各街道。另外,就全区建筑施工企业队伍素质参差不齐、建筑工地的安全隐患多的特点,组织有关部门,对全区17家企业进行了安全检查,查出安全隐患140余处,查封6家,通过检查使全区建筑工地安全得到了保障。

■规章制度建设 2010年,根据区领导工作变动情况,适时调整了区应急委领导成员的组成(旅应急委发[2010]3号),同时明确了工作职责。区应急委领导非常重视应急管理工作,积极推进并参与预案编制、应急宣传、演练、隐患排查、应急处置等项工作。年内,召开应急管理工作专题会议9次,分别就相关工作进行研究部署。区应急委领导根据职责分工,对应急管理工作的各类文件(纪要)、信息、报告等都有明确的批示,区应急办根据领导批示,认真抓好落实工作。全区共制订11项应急管理制度。区应急办下设1个应急管理协调科,共有工作人员4人。

■管理培训及科普宣教 2010年,旅顺口区为加强对社会公众的应急管理宣传,进一步提高公众应急防灾避险、自救互救能力和积极参与突发公共事件应急管理的意识,加强应急知识普及和宣传力度,认真筹划了一系列的宣传活动,在区媒体上定期播出应急知识题材的专题宣传片,主要涉及燃气安全使用、火灾紧急避险、传染性疾病预防、食品安全及自救互助等方面的内容,还组织了2次广场集中宣传活动,发放各类宣传资料4万余份,进一步提高了全区居民的安全防范意识和自救互救能力。区得胜街道在全国平安社区创建活动中被评为先进集体。与此同时,在全区中小学校开展应急知识宣传活动,实行"一月一主题、一周一课、一日一讲”的应急安全知识教育,并通过开展学生带安全知识回家活动,进一步扩大社会宣传面。同时把安全教育课程纳入教学中,通过主题班会、主题演讲和安全知识竞赛等形式,使应急知识扎根学生心中。

(撰稿人:徐 磊 审稿人:刘子南)

外 事

■对外宣传与联络 2010年,旅顺口区加强外事管理,发挥外事工作在保障社会稳定、服务经济发展方面的积极作用。严格出入境管理审批,坚持招商优先的原则,规范了出国境审批流程,将审批关口前移。加强领事保护工作,先后在印尼沉船事件、北海远洋公司遭遇索马里绑架等敏感时间、敏感问题中提供领事保障。加强境外非政府组织(NPO)管理,建立管理联席会议,联合工商、安全、公安等部门开展排查跟踪工作。做好涉外事件中的稳定、发展工作,在纪念安重根义士就义百年、俄罗斯总统莅临旅顺等重大外事活动中把握原则,灵活处理,用真诚的服务赢得外方的理解和尊重,保证有关活动能够平稳、顺利进行,并维护好本区相关利益,得到了上级有关部门的肯定。

2010年是日中儿童友好交流后援会成立20周年,适逢新老会长交替。本着对老会员珍惜情谊、对新会员立足发展的态度,积极组织并联手举办了20周年的纪念大会,令老会员动容,令新会长对在旅顺儿童友好交流与教育促进方面充满工作信心。

2010年先后在外交部(大连)签证会议、领事保护会议、香港外事干部考察东北等历次活动中向来自全国100多个省市的300多名外事干部宣传和推介旅顺,接待不同国家和地区来访45批次(660人次),在樱花节等大型活动中宣传和推介旅顺形象。

■国际友好城市 2010年,全区加强友好城市建设工作。年内,旅顺口区回访了美国森都布鲁克市,邀请并接待了唐津、金沢等友好城市来访,重新理顺了与俄罗斯等多个国家的10余个友好城市联络关系。由于成功的境外宣传,日本广岛县尾道市主动通过中国驻大阪总领事馆,向旅顺发出了希望结为友好城市的愿望,增进了与友好团体的交流与合作。

(撰稿人:王 君 审稿人:王 清)

人事编制

■概况 根据《中共辽宁省委、辽宁省人民政府关于市、县(市、区)政府机构改革的意见》(辽委发〔2009〕10号)和《中共大连市委、大连市人民政府关于区市县政府机构改革的意见》(大委发〔2009〕12号)的有关要求,按照《中共大连市委办公厅、大连市人民政府办公厅关于印发<旅顺口区人民政府机构改革方案>的通知》(大委办发〔2009〕29号)和《中共旅顺口区委、旅顺口区人民政府关于印发<旅顺口区人民政府机构改革方案>的通知》(旅委发〔2009〕20号)精神,设立大连市旅顺口区人力资源和社会保障局(以下简称“人社局”),正处级建制,为旅顺口区政府工作部门;旅顺口区人力资源和社会保障局党委履行旅顺口区委规定的职责。2009年12月,旅顺口区人力资源和社会保障局正式成立,将原旅顺口区人事局、原旅顺口区劳动和社会保障局的职责,整合划入旅顺口区人力资源和社会保障局,不再保留旅顺口区人事局、旅顺口区劳动和社会保障局。原与旅顺口区人事局合署办公的旅顺口区机构编制委员会办公室单独设置,列旅顺口区委机构序列。

旅顺口区人社局机关人员编制24名,机关工勤人员编制1名。内设办公室、信访仲裁科(仲裁院)、社会保障科、人才资源与公务员管理科(区引进 智力领导小组办公室)、工资福利科、人才流动与事业单位管理科。下属事业单位有:旅顺口区人才服务中心、旅顺口区劳动就业管理中心、旅顺口区社会保险基金管理中心、旅顺口区机关事业单位社会保险中心、旅顺口区医疗保险管理中心、旅顺口区劳动保障监察大队。2010年,是旅顺口区人力资源和社会保障局组建正式运行的第一年。全局牢牢把握大部制改革契机,不断加大机构整合力度,探索职能的有机统一,坚持以保障和改善民生为主线,以人力资源开发与管理、促进就业再就业、完善社会保障体系和维护劳动者合法权益为重点,推动人力资源和社会保障事业又好又快协调发展。

■**公务员管理** 2010年,旅顺口区公务员管理工作全面推进。一、完成2009年旅顺口区贡献突出公务员集体和个人的评选推荐工作。制订《关于评选奖励贡献突出公务员和公务员集体有关事宜的通知》,召开专题会议布置工作,按照民主程序上报人选,通过公务员奖励评审工作领导小组审核确定人员名单,经区委常委会审议,决定授予区发展和改革局等4个部门贡献突出公务员集体荣誉称号,授予区委政法委等4个单位工作特别奖,授予李佳彬等11名同志贡献突出公务员荣誉称号。二、完成2009年政府绩效考核工作。区人社局组织召开全区各责任部门工作部署会议,完成数据材料的核实汇总,并按时上报市绩效考核办。2009年,全区绩效考核工作取得突破性进展,在全市区市县分组考核第二组中排名第二,有12项指标位列第一或并列第一,是2009年的两倍;还获得六个重点工作优胜奖,分别是:外贸出口、利用外资、旅游、经济协调发展、就业与再就业、环保。三、公务员网络在线培训工作全面铺开。根据《关于印发2010年大连市行政机关公务员培训工作要点暨示范培训计划的通知》(大人社发〔2010〕35号)精神,2010年在全区行政机关中全面开通行政机关公务员在线学习网。2010年1月,组织全区行政机关二、三级管理员40余人,进行了公务员在线学习网管理员培训。2010年5月14日,区委组织部、区人社局联合召开了公务员网上培训工作动员会,全区党政机关、参公单位和各街道、开发区共64家单位的主管领导、人事员和网络培训管理员150余人参加了此次动员会。此次动员会下发了《关于开展旅顺口区公务员网上培训工作的通知》,规定了全年的学习任务和相关要求,使全区公务员网上培训工作全面铺开,与行政机关公务员的基本功训练方案相配合,为实现行政机关公务员全员化、个性化、差别化培训提供保障。四、开展行政机关公务员基本功训练。2010年,根据市人社局培训处的统一部署,区人社局结合本区公务员队伍的实际情况,制订并下发了《旅顺口区行政机关公务员基本功训练工作方案》,规定了行政机关公务员基本训练的工作目标、主要内容和训练方式等内容。五、完成2010年政府系列公务员考录计划申报工作。2010年,区人社局及时与区编办沟通,确定各单位空编情况,召开专门会议布置工作,此次招考计划中共有11个单位,设置17个岗位,招考24名公务员。在招考的24名公务员中,要求2年以上基层工作经历的9名,普通高校应届毕业生8名。同时"一村一名大学生计划"招考5名。六、做好2009年公务员年度考核表奖工作。按照《旅顺口区公务员年度考核方案》以及市有关部门意见,圆满完成2009年度公务员考核工作。全区政府系列共有754名公务员参加考核,当年优秀公务员113人,连续3年考核优秀24人。七、完成2008年考录的41名公务员转正审批工作和2009年新考录的40名公务员录用审批工作。2010年3月至5月,组织2009年新录用的区各级行政机关的公务员参加全市的公务员初任培训。此次培训共计有40名新录用公务员,分六期参加,完成了初任培训课程,全部通过了考试。

■人才引智 2010年,区人社局根据《辽宁省引进海外研发团队管理办法》,邀请辽宁省外国专家局和市外国专家局领导和有关专家2次赴旅顺口区,对中远造船、华锐重工等12个申报海外研发团队项目进行现场考察调研,至年底,全区申报的12个项目获批7项,列县市区第一名,到位资金500万。

完成2010年市政府特殊津贴专家申报工作。通过召开专门工作布置会议,为4名专业技术人才申报了市政府特殊津贴,推荐1名专家申报特聘专家奖,并制订了《旅顺口区机关事业单位引进博士安家补贴等优惠政策的意见》。

2010年,全区引进外国专家180人次,申报引进海外研发团队17个,已获批11个项目,在全省区、县、市名列第一,获得政策支持资金已到位1200万元,新型高效节能轴流风机、海洋鱼分离蛋白粉等项目所开发出来的产品技术填补了国内空白。

■工资福利工作 2010年,区人社局以切实履行好国家、省、市现行的各项工资福利政策和全面落实好机关事业单位工资制度改革后的配套政策为根本,紧紧围绕年初制订的各项工作目标,不断强化日常管理,整体工作稳步推进。

一、统筹安排,合理布置,及时完成年度正常工资调整。2010年初,恰逢机关单位部分人员自2006年标准工资套改后最后一次级别工资提前滚动,加之两年一度的级别工资档次晋升和事业单位薪级工资正常普调、机关年终一次性奖金计发和相应的住房补贴调整等一系列审批工作,区人社局科学安排积极开展,在为期一周的时间内,基本完成了上述各项工资的调整审批任务。期间,共计审批14000余人次,增资额累计930余万元。

二、相互配合,紧密协调,及时做好阶段性重点工作。根据上级要求,结合新考录、调入和军转安置等特殊群体的工资审批计划,区人社局利用一周的时间,及时完成了机关40名新考录公务员、部分事业单位20余名新调入人员和2009年度新安置军转干部的"两龄"认证及工资理顺等工作。另外,还先后完成了79名事业单位新考录人员的工资理顺工作,及时办理了"人民警察法定工作日加班补贴、司法助理人员岗位津贴、信访人员岗位津贴"等三项针对机关工作人员的特岗津贴审批。

三、扎扎实实,保质保量,认真做好各项基础性工作。不错不漏、按时上报2009年度全区工资年报的统计汇总及分析工作;完成了2009年工资总额计划执行情况的审核和2010年机关事业单位工资总额计划的编制以及工资手册换发工作;为191名机关事业单位干部、工勤人员办理了退休审批手续;对2006年以来各年度相关文件资料进行了一次较为彻底的收集、整理、归档;经分析比较,向市人设局报送了全区关于重新确定全市最低工资标准意见的复函;处理了广播电视台多人信访问题;完成了一位人大代表建议答复等等。年内还拟定了“机关事业单位工作人员年度体检方案”和“进一步抓好休假制度落实的通知”等。

■事业单位管理 2010年,区人社局紧紧围绕建设“绿色经济区”的战略目标,以“创新、服务、人本、和谐”为理念,以抓规范、打基础,抓重点、创亮点,抓服务、树形象,抓学习、强素质为工作思路,努力打造阳光人事。全年共为350余人办理事业单位岗位聘任手续,任免事业单位科级干部共计50人,为247人办理了学历认定和更改,为207人办理了退休手续,为124人办理了调动手续,引进人才51人,并全程指导、协助其办理落户手续,耐心接听政策咨询电话470余个,并一一作出详细答复。

严密组织事业单位公开招聘,突出重点工作。为优化全区事业单位人员队伍结构,符合建设绿色生态经济区的战略性规划,提高事业单位人员素质,为事业单位补充各类高素质高技能人才,年初对全区事业单位人员需求情况进行了深入调查,对182个事业单位人员的年龄结构、知识结构、专业技能等方面的情况进行了综合分析。针对全区事业单位空编310人,还有130人即将退休的情况,制订了旅顺口区2010年事业单位招聘计划。3月27日在旅顺口区人才服务中心发布了2010年事业单位招聘工作人员简章,此次招聘共设90个岗位(其中8个岗位因报名人数未达到标准而取消),共有2392名考生报名,由于从考试方案设计、制订考务流程、考试规则、考官选拔、笔试面试命题到考试人员报名、考试组织、资格审查、体检、考核等各个方面的工作做得严谨细致,并实行了“阳光操作”,确保了招考录工作的顺利进行,共有79人被录取。

■职称评审和人事代理 2010年,区人社局深入贯彻落实上级文件精神,围绕中心,服务大局,以“稳根本、拓领域、抓服务”为原则,努力实现职称评审工作的科学化、制度化和人事代理工作的社会化、专业化和规范化。

一、积极做好职称评审的宣传工作。职称评审工作政策性强,时间紧,为及时有效地完成全区职称评审的各阶段工作,加大了宣传的力度,采取集中讲座、张贴和发放资料等方式,先后对《关于调整大连市民营企业建筑工程专业技术资格评价方式等有关事宜的通知》、《关于2010年度高级卫生专业技术资格专业实践能力考试报名的通知》、《关于印发2010年全省职称工作安排意见的通知》、《关于印发2010年大连市职称工作安排意见的通知》、《旅顺口区2010年大连市职称工作安排意见的通知》等文件进行了广泛的宣传,收到了良好的效果。

二、扎实开展各项职称评审工作,实现职称评审由数量型向质量型转变。2010年,相继完成了1352名民营企业建筑工程人员的报名和资格审核工作,全区卫生系统包括4名正高职、21名副高职在内的专业技术人员职称评审的初审工作以及全区150名专业技术人员报评材料的初审和答辩通知工作,为40余家的150余名工作满一年的毕业生办理转正定级手续。

三、人事代理和档案管理工作勇于创新。积极拓展人事代理业务,不断改善服务环境,加强服务的针对性、时效性和主动性。注重代理服务的个性化,最大限度地满足代理对象的需求,形成了落户、转档、转正定级、职称评审、社保缴纳等“一条龙、一站式”的服务格局。丰富代理服务形式,采取单位代理与个人代理、专项代理与多项代理、全员代理与部分代理相结合的方法，扩大人事代理服务范围，形成了覆盖全区的人事代理网络。人事代理档案按国家三级标准整理入库，做到档案随到随整。全年，共新接收人事代理人员990余名，接收大中专毕业生档案800余份，整理人事档案1000余份；为500余人办理调出手续，为200余人办理了调入手续；为200余人缴纳养老及医疗保险共计280万余元；为18人办理了退休手续；为20人办理医疗报销手续。

■**军转安置** 2010年，旅顺口区积极做好军转干部的安置分配工作。

一、创新工作思路，完善自主择业军转干部管理手段，适时组织协调搭建交流平台。2010年，旅顺口区辖区内共有自主择业军转干部246人，随着时间的推移，军转干部队伍将日益扩大，为了适应自主择业军转干部发展的新形势，人才服务中心根据自主择业军转干部的特点，成立"区－街道－社区"三级网络化管理体系，将管理职能逐级下放，逐步实现退役军官自制的形势。为了丰富自主择业军转干部的业余生活，为他们搭建交流的平台，"八一"建军节前夕，退管中心组织辖区部分自主择业军转干部召开"庆八一自主择业军转干部座谈会"，邀请就业、创业成功的典型代表作经验介绍，对其他自主择业军转干部起了较好的引导作用。

二、做好计划安置军转干部的安置分配工作。根据《大连市2009年团职转业干部安置办法》的规定，对团职转业干部的安置做了重大改进，即采取双向选择和指令性安置两种方式进行。2010年计划安置军转干部工作如期完成，全区共接收计划安置军转干部档案43份，其中：行政副团职以上8人，行政营职以下和技术级干部35人。安置到机关8人，公安分局14人，事业单位13人，安置率达到100%。

（撰稿人：李星卫 审稿人：丛贵立）

发展规划

■**概况** 旅顺口区发展和改革局是对全区国民经济和社会发展实行综合管理，组织协调，全面规划的政府综合职能部门。其职责是：贯彻执行国家关于国民经济和社会发展的方针政策；研究提出全区国民经济和社会发展的战略目标、措施和重大方针政策；负责编制全区国民经济和社会发展的中长期规划及年度计划；协调、调整和解决在实施规划及年度计划中出现的情况和问题；调查、研究、总结规划、计划的执行情况，积累资料，为编制今后中长期规划和年度计划做好准备，以推动和促进全区国民经济和社会事业的持续稳定发展；贯彻实施国家产业政策，负责全区重大生产力布局以及区域经济发展规划的研究、拟定和实施工作；指导、促进全区市场体系的建立和发展，组织拟定全区性和重点区域性各类市场的发展规划、总体布局、前期工作和调控政策；研究提出全区投资和建设领域的重大方针政策；审批权限内的基本建设项目；安排固定资产投资总规模；研究分析全区社会资金平衡；负责组织协调全区金融保险工作；研究提出全区社会发展规划和战略，做好教育、文化、就业、收入分配、卫生等社会事业与全区国民经济和社会发展的衔接平衡；研究拟定投融资的计划和体制改革方案并组织实施；负责全区的价格工作，维护公平、公正、合法的市场价格竞争，促进良好的价格秩序形成，对市场价格运行情况进行跟踪监测，对价格活动实施管理监督和必要的调控；组织实施国家、省、市出台的商品价格和服务收费标准调整方案和区管价格的制订和调整工作;监督检查政府定价、政府指导价以及收费项目和标准的执行情况;负责全区价格调节基金的征收、管理和使用工作;负责全区涉案物品价格认证工作。

■编制中长期规划 按照市委、市政府的统一部署,旅顺口区于2009年9月开始启动国民经济和社会发展第十二个五年规划编制工作,成立了以区长为组长、常务副区长和区发展和改革局局长为副组长的"十二五"规划编制工作领导小组,召开了全区动员大会,全面部署和落实"十二五"规划编制工作任务。成立了由区发展和改革局、大连市政府发展研究中心、大连理工大学、辽宁师范大学、辽宁立杰咨询公司等部门组成的规划编制起草组。一年多来,围绕全区经济和社会发展的一些重大问题,到旅顺经济开发区、区直各部门及各街道进行了全面、深入的调查研究。同时,规划编制起草组根据一些制约旅顺口区经济社会发展的瓶颈问题,确立了城市建设、民生、环境资源、低碳产业、提高消费对经济增长的拉动作用、体制机制创新、绩效考核指标体系等七个专题研究,形成专题研究报告,并将研究成果融入到《纲要》中。《纲要》形成后先后十余次召开有区领导、区直各部门、旅顺经济开发区、各街道负责人、人大代表、政协委员、民主党派和专家学者参加的研讨会。11月下旬,区政府召开了《纲要》专家论证会,向省、市有关领导和专家学者征求意见,会上各位领导和专家学者对《纲要》做了充分的肯定,并提出了宝贵的意见和建议。经过不断充实、调整和反复修改,八易其稿,最终形成了比较科学完整的《纲要》。

■经济社会发展规划编制 2010年,旅顺口区发展和改革局在认真分析2009年经济运行和社会发展状况基础上,找出了经济社会发展中存在的主要问题,正确判断2010年经济走势,科学合理地制订了2010年全区经济和社会发展计划,经区十六届人大三次会议审议通过,为全区经济和社会发展起到了宏观调控和指导作用。从全区科技、教育、卫生、文体、社会保障、旅游等十个方面进行专题研究,确定了发展重点和主要任务,并提出计划建设的重点项目,与全区经济发展相适应,有利地推动经济和社会协调发展。根据全区国民经济和社会发展计划报告的总体要求,对农业、工业、固定资产投资、能源交通、商业、外向型经济、社会事业、物价等8个专题进行反复认真的研究,为全区经济和社会发展计划提供有益的补充。对上年度"两增一保"、固定资产投资进行考核并进行了认真分析,从部门项目投资到投资方向均充分考虑和研究,与经济和社会发展有机地结合起来。通过调研分析,合理地安排了2010年投资计划。注重调查研究,按季对全区经济运行情况进行了调查研究,并进行认真分析,查找问题,有针对性地予以提出解决问题的办法。同时,做好全年经济发展的预测工作,并着手研究下一年经济和社会发展思路,为制订和安排好新一年计划奠定良好基础。

■经济社会发展规划执行 2010年,全区坚持以科学发展观为指导,紧紧抓住旅顺绿色经济区纳入辽宁沿海经济带重点发展区域和本区实现全面对外开放双重重大历史机遇,以加快全域城市化进程为载体,推动经济发展方式转变和结构调整,大力推进"五城一都"建设,不断提高经济增长质量和效益,全区经济社会实现了新一轮跨越式发展,圆满地完成了区第十六届人民代表大会第三次会议确定的各项目标任务。全年完成地区生产总值180亿元,比上年增长20%;地方财政一般预算收入完成18.3亿元,增长40.1%;规模以上工业增加值完成59亿元,增长25%;完成全社会固定资产投资300亿元,增长87.5%;社会消费品零售总额39.7亿元,增长19%;实际使用外资3.3亿美元,增长95.3%;城镇居民人均可支配收入19700元,比上年增长12.4%;农民人均纯收入15800元,增长13.2%;万元GDP综合能耗降低5%。

宏观调控

■推进重大项目建设 2010年,全区固定资产投资完成300亿元,增长87.5%。其中建设项目完成投资206.8亿元,占投资总量的68.9%;房地产开发完成投资72.4亿元,占投资总量的24.1%;农村固定资产完成投资20.8亿元,占投资总量的7%。加快推进重大项目建设,全年计划总投资3000万元以上的大项目186个,其中重点实施项目149个,前期推进项目37个,重点实施项目中开工122个,开工率为81.9%,完成投资285亿元,占全区固定资产投资的95%。中远造船项目完成投资7.3亿元,船体车间、培训中心、3#码头、船坞围堰等一期工程竣工;北方机车产业园完成投资6.9亿元,完成200万立方米的土石方回填工程,城市轨道设备一期厂房正在建设中;202路轨道交通延伸线动迁工作实现投资3亿元,完成300余户住宅、50余家企业和林木、管线等设施的动迁工作;理工科技城四个产业项目及生活服务区配套工程开工建设;小孤山污水管网工程基本完工,铺设管网33.42公里;旅顺热电厂、220千伏变电所等项目前期工作进展顺利。

■产业结构调整 2010年,全区工业增加值完成91亿元,占全区GDP的50.6%。规模工业总产值完成181.5亿元,增长22%,增加值完成59亿元,增长25%,实现利税18亿元,增长20.5%,实现利润12.7亿元,增长17.5%。全区规模以上装备制造业企业达到237家,占规模以上工业企业数的70%;实现产值158亿元,占全区规模工业的87%;实现销售收入148.5亿元,实现利税16.2亿元。重点企业支撑作用突出,全区产值超5亿元企业6家。

■产业园区建设 2010年,全区各类产业园区基础设施建设共完成投资近70亿元。旅顺经济开发区园区基础设施全年完成投资48.6亿元;长城三涧工业园区投入3.1亿元;中科院旅顺科技创新园完成投资3.1亿元;龙头高新技术园区完成投资4.3亿元;双岛湾临港产业区完成投资6.9亿元。

■农业基础建设 2010年,全区农业基础设施进一步完善,完成12项集雨工程和6项安全自来水工程,有效解决1.2万人饮水安全问题。开工建设北大河治理工程,完成投资1500万元,完成土石方5.5万立方米;凤河治理工程完成投资1.2亿元,治理河道2.75公里。农业重点项目建设快速推进,大连国际花卉交易中心完成投资9000余万元;大连新洪都市型现代农业产业园已完成投资5000万元,建设联栋智能温室16栋,面积4.8万平方米;大连绿晨都市型现代农业产业园已完成投资3000余万元,建设联栋智能温室2栋,面积1.2万平方米。

■现代服务业建设 2010年,全年完成服务业增加值66.6亿元,占GDP的比重为37%。港航物流业发展较快,综合交通枢纽项目基础部分开工建设;旅顺新港扩建工程客滚作业区完成投资4.39亿元，全面开展3000吨泊位建设和2#、3#泊位加固改造工程前期工作；双岛湾港区1#、2#通用泊位和公共航道建设工程完成投资1000万元，前期工作基本完成。大连旅顺农副产品国际物流中心项目实现投资1.6亿元，已开业试运营；大连国际钢材物流中心项目进行前期规划、土地挂牌等前期工作。旅游项目建设取得新进展，天门山国际休闲度假城项目开始回迁楼工程建设；阳光海岸项目回迁楼项目完成投资6.4亿元，主体工程完成；琥珀湾项目完成投资17.9亿元，摘牌38万平方米，南部回填区和道路改扩建工程动工，回迁楼选址等相关手续开始办理；湾山高尔夫温泉度假酒店正式开工建设；二〇三景区新樱花园项目实现投资1900余万元，完成规划设计和升级改造工作。黄金海岸、北部湾生态旅游基地、国际海洋城等项目进行土地调编等前期工作。商贸业持续繁荣。旅顺三明聚大酒店、文化街综合市场、大连白云佳家菜交易储藏配送中心、万宝综合市场等项目开工建设；国际世纪大厦等项目进行前期规划、土地挂牌、动迁等前期工作。房地产业健康发展，全年房地产开发投资72.4亿元，占全区固定资产投资24.1%。房地产施工面积430.3万平方米，增长68.5%；新开工面积186.7万平方米，增长365.6%；房地产销售面积完成75万平方米，实现销售额44亿元。

■招商引资　2010年，旅顺口区以全面对外开放为契机，加大了对外宣传工作力度，以招商引资为重点，不断加大招商引资力度，拓宽招商引资渠道，优化招商引资环境。精心策划和组织了十余次境内外专题活动，赴美国、俄罗斯、荷兰、新西兰、澳大利亚、日本等国家和香港、温州、深圳等地开展招商工作。2010年，全区共完成合同外资金额2.85亿美元，其中全区新批外商投资企业14家，合同外资金额2.4亿美元；增资企业9家，合同外资金额0.45亿美元。全区实际使用内资完成235亿元，同比增长131.3%。外贸出口完成7.3亿美元，同比增长12.3%。

■城市环境建设　2010年，全区加快生态宜居城建设，城市功能和环境品质全面提升。完成了总投资1300万元的大学城地下人防工程，投资2500万元完成太阳沟15条路街改造，投资1200万元完成了迎春街道路综合改造工程，总投资1亿元的白玉山人防隧道工程启动。投入资金1000余万元铺设天然气管网30余公里。实施绿色生态建设工程，新增绿地2.9万平方米，新增草坪1.49万平方米。城区绿化覆盖率达54.45%，人均公共绿地面积18.7平方米，位居省市前茅。

■社会民生事业　2010年，全区科教事业稳步发展。全年区级科技计划项目立项66个，安排科技经费1135万元，引导拉动企业科技投入近5亿元。列入国家级项目5项、市级项目7项，到位科技经费843.8万元。投资2.7亿元的旅顺中学新校区建设项目启动；投资2900万元对城区8所学校9栋校舍进行了加固维修；完成九三小学、登峰小学塑胶操场建设并投入使用；投资2300万元启动全区中小学“校园网”、“班班通”建设工程。卫生事业全面进步。加快推进医药卫生体制改革，7家街道卫生院、3家社区卫生服务中心和1家区级医院实现了药品零差率销售；旅顺经济开发区中心卫生院项目主体工程基本完工；进一步完善重大疾病防控体系，做好传染病暴发流行和重大健康危害事件监测与预警系统建设。文体事业较快发展。总投资2170万元的5个农村综合文化站投入使用；投资1.4亿元的市民健身中心项目主体工程完工；大商新玛特大地数字影院投入使用；区图书馆改扩建主体工程基本完工。全力推进全国第三次文物普查，实地调查工作完成。成功举办“旅顺合唱节”、“樱花节”、中小学运动会等多项文体活动。就业和社会保障事业不断推进。全年提供就业岗位8928个，实现实名制就业7234人，稳定就业3882人，再就业3200人，城镇登记失业率控制在3%以内。本区参加基本养老保险、医疗保险、工伤保险、生育保险、失业保险人数分别达到7.22万人，20.75万人，6.16万人，3.36万人，3.75万人，达到全区征缴工作历史最好水平。

■**财税金融运行** 2010年，全区财税收入实现快速增长。地方财政一般预算收入完成18.3亿元，增长40.1%，其中税收收入完成15.14亿元。金融业运行平稳，年末全区各类金融机构存款余额236亿元，增长30%；贷款余额114亿元，增长32%。人民生活水平稳步提高。城镇居民人均可支配收入19700元，比上年增长12.4%；农民人均纯收入15800元，增长13.2%；城乡居民储蓄存款余额126亿元，增长16%；全区物价水平保持稳定，强化了市场价格监测，确保平抑市场价格的各项应急措施落实到位，对与群众生活密切相关的教育、医疗等价格进行监督检查。

（撰稿人：呼振家 审稿人：肖 群）

附录：

关于旅顺口区2010年国民经济和社会发展计划执行情况与2011年国民经济和社会发展计划（草案）的报告

——2011年1月5日 在旅顺口区第十六届人民代表大会第四次会议上

区发展和改革局局长 李佳彬

各位代表：

我受区政府委托，向大会书面报告2010年国民经济和社会发展计划执行情况与2011年国民经济和社会发展计划（草案），请予审议，并请各位政协委员和其他列席人员提出意见。

一、2010年国民经济与社会发展计划执行情况

2010年，全区上下在区委区政府的领导下，在区人大和区政协的监督支持下，坚持以科学发展观为指导，紧紧抓住旅顺绿色经济区纳入辽宁沿海经济带重点发展区域和我区实现全面对外开放双重重大历史机遇，以加快全域城市化进程为载体，推动经济发展方式转变和结构调整，大力推进“五城一都”建设，不断提高经济增长质量和效益，全区经济社会实现了新一轮跨越式发展，圆满地完成了区第十六届人民代表大会第三次会议确定的各项目标任务。

(一)国民经济继续保持快速增长,主要经济指标大幅上升

全年完成地区生产总值180亿元(预计,下同),比上年增长20%;地方财政一般预算收入完成18.3亿元,增长40.1%;规模以上工业增加值完成59亿元,增长25%;完成全社会固定资产投资300亿元,增长87.5%;社会消费品零售总额39.7亿元,增长19%;实际使用外资3.3亿美元,增长95.3%;城镇居民人均可支配收入19700元,比上年增长12.4%;农民人均纯收入15800元,增长13.2%;万元GDP综合能耗降低5%。

(二)加快推进产业结构调整,三次产业实现协调快速发展

都市型现代农业蓬勃发展。第一产业增加值完成13.5亿元,占GDP的比重为7.5%。全年新发展保护地1.1万亩,新建规模以上设施农业标准小区104个;全区新建标准化果园2.6万亩,新建大樱桃防雨棚6000亩,发展反季大樱桃1000亩。全年实现渔业产值20.8亿元,同比增长7.8%。农业基础设施进一步完善,完成12项集雨工程和6项安全自来水工程,有效解决1.2万人饮水安全。开工建设北大河治理工程,已完成投资1500万元,完成土石方5.5万立方米;凤河治理工程已完成投资1.2亿元,治理河道2.75公里。农业重点项目建设快速推进,大连国际花卉交易中心完成投资9000余万元;大连新洪都市型现代农业产业园已完成投资5000万元,建设联栋智能温室16栋,面积4.8万平方米;大连绿晨都市型现代农业产业园已完成投资3000余万元,建设联栋智能温室2栋,面积1.2万平方米。

工业经济发展态势良好。全区工业增加值完成91亿元,占全区GDP的50.6%。规模工业总产值完成181.5亿元,增长22%,增加值完成59亿元,增长25%,实现利税18亿元,增长20.5%,实现利润12.7亿元,增长17.5%。全区规模以上装备制造业企业达到237个,占规模以上工业企业个数的70%;实现产值158亿元,占全区规模工业的87%;实现销售收入148.5亿元,实现利税16.2亿元。重点企业支撑作用突出,全区产值超5亿元企业6家。全区各类产业园区基础设施建设共完成投资近70亿元。旅顺经济开发区园区基础设施全年完成投资48.6亿元;长城三涧工业园区投入3.1亿元;中科院旅顺科技创新园完成投资3.1亿元;龙头高新技术园区完成投资4.3亿元;双岛湾临港产业区完成投资6.9亿元。

现代服务业不断壮大。全年完成服务业增加值66.6亿元,占GDP的比重为37%。港航物流业发展较快,综合交通枢纽项目基础部分已经开工建设;旅顺新港扩建工程客滚作业区完成投资4.39亿元,全面开展3000吨泊位建设和2#、3#泊位加固改造工程前期工作;双岛湾港区1#、2#通用泊位和公共航道建设工程目前完成投资1000万元,前期工作基本完成。大连旅顺农副产品国际物流中心项目实现投资1.6亿元,现已开业试运营;大连国际钢材物流中心项目正在进行前期规划、土地挂牌等前期工作。旅游项目建设取得新进展,天门山国际休闲度假城项目正进行回迁楼工程建设;阳光海岸项目回迁楼项目完成投资6.4亿元,目前主体工程已全部完成;琥珀湾项目完成投资17.9亿元,已摘牌38万平方米,南部回填区和道路改扩建工程已全面动工,回迁楼选址等相关手续正在办理当中;湾山高尔夫温泉度假酒店已正式开工建设;二0三景区新樱花园项目实现投资1900余万元,完成规划设计和升级改造工作。黄金海岸、北部湾生态旅游基地、国际海洋城等项目正进行土地调编等前期工作。预计全年实现旅游总收入9.8亿元,同比增长10%。商贸业持续繁荣,社会消费品零售总额预计实现39.7亿元,同比增长19%。旅顺三明聚大酒店、文化街综合市场、大连白云佳家菜交易储藏配送中心、万宝综合市场等项目已经开工建设;国际世纪大厦等项目正在进行前期规划、土地挂牌、动迁等前期工作。房地产业健康发展,全年房地产开发投资72.4亿元,占全区固定资产投资24.1%。房地产施工面积430.3万平方米,增长68.5%;新开工面积186.7万平方米,增长365.6%;房地产销售面积完成75万平方米,实现销售额44亿元。

(三)重大项目进展顺利,扩大内需成效显著

全区固定资产投资完成300亿元,增长87.5%。其中建设项目完成投资206.8亿元,占投资总量的68.9%;房地产完成投资72.4亿元,占投资总量的24.1%;农村固定资产完成投资20.8亿元,占投资总量的7%。加快推进重大项目建设,全年计划总投资3000万元以上的大项目186个,其中重点实施项目149个,前期推进项目37个,重点实施项目中已开工122个,开工率为81.9%,完成投资285亿元,占全区固定资产投资的95%。中远造船项目完成投资7.3亿元,船体车间、培训中心、3#码头、船坞围堰等一期工程已经竣工;北方机车产业园完成投资6.9亿元,完成200万立方米的土石方回填工程,城市轨道设备一期厂房正在建设中;202路轨道交通延伸线动迁工作实现投资3亿元,完成300余户住宅、50余家企业和林木、管线等设施的动迁工作;理工科技城四个产业项目及生活服务区配套工程已开工建设;小孤山污水管网工程基本完工,铺设管网33.42公里;旅顺热电联产、220千伏变电所等项目前期工作进展顺利。

(四)对外开放水平不断提升,招商引资工作进展顺利

以旅顺全面对外开放为契机,加大了提升旅顺城市形象对外宣传工作力度,以招商引资为重点,不断加大招商引资力度,不断拓宽招商引资渠道,不断优化招商引资环境。精心策划和组织了十余次境内外专题活动,赴美国、俄罗斯、荷兰、新西兰、澳大利亚、日本等国家和香港、温州、深圳等地开展招商工作。2010年全区共完成合同外资金额2.85亿美元。其中全区新批外商投资企业14家,合同外资金额2.4亿美元;增资企业9家,合同外资金额0.45亿美元。全区实际使用内资完成235亿元,同比增长131.3%。外贸出口完成7.3亿美元,同比增长12.3%。

(五)财税金融健康运行,居民生活持续改善

全区财税收入实现快速增长。地方财政一般预算收入完成18.3亿元,增长40.1%,其中税收收入完成15.14亿元。金融业运行平稳,年末全区各类金融机构存款余额为236亿元,增长30%;贷款余额为114亿元,增长32%。人民生活水平稳步提高。城镇居民人均可支配收入19700元,比上年增长12.4%;农民人均纯收入15800元,增长13.2%;城乡居民储蓄存款余额126亿元,增长16%;全区物价水平保持稳定,强化了市场价格监测,确保平抑市场价格的各项应急措施落实到位,对与群众生活密切相关的教育、医疗等价格进行监督检查。

(六)着力改善民生,社会建设扎实推进

城市建设成效显著。加快生态宜居城

建设,城市功能和环境品质全面提升。完成了总投资1300万元的大学城地下人防工程,投资2500万元完成太阳沟15条路街改造,投资1200万元完成了迎春街道路综合改造工程,总投资1亿元的白玉山人防隧道工程正式启动。投入资金1000余万元铺设天然气管网30余公里。实施绿色生态建设工程,新增绿地2.9万平方米,新增草坪1.49万平方米。城区绿化覆盖率达54.45%,人均公共绿地面积达到18.7平方米,两项指标均名列省市前茅。科教事业稳步发展。全年区级科技计划项目立项66个,安排科技经费1135万元,引导拉动企业科技投入近5亿元。目前列入国家级项目5项、市级项目7项,到位科技经费843.8万元。投资2.7亿元的旅顺中学新校区项目正式启动;投资2900万元对城区8所学校9栋校舍进行了加固维修;完成九三小学、登峰小学塑胶操场建设并投入使用;投资2300万元启动全区中小学"校园网"、"班班通"建设工程。卫生事业全面进步。加快推进医药卫生体制改革工作,7家街道卫生院、3家社区卫生服务中心和1家区级医院实现了药品零差率销售;旅顺经济开发区中心卫生院项目主体工程基本完工;进一步完善重大疾病防控体系,做好传染病暴发流行和重大健康危害事件监测与预警系统建设。文体事业较快发展。总投资2170万元的5个农村综合文化站全部投入使用;投资1.4亿元的市民建身中心项目主体工程已经封顶;大商新玛特大地数字影院已正式投入使用;区图书馆改扩建工程主体工程基本完工。全力推进全国第三次文物普查,目前实地调查工作已经完成。成功举办"旅顺合唱节"、"樱花节"、中小学运动会等多项文体活动。就业和社会保障事业不断推进。全年提供就业岗位8928个,实现实名制就业7234人,稳定就业3882人,再就业3200人,城镇登记失业率控制在3%以内。我区参加基本养老保险、基本医疗保险、工伤保险、生育保险、失业保险人数分别达到7.22万人,20.75万人,6.16万人,3.36万人,3.75万人,达到我区征缴工作历史最好水平。

(七)精心组织编制"十二五"规划,科学谋划我区未来发展布局

按照区委十三届八次、九次全会的要求,紧紧围绕实现科学发展新跨越这一主题,坚持把组织谋划"十二五"发展战略摆在更加突出位置。为切实做好此次规划编制工作,充分体现规划的科学性和前瞻性,区政府聘请省发改委、市委政研室、市政府发展研究中心、市发改委、大连理工大学、辽宁师范大学、辽宁立杰咨询公司等相关知名专家学者,开展"十二五"规划编制工作。编制组先后到开发区、各街道和20多个重点政府部门进行调研,搜集相关材料,征求规划意见;加强对重点专项规划和旅顺经济开发区及各街道规划草案的编制工作的督促与指导。召开了有省、市专家学者和有关领导参加的专家论证会,并根据党的十七届五中全会精神进行调整充实,圆满地完成了"十二五"规划纲要(草案)编制工作。组织编制完成了区级重点专项规划。按照总体规划要求,组织区政府相关部门编制了《旅顺口区农业和农村经济发展"十二五"规划》、《旅顺口区工业经济发展"十二五"规划》、《旅顺口区现代服务业发展"十二五"规划》等14项区级重点专项规划。紧紧围绕全区经济社会发展的重大问题,组织开展了7个专项重点课题研究,为"十二五"规划提供支撑依据。截至目前,我区"十二五"规划编制工作已基本完成。

经济运行和社会发展中存在的主要问

题

2010年,我区经济社会发展取得了显著成就。但是,存在的问题和困难仍比较突出。一是经济发展方式尚未根本改变,产业结构有待进一步优化升级,服务业发展缓慢,产业集群效应尚不明显。二是面临重大发展机遇,全面开放的水平有待进一步提升,服务功能有待进一步提高,体制机制有待进一步创新,基础设施有待进一步完善。三是随着全域城市化进程加速,动迁、就业、居民收入、教育、医疗、住房、困难群体、失地失海农民安置等民生问题,以及城乡二元结构矛盾问题,都是推进和谐社会建设必须认真加以解决的。

二、2011年经济社会发展主要预期目标和任务

(一)指导思想与主要目标

2011年是"十二五"规划的开局之年,我区经济社会发展的指导思想是:**认真贯彻党的十七届五中全会和中央经济工作会议、市委十届十次全会和区委十三届十次全会精神,坚持以科学发展观为统领,抢抓辽宁沿海经济带国家战略和旅顺全面对外开放的双重历史机遇,以实现科学发展新跨越为主题,以保障和改善民生为立足点,以大力推进全域城市化为载体,以深化改革开放为动力,全力推进经济结构调整和发展方式转变,全力推进"五城一都"建设,全力推进东北亚国际旅游胜地、东北亚国际航运中心组合港、历史文化名城、科技创新区建设,努力夺取我区"十二五"经济社会发展"开门红"。**

主要预期目标是:

地区生产总值增长16%以上;

全社会固定资产投资增长21%以上;

社会消费品零售总额增长16%以上;

地方财政一般预算收入增长16%;

城镇居民人均可支配收入增长14%以上;

农村居民人均纯收入增长14%以上;

城镇登记失业率控制在3%以内。

(二)2011年国民经济和社会发展主要任务及措施

1. 继续加快推进全域城市化

重点推进新城区建设,加快推进老城区改造。大力发展现代服务业,积极发展中高端生态住宅,加快人口集聚,提高公共设施服务水平,大幅提升城区生活服务功能。高水平规划建设涉农街道居住社区。引导产业向涉农街道延伸布局,加快建设一批重大旅游项目、高新技术产业项目和都市农业项目,带动农村人口向新社区集聚。完善涉农街道教育、医疗、文化等基本公共服务体系,加快推进公共服务的网络化、全域覆盖化,逐步使涉农街道居民享受到与主城区基本相同的公共服务。积极推进"村改居"工作,大力提升城市社区管理能力。按照全域城市化的要求,加快新老城区、涉农街道、旅顺经济开发区等组团内部及组团之间的重大基础设施建设,全面提高城市功能的承载力。

2. 积极推动投资的合理增长

进一步增强重大项目在全区经济跨越式增长中的支撑作用,做好项目储备工作,做好重大基础设施项目的前期准备工作,全年计划总投资3000万元的重大项目162个,其中重点实施项目132个,前期推进项目30个,重点实施项目计划总投资275亿元。继续抓好"重大建设项目领导包干责任制"的落实,加强对重大项目推进的调度、协调和监督,推进基础设施和公共事业建设投资主体的多元化。继续加快中远造船、机车产业园等重大产业项目建设,争取尽快投产。加快航运中心组合港建设,推进旅顺新港10个泊位和双岛湾港基础设施建设。完成202轻轨、大盐线续接、盐柏路拓宽改造工程,开工建设姜水路和锦双线道路延伸线工程,启动大连至旅顺快速路项目前期工作。新建小孤山和旅顺经济开发区污水处理厂,加快旅顺热电厂、经济开发区220KV变电所以及北海66KV变电所项目建设工作。

3. 千方百计扩大城乡居民消费

深入实施富民工程,及时跟进国家有关调节居民收入的分配政策,加大国民收入分配格局的调整,较大幅度提高居民收入水平,努力提高居民消费能力。落实国家支农惠农政策,实现城乡便民服务一体化,实现农村便利消费。引导住房消费和房地产市场平稳健康发展,优化消费环境,创新消费模式,挖掘潜在消费能力,促进消费结构的加快升级。

4. 加快构建现代产业体系

加快发展工业研发、旅游、物流、文化、商务会议、金融等生产性服务业,积极发展现代商贸、医疗保健、房地产等生活性服务业,努力开拓新兴服务业领域,加快推进旅顺五星级酒店建设。以先进船舶制造、轨道交通设备制造、先进装备制造等制造业为重点,培育产业集群,加强品牌建设,增强产业国际竞争力,建设国家级先进交通运输装备产业基地。围绕国家发展战略性新兴产业重点领域,争取在节能环保、生物与海洋产业、新能源和新材料产业等领域取得突破。推进与北大战略研究所的能效服务产业规划编制和对外招商引资工作,加快推进旅顺龙头高新园区绿能产业基地建设。加快农业转型升级,推动都市农业向现代服务业发展。大力发展设施农业和观光农业,推动农业与旅游业融合。积极推广由农户向超市、菜市场和便民店直供农产品的新型流通方式。建设集科技示范、旅游观光、休闲度假、文化体验、加工物流等多功能为一体的品牌化的现代都市农业。

5. 继续全面深化改革开放

深化重点领域的改革。加快推进体制机制创新,积极争取落实旅顺绿色经济区行政管理体制。做强做大各类投融资平台,增强投融资能力。进一步提高对外开放水平,加大招商引资力度。以重点园区为载体,以培育产业集群为方向,扩大利用外资规模,提高外资引进质量。做好境外招商的宣传和推介工作。大力推进对内开放。围绕绿色经济区建设,探索建立与周边区域、辽宁沿海经济带、环渤海区域、东北亚合作的长效机制,打造辽宁省对外开放最前沿。

6. 大力实施民生工程,促进社会事业全面发展

继续实施民生工程,加快白玉山隧道和新老城区连接路工程建设,改扩建3个停车场,对全区13条摸黑路及郭水路实施"亮化"工程。加大就业促进政策落实力度,大力推动创业就业和高校毕业生就业工作,努力稳定和扩大就业。优化教育资源布局,满足市民对教育的需求,完成校舍抗震加固和中小学塑胶跑道工程,开工建设旅顺三高中改扩建工程。继续完善医疗服务体系建设,加快落实医疗改革任务,推进医疗卫生机构建设,积极推进旅顺生命健康城项目建设,加快旅顺综合性三甲医院建设,完成卫生系统化建设。加大保障性住房建设,发展公共租赁住房,增加中低收入居民住房供给,建立健全以经济适用住房、公共租赁住房和廉租住房补贴为主要形式的住房保障制度。加快发展文体事业。继续开展大型品牌特色文化活动。完善体育设施布局,高标准建设全民健身活动中心,加快推进旅顺新体育场、文广大厦、城市综合服务体等项目前期工作。加快民政事业发展,完成八一烈士陵园和苏军烈士陵园改造工程,实施旅顺殡仪馆搬迁工程。切实抓好物价监管工作。加强价格检查工作,不断提高价格调控能力,发挥好价格杠杆调节资源配置和扩大消费需求的作用。

各位代表,2011年是"十二五"规划的开局之年,也是我区贯彻落实辽宁沿海经济带发展战略,实现全面对外开放,加快绿色经济区建设的关键之年。我们要在区委的领导下,振奋精神,坚定信心,抢抓机遇,乘势而上,为实现旅顺科学发展新跨越作出新的更大的贡献!

深化改革

■优化行政服务 2010年,区行政服务中心以"依法行政、规范管理、优质服务、争创一流"为宗旨,以"服务民众、服务企业、服务项目"为己任,整合行政服务资源,创新行政审批机制,深化重点项目"绿色通道"制度,手续完备立等可取;加强软环境建设,出台《旅顺口区关于进一步加强软环境建设的实施意见》;规范建设项目审批流程,确保高效规范运转;加挂"旅顺口区人民政府行政投诉中心"牌子,共受理各类行政投诉咨询205件,办结205件,办结率为100%;行政审批电子监察全面铺开,视频数据抵"市"达"省";大力推进全区的政务公开工作,不断规范政府信息公开内容,提高政府信息公开水平;依托行政审批网开设的投诉举报"直通车",为企业提供现代化的诉求渠道,确保在24小时内对投诉问题给予满意答复。行政服务中心成立至今,受理审批事项435375件,办结435077件,办结率达到99.93%,先后被评为市政务公开及软环境建设先进单位、市行政审批与行政服务先进集体、市服务型政府建设先进集体、区直机关先进党组织,多个窗口荣获区年度红旗窗口荣誉称号,多名工作人员被评为服务标兵。

(撰稿人:李薇薇 审稿人:李国兴)

政府法制

■概况 2010年,旅顺口区人民政府认真贯彻国务院《关于全面推进依法行政实施纲要》、《关于加强市县政府依法行政的决定》及《国务院关于加强法治政府建设的意见》,全面推进依法行政和法治政府建设,为加快建设旅顺绿色经济区提供良好的法治环境。

加强组织领导,落实保障措施。区政府高度重视依法行政工作,将其列入政府的重要议事日程。根据区领导工作变动情况及时对依法行政工作领导小组进行调整(旅政办发〔2010〕44号),建立起了由区长任组长、主管副区长为副组长、相关部门为成员单位的领导机构,做到了机构、人员、责任三落实,形成了上下贯通、左右协调的网络体系,为全面推进依法行政工作提供了坚强的组织保障。

转变政府职能,依法履行职责。依法界定和规范行政机关的职能和权限。根据市政府的要求,结合机构改革,旅顺口区开展了行政机关职能调查工作,对政府20个部门所负责执行的法律、法规、规章进行了逐个登记、确认,在机构限额内,重新设置机构、核定人员编制,分别下发了各行政机关的"三定"规定。在此基础上,法制办适时根据机构的调整进行行政执法主体审查工作,确保依法配置职能、权限界定准确、主体合法,并向社会予以公示。

健全决策机制,规范决策行为。通过深入调研,在反复论证的基础上,制订下发了《旅顺口区人民政府重大行政事项集体决策制度》、《旅顺口区人民政府重大行政决策合法性审查制度》、《旅顺口区人民政府重大行政决策听取意见制度》、《旅顺口区人民政府重大行政决策听证制度》,明确了本级政府重大行政决策的具体事项和量化标准,对重大行政决策的具体操作规则做出了规定。通过规范制度,进一步规范了行政决策行为,提高了行政决策质量,促进了依法、科学、民主决策。

建立依法行政监督检查制度。制订《政府工作目标考核刚性指标》,转发了《2010年度大连市各区市县政府和先导区管委会工作绩效考评方法》,将依法行政考核纳入政府对各部门考核的重要内容之一。根据全区实际,建立完善《依法行政监督检查制度》,将依法行政工作的日常指导、监督和检查与行政权力运行制度建设工作有机的结合起来,进一步分解和细化了各执法岗位的职责、权力和流程,量化了依法行政考核目标。共清理审核行政权力事项1412项,其中:行政许可89项,行政审批97项,行政处罚624项,行政强制14项,行政征收23项,行政给付11项,行政奖励7项,行政确认38项,行政裁决2项,其他474项。

充分发挥政府法制办的法律顾问作用。实施重大事项决策合法性审查,凡属重大事项(紧急、特殊情况除外),于集体决策5日前由区政府批转区政府法制办公室进行合法性审查。区政府法制办公室进行合法性审查后,形成书面审查意见,说明合法、修改、反对的理由和依据,并报区政府备案存档。区政府法制办列席区政府常务会议,未经区政府法制办审核把关的规范性文件草案,政府常务会议不予研究讨论,未经区政府法制办审查并提出意见的涉法事务,政府不作决定,区法制办全年共审查区政府各类文件4件,会议纪要78件,行政合同15件。

化解社会矛盾,促进社会和谐。充分发挥行政复议在化解行政争议中的作用。一是进一步规范案件受理工作,畅通行政复议渠道。全年共受理行政复议申请16件,其中维持6件,撤销4件,经协调终止复议6件。本着以人为本、复议为民的原则,及时化解行政争议,解决社会矛盾,为全区经济社会发展创造了和谐环境。二是进一步创新行政复议工作机制,完善行政复议案件审理方式。全年共受理各类行政确认纠纷案件7起,已解决矛盾纠纷5起。加大了公开办案、调解办案和简易程序办案力度,积极运用和解、调解等多种手段,化解矛盾,平衡利益,努力做到"定纷止争、案结事了"的社会效果。

认真落实规范性文件制订、备案工作。旅顺口区印发了《旅顺口区人民政府规范性文件备案制度》,规定区政府规范性文件应经政府常务会议讨论通过后方可印发。按照规范性文件管理办法的要求,做好区政府规范性文件报送备案工作,全年共向市人民政府和区人大常委会报送区政府规范性文件3件,报备率达到100%。全区规范性文件印发后,经旅顺政务信息网向社会公布,方便公众查询。

规范执法行为,公正文明执法。加强行政执法队伍建设,按照《关于举办大连市初任行政执法人员行政执法资格培训班的通知》(大政法办〔2010〕31号)的要求,组织2010年新考录公务员和转岗人员参加行政执法资格培训,全区共有105人参加培训、考试,95人考试合格;组织监察人员和执法人员实务培训近600人,结合全区2010年度行政执法证的审验工作,在旅顺口区政务信息网上公布全区持有《行政执法证》人员名单,便于公众查询和社会监督。

（撰稿人：马云姗 审稿人：迟丕全）

机关事务管理

■概况 2010年，机关事务管理中心紧紧围绕服务区委区政府中心工作的总体要求，以提升服务为核心，以科学管理为手段，以领导和服务对象是否满意为检验标准，求真务实，努力工作，较好地完成了全年各项目标任务，为区政府中心工作及机关工作的正常运行提供了有力的后勤保障。其中食堂、会务、消防、电力、安保、维修、保洁、空调、洗浴、洗衣、收发、商务中心等十二个岗位较好地完成了各项服务工作。全年共接待各类会议614次，参会人员4万余人次，其中承办“团代会”、“五一劳动表彰会”等大型会议24次；食堂接待就餐人员10万余人次；进行日常维修2000余次；实施空调维修与抢修90余次；实施电力维修与抢修150余次；更换消防、监控设施15件；接待洗浴人员6000人次；收洗衣物10000余件(套)；完成各类文件、报刊、杂志收发20多万份；保安值班人员共接待外来办事人员8500余人次，有效处理上访事件240起，涉及上访人员400余人次；卫生保洁工作得到了进一步改善。实现了消防、监控安全无事故，车辆运行安全无事故，食品卫生安全无事故。

■打造高效运行管理团队 2010年，机关事务管理中心通过政府公开招标的形式更换了一家具有丰富管理经验的物业公司后，后勤保障工作与服务水平都有了明显的改善。在对物业管理公司的监管方面，首先参照物业管理行业国家评优标准，根据政府办公楼的实际情况，重新制订了一整套物业管理考核评分办法，成立了监督考核领导小组，每月对物业管理公司的物业服务工作进行考核，并把考核结果作为兑现奖惩和是否续签合同的依据。同时建立了周巡查联检制度，由甲方代表和物业经理每周对政府办公楼内外的卫生和食堂、保安、维修、会务、空调、洗浴等部门进行巡检，发现问题，及时整改。同时要求物业公司定期对合同制工人进行技术培训、岗位大练兵活动，不断提高他们的业务技能。8月，对消防监控工作人员岗位练兵的情况进行了验收，由领导班子成员和岗位负责人组成评审小组，对消防监控人员进行了理论笔试和实际操作等科目的现场考核，使合同制工人进一步看到了自身业务技能上存在的不足，也达到了使其他人员取长补短、互相学习、共同提高的目的。

■提升服务质量和水平 为了使机关工作人员用餐满意，增加了多种面食和点心，并增设了焖子、羊肉串、小烤肠等多种特色小吃，方便了干部职工的选择；还多次派面点师出去学习，增加了8个外卖品种，机关工作人员普遍反映良好。为了使机关干部能够吃得健康，严格执行《食品卫生安全法》，把好食品安全关，做好食品制作卫生和场所清洁卫生工作，每周五对食堂进行全面消毒杀虫。并请卫生防预站的技术人员对食堂用品进行专业检测，全年没有发生一例食物安全事故。为了进一步完善服务方式，改善服务态度，每月都积极主动地做好就餐者满意度的问卷调查和信息反馈收集工作，服务综合水平不断提高。同时，在确保大楼电力、供水、消防、空调等系统设备全年运行的前提下，针对大楼已投入使用七年多，设施、设备老化严重、存在极大安全隐患的实际，积极主动地对存在的安全隐患进行排查和改造。一是年初对中央空调系统1号和4号机组进行了维修改造，延长了空调系统的使用寿命,降低了维修费用,节约了行政成本;二是为保证消防系统良好运转,更换了消防维保单位并对消防监控系统进行了检测,杜绝消防安全隐患和事故的发生;三是将正门院外和后院的排球场地增划了停车位,缓解了车位紧张时的停车压力,并给进入办公楼院内的车辆重新办理了通行证,实行统一登记管理;四是对政府裙楼屋面进行维修,解决了顶棚渗漏问题;五是为了保证空调供暖温度,对空调外管线进行了维修改造。

■增强队伍凝聚力和战斗力 行政中心班子成员珍惜合作共事缘分,真诚团结、工作务实、作风正派、互相信任、互相支持、互相担待。班子团结,有很强的战斗力、凝聚力、向心力,在整个后勤服务队伍中有很强的感召力。队伍精神状态良好,认真想事、干事的人多了,是非少了;主动去工作的多了,廉政意识更强了。具体做法有:一是中心党支部按照区委的统一部署,以创建"学习型党支部"、"规范化党支部"为目标,开展了一系列专题活动,使每名党员成为学习型党员,充分体现党的先进性。充分发挥工会组织作用,组织全体党员到旅顺二〇三景区进行参观学习,到二龙山开展模拟野战训练活动,以多种形式的学习、教育活动,培养和造就一支爱岗敬业、无私奉献的后勤服务团队。二是积极响应区委区政府"扶贫帮困献爱心暨慈爱月活动"的号召,组织党员干部积极参与慈善捐款献爱心活动。三是开展"连心"活动,通过集体座谈和单户走访的形式,收集群众共同关心、关注的热点问题,了解到每家每户的具体情况和实际困难,力所能及地为群众排忧解难。此外春节、国庆节等重要节日的前夕,党员干部都会专门走访连心户中的困难家庭,为他们送去大米、白面、油等生活用品,使群众切实感受到了党的温暖,拉近了党员干部与群众之间的距离。

(撰稿人:肖 妮 审稿人:杨 熠)

附录:

政府工作报告

——2011年1月5日 在大连市旅顺口区
第十六届人民代表大会第四次会议上

区 长 惠 凯

各位代表:

现在,我代表区政府向大会报告工作,请予审议,并请区政协委员和其他列席同志提出意见。

一、2010年和"十一五"时期政府工作回顾

2010年是旅顺全面对外开放、全域纳入辽宁沿海经济带重点发展区域的第一年,也是推进科学发展新跨越的承前启后之年。一年来,在区委的坚强领导下,在区人大和区政协的有力监督支持下,我们坚持以科学发展观为统领,认真贯彻落实市委、市政府和区委的各项决策部署,调结

构、扩内需、促增长,保民生、提效能、促和谐,综合实力跃上新台阶,超额完成了区十六届人大三次会议确定的各项目标任务。预计实现地区生产总值180亿元,增长20%;完成全社会固定资产投资300亿元,增长87.5%;财政总收入完成80.9亿元,地方财政一般预算收入完成18.3亿元,分别增长102.1%和40.1%;实际利用外资3.3亿美元,增长95.3%;实际使用内资235亿元,增长131.3%;社会消费品零售总额完成39.7亿元,增长19%;城市居民人均可支配收入、农民人均纯收入达到19700元和15800元,分别增长12.4%和13.2%。各项主要经济指标增幅位居全市前列,在全面推进科学发展新跨越中实现了争先进位。

一年来,我们主要做了以下六项工作:

(一)大力推进产业结构调整,绿色产业体系初具雏形

新型工业化进程明显加快。高端制造业实现快速发展,中远造船、大机车旅顺基地项目进展顺利,轨道交通装备、船舶及配套产业纳入大连市十大产业集群。高新技术产业发展态势良好,核能装备、新能源、新材料、生物医学科技等一批新兴产业项目落地。工业经济规模和效益全面提升,营业收入超亿元企业达23家,其中超5亿元企业6家,纳税超千万元企业发展到38家,今冈船务、华锐重工、帝国电泵等一批企业成为名牌企业。投资3000万元,重点扶持民营中小企业发展,民营经济总量持续增加,民营企业发展到1.7万户,吸纳就业11万人,民营经济对全区经济增长的贡献率达64.2%。科技创新能力不断增强,9家企业被国家认定为高新技术企业,5个项目列入国家科技计划,37个区级项目具有自主知识产权,与6所大学建立产学研合作关系。大力发展循环经济,积极淘汰落后产能,万元GDP综合能耗同比下降5%。

现代服务业发展势头强劲。积极推进国际航运中心组合港建设,港口货物吞吐量达1800万吨,运送旅客47万人次,分别增长27.2%和55.4%;旅顺新港改扩建工程进展顺利,新港口岸查验工作全面启动,与大连港集团合作成立大连港旅顺港口有限公司;双岛湾港区总体规划通过专家评审。现代物流业正在迅速成长,农副产品国际物流中心项目投入使用,钢材物流中心、建材果蔬批发市场项目加快推进。商贸流通业得到优化提升,商业中心区和特色街区建设富有成效,成功举办第二届美食文化节,消费服务环境明显改善。旅游业成为投资新热点,亿达蓝湾五星级酒店开工奠基,阳光海岸、天门山、琥珀湾等一批大项目顺利推进,构建了旅游业发展的全新格局;樱花节、人居节等节庆活动拉动效应明显,实现旅游总收入9.8亿元,增长10%。房地产业健康发展,城市宜居水平不断提升。

都市农业形势喜人。花卉之都建设步伐加快,开工建设6个花卉基地,大连国际花卉中心、世纪大地花卉种苗繁育中心等重点项目顺利推进,20个花卉产品出口日本、俄罗斯。新发展保护地1万亩,新建百亩以上设施农业标准小区104个,绿色无公害基地达到13.6万亩,我区被国家农业部评为全国无公害农产品标准推广与监管示范县(区);"旅顺大樱桃"荣获大连市首个国家农产品地理标志,成功举办樱桃节,带动果农直接增收1.8亿元。农业产业化进程加快,龙头企业带动能力日益增强,新建3家农产品批发市场,6个农民专业合作社进入全省百强专业合作社行列,仙缘、绿晨产业园区成为省级示范项目;农产品质量检测中心全面投入使用,洪家鸡蛋、绿晨蔬菜与沃尔玛公司成功实现农超对接;成立大连市首家农机4S店,实现都市农业重点项目建设全程机械化。渔业生产结构得到优化,水产品质量进一步提高,新增海珍品底播面积2万亩,规模养殖企业发展到37家,伏季休渔工作取得明显成效。动物防疫、森林防火等项工作得到加强。

(二)全力推进重点项目建设,经济发展动力更加强劲

重点项目建设实现新突破。122个总投资3000万元以上重点项目开工建设,完成投资285亿元,占全社会固定资产投资的95%,26个项目竣工投产;其中超亿元项目110个,超百亿元项目4个,重点项目对经济社会发展的支撑作用更加明显。

产业园区承载能力显著增强。旅顺开发区财政一般预算收入连续5年增幅超50%,水师营街道财政收入超亿元。辽宁(大连)科技创新园招商引资实现新突破,引进交大科技园、中建材光电产业基地等12个高新技术产业项目;理工科技城等6个产业项目开工建设,24家孵化企业入驻创新大厦。大连旅顺高新技术产业园区积极推进清华科技等一批项目,长城三涧产业园区基础设施更加完善,双岛湾临港产业园区建设启动。

项目建设保障要素更加健全。重点项目属地管理责任制和联合审批制度进一步完善,形成了项目建设的绿色通道。积极妥善安置拆迁群众生产生活,项目建设得到全区广大群众的理解与支持,各区域拆迁工作实现重大突破。积极争取上级支持,累计争取建设资金2.1亿元。规范土地利用和管理,顺利通过国家土地督查,土地储备工作进一步规范,为重点项目建设提供了发展空间。

(三)深入推进改革开放,后发优势明显增强

招商引资成果丰硕。积极抢抓全面开放的历史机遇,不断创新招商引资工作,先后赴美国、俄罗斯、日本、韩国、香港等9个国家和地区开展招商推介活动,在国内外叫响了"生态港湾、绿色旅顺"的城市品牌,形成了全面开放的"聚焦效应"。全年引进项目227个,在全市率先完成招商引资任务。服务企业开拓国内外市场,外贸出口总额实现7.3亿美元,增长12.3%。

对外交流更加活跃。巩固与亚洲地区的友好往来,与日本内滩町建立友好城市关系;开辟欧美、大洋洲等新的合作领域,接待国外友好使团130余批次。发挥国内外传媒作用,全方位宣传旅顺,成功组织"欢乐中国行、魅力旅顺口"大型演唱会,进一步提升了旅顺的知名度和吸引力。

改革创新不断深化。圆满完成政府工作部门机构改革,深入推进事业单位人事制度改革。支持旅顺开发区行政管理机制创新,赋予更有效的行政审批职能;将水师营街道纳入城区管理,有效整合铁山街道与辽宁(大连)科技创新园、得胜街道与市场街道。人才工作得到加强,人才工作站经验在全国推广,人才发展环境更加优化。

(四)积极推进全域城市化,区域发展新格局正在形成

"五城一都"建设开局良好。在科学发展示范区规划指导下,完成全域总体规划、绿色经济区发展规划和各园区、各街道发展规划,形成了推进"五城一都"建设的规划体系。全域实施项目推进,西北部临港新城、旅游休闲度假城、科技创新城、历史文化名城、生态宜居城和大连花卉之都建设各显风采,旅顺正在步入产业特色鲜明、区域功能完善的组团式城市发展之路。

基础设施日臻完善。继续强化交通运输体系建设,大连至旅顺轻轨工程顺利推进,开发区铁路专用线竣工投入使用;黑大线拓宽工程竣工通车,大盐线扩建工程有序推进。旅顺北路污水处理厂试运行，建设旅顺南路污水管网和3个村级污水处理工程。实施新一轮农村电网改造，开工建设北海66千伏变电所和安岭子220千伏变电所。开工建设白玉山隧道工程，完成迎春街、太阳沟区域路街改造等26个城建项目。

生态环境进一步优化。继续整治环保不达标企业，全面完成“十一五”节能减排目标，空气质量优良天数达到354天，创历史最好水平。实施北大河等生态河治理工程。全面开展大规模造林绿化活动，栽植树木275万株，新增城市绿地2.9万平方米，人均公共绿地达18.7平方米，保持全省第一。6个涉农街道被评为省环境优美乡镇，8个行政村被评为省环境优美村，我区通过省级生态区验收。

城市管理水平不断提高。健全城市管理机制，形成了区、街、社区三级管理网络。加大市容整治、违章建筑监管、绿化、房产和公用事业等方面的执法力度，我区在大连市城市管理综合考评中名列前茅。

(五)着力保障和改善民生，社会更加和谐稳定

民生工程全面落实。全年提供就业岗位8928个，实现城镇实名制就业7234人，消除城镇零就业家庭，城镇登记失业率控制在3%以内，充分就业社区达到100%。为自主创业者提供小额贷款226万元，新增个体工商户3351户、企业688家。进一步提高城市和农村低保标准，解决了32家破产、倒闭、改制企业4086名退休人员的采暖费补贴问题，区残疾人综合服务中心投入使用。开展扶贫帮困献爱心慈善捐助活动，全区建立21支慈善基金，253家企业、全体公务人员和广大群众踊跃捐款2143万元，人均捐款额位居全市首位；围绕助医、助学、济困、赈灾等十大方面，建立40多个救助项目，彰显了旅顺和谐友爱的城市文明。改造城市旧有透寒房屋1.5万平方米、无暖气房120户，发放廉租住房补贴101万元，惠及236户困难家庭；完成2.5万平方米花卉社区建设和1.5万平方米旧有住宅小区治理改造，群众的居住条件进一步改善。在全省率先实现城乡公交一体化的基础上，实行城乡老年人乘车优惠政策，近4万名60岁以上老年人实现免费乘坐公交车。

社会事业全面进步。广泛开展群众性精神文明创建活动，公共文明指数测评位居全市第二。教育教学质量不断提高，旅顺中学荣获辽宁省奥数竞赛一等奖，应届毕业生荣获大连高考理科状元；旅顺中学新校区开工建设，2.6万平方米中小学校舍完成抗震加固，三涧堡九年一贯制学校和两所小学塑胶操场建成，中小学“校园网”、“班班通”工程全面实施。文化体育事业蓬勃发展，成功组织第六届旅顺国际合唱节；文化产业又有新发展，旅顺市民健身中心即将投入使用，新建一座数字影院、5个农村综合文化站、32个农家书屋和13个社区文体活动室；旅顺籍运动员在广州亚运会上勇夺金牌。公共卫生服务体系更加健全，稳步推进国家基本药物制度改革，基层医疗机构实现基本药品“零差价”销售；完善基层公共卫生服务，为8万名居民建立了健康档案，开发区中心医院主体工程完工。双拥共建工作开创新局面，海军以旅顺命名军舰，成为我区军民共建城市文明的新标志。建立统筹解决人口问题的工作机制，新型计划生育服务体系覆盖全区。顺利完成人口普查第一阶段工作任务。村志编修工作全面启动，水师营街道成为全省首个完成村志编修的街道。民族宗教、广播电视、侨务、气象、档案、民兵预备役等工作又有新进展。

平安旅顺建设扎实推进。强化安全生产工作,加大宣传培训和隐患排查力度,安全生产形势明显好转。坚持领导干部大接访、领导包案和干部下访制度,一批信访案件得到有效解决。严厉打击各种刑事犯罪和经济犯罪,社会治安防控体系更加完善,开发区派出所被公安部评定为一级派出所。圆满完成“五五”普法,我区被评为全省法治文明示范区,并成为大连市唯一首批进入全国法治区行列的县区。

(六)加强政府自身建设,行政服务水平进一步提高

依法行政有效推进。自觉接受人大及其常委会的法律监督、工作监督和政协的民主监督,办理人大代表建议192件、政协委员提案147件,办结率达100%,代表、委员满意率分别达92.7%和92.5%。完善依法行政配套制度,规范行政执法程序,深入推进行政执法责任制,依法行政水平不断提高。圆满完成第十届村委会换届选举工作,农村社区建设全覆盖工作通过国家评估验收,得胜街道被评为全国安全社区。

行政效能建设切实加强。全面启动网上审批平台建设,受理行政审批服务事项38696项,办结率达99.8%。强化政府应急管理能力,完善应急联动机制,圆满完成全国应急救援现场会实战演练,得到国家公安部领导的高度肯定。全力做好“7·16”事故海域清污工作,动员广大渔民,调动大批渔船,完成了保护大连海域的光荣任务,展现了全区人民顾全大局、勇于奉献的精神风貌。深入开展“连心”活动,加强政府与群众的紧密联系,积极解决群众的实际困难。加强权力运行制度监管,实施重点工程建设及政府采购廉政预警制度,开展了伏季休渔、文化市场、城镇廉租房等专项执法检查,加大了对工程建设领域突出问题的治理力度,电子监察网络建设位居全省前列。

各位代表,五年来,我们克服了多种不利的制约因素,经受了国际金融危机的严峻考验,我们抢抓机遇谋发展,攻坚克难求突破,圆满完成“十一五”规划的各项目标,经济社会实现又好又快发展,人民生活水平快速提升,开创了旅顺科学发展的崭新局面。

一是综合经济实力显著增强。“十一五”期间,实现地区生产总值628.3亿元,是“十五”时期的2.7倍;完成全社会固定资产投资795.5亿元,是“十五”时期的7.4倍;完成地方财政一般预算收入55.4亿元,是“十五”时期的4.1倍,我区经济呈现出总量快速增长、质量持续提高的良好态势。

二是全面对外开放实现历史性突破。“十一五”期间,累计引进内资521.7亿元、外资7.6亿美元,分别是“十五”时期的7.2倍和5.1倍,引进内外资项目692个。全区人民努力多年的全面对外开放终成现实,旅顺历史性地步入了改革开放的新时期。

三是发展战略定位更加明确。“十一五”期间,旅顺全域纳入辽宁沿海经济带重点发展区域,成为全省唯一的绿色经济区,将享受与长兴岛临港工业区和花园口经济区同等的优惠政策,凸显了旅顺在辽宁沿海经济带发展中的重要战略地位。成为大连主城区,确定了东北亚旅游胜地、国际航运中心组合港、历史文化名城和科技创新主城区的功能定位,明确了建设辽宁对外开放最前沿、成为大连乃至辽宁沿海经济带新的增长极的发展方向。

四是城市综合功能不断完善。“十一五”期间,城市化率由“十五”时期的63.3%提高到80%。烟大铁路轮渡、土羊高速公路、大连至旅顺轻轨、旅顺新港改扩建等一批战略性基础设施相继开工和投入使用，一个集港口、铁路、高速公路、铁路轮渡和城市轻轨“五位一体”的交通体系正在形成。供水、污水处理、垃圾清运实现城乡一体化，公共服务设施更加完善，生态环境更加优美，旅顺正在成为更加开放、更具吸引力的现代化国际海滨城区。

五是人民生活水平稳步提高。“十一五”期间，区级财政直接用于民生方面的支出达30.4亿元，占财政总支出的47.8%，是“十五”时期的5倍。城市居民人均可支配收入和农民人均纯收入均是2005年的2.1倍，城乡居民收入比为1.24:1。新增就业2.9万人，社会保障体系更加健全，城市低保标准提高到每月380元，农村低保标准提高到每年2600元。我区在全市率先实行经济适用房货币化补贴，并成为第一个廉租住房应保尽保的城区，人民群众的幸福指数得到有效提升。

在五年的发展实践中，我们牢牢把握东北老工业基地振兴和辽宁沿海经济带开发开放的重大历史机遇，坚持以科学发展观统揽经济社会发展全局，聚精会神搞建设，一心一意谋发展，为“十二五”时期的发展奠定了坚实基础。五年的发展成就极大地激发了全区人民的自信心和自豪感，五年的发展经验成为旅顺科学发展的宝贵精神财富。

各位代表，五年来我们所取得的巨大成就，是上级党委、政府正确领导、大力支持的结果，是区委统揽全局、四大班子共同努力的结果，更是全区广大干部群众团结进取、奋力拼搏的结果。在此，我代表区政府，向全区人民，向各位人大代表和政协委员，向驻旅解放军指战员、武警官兵、公安干警，向各民主党派、工商联、各人民团体和社会各界人士，向所有关心支持旅顺发展的朋友们，表示衷心的感谢和崇高的敬意！

总结五年成绩的同时，我们也必须清醒地认识到，我区经济和社会发展领域还存在一些不容忽视的问题：一是经济发展方式、产业结构还不能完全适应建设绿色经济区的发展要求；二是旅顺的生产力发展水平还不能完全适应人民群众日益增长的物质文化需求；三是一些干部的思想观念还不能完全适应改革开放的新形势；四是城市化发展进程还不能完全适应大连国际化城市主城区的建设要求。对于这些问题，我们将采取有效措施，认真加以解决。

二、“十二五”时期发展思路、主要目标和2011年重点工作

“十二五”时期是我国加快发展的重要战略机遇期。站在新的历史起点上，旅顺将步入全面实现科学发展新跨越的新时期。这一时期，大连作为辽宁沿海经济带国家发展战略的核心区，将大有作为，进入万亿GDP城市行列，必将为旅顺的新发展提供有效支持和重要保证；这一时期，全面对外开放的后发优势将充分显现，“十一五”期间建设的一批重大基础设施和重点产业，必将为旅顺的新发展释放巨大的推动能量；这一时期，全域城市化将全面提速，经济转型、社会转型、体制转型和城市管理转型的加快，必将为旅顺的新发展提供更为广阔的空间；这一时期，多年以来形成的宝贵精神财富，将形成巨大的推动力量，勤劳、友爱、创新、和谐的城市精神，必将鼓舞和激励旅顺人民朝着科学发展示范区的光辉目标奋勇前进。

“十二五”时期全区经济社会发展的指导思想是：**以邓小平理论和“三个代表”重要思想为指导，深入贯彻落实科学发展观，以建设绿色经济为特征的科学发展示范区**

为目标,以科学发展为主题,以转变经济发展方式为主线,以保障和改善民生为出发点和落脚点,全面实施“环境优先、科教兴区、产业强区、全域城市化”四大发展战略,深入推进改革开放,大力提高自主创新能力,积极加快“五城一都”建设,坚定不移地走国际化道路,把旅顺建设成为辽宁对外开放最前沿和辽宁沿海经济带新的增长极。为此,我们将努力实现以下发展目标:

绿色经济发展跃上新台阶。在优化结构、提高质量、降低能耗、保护环境的基础上,实现经济平稳较快发展。到“十二五”期末,力争实现地区生产总值500亿元;地方财政一般预算收入突破50亿元;全社会固定资产投资累计完成1500亿元。

产业转型升级实现新突破。战略性新兴产业实现规模化发展,优势产业得到巩固和提高,旅游文化产业和港航物流业在国民经济中的战略地位日益突出,到“十二五”期末,服务业增加值占地区生产总值的比重达到48%,技术创新成为经济增长的新动力。

城市功能得到新提升。交通、能源等一大批基础设施建成使用,公共设施更加完善,以“五城一都”为核心的城市功能大幅提升,高标准全域城市化框架基本确立,城市化率达到95%以上。

民生改善达到新高度。人民群众收入和生活水平显著提高,城乡居民收入比控制在1.2:1以内,生活条件和环境进一步改善,覆盖城乡的社会保障体系基本形成,弱势群体基本生活需求得到有效保障,实现基本公共服务均等化。

生态文明建设跨入新阶段。森林覆盖率进一步提高,土地、能源、水资源得到合理开发与保护,垃圾和污水得到有效处理,河流、海域水质得到全面改善,进一步打造青山绿水蓝天的宜居环境。

各位代表,2011年是“十二五”的开局之年,更是旅顺科学发展新跨越的继往开来之年,面临着应对宏观调控和保持区域经济快速增长的巨大挑战,面临着推进改革发展和维护社会稳定的双重考验。我们必须进一步解放思想,以国际化的视野、开放式的思维,谋划各项工作,始终保持创新进取的拼搏精神、敢为天下先的无畏勇气,不辱使命,不负众望,在机遇中勇于赶超,在挑战中实现突破,努力把旅顺的经济实力、创新能力和综合竞争力提高到一个新水平,确保“十二五”高起点开局、高水平起步。

今年政府工作的总体要求是:深入贯彻党的十七届五中全会和中央经济工作会议精神,按照市委十届十次全会和区委十三届十次全会部署,紧紧围绕绿色经济区建设,以科学发展为主题,以加快转变经济发展方式为主线,以全域城市化为载体,全面推进“五城一都”建设,不断深化改革开放,着力发展以民生为重点的社会事业,促进社会和谐稳定,努力实现富民强区。

今年经济社会发展的主要预期目标是:地区生产总值、地方财政一般预算收入、社会消费品零售总额均增长16%以上;全社会固定资产投资增长21%以上;城市居民人均可支配收入、农民人均纯收入均增长14%以上。为确保完成上述目标任务,今年要重点抓好七个方面的工作:

(一)加快转变经济发展方式,着力培育绿色产业体系

坚持存量提升和增量转变并重,促进产业优化转型升级,构建以绿色经济为主要特征的新型产业体系。

发展壮大优势产业。以西北部临港新城建设为重点,全面提高装备制造、船舶制造与配套、核电风电、机车等先进制造业发展水平,加快建设船舶及配套、轨道交通装备两个千亿元产业集群。推进中远造船项目建设,确保两条20.5万吨散货船交船,加快30万吨VLCC油轮建设;大机车旅顺基地试生产,年内完成6列不锈钢城轨车辆;开工建设大机车铸锻车间。实施名牌战略,全力打造旅顺名牌产业、名牌企业和名牌产品。

培育发展战略性新兴产业。依托辽宁(大连)科技创新园、西北部临港新城和大连旅顺高新技术产业园区,重点在高端装备制造、新能源、新材料、生物医学工程、电子信息工程、节能环保等领域,集中支持一批产业化项目建设。启动大连生命健康城和国际医学城项目建设,发展集预防医学、预测医学、医疗康复、疗养保健、科研医药于一体的医学产业。开工建设中建材光电产业基地等高新技术产业项目。推动理工科技城首批项目建成使用,启动建设交大科技园和中科院产业园。加快推进能效产业基地建设,争取化工产品交易中心、时装创意园、医疗光学科技园等项目早日落户我区。

全面发展现代服务业。加快国际航运中心组合港建设,推进旅顺新港扩建,年内11个泊位要全部完工,旅顺新港口岸开关运行;启动建设交通枢纽项目,增加旅顺至蓬莱航线运力,做好旅顺至天津、旅顺至东营等新增航线前期工作;推进双岛湾港区公共航道一期工程建设,新建两个通用泊位。加快市场体系建设,启动农副产品国际物流中心二期工程、钢材物流中心、商贸流通城等物流项目建设;抓好商贸集聚区、商业特色街和大型专业批发市场规划建设。加快会展服务业发展,规划建设旅顺会展中心、会议综合体、商务度假等五星级酒店。推动金融服务业发展,规划建设金融服务中心,努力实现我区金融服务业新突破。大力发展总部经济、楼宇经济,规划建设写字楼项目。全面推进阳光海岸、琥珀湾等项目建设,启动渔夫码头、黄金海岸、北部湾等旅游项目建设,实施二〇三景区综合改造;继续办好樱花节、樱桃节、渔人节、人居节、美食节等节庆活动,打造旅顺旅游新亮点,建设旅顺国际旅游半岛。稳步推动房地产业健康发展,引导房地产业向旅游地产、文化地产和商业地产提升转型,让房地产业更好地为区域经济发展服务。

加快发展都市型现代农业。积极推动农业转型升级,促进与现代服务业的有机融合,建设集科技示范、旅游观光、休闲度假、文化体验、加工物流等多功能为一体的品牌化都市型现代农业。大力发展设施农业和观光农业,重点发展花卉产业,建成大连国际花卉中心,开工建设10个花卉产业园区。优化发展大樱桃产业,建设大樱桃标准化示范果园2万亩,打造樱桃精品采摘园10个。努力发展有机农业,推进绿色无公害生产基地和水产品健康养殖示范场建设,提高农产品附加值和市场竞争力。探索多渠道解决龙头企业和农民专业合作组织发展资金问题,加大农产品品牌建设力度,申办"旅顺洋梨"和"旅顺魁蚶"地理标志。

(二)不断提升对外开放水平,坚定不移地抓好项目建设

要把项目建设和招商引资作为经济工作的首要任务来抓,以更大的决心、更大的力度、更强的举措,全力加以推进。

加大重点项目建设力度。今年安排投资额3000万元以上重点项目162个,其中重点实施项目132个,前期推进项目30个,重点实施项目计划完成投资275亿元。按照夯实总量、稳定增量、提高质量的总体要求,全力推进31个工业项目、13个科教文卫项目、13个商贸旅游项目和一批基础设施项目,力争所有项目全面开工建设。要主动出击,千方百计争抢一批大项目和好项目,保持项目建设强势汇集的良好态势。切实强化项目建设推进机制,建立联合审批制度,实行重点项目行政审批事项全程无偿代办。创新项目建设模式,积极探索和发展"飞地经济",破解部分区域发展空间不足的问题。

深入开展招商引资工作。进一步创新招商引资模式,要围绕绿色经济区布局,以新型产业园区和大项目建设为载体,在各个特色园区中,着力引进新兴产业项目、现代服务业项目和都市农业项目,形成概念招商、产业链招商的新模式。进一步拓展招商引资领域,在对外方面,要继续巩固香港、日本,开拓俄罗斯、韩国及欧美国家,落实澳大利亚、新西兰,重点突破台湾地区。在对内方面,要积极开展与央企的合作,与东北、长三角、珠三角、京津冀地区及大型上市公司的合作。进一步拓展招商引资渠道,强化政府融资能力,全力做好企业上市指导工作,力争实现上市企业零的突破;完善鼓励民间投资的相关政策,不断扩大社会投资,鼓励以商招商,综合破解建设资金不足的瓶颈问题。

努力打造对外开放新优势。继续做好对外宣传推介活动,积极开展民间外交,加强同境外工商界的交流合作,不断扩大友好交往与合作领域,进一步增强旅顺的知名度和吸引力。努力为外部投资者提供良好发展环境,加快把旅顺建设成为辽宁沿海经济带发展环境最好的地区。大力发展对外贸易,进一步优化外贸主体和产品结构,巩固传统市场,拓展多元化市场。

(三)全力推进"五城一都"建设,加快全域城市化进程

坚持把推进全域城市化作为建设绿色经济区的发展路径,围绕六大功能区,打造"五城一都",构建开放型、组团式的绿色经济区空间格局。

明确"五城一都"功能布局。加快西北部临港新城建设,旅顺开发区要进一步完善园区服务功能,努力成为辽宁沿海经济带最具竞争力的开发区;双岛湾、长城、三涧堡街道要按规划大力推进园区基础设施建设,以更新的理念发展港口、物流和绿色临港产业。加快旅游休闲度假城建设,北海、铁山、三涧堡街道要发挥海滨、森林等旅游资源优势,在体育、酒店、温泉等方面发展生态旅游产业。加快科技创新城建设,铁山街道、辽宁(大连)科技创新园、大连旅顺高新技术产业园区,要以未来科技发展为导向,积极推进高新技术产业及医学健康产业发展,建设各具特色的高新技术产业园区。加快历史文化名城建设,光荣、得胜、登峰街道要着眼于老城区改造提升,挖掘历史文化资源,集中打造文化产业集聚区。加快生态宜居城建设,在城市总体规划框架的基础上,全区的城市建设要进一步突出低碳、环保、节能、生态的新理念;水师营街道要搞好新城区建设和管理,推进绿色经济区中心商务区建设。加快大连花卉之都建设,各涉农街道要充分发挥都市农业优势,大力发展花卉产业,城区街道也要加快花卉社区建设。

继续推进全域基础设施建设。按照"五城一都"的总体规划,构建全区"五横两纵一环"的路网体系,加快推进大连至旅顺轻轨建设,实施土羊高速公路延伸线工程,全面完成大盐线、水北路改造,尽早开工建设锦双线,积极推进旅顺至大连快速路、旅顺北路轻轨前期工作。建成小孤山污水处理厂和开发区污水处理厂,开工建设旅顺热电厂项目,全面推进北海66千伏、安岭子220千伏变电所建设,规划建设500千伏变电所。

加强生态文明建设。全面开展以“绿色家园、森林旅顺”为主题的大规模造林绿化活动,建设“510”绿化工程,搞好郭水路绿化工程,建设蟠龙寺文化公园;加快推进生态河建设,实施北大河、龙河及凤河上游治理工程。加大节能减排力度,做好工业生产、交通运输等重点领域节能工作;加强对重点污染源的监管;严格实行基本农田保护制度,提高新增建设用地使用效率;保护和集约利用水资源,推进节水和中水回用工程建设,合理开发和保护海洋资源,争创国家级生态区。

不断提高城市管理水平。坚持建管并重,实施全域标准化管理和综合治理,对重点区域广告牌匾、环境卫生、建筑工地进行集中整治;进一步完善执法体系,规范执法行为,提高人民群众对城市管理的满意度,保持城市综合管理考评全市领先水平。

(四)继续深化改革创新,增强经济社会发展活力

要着力解决经济社会发展中的深层次问题,进一步加大改革力度,构建富有创新活力的管理体制和运行机制。

深入推进各项改革。积极争取落实辽宁沿海经济带重点发展区域各项优惠政策,建立科学的考核评价体系。创新园区管理体制,积极探索行政区与功能区整合发展的新模式。巩固政府机构改革成果,深化行政管理体制改革。推进事业单位分类改革,完善编制实名制管理和事业单位法人登记管理。做好财政体制改革,推进财政管理向科学化、精细化迈进。进一步深化医药卫生体制改革。推进农村集体资产股份合作制改革,认真做好二轮土地延包工作,规范村级集体经济的运行机制。

做大做强民营经济。鼓励民营资本参与社会公益事业建设。加大对民营经济的扶持力度,帮助符合条件的企业争取国家和省市政策资金支持,区财政列支3000万元专项用于支持民营企业发展。继续实施中小企业成长工程,重点支持装备制造、现代服务、工程建筑、生物制药等一批龙头企业,培育大型企业集团。完善企业联络员制度,协调解决企业在发展中存在的一些问题。充分发挥工商联等群团组织在发展民营经济中的作用,搭建培训、合作平台,推动经贸交流与协作,推进行业协会和商会建设,更好地服务企业发展。

提高自主创新能力。加快推进区校一体化建设,在科技创新、产业开发和人才培训等领域开展广泛合作,提高大学园区的辐射带动作用,培育新的创新平台。引导创新要素向企业集聚,围绕培育发展优势产业集群和新兴产业,建立市级科技企业孵化器,建设一批高水平的企业技术中心,构建以企业为主体、市场为导向、产学研相结合的开放型创新体系。加大对企业自主创新的扶持力度,完成10项技术创新重点项目,提高区域自主创新能力。推动智能化城区建设,积极推进物联网信息工程,加快政务、金融、旅游、公共服务等领域的智能化进程。

(五)全面实施十大民生工程,提升群众幸福指数

要始终把富民、惠民作为加快发展的首要任务来抓,让全区人民共享改革发展成果。

实施富民增收工程。加大收入分配制度改革力度,千方百计提高城乡居民特别是中低收入者的收入水平。引导企业职工工资合理增长,保障一线劳动者的收入实现稳步增长。积极推进农商对接,有效增加农民收入。大力发展中小型企业,增加居民工资性收入和财产性收入。进一步完善拆迁补偿机制,维护群众的应得利益。

实施就业促进工程。完善就业服务体

系,促进多种形式的创业就业。继续把高校毕业生就业摆在突出位置,发挥校企平台作用,强化就业指导和服务工作。统筹做好失地失海农民和城区就业困难人员的就业工作。实名制就业达到6400人,零就业家庭动态保持为零,城镇登记失业率控制在3%以内。

实施技能培训工程。深化技能人才培训体制改革,发挥10个就业培训基地作用,切实加强对失地失海农民、下岗失业人员、未就业人员和企业职工的技能培训。以市场需求为导向,有针对性地开展创业就业技能培训,培训技能人才4500人。

实施社会保障工程。落实农转城人员和失地失海农民的社会保险政策,进一步完善社会保险制度。强化社会保障救助体系建设,完善临时救助、医疗救助等民生救助机制,切实保障困难群体的基本生活。要把稳定价格总水平放在更加突出的位置,确保粮、油、肉、蛋、菜等生活必需品市场平稳运行。

实施医疗便民工程。启动建设一所综合性医院、两所标准化社区卫生服务中心,形成居民"15分钟健康服务圈",居民健康建档率达到90%,实现公共医疗卫生服务全覆盖。推进城镇职工医疗保险市级统筹,满足参保人员的医疗需求。新建旅顺殡仪馆。

实施教育提升工程。完成旅顺中学新校区建设,打造东北三省一流现代化高中。完成2.8万平方米校舍抗震加固,完成实验中学、水师营中心小学、农广校塑胶操场铺设。新建双岛湾、长城、北海街道九年一贯制学校和开发区江西中心小学、伯阳小学,启动蓝湾中小学建设工程。

实施安居保障工程。积极稳妥解决群众回迁遗留问题,加快居民回迁区建设,在开发区和各街道启动90万平方米的居民回迁区建设,力争解决1万户居民的回迁问题;推进保障性住房建设,集中建设800套经济适用房,搞好廉租住房补贴发放工作。加强小区物业管理,用5年时间完成弃管小区治理改造任务,推进居民小区物业管理的科学化、规范化。扩大并网面积,提高城市集中供热率,对部分旧有住宅进行节能改造。大力发展家庭服务业,支持开展居家养老,推进社区养老服务中心建设。

实施交通畅通工程。提高城市道路交通综合管理水平,继续推进新老城区路街改造、绿化亮化和燃气等工程建设,白玉山隧道建成投入使用,开工建设郭水路立交桥和启新街东段新老城区连接路,缓解日益增加的交通压力。优先发展公共交通,增加农村公交站点,新建长城、双岛湾2个公交枢纽站,启动水师营综合交通枢纽工程,方便群众出行。在老城区新建3个停车场,在营顺路等主要路街建设行人过街设施,为城市畅通提供保障。

实施食品药品放心工程。切实加强食品药品监管工作,深入开展农村药品"两网"建设,医疗机构规范药房建设达标率95%以上,新增食品安全示范单位10个,保障公众饮食用药安全。继续实施"千村百镇"市场工程和"新网工程",新增10个社区便民示范超市,新建5个社区示范菜店。

实施平安创建工程。推进平安旅顺建设,全面强化社会治安综合治理,健全社会治安防控体系,严厉打击各类违法犯罪活动。启动"六五"普法,做好社会矛盾化解和社区矫正工作。全面做好信访工作,加大依法按政策解决问题的力度,维护社会稳定。完成开发区、各街道"全国安全社区"创建工作,力争我区整建制进入"全国安全社区"行列。

(六)积极发展社会事业,提高公共服务水平

进一步健全公共服务体系,着力推进各项社会事业健康发展,实现经济发展和社会进步良性互动。

优先发展教育事业。加大教育经费投入和政策扶持力度,注重内涵发展,突出办学特色,高水平、高质量普及学前3年到高中阶段15年教育,全面提高教育教学质量。大力发展职业教育,积极推进校企合作办学模式,培养实用型人才。注重发展地方高等教育、成人教育、社区教育和特殊教育,全力支持驻区高校建设,提升我区教育发展水平。

加强人才队伍建设。围绕高层次专业技术人才的引进、培养、使用,进一步加快体制机制和政策创新,构筑创业平台,营造有利于人才成长发展的良好环境。积极引进能够突破关键技术、发展高新产业、带动新兴学科、具有世界一流水平的高层次人才,为绿色经济区建设提供智力支撑,加快把旅顺建成辽宁沿海经济带的人才高地。

完善公共文化服务体系。加强社会主义核心价值体系和社会诚信体系建设,注重未成年人思想道德教育,努力提升城市文明程度。加强文化体育设施建设,旅顺市民健身中心投入使用,启动新城区行政综合体和文化综合体项目建设。做好历史文化名城创建工作,搞好老建筑保护,推进特色文化街建设。积极培育影视制作等文化创意产业,提高影视基地建设水平。培育骨干文化企业和精品文化工程,丰富群众文化生活。

提高公共卫生、人口与计划生育服务质量。完善医疗服务体系建设,优化医疗卫生资源配置,推进院所一体化进程。加快建设以居民电子健康档案为核心的区域卫生信息平台和以电子病历为基础的医院信息平台,切实提高全区医疗卫生服务水平。加强政府补偿制度建设,努力让广大人民群众享受到均等的医疗卫生服务。完善人口与计划生育公共服务体系,促进家庭科学发展,符合政策生育率控制在99%以上。

促进其他各项事业全面进步。积极争创第七轮全国双拥模范城,做好人民防空、民兵预备役和复员转业军人安置工作,巩固发展军政军民团结。发挥慈善总会作用,推动慈善事业健康发展。扎实推进残疾人社会保障和康复服务体系建设,巩固全国残疾人工作示范城市创建成果。深入做好人口普查第二阶段工作,启动街志编修工作,做好民族宗教、档案、气象、侨务、对台、老龄、妇女儿童等项工作。

(七)加快政府职能转变,推进政府管理创新

以建设法治政府、服务政府、责任政府和阳光政府为目标,着力增强政府的公信力和执行力。

坚持依法行政。以体制机制创新为突破口,进一步增强领导干部依法行政能力,规范行政权力运行,全面推进依法行政,不断提高政府公信力和执行力。自觉接受人大及其常委会的法律监督、工作监督和政协的民主监督,认真办理好人大代表建议、政协委员提案;建立风险稳定评估机制,对事关改革发展稳定大局、人民群众切身利益和社会普遍关心的热点问题,区政府将主动向人大常委会专题报告。继续推进政务公开,拓宽群众监督渠道,依法保障人民群众监督政府的权利。积极支持工会、共青团、妇联等群团组织开展工作,虚心听取各民主党派、无党派人士的意见,确保各项决策科学准确、公开透明。

坚持科学管理。全面做好公共安全预警预防工作,完善应急联动机制,不断提高应急处置能力。切实抓好安全生产工作，落实企业主体责任，深入开展交通、消防、建筑工地、危险化学品、渔业生产等重点领域安全隐患排查治理，坚决遏制重特大事故发生。加强社区建设，做好第八届城市社区居委会换届选举工作。

坚持务实高效。继续深入推进行政审批制度改革，实行"一个窗口对外"和"一站式"服务，全面提高行政审批效率。加强电子政务建设，推进网上办公系统应用，促进各部门实现无纸化办公。加强公务员队伍建设，切实提高公务员队伍整体素质。强化机关效能建设，加大监督检查力度，规范行政效能投诉的受理和办理。

坚持清正廉洁。建立健全教育、制度、监督并重的惩治和预防腐败体系，进一步完善廉政建设责任制，增强政府工作人员的拒腐防变能力。继续加大对工程招投标、政府采购、土地挂牌和产权交易等要素市场的监管力度，深入推进工程建设领域突出问题专项治理，从源头上防止腐败发生。强化对政府投资项目的审计监督，提高财政资金使用效益。严格执行部门预算和财政支出管理，坚持勤俭办事，把有限的资金用于加快发展和改善民生上。全面推进政风行风建设，坚决纠正和整治损害群众利益的不正之风，严肃查处违法违纪案件，树立政府的良好形象。

各位代表，旅顺的发展成绩来之不易，发展势头令人鼓舞，发展宏图催人奋进。让我们在区委的坚强领导下，紧紧依靠全区人民，以饱满的激情致力创新，以务实的作风促进发展，凝心聚力，锐意进取，为加快旅顺绿色经济区建设而努力奋斗！

名词解释

1. **能效产业基地**:位于大连旅顺高新技术产业园区，发展目标是建设中国乃至全球首个能源效率服务产业基地和创新引擎。该基地将在互联网和物联网技术支持下，致力于打造五个平台，即创新能效技术孵化和能效专业人才培训平台、主要用能行业节能解决方案开发平台、园区与城市能源服务集成平台、能效服务企业运营和项目投融资平台、能效数据库及标准开发平台，为全国范围内的企业提供节能服务。

2. **安全社区**:指建立了跨部门合作的组织机构和程序，联络社区内相关单位和个人，共同参与事故与伤害预防和安全促进工作，持续改进实现目标的社区。

3. **琥珀湾项目**:项目位于铁山街道张家沟村，占地4.7平方公里，是一个集旅游、休闲、度假为一体的综合性旅游开发项目。

4. **国际生命健康城**:项目位于铁山街道老铁山自然保护区内，占地10.2平方公里，集尖端医学研究及学术交流、高科技医疗产业集群、高危病症康复等配套功能于一体，成为环境优美、功能完善、技术一流的生命健康新城区。

5. **国际医疗城**:项目位于铁山街道，占地12.97平方公里，是一个集医药医疗、医疗器械、保健康复、医疗科研等为一体的多功能产业园区。

6. **农副产品国际物流中心**:位于旅顺开发区，规划占地31.3万平方米，建筑面积20.35万平方米，是一个现代化、专业化、特色化的大型农副产品国际物流中心。

7. **农村药品"两网"建设**:指农村药品供应网络和监督网络建设。

8. **中建材光电产业基地**:位于大连科技创新园，规划占地40万平方米，依托大连交通大学在光电应用材料方面的技术优势，重点开发生产平板显示器 ITO 靶材、薄膜太阳能电池 AZO 靶材、铜铟镓硒靶材以及薄膜太阳能电池为代表的一系列光电信息材料。

9. **理工科技城**：位于大连科技创新园，规划占地 42 万平方米，总建筑面积 56.69 万平方米，是我区与大连理工大学共同建设的高科技产业园。

10. **“510”绿化工程**：指我区大规模造林绿化精品工程，包括：10 条特色路、10 个森林公园、10 个绿色社区、10 个花卉基地、10 个大樱桃采摘园建设。

11. **“五横两纵一环”公路网**：指在旅顺区域内贯穿东西南北方向的主干公路网络。五横：旅顺至大连南、北、中三条公路和土羊高速公路以及旅顺至大连轻轨；两纵：长盐线和大盐线两条公路；一环：滨海大道。

12. **社区矫正**：指将符合社区矫正条件的罪犯置于社区内，由专门的国家机关在社会团体和民间组织以及社会志愿者的协助下，在判决、裁定或决定的期限内，矫正其犯罪心理和行为恶习。

政协旅顺口区委员会

区政协领导名录

■区政协主席、副主席、秘书长和专委会主任

主　席：刘永斌

副主席：陈秀燕、王 岩、韩 伟、崔岩、唐立

秘书长：黄耀财

文教法制委员会主任：马树玺

经济科技委员会主任：冷　锋

提案委员会主任：邹立顺

政协重要会议

■区政协七届四次会议　2011 年 1 月 4 日至 6 日，政协旅顺口区委员会第七届委员会（以下简称区政协）第四次会议召开。参加会议的有政协委员、无党派人士；区委、区人大、区政府的领导，曾担任区级领导职务的离退休老同志，开发区、街道，区直各部、委、办、局的负责人列席会议。会议议程：

一、听取并审议区政协副主席陈秀燕代表政协旅顺口区第七届委员会常务委员会所作的工作报告。报告回顾了 2010 年工作情况：1.坚持围绕中心，积极发挥服务大局作用；2.坚持以人为本，积极发挥促进和谐作用；3.坚持广泛联谊，积极发挥凝聚力量作用；4.坚持自我完善，积极发挥政协组织整体作用；5.坚持夯实基础，积极发挥服务保障作用。报告提出了 2011 年工作任务：1.助推科学发展，努力建设服务型政协；2.关注民生民情，努力建设务实型政协；3.持续探索实践，努力建设创新型政协；4.强化责任意识，努力建设活力型政协。

二、听取并审议区政协副主席崔岩代表区政协提案委员会作的关于提案工作情况的报告。报告回顾了 2010 年工作情况：

1.开展“全民读书月”活动,推进学习型城市建设;2.转变经济发展方式,推进科学发展示范区建设;3.倡导低碳生活方式,注重提高居民生活质量。总结了2010年着力抓好的三个方面工作:1.健全工作机制,确保提案质量;2.加强各方协调,提高办理质量;3.积极主动协调,提升服务水平。提出了今后工作建议:1.以“提得好”为基础,进一步提高提案撰写质量;2.以“办得好”为目标,进一步提高提案办理效率;3.以“服务好”为宗旨,进一步提高提案工作水平。

三、列席区人大十六届四次会议,听取并协商区政府工作报告和“两院”工作报告。

四、大会选举。选举段炼为区政协主席。

五、通报表彰优秀提案、先进委员活动组和优秀政协委员。对25件提案、11个委员活动组和22名政协委员进行了表彰。

六、审议通过区政协副主席崔岩所作的《关于区政协七届四次会议期间提案审查情况的报告》。会议期间,共立案158件,立案率82.73%。其中,委员提案125件,党派团体提案33件。按提案内容划分:有关发展绿色经济,促进产业结构调整方面的59件,占立案总数的37.35%;有关加快基础设施建设,完善城市主体功能方面的53件,占33.54%;有关发展社会事业,坚持富民惠民方面的46件,占29.11%。

七、审议通过区政协七届四次会议决议。

八、中共旅顺口区委书记熊博力讲话。

■政协常委会议提要 2010年4月1日,政协旅顺口区委员会(以下简称区政协)召开七届十一次常委会议,区政协副主席陈秀燕主持了会议。会议审议了常委会2010年工作要点,传达了全国政协十一届三次会议精神。

6月29日,区政协召开七届十二次常委会议,区政协副主席陈秀燕主持了会议。会议听取并协商了关于全区重点项目建设情况和招商引资工作情况的汇报。

9月28日,区政协召开七届十三次常委会议,区政协副主席陈秀燕主持了会议。会议视察了龙头街道龙头村读书月开展情况、迎春街道路改造工程和立新社区的社区建设情况,听取了区民政局、城建局、房产局、交通局、公安局、文明办和区政府办公室关于七届三次全会提案办理情况的汇报。

12月21日,区政协召开七届十四次常委会议,区政协副主席陈秀燕主持了会议。会议审议并通过关于召开区政协七届四次会议的建议,会议议程、日程(草案),执行主席名单(草案),秘书长、副秘书长名单(草案),听取并审议区政协第七届委员会常委会工作报告(征求意见稿)和关于七届三次会议以来提案工作情况的报告(征求意见稿)。

参政议政

■概况 2010年,在中共旅顺口区委的领导和市政协的指导下,在区人大、区政府及社会各界的大力支持和密切配合下,区政协围绕区委提出的“争先进位,推进科学发展新跨越”的思路,把推动科学发展和促进民生改善作为重要责任,积极履行职能,凝聚各方力量,推动工作创新,加强自身建设,各项工作取得新的进展,为推进科学发展示范区建设、促进经济社会又好又快发展作出了应有的贡献。年内,召开常委会议4次,主席会议33次,专题协商会议8次,各类座谈会19次,进行了5项调研,9项视察,形成了4份专题报告。

关注“十二五”规划编制工作。组织召开了“十二五”规划纲要(草案)专题协商会议,提出了合理利用地缘优势,规范项目准入标准;努力扶持企业上市,提高地区经济影响力;引进、加盟高端品牌,提高商贸业和旅游业竞争力;加强历史遗迹保护,申报历史文化名城;完善社会保障机制,推进医疗改革进程;加快新老城区建设,加大保障性住房建设和现有住房改造等方面的建议,为科学规划本区未来五年发展蓝图提供了有益的参考。

关注现代商贸服务业发展。组织委员学习考察、调研视察、座谈讨论,向区委区政府提交了《关于全区商贸服务业发展情况的调研报告》,提出了制订完善相关政策,营造优良服务环境,培育引进知名企业,科学编制发展规划,构建基础、骨干、核心三个层次,发展物流、楼宇、会展三大产业,全面提升传统商贸业水平的建议,得到了区委区政府领导的重视和有关部门的采纳。

关注海洋经济发展。主席会议就全区港口及航运业发展情况进行了协商,并组织经济界委员深入典型企业视察,听取职能部门汇报,共商科学保护、合理利用举措,形成了《关于我区海域管理和水产品企业深加工情况的视察报告》。报告得到了区委区政府的充分肯定和高度评价,为全区海洋经济发展起到了积极的推动作用。

关注医疗体制改革。主席会议专题协商了社区卫生服务体系建设工作,并组织部分政协委员走访并听取了有关部门的工作汇报,系统地提出了建议和意见,及时向区委区政府提交了《关于我区新医改进展情况的调研报告》,有效推动了《中共中央国务院关于深化医疗体制改革的意见》的贯彻落实。

关注优生优育工作。组织了对人口和计划生育工作的视察,结合实际提出了有益的整改意见和建议,促进了全区人口和计划生育工作的开展。

关注高中教育质量提高。教育界委员对全区教育工作进行了深入调研,主席会议就高中教育发展情况进行了专题协商,建议要加快优质高中的规划建设,通过加大教育投入,改善办学条件,给予优惠政策,引入名校长、名教师,提高名校入学率,形成品牌优势。

关注委员提案的落实。七届三次会议共审查立案156件,分拨到区委办理9件,区政府办理147件,涉及承办单位29个,至2010年底全部办复完结。在已办结的156件提案中,所提问题已经解决或基本解决的86件,占55.13%;列入计划逐步解决的66件,占42.31%;因受政策、资金等客观因素影响不能解决的4件,占2.56%。委员对提案办理的满意和基本满意率为96.79%。此外,2010年区政府续办的2009年列入计划解决的提案8件,全部办结。这些提案的办理,为区委、区政府的科学决策提供了重要参考依据,产生了明显的经济效益和社会效益。

(撰稿人:张　旭　审稿人:黄耀财)

附录:

中国人民政治协商会议大连市旅顺口区第七届委员会常务委员会工作报告

陈秀燕

(2011年1月4日在政协旅顺口区第七届委员会第四次会议上)

各位委员:

我受政协旅顺口区第七届委员会常务委员会的委托,向大会作一年来的工作报告,请予审议。

2010年工作回顾

2010年是旅顺口区全面对外开放的第一年,是全域纳入辽宁沿海经济带重点发展战略的第一年,也是实施"十一五"规划的收官之年。一年来,区政协围绕区委提出的"争先进位,推进科学发展新跨越"的思路,把推动科学发展和促进民生改善作为重要责任,积极履行职能,凝聚各方力量,推动工作创新,加强自身建设,各项工作取得新的进展,为推进科学发展示范区建设、促进经济社会又好又快发展作出了应有的贡献。

一、坚持围绕中心,积极发挥服务大局作用

区政协按照把认识统一到区委的总体部署上,把行动统一到区委对政协工作的具体要求上,把力量统一到保持经济社会又好又快发展上的工作思路,多思发展大局、多议发展大事、多谋发展大计。

围绕"十二五"规划议政建言。区政协高度关注"十二五"规划编制工作,不仅由区政协领导和委员多次在征求意见会上献计献策,而且组织召开了"十二五"规划纲要(草案)专题协商会议,提出了合理利用地缘优势,规范项目准入标准;努力扶持企业上市,提高地区经济影响力;引进、加盟高端品牌,提高商贸业和旅游业竞争力;加强历史遗迹保护,申报历史文化名城;完善社会保障机制,推进医疗改革进程;加快新老城区建设,加大保障性住房建设和现有住房改造等方面的建议,为科学规划我区未来五年发展蓝图提供了有益的参考。

围绕现代商贸服务业发展议政建言。区政协围绕构建绿色产业体系,从推动现代商贸服务业入手,组织委员学习考察、调研视察、座谈讨论,向区委区政府提交了《关于全区商贸服务业发展情况的调研报告》,提出了制订完善相关政策,营造优良服务环境,培育引进知名企业,科学编制发展规划,构建基础、骨干、核心三个层次,发展物流、楼宇、会展三大产业,全面提升传统商贸业水平的建议,得到了区委区政府领导的重视和有关部门的采纳。

围绕海洋经济发展议政建言。为促进我区海洋经济自然资源和产业基础优势的发挥,推动发展方式转变和综合实力提升,区政协主席会议就我区港口及航运业发展情况进行了协商,并组织经济界委员深入典型企业视察,听取职能部门汇报,共商科学保护、合理利用举措，形成了《关于我区海域管理和水产品企业深加工情况的视察报告》。报告得到了区委区政府的充分肯定和高度评价，为我区海洋经济发展起到了积极的推动作用。

围绕重点项目建设议政建言。招商引资的工作成果和重点项目的建设情况，对我区完成争先进位的发展目标意义重大。区政协应时顺势，积极作为，在常委会议上专题协商了招商引资工作和重点项目建设情况，建议要围绕"五城一都"建设，制订招商规划，改善投资环境，更新招商观念，改进招商方式，加大宣传力度；要加快项目建设，推进有效投资，形成产业链条，打造产业集群。主席会议还分别就扶持民营经济发展政策资金的落实、安全生产、旅游资源整合和旅游项目建设情况进行了协商，有力地促进了政策完善和工作落实。

二、坚持以人为本，积极发挥促进和谐作用

区政协牢固树立履职为民的理念，把关注民生、保障民生、改善民生作为政协工作的重要内容，努力使履行职能的过程成为体现以人为本要求、有效维护人民群众根本利益的过程，成为推动民生问题切实解决、和谐社会关系不断巩固和发展的过程。

关注医疗体制改革，推动卫生事业发展。围绕我区医疗卫生体制改革工作，区政协主席会议专题协商了社区卫生服务体系建设工作，并组织部分政协委员走访并听取了四个部门的工作汇报、八个涉农街道卫生院的新医改情况介绍，召开了三次研讨会，全面分析了我区医改的形势、存在的问题和困难，系统地提出了建议和意见，及时向区委区政府提交了《关于我区新医改进展情况的调研报告》，有效推动了《中共中央国务院关于深化医疗体制改革的意见》的贯彻落实。

关注生育和教育，推动人口素质提高。为促进优生优育，提高人口素质，区政协组织了对人口和计划生育工作的视察，结合实际提出了有益的整改意见和建议，促进了全区人口和计划生育工作的开展。高中教育质量关系万千学子前途命运，为全区人民所关注。教育界委员对我区教育工作进行了深入调研，主席会议就高中教育发展情况进行了专题协商，建议要加快优质高中的规划建设，通过加大教育投入，改善办学条件，给予优惠政策，引入名校长、名教师，提高名校入学率，形成品牌优势。

关注群众需求，推动社会和谐稳定。坚持以人为本，高度关注民生，区政协先后就文化体育基础设施建设、城市建设、低收入家庭住房保障、第二轮土地延包、行政执法等方面工作进行协商，会同有关部门指导基督教登峰教堂举行献堂典礼，平稳、顺利地实现了新老教堂过渡，为加快民生改善，实现社会稳定作出努力。

关注民情民意，推动提案采纳落实。区政协以提高提案质量为切入点，构建了提案质量机制；以增强提案办理实效为落脚点，构建了提案促办机制；以发挥政协在提案工作中的主导作用为目的，构建了提案协调机制；以调动提案人的积极性和承办单位的主动性为出发点，构建了提案激励机制；以规范各方行为为原则，构建了提案保障机制，增强了提案工作的合力，办理工作收到良好效果。七届三次会议期间立案的156件提案，满意率为96.79%，落实率达55.13%，有效促进了提案成果转化。

三、坚持广泛联谊，积极发挥凝聚力量作用

区政协充分发挥政协组织联系面广、包容性强、人才集聚的优势，广泛开展联谊

活动,积极发挥桥梁纽带作用,调动各方面的积极性,为经济发展、社会稳定凝心聚力。

加强党派基层组织建设。支持和帮助各民主党派基层组织做好换届选举工作,配齐配强领导班子成员;做好组织建设工作,成立了民进旅顺基层委员会、农工党旅顺支部;做好组织发展工作,为党派基层组织输入新生力量;做好机关建设工作,在区委区政府的支持下,落实了民主党派基层组织办公地点。各民主党派基层组织发挥自身优势,通过调研视察、提交提案、监督检查,积极反映民意、履行职能;通过建立医疗服务基地,开展烛光教育、社区服务、技术讲座、扶贫帮困,积极服务社会。

加强海内外联谊。加强与海外华人、华侨社团的联系,接待港澳台同胞及海外友人商务考察团15个,320余人次。组织3个经贸考察团赴台招商引资,邀请欧美同学会企业家联谊会和参加"中国大连海外学子创业周"的海外学子来我区考察,借助"连台经贸合作推介会"、"辽宁台湾周大连行"和"2010大连台湾现代农业合作研讨会"推介旅顺,协助台湾中时传媒集团做好"2010魅力大连专案"旅顺部分的拍摄工作,积极宣传旅顺。协助区委区政府做好归侨、侨眷工作,做好海外与归国留学人员以及新侨民的联谊工作,为招商引资牵线搭桥,献计出力。全年跟踪洽谈协助引荐项目5个,其中洽谈待签约项目4个,协议引资22.3亿元。

加强政协组织间交流。注重政协系统的横向交流和纵向联系。接待国家和省、市级政协领导及委员22批、400余人次。组织机关工作人员和政协委员到其他区市县政协学习考察,交流经验。与市政协就我区"正确处理GDP、财政收入与居民收入的关系"进行联合调研,与民盟市委联合调研海域管理、保护、发展情况,为市政协研究室提供了我区近代文物保护情况的资料,积极参加市政协组织的市"十二五"规划纲要(草案)专题协商会、两级工作会、《珍贵的记忆》文史资料征集座谈会和文史工作经验交流会,丰富了履职内容。

四、坚持自我完善,积极发挥政协组织整体作用

在团结民主的旗帜下,区政协充分发挥政协党组、常委会、主席会议、专门委员会、委员、各参加单位和各界别的作用,整体推进政协各项工作。

发挥专门委员会的基础作用。区政协切实加强专委会建设,增设了委员工作委员会和人口资源环境委员会,充实了政协工作力量。各专委会作为政协经常性工作和活动的主要组织方和承办方,组织开展调研视察和专题协商,积极开展参政议政;组织政协委员参与全区行风政风评议等工作,完善建议采纳和反馈机制;组织开展优秀政协委员评选表彰活动,落实委员管理办法,激发广大政协委员的荣誉感和责任感。

发挥界别活动组的纽带作用。区政协将界别作为开创政协工作新局面的重要途径,从夯实基础入手、以建章立制发力,做到领导落实、责任落实、计划落实、任务落实。各界别委员活动组发挥专业优势,听取反渎职工作、燃气安全工作汇报,视察我区重点民生工程、西部临港新城、商贸业大项目、电力设施建设、青少年犯罪预防工作情况,观摩民事案件庭审现场;组织医疗改革和教育改革座谈会;参加宗教与社会活动,走访委员企业;撰写了《关于我区财政收支情况的调查报告》。这些界别活动为委员履职尽责搭建了平台,切实发挥了界别作为扩大社会各界有序参与民主政治的重要渠道作用。

发挥街道活动组的服务作用。各街道委员活动组以制度强化管理，以活动激活管理，以情感升华管理，结合区域特点广泛开展了调研、视察、民主评议、考察活动，邀请委员参加街道重要会议、大型活动，发挥委员在完成经济指标、促进社会事业、维护社会稳定中的积极作用，为促进委员企业发展、为企业家委员参政议政、为委员之间沟通联系提供服务，增强了政协组织的凝聚力，推动了区域经济的发展。

发挥政协委员的主体作用。区政协用事业凝聚委员、用实践锻炼委员、用机制激励委员，强化委员履职工作管理，充分发挥委员的主动性、积极性和创造性。广大委员紧扣发展参政议政，积极为促进经济社会平稳较快发展出实招，为促进民生改善献良策，为招商引资牵线搭桥。广大委员热心公益无私奉献，开展文化下乡、扶贫义诊、社会救助和捐资助学等活动，为群众做好事、办实事。广大委员敬业爱岗增光添彩，涌现出一批学科带头人、优秀企业家、党政好干部和基层好领导，充分展示了委员风采，为我区经济发展和社会进步作出了新贡献。

五、坚持夯实基础，积极发挥服务保障作用

区政协坚持以思想建设为核心、组织建设为基础、制度建设为保障，开展连心活动为契机，增强责任意识、创新意识和表率意识，努力塑造政协组织和政协机关团结和谐、求真务实、奋发向上的精神风貌。

强化思想建设，倾情与民连心。区政协把开展连心活动作为一项重要的政治任务，切实抓好各个环节工作，注重理论学习、注重联系实际、注重表率示范、注重广纳群言、注重工作实效，广大党员干部深入群众家中，访民情、知民意、解民难；深入连心村开展好"四个一"活动，为村级经济发展提建议、想办法、清障碍，赢得了群众的信任和好评，密切了党群、干群关系。

强化作风建设，倾心服务委员。区政协积极为委员知情明政服务，通过举办区情报告会、专题协商会和开展调研视察，搭建了委员知情平台，拓宽了委员知情渠道。积极为委员企业发展服务，区政协领导走访委员企业，听取意见和建议，并与区委区政府相关部门通过集中协商和个别协调，研究解决办法。经过多方面努力，绝大多数问题得到解决，维护了委员权益，受到委员们的好评，进一步提高了政协组织的凝聚力和向心力。

强化机关建设，倾力提高素质。坚持以创建"学习型、服务型、创新型、和谐型"机关为目标，以建设高素质干部队伍为重点，讲党性、重品行、做表率，全面加强机关的思想、组织、作风、制度和党风廉政建设，不断增强党员干部的宗旨观念和党性修养，提高履职为民的能力和水平。注重建立完善机关"三化"建设的长效机制，进一步规范了机关办文、办会、办事等程序，机关服务质量和工作效率不断提高，整体活力明显增强，确保了区政协各项工作任务的完成。

过去的一年，我们履行职能所取得的成绩，离不开区委的正确领导和区政府的大力支持，离不开全区各个部门和社会各方力量的积极配合，也离不开全体政协委员的辛勤努力。在此，我代表区政协常委会，向所有重视、关心、支持政协工作的各级领导和同志们表示衷心的感谢！

我们也清醒地认识到工作中存在一些差距，特别是在发挥参谋作用、纽带作用和委员主体作用方面，在扩大社会各界有序政治参与方面，还有很大的努力空间，我们将在今后的工作中积极采取措施，认真加以改进。

2010 年工作意见

2011 年是“十二五”规划的开局之年,做好今年各项工作,具有十分重要的意义。新的一年,区政协常委会工作的总体思路是:**以邓小平理论和“三个代表”重要思想为指导,深入践行科学发展观,全面贯彻中共十七大和十七届五中全会、中央经济工作会议精神,高举社会主义和爱国主义两面旗帜,按照中共旅顺口区委十三届十次全会的部署,团结带领全体政协委员和社会各界人士,主动融入发展大局,认真履行政协职能,着力服务创业创造、促进社会和谐和推动民生改善,为实现旅顺科学发展新跨越贡献智慧和力量。**

一、助推科学发展,努力建设服务型政协

加快推进科学发展,是全区人民的共同目标,也是政协的职责所在。要充分发挥政协的特点和优势,坚持政治协商以促进发展为中心,民主监督以促进发展为主题,参政议政以促进发展为重点,始终做到关注发展、支持发展、服务发展,积极为旅顺科学发展建睿智之言,献务实之策。

要不断深化政治协商内容。围绕深入贯彻落实科学发展观,着重就我区全域城市化、培育新兴产业、“十二五”规划的落实等事关旅顺发展的重点工作,通过政协全体会议、常委会议、主席会议和专题会议等多种形式,组织开展协商议政,找出具体对策。坚持在协商中体现民主、集中民智、增进共识,为党政决策提供参考,巩固和发展创先争优活动成果。

展建睿智之言,献务实之策。

要不断完善民主监督机制。围绕我区发展绿色经济的重点,主要就建立健全符合绿色发展的政绩考核评价体系、节能减排、生态资源的保护与利用、社会保障体系建设等方面工作,通过组织委员开展视察、运用提案、反映社情民意等多种渠道开展民主监督,多献服务大局之言,多行为民利民之举,有效发挥政协民主监督的作用。

要不断提高参政议政实效。围绕建设“五城一都”,着重就转变经济发展方式、基础设施建设、产业结构调整、增加城乡居民收入、城乡基本公共服务均等化等方面,精心选题,深入调研,力求把调查做实,把研究做深,把建议提准,做到多谋发展大计,深研科学之道,善献务实之策,富有成效地开展参政议政活动。

二、关注民生民情,努力建设务实型政协

要深化“以人为本、履职为民”的理念,把关注民生、服务民生、改善民生作为政治协商的重要议题、民主监督的重要内容、参政议政的重要任务,为解决人民群众最关心、最直接、最现实的问题,建诤言、献良策、办实事。

要聚焦民生,尊重民意。进一步加强反映社情民意工作,让履职的触角延伸到基层,深入到群众,反映不同阶层、不同界别、不同群体,特别是弱势群体的呼声愿望、利益诉求,反映影响社会和谐稳定的带有普遍性、倾向性、苗头性的问题,促进权利公平、机会公平、规则公平。要通过对各种信息的分析、综合、提炼,力求揭示民意的本质。要根据民意的内容和重要程度,灵活选择反映渠道,力争早、快、准地进入决策机关的视野,充分发挥协调关系、化解矛盾、理顺情绪的重要作用。

要扩大民主,广纳民智。群众是社会实践的主体,许多成功的政策思路、执政经验都来源于群众的创造。要充分发挥委员的作用,及时发现、总结群众的成功做法,把散落在民间的真知灼见和群众的首创经

验,集中起来,反映上去,为党政部门提供决策依据和参考。要积极吸纳社会有识之士参加政协有关会议和履职活动,广泛开展与社会各界人士的联谊活动,增强政协工作的透明度,为群众的有序参与搭建平台。

要多办实事,善解民忧。大力推动各界别委员与人民群众的联系和沟通,要更加关注贫困群众的生产生活,更加关注社会困难群体,积极组织开展公益活动;大力支持广大委员为我区经济发展引进投资、扩大生产、提高效能,为促进民生改善、实现富民惠民多办实事。

三、持续探索实践,努力建设创新型政协

不断提高履职水平,是新形势对政协工作的要求。要继续按照"持续、提升、创新"的要求,深入学习理论,积极实践探索,坚持在继承中总结经验,在实践中谋求发展,在探索中取得突破,努力使政协工作体现时代性、把握规律性、富于创造性。

要不断拓展理论研究新内涵。坚持把理论学习摆在突出位置,结合纪念辛亥革命100周年和中国共产党成立90周年活动,通过召开党组会议、主席会议、常委会议,举办读书会、研讨会、报告会等形式,组织委员深入学习中共十七届五中全会和区委十三届十次会议精神,深入领会《中共中央关于加强人民政协工作的意见》,深入贯彻落实省委、市委政协工作会议精神,深入研究新时期政协工作的特点和规律,把理论研究与实践探索结合起来,努力拓展工作新思路、创建工作新格局、实现工作新突破。

要积极探索履行职能新途径。发挥委员的主体作用,引导委员正确认识荣誉与职责,着力提高委员履职的整体水平;发挥专委会的基础作用,积极深化以重点课题为纽带,以专委会为依托,以委员广泛参与为前提的专题调研视察工作机制;发挥界别的特色作用,完善界别工作制度,不断丰富界别活动的内容和方式,把界别活动与专委会活动、街道委员组活动结合起来,形成三方互动联动机制;发挥港澳台侨作用,拓宽联谊渠道,促进旅顺与港澳台侨的交流合作,团结更多海外乡亲,努力为家乡发展服务,为统一大业作贡献。

要努力开创政协事业新局面。坚持和主动争取党的领导,要始终围绕区委的中心工作,服从和服务于全区工作大局,自觉坚持重大活动开展前的事先请示,工作中的重大事项及时汇报,了解基层的重要情况迅即反映,重要工作完成后总结报告;区委的重要会议和文件精神及时在广大委员和政协机关中进行传达,根据区委的要求和部署开展工作,积极与区委在政治上同向、思想上同心、工作上同步,从而在政协工作的各个方面赢得区委区政府的重视和支持。建议区委年内召开政协工作会议,就进一步加强和改善党的领导,做好新形势下我区的政协工作,提出指导性意见,推动政协工作不断创新发展。

四、强化责任意识,努力建设活力型政协

加强自身建设是履行好政协职能的重要基础。要不断适应新形势、新要求,认真研究新情况、新问题,把自身建设提高到新的水平,推进我区政协工作有声有势、有序有效。

要大力抓好队伍建设。要尽快规范委员工作委员会和人口资源环境委员会的工作职责,有效发挥两委的作用;以成立委员工作委员会为契机,切实加强委员管理、考核、服务、培训工作,把提高政协委员的政策理论水平和提高履职能力结合起来,为履行职能打好基础;加强对政协机关干部的教育、培养和管理,引导他们树立强烈的事业心和责任感,努力造就一支政治坚定、作风正派、学识丰富、业务熟练的政协干部队伍。

要切实改进工作作风。结合新的形势和任务,认真研究发挥政协优势、履行政协职能的切入点,在实践中不断完善工作机制,改进工作作风,提高履行职能的实效,使政协工作更加贴近实际,更加贴近群众,更加贴近委员。

要不断加强制度建设。根据形势发展要求,结合工作实际,修订和完善《旅顺口区政协委员管理办法》、《旅顺口区政协提案工作条例》,制订《旅顺口区政协先进委员活动组量化标准》,进一步推进政协履行职能的制度化、规范化和程序化,努力提高政治协商、民主监督、参政议政实效,有效发挥协调关系、汇聚力量、建言献策、服务大局的重要作用。

各位委员!助推科学发展,我们责无旁贷,建设美好家园,我们重任在肩。在全面建设小康社会的伟大征程上,让我们紧密团结在以胡锦涛同志为总书记的党中央周围,在中共旅顺口区委的正确领导下,高举中国特色社会主义伟大旗帜,深入贯彻落实科学发展观,以更加高昂的斗志,更加饱满的热情,更加务实的作风投入到新一年工作之中,努力在推进旅顺经济社会又好又快发展的实践中作出新的更大的贡献。

旅顺口区人民检察院

■概况 2010年,区检察院编制为64人,其中政法专项编58人,机关工勤编6人,实有检察干警52人(含工勤编6人)。机关内设办公室、侦查监督科、公诉科、渎职侵权检察科、反贪污贿赂局、监所检察科、民事行政检察科、控告申诉检察科、检察技术科、政治处、监察室、法律政策研究室共12个科室。

2010年,区检察院深入贯彻落实科学发展观,坚持"强化法律监督,维护公平正义"的检察工作主题,认真落实区十六届人大三次会议关于区检察院工作报告的决议,突出抓好社会矛盾化解、社会管理创新、公正廉洁执法三项重点工作,深入开展"诉讼监督年"活动,忠实履行宪法和法律赋予的职责,不断强化法律监督、强化对自身执法活动的监督、强化检察队伍建设,各项检察工作取得新进展。

■刑事检察 2010年,区检察院坚持把维护社会和谐稳定放在首位,正确把握宽严相济刑事政策,在依法打击犯罪的同时,更加注重化解社会矛盾。

依法打击各类刑事犯罪。严厉打击严重暴力犯罪、多发性侵财犯罪等严重刑事犯罪,坚决维护社会稳定、人民利益,增强人民群众安全感。共受理审查逮捕案件269件364人,经审查批准逮捕220件297人;受理审查起诉案件336件499人,经审查提起公诉306件457人。全年没有发生错捕、漏捕和无罪判决案件,办案质量保持较高水平。

对轻微刑事犯罪落实依法从宽处理政策。对主观恶性较小、犯罪情节轻微的初犯、偶犯、过失犯和未成年人、老年人犯罪案件,以及因家庭邻里纠纷引发,犯罪嫌疑人真诚悔过、赔偿损失并取得被害人谅解的轻微犯罪案件,依法不批捕46人;对犯罪情节轻微,决定不起诉12人,以减少社会对抗,实现法律效果和社会效果相统一。

加强信访和控告申诉工作。高度重视群众信访反映的问题,完善信访工作程序,继续坚持检察长接访制度,认真落实首办责任制。全年共办理群众来信来访90余件次,通过采取释疑解惑、教育疏导、救助救济等措施,来访群众的合法诉求均得到妥善处理,没有发生越级上访案件。

重视建立社会矛盾化解机制。建立执法办案风险预警机制,对执法中可能引发的不稳定因素加强分析,及时把问题解决在萌芽状态。推行检察文书说理制度,对不批捕、不起诉、不抗诉案件加强司法说理,做好息诉工作。在办理民事、行政申诉案件时,注重支持配合人民法院、基层调解组织依法进行调解,努力促成当事人双方自愿和解。

■**查办和预防职务犯罪** 2010年,旅顺口区检察院认真贯彻党中央关于推进新形势下反腐倡廉建设的决策部署,把查办和预防职务犯罪工作放在更加突出的位置来抓。

依法严肃查办职务犯罪。2010年共立案侦查各类职务犯罪15件15人,比上年增加26.7%。突出查办大案要案,立案侦查贪污贿赂大案8件8人;查办涉嫌职务犯罪的处级领导干部1人。着力加强渎职侵权检察工作,立案侦查在涉农领域内的滥用职权案件1件2人;在查办案件过程中,注重克服就案办案、孤立办案的倾向,努力实现法律效果和社会效果的统一。

提高侦查水平和办案质量。加强举报线索管理,强化举报人权益保护,完善鼓励群众实名举报制度。健全与执法执纪部门的情况通报、案件移送等机制,不断增强发现犯罪、侦破案件的能力。严格规范侦查活动,加强办案监督管理,落实讯问职务犯罪嫌疑人全程同步录音录像等制度,严把案件质量关,所有移送起诉的职务犯罪案件,人民法院均做出有罪判决。

更加注重职务犯罪预防。进一步加强与行政执法部门的协作,建立健全信息共享、同步介入等预防工作机制。坚持预防工作关口前移,加强犯罪分析、预防建议和预防咨询工作。共向有关单位和部门提出检察建议20件,通过以案说法和警示教育进机关进社区等形式,对干部群众进行警示教育3000余人次。完善行贿犯罪档案查询工作,将查询范围从工程建设、政府采购等领域扩大到所有领域的行贿犯罪,向工程招标单位等提供查询200余次。

■**诉讼监督** 2010年,旅顺口区检察院顺应人民群众对司法公正的新要求新期待,贯彻落实《辽宁省人民代表大会常务委员会关于加强人民检察院对诉讼活动的法律监督工作的决议》,深入开展"诉讼监督年"活动,突出监督重点,完善监督机制,切实履行对诉讼活动的法律监督职责。

严格依法开展刑事立案监督,纠正和防止有罪不究、以罚代刑以及不应立案而立案侵犯当事人权益等问题。共向公安机关发出要求说明不立案理由通知书6份,依法监督公安机关立案6件16人。工作中,坚持把重点放在社会危害大、人民群众反映强烈、严重影响社会和谐稳定的案件上。监督立案案件提起公诉后,法院均作有罪判决。注重纠正侦查机关不恰当运用刑事手段处理民事纠纷的行为,注重保障无罪的人不受刑事追究,依法保护各类诉讼主体及当事人的合法权益。

严格依法开展普通刑事犯罪侦查活动监督,纠正和防止错捕错诉、漏捕漏诉以及违法办案等问题。严格按照法律规定的逮捕、起诉条件,严把事实关、证据关和程序关。共对公安机关发出纠正违法意见书23份,所提意见均被采纳。

严格依法开展刑事审判监督,纠正和防止裁判定性错误、量刑畸轻畸重、审判程序违法等问题。对认为确有错误的刑事判决和裁定提出、提请抗诉6件,法院已审结2件,改判2件;发回重审1件。认真办理刑事申诉案件,对裁判错误的依法抗诉,对裁判适当或基本适当,当事人因为各种原因要求检察机关抗诉的申诉案件,积极予以释法说理,息诉罢访,化解矛盾。强化程序监督意识,对法院审判活动中违反法定程序,或存在限制诉讼参与人诉讼权利等违法行为的,根据违法行为的性质和程度,依法提出监督意见,共发出纠正审理违法意见书5份。

严格对监外执行罪犯的刑罚执行监督。对监外执行罪犯出现脱、漏管等违法情况进行重点监督并依法提出纠正意见;对不符合法律规定的暂予监外执行决定依法予以纠正,有3名罪犯因病暂予监外执行缺少省级医院出具的医学鉴定,依法向旅顺口区人民法院提出纠正意见,法院予以采纳;依法对5名在缓刑期间内重新犯罪的监外罪犯均建议公安机关予以羁押,4名罪犯均判决服刑;认真履行社区矫正工作法律监督职责,积极探索适应旅顺口区社区矫正特点的检察工作方式,被社区矫正人员38名,其中13人因表现良好提前解除矫正。

严格对民事审判和行政诉讼工作的监督检查。2010年,对人民法院600件民商事生效判决案件进行调卷评析,发现程序性问题案件18件并提出纠正意见;发现实体问题案件2件,已向市院提出抗诉,并获支持。

严格依法开展职务犯罪侦查活动监督,防止和纠正不依法、不文明、不规范办案等问题。认真落实讯问同步录音录像一并移送审查起诉制度,严格执行自侦案件讯问全程同步录像制度在录制、保管、移送等环节的规定。加强对职务犯罪侦查权的监督制约,实行自侦案件立案报市院备案和撤案、不起诉报市院批准的制度。

■检察队伍建设 2010年,旅顺口区进一步加强检察队伍建设。坚持以领导干部和执法办案一线人员为重点,严格教育,严格管理,严格监督,努力造就一支政治坚定、业务精通、作风优良、执法公正的高素质检察队伍。

深入开展学习实践科学发展观活动。立足检察工作实际,突出实践特色,切实解决在执法思想、执法实践中与科学发展观不相适应的问题,把全体检察人员的思想和行动统一到服务科学发展和实现自身科学发展上来,自觉将“执法为民”的检察理念落实到执法办案的实践中。

加强检察业务培训工作。紧密联系检察工作实际,有计划、有重点、分步骤地开展全员培训和岗位练兵活动。以业务骨干和执法办案一线检察官为重点,培训检察人员60余人次。积极支持和鼓励检察人员参加学历教育和专业技能培训。

注重自身反腐倡廉建设。实施检察官职业道德基本准则,弘扬忠诚、公正、清廉、文明的检察职业道德,检察队伍中涌现了一批政治过硬、清正廉洁、执法公正的先进典型,多名干警先后获得“大连市十佳检察官"、"大连市廉洁从检标兵"、"旅顺口区十佳政法干警"、"旅顺口区勤政为民最佳人民公仆"等荣誉称号。

■自觉接受监督 2010年,区检察院注重自觉接受人大及其常委会的监督,高度重视人大代表的建议和意见,对代表提出的意见、建议,逐项整改落实。进一步推进人民监督员制度的贯彻落实工作,强化人民监督员对查办职务犯罪工作的监督。大力推行检务公开,认真开展"连心"活动和检察开放日活动,在全区11个街道设立检务公开便民工作站,聘请了11名兼职检察信息员,随时了解和掌握人民群众对检察机关和检察工作的意见、要求和批评建议,增强检察工作透明度。加强内部监督制约机制建设,严格落实《大连市检察机关案件质量管理流程》,把自侦案件初查后不立案、立案后撤案的,普通刑事案件不予批捕、不起诉的案件作为重点督察案件,案件质量管理部门负责进行实体审查,发现案件质量存在问题及时发出案件预警,坚决杜绝瑕疵案件和错案。对本院办理的自侦案件,严格实行"一案三卡"制度,纪检部门进行回访,听取发案单位或当事人的反馈意见。

(撰稿人:刘成广　　审稿人:李雪竹)

附录:

大连市旅顺口区人民检察院工作报告

——2011年1月6日在大连市旅顺口区第十六届人民代表大会第四次会议上

旅顺口区人民检察院检察长　郑家为

各位代表:

现在,我代表区人民检察院向大会报告工作,请予审议,并请各位政协委员和其他列席同志提出意见

2010年的工作回顾

2010年,区检察院在区委和上级院的领导下,深入贯彻落实科学发展观,坚持"强化法律监督,维护公平正义"的检察工作主题,认真落实区十六届人大三次会议关于区检察院工作报告的决议,突出抓好社会矛盾化解、社会管理创新、公正廉洁执法三项重点工作,深入开展"诉讼监督年"活动,忠实履行宪法和法律赋予的职责,不断强化法律监督、强化对自身执法活动的监督、强化检察队伍建设,各项检察工作取得新进展。

一、认真履行批捕、起诉职责,加强信访和控告申诉工作,全力维护社会和谐稳定

坚持把维护社会和谐稳定放在首位,正确把握宽严相济刑事政策,在依法打击

犯罪的同时,更加注重化解社会矛盾。

依法打击各类刑事犯罪。严厉打击严重暴力犯罪、多发性侵财犯罪等严重刑事犯罪,坚决维护社会稳定、人民利益,增强人民群众安全感。共受理审查逮捕案件269件364人,经审查批准逮捕220件297人;受理审查起诉案件336件499人,经审查提起公诉306件457人。全年没有发生错捕、漏捕和无罪判决案件,办案质量保持较高水平。

对轻微刑事犯罪落实依法从宽处理政策。对主观恶性较小、犯罪情节轻微的初犯、偶犯、过失犯和未成年人、老年人犯罪案件,以及因家庭邻里纠纷引发,犯罪嫌疑人真诚悔过、赔偿损失并取得被害人谅解的轻微犯罪案件,依法不批捕46人;对犯罪情节轻微,决定不起诉12人,以减少社会对抗,实现法律效果和社会效果相统一。

加强信访和控告申诉工作。高度重视群众信访反映的问题,完善信访工作程序,继续坚持检察长接访制度,认真落实首办责任制。全年共办理群众来信来访90余件次,通过采取释疑解惑、教育疏导、救助救济等措施,来访群众的合法诉求均得到妥善处理,没有发生越级上访案件。

重视建立社会矛盾化解机制。建立执法办案风险预警机制,对执法中可能引发的不稳定因素加强分析,及时把问题解决在萌芽状态。推行检察文书说理制度,对不批捕、不起诉、不抗诉案件加强释法说理,做好息诉工作。在办理民事、行政申诉案件时,注重支持配合人民法院、基层调解组织依法进行调解,努力促成当事人双方自愿和解。

二、深入查办和预防职务犯罪,积极促进反腐倡廉建设

贯彻党中央关于推进新形势下反腐倡廉建设的决策部署,把查办和预防职务犯罪工作放在更加突出的位置来抓。

依法严肃查办职务犯罪。全年共立案侦查各类职务犯罪15件15人,比上年增加26.7%。突出查办大案要案,立案侦查贪污贿赂大案8件8人;查办涉嫌职务犯罪的处级领导干部1人。着力加强渎职侵权检察工作,立案侦查在涉农领域内的滥用职权案件1件2人;在查办案件过程中,注重克服就案办案、孤立办案的倾向,努力实现法律效果和社会效果的统一。

提高侦查水平和办案质量。加强举报线索管理,强化举报人权益保护,完善鼓励群众实名举报制度。健全与执法执纪部门的情况通报、案件移送等机制,不断增强发现犯罪、侦破案件的能力。严格规范侦查活动,加强办案监督管理,落实讯问职务犯罪嫌疑人全程同步录音录像等制度,严把案件质量关,所有移送起诉的职务犯罪案件,人民法院均做出有罪判决。

更加注重职务犯罪预防。进一步加强与行政执法部门的协作,建立健全信息共享、同步介入等预防工作机制。坚持预防工作关口前移,加强犯罪分析、预防建议和预防咨询工作。共向有关单位和部门提出检察建议20件,通过以案说法和警示教育进机关进社区等形式,对干部群众进行警示教育3000余人次。完善行贿犯罪档案查询工作,将查询范围从工程建设、政府采购等领域扩大到所有领域的行贿犯罪,向工程招标单位等提供查询200余次。

三、强化对诉讼活动的法律监督,努力维护社会公平正义

顺应人民群众对司法公正的新要求新期待,贯彻落实《辽宁省人民代表大会常务委员会关于加强人民检察院对诉讼活动的法律监督工作的决议》,深入开展"诉讼监督年"活动,突出监督重点,完善监督机制,切实履行对诉讼活动的法律监督职责。

加强对侦查活动和刑事审判活动的监督。重点监督有案不立、有罪不究等问题。对应当立案而不立案的，督促侦查机关依法立案，认真开展刑事审判监督专项检查，着力解决监督不到位等问题，提高监督水平。针对侦查活动和庭审中发现的违法情况，依法履行诉讼监督职责，督促侦查机关、审判机关及时纠正。全年对公安机关、审判机关发出纠正违法意见书28份，所提意见均被采纳。

强化对监外执行罪犯的刑罚执行监督。对监外执行罪犯出现脱、漏管等违法情况进行重点监督并依法提出纠正意见；对不符合法律规定的暂予监外执行决定依法予以纠正。认真履行社区矫正工作法律监督职责，把握重点，大胆实践，积极探索适应旅顺口区社区矫正特点的检察工作方式。

加大对民事审判和行政诉讼的监督力度。在维护司法权威的同时，着力解决人民群众诉讼难的问题，维护人民群众的合法权益，防止矛盾激化。对人民法院600件民商事生效判决案件进行调卷评析，发现程序性问题案件18件并提出纠正意见；发现实体问题案件2件，已向市院提出抗诉，并获支持。

四、加强检察队伍建设，努力提高整体素质和执法水平

坚持以领导干部和执法办案一线人员为重点，严格教育，严格管理，严格监督，努力造就一支政治坚定、业务精通、作风优良、执法公正的高素质检察队伍。

深入开展学习实践科学发展观活动。立足检察实际，突出实践特色，切实解决在执法思想、执法实践中与科学发展观不相适应的问题，把全体检察人员的思想和行动统一到服务科学发展和实现自身科学发展上来，自觉将“执法为民”的检察理念落实到执法办案的实践中。

加强检察业务培训工作。紧密联系检察工作实际，有计划、有重点、分步骤地开展全员培训和岗位练兵活动。以业务骨干和执法办案一线检察官为重点，培训检察人员60余人次。积极支持和鼓励检察人员参加学历教育和专业技能培训。

注重自身反腐倡廉建设。实施检察官职业道德基本准则，弘扬忠诚、公正、清廉、文明的检察职业道德，检察队伍中涌现了一批政治过硬、清正廉洁、执法公正的先进典型，多名干警先后获得“大连市十佳检察官”、“大连市廉洁从检标兵”、“旅顺口区十佳政法干警”、“旅顺口区勤政为民最佳人民公仆”等荣誉称号。

五、自觉接受监督，确保检察权依法正确行使

区检察院始终注重自觉接受人大及其常委会的监督，高度重视人大代表的建议和意见，对代表提出的意见、建议，逐项整改落实。进一步推进人民监督员制度的贯彻落实工作，强化人民监督员对查办职务犯罪工作的监督。大力推行检务公开，认真开展“连心”活动和检察开放日活动，在全区11个街道设立检务公开便民工作站，聘请了11名兼职检察信息员，随时了解和掌握人民群众对检察机关和检察工作的意见、要求和批评建议，增强检察工作透明度。

各位代表，过去的一年，区检察院的各项工作虽然取得了新的进步，但还存在着一些问题和不足。一是法律监督职能作用发挥得还不够充分，不敢监督、不善监督、监督不到位的现象仍然存在，对民事审判、行政诉讼的法律监督与人民群众的要求仍有差距。二是服务大局的水平需要进一步提高。在具体工作中，对如何正确处理好执法办案与服务大局的关系、实现法律效果与社会效果相统一,还缺少深入的探索和研究,办法不够多,效果不够明显。三是检察队伍的专业化水平与新形势新任务的要求还存在不适应之处,缺编较多,警力不足。这些问题,我们将在今后的工作中认真采取措施,逐步加以解决。

2011 年的工作安排

2011 年,区检察院工作的总体思路是:**坚持以科学发展观为指导,坚持社会主义法治理念,坚持"强化法律监督、维护公平正义"的检察工作主题,更加注重服务经济社会科学发展、服务加快转变经济发展方式、服务保障和改善民生,以深入推进社会矛盾化解、社会管理创新、公正廉洁执法为载体,不断强化法律监督,强化自身监督,强化高素质检察队伍建设,努力把检察工作提高到新水平。**

一、紧紧围绕全区工作大局,主动服务经济社会科学发展。把贯彻落实区委全会提出的绿色生态经济区建设同检察工作实际紧密结合起来,努力找准服务经济社会科学发展的切入点和结合点。围绕转变经济发展方式、保障改善民生,认真研究检察工作服务和保障的具体措施。

二、坚持宽严相济的刑事政策,积极推进平安旅顺建设。依法履行批捕、起诉等职责,严厉打击危害国家安全和社会治安、破坏市场经济秩序、危害新农村建设等各类刑事犯罪活动。对轻微犯罪落实依法从宽处理政策。健全矛盾纠纷排查化解等机制,努力服务社会管理创新,积极参与社会治安专项整治活动,深化法律宣传进农村、进学校、进社区、进企业等活动,努力营造良好的社会法制环境。

三、依法查办和积极预防职务犯罪,扎实推进反腐败工作。严肃查办发生在领导机关和领导干部中的滥用职权、贪污贿赂、失职渎职案件和社会保障、劳动就业、征地拆迁、医疗卫生等领域发生的职务犯罪案件。完善侦防一体化工作机制,加强职务犯罪预防,积极向党委、政府、行业主管部门提出预防对策建议,努力从制度上、源头上减少职务犯罪的发生。

四、深化检察改革,确保公正廉洁执法。紧紧抓住影响公正廉洁执法的突出问题和诉讼监督的薄弱环节,认真落实上级检察机关部署的各项改革任务,不断完善抗诉、检察建议、量刑建议等工作机制。进一步加大监督力度,努力维护司法公正。

五、强化内外部监督,努力提高执法公信力。加强执法规范化建设,严格执行执法办案内部监督、执法过错责任追究等制度。大力推进检务公开,健全接受人大监督、民主监督、社会监督机制,切实增强检察工作的透明度。确保严格、规范、文明执法。

六、加强检察队伍建设,全面提升队伍素质和能力。深入开展"发扬传统、坚定信念、执法为民"主题教育实践活动,确保队伍政治方向坚定。切实抓好领导班子建设,努力提升把握检察工作规律和科学决策的能力。扎实开展教育培训活动,加快队伍专业化建设。大力加强职业道德建设,恪守检察职业道德,提升执法公信力,推动检察工作创新发展。

各位代表,2011 年是十二五规划的开局之年。在新的一年里,区检察院将以党的十七大和十七届五中全会精神为指导,全面贯彻落实科学发展观,认真履行法律监督职能,开拓进取,扎实工作,为旅顺绿色生态经济区建设作出新的积极贡献!

旅顺口区人民法院

■概况 2010年,旅顺口区人民法院政法专项编制91人,工勤编4人,实有人数78人。内设政治处、纪检组、执行局、执行一庭、执行二庭、刑事庭、民事一庭、民事二庭、行政庭、审判监督庭、立案庭、铁山法庭、双岛湾法庭、三涧堡法庭、龙王塘法庭、办公室、研究室、监察室、法警大队。全年共受理各类案件4901件,审结4533件,结案率97.7%,与2009年相比略有上升。

■刑事审判 2010年,旅顺口区人民法院依法惩处各类刑事犯罪,维护辖区安全稳定。受理刑事案件282件,审结275件,依法判处各类犯罪分子465人,其中判处五年以上有期徒刑41人。保持对职务犯罪的持续打击态势,加大对财产刑的处罚力度,推进量刑规范化改革,使刑事自由裁量权得到有效规范;对公诉机关起诉的案件严把质量关,加大对刑事附带民事案件的调解力度。

■民事审判 2010年,区人民法院妥善处理民商事纠纷,促进社会经济和谐发展。全年受理民商事案件2782件,审结2498件,诉讼标的总额2.6亿元。一是加强民生案件审理,保障民生权益。对诉讼能力较弱的当事人加强风险提示;对交通事故损害赔偿类案件指导举证,及时释明追加保险公司为被告,减少诉累;对商品房买卖、物业管理、劳动争议等纠纷引发的群体性诉讼案件,采取专设合议庭、动员多方力量努力调解、统一裁判标准避免歧义等方法,避免矛盾激化。二是加强案件调解工作,调解撤诉比例加大,积极化解民间积怨,平息案件纠纷,真正实现案结事了。全年通过调解,撤诉结案1474件,调撤率达到59%;立案环节诉前调解结案139件,调撤率为92.8%。

派出法庭发挥便民优势,不断提高办案效率。开发区法庭和龙王塘法庭不囿于诉讼局限,在辖区经济发展和社会管理工作中,延伸服务出谋划策,为辖区稳定和发展作出了积极的贡献。

■行政审判 2010年,旅顺口区公正处理各类行政纠纷,切实促进依法行政。全年受理行政诉讼案件77件,审结75件。区法院通过司法建议等方式对行政机关的瑕疵性决定进行补正,全年有30余件行政案件经协调撤回起诉,取得了较好的社会效果。

■执行工作 2010年,旅顺口区法院大力解决"执行难"问题,增强社会和谐效果。全年新收执行案件1760件,执结1685件,清理往年执行积案300余件,执结标的总额9200余万元,案件的结案率、执结率和实际到位率三项指标均创历史新高。进一步加强执行规范化管理,落实审执分离,2010年,区法院将所有执行案件统一归口由执行局办理并制订了相关规定,使执行过程更加规范,执行力明显增强,执行威慑效果显现。

■申诉信访 2010年,区法院加强信访工作,维护社会公平正义。严格按照流程办理案件,坚持院长接待日制度,全年接待日常来访300余人次,未发生集体访、非法访等重大上访事件。开展涉诉信访积案的清理工作,在清理出的121件案件中,化解118件,化解率98%。办理区人大转办信访案件28件,办结24件,其中10件重点案件全部办结。7人次进京驻在100余天参加两会接访和省、市法院组织的接访工作。

■司法理念 2010年,旅顺口区法院以社会矛盾化解为目标,司法理念有了新提高。一是提高"为大局服务"意识,切实转变司法理念。改变过去就案办案、机械司法的情况,以"不出现矛盾纠纷"为目标,从全区大局出发,对不属于法院管辖的案件积极献计献策;从人民群众需求出发,案件了结后继续帮助协调,保障群众实现利益。二是拓展审判职能,为社会矛盾化解提供司法服务。积极参与全省法院"千名法官进百企"活动、开设妇女维权法律讲堂、举办庭审观摩等活动。三是落实"为人民司法"宗旨,实现公开、透明、阳光司法。通过与电视台的合作,为人民群众搭建法律服务平台。

■审判管理 2010年,旅顺口区法院以社会管理创新为理念,审判管理有了新举措。一是严格质效考评,不断提高审判质量和效率。二是通过诉讼监督,发现和纠正执法中存在的问题。三是强化便民利民,加强诉讼服务中心建设。

■队伍建设 2010年,区法院以廉洁执法为重点,法官队伍建设取得新成效。一是加强班子和队伍建设。区法院坚持以党组理论中心组学习为载体,通过学习抓党建,以党建带队建,以队建促审判。坚持民主集中制原则,明确岗位职责和工作目标,提高中层干部管理能力。二是深入推进廉洁执法工作。通过廉政制度建设保障法官公正廉洁执法。通过廉政文化建设促使法官保持良好职业操守,开展"法官妈妈"爱心助学等多项活动。三是着力提高干警的综合素质。建立全员定期培训制度,全年有48名法官参加国家、省法官学院和市法官培训中心组织的法官业务培训;60人次参加市法院专题讲座,提升法官的业务素质和司法水平。四是加强与人大代表的联系,主动接受监督。高度重视与人大代表联络工作,定期向人大代表等寄送法院工作信息和简报,通报法院工作中的重大事项和社会关注的热点、焦点案件,邀请人大代表监督视察法院工作,接待人大代表和社会各界旁听庭审10余次100余人,促进了审判工作的进一步发展。

(撰稿人:周欣宇　审核人:周立强)

附录:

大连市旅顺口区人民法院工作报告
——2011年1月6日在旅顺口区第十六届人民代表大会第四次会议上

旅顺口区人民法院院长　周立强

各位代表:

现在,我代表旅顺口区人民法院向大会报告工作,请予审议,并请政协委员和列席会议的同志提出意见。

2010年法院工作回顾

2010年,区法院在区委的正确领导下,在区人大及上级法院的监督、指导下,在区政府、区政协及社会各界的大力支持下,认真贯彻党的十七大精神,坚持"三个至上"指导思想和"为大局服务,为人民司法"工作主题,深入开展"人民法官为人民"主题实践活动,紧紧围绕社会矛盾化解、社会管理创新、公正廉洁执法三项重点工作,忠实履行宪法和法律赋予的职责,各项工作取得了新的成绩。

一、以公正执法为统领,审判工作取得新进展

2010年,区法院牢固树立审判工作服从全区大局和主动服务的意识。全年共受理各类案件4901件,结案4533件,结案率达到97.7%,保证了收结案的良性循环和均衡运转。

(一)依法惩处各类刑事犯罪,维护辖区安全稳定

全年共受理刑事案件282件,结案275件,结案率为97.5%。一是继续贯彻执行宽严相济的刑事政策,依法判处各类犯罪分子465人,比上年增加22.37%,判处五年以上有期徒刑41人,比上年增加46%。加大财产刑的处罚力度,全年判处罚金数额达到106万余元。二是保持对职务犯罪的持续打击态势,全年审理职务犯罪案件13件14人,比上年增加60%。三是推进量刑规范化改革,有涉及19种罪名的100件案件适用规范化量刑,刑事自由裁量权得到有效规范。四是严把案件质量关,对公诉机关起诉的案件改变定性和事实认定的共9件。五是加大调解力度,已审结的106件刑事附带民事案件中有98件调解结案,调解率为92.4%。

(二)妥善处理民商事纠纷,促进社会经济和谐发展

2010年,受理各类民商事纠纷案件2782件,审结2498件,诉讼标的总额为2.6亿元。加强民生案件审理,保障民生权益,维护社会稳定。对诉讼能力较弱的当事人加强风险提示;对交通事故损害赔偿类案件指导举证,及时释明追加保险公司为被告,减少诉累。对商品房买卖、物业管理、劳动争议等纠纷引发的群体性诉讼案件,采取专设合议庭、动员多方力量努力调解、统一裁判标准避免歧义等方法,务求做好案件当事人安抚工作避免矛盾激化。加强案件调解工作,调解撤诉比例加大。继续强调在庭前、庭中、庭后调解工作,化解民间积怨,平息案件纠纷,真正实现案结事了。全年通过调解、撤诉结案1474件,调撤率达到59%。立案环节诉前调解结案139件,调撤率为92.8%。发挥派出法庭

便民优势,不断提高办案效率。通过整合审判力量,各法庭审理民事案件数量显著增加;开发区法庭和龙王塘法庭不囿于诉讼局限,在辖区经济发展和社会管理工作中,延伸服务出谋划策,得到辖区群众的认可。

(三)公正处理各类行政纠纷,切实促进依法行政

始终把坚持司法公正、保护行政相对人的合法权益与维护行政机关的执法尊严有机结合起来,坚持监督与支持并重的原则。2010年,受理行政诉讼案件77件,审结75件,既不致使行政相对人的合法权益受到侵害,又尊重行政行为的既决力。继续推进行政协调工作,通过司法建议帮助行政机关补正瑕疵。全年有30余件行政案件经协调撤回起诉,取得了较好的效果。

(四)大力解决“执行难”问题,增强社会和谐效果

继续加大执行力度,提高实际执行率。清理往年执行积案300余件。执行案件做到“四个穷尽”,并对拟中止执行的案件做到“五个到位”,保证执行效果。2010年新收执行案件1760件,执结1685件,执结标的总额9200余万元,案件的结案率、执结率和实际到位率三项指标均创历史新高。

加强执行规范化管理。进一步落实审执分离,2010年,区法院将所有执行案件统一归口由执行局办理。制订《执行款管理规定》、《组织机构代码查询规定》,设立执行日志,使整个执行过程更加规范,有据可查。开展执行文书规范化审查,对本院法律文书中存在的瑕疵提出建议;对其他仲裁文书中存在的问题,通过区人大召开的协调会共同查摆,规范实施。提高团队执行能力,设立执行长制度,以执行长带执行员,明确责任、规范程序,调整后的执行力量明显增强,执行威慑效果显现。

(五)加强信访工作,维护社会公平正义

严格按照流程办理案件,坚持院长接待日制度,全年接待日常来访300余人次,未发生集体访、非法访等重大上访事件。开展涉诉信访积案的清理工作,在清理出的121件案件中,化解118件,化解率98%。办理区人大转办信访案件28件,办结24件,其中10件重点案件全部办结。7人次进京驻在100余天参加两会接访和省、市法院组织的接访工作。

二、以社会矛盾化解为目标,司法理念有了新提高

2010年,我院进一步转变司法理念,突出保障民生和维护社会稳定,以积极能动的司法,践行“为大局服务、为人民司法”的工作主题。

(一)提高“为大局服务”意识,切实转变司法理念

2010年,区法院改变过去就案办案、机械司法的情况,不以“法院没有责任”为标准,而以“不出现矛盾纠纷”为目标,只要全区大局有需要,不是法院管辖的案件也献计献策,积极努力;只要人民群众有要求,案件结了也继续帮助协调,保障群众实现利益。一年来,在涉及破产、拆迁、劳动保险、大项目协调工作及可能对社会稳定带来不良影响等一系列案件或事件的处理中,均取得了良好的社会效果。

(二)拓展审判职能,为社会矛盾化解提供司法服务

积极参与全省法院“千名法官进百企”活动。成立5个工作小组,先后深入到二十余家国有、私营和外资企业,认真调查研究企业的具体情况,提出司法建议,帮助企业提高维权意识和防范法律风险能力。

积极参与综合治理工作。开设妇女维权法律讲堂,让女法官到街道社区、金融机构进行宣讲答疑；举办庭审观摩，让中学生、边防大队和交警大队干警切身了解审判程序、证据标准；组织现场调解和业务培训，帮助基层民调组织提高处理矛盾纠纷的能力。

为弱势群体提供司法救助。对涉及特困群众、农民工等弱势群体案件全部缓收诉讼费，全年共减、缓、免收诉讼费10.4万元。

（三）落实“为人民司法”宗旨，实现公开、透明、阳光司法

深入贯彻《最高人民法院关于司法公开的六项规定》精神，坚持立案、庭审、执行、听证、文书和审务公开。在旅顺电视台《民生零距离》节目中设法官答疑专栏，收集和解答群众最关心的法律问题；在互联网上开设旅顺口区人民法院门户网站，公布开庭公告和接受网上立案；新建数字化审判庭，实现案件庭审的网上直播；实行裁判文书网上公开并逐步推行到全部裁判文书；举办公众体验日活动，开放审判庭、审判员和院长办公室，邀请社区干部参观体验。

三、以社会管理创新为理念，审判管理有了新举措

科学严格的管理是提高审判质量和效率的有效方法和手段，是审判和执行工作的基础和保障。2010年，区法院不断创新和加强审判管理，确保公正高效廉洁司法。

（一）严格质效考评，不断提高审判质量和效率

2010年，区法院严格依照最高人民法院下发的《案件质量评估标准》，完善各项管理。每季度召开案件调度会，分析各项指标变化情况和原因，提高结案率、调撤率、实际执行率；公布、剖析经市院发改的案件，诫勉相关人员，降低发改率、上诉率、申诉率；改变案件受理、审判年中缓、年底紧的状况，保证结案均衡度；采取措施缩短审限内办案时间等等，实现对案件质量效率的良性管理。

（二）通过诉讼监督，发现和纠正执法中存在的问题

结合上级部门开展的诉讼监督年、司法管理年和万案评查活动，抽调法官对1742件案件进行质量检查，占上一年度审、执结案件总数的30.7%。健全评查机制和过错责任追究制度，通过审判监督程序对13件案件进行再审，改判5件；通过“天平工程”，增强审判管理的信息化、科学化、规范化能力，实行网上动态管理，随时发现和纠正执法中存在的问题。

（三）强化便民利民，加强诉讼服务中心建设

继2009年成为立案信访窗口建设先进单位之后，区法院继续完善诉讼中心各项服务功能，“一站式立案”为当事人参与诉讼提供了便利；专设诉讼服务中心出入口，增设特殊服务窗口，改建无障碍通道，增配高素质接待人员，添置复印机、传真机、安检系统等硬件设备，使中心软、硬件功能更加齐备，充分发挥了诉讼服务中心引导诉讼、服务群众的特殊作用。

四、以廉洁执法为重点，法官队伍建设取得新成效

2010年，区法院扎实贯彻省法院开展的七项重点活动，把队伍的廉洁执法工作作为提升司法公信力、维护社会公平正义的根本性工作重点推进。

（一）加强班子和队伍建设

2010年，区法院坚持以党组理论中心组学习为载体，通过学习抓党建，以党建带队建，以队建促审判。坚持民主集中制原则，严格民主生活会制度，经常性地查摆班子中存在的问题，制订整改措施，努力提高班子执政能力及应对复杂工作局面的能力。落实"一岗双责",明确岗位职责和工作目标,提高中层干部管理能力。

(二)深入推进廉洁执法工作

通过廉政制度建设保障法官公正廉洁执法。层层签订责任状,对新任职的中层干部进行集体谈话。听取监督员对法院各项工作的监督意见,设立部门廉政监督员完善内部监督。

通过廉政文化建设促使法官保持良好职业操守。以"岗位廉政教育"为主要内容,开展廉政教育月活动;30名"法官妈妈"承诺每月500元,资助一名重点高中女生直至本科毕业;20余名共青团员定期到特教学校,陪智障学生游戏、学习;在全市法院开展的文化节活动中,获得舞蹈、游泳比赛优胜奖;通过一系列活动,培树起干警们积极向上、正直坚韧的良好情操。

(三)着力提高干警的综合素质

建立全员定期培训制度。全年有48名法官参加国家、省法官学院和市法官培训中心组织的法官业务培训;60人次参加市法院专题讲座,提升法官的业务素质和司法水平。以解决审判质量、审判效率和审判作风问题为目的,开展"无积案、无错案、无违纪、无上访"竞赛活动。围绕民事审判中存在的普遍性、特殊性、疑难性问题,积极参与市法院举办的各类法官论坛,参加全省政法系统论文研讨,全面开展执法大培训活动。改革陪审员管理制度,加强对陪审员的专项教育和业务培训,使人民陪审制度真正发挥应有的作用。

(四)加强与人大代表的联系,主动接受监督

高度重视与人大代表联络工作。定期向人大代表等寄送法院工作信息和简报,通报法院工作中的重大事项和社会关注的热点、焦点案件,邀请人大代表监督视察法院工作,接待人大代表和社会各界旁听庭审10余次100余人,促进了审判工作的进一步发展。

各位代表,过去的一年,区法院工作取得了新进展、新成效,这是党的领导、人大监督和政府、政协及社会各界关心支持的结果。在此,我代表旅顺口区人民法院向各位人大代表、政协委员表示衷心的感谢!

面对新形势、新任务、新要求,我们深知法院工作还存在许多问题和不足。个别审判干部在审判作风方面仍然存在"生冷横硬拖"等问题;少数案件的审判、执行仍然存在质量问题,裁判文书说理性不强、甚至带错出门;部分案件庭审程序不规范、法官庭审驾驭能力不强。今后我们将加大工作力度,重点加以解决。

2011年法院工作安排

各位代表:

2011年,区法院将以邓小平理论、"三个代表"重要思想和科学发展观为指导,坚持"三个至上"工作指导思想,深入贯彻党的十七大精神,紧紧围绕三项重点工作和人民法院"为大局服务,为人民司法"工作主题,紧密结合"人民法官为人民"主题实践活动,发挥各项审判职能,为旅顺绿色经济区建设提供司法保障。

一、公正司法,抓好执法办案第一要务

刑事审判坚持宽严相济刑事政策,努力平衡重点打击和弱化矛盾冲突的关系,继续开展量刑规范化工作。民事审判坚持调解优先原则,重点解决好群体性纠纷,妥善处理好关系民生问题的案件,加大对弱势群体合法权益的保护力度。行政审判坚持协调机制,努力从源头化解矛盾。执行工作坚持联动执行威慑和长效机制,加大执行力度,保障诉讼权益的实现。

二、能动司法,做好社会矛盾化解工作

进一步转变司法理念，突出能动司法在保障民生和维护社会稳定方面的作用，坚持“为大局服务、为人民司法”的工作主题，进一步拓展审判职能，为社会矛盾化解提供司法服务。

三、加强法院管理，打造高素质法官队伍

加强审判业务管理，以公正、效率为核心，完善审判流程体系；加强法官队伍管理，以廉洁、能力为重点，建立目标绩效考评体系；加强司法政务管理，以服务审判为主线，提高决策和服务水平。

四、自觉接受监督，促进审判事业发展

进一步提高自觉接受监督的意识，加强与代表、委员的联络工作，主动、及时向人大报告重要工作部署和重大案件审判执行情况。积极邀请人大代表旁听庭审和视察法院工作，虚心听取人大代表对我院工作的意见和建议，认真接受政协民主监督、新闻媒体监督和人民群众监督，促进法院各项工作全面发展。

各位代表，在新的一年里，区法院决心在区委的正确领导和人大常委会的有力监督下，坚持以社会矛盾化解、社会管理创新、公正廉洁执法三项重点工作为主线，不断增强司法能力，提高司法水平，为旅顺绿色经济区建设作出新的贡献！

名词解释

1. **结案率97.7%**：指2010年12月15日前已开庭案件中结案的比率。

2. **四个穷尽**：穷尽执行程序、穷尽执行措施、穷尽财产线索、穷尽执行方法。

3. **五个到位**：执行措施到位、证据材料到位、法律程序到位、思想疏导工作到位、中止执行案件跟踪到位。

4. **结案均衡度**：评价各月结案率是否均衡，具有说明法院审判工作运行态势的作用。年初松、年底紧是一种不正常的审判运行态势，收结案月月趋于均衡，才是审判工作的良序运行。

5. **能动司法**：就是发挥司法的主观能动性，在审理、裁判案件之外，不断拓展审判职能，以其他方式主动为社会提供司法服务，积极主动地为大局服务，为经济社会发展服务。

旅顺口区人民武装部

■概况　中国人民解放军辽宁省大连市旅顺口区人民武装部，接受大连军分区和旅顺口区委、区政府的双重领导。设军事科、政工科、后勤科三个科室和旅顺口区国防动员委员会办公室、军事设施保护委员会办公室和人民政府征兵办公室。

2010年，旅顺口区人民武装部立足旅顺口区全面开放并纳入辽宁沿海经济带开发开放重点区域的实际，着眼后备力量完成多样化军事任务需求，开拓创新，务求实效，较好地完成了年度各项工作任务，全区后备力量建设实现了平稳较快发展。年内,旅顺口区人民武装部被辽宁省军区评为“正规化建设达标单位”、“军事志编纂工作先进单位”,被大连市评为“征兵工作先进单位”和“国防教育先进单位”;部长王士龙、政委孙长胜被辽宁省军区树为“一对好主官”;得胜街道武装部被辽宁省委、省政府、省军区命名为“模范基层武装部”;武装部长顾红被辽宁省委、省政府、省军区授予“模范基层武装部部长”称号。

■党管武装工作 2010年,旅顺口区区委、区政府严格落实党管武装根本原则和工作制度。区委书记熊博力、副书记段炼、副区长夏德永等领导亲自参加指导武装工作会议、民兵整组工作部署会议等,深入训练场、演习场慰问参训官兵,并现场办公,研究解决国防工程管护和编兵整组工作中遇到的问题,确保了年度各项工作顺利开展。党管武装七项制度在旅顺口区得到较好地贯彻落实,受到了上级党委、政府和军事机关的好评。截至2010年11月底,提请旅顺口区区委常委议军会议研究解决的购置民兵应急分队防护器材、正规化建设、信息化建设经费共计40万元,全部拨付到位。

■党委班子建设 2010年,旅顺口区人民武装部根据党委班子成员变动较大的实际,注重增强了班子的“四力”建设:一是“学习力”。始终坚持把学习实践科学发展观作为首要的政治任务,用党的创新理论武装头脑,为推动科学发展提供强大精神动力。二是“执行力”。坚持“围绕中心、服从大局”,不打折扣地贯彻执行旅顺口区区委、区政府和上级军事机关的指示要求,确保年度各项工作任务的圆满完成。三是“凝聚力”。把贯彻民主集中制原则作为加强党委领导的根本保证,努力把党委班子建成坚强的战斗集体。四是“免疫力”。坚持党管干部、党管党员,严格组织生活制度,定期开展述学、述职和述廉,做到了勤政廉政、兴武为民。

■学习教育活动 2010年,旅顺口区人民武装部严格按照上级的统一部署,制订了详细的政治教育和理论学习计划,较好地开展了以“培育当代革命军人核心价值观”、“学法规、用法规、守法规”、“大力弘扬新风正气,不断提高工作质量”、“深入开展培育当代革命军人核心价值观”、“增强组织观念,严守组织纪律”、“开展绿色交往、纯洁部队风气”、“知责尽责、敬业精业”等学习教育活动,除利用电视电话会议系统全程参加上级组织的教育活动外,还采取集中学习与组织自学相结合的方式,组织干部、职工认真学习三大条令、安全条例及事故防范细则、党委工作条例、政治工作条例等,以及中央军委《关于严肃处理严重违反保密纪律行为的若干规定》、《严密防范网络泄密“十条禁令”》、军区三个法规性文件、《省军区部分制度规定使用手册》等文件和制度,进一步打牢履职尽责的思想基础。

■应急行动准备 2010年初,旅顺口区人民武装部组织了一期全区专武干部集训,13名专武干部全部通过大连市组织的素质考核认证;五期专业分队训练和一期应急分队训练、拉动演练,参训官兵共计579人。对2009年区里拨的22万元专款购买的混凝土切割机、救生抛射器、无齿锯等救援器材进行了针对性训练,确保遇有情况能够有效应对。组织300人(次)的民兵参加了公安部组织的全国应急救援队伍演练。在防汛工作中,积极与区防汛办沟通协调,修订预案,部领导带领军事科的同志,与农林水利局领导一起对铁山甲、寺沟等水库和双岛湾街道大甸子村低洼地段进行现场勘察。在几次大的降水前，旅顺口区人民武装部都及时召集各街道、厂矿和企业武装部长研究部署防汛工作。在“7·16”清污行动中，旅顺口区50名民兵、预备役人员参加了先期的清污行动，随后又按照军分区的要求，落实了300名民兵随时做好执行后续任务的各项准备，在军分区召开的清污和防汛工作总结大会上，旅顺口区人民武装部受到了军分区首长的表扬。另外，按照旅顺口区区委常委议军会议要求，组建了民兵防火分队，投资10余万元购买了消防器材，壮大了全区消防力量。同时，落实了党中央、国务院和中央军委关于“军事机关副职领导担任人防办副主任、人防工作纳入军事部门管理”的政策要求，2010年，旅顺口区人防部门先后投入数亿元用于人防工程建设，大学城人防设施已竣工并投入使用，区人防指挥中心开始建设，提高了全区“平时服务、急时应急、战时应战”的能力。

■国防动员建设 2010年，旅顺口区人民武装部积极利用国防教育日、“八一”建军节、征兵宣传日等时机，在全区范围内进行了深入广泛的《国防动员法》宣传教育活动。11月25日，旅顺口区“国动委”率先在全市进行了《国防动员法》集训，全体成员单位领导及职能办公室人员参加了集训，观看了国防大学王宝教授、省军区王静雨副司令员解读《国防动员法》专题资料片，区委副书记段炼作了重要讲话，为旅顺口区落实《国防动员法》打下了坚实基础。旅顺口区人民武装部坚持“一季征兵四季抓”的工作制度，始终把征兵工作作为一项政治任务和年度工作的重中之重，集中人力、物力、财力，全力保证兵员征集的高质量。成立了由武装部、公安分局、卫生局、教育局、民政局和监察局等部门组成的征兵工作办公室，出色地完成了111名义务兵的征集任务。同时，高标准地完成了45名预备役军官登记、362名预备役士兵登记。一是打牢兵役登记基础。从3月份开始，就深入社区、村屯和院校，掌握适龄青年情况，并积极适应兵员征集主体转变的形势和新的要求，针对大学生征集中出现的新矛盾和新问题，深入辖区内各院校进行调研，摸清各院校大学生的思想底数。二是积极创新宣传方式。加大了征兵宣传的力度，除采取挂标语、发放宣传单、邮寄致适龄青年的一封信等方式外，旅顺口区人民武装部还积极创新方式方法，利用旅顺口区电视台连续三天播放了政委孙长胜的征兵动员讲话；征兵宣传日期间，全区共出动流动宣传车13辆，走遍全区54个宣传点，行程80公里，发放征兵宣传单10000余份，收到了较好的宣传效果，大连新闻给予了报道；另外，还借助公交移动电视、手机短信、网络、大型电子显示屏等现代传媒手段全方位进行宣传。大学生报名参军人数创历年来最高水平，3所高校报名体检129人；辖区报名参军青年中98人具有大专以上学历。三是下大力抓好廉洁征兵。上级廉洁征兵电视电话会议召开后，旅顺口区人民武装部党委高度重视，认真组织学习相关文件，统一思想，提高认识，强化遵规守纪意识。成立了纪检监察办公室，设立举报电话和举报信箱，印发了《廉洁征接兵监督卡》，开展了纪委巡察组巡察等活动，通过严格控制征集指标、严格政审体检、严格接待走访、严格印章表格管理等工作，严把征兵各个关口，从源头上预防不正之风。

■机关正规化建设 按照2010年初大连军分区司令部下发的《关于开展正规化建设达标活动的实施意见》精神，旅顺口区人民武装部党委注重从规范战备、训练、工作、生活秩序入手,高标准抓好机关正规化建设。首先是领导带头。部党委班子成员带头遵守规章制度和各项安全规定,以自己的良好形象,影响和带动正规化建设各项工作的落实。部党委坚持运用法规制度规范党委领导和决策,完善了党委议教、议训和理财等制度。在军分区组织的团级党委书记座谈会上,介绍了这一创新经验。其次是健全制度。修订完善了"一纲十案"和应急处突、反恐维稳等26种预案。在各个社区、企业和学校都设立了信息点,组织78名民兵,担任信息员,初步建起了民兵情报信息网。按要求建立了民兵军事训练档案,规范了外来人员登记、"三室两库"物资出入库登记、印章使用登记等各类记录,制订和完善了《旅顺口区人民武装部值班室(值班)管理规定》、《旅顺口区人民武装部机关功能室管理办法》、《车辆管理规定》等制度,对值班不正规、功能室管理混乱、安全保密意识差等问题予与纠正,提高了武装部正规化建设水平。再次是注重依法行政。坚持把依法开展武装工作作为提升干部素质、提高工作质量的有效途径。在组织士官直招、非公有制企业编兵整组、兵员征集等工作实践中,注重增强人武部机关依法开展和指导工作的能力,持续提高了机关干部的综合素质。

■**国防工程管护** 旅顺口区实施全面开放以来,各类建设项目遍布全区,国防工程管护的问题和矛盾也日益突显出来。为此,2010年旅顺口区人民武装部坚持做到了"两个服务"和"四个依靠"。"两个服务":即服务国防和军队建设需要,服务旅顺口区经济建设需要。"四个依靠":一是依靠区委、区政府;二是依靠依法行政;三是依靠与规划部门建立联合审查机制;四是依靠基层民兵组织和人民群众。区武装部一直把国防工程管护工作作为年度大项工作,摆上议事日程,加大政策宣传力度,选用了政治可靠、思想觉悟高、责任心强、热爱国防事业人员担任基层的国防工程维护管理工作,有效地维护了国防利益,得到了军地领导的肯定。

■**双拥共建工作** 2010年,区武装部着眼于旅顺口区争创第七轮全国、省、市双拥模范城目标,凝聚全社会力量关心支持国防和军队建设,共安置军人子女就学39名,随军家属16名,免费为驻区部队210个家庭、1500余名家属提供计生服务,受到官兵的好评。区武装部还积极协调驻区部队和民兵预备役人员为经济社会发展作贡献。全年共出动车辆60余台次、1100多名现役部队和民兵参加了植树造林、扑火救灾、海上清污等活动。同时,组织所属干部深入50余户群众家中,开展以"访民情、知民意、解民难"为主要内容的"连心"活动,向地方党委传递群众反映的问题和意见建议320余条,协助地方党委政府解决群众提出的困难和问题160余件。积极帮助群众改善工作生活条件,密切了党群关系、干群关系和军民关系。对符合"双管双助"条件的干部、士官家属进行了孕情普查,共有243名家属参加了孕检。

(撰稿人:李全峰　审稿人:杨晓飞)

旅顺口区人民团体

旅顺口区总工会

■概况 2010年,旅顺口区总工会坚持以科学发展观为统领,认真践行“服务职工,服务基层,服务企业”的工作理念,圆满完成2010年确定的各项工作任务,全区工会工作呈现蓬勃发展的崭新局面。

■基层工会组织建设 2010年,区总工会以非公经济组织和工业园区为重点领域,以小型分散企业和农民工为主要对象,通过区域性、行业性工会联合会和联合工会的形式,强力推进工会组建工作。新建基层工会78个,新发展会员1787人,涵盖法人单位143个。2010年底,全区基层工会组织1479家,会员总数70533人,工会组建率和职工入会率均达到95%。年内新成立街道总工会1家,共有街道总工会、开发区总工会6家。在加大工会组建力度的同时,区总工会实行“九清两确定一提高”规范化考核验收。通过考核验收,全区基层工会组织,达到3A等级的125家,占8.4%;2A等级的938家,占63.4%;1A等级的416家,占28.2%,与上年同期相比,递进比例大大提高。2010年9月,在市总工会召开的组织建设经验交流会上,区总工会、旅顺经济开发区总工会、龙头街道总工会分别介绍了经验。区总工会还不断完善考核、评价和激励机制,会同街道党工委先后对全区11个街道工会副主席、主席助理进行考核、评价。积极协调有关部门,解决和落实了街道、局、企业工会干部的各项待遇问题。评选表彰职工之家(小家)102个,先进工会工作者、优秀工会积极分子135人,工会之友25人,模范街道工会、先进街道工会、先进局级工会15家。旅顺吉林敖东集团大连药业股份有限公司,被中华全国总工会授予“模范职工之家”荣誉称号。

■区工会第十五次代表大会 旅顺口区工会第十五次代表大会于2010年10月26日隆重召开。大会选举产生了第十五届委员会委员31名和经审委员会委员7名。郭晶当选为区总工会主席,谢忠成、穆永盛当选为区总工会副主席,经审委员会主任由穆永盛兼任。会议认真总结回顾了十四届委员会以来的工作,确定了今后五年的目标任务。市委常委、市总工会主席汪集刚等市区领导出席会议并讲话,对旅顺工会工作给予高度评价。

■维护职工合法权益 2010年,区总工会制订下发了《行业性工资集体协商实施方案》,创新了《集体合同书》文本,培树了双岛湾街道藻类行业、开发区渔业行业工会先进典型。新签《集体合同书》484份,涵盖企业686家,其中区域性、行业性集体合同书68份,涵盖企业407家。全区共签订集体合同和工资集体协议1154家。双岛湾街道藻类行业、开发区渔业行业工会的经验分别在全总、省总工会现场经验交流会上介绍并推广,双岛湾街道藻类行业工会的经验在《工人日报》头版刊登。突出源头维护职工合法权益,在旅顺世达广场举行第八个“双合同月”大型宣传活动,现场提供法律咨询200多人次,发放《职工维权手册》2万余份;现场组织2个企业签订工资专项集体合同。全年参与处理拖欠职工工资案件9起,为304名职工追回工资269.7万元,协调成功率100%;接待职工来信来访153人次,提供法律咨询276人次,满意率为100%。组织5个企业、84个班组,1168名职工参加大连市“安康杯”竞赛活动,签订劳动安全专项集体合同1200份,安全生产知识普及培训5000人次。为6957名女职工办理安康保险,签订女职工特殊权益保护专项集体合同1024家,发放“女性健康知识手册”2000份,“女职工劳动保护知识问答”1万份。2010年,区总工会被中华全国总工会授予“五五”普法先进单位。全面推进民主管理工作,大连亚明汽车配件有限公司等4家企业、学校,被评为大连市民主管理工作先进单位。调整充实了全区厂务公开领导小组及其工作机构,规范了“五化”标准和四项制度,进行了职代会、厂务公开实名制统计,召开了半年工作推进会,总结推广了大连新飞船机有限公司等6家企业的典型经验。新建区域性、行业性职代会28家,涵盖企业443个,职工2.4万人。目前,全区共建立职代会682家,建制率为94%,建立厂务公开制度670家,建制率为91%。2010年9月,大连市厂务公开领导小组来本区检查,对本区民主管理工作给予高度评价。新飞船机有限公司工会在全市厂务公开经验交流会上作大会发言。

■群众性经济技术创新活动 2010年,以创建“工人先锋号”为载体,在车间、工段、班组普遍开展经济技术创新活动,涌现出大连市“工人先锋号”4个,并为他们授匾挂牌。活动中,提出各种合理化建议5000多条,完成技术攻关、技术协作项目200多个,创造和节约价值800多万元。得胜街道长兴社区被评为大连市学习型单位,大连四方电泵有限公司设计科等4个班组被评为大连市学习型班组。3名职工被评为王亮式知识型职工,其中1名职工被评为十佳王亮式知识型职工。区总工会还大力加强企业文化和职工文化建设,向20多家企业的“职工书屋”赠送图书6000多册,价值3万余元。新增大连市优秀职工书屋示范点、自建点各1个。开展“书香旅顺”读书节和各项文化体育活动,进一步丰富了职工的精神文化生活。组织职工参加市总工会第七届职工体育运动大会,获优秀组织奖。涌现出大连市职工特色文化示范基地5个,职工福利设施建设模范单位4个。召开了2008—2009年度劳模表彰大会,劳模奖金由1000元增加到3000元。无论领导重视、会议规模,还是劳模阵容,资金投入,都是历年来效果最好的一次。特别是有2人获全国劳模,打破了工口30年来没有全国劳模的局面。

■困难职工帮扶工作 2010年,在区帮扶中心实现省总“三星级”达标的基础上,在街道、社区(村)开展“星级”达标活动。11个街道全部建立了困难职工帮扶站。一、重新调整区帮扶中心工作人员。在社会上公开招聘3名本科大学生,使区帮扶中心工作又有新的发展。创建了帮扶月报、月用工洽谈会。新增爱心医院1个,爱心医院、爱心药店发展到6个。2010年6月,市人大、市政协领导视察区帮扶中心给予高度评价。二、精心打造帮扶工作品牌。2010

年“两节”期间，在工会大楼门前举行了“五大关爱行动”启动仪式，区人大、区政协领导及各界群众代表200多人参加。现场向各街道帮扶站发放救助金和米面油，总计达50多万元；现场向4名创业带头人发放无息小额借款100万元；现场向旅顺迎春街燃气爆炸的234户居民发放生活用品价值3万多元；现场向3家医院义诊小分队授旗。这次帮扶活动，投入资金多，救助人数多，活动内容多，帮扶形式多，社会影响大，呈现新亮点。三、开展“金秋助学”活动。为40名贫困大学生发放助学金8.2万元。免费为5个企业的256名女职工进行健康检查。免费为12名白内障患者去沈阳进行手术治疗，使他们重见光明。走访慰问20名生活困难劳模，发放救助金5万多元。组织全区广大职工为青海玉树地震灾区捐款65.6万元。四、注重学习培训和安置就业。发布用工信息1万条，提供就业岗位2万个，举办各种形式用工洽谈会9次，实名制安置就业1571人。成立大连工人大学旅顺分院并挂牌办学，29名农民工大学生已经开始为期二年半的免费学习。为方便农民工大学生学习，投入12万元，购买了30台电脑。举办2期家政服务培训班，培训200名学员，全部取得国家统一颁发的职业资格证书，并与大连好阿姨家政服务公司签订用工合同，全员推荐上岗，实现了培训、安置一条龙服务。

■机关建设 2010年，通过开展创先争优和连心活动，区总工会全体机关干部深入职工、深入基层、深入企业，在“三深入”中谋求“三服务”，全区工会工作特点鲜明，亮点纷呈。机关整体工作跃上新水平。举办了基层工会干部培训班和财务人员培训班，全年获得市总评定2项创新、创优工作成果，报送调研报告12篇，在区以上新闻媒体发表稿件40篇，发行旅顺工会信息20期。文书档案工作规范有序，老干部工作令人称道。工会经费税务代收、财政划拨力度加大，成效明显。工会经审工作进一步强化，工会资产稳步增长。

（撰稿人：丁　杰　审稿人：郭　晶）

共青团旅顺口区委员会

■概况 2010年，旅顺口区有直属团(工)委42个，直属总支、支部4个，支部564个，青少年6.3万人，其中青年3.2万人，团员11328人。共青团旅顺口区委员会(以下简称团区委)带领全区团员青年紧紧围绕区委、区政府中心工作，求真务实，开拓进取，为实现旅顺科学发展示范区建设的新突破贡献青春、智慧和力量。

■思想政治工作 2010年，全区召开纪念“五四”运动91周年暨“十佳两优两先”表彰大会，区委副书记段炼、团市委副书记李大民、区政府副区长张文哲、区政协副主席崔岩、团市委县区部部长张宪峰参加了会议。会上评选表彰了全区十佳学习型团组织、十佳青年文明号标兵、十佳青年志愿者队组、十佳青年岗位能手、十佳青年致富带头人、十佳外来务工青年以及“两优两先”等141个先进单位和183名优秀个人。“五四”期间，全区开展纪念性活动100项，切实加强了团员意识教育，增强青少年对共青团的归属感。深入推进争当“四好少年”活动，全区31所学校开展了形式多样的实践活动，使全区近万名少先队员了解争当“四好少年”的意义，覆盖率达到98%。全面推行素质教育，丰富学生的文化生活，深入开展“旅顺情、中国人、世界观”主题活动。启动了“外籍辅导员进校园活动”，为各街道、村级小学配送外籍辅导员，通过与外籍辅导员一起学习和相互交流,提高学生的外语交流水平,拓宽学生的国际视野,营造了一个良好的英语学习氛围。

■组织青年投身经济建设 2010年,旅顺口区全面推进了"青春建功新农村"活动,依托青年产业合作社、蔬菜产销合作社、青年中心等阵地,开展了大规模农业实用技术培训,举办实用技术培训6次,培训学员400余人。积极引导青年就业创业,成立了大连市首家YBC区域性服务站,举办了为期4天的YBC创业青年培训班,148名创业青年参加了培训班,21名青年提交了创业项目计划书。成立了YBC旅顺创业青年俱乐部。5月18日,辽宁省青年创业基金会理事长徐文才到旅顺口区调研,实地考察YBC计划进展情况,并给予高度评价。组织开展"千团帮千户,青春促和谐"主题实践活动,向2010年春节期间不能回家的部分外来务工青年代表赠送了7000元IP长途电话卡、100份《中国青年报》和100份《中国共青团》杂志等三份新年礼物,表达了团组织对广大青年的亲切问候。

■组织青年参与和谐社会建设 2010年,全区扎实开展学雷锋主题教育活动,组织开展了学雷锋集中行动日活动,内容包括"学雷锋、送岗位"用工信息咨询会、雷锋图片展、便民服务活动、相关业务咨询和医疗项目服务等一系列便民活动。举办了"青春的交响"主题音乐会,现场演奏了《红旗颂》等10余首曲目。大力推进青年文明号评选表彰,推广青年文明号信用公约,制订出台《旅顺口区青年文明号工作目标考核标准》,全年评选出区级十佳青年文明号10家,推荐市级青年文明号5家。扎实开展五进乡活动,以"五进乡"活动为载体,以文体活动、红色时尚、科技服务、法律宣传、典型表彰进乡为主要活动内容,全面活跃基层团组织活动,开展各项活动20多项,参与青年1000余人次。

■弱势群体帮扶 2010年,旅顺口区团委以《宪法》、《义务教育法》、《未成年人保护法》、《预防未成年人犯罪法》、《交通安全条例》、《环境保护法》等与青少年密切相关的法律法规为主要内容,通过"两会"(班会、校会)、"两活动"(团队活动、课外活动)、"两进"(送法进校园、进社区)等形式,面向在校学生、社区未成年人、进城务工青年,尤其是闲散青少年开展形式多样的法制宣传教育活动,推动未成年人学法懂法。仅5月9日综合治理集中宣传日当天,就下发修订版"未保法"1000余份。继年初在青少年中播放法制教育片之后又与区法院联系,组织部分学校师生现场观摩庭审,并通过组建各校的少年模拟法庭,强化青少年遵纪守法意识。

■基层组织建设 2010年,旅顺口区健全党建带团建工作机制,加大两新组织团建工作力度,下发了《旅顺口区团建指导员制度的通知》和《旅顺口区"两新"组织"三好"团支部创建活动的通知》,建立了团区委委员联系点制度,为区级示范性"两新"团组织配指导、配培训、配活动、配资金,新建两新团组织58家,撤销46家,全区已建有健康运转的两新团组织145家,其中31家两新团组织荣获大连市三好团支部荣誉称号。完成三家(旅顺日俄监狱旧址博物馆团支部、旅顺城市管理行政执法局、龙头街道团工委)团委的换届选举任免工作。举办了旅顺口区团干部培训班,70多名团支部书记参加了培训,培训班设置了法律、经济、全域城市化进程、区情介绍等课题和内容,邀请了市委党校吴高飞教授、东北财经大学王玉霞教授、区检察院反贪局孙春升局长、区发展和改革局陈维忠副局长等为学员授课，团干部就此进行了深入的探讨和交流。此外，团干部还到长兴岛进行了参观考察，进一步开阔了视野。

■**旅顺口区青年联合会** 2010年，区青联组织开展了青联委员“爱心结对”活动，142名青联委员与区内142名贫困学生结成帮扶对子，为贫困学生提供助学款物价值3万余元。继续组织开展青联委员爱心帮扶活动，发放爱心蛋奶650份。积极参与经济建设，有4名青联委员企业成立了青年创业就业见习基地，26名青联委员单位成立了团组织，1名青联委员入选市青年创业导师团，7名青联委员当选全区十佳青年致富带头人。加强地域活动联络，以街道为单位建立了青年联合会地域联络组，全年各界别、地域组活动累计60余次，进一步加强了委员间的学习交流，密切了委员间的友谊和联系。各界委员以强烈的事业心和使命感，在各自的岗位上争当本行业、本部门的排头兵，远健委员被评为大连市十大农村青年致富带头人。

■**共青团旅顺口区第十七次代表大会** 共青团旅顺口区第十六届委员会任期届满，按照《中国共产主义青年团章程》和《中国共产主义青年团地方各级代表大会组织选举规则(暂行)》的规定，团区委全委会讨论研究，经请示区委和团市委同意，2010年10月8日上午在区政府第一会议室召开了共青团旅顺口区第十七次团员代表大会。本次团代会代表由团干部、团员代表组成，采取无记名投票和差额选举的办法选举产生正式代表141人，占全区团员总数的1.81%。列席代表11人。代表中：团干部41人，占代表总数的29.08%；共青团员64人，占代表总数的45.39%；中共党员(含预备党员)75人，占代表总数的53.19%；女代表64人，占代表总数的45.39%；少数民族代表7人，占代表总数的4.96%；先进模范人物、先进集体代表92人，占66.19%；大专以上文化程度的113人，占80.14%；代表平均年龄为26.72岁。区委书记熊博力、团市委书记赵宏、区人大常委会主任杨伸、区政府区长惠凯、区政协主席刘永斌等领导参加了会议。会上，李宝升同志代表共青团旅顺口区第十六届委员会作了题为《牢记使命 锐意进取 团结带领全区团员青年为旅顺实现科学发展新跨越而努力奋斗》的工作报告，区妇联主席丛霞代表群团部门致贺词，团市委书记赵宏和区委副书记段炼在会上作了重要讲话。在委员、候补委员选举中，大会应到代表141名，实到代表136名，经与会代表充分酝酿讨论，大会主席团确定正式委员候选人32名，候补委员6名，其中委员选举后三名差额列入候补委员，候补委员候选人共计9名。根据本次团代会《选举办法》有关规定，选举产生29位同志为共青团旅顺口区第十七届委员会委员，8名同志当选为共青团旅顺口区第十七届委员会候补委员。审议并通过了共青团大连市旅顺口区第十六届委员会工作报告。在常委、副书记、书记选举中，共青团旅顺口区第十七届委员会第一次全体会议于2010年10月8日召开，本次会议应到委员29名，实到委员29名，根据十七届一次全会《选举办法》有关规定，以无记名投票差额选举方式，选举王飞、李宝升、邹庆华、张胜君、贾囡五名同志为共青团旅顺口区第十七届委员会常委。以无记名投票等额选举方式，选举王飞、贾囡两名同志为共青团旅顺口区第十七届委员会副书记。以无记名投票等额选举方式，选举李宝升为共青团旅顺口区第十七届委员会书记。

■旅顺口区少年宫 2010年,旅顺少年宫开设了钢琴、小提琴、手风琴、电子琴、吉它、长笛、萨克斯、古筝、琵琶、二胡、竹笛、葫芦丝、声乐、舞蹈、英语、语言、书法、美术共18个科目的培训班。全年培训学员730人次。将办学活动点深入到基层学校,同基层学校联合进行义务辅导培训活动,在人力物力方面积极支持学校"三队"建设。每周一至周五,选择优秀专业教师深入到社区和中小学校进行指导,开展免费培训和义务指导、排练活动。全年少年宫免费、半费培训学员70人,占招生总人数的15%。2010年,旅顺少年宫组织开展了大量的公益性演出活动,全年参加社会各类公益性演出11场,参与活动学员1200余人次。舞蹈《漂儿飘呀飘》参加辽宁省第十五届群星奖舞蹈比赛,荣获金奖。《魅力旅顺口、欢乐中国行》在大连医科大学体育场内盛大开幕,旅顺少年宫的少儿舞蹈《送海灯》应邀参加了这场盛会,该舞蹈在文化部2007年第十四届全国群星奖舞蹈比赛中荣获金奖,此节目也是《魅力旅顺口、欢乐中国行》活动中的唯一本土节目。

(撰稿人:王 飞 审稿人:李宝升)

旅顺口区妇女联合会

■概况 2010年,区妇联全面贯彻落实科学发展观,深入开展创先争优活动,充分发挥妇联组织联系妇女、服务妇女、教育妇女、维护妇女儿童合法权益的作用,创造性的开展了各项工作,使广大妇女在参与社会经济建设、维护社会和谐稳定中作出了新贡献。

■深入开展创先争优活动 2010年,区妇联紧紧围绕妇女儿童工作任务,开展"争创先进妇联基层组织、争当优秀妇联干部"的主题活动,充分发挥妇联组织服务群众、凝聚人心、促进和谐的重要作用,力求做到"五个好"。高起点、高标准谋划妇女儿童工作,以"连心"活动为抓手,联系对象向老妇联干部和女企业家延伸。全区各级妇联干部共走访家庭1360户,走访企业330家,为妇女群众解决困难154件,协调解决问题16件,直接或间接化解信访案件56件,得到群众一致好评。

■"双学双比"活动 2010年,区妇联多渠道深化"双学双比"活动。抓科技培训,提高农村妇女科技文化素质。紧紧围绕科技兴农和农业农村现代化的要求,引导帮助农村妇女转变观念,联合有关部门举办网上致富等各类农业实用技术培训121期,受训妇女6000余人;抓资金扶持,促进农村妇女摆脱贫困,增收致富。以"关爱母亲行动"项目资金为依托,继续设立创业富民和特困母亲救助循环金,2010年共发放循环金15万元;抓"巾帼示范村"建设,推进农村妇女参与新农村建设。按照市级"巾帼示范村"创建标准,全年区妇联新确立了8个"巾帼示范村",争取市"巾帼示范村"以奖代补资金23.5万元,有5名农村妇女被评为区"都市农业"先进工作者,13名农村妇女和5个集体受到市政府表彰,丛荣莲被评为第三届"大连市十大农民女状元"。

■"巾帼建功"活动 2010年,区妇联与区人社局等单位联合,采取多种有效方式培训下岗失业妇女1700余人次,新建巾帼手工编织、创就业和妇字号基地12个,通过招聘会、推荐等方式协调安置下岗、失业妇女就业266人次,解决了下岗女工再就业难题。为22名下岗失业妇女办理小额担保贷款110万元。争取省、市创就业项目循环金6万元。在大连市巾帼建功20年总结表彰会上，旅顺经济开发区等全区7个集体分别被评为大连市创就业示范基地等各类荣誉称号，3人被授予大连市“十大巾帼创业带头人标兵”等荣誉称号。

■文明家庭建设 2010年，区妇联继续深化“文明家庭”创建活动，开展了以“低碳家庭时尚生活”为主题的文明家庭创建活动。组织全区400余户家庭参与了福临门杯“低碳家庭时尚生活”知识竞赛。与区关工委、中小学校等联合开展低碳、绿色、环保家庭小创造、小发明征集活动，征集到低碳、环保、绿色的金点子103条，小发明、小创造作品32件。低碳小笔筒、多功能挂衣架等作品被选送到市妇联参展，其中由长城街道选送的“扇风摇椅”还获得了国家知识产权局颁发的专利证书。旅顺经济开发区张锡宏家庭因在低碳活动中表现突出，被推选为全国低碳生活创新明星家庭。

■维权工作 2010年，区妇联按照上级部门的部署，注重整合资源，继续深入开展“平安家庭”创建工作，制订下发了《旅顺口区“平安家庭”创建工作要点》，与区综治办等部门联合，开展法律宣传活动，提升了妇女维权工作的专业性、权威性及妇女维权意识，开通了12338妇女维权公益服务热线，为广大妇女提供便捷高效的咨询服务。全年共发放各类普法宣传资料3.5万份，举办法律知识竞赛17场，举办各类讲座52次，接待来电来访15件次，全部落到实处。根据省市妇联的要求，4月，区妇联与区综治办密切配合，按照“六有四统一”的省级创建标准，先后创建了4个省级，7个区级示范工作站，全面推进了维权工作的规范化进程。在创建过程中，区妇联与各单位密切配合，做好指导工作，保证创建一个达标一个，进一步推进全区妇女维权工作向标准化、服务化迈进。

■民生工程 2010年，区妇联与张玫女士合作，由其出资30万元，设立“张玫关爱母亲”项目，用于帮扶老年贫困妇联干部和低收入贫困妇女。1. 开展贫困妇女救助活动。春节期间，协调资金5.1万元，对全区124名贫困妇女和妇联干部实施救助；母亲节期间，为全区1654户特困母亲家庭送去总计5万元的救助金。2. 关注女性健康。为全区妇联干部免费赠送妇科大病保险，组织女企业家及广大妇女开展了广泛的妇女健康普查活动，保障了女性的健康。3. 深化“儿童阳光工程”。对旅顺经济开发区中心小学原有的集中小学生心理健康维护、学习、研究、实验、示范五位一体的现代化健康心理养成处所“阳光驿站”进行进一步的完善和深化，在市妇联争取资金5.2万元，用以“阳光驿站”的改进和活动的开展，更好的关注青少年健康发展。

■基层组织建设 2010年，区妇联贯彻落实省市妇联关于加强基层组织建设有关工作要求、进一步筑牢妇联基层组织建设根基、力推基层组织作用发挥，基层妇联组织建设工作进一步加强。

推动女性进村“两委”。根据省、市妇联要求，结合村委会换届工作，区妇联将推动女性进村“两委”作为2010年妇联基层组织建设工作的重点，为女性进村“两委”创造条件。主要从四个方面入手：一是争取党委重视，坚持源头参与。二是主动协调沟通，加强组织保障。三是做好调查摸底，推动政策落实。四是积极宣传引导，营造良好氛围。

加强妇联干部专项培训。一是举办基层妇联干部培训班。为切实提高基层妇联干部的综合素质，特别是迅速提高村“两委”换届后新妇联干部的综合素质,增强履职能力,区妇联适时在区党校举办了基层妇联干部培训班,有128名妇联干部参加了培训。二是组织区妇联机关干部、部分街道、村妇联干部到上海参加了市妇联组织的培训班,开阔了眼界。三是选送2名村妇代会主任参加了省妇联干部培训班。

■宣传工作 2010年是“三八”国际劳动妇女节100周年。区妇联隆重召开纪念大会。表彰了2008—2009年全区妇联系统先进集体、先进个人,树立了“十大女杰”、“十佳经济女性”、“特色家庭”、“三八”红旗手(集体)、妇联系统先进工作者(集体)、“巾帼示范村”等一大批先进典型;对旅顺解放以来在各条战线作出突出贡献的23位女性授予了“岗位贡献奖”。

营造“巾帼百年”强大的宣传氛围。利用三月份近一个月的时间,围绕妇联基层组织建设、巾帼示范村创建、文明家庭创建、维权工作、巾帼文明岗、为妇女群众办实事等工作,制作了六个专题;围绕“巾帼百年”主题,拍摄了四位优秀妇女代表人物专题,在旅顺电视台、电台新闻节目“巾帼风采”栏目播出。在《旅顺口》报开辟专版,宣传百年妇运、百年妇女发展成就、优秀女性先进事迹和区妇联组织的品牌工作。

(撰稿人:孙 丹 审稿人:程双凤)

旅顺口区科学技术协会

■概况 2010年,旅顺口区科学技术协会(以下简称区科协)坚持“突出创新,搭建平台,重点跨越”的工作方针,深入贯彻落实党的十七届五中全会精神和《全民科学素质行动计划纲要》,大力实施六项科技科普支撑服务工程,推动了全区科协事业的创新和发展,使科协工作呈现出良好的发展态势。

■科普惠农兴村计划 2010年,区科协建立旅顺口区“科普惠农兴村计划”项目库,筛选优势项目。经科协申报和推荐,大连绿鑫果蔬专业技术协会科普示范基地被中国科协、财政部授予“全国科普示范基地”称号和“科普惠农兴村计划”项目获资金20万元。组织2个全国科普惠农示范单位,参加“2010年中国杨凌农业高新科技成果博览会”,并向全国推介科普惠农兴村的成功经验。同时还加大全区重点农村专业技术协会、示范基地、科普带头人的指导和管理力度,有针对性地引导和扶持农村专业技术协会和科普示范基地、科普带头人参与各种科普活动,通过科普的手段推广先进技术、普及科学理念,提高农民科学种田水平和生产劳动技能,引导广大农民科技致富,养成科学文明健康的生产生活方式。

■农村科普“站栏员”建设工程 2010年,区科协努力提高“站栏员”管理水平,加大督察力度,创新工作方式,健全工作管理运行和奖惩机制。继续加大投资力度,对双岛湾街道山头村、开发区三羊村等村级科普活动站设施进行了更新和补充。在市科协管护资金未下拨前,自行多方筹集宣传栏专项维护资金近3万余元,对全区所有宣传栏设施进行了全面的完善和维护,“站栏员”效用得到进一步增强。

■农村科普视频服务工程 2010年,区科协完善和拓宽了区、街道、村、园区四级联动的科普视频服务体系和管理运行机制,调整了视频专家服务队伍,加大对重点示范视频点扶持力度,延伸和拓展视频的服务领域,市区及村三级共投资6万余元,将绿鑫科普示范基地原先建在村里的视频点，延伸建到了农业生产园区，进了温室大棚，实现了专家远程对大棚内农作物视频监控，提高科普视频服务水平，为全区农民生产提供科技保障，区科普视频工作成果和经验，先后在央视七台和省市电视台、网络等多家媒体进行了报道，并获得上级科协的高度肯定，工作经验已向全市推广。

■科普品牌系列活动　2010年，区科协紧紧围绕四类重点人群科学素质的提高，积极拓宽工作思路，创新工作方法，积极整合社会资源，精心打造“科技活动周”“全国科普日”等系列科普品牌活动。成功举办了以“倡导创新精神、健康生活、低碳发展，促进旅顺科学发展示范区建设”为主题区第十届科技活动周；举办了“旅顺口区2010年全国科普日暨低碳生活宣传活动”和“大连·旅顺科协年会暨‘生活与环保’科普专题报告会”；承办了大连市以“提高农民科学素质 科技助推农业生产”为主题的第二十三届科普之冬活动。这些主题活动充分体现了科普群众性和社会影响力，达到了实际、实用、实效的活动目的，使全区的科普工作水平得到有力提升。

■青少年科普工作　2010年，区科协为进一步提高全区青少年科学素质，培养他们的创新意识和创新能力，协同区科技局、区委宣传部、区教育局、团区委和大连市青少年科技发展有限公司等部门在全区青少年中开展“创新之星”科技创新大赛；会同教育局在全区各学校举行“科技伴我成长，创新给我力量”系列活动，举办了校园科技文化节、青少年科技知识大赛、科技创新大赛、科技成果展、科普基地参观、科技特色网站开通等各具特色丰富多彩的校园科普活动近百场；组织参加国家、省、市举办的青少年科技创新大赛等项活动，取得了优秀成果，其中获得国家奖项的22项，省级奖项的222项。通过这些活动的开展，提高青少年的科技兴趣和创新意识，为培养科技创新型人才奠定基础。

■科普基地设施建设　2010年，区科协积极与区科技局配合，坚持以实施《全民科学素质行动计划纲要》为总抓手，紧紧围绕四类重点人群科学素质的提高，注重建立和完善科普资源共建共享联合机制。在管好用好现有科普资源的基础上，不断开发整合形成新的科普资源，努力实现科普工作社会化。进一步加大科普教育基地的创建力度，发展和培育了一批省、市和区级科普教育基地，使科普教育基地建设上层次，出亮点。在高科技企业、农业示范园等单位大力支持下，各单位以优质展教资源与社会共享，新建2处市级和4处区级科普基地，使全区省、市、区级科普教育基地达到11处，其中省级1处，市级3处，区级7处。在科技周、全国科普日活动期间，全区科普教育基地全部免费向群众开放。通过不断建设、拓展、巩固各类科普资源，深入挖掘、充分发挥资源优势，为全民科学素质的提升，特别是为提高广大青少年的科学文化素质搭建了科普教育平台，为全区科普工作开展奠定了良好基础。

■科普进社区活动　2010年，区科协根据旅顺的特点和实际，在城区社区开展了创建“科普益民示范社区”活动，将利用三年的时间全面完成13个社区的创建工作。通过以创建“科普益民示范社区”活动为载体，进一步推进社区科普活动。以创建为契机，积极完善社区科普设施建设、科普专兼职和志愿者队伍建设以及科普网络建设。丰富了科普活动内容，提高了社区群众科学意识和科学素质。

■自身建设 2010年,区科协党组着重在巩固和拓展多年开展的干部作风建设工作成果上下工夫,以全区开展的"创先争优"、"连心"等活动为契机,始终把加强班子建设、干部队伍建设和廉政建设以及转变工作作风作为科协系统自身建设的重要任务常抓不懈,积极创建学习型、廉洁型、服务型、创新型领导班子,增强班子和队伍的战斗力、创造力,并取得了明显的成效。建立多层面的科普队伍,不断壮大科普人才规模。充实和壮大社区科普志愿者队伍,建立了一支专群结合的科普志愿者队伍。区科协被评为2010年度市科协先进单位。

(撰稿人:闫国民 审稿人:董克伟)

旅顺口区工商业联合会
旅顺口区贸易促进委员会

■概况 大连市旅顺口区工商业联合会(下称区工商联)、贸易促进委员会(下称区贸促会)在职工作人员8人,工商联主席兼贸促会常务副会长(主持日常工作),两会设专职副主席(副会长)一人,秘书长一人,党组书记一人(统战部副部长兼任),内设经济贸易科和综合科。工商联会员总数1560个,主要涉及船舶配套、机械制造、建筑、服务等近60个行业,其中企业会员991家,个体会员568人,团体会员1个,会员中人大代表52人,政协委员81人;第九届执委会委员45人,领导成员班子中,非公有制经济代表人士分别占执委和副主席总人数的80%,具有较为明显的广泛性和代表性;市联执常委16人,其中人大代表3人,政协委员7人,占总数的63%。拥有1个经济开发区商会和10个街道商会及1个异地商会(旅顺温州商会)。

2010年,区委两次调整了区工商联、贸促会领导班子,新班子上任伊始,即认真对照《政府工作报告》年度工作目标和区委、区政府的重要部署,抓实事求实效,围绕五大职能作用的发挥,着力打造四大工程、搭建六大平台、提高五种能力,为打造沿海绿色经济区和推进全域城市化做出了积极而务实的努力。

■参政议政 调查研究、参政议政是工商联的基本职能,更是政治优势。2010年,区工商联充分发挥在非公有制经济人士参与政治和社会事务中的主渠道作用,通过政企对话平台将新的政策法规、会议精神和工作部署及时准确地传达给非公有制经济人士,并将非公有制经济人士的意见、建议和合理诉求反映给有关单位和部门,并积极协调有关部门切实帮助解决影响企业健康发展的难点问题。年初"两会(人大、政协会议)"期间,围绕以经济建设为中心,组织非公有制经济人士开展调研,建言献策,工商联界别的政协委员和人大代表提交经济类团体提案2件,个人提案30件。推荐6名企业家入选区政协委员,给他们应有的政治待遇。同时,广泛畅通建言渠道,通过文件传阅、召开各种会议以及经贸洽谈会等形式,进一步加强机关干部、执委、会员间的沟通与了解,促使参政议政渠道更加畅通,确保大家认识的提高和思想的统一。8月,在全区企业界广泛开展"我与企业共发展 我为旅顺献良策"为主题的建言献策活动,共上报征文38篇。一方面了解企业呼声,有效解决制约当前非公有制经济发展的瓶颈问题;另一方面为本区"十二五"规划的编制提供参考,为企业进一步争取政策支持。

■经济服务 2010年,工商联、贸促会围绕全区经济工作,充分发挥在政府管理非公有制经济方面的助手作用，有效运用在经济交流、国内外展洽方面的优势，以民间外交不断拓展同各地工商联、贸促会、行业协会以及国外商会组织的联络与沟通，走出一条“一个会员一帮友、一个商会一批商”的“以会招商、以商引商”的发展新路。

以会为媒，加强推介。8 月 4 日至 11 日，由区工商联牵头，协同相关部门、街道主要领导一行 13 人，应邀参加了大连市政府、市贸促会与台北世贸中心联合主办的“台北—大连经贸洽谈会”。代表团出访目标明确，一切围绕项目，深入开展区情推介、考察洽谈等活动。在互利互赢的基础上，促成大连世达集团有限公司与台湾福禄贝尔国际文教机构合作正式签约；旅顺绿晨果蔬有限公司与台湾三益集团公司在旅顺三涧堡街道建立兰花种植基地；旅顺经济开发区大显精密轴有限公司与台湾晶元电子、力基电子有限公司就合作生产汽车 LED 达成意向。2010 年底，促成的旅顺经济开发区大显精密轴与台湾晶元电子、力基电子的汽车 LED 项目已正式投产；台湾福禄贝尔文教机构的国际双语幼儿园在大连隆重开园；与日本合作引进的根麦萌芽米国际研发有限公司发展前景喜人；引荐光大安石集团与同昌盛业合作开发的喜洋洋文化产业项目及台湾力宝集团在旅顺兴建的五星级酒店项目开始洽谈。

以访为媒，促进交流。9 月 23 日至 10 月 3 日，应洛杉矶商会、加拿大亚太经贸发展委的邀请，由本会牵头组织 14 名优秀纳税企业高级管理人员赴美国、加拿大进行商务考察，并就双方感兴趣的项目进行实质性洽谈。在深入学习美国、加拿大民间商会在安商富商、加强国际经贸交流、促进地区经济发展等方面发挥的重要作用基础上，对丰富旅顺口区工商联、贸促会服务领域，探索为企业服务的新思路、新方法提供了有益的启示，并在此基础上提出旅顺物流业发展及直升机旅游业的几点建议，得到相关领导高度重视。

以展为媒，打响品牌。会展业已成为大连市新的经济增长点，区贸促会把会展工作作为重要的招商平台，组织企业积极参与，提高会展营销理念。2010 年连续组织多家企业参加“大连—日本北海道经贸对接洽谈会”和第三届、第四届大连市出口企业产品展销会、重庆“渝洽会”及“2010 年大连中日贸易投资展示洽谈会”，以此为平台，积极宣传旅顺口区的区位优势、招商环境、发展成就以及合作项目，促成旅顺绿健食品加工厂与大连市多家大型超市达成长期供货意向，供货额 200 万元；旅顺仪表厂与日本北陆精机株式会达成了农用电机制造生产供销合同，年销售额达 200 万美元；吉林敖东大连药业股份有限公司与日本富山县大协药业就共同开发研制中成药开始进行实质性洽谈。通过会展平台，区贸促会着力做好旅顺名优产品、知名企业的品牌推广，从而提高其知名度。大连帝国屏蔽电泵有限公司、大连实利德漆业有限公司、大连太平洋海珍品有限公司等企业接待中外客商万余人次，达成 6 项出口、内销合作意向，合作意向额 800 万元，实现了“企业增收、政府增效”的目标。

以联为媒，吸引投资。区工商联继续发挥商会的民间外交作用，在“联”字上做文章，积极拓展同各地工商联、贸促会、行业协会的联络与沟通，推介旅顺，引进项目、资金；热情服务，加深友谊与合作。2010 年，共接待来自日本和国内各地的来访团组 20 余个，二百余人次，促进了商会间技术交流与智力合作。根麦萌芽米研发中心正式落户旅顺。

■非公有制经济代表人士培训 2010 年 4

月,本会带领2009年度区房地产业优秀纳税企业高级管理人员一行20人赴荷兰、挪威、瑞典实施现代企业发展战略培训与考察,拓展招商引资途径,提高房地产、建筑业品鉴水平,进一步加强了旅顺口区与欧盟地区的经贸交流与合作。考察期间,主要拜访了东荷兰商会、世贸商务中心、瑞典政府投资促进署,实地考察瑞典可持续发展的样板城市——哈姆滨湖城及挪威Odim石油公司,就开拓欧洲市场进行进一步洽谈。

9月,与区委组织部联合举办了"2010年非公有制经济代表人士培训班",特邀请辽宁对外经贸学院院长吕红军为全区150家规模以上企业的代表及非公企业党建工作联席会议成员讲授《转变经济发展方式,促进非公有制经济健康发展》。通过培训,为非公企业党务工作者和非公经济人士提供一个加强学习、相互交流、完善自我的平台。

■建立非公企业技能人才培训基地 2010年12月,本会组织各街道主管经济副主任、秘书长及50家企业走进区职业中专,成功举办"旅顺口区校企合作暨培训基地启动仪式",建立第一家非公有制企业技能人才培训基地,开启校企双方共同参与学生管理的新型办学模式。利用职业技术学校的设施设备、师资力量和生源,采取订单培训、顶岗实习、进校招聘、在岗培训和网络招聘5种模式,为企业定向培养面向市场、面向生产、面向技术开发的应用型和创新型人才。5家企业代表与旅顺职业中专签署了"校企合作协议书",首批代培学生400名,班级将由企业名称冠名,42家会员企业为职专学生提供了1000多个用工岗位,近300名学生签订就业意向。校企合作平台的运作,大大缩短了学生与社会、课堂与岗位的距离,实现招生与招工同步、就学与就业接轨,可有效缓解旅顺口区企业招工难、学校招生难、毕业生就业难的三难问题。

■思想政治工作 区工商联充分发挥在构建社会主义和谐劳动关系过程中的协调作用和在非公有制经济人士思想政治工作中的重要作用。把充分尊重、加强团结、热情帮助、积极引导的工作方针寓于各项活动之中,增强非公有制经济人士的社会责任感,激发他们爱国、敬业、诚信、守法、奉献的热情。6月,代表市工商联系统在辽宁省工商联非公有制经济人士思想政治工作会议上作经验介绍。同时以党组为核心、以非公有制企业党工委为依托,把握大局,抓好细节,通过考察学习、座谈会、培训班等教育平台,引导非公有制经济人士把思想和行动统一到科学发展观上来,统一到中央和上级的决策上来。定期为企业家发放《民营经济内参》《商会法苑》和最新的会议精神、政策信息,让他们及时学习到国家的方针政策、把握经济发展趋势,做个有思想的企业家。

■开展政策宣讲 企业最关心的就是国家的政策,因此,信息沟通不畅往往导致企业无法判断经济形势、错失发展良机、融资渠道受阻等一系列问题。针对政策覆盖缺陷,2010年3月,组织部分进出口企业参加了"2010大连进出口企业出国展览工作会议"。企业家认真听取市国税局、海关、外汇管理局、经济和信息化委员会发布的最新政策,汲取到中国国际展览中心集团公司及西麦克展览有限责任公司最直接的出国展览经验,为下一步面向世界、开拓海外市场打下基础。6月,组织部分中小型出口企业参加"中国信保、大连国商支持中小企业出口战略合作签约仪式暨政策说明会"。

在此基础上，本会经过大量调研，多次组织相关部门与企业座谈，针对企业最关心的热点难点问题，确定宣讲提纲。11月10日，该会同区经信局、区国税局、区地税局、区科技局、区工商局、建设银行旅顺口支行举行“新法规、新政策和新办法”宣讲大会，区委副书记段炼出席会议并讲话，来自全区工商业界的企业代表近200人参加大会。会上，六家协办单位分别就近年来出台的一系列税收优惠、企业减负、融资支持、优质服务等方面的政策法规详尽阐释，让企业知晓政策、运用政策、享受政策，使相关政策真正惠及企业。此次宣讲大会是旅顺全面开放以来，无论是宣讲单位还是参会企业都是最多的一次，尤其对企业转变经济发展方式影响较大、意义深远。

■**光彩事业** 区工商联不断拓宽就业信息渠道，积极挖掘就业岗位，为企业和求职者牵线搭桥。年初联合区人力资源和社会保障局、区委组织部、统战部、总工会等部门，在旅顺就业广场和世达广场分次举办“春风行动”用工洽谈会。共组织了73家用工单位，提供1555个就业岗位。招聘会上先后有1300多人进场求职，371人在现场与用工单位达成了就业意向，一定程度地缓解了社会就业压力，维护社会稳定，推进社会的和谐。

光彩事业是工商联组织做好非公有制经济人士思想工作的有效载体，区工商联倡导非公有制经济人士投身社会公益事业，关注弱势群体，用实际行动回报社会。在玉树地震中，区商会系统共捐助救灾款两百余万元。在年末的全区慈善募捐大型公益活动中，民营企业捐款达1100余万元，成为当之无愧的公益先锋。

■**连心活动** 2010年，区工商联、贸促会要求机关干部坚持终身学习的理念，认真学习党的理论、方针和政策，钻研业务知识，提高自身素质，把连心活动与创先争优结合起来，全心全意为人民服务。领导班子更是以身作则，围绕工作研究新方法。以连心活动为载体，发动机关干部走进群众家中排忧解难，让他们感受到党和政府的温暖。每逢节日均送去米面油等慰问品，并了解他们的生产、生活情况，还虚心听取连心户对全区经济社会发展的意见和建议。同时，把与人民群众的“连心”活动延伸为与企业“连心”，从非公经济人士关心的问题入手，将连心活动实质渗透到办实事当中。会同有关部门对全区中小企业的发展状况、特别是重点项目进行跟踪调查和服务，为企业发展出谋划策，结合企业遇到的实际困难和问题，及时沟通区有关部门帮助解决，先后为绿晨果蔬合作社协调无抵押贷款达3000万元，解决了企业的燃眉之急。此外，利用大连市贸促会、大连国商携手中国信保辽宁分公司推出的“中小企业保单”，为年出口额在500万美元以下的会员企业提供手续简便、费率优惠的出口信用保险服务。

■**组织建设** 2010年，区工商联着重加大商会建设力度，进一步落实和完善秘书长培训制度、主席例会制度，建立副主席轮值制度；进一步加大会员发展力度，特别是注意吸收一些法律界、经济界的相关人员和对民营经济发展有研究的专家学者入会，为工商联开展服务工作提供法律和智力支持。区工商联每年定期召开主席办公会议和秘书长办公会议，研究部署阶段性工作任务，探讨和交流新时期工作的发展方向。利用上海世博会之机组织基层秘书长赴沪学习考察，商会专有的最高礼遇让秘书长们备受优待，极大调动了工作的积极性与主动性。加强对基层人员的培训教育,使工商联系统全体干部进一步拓宽视野,提高认识问题、解决问题的能力。

7月21日,区工商联召开九届二次执委(扩大)会议,选举杜芙蓉为区工商联主席,董正鑫为副主席,总结部署执委会工作,审议通过人事事项。市工商联副主席李国年、区委副书记段炼出席会议并讲话,区人大、区政协、区委统战部、区非公有制企业党工委相关领导出席了会议。此次会议明确提出,将吸收一批社会新阶层人士、法律顾问和对民营经济发展有研究的专家学者入会,为工商联开展服务工作提供法律和智力支持,共同抓好“组织建设、服务创新、招商引资、素质提升四大工程”,搭建“六个平台”,为“两个文明”健康发展作出新的贡献。

2010年,区工商联、贸促会在参政议政、招商引资、会议会展、考察培训、企业维权、扶贫帮困等领域为地方经济发展作出了重要贡献,尤其招商引资成效显著,引荐资金达1000万美元,荣获旅顺口区2010年度招商引资优胜引荐单位和招商引资优胜协助单位。在大连市工商联十三届五次执委(扩大)会议上,囊括大连市工商联工作先进单位、组织建设优秀单位、经济服务优秀单位、光彩事业优秀单位和参政议政优秀单位等全部奖项,并获得辽宁省工商联经济服务先进集体称号,杜芙蓉主席获省工商联经济服务先进个人称号。

(撰稿人:唐爱华　审稿人:杜芙蓉)

文化建设

- □科　技
- □教　育
- □文化体育
- □广播电视
- □史志·档案·博物馆

科 技

综 述

■**概况** 2010年,全区科技工作坚持以科学发展观为指导,以建设创新型城区为目标,以增强自主创新能力为核心,以低碳、绿色为主的新兴产业培育为重点,以创新基地建设为依托,努力构建布局合理、集群发展、产学研相结合的创新体系,大力推进经济结构调整和发展方式转变。全区高新技术产业增加值完成21.6亿元,比上年增长25%。全年区级安排科技计划项目66项,其中工业项目35项、农业25项、社会发展6项,区级科技计划项目经费1135万元,引导带动企业科技投入4.4亿元,新创产值4.8亿元。全区18个项目被列入上三级科技计划项目,其中:国家级5项,市级13项,争取科技经费843.8万元,较好发挥出项目的引导与牵动作用。

■**产业特色优势** 2010年,全区注重引领企业走自主创新的道路,并为本区的产业结构和产品结构调整、转变经济发展方式提供技术支持。在已立项的66个项目中,80%以上是具有区域产业优势的重点领域,如清洁能源、节能环保设备、造船及船舶配套、起重设备、新型机车配件、制冷设备、特种泵业、医药及保健食品、海珍品繁育养殖及深加工、果蔬储藏、花卉及都市农业;68%的项目为产学研合作项目;57%的项目具有自主知识产权。通过科技计划项目的实施,促进新技术、新产品的研究开发,进一步提高企业核心竞争力,逐步实现全区主导产业集群化、新兴产业高端化、传统产业特色化。

■**农业科技创新** 2010年,区科技局认真落实《旅顺口区农业科技示范园认定管理办法(暂行)》,全面启动农业科技示范园区建设,选出15家农业科技示范园(示范基地、示范企业),其中杂粮、西瓜、甜瓜、苹果、洋梨、温室樱桃、有机樱桃、富硒樱桃等9个农业科技示范园区;樱桃、农产品深加工、海珍品养殖及加工、蔬菜及加工4个农业科技示范基地;大连海晏堂生物有限公司、旅顺柏岚子养殖场2个农业科技示范企业。除此以外,还组织实施了薰衣草的引种及推广,富硒樱桃种植技术应用与推广,蝴蝶兰组培技术开发应用等科技计划项目的实施,都取得了阶段性成果,在大连市优质大樱桃品评会上,本区有4个单位5个样品获得金奖,8个单位13个样品获得银奖,获奖总数位居全市第一。

■**高新技术企业** 2010年,区科技局在全区范围内进行了高新技术企业认定和相关政策宣传工作,已认定高新技术企业14家,其中大连环友屏蔽泵有限公司生产的产品被中石油、中石化及西昌、太原、酒泉卫星发射中心等国内知名单位定为推荐产品。

■**科技特派与产学研联合** 2010年,区科技局认真落实国家“强县富民”计划项目，继续做好农业科技特派员工作。2009年成立了旅顺口区特派专家工作协调小组，2010年建立了旅顺特派专家工作中心、农业科技创业中心、农业科技培训中心。有7所院校在“旅顺特派专家工作中心”建立了特派专家工作站；6家农业科技企业入驻创业中心。“大连旅顺口区博士工作站”吴敦虎教授研发“生物纳米硒制剂”专利技术，在本区建立了试验基地，对不同植物进行两年的试验，效果明显，特别是对6户樱桃园进行的抗裂果试验，全部获得成功，有的农户不裂果达到了96%。通过科技特派中心为企业与院校牵线搭桥，“大连工业大学”与大连盖世食品有限公司合作建立研发中心，“大连理工大学”与旅顺园艺试验场合作进行大樱桃臭氧保鲜技术风险试验，都初步取得成功。

■**科技进步** 旅顺口区于2009年10月被国家科技部命名为“全国科技进步示范区”。2010年3月，《旅顺口区国家科技进步示范区建设发展规划》(2010—2012)编制完成，并通过区人大常委会审议，上报国家科技部。

■**知识产权** 2010年，全区专利申请447件，其中发明专利104件。为进一步加大知识产权宣传教育力度，营造全社会保护知识产权、鼓励创新发展的良好氛围，区科技局于“4·26”世界知识产权日举办了主题为“创新——将全世界联系在一起”的保护知识产权宣传周活动。通过在旅顺电视台播放宣传知识产权日的公益广告片和宣传片等各种形式，进一步增强全社会知识产权保护意识。在全区开展了“知识产权示范单位”创建活动，设立“知识产权示范单位”专项资金，引导鼓励企事业单位全面加强知识产权工作，推进科技创新型城区建设。区委宣传部、区科技局等单位还联合开展了“创新之星”发明大赛活动，并召开了“创新之星”表彰大会，表彰了40名“创新之星”、10名优秀指导教师、8个组织奖单位、13个区级知识产权示范单位。组织全区10家企业参加了中国(大连)国际专利技术产品交易会，展示洽谈交易近百项专利技术和产品。

■**科普宣传** 2010年，本区继续加强科普基地设施和功能建设。旅顺海军兵器馆、旅顺口区大华小学和旅顺田园孔子文化书苑被评为区级科普基地，大连鸿峰生物科技有限公司和大连汇美园艺有限公司被评为市级科普基地。至此，全区已有14个科普基地，其中省级科普示范基地1个，市级科普示范基地4个，区级科普示范基地9个。2010年5月15—21日，区委宣传部、区科技局、区科协等单位联合举办了第十届“科技活动周”，主题为“倡导创新精神、健康生活、低碳发展，促进旅顺科学发展示范区建设”，开展了“科技、科普惠农富民”活动，各涉农街道和村科技宣传与实用技术培训互动，科技资料发放与新品种展示结合，多形式地开展了科技服务，为促进农业增效、农民增收起到了积极的促进作用。2010年，全区共举办送科技下乡活动11次，组织农民技术培训22余次，受益群众4500人次。

2009—2010 年度旅顺口区科技成果获奖项目名单

序号	项目名称	完成单位	获奖级别与等级	获奖年份
1	海参冻干粉的加工	大连海晏堂生物有限公司 大连医科大学	辽宁省科技成果转化奖 三等奖	2009
2	虾夷扇贝海区 菜苗技术应用	旅顺水产技术推广站	大连市科学技术进步 三等奖	2009
3	海参物性调节技术 在海参精深产品加工 上的应用	大连海晏堂生物有限公司	大连市科学技术进步 三等奖	2009
4	焦化过程主要污染物 控制关键技术与应用	大连神和机械有限公司 大连海顺重工环保设备有限公司	国家科技进步二等奖	2009
5	具有保护胃黏膜功效的 海洋功能食品 “卫奥开”研制与开发	大连太平洋海龙科技有限公司	大连市技术发明 二等奖	2010

■中科院大连(旅顺)科技创新园 2010年,中科院大连(旅顺)科技创新园被列入辽宁沿海经济带发展规划,被省科技厅批准为“辽宁(大连)科技创新园”,同时被国家科技部认定为“国家新能源高新技术产业化基地”。国家级“金太阳工程”2.5WM电站示范项目落户创新园,并与日本工业振兴机构签订了与旅顺口区开展新兴产业全面合作战略协议,与日本有关方面就在此科技创新园建设“日本科技产业园”达成了协议。

科技企业选介

■大连盖世食品有限公司 该公司成立于2002年10月,是中资控股的合资企业,厂区占地面积22365平方米,并按日本食品企业标准建成了现代化厂房,建有7条先进的生产线,主要生产加工食用菌、蔬菜,通过了日本、美国、欧盟的多项国际认证,与这些国家的高端客户建立了长期稳定的合作关系,产品90%以上出口。2010年,该公司进行了“大樱桃即食产品开发”项目,获得成功。

■大连华宇冶金设备有限公司 该公司是2008年第一批被认定的高新技术企业,是大连市专利示范试点企业,拥有2项发明专利,其研制开发的捣固焦炉设备在国内居于领先地位。2010年,该公司在原有顶装改侧装捣固装煤车的基础上,开发“高效节能除尘拦焦机”,采用PLC、液压控制系统,减少了全过程的操作时间,提高了设备的自动化程度;采用炉门上部清扫机构,填补国内炉门上部清扫的空白,清除炉框及炉门上面的焦油和石墨,达到满意的清扫效果;采用集尘导套伸缩结构和新型的集尘罩,出焦时烟尘能顺利的进入主集尘干管,提高了烟尘的动态捕捉效果和集尘效果。

■大连四方电泵有限公司 该公司是中国

石油化工集团公司和中国石油天然气集团公司资源市场成员厂，是专业生产屏蔽电泵的高新技术企业。该公司生产的“高温陶瓷电磁线”获辽宁省、大连市中小企业创新基金的支持；“无水冷超高温屏蔽电泵”获国家攻关计划和国家创新基金的支持；“超高温屏蔽电泵”被列入国家火炬计划和国家重点新产品计划。2010年，开发研制的新产品“磁流体密封液下泵”，利用磁流体对磁场的响应特性实现液下泵运转和静止的双向密封，防止有害气体泄漏，解决了美国伊顿公司NV3204离子注入机束流开关的密封难题。

（撰稿人：刘　馨　审稿人：丛　霞）

气　象

■旅顺气候　2010年，全区年平均气温为10.1℃、年降水量为876.8毫米，较多年平均值相比，气温偏低、降水量偏多，大风日数偏少、大雾日略多、日照时数略少。

年平均气温：全区年平均气温为10.1℃，比多年年平均值低0.6℃。其中：后冬（1—2月）为-4.0℃、春季（3—5月）为7.5℃、夏季（6—8月）为21.9℃、秋季（9—11月）为13.5℃、前冬（12月）为0.1℃。分别比多年平均值：后冬低0.9℃、春季低1.9℃、夏季低0.6℃、秋季高0.2℃、前冬高0.5℃。年极端最高气温为32.5℃，出现在7月5日。年极端最低气温为-14.6℃，出现在1月6日。

年降水量：全区年降水量为876.8毫米，比多年年平均值多5成。其中：后冬（1—2月）为8.4毫米、春季（3—5月）为152.1毫米、夏季（6—8月）为600.9毫米、秋季（9—11月）为108.1毫米、前冬（12月）为7.3毫米。分别比多年平均值：后冬少5毫米、春季多72毫米、夏季多239毫米、秋季多4毫米、前冬少4毫米。

年日照时数：全区日照总时数为2268小时，比多年年平均时数少271小时。其中：后冬（1—2月）为335小时、春季（3—5月）为676.7小时、夏季（6—8月）为554.2小时、秋季（9—11月）为571.7小时、前冬（12月）为130.4小时。分别比多年平均时数：后冬少37小时、春季少103.8小时、夏季少102.8小时、秋季少40.3小时、前冬少50.4小时。

年大风日数：出现大风（≥7级）日数有45天，比多年年平均日数少32天。其中：后冬（1—2月）有10天、春季（3—5月）有17天、夏季（6—8月）有0天、秋季（9—11月）有11天、前冬（12月）有7天。分别比多年平均日数：后冬少5天、春季少11天、夏季少8天、秋季少7天、前冬少1天。

年大雾日：出现大雾（能见度小于1000米）日数有34天，比多年年平均日数多4天左右。其中：后冬（1—2月）有4天、春季（3—5月）有6天、夏季（6—8月）有23天、秋季（9—11月）有0天、前冬（12月）1天。分别比多年平均日数：后冬多2天、春季少2天、夏季多9天、秋季少5天、前冬少1天。

■气象工作　2010年，旅顺口区气象局深入贯彻落实科学发展观，扎实做好气象预报预警服务和防灾减灾工作，加快台站建设和精神文明建设，努力提高科学管理水平，较好的完成了全年各项工作任务。

2010年，全区多次出现大风、雷暴、浓雾等灾害性天气，全局干部职工以高度的责任感和使命感，全力做好气象防灾减灾服务工作，对这些主要天气过程做到了预报准确、服务及时到位。全局始终把为全区经济建设和旅顺国际樱花节、樱桃节、人居节等重大社会活动服务，为各级领导宏观决策提供参谋作用放在工作首位,着重抓好重大灾害性、关键性、转折性天气的预报和服务工作,遇重大天气过程,局领导都奔赴一线靠前指挥,指导预报人员准确做出预报,迅速制作完成以“旅顺决策气象信息”和“气象灾害预警信号”为主要内容的气象信息,及时向区委、区政府、防汛指挥部以及各有关部门和用户送达。2010年共制作发布决策气象信息257期和气象灾害预警信号488期,比上年分别增加52%和17.3%,通过电子邮件、传真、手机短信、LED预警信息屏、电台、电视台等传播渠道向区领导、各级政府部门、企事业服务用户和广大市民及时提供优质的气象信息服务,受到领导的好评和社会的肯定。

全力推进气象为农村服务的“两个体系”建设工作,在全区各街道建立了气象信息服务站,每个街道有气象协理员和信息员,为每个街道和机关学校安装了气象预警信息屏。争取地方支持,安装了区域自动站和土壤自动温湿仪等先进气象仪器设备。气象科普基地在气象日、科普周对外免费开放,接待全区部队、机关人员和中小学生前来参观,取得了很好的社会效益。

2010年,该局先后荣获“辽宁省气象系统先进集体”、“大连市气象系统十一五先进集体”、“旅顺口区勤政为民先进集体”、“旅顺口区春运先进单位”等荣誉称号。

(撰稿人:唐　永　审稿人:韩家杰)

地　震

■概况　2010年,旅顺口区地震办公室加强地震观测工作,保障强震观测和数字化微震观测设备的正常运转,保证了观测数据及时、准确、连续地传输到省、市地震分析预报中心。2010年,该办完成每月一期《地震目录》并录入数据库;每月出一期《震情通报》上报给区委、区政府、区人大、区政协和区应急办及主管局领导。2010年,由于大连地区小震增多,地震办每次发生有感地震,都快速上报区五大班子及主管局,并增刊一期《震情通报》。10月,完成《2011年旅顺口区地震趋势会商意见》,及时提出2011年对东北地区、辽宁省及大连地区的地震趋势发展意见;协助完成了中国地震局关于“环渤海地震带地震监测流动台建设”项目,并于8月末完成了流动台的建设。配合大连市地震局进行“旅顺口区地震综合观测基地建设”项目的勘测、选址、论证工作。他们还更新了部分观测设备,对传输线路进行改造,确保了观测数据及时、准确传输到省市地震监测中心;组织人员进行业务培训,完成了全年的培训计划。4月、7月、9月,龙王塘街道、铁山街道和董陀子村分别上报了3起疑似宏观异常,通过现场勘查排除地震异常。“5·12地震科普宣传周”活动,共散发传单、小册子千余份。对全区宏观信息员进行地震前兆相关知识培训,并深入部分社区进行宣传,累计发放材料数千份,并为群众解答有关疑问。举办地震科普知识讲座一次,邀请大连市地震灾害知识库专家进行《地震灾害知识》讲座及研讨。强化了管理工作,认真组织职工学习《地震观测管理制度》等相关管理制度、章程,完成了区主管局和大连市地震局关于地震信息的报送工作。

(撰稿人:杨鲁宁　审稿人:潘峻峰)

教 育

综 述

■**概况** 2010年,旅顺口区教育局内设办公室、人事科、计划基建装备科、学前科、基础教育科、职业成人教育科、招生考试办公室,岗位编制32人,实有18人。

■**硬件建设** 2010年,旅顺口区教育局以民生工程为重点,加大了对教育的投入。概算投资2.7亿元、占地面积9.5万平方米的旅顺中学新校区建设项目正式启动;投资2900万元对城区8所学校9栋校舍进行了加固维修;完成九三小学、登峰小学塑胶操场建设任务并投入使用;经过两年科学论证和准备,投资2300万元实施了全区中小学"校园网"、"班班通"建设工程。

■**队伍建设** 2010年,旅顺口区教育局加大了对机关和学校领导干部的培训力度。扎实有效地开展了"创先争优"活动和"连心"活动,提高了干部上进意识,密切了干群关系。组织7次140余人次学校领导干部参加各级各类挂职学习及青干班和高级研修班等培训学习;外请3名专家对校长进行"国家中长期教育改革和发展纲要"培训。对部分学校的领导干部进行了调整。本年度进一步优化了领导干部队伍结构。调整领导干部82人,遴选区管后备干部18名。进一步加强了师德建设,树立平等、融洽的师生关系,为学生乐学成才创造了良好氛围;扎扎实实开展了继续教育、骨干培训、中青年教师培训,使全区教师队伍整体素质进一步提高;完成新一轮市、区骨干教师的评选工作,经过自报、评选、考核、推荐,评选出市级骨干教师203名,区级骨干教师190名;继续实施城乡教师交流,共有55名教师进行了交流,其中学校中层干部13名,市区骨干教师16名,市区优秀教师18名;创新了引人机制,公开向社会上招聘新教师42名,在全国公开招聘引进特级教师4名。

■**德育工作** 2010年,旅顺口区各级各类学校继续加强学生思想品德教育。坚持"育人为本,德育为先",以爱国主义教育为主线,加强了对学生的理想教育、法制教育、文明习惯养成教育、劳动教育、心理健康教育和合格公民教育,培养学生正确的世界观、人生观和价值观。在抓实德育常规工作的基础上立足于实际,开发了具有地域文化特色的德育项目,组织开展了有特色的德育活动。全区20000余名青少年参加了"爱国主义教育走入乡村校园宣传月"活动,接受了爱国主义教育。在第25届大连市青少年科技创新大赛中,五十六中学、长城中心小学、三涧堡中心小学、大华小学分获一、二、三等奖,区教育局获优秀组织奖。全区小学六年级学生和初中二年级学生5000人参加了为期一周的社会实践活动。2010年,全区有87名学生荣获市级优秀学生荣誉称号,399名学生荣获区级优秀学生荣誉称号。

■校园文化建设 2010年,旅顺口区各初中和中心小学均开设有艺术类校本课程。全区中小学"合唱队"、"舞蹈队"、"器乐队"数量及质量均居全省前列。"班班有歌声"、"校园集体舞"等活动,为学生搭建了展示才华的舞台。开展集中培训、展演交流活动,应温家宝总理邀请的俄罗斯青少年旅顺夏令营活动顺利在旅顺完成。同时,挖掘了现有的艺术教育资源,各学校艺术特色建设实现了新的提高。本年度,旅顺口区艺术教育在省、市继续保持领先地位,水师营中心小学被评为大连市唯一一所国家级艺术教育示范校。水师营中心小学、大华小学、九三小学、五十五中学、开发区中心小学等学校在大连市艺术节比赛中获奖。十一所学校获市"三队"示范校称号,五所学校获省"三队"示范校称号。区教育局荣获教育部和辽宁省第三届中小学文化艺术节优秀组织奖。

区教育局在教育系统继续广泛开展"畅吟红诗·礼赞祖国"活动。校园之中"人人诵红诗、班班写红诗",两万多名学生和两千余名教师参与其中,涌现三千余首原创作品。7月份,水师营中心小学、旅顺中学、进修学校等17所学校在旅顺剧场参加了"诵红色经典,抒爱国情怀"红诗吟诵专场比赛。9月份进行了"红诗祖国·激情旅顺"教师节红诗展演。畅吟红诗·礼赞祖国"活动已经成为旅顺口区影响广泛、独具特色的文化活动品牌。

■安全体育卫生工作 2010年,旅顺口区教育局严格落实各级政府部门的有关要求,召开了旅顺口区学校安全工作会议,局长同各学校校长签订了学校安全工作责任状及学校交通安全责任状。全区各中小学配备了法制副校长,开设了《安全教育课》和《法制课》,经常邀请司法、消防、公安等部门同志为学生和教职员工上法制教育课和专题讲座。各学校重点落实了学生饮食卫生安全、校车管理及交通安全、消防安全、校园周边环境等安全管理工作,对安全隐患进行了普查和整治。投入520万元专项资金为区内各学校统一配备专业保安83名,安装监控设备41套,保证了学校的平安和社会的稳定。全面开展了"阳光体育活动",强化一小时锻炼的时效性,铁山中心小学、五十五中学、水师营中心小学被评为大连市阳光体育冬锻先进单位。举办了2010年旅顺口区中小学春、秋季田径运动会。启动了校园足球工程,与文体局共同组织了"区长杯"小学足球赛。高质量地完成了中考体育加试工作,完成了全区初一、初二学生的体育测试工作。建立健全了学校公共卫生管理机制,加强了学校常见病、流行病的预防和控制工作。会同工商局、卫生局、综合执法局、食安委等部门对全区中小学食品、卫生及校园周边安全进行了为期一个月的专项整治,对检查中发现的问题提出了明确的限期整改等要求。

■特色学校创建 2010年,旅顺口区特色学校创建活动卓有成效。在德育特色学校创建中,龙头中心小学的"以英雄中队建设为载体夯实人生理想教育"、六十二中学的"和谐美"等,均显示出学校长期积淀的浓厚德育特色。在心理健康培养中,六十中学的"阳光教育"初见成效;江西中心小学构建学校行动社区活动,概念界定规范,理论指导实践,有独特的操作性;开发区中心小学"建设阳光驿站,培育阳光少年",以学生心理健康教育为突破口,全面推进素质教育。在科技教育特色学校创建中,依托三级示范学校——光荣小学(国家级科技示范校)、长城中心小学(省级示范校)、大华小学(市级示范校),形成了阶梯向上的积极发展态势。在环保教育特色学校创建中,铁山中心小学(省级绿色学校)的"绿色铁山"工作扎实有效推进,"书香校园"注重文化内涵的挖掘,其绿色环保理念已深入师生心中;北海小学(市级绿色学校)实施的"绿色环保教育",丰富了学生的校园生活。在体育特色学校创建中,五十七中学已经成为国家级田径运动示范校,其"三集中管理""两校建设"工作稳步推进。在校本课程特色学校创建中,五十五中学的"教师——深钻、广研、彻悟"校本研修模式和"学生——三翻、扔题"复习策略扎扎实实,有很强的针对性和时效性;迎春小学、北海中心小学的"优秀古诗文诵读"分层次推进,效果明显;登峰小学开展"作文序列化训练"取得初步成果。

■规范办学及落实资助工作 2010年,旅顺口区教育局加大了对学校办学行为的管理力度。采取了会议提要求讲政策、打电话沟通情况提醒警告、到校调查面谈解决问题等方式,使学校领导不断转变办学理念、增强法律意识,提高了依法办学的自觉性。责任科室多次下校进行专题检查,并根据检查的情况进行针对性指导和总结。同时,高度重视学生家长和社会举报,进行认真调查并严肃处理。加强了中小学征订教辅材料的管理,实施收费工作公示制,进一步规范了学校代办、服务性收费行为,社会和学生家长的举报数量明显下降。加强了考试监测工作。精心组织高考、中考、成人高考、自学考试工作。五十五中学、实验中学、九三小学、六十二中学、五十七中学、职教中心等学校多次承担考务工作,程序规范、工作认真,获得好评。下拨公用经费1200万元,继续兑现全区中小学生"两免一补"政策。对就读于中等职业学校的农村户口、城市低保家庭学生,烈士子女和孤儿(1568人次)发放国家中职助学金117.51万元。对中等职业学校的农村家庭困难学生、涉农专业的40名学生减免学费9.57万元。为460名贫困学生发放高中助学金69万元,发放(74人次)寒窗基金14.8万元。举行了王学政爱心午餐发放仪式,全区462人次学生得到"爱心午餐"费24.12万元。

教育督导

■概况 2010年,旅顺口区人民政府督导室以巩固"双高普九"工作成果、推动教育内涵发展和特色发展为重点,全面落实《旅顺口区2010年度教育工作考核目标》,坚持督政与督学相结合,监督与指导相结合,不断完善教育督导制度,切实发挥教育督导"监督、检查、评估、指导"的职能,大力促进义务教育均衡发展。

■督导评估机制 2010年,区教育局认真落实上级精神,把责任目标分解到相关科室,通过建立"政府主导、部门推动,全面落实教育职责"的工作机制,形成了政府重视、教育行政部门积极参与、督导室监督保障等齐抓共管的良性工作格局。依据大连市人民政府(大政教督【2010】2号)文件精神,对全区2010年度教育工作15项目标进行了考核。完成了市政府对旅顺口区2010年教育工作目标考核两次阶段性调研工作。牵头完成了市教育学院评估中心对区进修学校"十一五"学校建设达标的评估验收工作。

■中小学督导评估 2010年,结合全区普通高中课程改革实施情况,对区域内11所初中、14所小学(中心校)控辍保学和学籍管理进行了专项督导评估检查。同时,进行了高中学校体育、卫生专项督导和中小学教学卫生专题调研工作。落实《旅顺口区关于开展社区教育工作的实施意见》,完成了对辖区各街道的社区教育工作的督导评估。

■专项督导评估 2010 年,旅顺口区全面开展了义务教育控辍保学监测工作。坚持每学期对学校进行两次随机性的专项督查,重点对转出、病事假、休学、辍学等流动学生相关手续进行核查和认定。严把初中控辍工作的入口关,进一步规范小学学段的学籍管理。对中小学教育信息化建设情况进行专项督导评估,按照市局下发的(大教【2006】89 号)文件评估标准,逐条逐校查找不足,督查整改情况。以落实新课程理念及课程标准、提高教师教学基本功为目的,开展了以课堂教学方式变革的实效性探究、学习方式变革的操作策略为重点的一系列课堂教学竞赛活动。开展了对全区中小学教室照明照度改善情况的专项督导,完善了全区中小学体育卫生工作的管理制度。开展了对中小学体育、卫生的专项督导,“十一五”期间,全区体育器材达标率 100%,学校保健室达标率 100%,保健室器材和设施达标率 100%。不定期地对学校依法治教工作进行专项督查,同时对社会举报的热点、难点问题给予认真关注,及时组织调查和检查,对情况属实的及时进行了处理。

招生考试

■中等学校招生 2010 年,全区报名参加中等学校招生考试的考生共 2137 人,高中阶段入学人数 2137 人,高中阶段入学率 100%。其中,普通高中录取 1531 人,占考生总数的 71.6%。其他中等专业学校录取 606 人,占考生总数的 28.4%。

■高等学校招生 2010 年,全区报名参加普通高等学校招生考试的考生共 1303 人,实际参加考试 1268 人,上线 1201 人,上线率 94.72%(不含艺术、体育)。成人高考报名考生 1277 人,实际参加考试 1221 人,上线 981 人,上线率 80.34%。自学考试全年报名 12049 科次,其中 4 月份报名 6933 科次,实考 5381 科次,及格 3496 科次,及格率 64.65%;10 月份报名 5116 科次,实考 3794 科次,及格 2599 科次,及格率 68.5%。本年办理自考毕业 105 人,其中本科 95 人、专科 10 人。本年度,全区高考成绩喜人,600 分以上 22 人,应届毕业生何梓瑄以 699 分的高分荣登大连市高考榜首,位列辽宁省第三名,被清华大学录取。在辽宁省奥赛中,旅顺中学高三学生史岳获数学一等奖。

2010 年旅顺口区普通高中录取情况表

	公费	择校	合计
旅顺中学	318	122	440
旅顺二高中	349	138	487
旅顺三高中	278	82	360
五十七中	55	30	85
六十二中	79	11	90
合计	1079	383	1462

2010 年旅顺口区普通高校招生考试上线情况表

	报名人数	实考人数	上线人数	上线率(%)
文科	1184	458	324 95	70.74 20.74
理科	1184	695	561 116	80.72 16.69
艺术	84	83	78	93.98
体育	35	32	27	84.38
合计	1303	1268	1201	94.72

学前教育

■概况 2010年,全区有幼儿园41所,在园幼儿总数5194人,全区3—6岁幼儿入园率98.5%,教职工499人,其中教师283人。

■强化幼教管理 2010年,旅顺口区以实现事业均衡发展、园所特色发展、队伍专业发展为目标,积极深化办园体制和管理体制改革,在全区形成"特色园"牵动、"优质园"搭台、"规范园"夯实基础的立体化办园格局,促进全区学前教育的超前发展和均衡发展。政府公办旅顺中心幼儿园的办园体制得到彻底理顺,转为全额拨款的事业单位,并重新核定幼儿园编制,切实解决了中心幼儿园的发展瓶颈问题。其他办园主体努力拓宽渠道,积极筹措资金,加大硬件建设和投入力度,明显改善了办园条件。2010年,严格按审批流程许可了4所幼儿园,扩大了学前教育资源,不断满足社会和家长对学前教育多样化、优质化的需求。下发《进一步加强幼儿园交通安全管理工作的通知》,加大了对"园车"的排查整治力度,对园车重新登记、备案,达不到要求和标准的限期整改。制订《旅顺口区学前教育机构年检标准》,对全区各幼儿园的办学情况进行全面督导检查,召开总结会并通报年检结果,提高了全区各级各类幼儿园的办园水平和办园质量。

■落实幼教"纲要" 2010年,旅顺口区深入学习贯彻《幼儿园工作规程》和《幼儿园教育指导纲要》精神,遵循幼儿教育规律,积极探索幼儿教育的新方法,重视幼儿教育科研和教研工作,对教研工作进行阶段总结,并出台《旅顺口区幼儿园教研工作指导意见》,坚持保教并重的原则,坚持以游戏为基本活动形式,注重幼儿潜能开发和个性发展,有效地防止和纠正了幼儿园"小学化"倾向。通过组织遏制幼儿园"小学化"倾向的专题培训,转变教育观念,提高了园长和幼儿教师的思想认识,通过开展以"守护孩子唯一的童年"为主题的幼教成果展示和宣传咨询活动,形成了正确的舆论导向,解除了部分家长的顾虑,使幼儿园教育真正履行社会需求,实现儿童健康成长的育人功能。通过开展遏制幼儿园"小学化"的专项督导检查,建立长效机制,提高了保教质量。

■保教人员培训 2010年,旅顺口区教育局努力抓好两支队伍建设,组织全区幼儿园园长和幼儿教师参加"十一五"培训活动,参加培训率达到100%。组织省示范幼儿园园长到锦州和厦门参观考察名园,开阔了园长的视野,开展园长办园思想研讨培训,帮助园长确立科学的办园理念,促进园长管理能力的提升。依据教师的专业发展阶段和岗位需要,开展贴近教师需求的园本教研和教师自主发展评价机制等活动,全方位提高幼儿教师的专业素养。通过教师教学评优课大赛、自制玩教具竞赛、省示范幼儿园开放日、城乡教师半日教学跟踪交流及文艺汇演、"红诗"诵读等系列活动,搭建发展平台,提高了幼儿教师的综合素质。去年,幼教队伍涌现出市级骨干教师10人,区级骨干教师14人,区级优秀教师10人。在教学评优大赛和备课本展评活动中,共有42名教师获得幼儿园教学评优活动一、二、三等奖,50名教师获得首届备课本展评活动一、二、三等奖,三所省示范幼儿园(旅顺中心幼儿园、驻旅某部队机关幼儿园、后勤部幼儿园)荣获"优质备课集体奖"。

中小学教育

■**概况** 2010年,旅顺口区教育局始终坚持把提升义务教育阶段教学质量作为全区教育发展的核心任务,不断推进课改的深入实施。首先,落实了教学中心地位。坚持各项工作围绕和服务教学的原则,深入开展"教学质量效益跟踪"活动。定期、不定期检查学校课程落实情况,分段召开了质量监测教学分析会,分科指导、跟进考核了农村和薄弱学校校本研修工作,加强了高考、中考备考的研究探索和实践,对7所学校分别进行了为期2天的中考跟踪指导,编辑出版了《旅顺教育》中考指导专刊。其次,强化研究意识。教师进修学校指导各校围绕"新课程课堂教学策略研究"、"阶梯式层次性系列习作研究"、"读写结合研究"、"有效备课与研讨中考试卷"等十余个专题,进行了主题研讨活动。依据"高效课堂从备课抓起"活动方案,举办了首届教师教案展,进行了以"着眼备课"为重点的备课技能培训和专题讲座,参训教师培训率达95%以上。在全区范围内开展了"合作式课堂观察方法研究",举办了学校发展性评价基地挂牌研究现场交流会。再次,努力提升教育教学质量。小学、初中教育面向全体学生,以统考、抽考等方式加大教学调控。以学习有困难、行为有偏差、心理有障碍的学生为重点,采取有效的教学补救、教育转化等帮扶措施,实现义务教育质量新提高。

民办教育

■**概况** 2010年,旅顺口区共有民办学校32所,教学班413个,全年结业生3491人,在校生8619人。有教职工361人,其中专任教师218人。

■**民办学校管理** 2010年,旅顺口区教育局强化民办学校的规范管理、安全工作、严格审批、提高质量、加强队伍建设等几个方面的工作,提高了民办学校的办学质量和办学水平。

1. 严格监督检查,规范办学行为。一是严格各民办学校按照实际情况制订学期、学年工作计划和工作总结,坚持做到授课教案与教学计划统一,授课内容与使用教材统一。二是加强财会制度建设。通过检查,财会账目基本做到了管理规范、账目清楚、数据准确、分类清晰、凭证齐全。

2. 严格安全管理,注重随机检查。2010年度,对民办学校的安全工作进行了定期检查和随机抽查。通过咨询专业安全人士,对学校的灭火装置、应急灯的配置、高层楼房的门窗加固提出了明确要求,对财务室的保密和防范措施给予了"三铁一器"(铁门、铁栏杆、铁皮柜和警报器)的建议,对部分学校防震、防火逃生实施了演练。建立了校长首责制、教师负责制的安全体系,做到防患未然,消除隐患。全年先后4次对民办学校的安全管理进行大检查,确保了就学者的人身安全。

3. 严格审批评估,坚持按章办事。根据《民办教育促进法》规定和上级业务部门要求,2010年年末,对全区32所民办学校《办学许可证》进行了年审,对民办教育非学历机构年检报告进行了评估。召开民办学校年审总结大会,对民办学校管理情况进行总结。按规定对民办学校校址、校名变更符合要求的换发了许可证,对年检评估中发现的问题责令其整顿改正。

4. 严格教学质量,学习成果丰硕。指导各民办学校利用课堂教学、日常考级、外出汇演等场合时机,合理布局,相互促进。

教学质量不断提高，取得了骄人的成果。民办学校的学生参加了全国、省市、地区的大量汇演、比赛，获得了许多组织奖、个人奖。旅顺升越舞蹈学校3月份组织了18名学生代表中国到俄罗斯参加“开放的欧洲”艺术节，喜获金奖。

5. 严格师德教育，注重教师队伍建设。根据旅顺口区“教师素质提高年”活动要求，专门下发通知，主要在民办学校开展了“讲学风、树教风”、“评优课”等活动，着重打造一只“敬业爱岗、奉献高效、内强素质、外塑形象、道德自律、工作自律”的教师队伍，提高了民办学校的教育教学质量和社会公认度。

农民教育

■概况 2010年，旅顺口区有涉农街道职业技术学校7所。本年度，根据《旅顺口区涉农街道农民教育目标管理量化评估标准》，对水师营、双岛湾、龙头、长城职校工作进行了重点检查；对铁山、三涧堡、北海职校工作进行了自查。重点是对职校建设经费的使用、农村劳动力转移培训和新型农民培养工程培训情况重新评估，并现场指导涉农街道工作开展。

■培训工作 2010年，旅顺口区涉农街道普遍加大对农民教育的资金投入，区教育局投入专项资金5万元，开展了对新型农民培养工程工作，加大了新品种推广和新技术研发力度，并根据农村富余劳动力转移情况，先后举办了电气焊铆、美容美发、餐饮服务等专业技能培训，参训率87%。

职业成人教育

■概况 2010年，旅顺口区涉农街道普遍加大对农民教育的资金投入，区教育局投入专项资金5万元，开展了对新型农民培养工程工作，加大了新品种推广和新技术研发力度，并根据农村富余劳动力转移情况，先后举办了电气焊铆、美容美发、餐饮服务等专业技能培训，参训率87%。2010年，旅顺职业教育中心调整了专业设置和课程；举办了旅顺口区“职业中专杯”技能大赛，获得大赛金奖的选手荣任旅顺职业中专客座高级讲师；旅顺职教中心与41家企业有效对接，举办了“校企合作启动仪式”，达成了用工意向和“订单式”培训意向；旅顺职业教育中心参加了全国重点中等职业学校的评估，综合成绩在全省12所参评学校中名列第三；举行了职业教师专业知识更新与实践能力培训，提升了教育教学水平；对12个街道的社区教育工作进行了评估，满分通过了“省社区教育实验区”的验收评估；强化了旅顺广播电视大学社区学院和社区教育中心的网络建设，社区教育讲堂逐步推广到街道和社区，越来越多的市民参与到社区教育之中；组织、指导农广校和各街道职校，紧紧围绕产业发展，聘请专家和有经验的农户为农民进行果树整形修剪、果树病虫害防治、无公害蔬菜培训等二十余项技能培训，万余人次参加了百余个班次的培训活动。

■辽宁省农业广播电视学校旅顺分校 该校是全区唯一的一所面向“三农”开展文化、科技和教育活动的中等专业学校。学校占地面积1700多平方米，有标准教室9个、教职工办公室9个、多媒体教室1个、计算机机房2个（计算机106台）、档案资料室1个、图书室1个，其中储藏大、中专教育等各类图书杂志近万册。学校有教职工21人，在校生211人，分为2008、2009、2010级三个年级,八个班级。

一、干部和教师队伍建设。加强学校领导班子建设,使之成为一支求真务实的团队。该校在领导班子建设方面始终做到三个坚持、四个提升。三个坚持:坚持苦学为先,建设学习型领导班子;坚持团结为上,建设和谐型领导班子;坚持实干为本,建设务实型领导班子。四个提升:提升凝聚力;提升战斗力;提升学习力,提升创新力。使学校领导班子成员切实树立"以人文本"的理念,真正把学生的发展作为学校工作的基础,创造各种条件,使学生成人成才;加强教师队伍建设,该校的做法有:第一,抓好教师的培训工作。重视教师专业知识的发展,加强继续教育管理,不断提升教师理论水平、学历层次。至2010年底,多位教师获得了优异的成绩:唐丽敏老师作为教师代表参加了在北京人民大会堂隆重举行的庆祝"中央农业广播电视学校成立三十周年暨启动农民读书节活动座谈会"并发言;唐丽敏、曹晓磊两名老师在全国农业广播电视学校教学能手评选活动中获得了"全国农业广播电视学校教学能手"的荣誉称号;第二,关注青年教师成长。在中青年教师队伍中开展"教育教学大比武"活动,加强对中青年教师的培训、培养和管理。在教师中开展"创五好"的争先创优活动,即师德师风好、教学业务好、创新意识好,工作成绩好、社会反响好。全体教师不断地加强政治理论、教育教学业务理论学习,学校教育教学水平不断提高。董丽丽、潘云波、李芳老师分别获得了2009—2010年度旅顺口区"仁爱之师"、"优秀教师"、"优秀教育工作者"的荣誉称号;王琳琳、孙倩楠两名教师在大连市农广校教师教案评比中,分别获得"电子组"、"手写组"一等奖;第三,灌输比学赶超、创先争优思想。每学年组织两次教学观摩课,举办优秀论文、教育教学案例评比、教案展、教师演讲比赛等,同时加强多媒体教学应用,搞好多媒体教学。

二、德育工作。在德育教育管理方面,该校认真贯彻上级文件精神,强化德育工作,创新德育载体,以培养学生学会做人为目标,以学校、家庭、社区为阵地,注重加强学生理想信念教育。学校以《中学生守则》、《旅顺农业广播电视学校学生日常行为规范》为行为准绳,通过军训、争先创优活动、青年志愿者活动、班级值日制度等,让学生通过自我教育,培养良好的习惯。学校还积极开展爱国主义教育活动,组织学生观看优秀影视片、图片展览,参观革命传统教育基地、听先进人物、英模事迹报告等;党团组织开展青年志愿者活动,定期进社区帮助残疾人做好事。

三、教学工作。该校根据实际情况配备了计算机、机械、电子、电子商务等专业的专职教师和兼职教师,保证了学校专业课的教学工作质量。学校多次组织和选派骨干教师参加继续教育学习和培训,提高业务素质和政治素质,更好地适应教育教学工作的需要。此外,该校还加大改革教育教学改革力度,注重学生技能培养。学校要求教师转变教育观念,明确教育方向,树立以人为本的教育思想,把学生培养成为应用型技能型的社会人才。在具体教学手段和方法上,鼓励教师借助多媒体以及制作实验模型、挂图辅助教学,创设课堂教学情景,激发学生学习兴趣。

四、安体卫艺工作。该校定期召开安全工作会议,本着"预防为主、措施到位、人身安全第一"的原则,认真排查校园安全隐患,确保校园安全,消除突发事件对学校全体师生的人身伤害和财产损失;开展心理健康辅导课,开辟心理咨询室,及时对学生中存在的心理问题进行咨询和疏导,提高学生心理健康水平，培养健全的人格和良好的个性心理品质；体育教育方面，积极开展"一二九冬季长跑拉力赛"、"趣味运动会"、"农广乐足球赛"、"欢乐动起来拔河比赛"、"会操表演"等各项体育活动。

五、特色工作。该校一直把开展知识下乡、科技下乡活动作为办学的一项重要任务。为了更方便农民掌握农业科技知识，在市农广校的大力支持下，每年都要把最新的农业新技术光盘和书籍送到农民的手中，仅2010年就送农业科技书籍600多册、光盘800余盘；该校还组织农业技术专家定期对农民进行授课，先后聘请了市、区的农业专家为三涧堡街道的周家村、大王村，双岛街道的胡家村、张家村，铁山街道的对庄沟、柏岚子、郭家村等地的农民授课，使农民及时掌握了现代的农业科技知识，了解农业发展新动态。学校还对农民及相关人员进行了会计电算化、计划生育法规、优质奶牛配种实验、蔬菜种植、果树栽培等项目的培训，授课500多小时，数千人获益。

高等教育

■大连广播电视大学旅顺分校 2010年，该校继续发挥开放教育为主体的办学特色，坚持以内涵发展求质量、以质量求品牌、以品牌促发展的办学导向，不断加强教学质量监控，深入推进教学模式和管理模式的改革，稳定学历教育规模；以建立社区学院为契机，积极发挥社区学院的非学历培训功能，为市民提供多样化的学习支持服务，不断提升市民道德水平和生活质量；充分发挥远程教育中心和社区教育中心的作用，为构建学习型城区、建设科学发展示范区做出了积极努力。

招生工作。加大招生宣传力度，不断拓宽招生渠道。先后在《旅顺口》报、旅顺电视台登载或播放招生广告，并定制发放了印有招生宣传信息的年历、圆珠笔；招生人员工作耐心细致，深入企事业单位发放招生简章，效果明显。本年度，中专生实际注册78名，开放教育本专科面向社会招生329名，中专转入51人，奥鹏远程教育本专科98名。

教学工作。加强教育教学常规管理，巩固教学质量年成果，各类教学工作顺利完成。按照教学计划，完成了各层次、各专业的教学计划。加强基础设施建设，更换了教学楼窗户。参与大连远程教育公共服务体系建设，"旅顺远程教育服务中心"挂牌成立，装修了报告厅、多功能厅，购置了教学和课程制作设备，为全面开展远程教育和社区教育工作打下良好基础。

学生管理工作。在常规管理方面，加强学生行为规范教育，通过巡视和值周检查等形式对学生出勤、纪律、卫生等进行监督检查。加强学生干部队伍建设，对学生干部进行了专题培训；通过党课等形式对入党积极分子进行教育，发挥学生骨干力量；开展了学生会成员岗位竞聘，重组了学生会，培养了学生自我教育和自我管理的能力。结合礼仪教育和行为规范教育，对全校学生进行了《弟子规》的学习宣传。开展了春季运动会、红诗吟诵、趣味运动会、合唱比赛、校园NBA篮球赛等系列活动，学校合唱团参加区庆祝第二十六个教师节演出和第六届旅顺国际合唱节演出分获一等奖和校园之声专场金奖。丰富多彩的文化生活，强化了学生的集体荣誉感和合作意识。

社区教育工作。以健康讲座开课为标志，社区教育工作的系列课程顺利启动，大连电视台和旅顺电视台等媒体都进行相关报道，社会反响较好。协调各街道社区学院分院和各社区学习中心挂牌,为社区教育三级网络建设奠定基础。《居民安全手册》发放到居民手中;健康讲堂在各社区陆续开课。通过努力,社区教育以满分通过了"辽宁省社区教育实验区"验收评估。

加强校园安全。利用各种时机对全校教职工和学生进行安全教育。学校定期、不定期地进行安全隐患排查,发现问题及时整改。维修了监控设备,新增保安人员,确保了校园平安。

校庆工作顺利开展。2010 年,旅顺电大建校 30 周年。自 9 月份起,该校先后开展了一系列庆祝活动:谱写确定了校歌,并制作成 MTV;在《旅顺口》报设专版展示了旅顺电大建校 30 年走过的辉煌历程和取得的丰硕成果,让全社会更多了解和关注电大的发展;与《旅顺口》报合作开展了"我和电大的情缘"校庆主题有奖征文活动,历时三个月,择优在《旅顺口》报刊登征文 23 篇;收集整理了《校友录》;精心制作了反映电大现状的画册;编辑制作了以《打造开放教育的品牌》为主题、纪念旅顺电大建校三十年的专题片。通过一系列校庆主题活动,进一步宣传和提高了电大的知名度、影响力和吸引力。

■旅顺口区教师进修学校 2010 年,该校下设 9 个部处室(中教部、小教部、电教部、教科部、干训部、教师教育办公室、办公室、总务处、文化培训中心)。共有教职工 58 人,其中校级干部 4 人,中层干部 10 人,专职教师 50 人,职员 2 人,工勤人员 2 人;本科学历 43 人,占专职教师 86%,硕士研究生 5 人;中学高级教师职称 41 人;全国优秀教师 2 人;省优秀教师 2 人;省特级教师 1 人(语文),其中党员 35 人。

2010 年,该校以"面向全员,分类指导,倾斜农村,突出重点,按需施培"为工作策略,在校本研修、队伍建设、教育教学质量提高、内部"软硬件"建设等方面做了积极的探索,完成了大连市"十一五"期间教师进修学校督导评估检查任务及"十一五"教师教育总结和"十二五"规划编制任务。

一、加强教师教育工作,推进校本研修内涵建设,改进与完善校本研修指导方式。一是做好课标、教材辅导及专业知识培训工作。二是专题牵动,开展主题明确的课堂教学研训活动,本年度重点进行了小课题研训。三是改进与完善校本研修指导方式,推进校本研修内涵建设。小教部:上半年对龙头中心小学,下半年对登峰小学、三涧中小进行了全学科的课堂教学调研指导;中教部:上半年开展了为期三周的集体下校研训活动,通过下校与教师进行面对面的实地指导。教科部:一是在登峰小学举办学校发展性评价基地挂牌研究现场交流会,二是开展特色学校建设研究和指导工作,参与起草《旅顺口区学校特色建设实施方案》,11 月份在大连市第六十一中学举办"旅顺口区特色学校建设现场展示交流会"。

分层推进,按需服务,促进教师队伍整体素质的提高。继续做好小学英语教师专业能力提高、新教师专业能力发展培训工作,抓好骨干教师的提高培训:制订了《旅顺口区"银雁"讲坛活动方案》、《旅顺口区"雏燕"讲坛活动方案》,并完成了方案的布置和前期推荐、选拔、报名等准备工作。认真组织师徒配对及兼职教研员的聘任、名师(学科)工作室的组建工作,特别推出"闫东名师工作室";幼教培训抓重点、抓特色,举办了旅顺口区幼教教学活动评优及教案评比活动。

以全员培训为重点,促师资专业发展。在准备阶段,依据市有关方案和会议精神,制订了《2010 年旅顺口区初中、小学教师全员培训方案》,并召开主管教学校长会议;在实施阶段,制订了《旅顺口区全员培训管理、评估细则》,并依据方案和课程表按时进行相关主题培训,完成了课标、教材(12学时)和教法、高效课堂案例分析(6学时)的培训;在总结阶段,对参训者进行出勤和作业两个方面的考核,形成总结,对培训相关资料进行了归档。本年度,参与全员培训的教师达1600多人次。

以赛促训,为教师提供专业成长的平台。依据《大连市中小学教师"岗位大练兵"竞赛活动方案》,2010年6月至10月,在全区开展了以提高教师专业能力为主旨,以精练外功、励练内功为主线,基于学校、岗位、问题和教师发展需求的,以课堂教学为载体的全员性的教师"岗位大练兵"活动:在准备与启动阶段,成立了由进修学校领导、研训教师、兼职研训教师组成的评审小组,学习、研讨《大连市中小学教师岗位大练兵评价标准》,使评审小组每名成员全面把握评价标准。在实施和推进阶段,组织全体教师参与,人人都上一节公开课。9月13日至9月21日,录课及评审小组采取抽签方式,对25所学校的74节常态课进行了课堂教学实录和评审。在总结阶段依据市方案要求,评出常态课一等奖7节,二等奖17节,三等奖14节。上报光盘课24节;评选并上报精品课6节;评出优秀组织奖学校6所;形成区域"岗位大练兵"活动总结。

二、加强教学研究、提高教学质量。2010年,该校注重教学研究工作并取得成效。一是加强教学研究,完成了省、市"十一五"科研规划办立项课题的结题工作及优秀成果申报;完成了"十一五"省立项课题《区域性提高义务教育阶段课程改革质量的对策》以及全区省立项课题《区域性中小学"学校发展性评价"研究》的结题材料撰写及整理工作。全区有14项课题获得省规划领导小组颁发的结题证书;9项市立项课题全部通过。在规划省、市"十二五"科研规划办课题立项工作中,整理审核并上报了17项省级立项课题、8项市级立项课题材料。经初评全区有7项课题获得省级立项证书、有4项课题获得市级立项证书。二是跟踪教学质量效益,落实教学中心地位。认真落实教育局"抓质量,从备课做起"的文件精神,统一了小学的备课规范要求;初中各学科重点做了备课技术专题的培训讲座;布置教学(课堂教学实录、教案、优秀教研组、优秀教研组长)评比、总结工作。狠抓了质量分析,提高管理的科学性。根据期末统一命题及抽样调查情况,小教部在上、下学期分别召开了教学分析会;中教部召开了全区初三英语期末质量检测分析会。抓中考指导,增强了备考的实效性。中教部各学科分别举办了初三复习研讨活动;各科研训教师收集了大量高效的复习方法和策略,认真编写了"中考复习指导与建议",以《旅顺教育增刊——中考专辑》为交流平台,为基层学校和师生提供全面的、多方位的中考指导和服务。

三、加强干部、教师培训工作。2010年,该校进一步深化干训工作模式改革,巩固发展干训工作特色。校长培训采用分层培训、按岗培训,并尝试运用了"研讨式教学"和"主题式专题培训"等培训方法,完成中小学校长"十一五"提高培训;组织书记高研班到上海进行为期10天的考察学习,组织第十一期后备干部培训班,开展旅顺"教育论坛"中层领导读书交流会,组织后备干部到杜郎口中学学习考察,做好结业考试和毕业典礼工作;接受市教育局、教育学院干训工作指导检查,完成了自查报告、特色培训模式的撰写,在原有档案的基础上,进一步加工整理,建立了一个系统完善的“十一五”干训工作档案。开展系列师德建设活动,打造和谐团队。组织“同读《中国式团队》,《问题背后的问题》,共话团队建设”的读书交流活动;以“学习型组织”建设和大学文化意识培养为载体,有计划地组织研训教师到上海、北京等教育发达地区学习、组织中教部参加上海的中考五学科的有效教学专场展示活动;以“学习英模,争当先进,服务教师”为主题,扎实开展“创先争优”活动;并会同区教育局联合编辑《榜样·力量·成长》——迎接建党90周年丛书。

四、加强教育信息技术工作。2010年,该校电教部继续做好硬件保障工作。分别对北海小学、教育局、前夹山、59中、伯阳小学、实验中学、水师营中小、小南小学、西沟小学、光荣小学、56中等学校进行宽带维护工作;开展了“班班通”工程安装监察工作,先后到水师营中小、大华小学、登峰小学、迎春小学、光荣小学、55中、56中实验中学、69中学、龙头中小、九三小学、61中学、三涧中小、文家小学、57中学、寺沟小学、前夹山小学、东泥河小学、西沟小学、小南小学做了施工过程的监察,发现问题及时纠正。进一步对《旅顺教育信息网》页面进行改版工作,丰富和优化了旅顺教育网的资源;组织了全区第七期教师教育技术能力培训及考试,参加培训并考试104人;组织教师参加和观摩“辽宁信息技术教学技能展评活动”,1人获省一等奖;组织参加了大连市中小学教师教育技术应用技能说课大赛,1人获市一等奖,4人获市二等奖,2人获市三等奖;参加了辽宁省中小学教师教育技术应用技能说课大赛,1人获省一等奖;2人获省二等奖;组织了“第二届旅顺口区小学生电子作品现场制作竞赛”活动;参与了“大连市教师专业标准(初中信息技术)”研究。

(撰稿人:艾 辉 审稿人:马殿文)

驻区大学选介

■大连医科大学 该校创建于1947年,称为关东医学院。1949年关东医学院并入大连大学,更名为大连大学医学院。1950年撤销大连大学建制,大连医学院独立。1969年举校南迁贵州省遵义市,建立遵义医学院。1978年学校在大连医学院原址复办,仍称大连医学院。1994年学校更名为大连医科大学。2007年10月5日,大连医科大学位于旅顺口区龙王塘街道盐场新村的新校区落成。该校区距大连市区29公里,距旅顺口区中心2.8公里。至2010年,学校已发展成为以医学为主,文学、理学、管理学、法学、工学、教育学、哲学等多学科兼备的省属重点医科院校。

大连医科大学位于旅顺南路海滨观光带的中段,占地面积151万平方米,分为南北两区,南区包括学校的主要教学区、生活附属设施区和体育运动设施区等,共有45个单体建筑;北区为学校二期规划项目。学校现有建筑面积38.91万平方米,固定资产总值17.19亿元,教学科研仪器设备总值1亿多元。

2010年底,该校有16个党政后勤管理机构,2个群团组织,22个教学科研机构,5个教辅机构,1所附属卫校,1所独立学院,10所附属医院(其中2所为直属附属医院),100余个教学基地。学校共有教职工4640余人,其中正高级职称770余人、副高级职称1000余人。博、硕士研究生导师990余人。全日制在校学生12200余人,其中博士、硕士研究生3130余人,本专科学生7720余人,外国留学生1350余人。

学校拥有国家级重点学科1个,省级重点学科一级1个、二级15个,博士学位点一级学科4个、二级学科39个,硕士学位点一级学科8个、二级学科62个,硕士专业学位点2个。本科专业16个。博士后科研流动站3个。国家级国际科技合作基地1个,辽宁省重点实验室9个,辽宁省高校重点实验室6个。

该校广泛开展国际交流与合作,先后与美国纽约州立大学、澳大利亚科廷科技大学、乌克兰第聂伯国立医科大学等30个国家和地区的85所高等院校和38个科研院所建立了合作关系,已经获得44个国家教育部、卫生部或医学会的认证。学校是全国首批具备招收英语授课留学生的院校之一,是中国政府奖学金来华留学生培养学校。

该校两所直属附属医院均为三级甲等医院。附属第一医院为"全国百佳医院",是辽南地区最大的综合性教学医院和医疗急救中心。附属第二医院为全国数字化医院试点示范单位。两所附属医院在多层螺旋CT冠脉成像、心房颤动介入治疗、中西医结合治疗急腹症、骨科关节镜技术、癫痫疾病的综合治疗、肝脏移植等方面已经达到国内先进水平。

学科建设。2010年,大连医科大学新增生物学、基础医学、临床医学3个一级学科博士点,使学校的一级学科博士点由原来的1个增加到4个,二级学科博士点由原来的8个增加到39个。新增马克思主义理论、公共卫生与预防医学、药学3个一级学科硕士点,使学校的一级学科硕士点达到8个,二级学科硕士点达到了62个。

该校有15个学科入选辽宁省"提升高等学校核心竞争力学科建设工程"立项重点学科,其中一流学科计划2个、学科提升计划2个、特色突出计划11个。中标辽宁省教育厅高等学校创新团队项目4项,组织创新团队结题项目11项,其中2项被确认为辽宁省教育厅优秀科学研究成果,9项被确认为辽宁省教育厅合格科学研究成果。

该校获得"中央财政支持地方高校发展专项资金建设项目"资金资助550万元,"国家中医药管理局重点学科建设项目"资金资助320万元,"提升高等学校核心竞争力学科建设工程"专项经费资助519万元,累计1389万元,是2009年的4.9倍。

各层次教育。2010年,大连医科大学新增临床药学、医学生物工程2个本科专业,麻醉学、法学、公共事业管理(医药贸易方向)3个学士学位授予权。摄影专业获得2010年度辽宁省普通高等学校本科特色专业。

2010年,该校获得全国教育规划课题1项,中国高等教育学会课题3项,辽宁省高等教育科学"十一五"规划课题17项,中华医学会课题8项,辽宁省研究生教育创新计划课题3项。生物化学获批教育部、财政部2010年度双语教学示范课程建设项目。新增省级精品课程3门,省级示范专业带头人1名,省级教学团队1个。1名教师获得辽宁省第六届教学名师奖。在国家级规划教材编制工作中,先后有15人担任主编、26人担任副主编。学校中标卫生部视听教材10项,获得制作经费10万元,成为高校中标最多的院校。

该校召开了2008—2010年度临床教学工作会,就如何进一步提升学校临床教学水平,进而提高学校医学人才培养质量进行深入探讨。以参加全国高等医学院校临床技能竞赛为契机,大力加强学校临床技能中心建设。新建教学基地3个。获评辽宁省优秀博士学位论文1篇,辽宁省优秀硕士学位论文5篇;获批辽宁省2010年度研究生教育创新计划立项4项。

至2010年12月底,该校留学生生源国达到72个,来华留学生国别数及规模数继续位于全国高等医学院校之首。学校临床医学本科专业学位获得泰国、斯里兰卡医学会的认证。学校与澳大利亚、日本等国家的8所大学和机构签订了友好合作协议,并引进3个新的合作办学项目。高职学院建立了"双证融通"的课程体系,是国际护士执业水平考试(ISPN)协作组织国际护士执业水平课程项目培训基地和大连市普惠制就业培训定点机构。在全国独立学院峰会上,中山学院被评选为全国"先进独立学院"。

科研工作。2010年,该校共申报各级各类纵向课题716项;中标课题180项,总资助经费1766.9万元,达到历史最好水平。其中国家自然科学基金项目33项、资助经费977万元,教育部高等学校博士学科点专项科研基金6项,教育部留学回国人员科研启动基金4项,国家外国专家局引进国外技术、管理人才项目1项,辽宁省科技厅各类课题项目31项,辽宁省教育厅各类项目50项,大连市科技局各类项目38项,辽宁省社科联项目6项。参与合作研究国家级课题12项,资助经费195.06万元。完成各类科研项目结题127项。申报各类成果奖44项,获2010年国家科技进步二等奖1项(第三完成人,第三完成单位);2010年辽宁省政府科技进步奖13项,其中一等奖1项、二等奖7项、三等奖5项;2009年大连市政府科技进步奖10项,其中一等奖5项、二等奖4项、三等奖1项。科技成果鉴定、成果登记18项。申请发明专利6项,授权发明专利1项。

"辽宁省肿瘤转移干预研究重点实验室"和"辽宁(大连)实验动物公共服务平台"获辽宁省科技厅批准组建,中英再生医学中心获批"国家级干细胞移植与再生医学国际科技合作基地"。以大连医科大学为作者单位SCI期刊收录论文199篇,EI37篇、ISTP32篇。有16篇论文获得辽宁省自然科学优秀论文,1人获得2010年第七届辽宁省优秀科技工作者称号。

附属医院建设。2010年,大连医科大学附属一院获批"国家级干细胞移植与再生医学国际科技合作基地",成为辽宁省首家国家级国际科技合作基地医院,并获项目支持15项,累计资金资助超过1000万元;新增心血管医院和骨科医院2个"院中院";获批6个省级医疗中心;荣获卫生部"全国三级综合医院病历质量评比二等奖";承担4项公立医院改革重点任务,并顺利通过卫生部公立医院改革专项检查;承担卫生部临床路径管理试点工作的10个病种的试点任务,其中心外科临床路径管理得到卫生部肯定,并作为全国外科系统的典型进行交流;"优质护理服务示范工程"取得突破性进展,先后在省、市进行经验交流;主办全国护理管理高峰论坛、首届中英再生医学高峰论坛。

附属二院坚持以特色专科带动学科建设,不断加强专科专病技术的发展,收治疑难病例数量和开展高难度、高技术性手术的数量进一步增加,癫痫病手术治疗、肝脏移植、心脑血管介入治疗等逐渐成为优势特色项目;成为"辽宁省医学会癫痫与脑电图学组"组长单位;成立大连市首家独立的风湿免疫科;获辽宁省优质护理服务技能竞赛团体三等奖;辽宁省医学高峰建设项目"应用干细胞治疗和/或修复患病及损伤器官组织的临床应用研究"取得阶段性成果。

办学实力。2010年,大连医科大学事业收入总额为28499.60万元,同比增长20.63%;学校事业支出总额为26498.68万元,同比增长4.03%。至年底,学校固定资产总值达到171961.65万元,同比增长617%;生均固定资产95747元。

教师队伍建设。2010年，大连医科大学完成了岗位设置管理入轨阶段的各项工作，学校先后有746人参与了专业技术岗位分级，经过省人事部门的统一评审，全校现有二级教授24人，其中校本部11人、附属一院8人、附属二院5人。

该校重新修订了硕士和博士研究生指导教师遴选办法，通过新一轮遴选，新增校内硕士研究生导师155名，校外兼职硕士生研究生导师195名，留学生硕士研究生导师49名。有6人受聘为辽宁省学位委员会第五届学科评议组成员。

该校聘请双聘院士1人，客座教授16人；引进高层次人才6人，均为海外归国人员；学校及附属医院公开招聘教师、医生等专业技术人员123人；共招收国家计划内博士后3人，联合培养博士后4人。共有2人入选辽宁省第五批优秀专家，3人入选大连市首批突出贡献专家，17人入选大连市第五批优秀专家，1人获大连市2010年特聘专家突出贡献奖，5人获得国务院政府特贴，3人获得大连市政府特贴，5人入选辽宁省高校优秀人才支持计划，1人获教育部霍英东基金高等学校青年教师奖三等奖。日籍顾问藤谷荣次先生荣获“辽宁省外国专家荣誉奖”。

学生工作。2010年，该校招生规模和在校生规模再创历史新高，其中硕士研究生招收1009人，博士研究生招收57人；面向24个省、市、自治区共录取本专科生1924人，其中本科招生1700人，包括一批本科757人、三批本科1034人、专科224人。在山西等6省将临床医学（五年制）、临床医学（英语班）和口腔医学从二批本科录取调整到一批本科录取，在辽宁省将临床医学（英语班）、口腔医学调整到一批本科录取。

该校高度重视毕业生就业工作，采取“一院一策”、“一专业一策”和“学校统筹、院系主抓、社会联动”等措施，加强就业指导服务体系建设，积极开展毕业生质量跟踪调查及市场需求调研，实行实名制就业动态管理和就业指导教学研究，成立“预征兵”工作领导小组和大学生创新创业团队，新开辟了8家就业实训基地，开展“住院医师规范化培训”，鼓励毕业生多渠道就业。首次有10人获得外校推研资格，其中有7人被北京大学医学部确认接收。至2010年底，博士研究生就业率为100%，硕士研究生就业率为98.5%；临床医学（本硕连读）就业率为100%；二批本科就业率为97.1%，考研率达到26.46%，其中临床医学考研率达到46.42%；三批本科就业率为95.6%；专科就业率为95.8%。全校有4名毕业生参加大西北项目就业，25名毕业生参军入伍，36名学生参加住院医师规范化培训。

该校积极开展以国家、省政府、商企和学校奖助学金、国家助学贷款为主要形式和勤工助学、困难补助、绿色通道为辅助形式的学生资助工作。2010年，共有7200多人次获得各级各类奖、助学金，累计金额680多万元；有184名新生获得国家助学贷款，合同金额474.57万元，当年首次发放135.97万元；为162名学生办理了生源地助学贷款，金额合计96.56万元，当年全部发放。获得大商集团助学、奖学基金500万元；获得忠旺集团助学金100万元。

后勤工作。2010年，该校新建留学生综合楼获得省发改委和省教育厅的前期立项批复，并获得800万项目建设专项资金；留学生综合楼太阳能供应热水系统及海水源热泵采暖制冷系统项目得到省建设厅批复，被列为2010年省级建筑节能示范项目，并获得配套资金200万元。学校污水处理站新建及扩建工程项目获批建设资金300

万元。经营管理工作不断加强,通过多种渠道为学校创收459万元。

2010年,学校校园和谐、平安稳定,被辽宁省社会治安综合治理委员会授予"平安示范校园",被大连市综治委评为"平安校园"荣誉称号。

(撰稿人:段长虹　审稿人:佟春光)

人　才

■人才开发与建设　2010年,旅顺口区继续加快人才开发与建设,政策体系不断完善,队伍建设成效突出。一是加强基础建设,区人力资源和社会保障局参与制订了《旅顺口区十二五人才发展规划》,出台《旅顺关于加强高端人才队伍建设的若干政策规定》、《关于开展外国专家"旅顺友谊奖"评选活动的通知》等政策性文件,进一步加大了高层次人才的引进及建设力度。使全区人才工作取得了突破性和实质性进展,人才总量实现增幅53.9%,人才产业分布更加合理,在三大产业中的分布比例为1∶10∶4。二是创新人才开发机制,加大优秀人才储备。人才工作站作为全局的精品工程,建立了"三级管理体系",进一步明确了人才工作站管理工作的相关细则,严把入口,强化管理,畅通出口,实现了大学生到基层"下得去、待得住、干得好、流得动"的良性循环。2010年2月,中组部李源潮部长对人才工作站管理经验和运行模式做出批示,要求在全国范围内进行推广。三是深化人事制度改革,规范和完善了党政人才的录用、培训、考核、聘任及收入分配制度,不断优化党政人才队伍结构。

■毕业生就业　2010年,旅顺口区进一步落实《大连市人民政府办公厅转发市人事局等13个部门关于进一步加强普通高等学校毕业生就业工作意见的通知》(大政办发【2009】45号)精神,高标准的完成了年初下达的就业指标,实现旅顺生源应届毕业生就业率达到95.8%,旅顺生源贫困生就业率达到100%。

一、充分发挥企业吸纳高校毕业生就业主渠道作用。2010年,旅顺口区为进一步缓解大中专毕业生就业压力,及时为企业发展提供人才支撑,针对企业用工需求和高校毕业生就业情况,适时举办就业招聘洽谈会,全年共举办人才招聘洽谈会4场,包括中远造船工业有限公司、韩伟集团太平洋海珍品有限公司、四八一零军械修理厂等120余家企业参加了招聘洽谈会,招聘涉及船舶、电气、IT、翻译、企业管理、财会金融、市场营销等七大类五十余个专业,1200余个就业岗位,共有5000多人次参加,与企业达成就业意向的求职者800余人。此外,还建立了详尽的书面企业招聘资料库和人才资源库,通过"日常求职、招聘登记"的方式,搭建了人才求职与企业招聘的常规性平台。还积极组织区内十余家企业参加大连市春季人才招聘洽谈会等活动,给广大毕业生提供更多的就业岗位。

二、充分引导高校毕业生面向基层就业。2010年,旅顺口区进一步落实《关于统筹实施我市引导高校毕业生到农村基层服务项目工作的通知》(大人发[2009]62号)、《关于印发〈2009年大连市高校毕业生"三支一扶"计划实施方案〉的通知》(大人发[2009]64号)精神,为到旅顺口区基层就业的"三支一扶"人员提供丰富的优惠政策,并为其发放生活补贴每月1200元,全额缴纳社会保险,提供交通及午餐补助等,为引导大学生到基层工作起到了重要的导向作用。全年共接收大连市"三支一扶"大学生18名,其中"支农"14名、"支医"2名、"支教"2名,已全部上岗。

三、充分开展高校毕业生储备计划工

作。按照《大连市人民政府办公厅关于印发大连市高校毕业生储备计划实施方案的通知》(大政办发[2009]193号)精神,2010年,旅顺口区及时摸底,汇总公益性岗位需求,做好高校毕业生储备计划的岗位申报、人员管理和服务等各项工作。全年共提供人才储备计划岗位27个,涵盖了环保局、科协、得胜街道、长城街道、4810厂等8家单位。至年底,储备计划在册人数15人,已有12人就业。其中,考录事业单位3人,考录大连市"三支一扶"1人,企业就业8人。每月按时足额为储备计划人员发放1200元的生活补贴并缴纳五险。人才储备计划的实施,为高校毕业生提供了广泛的参与社会实践的平台,提高了大学生的实践能力,不但缓解了毕业生就业的压力,也为社会的发展储备和培养了人才,受到了社会各界的一致好评。同时,为切实解决贫困生的就业工作,对毕业当年内登记未就业的贫困生实行了储备计划兜底安置。

四、认真做好大中专毕业生报到、落户工作。严格按照《关于做好普通高等学校专科以上应届毕业生落户工作的通知》(大公发[2009]70号)的要求开展工作,报到程序严谨、规范,手续完备,全年共计接收大中专毕业生报到548人。

■"企业军转干部的解困维稳"工作 企业军转干部的稳定工作,直接关系到社会的和谐稳定和国家的长治久安。为了做好这项工作,2010年,旅顺口区重点从建立健全管理机制和加强走访慰问两条途径入手。一年来,无重大恶性、越级上访事件发生,切实保证了旅顺口区社会的和谐与稳定。

一、在解困维稳政策落实和机制建立上下工夫。按照主次分明、统筹安排原则,对上三级有关企业军转干部的相关政策认真贯彻执行,同时严格执行"五包责任制",对生活确实困难的企转干及时提供帮助,稳定他们的消极情绪,对思想比较活跃的企转干及时进行感化教育。

二、大力做好企业军转干部走访慰问工作。2010年初,根据《关于做好"两节"期间走访慰问企业军转干部等方面人员的通知》(大企转办发[2009]5号)要求,人才中心认真制订走访计划,并召开旅顺口区处理企业军转干部问题领导小组工作会议,布置"两节"期间的走访慰问和安保稳定工作。两节期间,共走访慰问了企业军转干部432人,送去了价值6万元的米、面、油和鸡蛋等慰问物品,将党的关爱和温暖送到企业军转干部的心里。"八一"节前夕,为弘扬爱国主义、民族英雄主义精神,增强企业军转干部的大局意识、责任意识和集体荣誉感,让他们充分感受党和政府的关怀,企转办走访慰问了患重病的企业军转干部,送去了合计1.5万元的米、面、油和慰问金,并切实帮助企业军转干部解决了一些实际困难。

三、开展送健康活动。2010年,为建国前、抗美援朝企业军转干部人员进行一次体检并建立起健康档案。全区共有企业军转干部528人,其中:建国前入伍的老战士108人,抗美援朝期间入伍的老战士94人,两部分共计202人,区劳动和社会保障局向区财政请示了6万体检专款,而且为了方便体检对象,本着就地就近的原则分别组织他们到406医院、区医院和中医院进行体检。

■人才工作站 2010年,旅顺口区人才工作站已组建五年,各项工作都取得了可喜成绩,实现了"双效益",即一方面为基层带来了活力和人才支撑,得到了基层组织的充分认可,另一方面大学生本人也得到了锻炼,人才工作站深受高校毕业生的普遍欢迎,已成为促进高校毕业生就业的新平台和农村基层人才培养的摇篮。

一、在人员录用方面,严格按照编制的设定,始终保证一村(社区)配备一名大学生,录用工作严谨、公正,较好地完成了2010年人员补录计划。2010年,共补录25名专业技术人员,其中,选调9名,考录15名;中共党员11名,占录用总数的45%;男性10名,占录用总数的40%。专业涵盖了经济学、法学、汉语言文学、生物工程、结构工程、动物医学、计算机科学与技术等15个专业,且全部是二本及以上的高校毕业生,保证了进站人员的质量。

二、在管理方面,按照"管理与服务"并重的原则,不断完善"三级管理"体系,努力做好人员培训与考核及后勤保障等各项工作。第一,联合组织部门下发了《关于进一步加强旅顺口区人才工作站管理工作的若干意见》(旅人社发[2010]60号),制订了《旅顺口区人才工作站专业技术人员考勤制度》。进一步完善了人才工作站的"三级管理体系",明确了人员考勤、考核、保障等一系列事项。第二,圆满完成年度考核和聘期考核,2010年考核工作的突出特点是实现了年度考核与聘期考核相衔接,聘期考核与选拔使用相挂钩,以考核为切入点,引入竞争机制,开创了人人创先争优的良好局面,激发了工作站人员队伍的活力。第三,做好培训与交流工作。工作站的专业技术人员在全区的各村和社区工作,人员高度分散,造成了管理和沟通的不便,为解决这一问题,不定期举办大型培训与交流活动,以及时将站里的精神和工作动态传递给大家,促进其之间的经验交流,达到了同一批次人员相互了解,不同批次人员相互熟悉的预期目的。第四,及时、准确地完成各项保障性工作。工作站年调整人员数量一般在30人左右,人员的录用与输出,涉及到考核、体检、调动、聘任、工资审批、保险缴纳等一系列工作,工作量大,时间紧,任务急,通过努力和紧密配合,按时、保质、保量地完成了各项工作,解决了工作站全体人员的后顾之忧。第五,在工作站和"三支一扶"人员的管理上,采取了编制与管理既结合又分离的方式。一方面,工作站与大连市"三支一扶"中"支农"人员的数量合计不超过全区行政村和社区的总数。另一方面,将大连市"三支一扶"全体人员统一纳入工作站管理,从而使程序更加畅通,避免了"支医"、"支教"人员被边缘化的问题。

三、在出口方面,时时关注、精心策划,渠道更加畅通,形成了用人单位争先抢要的良好局面。对于聘任期内的工作站同志,不加任何限制条件,鼓励其参加各类考试;对于聘任期满的同志,一是具备大连市"三支一扶"身份的人员,考录公务员时可享受计划单列的优惠政策,也可经考试与考核相结合的方式聘入事业单位;二是工作站人员可通过考核方式,由管理部门结合岗位实际需要,予以选拔使用。2010年,共有16人考录公务员;15人被选拔使用;3人经考试与考核相结合的方式聘入到人才工作站,完备了事业编制身份。

(撰稿人:李星卫　审稿人:丛贵立)

文 化 体 育

综 述

■概况 2010年,旅顺口区有区级公共文化设施7处,包括旅顺剧场、新华书店、文化馆、图书馆、万忠墓纪念馆、少年宫、数字电影院等,总面积23000平方米。全区有3个城区街道文化体育活动场所,13个社区文体活动室,总面积4000平方米,其中活动场所面积最大的680平方米,社区活动室均不少于150平方米。全区有8个农村综合文化站,(含开发区和涉农街道新建综合文化站),总面积为1.9万平方米,有68个村级文化活动室,总面积11695平方米,村村都有文化活动室,基本形成区、街、村(社区)三级文化活动场所服务体系。全区已有规模性文化广场64个,总面积78000平方米。

■市场管理 2010年,全区共有网吧89家,音像店58家,音乐茶座46家,电子游艺厅3家,书报刊亭42家,台球厅38家。在加强文化市场日常监管的同时,以"扫黄打非"为中心,有重点、分阶段地开展专项治理整顿工作,先后开展了"网吧"、电子游戏场所、校园周边环境、音像制品、文明城市复评、消防安全、节日期间营业性演出、平安文化市场创建等8次治理整顿专项行动,检查文化经营单位617家次,收缴非法音像制品10000余张,非法图书100余本,行政处罚结案率100%。仅12月份的消防安全集中整治工作中就出动检查人员110多人次,检查各类娱乐场所15家,发现隐患并整改1家。通过整治,净化了文化市场,确保了全区文化市场的健康稳定。

■体育人才 2010年,全区培养输送了20多名运动员代表大连市参加辽宁省第十一届运动会,共夺得11枚金牌、11枚银牌和5枚铜牌。

■全国文明城市创建复评 2010年,全国文明城市创建复评检查涉及文体局的工作任务主要是文化市场管理、文体设施阵地建设、文物遗产保护三个方面,14项具体评估指标。文广局根据工作要求,结合自身实际,制订了《创建全国文明城市工作实施方案》,多次召开会议进行研究和部署,圆满完成各项工作任务。

文体活动

■"欢乐大年"活动 2010年,旅顺口区"欢乐大年"春节系列文化活动于2010年1月6日—2月16日举行,先后安排了广场民俗表演、燃放焰火、台球赛、书法、美术作品展、楹联征文、春联进农家、贺岁电影展映等八项大型文体活动,丰富了百姓的节日文化生活。

■"旅顺之夏"活动 2010年,第六届"旅顺之夏"广场系列文化活动起步早,持续时间长。自入夏开始,整个活动持续近三个月,安排具有一定规模的广场演出活动100

多场次，文化下乡、进军营演出20场，免费送电影到农村800场。全区直接参加表演活动人数6000多人次，参与观众20多万人次。

■旅顺国际合唱节 2010年，旅顺口区成功举办辽宁省合唱邀请赛暨第六届旅顺(国际)合唱节。2010年9月21合唱节在大连人民文化俱乐部隆重开幕，共有来自俄罗斯、香港等国家和地区以及省内外60支合唱团3600多名演职人员参加了4天7个专场的比赛和演出，实现了群众性和艺术性的完美融合。在活动规模、参与人数和演出效果上，都实现了新的突破。此项活动被评为2010年度大连市十项有影响的文艺活动之一。

■万人健身徒步大会 2010年10月22日，策划组织了"万人健身徒步大会"。大会免费为群众进行国民体质监测，为在大连市健身丽人比赛中获奖人员和旅顺口区足球比赛中获奖球队颁发了奖杯和证书。来自全区各界1万余人参加了徒步大会。

文体建设

■市民健身中心工程 2010年3月10日复工建设，占地面积15500平方米、建筑面积20086平方米的1号楼(篮球馆、游泳馆、健身馆、乒乓球馆等)工程进展顺利，主体已封顶，内部装修工程开工。

■涉农街道综合文化站建设工程 2010年，旅顺口区承建的双岛、北海、龙头、长城、三涧堡5个农村街道的综合文化站，全部建成投入使用。总建筑面积为10800平方米，平均面积为2160平方米。

■农民体育健身工程 2010年，旅顺口区为涉农街道免费安装农民体育健身工程5套，健身活动室5套，健身路径5套。

■农家书屋建设工程 2010年，全区在原有36个农家书屋的基础上，又启动了32个农家书屋建设工程，使农家书屋覆盖率达到100%，并同步完成了图书更新、流转机制和图书管理员的培训工作。到2010年底，市区两级共配送图书61888册，音像制品5440套，其中每村配送图书1934册，音像制品170套。

■旅顺图书馆改扩建工程 2010年，争取区财力投资185万元，对图书馆二楼阳台进行封闭改造，年内主体工程及内部装修完工，即将投入使用。

文物保护

■"三普"工作取得阶段性成果 旅顺口区于2007年开始组织开展第三次全国文物普查工作，到2010年底，田野调查工作已经完成，并顺利通过省专家组验收，共调查和登录不可移动文物点190处，已完成对各类数据的整理、核实、汇总、登记和普查报告的初稿编制工作，并报上级主管部门核查。

图书电影

■旅顺图书馆 2010年，旅顺图书馆注重发挥公共图书服务功能，以主动服务、优质服务、超前服务赢得整体服务质量提升。全年借阅读者达165002人次；借阅图书265629册次；分编新书4103种、11978册；订阅报刊600余种；发展新读者2167人；新建图书流通站10个；编辑报纸剪贴等二次文献6个专题14本；举办美术摄影展、图片展等展览7次;举办各种讲座、报告会等读者活动34次,参与读者达3万多人。

■**旅顺新华书店** 2010年,新华书店积极改善销售环境,整合销售渠道,图书发行销售收入完成810万元,实现利税29万元。

■**落实农村电影公益放映“2131工程”** 2010年,积极推进农村电影放映数字化改造,配备数字放映机1台(今后将逐步实现农村电影放映数字化),全年免费放映电影900场。

■**新建数字影院** 2010年,争取社会资金800余万元,新建大商新玛特大地数字影院,总面积1522平方米,分四个电影放映厅,总计712个座席。该影院全面应用数字多媒体技术,用高科技数字技术来实现“同步首轮”放映。全年免费为城乡工人、农民、军人、学生放映电影21场,观众达3600多人次。

文化产业

■**文化产业发展不断推进** 2010年,根据《旅顺口区文化产业发展规划》,在做好文化产业发展基础性工作和现有项目扶持服务工作的同时,重点抓好以下几项工作。一是完成了旅顺口区文化企业数据库编制工作;二是争取社会资金800余万元新建大商新玛特大地数字影院;三是全力做好旅顺民间艺术展览馆、海参博物馆、生命奥秘博物馆等文化产业项目建设与发展的扶持服务工作;四是启动闯关东影视基地进一步规划建设工作,为全区文化产业的进一步发展奠定了良好的基础。当年全区文化企业产值实现1.6亿元。

(撰稿人:王玉荣　审稿人:赵　炜)

广　播　电　视

宣传和舆论监督

■**概况** 2010年,旅顺广播电视台全年播发新闻稿件7000余条,播出电视新闻栏目52期,专题50部,对上报道300余篇。

■**经济工作宣传** 2010年,区委宣传部和区广播电台、电视台精心策划,推出《提振发展信心 实现激情跨越》和《争创科学发展示范区 创建绿色经济区》专栏,全方位展现全区广大党员干部群众抢抓机遇,全力实现固定资产投资300亿元的生动实践;推出《调整产业结构,提升核心竞争力》等系列和连续报道,展现全区上下面对国际金融危机严峻挑战,迎难而上,开创科学发展崭新局面的生动实践;分六大专题对《2010年都市型现代农业发展要点》进行了详细解读,推进都市型现代农业建设。深入农村采写《袁家沟村建新居百姓温暖过冬》、《曹家村村道喜安太阳能》等新闻,全面推广农村城市化建设的新经验;两台策划七集主题报道《破解农村城市化难题 十项政策惠及百姓》,展现旅顺口区在加快推进全域城市化中的新举措。

■重要会议宣传 2010年,区广播电视台对区委全会、区人大、政协“两会”等重要会议的宣传上,采用消息、通讯、述评等形式进行多方面、多角度的立体报道,开辟专栏对人大代表、政协委员的事迹进行专题报道。市第十四届人民代表大会第三次会议召开期间,两台派记者赴大连采写旅顺代表团代表分组讨论市政府工作报告和市领导夏德仁、李万才对旅顺口区今后发展的期望讲话,提振全区人民建设绿色经济区的信心。

■重要活动宣传 2010年,旅顺广播电视台开办《连心活动暖民心》专栏,精心制作《连心赢民心》专题,深入宣传创先争优活动和党员干部连心活动;全程参与央视大型综艺栏目《欢乐中国行》的策划和前期宣传工作,提高旅顺知名度;两台积极配合中央电视台,圆满完成全国应急救援队伍建设现场会的直播报道;与区委宣传部联合策划录制播出《情暖滨城》感动人物颁奖典礼;策划的40集系列报道《辉煌十一五》,展示了“十一五”期间旅顺经济社会发展取得的喜人成绩;现场录制和专题报道了旅顺国际合唱节、国际人居节和美食节三大节庆活动,扩大了旅顺节庆活动的区域影响力。

■重大突发事件宣传 2010年2月1日,迎春街81—87号楼发生爆炸后,两台记者冒着生命危险第一时间采写了《迎春街81-87号楼发生爆炸 我区全力排先抢救》、《我区全面做好爆炸事故救援工作》等连续报道,及时、全面客观的介绍事件动态,安民心、稳秩序;针对低温天气、渤海冻冰对农业和渔业生产的影响,“两台”记者采写了《低温冻害菜农忧》、《积极应对海上浮冰确保渔业生产安全》等新闻;青海玉树发生地震灾情后,加班制作了《灾害无情人有情》公益歌曲。派记者远赴玉树和大连电台携手策划了《倾情玉树孤儿接回大连过“六一”》大型主题活动,发动全社会关爱灾区儿童健康成长。

■对外宣传 2010年,旅顺广播电视台为区委、区政府赴香港、日本招商精心制作了《旅顺映像》、《生态港湾 绿色旅顺》城市形象片,《魅力旅顺 生态港湾》城市形象音乐片。全年在上三级台发稿240余篇,其中中央台发稿近20篇,省台发稿30余篇,市台发稿近200篇。新闻《增强自身素质 带好高学历新兵》在央视整点新闻播出,《旅顺北部地区封海》在央视国际台《中国新闻》播出,《渤海封冻 旅顺渔业遭受损失》在央视新闻联播和新闻频道播出,《旅顺大樱桃开始上市》、《低温天气对旅顺棚菜生产造成影响》等10余条新闻上了大连电视台新闻要目。采写的《旅顺的哥的姐6年助残帮扶 爱心温暖滨城》报道在3月5日中央电台的整点新闻滚动播出。

另外,联合大连电台新闻频道、新城乡广播,利用大型转播车对旅顺国际樱花节、樱桃节、合唱节、人居节、美食节进行现场直播;联合大连电视台制作部对旅顺国际合唱节开幕式进行录制,在大连电视台新闻频道、文体频道播出,还与韩国平一株式会社签订了共同拍摄旅顺风光片的协议,加强了和国外媒体的深度合作。

■舆论监督 2010年,旅顺广播电视台邀请听众走进大连电台新城乡广播和本台电台直播间,与主持人一起针对老百姓关注的话题进行探讨;电视台《旅顺新闻》开辟了《记者关注》、《长镜头》专栏,对政府重视、百姓关注的热点、难点、焦点问题及时报道,释疑解惑,倾尽民生关怀。《民生零距离》在栏目中搭建网络互动、拍客等互动载体。全年接到观众来电、来信、来访230余次,解答100%,协调解决率70%以上。

事业建设

■**节目改版** 2010年7月1日,对两台节目进行了全面改版,电台与大连广播电台新城乡广播全面接轨;电视台对频道进行整体化包装;《旅顺新闻》强化了编后话,开设了新栏目,加大了评论和深度报道;民生栏目《民生零距离》打破了原有栏目的整体框架,增加了指导性和服务性信息;广告栏目突出小特色张扬大个性,增加了《大城小事》、《大家说法》等节目,开办了《消费新主张》、《健康新概念》等栏目。

■**事业产业建设** 2010年,旅顺口区不断加强全区广播电视事业产业建设。1. 数字化建设。继续优化硬盘播出系统、媒资管理系统,并对其进行3.0版本升级。投入15万元购置防病毒隔离设备,安装了网络防病毒安全系统。引进2M光纤专线,用于电视新闻部与电台向上三级媒体上传新闻素材。通过政府采购的方式,对新闻采编一线部分低档数字摄录设备进行了更新。2. 播出发射。2010年,全区加强安全播出体系建设,加强节目监听、监看和节目技术指标检测,在城乡建立节目监控网,制订安全播出制度。对广播电视发射台机房进行消防改造,对发射塔进行了维修;对铁塔灯和避雷设施进行了更新改造;对中央电视台电视发射机进行了电源和馈管更新改造。3. 产业经营。2010年,全区广播电视系统进一步调整产业经营思路,全年广告创收458万元。净化声频荧屏、打造绿色收视环境的经验得到国家广电总局检查组的肯定,荣获辽宁省县级广播电视播出机构先进单位称号。

■**党建工作** 2010年,区广播电视台在4个党支部及全体党员中开展"五个好"党组织、"共产党员先锋岗"创建活动,建立每月每周学习制度。"4·14"青海玉树地震,全台员工踊跃捐款近万元。扎实开展连心活动,为连心户提供致富信息30余条,帮助解决实际问题20多个,为困难连心户送去慰问金、慰问品累计金额达5000余元。

(撰稿人:王英杰 审稿人:吴 昊)

有线电视

■**概况** 2010年,大连天途有线电视网络股份有限公司旅顺分公司,以科学发展观为指导,以新媒体建设为目标,以服务全区用户为宗旨,以增收创效为根本,提出大网改、大服务、大营销工作理念,积极应对"三网融合"与"省网整合"的形势发展,党、政、工、团协同奋进,凝心聚力,紧紧围绕公司中心任务,紧跟属地规划建设进程,密切协同各方面协作关系,在保障工作安全、文化安全、防范安全的基础上,全面完成了公司下达的各项工作部署和经营管理指标。率先完成了区域农村文化信息资源共享工程建设任务,积极有力的配合了区域各项规划建设工作。以小搏大,以细求精,强势推动了分公司事业建设速度和质量,全力推进了网改进程,大力提升数字化网络传输功率;强化服务效率,提高改进服务硬件和软件建设;强调经营意识,从降低成本增效和市场开拓创收两个方面提高效益。全年新增用户13187户,总用户量达到117900户;实施农村数字网共享工程现场转换125天,免费为全区农户发放和安装数字机顶盒36668户;配合区政府完成轻轨、大机车等5个重点项目建设的动迁改线和配套建设工程;全面完成经营总收入2400万元,利润增收再创新高,为满足人们日益增强的文化生活需求提供了相应的内容,特别是为全区广大农民提供了一个丰富多彩的文化信息资源共享平台,全年工作取得了较好的社会效益和经济效益。

■**"三安"工作** 分公司坚持"三安是命、效益是福、我爱天途、天途爱我"的经营管理工作理念,加强安全教育,提高全员对安全工作是企业生命线的认识,强化安全生产规章制度落实和责任追究处罚措施。构建起和谐稳定、安全得力的群体工作框架基础,明确各自的安全责任和保障目标,不断增强责任意识和工作自觉性。把安全工作的工夫下在常识培训上和日常预防上,在演练过程中完善预案,从实际出发落实方案。由于制度落实,措施到位,预案齐全,方案扎实,并要求人人熟知和会做"三懂、四会、五防"的内容,形成安全工作处处有规循、有人管的氛围,使全年各项安全工作无事故发生,赢得了各级有关部门的好评,先后被旅顺口区区委、区政府评为年度"社会综合治理工作"先进单位,被旅顺口区防范和处理邪教领导小组评为年度"防范和处理邪教问题"先进单位,被旅顺公安局三电办评为年度"三电保卫"先进集体,并有4人次被市、区两级有关安保部门评为先进个人。

■**网络建设** 旅顺分公司积极贯彻中央、省、市、区关于加强农村公共文化服务体系建设,发展繁荣农村文化事业的部署和精神,落实《辽宁省文化信息资源共享工程进村入户实施方案》,在市、区两级投资的基础上,在公司大力支持下,分公司积极运筹,全力打造,先后投资3000万元进行农网升级改造,至年底,整个共享工程实现了收工告捷,使全区农网全部数字化,网络覆盖户数达5.5万户,已入网开通户数4.2万户。2010年12月22日晨,中央人民广播电台《新闻与报纸摘要》节目报导:"我国第一个全网双向化的县区级农村有线电视数字网络在大连市旅顺口区建成"。

■**强化服务** 2010年,旅顺分公司严把服务态度、作风和技术三个关键环节。在保持营业部、网维部市、区两级青年文明号岗位荣誉的基础上,强化服务态度,真情实意为用户着想,规规矩矩为用户服务,要求全体员工在接到用户电话或接待用户询问时,都要想方设法满足诉求,帮助协调解决问题,不准说"我不管"和"我不知道",或以应付搪塞了事;强化服务作风提升,用户的需求就是命令,用雷厉风行的工作作风,提升服务时效性,用加班加点缩短用户维修、安装等待时间,用外协求援做法,抢修灾害性天气造成的网络损害;强化服务技术提高,随着网络数字化的更新换代,及时组织技术培训,全面提高整体技术水平,针对不同岗位专业要求,强制进行技术等级考核,面对数字网维护维修特点,组织编写《有线电视数字网故障汇编》,深化理论与实践相结合的切入点,丰富工作人员处理故障的经验,提高理论指导实践的认识总结能力。

■**发展改革** 2010年,旅顺分公司随着"三网融合"与"省网整合"的形势发展,文化事业改革必然向产业化、市场化迈进。分公司针对发展趋势和改革进程,将有线电视从单一经营模式向多业务模式转变进行了积极有益的探索,在付费节目、区域政务、点播、电视课堂、宽带业务等方面进行研究和试验,将现在看电视向今后用电视的构想目标纳入了建设历程。

(撰稿人:张俊宽　　审稿人:邓心宇)

史志·档案·博物馆

史　志

■**概况**　2010年,旅顺口区史志办公室从强化队伍建设和改善办公条件入手,充分发挥和调动每个人的积极性,全力推进史志工作,使各项工作扎实、快速、有效开展,除被评为大连市史志系统先进集体外,1人被评为全省党史系统先进个人,3人撰写的文章获市级以上奖励。另外,在年初和年中分别进行的全国5年一次年鉴评比、辽宁省首届年鉴评比中,《旅顺口年鉴(2009)》获得综合一等奖、2个单项一等奖及1个单项二等奖。

■**区志续修工作基本完成**　2010年,区志续修工作经过五年多时间的不懈努力,已基本完成了初稿修改工作,开始进行统稿。全书约130万字。

■**出版《旅顺口年鉴》(2010)**　2010年,旅顺史志办以《旅顺口年鉴(2009)》获得全国及省评比一等奖为基础,继续大胆改进和创新,使年鉴的框架设计、信息量、编撰质量等诸多方面都有了新的提升,得到了市及各区史志部门人员的高度评价。

■**村志编修工作进展顺利**　2010年,全区村志编修工作动员会议后,史志办通过办班、加大督办工作力度等多种措施,积极推进村志编修工作,先后有17个村经过批准,开始了村志编修工作。到2010年底,已有5个村分别完成了村志编修、评审和印刷出版任务;其他各村村志编修工作进展也比较顺利。

■**启动街志编修工作**　2010年,鉴于水师营街道各村村志编修工作基本完成,经区委、区政府同意,批准启动了该街街志编修工作。当年,龙王塘街道也启动了街志编修工作。

■**开展档案资料整理工作**　2010年,旅顺口区史志办聘请专人,对成立以来的资料进行了整理,共整理资料2.15万份,存档79卷,交档案馆3512份,留存各种历史资料1.08万份(件)。

(撰稿人:徐　怡　　审稿人:张景范)

档　案

■**概况**　2010年,全区共有各级各类档案馆(室)456个,专兼职档案人员491人;档案库房总面积(使用面积)9162平方米,收藏各类档案1251911卷(册),资料150余万册,照片档案15.8万张,声像档案8125张(盘)。其中,区档案馆馆藏档案109个全宗,122197卷,以件为保管单位档案7146件,资料4749册,照片档案169张,录音磁带、录像磁带、影片档案527盘,光盘265张。

■整理归档　2010年,区档案局全面贯彻落实国家档案局制发的《机关文件材料归档范围和文书档案保管期限规定》(通称8号令),在区直机关、部分事业单位认真贯彻落实国家档案局第8号令,严格执行新的立卷规则,采取以点带面的方法将机关文件材料归档范围和文书档案保管期限表的制订工作逐步展开。年内全面完成机关文件材料归档范围和文书档案保管期限表的审批工作。区档案局落实区委、区政府办公室《关于加强机构改革中档案管理的通知》精神,协调各有关单位做好政府机构改革档案工作,合理处置档案的归属与流向,确保区政府机构改革工作的顺利进行。一是合理处置档案的归属与流向。要求撤销部门和单位的档案自部门撤销之日起自行终止,其档案整体交由相应的新组建部门接收保管;撤销、合并或部分职责发生调整的部门和单位,未办理完毕的文件材料,依新的职责分工移交给新组建部门和单位继续办理,并作为新组建部门和单位的档案加以保存。二是加强对机构改革档案工作的领导。凡涉及机构改革和调整的机关,必须把档案的管理和处置纳入本机关机构改革的实施方案,纳入本部门国有资产管理范围,有计划、有步骤地做好档案工作,使之与机构撤并同步进行。三是严格档案交接与管理工作纪律。任何部门和个人不得带走、留存、转移应归档文件,确保政府机构改革工作顺利进行。四是对撤销、合并、新组建部门和单位的档案管理情况进行了调研。区档案局坚持"农村经济社会工作发展到哪里、档案工作就延伸到哪里"的工作理念,针对一些街道、行政村档案意识淡薄,归档文件材料整理不规范,管理不集中等问题,把抓管理作为新农村建设中档案工作的切入点,要求各行政村将档案工作列入公共事务管理,建立村级档案收集和管理制度,指定专人负责村级档案的收集、管理和利用工作;在各镇举办行政村档案人员业务培训,通过现场立卷的形式,快速提高村级档案人员专业水平。贯彻落实农村社区服务中心九室一场中的档案室建设,村级档案室建设工程纳入市、区农村社区服务中心建设整体规划,第一批20个村级档案室建设已竣工,档案室面积确定在20平方米至40平方米不等,为了防潮,全部建在二楼。为改善村级档案室保管条件,现争取到市里资金,购置档案装具、防盗门、防火窗帘。

■档案利用　2010年,区档案局大力加强馆室基础建设,馆藏结构日渐优化,馆藏内容日趋丰富。认真做好档案征集、收集、整理、鉴定、编目、编研、检索和统计工作,制订了《民生档案利用规则》,大力开发档案信息资源,为社会提供优质服务。全区各级各类档案馆(室)共接待社会各界阅档人员14305人次,提供档案53000余卷次,其中区档案馆接待2621人次,提供档案5010卷次。做好档案资料的接收和征集工作,接收公证处公证档案13072卷,接收旅顺人才交流中心档案1578件。完成2010年全宗案卷统计、案卷综合统计、资料统计、专门档案统计和全区档案事业统计等;完成1980年所有全宗的开放档案鉴定工作。为了体现档案工作与时俱进的社会品质,拓宽全区人民对于档案工作的视野,满足社会各界利用档案的迫切需要,保证档案工作与经济社会同步发展,开始《旅顺口区档案馆指南》的编纂工作,年内已完成大部分内容。为了尽快实现计算机管理档案,区档案馆从2005年起,责成专人从事档案著录工作,到2010年底,基本建成了区档案馆文书档案和专门档案数据库,共建立机读目录数据库197万条,其中案卷级7万条,文件级191万条(人名120万条),馆内现有文件目录已经全部录入完毕,实现计算机检索。不断加快档案信息化建设进程,及时建立、更新和完善网络内容,1950年至1969年区政府形成的文书档案目录已实现网上查询。

■**业务指导** 2010年,区档案局不断加强对全区档案工作的监督、协调、检查和指导,业务指导人员分别深入各基层档案室进行日常档案管理指导工作,先后到基层单位指导600余次,200多个单位,为基层解决了很多实际的业务问题,使全区档案基础工作得到了明显提高。截至2010年,累计有349个单位和部门的档案管理定级升级或得到认定。街道机关、区四大班子机关以及公检法机关百分之百建档达标,其中百分之五十达到并保持省一级水平;区地税局、房产局、规划土地局、检察院、农村信用社继续保持省特级先进单位称号。

■**档案培训** 2010年,区档案局业务指导人员分别深入各基层档案室进行日常档案管理和重点建设项目单位主管工程领导及档案员现场培训工作,共举办基层文件材料现场业务培训班9期,参加人员192人次,提高了实际操作能力,保证了基层档案工作顺利开展。

■**档案执法** 2010年,区档案局坚持宣传与执法双措并举,大力加强档案法制建设。结合《中华人民共和国档案法》颁布23周年纪念活动,大力宣传档案法律法规。一是利用电子屏幕宣传《档案法》。9月3日,在房产局和城建局综合办公楼大厅的电子屏幕上滚动播放《档案法》,以此增强领导干部、公务人员和公众对档案见证历史、服务社会重要性的认识;二是利用网络宣传档案工作。在区档案信息网站上载档案法律法规、部分开放档案文件级目录及现行文件目录等内容,面向社会提供网上查询和咨询利用服务;三是结合连心活动广泛宣传档案法。通过帮扶、家访、谈心等多种形式,了解社情民意,疏导社会矛盾,使档案工作更贴近百姓生活,提高了档案工作在促进社会和谐中的地位和作用。开展档案执法检查活动。年初,制订了档案行政执法检查计划,在全区开展了三项专题工作检查:对全区金融单位进行档案行政执法大检查;对2009年区政府机构改革中14个撤销、合并部门的档案管理情况进行执法检查;根据国家、省、市民政局与档案局联合下发的《关于开展民政档案行政执法检查的通知》要求,对区民政局婚姻和收养档案进行执法检查,为区民生档案管理工作健康持续发展起到了保障作用,推动了民生档案工作逐步走向法制化轨道。在执法检查中,创新工作方法,实行“三个结合”:一是行政执法与业务指导相结合,根据各单位实际情况,有针对性地进行业务指导,提高了基层档案人员的业务素质和档案管理水平;二是档案行政执法与档案法宣传相结合,积极宣传档案的法律法规,进一步提高了单位领导和档案人员的档案意识;三是档案行政执法与档案工作调研相结合,执法人员注重对各单位档案情况进行调查研究,掌握每个单位档案管理的现状,针对各单位存在的不同问题,提出建设性意见,共同探讨解决办法。通过档案行政执法检查,增强了相关单位领导和档案工作人员的法制观念,推动了各档案工作的规范化管理

2010年4月16日,旅顺口区档案局在旅顺口区农村信用联社召开了金融系统档案管理工作现场观摩会,区各金融系统主管档案的领导和档案员参加了会议。会上

农村信用联社的领导首先进行了经验介绍,档案局领导到会并讲话,同时传达和部署了大连市档案局2010年对金融单位执法专项检查任务,与会人员还参观了联社的档案室。通过这次现场观摩会,对全区金融单位的档案管理工作起到积极的推进作用,与会单位纷纷表示要向联社学习,进一步做好本单位档案管理工作,为旅顺经济发展,提供金融保障,尤其是做好与民生密切相关的储蓄、信贷、保险、公积金等专门档案的管理,为保民生、促稳定发挥应有的作用。

■档案学会 旅顺口区档案学会于1994年11月20日成立。2010年,为提高学会会员专业素质,组织参加职称评审的档案员参加市档案学会举办的继续教育培训学习。为加强学会组织建设,年内发展学会会员8名,壮大了档案学会的队伍,促进了区档案事业的健康发展。

(撰稿人:金祖良 审稿人:金国胜)

旅顺博物馆

■概况 2010年,旅顺博物馆各项工作都取得了新进展,荣获辽宁省卫生模范单位、大连市基层单位导入ISO9000质量管理体系工作先进单位、大连市"全民阅读示范点"、大连市文广局创建文明城市工作先进单位、旅顺口区社会治安综合治理工作先进单位等诸多荣誉称号。

■陈列展览 2010年,旅顺博物馆在认真做好基本陈列的基础上,举办了三个专题展览、五个交流展览和一个出国文物展。专题展览有:旅顺博物馆藏梅兰竹菊"四君子"画展、翰墨溢香——旅顺博物馆藏书法精品展、旅顺博物馆藏日本绘画精品展;交流展览有:为庆祝中国共产党建党89周年,举办"宋慧莹书法作品展"、与厦门华侨博物院联合,举办了"华侨博物院珍藏外国文物精品展"、新疆历史文献古籍保护成果展、交流·融合·传承——旅顺博物馆藏亚洲文物展、旅顺博物馆藏中国箸文化展;出国展览有首次赴韩国参展的旅顺博物馆藏安重根遗墨——"贫与贱人之所恶者也"。此外,为筹备《丝绸之路精品艺术》特展,利用财政拨款,对"木乃伊"展室进行艺术设计装修,改造"馆藏精品陈列室"和照明工程正在有条不紊地进行。

■文物保护与管理 2010年,旅顺博物馆继续加强文物保护与管理,圆满完成了各项任务。1. 关东军司令部旧址的维修保护工程竣工;2. 对中苏友谊塔和关东军司令部旧址增设文物保护标牌;3. 完成主馆门窗改造工程,使其恢复到博物馆1917年建馆时的历史原貌;4. 将7尊清代铁炮进行维护保养;5. 经全国古籍评审工作委员会专家研究审定,馆藏《坛经》等18部善本书入选第三批《国家珍贵古籍名录》,其中有6部是旅顺博物馆新鉴定出的宋版善本,对于促进国家古籍保护工作的全面开展、扩大旅顺博物馆的知名度和社会影响,都起到了重要作用;6. 为大连汉墓博物馆修复文物21件,并为其建立了一套完整的修复文物档案资料;7. 完成辽宁省文化厅交办的项目,与辽宁省博物馆共同整理馆藏老照片,制作电子版老照片目录。此次整理工作历时一年,制作成完整档案的老照片47900余张以及玻璃底片5000余张,全部实现数字化管理;8. 完成了馆藏12470余枚外国邮票的整理工作,建立正式邮票登记账,为今后的陈列展览与研究打下了良好的基础;9. 积极筹备数字博物馆建设。录入大连地区文物信息,做好文物数据库网络的升级改造研讨，为数字博物馆建设奠定了基础；10. 做好文物征集工作。征集罗振玉收藏品70件（套）。

■宣教工作 2010年，旅顺博物馆加大宣传力度，举办多项活动、开辟文博宣传专栏，并注重与媒体配合，使宣教工作取得了丰硕的成果。1. 结合"5·18国际博物馆日"的主题，与大连电视台城市直通车节目合作，举办了"主持人走进旅顺博物馆"活动，受到了市民的热烈欢迎，当天还推出了"馆长接待日"，向观众介绍旅顺博物馆的基本情况及国际博物馆日的由来，介绍馆藏文物。自5月18日起，每周推出一位业务专家，在展厅为观众做现场讲座，从学术研究的角度介绍馆藏文物，解答观众提出的问题，为博物馆和观众搭建起一个交流的平台。2. 为庆祝世界"文化遗产日"，旅顺博物馆开展送展到军营活动，向部队官兵宣传"大连古代文明"和文史知识；3. 参加大连市社科联举办的"科普周"广场宣传、咨询活动。4. 通过新闻媒体宣传馆藏"旅博本《坛经》"的重新发现及公布全部内容，驻连10余家媒体记者先后对此作了专门报道。

■学术研究 大连历史文物研究所依托并建制于旅顺博物馆（常设为旅顺博物馆研究室），是大连社科联、科学院所属科研基地单位之一。2010年，该所开展了一系列科研工作，并获得了一定的科研成果。1. 举办《大连文博论坛》讲座4次（总十九讲），邀请日本里千家茶道驻大连事务所专职讲师山崎爱老师一行，为大连市民作了"里千家茶道文化表演讲座"；邀请吉林大学文博系史吉祥教授主讲"博物馆语言问题"，使专业人员对博物馆语言问题有了更加深刻的了解，提高博物馆语言的应用能力和水平。2. 举办"日本龙谷大学宫治昭教授学术报告会"，由日本龙谷大学博物馆馆长宫治昭教授讲授犍陀罗佛教造像的基本形态、犍陀罗佛教造像的研究现状，中日双方专家就旅顺博物馆藏印度犍陀罗石刻佛像进行了学术交流。3. 举行神琦宪、易佳琳师生尺八演奏欣赏暨尺八捐赠仪式。4. 旅顺博物馆出版的《旅顺博物馆馆藏文物选粹·绘画卷》，荣获2010年度大连市科学著作一等奖。5. 馆长郭富纯荣获大连市优秀专家称号。6. 2010年共出版相关学术刊物7部，发表学术论文38篇。出版物有：（1）《中国书画》2010年第一期（旅顺博物馆专刊）。该书由市文化广播影视局王星航局长专门撰写的《旅顺博物馆金石书画收藏概述》一文作为首篇文章在书中发表。该书面向全球发行，对扩大旅顺博物馆影响将会起到广泛的宣传作用。（2）《旅顺博物馆年鉴2009》，对旅顺博物馆今后工作进一步开展具有一定的指导意义。（3）《旅顺博物馆所藏新疆出土汉文净土教写本集成》。该书由郭富纯馆长和龙谷大学入泽崇共同主编，主要以旅顺博物馆藏蓝皮经贴为基础，同时收录了中日双方共同合作研究的新辨识的净土教佛经残片166片，为净土经典的研究提供了可资参考的文献。（4）《旅顺博物馆学苑（第五期）》。（5）《大连古代文明图说》，是大连市社会科学院科研项目。该书是首部以大连出土文物资料为内容的历史文献，是大连考古的百年总结，具有里程碑的意义，是研究大连乃至东北地区历史与考古不可多得的重要文献。（6）《旅顺博物馆馆藏文物选粹·漆器卷》由辽宁美术出版社出版。（7）旅顺博物馆离休干部李元星先生所著《甲骨文中的殷前古史》由济南出版社出版。（8）为了提高馆职工的综合素质，先后组织并进行了《消防知识》、《质量体系认证知识》、《博物馆学基础知识》、《中国近代史知识》等6次考试,均取得了较好的成绩。

■**对外文化交流** 2010年,旅顺博物馆在对外文化交流方面,成绩显著。1. 与日本北九州市生命之旅博物馆建立友好姊妹馆。2月6日,旅顺博物馆与日本北九州市立自然史·历史博物馆在日本北九州市举行了友好交流协议的签字仪式。大连市委书记夏德仁,大连市委常委、秘书长姚家凯,大连市文化广播影视局局长王星航、馆长郭富纯和北九州市市长北桥健治等出席了签字仪式。根据友好交流协定,今后两馆将有效利用历史、文化方面的资源,通过各种交流合作,达到资源互补,共同促进、发展,开创两馆美好未来。2."旅顺博物馆藏佛教写本国际研讨会"于3月在日本京都召开。应日方邀请,大连市文化广播影视局王家胜副局长、郭富纯馆长等一行四人参加了由日本学术振兴会科学研究费补助金、龙谷大学佛教文化研究所指定研究西域文化研究会等七家单位联合举办的"旅顺博物馆藏佛教写本国际研讨会"。此次国际研讨会,为旅顺博物馆藏佛教写本进一步开展学术研究打下了坚实的基础。3.11月5日至7日,首次中日韩三国馆长会议在日本北九州市立自然史·历史博物馆召开。应日本北九州市生命之旅博物馆邀请,馆长郭富纯等一行三人赴日参加"东亚友好博物馆馆长会议",并签订了中日韩三馆未来五年合作协议书。4.11月7日至12日,馆长郭富纯赴上海参加国际博物馆协会第22届大会暨第25届全体大会。

■**行政管理** 2010年,旅顺博物馆办公室认真做好党务、人事管理、文书档案整理、外联接待、老干部管理服务及后勤保障、设备维护、工程管理和车辆管理等各项工作,公开招聘历史专业博士研究生1人,硕士研究生2人。扩大文化产业经营范围,开发制作文物衍生产品,提高经济效益,并结合博物馆工作的特点,组织职工开展形式多样的文体娱乐活动。

■**安全工作** 2010年,旅顺博物馆安全保卫工作有条不紊地开展。全体保卫人员忠于职守,年内未发生任何安全事故,向旅顺博物馆连续第22个安全无事故年坚实迈进。加强安全工作责任制,全馆人员层层签订安全工作责任状,将安全责任落实到人,会同公安部门及时处理了9枚日本侵华时期残留炸药的炮弹,避免了巨大损失的发生,保证了文物和人身的安全。

(撰稿人:陶　莎　审稿人:王嗣洲)

旅顺日俄监狱旧址博物馆

■**概况** 旅顺日俄监狱旧址位于旅顺口区向阳街139号。1971年7月,旅顺监狱旧址辟为陈列馆向社会开放。1988年,国务院公布旅顺监狱旧址为全国重点文物保护单位。1995年,被授予"全国文博系统优秀爱国主义教育基地"荣誉称号。2003年5月,经大连市政府机构编制委员会的批准,正式更名为"旅顺日俄监狱旧址博物馆",并增挂"大连市近代史研究所"牌子,实行合署办公。2005年11月,中共中央宣传部授予该馆为"全国爱国主义教育示范基地"称号;2008年被国家旅游评定委员会授予"国家4A旅游景区"称号;2009年被国家国防教育委员会授予"全国国防教育示范基地"称号。该馆属于国家二级博物馆。

旅顺日俄监狱旧址博物馆属于公益性文化事业单位,现旅顺日俄监狱旧址博物馆内设有陈列研究部、征集保管部、宣传教育部、办公室、安全保卫部、大连中华工学会旧址纪念馆等6个部室。

建馆以来，旅顺日俄监狱旧址博物馆始终坚持以社会效益为第一的宗旨，全面实施“以文物安全为立馆之本，阵地展览为发展之本，科学研究为振兴之本”的办馆方针，使博物馆的工作走在健康和谐、全面可持续的发展轨道上。

馆内在坚持原汁原味全面展示监狱旧址现场的陈列外，还举办有“地狱烈火”、“国际战士在旅顺”、“日俄侵略大连物证”等专题专门的陈列展览。在深入发挥爱国主义教育基地教育功能作用的同时，还创办了“博物馆文化论坛”，并把论坛送到学校、社区、部队营房。与此同时，专业人员还加强了地方近代历史的研究工作，创办《大连近代史研究》（期刊），出版了《大连近代城市发展史研究》、《安重根研究》等19种科研专著，并建立网站，初步实现了办公系统自动化和安全监控系统数字化，先后被中国政法大学、吉林大学、辽宁师范大学等高等院校选为教学研究实习基地。

旅顺日俄监狱旧址已有百余年的历史，它是由两个帝国主义国家在第三国建立的以奴役被侵略国家的人民为根本目的，是帝国主义列强侵华和犯下反人类罪的铁证，其野蛮和残忍程度在世界历史上是非常罕见的。它还是中国境内目前保存最完整、遗迹规模最大、历史内涵最丰富、展线最长、国际性特点最为突出的一座遗址类博物馆，其自身所具有的历史纪念意义、现实教育意义和史料研究意义在世界同类型的博物馆中也是独一无二的。

■队伍建设 2010年，旅顺日俄监狱旧址博物馆深入学习领会党的十七届五中全会精神，积极加强干部职工队伍建设，取得了明显成绩。

1. 领导班子建设。2010年，局党委对旅顺日俄监狱旧址博物馆领导班子进行了充实调整，在全面考核的原则下，充实增补了副馆长、馆长助理两个职位，进一步加强了领导班子的核心力量；在局党办的指导下，对中层干部岗位实行了新一轮的职位竞聘，对部分工作人员的岗位进行了充实调整，实现了优化组合，有2名青年同志通过竞聘，步入到中层领导干部岗位，初步形成了老中青三结合的布局，为博物馆人才储备工作打下了坚实的基础，提供了人才保障。

2. 党支部战斗堡垒作用。经局党委批准，新一届支部换届改选工作顺利进行，有2名新同志进入支部委员会，为支部委员会注入了新生力量；在支部换届改选的基础上，重新划分了党小组，使党支部成员职责更清，目标任务更明确；在建立学习型组织的基础上，着力加强党建工作，有2名预备党员按期转正，新发展预备党员1名，为党的组织建设增添了新鲜血液。

3. 工会、共青团的纽带与助手作用。当年，工会组织会同馆领导班子成员走访、探视、慰问员工及家属达20多次，把和谐、温暖送到了病房、送到了家庭、送到了员工的心间；通过组织员工看电影、春游、举办文化体育、游乐健身活动，寓教于乐，丰富了员工的文化生活；馆团支部进行了换届改选，组织开展的纪念“一二·九运动”百米接力赛、羽毛球对抗赛等适合青年特点的有益活动，增强了团支部工作的凝聚力和战斗力。

4. 行政管理服务工作。根据国家文物局《关于申报“十二五”期间文物抢救性保护设施建设项目的通知》要求，对消防设备设施、文物库房安全和文物标本的装具设施、设备进行了科学的规划和预算，并列入到市局“十二五”规划项目；公共文明指数测评与文明城市建设工作步入了常态化、制度化,做到了周密部署、精心组织、狠抓落实,馆容馆貌、环境卫生得到了极大的改善;挖掘红色旅游内涵,创建国家红色旅游景区申报工作启动;理顺财政拨款渠道,积极争取由自收自支向政府投入过渡转变,寻求科学发展目标有效运行。财务、人事、食堂、车辆、职工福利等各项后勤服务管理工作,展现了良好的精神风貌,为全馆各项工作健康发展提供了全方位的服务与保障。

■展览创收 2010年,旅顺日俄监狱旧址博物馆依托旅顺全面对外开放的大环境,开辟增设的《国际战士在旅顺》特展正式对外展出,赢得了国内外领导、专家、游客的赞誉,使阵地宣传展览增添了新的亮点。全年累计接待观众152,359人次,免费接待未成年人近万人次,接待70岁以上老年人、残疾人、部队官兵等特殊群体2万余人;完成了委托经营门票收入460万元,特展门票补充收入14万元,有偿讲解服务收入12万元,影视拍摄收入19万元,门头房摊点出租收入15万元,累计创收520万元,实现了5年之中新的跨越。

■文物安保 2010年旅顺日俄监狱旧址博物馆坚持"文物安全为立馆之本",安全保卫工作有效运行。"保护为主,抢救第一、加强管理、合理运用"是文物保护工作的方针和指南,文物保护和安全工作为遗址类博物馆工作的重中之重,是保障各项工作正常运行的前提。

1. 文物保护抢修工作。文物保护抢修工作关键在于保护意识与资金运行的有机结合。在文物维修资金短缺的情况下,对部分文物建筑进行了抢救性维护维修。实施了对展室地板的保护,铺设胶皮400余平方米;对多处漏雨的牢房及西牢房天窗裂缝进行了补救性防水处理;对文物库房和牢房漏点更换了屋顶瓦;对正门入口处进行了改造;对历史遗留的地下管道堵塞进行了有效疏通。

2. 安全保卫工作。2010年,馆领导与各部室负责人签订了安全责任状,细化安全责任,把保证文物安全的任务分解到每个部门、每名员工。在硬件设施不能完全到位的情况下,重点在人防上下工夫,做到了有效的管理。增强了安全意识,加强安全教育,强力推行落实了各种安全制度措施。加强安全检查工作,消除安全隐患。更换50余具过期的消防灭火器,组织开展消防演习。对安全监控系统设备进行维修,更换了监控镜头、主机、显示屏。对院内所有的配电箱重新进行了除锈粉刷,保证了文物建筑及游客的人身安全。旅顺旅游集团开放部的票口管理工作,做到了行为规范、坚守岗位、有效疏通,行使了安全工作第一关口的职责。当年又实现了文物安全年。

3. 征集保管工作。根据国家文物局《关于加强馆藏文物借用管理工作的通知》,为进一步加强对馆藏借出文物的管理,对历史遗留下借给现代博物馆、万忠墓纪念馆、旅顺高等法院旧址陈列馆的藏品进行了跟踪核对和登记,重新签订了《国有博物馆馆藏文物借用合同》。为全力配合大连现代博物馆改陈布展的需要,提供了馆藏文物清单,现场进行了勘验,为现代博物馆近现代文物布展奠定基础。共征集满铁技术养成所图纸7件和旅顺关东神宫遗物6件,填补了馆藏文物的空白。

■服务接待 2010年,旅顺日俄监狱旧址博物馆在"5·18国际博物馆日"、"中国文化遗产日"、中国人民抗日战争胜利65周年和“大连市第八届社会科学普及周”活动中，向驻地大、中、小学校捐赠旅顺日俄监狱旧址教育丛书600余册，提供免费讲解服务100余场，发放宣传品1000余份；举办了《中日甲午战争在旅顺口》、《可爱的家乡旅顺口》两场“博物馆论坛”进学校、进社区专题讲座。突出了“勿忘国耻，以史为鉴，振兴中华”的主题教育实践，收到了显著的社会效益和强烈的社会反响，大连电视台、《大连日报》、旅顺电视台进行了全程跟踪采录和报道。

1. 宣传教育。2010年，旅顺日俄监狱旧址博物馆在全国国防教育工作会议上，被命名为首批国家国防教育示范基地，也成为当时大连市唯一的一所国家级国防教育示范基地。当年9月，辽宁省关心教育下一代委员会，又命名旅顺日俄监狱旧址博物馆为辽宁省青少年教育基地，省、市、区、局的领导应邀参加了授牌仪式。周爱民、王珍仁、华文贵三位正副研究员分别参与了中央电视台《重访》栏目组4集专题片《带血的轨迹》和大连电视台9集专题片《崛起的海岸》的拍摄录制工作，并在专集中担任历史顾问，有效地提升了宣传教育的功能作用。

2. 宣传讲解。为全面适应新形势发展要求，在实施了对监狱旧址讲解词进行了重新修改和编写的基础上，为提升讲解队伍的综合素质，展示讲解工作人员的风采风貌，本着以赛带训、培训结合的原则，组织举办了讲解员大赛，为内强素质、外塑形象、充分展示窗口优质服务意识搭建了平台。推动英语、日语、韩语讲解语种的规范发展，实现讲解服务零投诉的工作目标。

■学术研究 2010年，旅顺日俄监狱旧址博物馆营造良好的学术研究氛围，科研工作再创佳绩。

1. 历史建筑、历史街区的保护纳入研究课题。2010年，完成了大连市社科院关于《大连近代建筑、历史街区保护》的调研课题，并已顺利结项，形成了《大连历史文化遗产保护开发问题与对策》的报告；申报的《大连近代城市发展的历史阶段及特征》、《大连烟台街与旅顺太阳沟历史街区的保护对策研究》两项课题，经专家评定列入到市社科院的重点研究项目。

2. 近代史研究工作再续新篇。《大连近代史研究》第7卷的征稿、审阅、编辑、校对工作全面完成，由辽宁人民出版社出版发行；出版的《大连近代城市发展史研究》一书，被列为市委宣传部“城市精神大讨论”宣传活动的参考书目；由中宣部组织开展的纪念建党90周年和辛亥革命100周年《不朽的丰碑——旅顺日俄监狱旧址博物馆》的编撰工作业已完成，专辑为7万字、200幅插图照片，预计2011年上半年由吉林出版集团出版发行；为迎接旅顺日俄监狱旧址博物馆建馆40周年，完成了论文集《片石滴水》的编辑工作，收录了全馆业务人员近10年发表在国家、省、市各级期刊上的学术论文74篇。

3. 学术研究工作呈现了新的生机。王珍仁研究员应邀赴日本京都参加了国际二宫尊德思想学会第五次学术研讨会，并当选为新一届理事；赴韩国出席“李会荣流亡中国100周年国际学术研讨会”研讨交流得到了与会学者的广泛认同。周爱民副研究员参加在山西太原举办的“监狱史学研讨会”与年轻专业技术研究人员参加的“大连首届国学研讨会”，都充分展示了馆内研究工作的业绩以及可持续发展的战略机制。当年，科学研究人员发表在国家、省、市级刊物上的论文近20篇。馆内编发的四期《工作与信息》做到了图文并茂，起到了指导文博工作实践与馆际交流的作用。

（撰稿人：崔再尚　审稿人：王珍仁）

社 会 建 设

- □社会管理
- □治安稳定
- □医疗卫生
- □劳动就业
- □社会保障
- □社会生活
- □资源环保

社 会 管 理

综 述

社区委员会和村民委员会名称(2010年底情况)

街道	所属社区委员会、村民委员会
登峰	和顺、元宝、高升社区
得胜	迎春、长兴、立新、九三、光辉、黄金、大华社区
光荣	新华、友谊、龙河社区
水师营	水师营、三八里、寺沟、西沟、大王、前夹山、火石岭、小南村
铁山	南鸦户嘴、中鸦户嘴、北鸦户嘴、杨树沟、大兴、王家、金家、牧羊城、柏岚子、张家、对庄沟、韭菜房、郭家、张家沟村
双岛湾	胡家、张家、台山西、艾子口、曲家、大甸子、山头村
北海	泥河、袁家沟、沙包、李家沟、北海村
三涧堡	土城子、石灰窑、东泥河、韩家、洪家、小黑石、许家窑、曹家村
长城	周家、长岭子、李家、黄家、赵家、刘钟、曹家地村
龙头	龙头、王家、东北山、大八里、姜家、郭家沟、盐厂新村
开发区	三羊、羊头洼、方家、高家、后山羊头、隋家、小潘家、董家、江西、大口井、大潘家、太平沟村

■**概况** 2010年,旅顺口区实际管辖10个街道、1个经济开发区,68个村委会和13个社区委员会、487个居民小组、331个村民小组。

■**地名区划** 2010年,区民政局下发新建建筑物门牌批复文件28份,新编门牌号码1179个,城区门牌覆盖率达到100%;按照《关于印发大连市门牌管理暂行办法的通知》(大民发[2010]29号)要求,在涉农街道的新建住宅小区中改变了过去本区新建建筑物以门洞编号的传统模式,采取了以建筑物每栋一号的编排办法,既节约了号源,又为城市管理和百姓生活提供了便利;全年共出具《地名变更证明》196份;开展了路名规划试点工作,对建设中的大连国际花卉中心所在地——长城街道赵家村的拟建道路开展了路名规划工作;开展了全区路标普查工作,共完成62株新路标安装及损毁路标维护工作。

城市社区建设

■**社区自身建设** 2010年,旅顺口区社区硬件建设逐步完善。依据省、市有关文件精神,为保障和加快全区的社区建设工作,区民政局对社区用房及硬件建设制订并采取了多项政策和措施,积极落实社区办公用房。光荣街道2000平方米社区办公用房装修完毕,即将投入使用;友谊社区1000平方米的办公用房正在施工;登峰街道元宝社区500平方米的用房落实。全年共为城乡社区落实用房3600平方米。

■**和谐社区创建** 2010年,区民政局按照《辽宁省创建和谐社区方案》,继续在全区开展和谐社区创建活动。结合国务院《关于加强和改进社区服务工作的意见》精神,13个社区已全部开展"无假日办公"服务,打破了旧有的"机关工作模式",以群众的服务需求为需要,提升了社区服务的层次和水平。在全区开展"互联社区"工作。为加快实现全区社区信息化发展步伐,深化信息化社区建设内涵,根据大连市开展"互联社区"开通工作的通知精神,召开了全区"互联社区"工作培训会议,促进了社区居委会和社区建设管理工作规范、有序发展。根据市、区文件精神,不断提高城市社区工作者的待遇,提高已退休无固定收入老干部和城市农民的补贴待遇,解决了这部分人员的后顾之忧,为全区的社区建设工作和社会的和谐稳定做出了努力。

农村基层政权建设

■**村务公开和民主管理** 2010年,为深入贯彻落实中办、国办17号文件精神,区民政部门不断深化、丰富村务公开和民主管理工作的内涵,把政务公开、村(居)务公开的形势、时间、内容重新规范,制订了全区村务公开、民主管理示范标准,开展达标活动,不断提高工作层次。结合农村社区服务中心建设工作,对全区14个村委会创新建立了"村务公开台",将村委会各项工作规章、制度整理成册,在"村务公开台"上向村民公示,实现民主管理,接受群众监督。全区各村委会村村都有公开栏,村务定期公开,公开的内容基本达到村民满意。为切实做好规范村务公开工作,3月,区民政局与司法局共同组织全区68个村委会两委班子,开展了为期2周的法制培训;12月,又与区委组织部、农林水利局共同举办了一期村干部培训班,提高了村干部的素质,并与相关部门一起,对各村委会村务公开工作进行了一次抽查和考评,促进了全区农村村务公开和民主管理工作的规范化。

■**村改居工作** 2010年,区民政部门根据"大大连"、"和谐旅顺"建设规划,结合全域城市化需要,积极探索开展了村改居工作。在对旅顺开发区、水师营街道村改居工作进行多次研讨后,起草了《旅顺口区撤村建居(村改居)工作具体操作意见》,报区政府。

■**农村基层政权建设** 2010年,全区圆满完成第十届村委会换届选举工作。经过第十届村委会换届选举,产生村委会成员257人,其中村委会主任68名、副主任50名、委员139名,各村委会组成人员均达到了3人以上,选举成功率达100%。新一届村委会成员共257人,比上届减少了21人;党员227人,占全体成员总数的88.3%;妇女干部65人,占25%;高中以上文化程度的239名,占93%,比上届提高18%(其中,大专文化的180人,占70%,比上一届提高了16%);初中文化程度18人,占7%,比上届下降18%;最大年龄68岁,最小年龄26岁,平均年龄48岁;新当选村委会成员58人,占22.6%;村党支部书记兼村委会主任47名,占70%,村委会成员连选连任199名,占77.4%。重新选举出村民小组长331名,村民代表2810名,平均15户产生一名代表;修订、完善了村规民约、村民自治章程、村委会各项规章制度、三年规划;进行了村民会议向村民代表会议授权等工作。本次村委会换届选举较以往的形势更加复杂,也是历届选举中最难、最棘手的一次。选举中处处体现了公开、公平、公正的原则,使广大选民更充分地行使了民主权利,农村基层民主自治工作得到进一步加强。换届选举阶段,全区“三级政策发言人”制度的经验被省、市推广,处理解决重点村难点村的策略、方法和成果得到市领导的认可。

■**农村社区建设** 2010年,根据国家、省、市关于在农村开展社区建设的精神,落实了14个新建和扩建农村社区服务中心的设施配套资金,全面完善农村社区服务中心设施建设。同时以此为契机,召开全区农村社区建设推进会议,出台指导性文件,对全区68个村委会基础设施进行改造和完善,全部建立一场九室,达到农村社区建设全覆盖。2010年,旅顺口区接受了省、市关于农村社区建设实验全覆盖工作的检查,被省民政厅命名为“省农村社区建设实验全覆盖示范单位”,同时被推荐并通过了“国家农村社区建设实验全覆盖示范单位”评比工作。

民间组织管理

■**概况** 2010年,旅顺口区培育发展了14家民办非企业单位和2家社会团体,为7家民非和9家社团履行了变更和换届登记。至年底,全区有民间组织161家,其中社会团体70家,民办非企业单位91家。

■**扶持民间组织发展** 2010年,区民政部门结合地区特色和社会经济发展的需要,积极扶持培育水产和农村专业经济类以及社区民间组织的发展。对上述民间组织的成立登记,一是采取了积极鼓励和优惠的办法,实行登记制和备案制相结合,对条件已经成熟的及时给予登记注册,对条件尚未成熟的,采取备案制的办法,给予积极培育和热情支持。二是采取优先、优惠的方法办理各种登记,对农技协会和下岗失业人员筹备成立的社区性民间组织,给予全部免费,并将业务主管单位下放到街道和社区。三是缩短办理时限,社团将办理登记到领证时限由6个月缩短到15天,民非办理登记到领证时限由3个月缩短到10天,有利于全区社会经济的进步和发展。

■**民间组织监管** 2010年,根据市纪委等五部门下发的《关于印发〈大连市社会团体“小金库”专项治理工作实施方案〉的通知》(大纪发[2010]15号)文件精神,区民政局民间组织管理科从9月份开始全力开展社会团体“小金库”专项治理工作,于9月3日召开了全区清理社会团体“小金库”动员大会,并成立了领导机构。在人员少、时间紧、任务重的情况下,加班加点整理材料和报表,对53家自查自纠统计报表进行了汇总,形成了工作总结上报市财政局。对25家进行了检查,检查报告由财政局存档。2010年,区民政部门积极做好民间组织的登记和监督管理工作。一是做到了对原有行业协会领导班子的各种变更和换届工作。二是对新成立的行业协会,严格审查把关,严禁党政领导干部在行业协会任职,使民间组织充分体现自发性、民间性、自主性、自律性,达到自我约束,自我管理、自我服务的新体制。三是认真抓好社会团体专项财务大检查工作,通过检查,堵塞漏洞,对于存在问题的单位,区分不同情况和性质处理,有10家协会待注销,11家协会被注销。

(撰稿人:邹　静　审稿人:丁学波)

治 安 稳 定

公 安

■概况 2010年，大连市公安局旅顺口分局（以下简称区公安分局）以维护国家安全和社会稳定为目标，深入推进社会矛盾化解、社会管理创新、公正廉洁执法“三项重点工作”和公安信息化、执法规范化、和谐警民关系“三项建设”，严厉打击刑事犯罪，强化治安管控，全面服务社会发展，严格公安队伍管理，全力推动各项工作创新发展，有力地保证了全区社会大局持续稳定。

■维护稳定 2010年，区公安分局始终坚持以情报信息为先导，着力提高动态驾驭社会稳定的能力和水平，情报中心充分发挥辅助决策的职能作用，制作情况通报32期，舆情和专题研判386条，被市局以上采用信息302条。“三节两会”、上海世博会、广州亚运会、“十七届五中全会”等重要敏感时期，启动了情报信息每日研判机制，深入排摸各类高危人员和突出矛盾，全面强化线索查控、人员稳控、重点防控、舆情导控等措施，共摸排出不稳定上访群体9个，重点个体访人员26人，其他重点人员176人；排查出各类精神病人514名，其中重度精神病人40名。全力做好“钓鱼岛”主权引发的涉日维稳工作，组织警力全天候在白玉塔等涉日建筑物周围进行巡逻防控，向全区6所大学派驻警力，对涉日游行苗头进行全面细致的摸排和布控，在此期间，白玉山等涉日建筑物周边秩序良好，治安稳定，全区也未出现大学生上街游行等极端事件。综合采取调查摸底、重点跟踪、现场守卫等措施，确保了全区涉农街道村委换届选举工作的顺利进行。严格落实公安信访工作责任制，深入开展“清除存量，清仓归零”化解信访积案活动，信访部门接待群众来信来访490余人次，立信访案件11起，全部结案，取得了“进京涉法访零登记”的良好成效。纪检部门受理并查结民心网投诉案件3起，其他投诉案件8起，配合政府有关部门处置涉及动迁、取暖、补偿等方面群体访120批、1669人次，个体访386批、630人次，成功化解了新加坡花园动迁赔偿、《君之道》剧组欠薪等引发的4起较大规模群体性事件，完成了全区7个地段的拆迁和50余项重大活动的安全保卫工作。严厉打击、严密防范“法轮功”、“门徒会”、“实际神”等邪教组织非法活动，全年破获政治案件7起，其中市局督办案件2起，打处7人。5月3日至4日，全局每天出动警力170人，增援瓦房店市局完成朝鲜最高国家领导人金正日来访一级加强警卫任务；6月19日，在市局相关单位的配合下，投入警力800余名，车辆300余台，出色完成中央电视台“欢乐中国行，魅力旅顺口”大型文艺晚会的安保工作；9月26日，全警参战，圆满完成俄罗斯总统梅德韦杰夫一行来旅访问期间的警卫任务。此外，分局还快速提升应急处突能力，妥善处置了多起重大突发事件。

■刑事侦察 2010年,区公安分局继续坚持严打方针,深入开展打黑除恶、打击现行侵财违法犯罪等一系列专项行动,全年共立刑事案件2078起,破获各类刑事案件718起,其中破获现行案件362起,提起公诉421人。坚持把打黑除恶工作摆在突出位置,及时收集黑恶势力犯罪线索,成功打掉了以刘明洲为首的企图侵蚀农村基层政权的黑恶势力犯罪团伙。加大暴力性案件攻坚力度,现行命案发10起破9起。在打击多发性侵财专项行动中,通过细致走访和审讯深挖,成功打掉艾春财盗窃生产资料团伙,破案103起,涉案价值100余万元,行动中分局取得了全省第九的好成绩,其中百名民警侦破五类侵财案件数名列全省第二。推进禁毒工作,破获涉毒案件4起,打处7人,缴获毒品126克。全面落实全警追逃岗位责任制,充分利用旅店、金融、网吧等实时报警系统,提高网上逃犯的发现率和抓捕率。全年抓获各类逃犯115人,其中外省逃犯22人,本地历年逃犯11人,命案逃犯3人。加强与税务、工商、金融等部门的沟通联系,广搜涉案线索,全年侦破经济案件7起,打处7人,追缴税款和挽回经济损失850余万元,收缴假币面值6630元,有力维护了全区经济安全和良好的治安秩序。

■基础防范建设 2010年,区公安分局以推进平安旅顺建设为载体,进一步整合警力、动员民力,积极构建专群结合、点线面结合和人防物防技防措施完善的社会治安防控网络,进一步健全定点巡逻、步巡、车巡、卡点堵控四位一体的巡控机制,把警力部署到案件高发、防范薄弱、群众需要的时间和部位。组建了以派出所为主导、民警和专职巡逻队员为主体的社区治安巡逻队伍,全局配备专用巡逻车52台。“三节两会”、“十七届五中全会”等期间,区内5个派出所启动双车24小时勤务机制,土羊高速公路警务工作站实行三级启动,盘查去沈进京人员2631人(次)、车辆2457台(次)。为缓解派出所警力不足,分局还从机关抽调40名警力投入社会面巡逻工作。在全区公共复杂场所、易发案部位及主要交通路口安装视频探头6590个,铁山、长城、江西、双岛湾、三涧堡等涉农派出所视频覆盖率大幅提升。开通了“网上公安机关”,启动了重点人员动态管控三级联动应用机制,生成预警信息2841条,抓获网上逃犯32名,吸毒人员5名,特别是6月16日至8月31日公安部组织三级联动测试时未出现任何问题,得到了上级公安机关的充分认可。组织开展了信息化应用技能比武竞赛活动,全局涌现出网上办案、信息采集标兵集体9个、标兵个人20名。分局投入700余万元,先后完成了特警办公楼修缮、110指挥中心更新改造、三涧堡派出所办公用房置换等一批基础设施建设项目,购置警用车辆60台,为派出所民警配备了PDA手机和公安无线上网笔记本,开发区派出所被公安部评定为一级派出所。

■治安管理 2010年,区公安分局牢牢把握全区经济社会发展大局和人民群众的新期待,着力提高服务效率和服务水平。受理治安案件3555起,查结2236起,行政拘留397人,劳动教养36人。组织行业场所整顿专项行动10次,处罚旅店25家、场所5家、废品收购站6家,取缔黑收购点3家,收缴赌博机258台。严格危险物品管理,收缴非法枪支66支、子弹612发、炮弹65枚、雷管536枚、管制刀具45把、剧毒物品2公斤,查没违规存放烟花爆竹110件。加强犬患整治，查处违规犬146条，扰民犬26起，收缴大型犬6条。结合第六次全国人口普查，深入开展户口整顿工作，发放宣传单5万余份，登记普查实有人口295812人，其中常住人口203430人，寄住人口23061人，暂住人口36268人，境外人员542人；登记录入出租房屋11452户，办理各种证照3724件。加强对水、电、煤气、电信、金融等重点要害部门安全保卫工作的检查指导，整改隐患146处，组织防抢、防火和防恐怖应急演练2次。完成了全区出租车治安登记备案工作，审验、登记备案出租车639台、车主及司机992人。在开展安全大检查、督促学校完善安全保卫制度和净化学校门前及周边秩序的同时，对全区74所中小学及幼儿园，属地派出所每天各安排1名警力、2名巡防队员和1辆警车，强化重点时段及易发案的重点路段、重点部位的巡逻防控，震慑了违法犯罪，增强了师生安全感。进一步完善消防监督管理体系，组织开展了遏制重大火灾事故等专项行动，整改火灾隐患2516处，责令"三停"48家，依法取缔、临时查封67家，罚款36万元。应急救援和灾害处置能力不断提高，7月5日，公安部在全区召开了全国公安消防部队应急救援工作现场会，全面推广旅顺应急救援工作经验。消防大队官兵在扑救"7·16"火灾中不怕牺牲、英勇作战，经受住了实战的检验，受到公安部刘金国副部长等领导同志的充分肯定。交警大队组织开展了交通秩序整治、违法停车、涉牌涉证、绿灯跟进等一系列专项整治行动，取缔交通违法行为23936件，拘留无证驾车人员227人、醉酒人员15人，完成大型交通保卫任务53次。

■队伍建设 2010年，区公安分局按照市局"一线六点"工作方针，组织开展人民警察核心价值观教育活动，根据职业特点和队伍特色，突出进行了宗旨教育、公正执法教育和廉洁自律教育，积极开展创先争优活动，一批先进党支部、优秀党员和优秀党务工作者受到表彰。总结推广"登峰经验"，登峰街派出所被公安部授予"全国公安机关爱民模范集体"荣誉称号。深入开展"大走访征求意见月"、"双感动"等活动，征求各类意见、建议21条，解决问题71件。出台了从优待警规定，落实民警休假、体检、保险、医疗救助、抚恤等优警措施，走访慰问老干部、特困民警、遗属及重大疾病家属39人，送去慰问金12.5万元。围绕执法规范化重点建设年主线，全力推动执法工作标准化、制度化和规范化。强化执法主体建设，进一步完善民警执法档案，全局340名执法岗位民警全部建立个人执法档案。深化执法质量考评，开通了网上案件查询系统，严格案件审核，全年未出现因执法过错造成的涉法涉诉案件。扎实开展警车和涉案车辆违规问题专项治理、集中整治执法过程中涉案人员非正常死亡问题等专项工作，并在公安部验收中取得优异成绩。坚持把学习《纪律条令》作为理论中心组和教育培训的主要内容，重点开展"四查四看"活动，掀起了学用《纪律条令》高潮。全力推进警务督察工作，先后开展网上视频督察、强制措施报备督察、节日安全保卫和重大警务活动现场督察等警务督察活动280余人次。通过"铁军"训练、岗位练兵等活动，民警岗位技能有新提升，1名所长、9名民警被市局评为百名民警（所长）标兵，入评数量名列前茅。

（撰稿人：韩家盛　审稿人：宫　克）

交通安全管理

■概况 2010年，旅顺交警大队结合旅顺辖区实际情况，以优化道路通行条件、缓解交通拥堵为工作目标,全力保障安全,合理、科学用警,在提升队伍形象、推进队伍正规化建设的同时,强化服务理念,规范执法行为,狠压交通事故,使全年工作上了新台阶。

■交通秩序整顿 2010年,按照公安部统一要求,在全区范围内严厉开展整治酒驾专项活动,坚决做到宣传到位、管理到位、教育处罚到位。旅顺大队顶住说情风,真正做到了所有醉酒驾驶人全部给予拘留,拘留率达100%,起到了良好的教育和监督作用,因酒驾引发的交通事故明显下降。严格按照市交通管理委员会的要求,取缔绿灯跟进等12种严重违法行为,确保全区交通秩序良好,同时克服公共停车泊位困难的现状,提高主干线的通行率,坚决取缔禁停路面的违停行为,减少了辖区拥堵状况。加大对其他各类交通违法行为的处置,确保辖区道路平安、顺畅、和谐,为旅顺道路交通运输提供安全保障。

2010年,全队共取缔交通违法行为23936件。其中在无牌无证专项整治中,拘留无证驾车人员227人,拘留醉酒人员15人,拘留率100%。

■交通安全保卫 2010年,交警大队除做好常态化管理以外,还克服线路长、警力少的困难,完成大型交通保卫任务53次,出动警力1960人次,其中一级任务1次,二级加强任务2次,二级任务11次,三级任务2次。年内,努力完成了春运交通安全保卫、樱花节交通安全保卫、夏季旅游旺季交通安全保障、国庆小长假交通安全保卫及冬季恶劣天气突发情况的处置等一系列安全保卫工作。根据不同时段、不同天气等客观条件,调整工作思路,整合警力资源,最大限度地保证安全。多次为本区各种大型商贸活动、招商活动、旅顺宣传推广等活动提供交通安全保障服务。

■基础设施建设 2010年,交警大队通过科学技术手段,提高道路管控效能。由于历史遗留问题,旅顺交通管理相对滞后,在旅顺口区和市有关部门的支持下,投入数百万元,先后在市区主要路街、国省干道重要路口安装了6处交通信号灯。随着旅顺全面开放力度的加大,交通管理工作面临的压力日益突出,大队及时发现问题,应对出台一系列管理措施,不断地在事故易发点段、人流、车流密集的地方、关系到重要民生的部位增加或增设标志、标线,摒弃以前不合理的规划设施,充分调研,掌握第一手资料,解决拥堵,对以前一些拥堵严重、人民群众反映强烈的部位采取措施,先后将几条路街实行单向通行,缓解了拥堵。科学的规划和调流,给人民群众带来了极大的便利,大家反响很好,有些群众主动给交通队打来电话表示感谢。

■提升交通服务理念 2010年,交警大队积极按照省厅、市局和支队的部署,提升服务理念,打造服务型警队。通过各种教育,让民警树立"管理即是服务,只有搞好服务才能促进管理"的理念,坚决落实省交管局和支队的一系列便民举措,在软硬件基础条件都十分困难的情况下,加强交通管理一站式服务建设,取得了显著成效。

(撰稿人:孙 勇 审稿人:包玉琪)

边 防

■概况 2010年,旅顺边防大队继续强力推进爱民固边战略,以维护地方稳定为指引,以狠抓各项工作落实为手段,以确保"两个稳定",提升部队战斗力为目标,完成了各项公安边防保卫任务。

■爱民固边战略 2010年，旅顺边防大队结合自身实际，共搜集情报信息183条，整理上报150条，被上级采用23条，其中支队采用18条，市局采用3条，区政府采用2条。特别是盐场边防派出所民警通过走访获悉因中铁八局因修建202轻轨施工放炮震坏小孤山段28户群众房屋，迟迟未予赔偿，村民要联名集体上访的情况，积极提早介入，牵头与龙头街道政府、街道司法所、盐场村委会组成工作组，聘请专业建筑工程技术人员，对受损房屋进行了鉴定评估，共走访和鉴定评估28家受损群众房屋，并多次与群众代表、中铁八局领导协商，经过大量工作，最终双方达成一致解决意见，妥善化解这一群体性上访事件。此外，大队开展矛盾纠纷排查专项行动，把易激化的民间纠纷解决在萌芽状态。通过矛盾纠纷排查行动，及时摸清、化解各类案件和事故隐患79件。大队把搞好群防群治、严密社会治安防控体系作为防范的“重头戏”来抓，严密防控网络，坚持走治安防范社会化之路。一是建立了专群结合、打防一体的防控体系，各所先后成立了义务村（厂）巡逻队，通过开展形式多样的治安巡逻、邻里守望活动，形成了专群结合、警民联防、全天候、全方位、多角度的社区治安防控网络，提高了打击违法犯罪和安全防范的能力。二是切实提高了科技防范的能力，通过政府出资、民间投入等途径，辖区80%的企事业单位安装了CK联网报警系统，其余单位也全部安装了报警装置，有效减少了可防性案件的发生。三是充分发挥警力下沉的优势，坚持“教育走在工作前，控制走在激化前，预防走在发案前”的方针，适时针对辖区治安特点开展工作。确保了两节两会期间边防辖区安全稳定、无进京进省上访事件发生。

■港船管理 2010年，各基层单位充分履行公安边防保卫职能，较好地发挥了反偷渡、反越界捕捞的主力军作用。通过统一思想认识，加强组织领导，突出重点，全面开展清查行动，进一步夯实了港船管理基础工作，完善了反偷渡防控体系。一是加大查港查船力度。各所坚持每日尤其是节假日期间的查港查船工作，加大对外来人员、船舶的检查力度，提高了发现和打击港口外来人员流窜作案的能力。二是加大宣传教育力度。在深入码头、船头开展经常性面对面宣传教育，增强渔民服从管理和遵纪守法意识的同时，利用沿海地区广播、张贴标语等形势，近一步加大反偷渡宣传教育力度。三是提高情报工作服务作用，以“整顿、清理、巩固提高”和“隐藏精干”为原则，通过调查摸底、走访了解、考核评定等方法，集中开展秘密力量清理整顿和提高“防、打、控”一体的反偷渡工作能力。四是开展制捕专项行动。大队对本区渔船进行了摸底，让具有越捕能力的328条（40马力以上）渔船签订了遵纪守法保证书，并对船长进行了集中教育，还建立了远洋船只联系制度，船长定期向派出所汇报作业区域和海上动态，有力制止了越界捕捞活动的发生。

■维护稳定 2010年，旅顺边防大队从维护沿海地区稳定的大局出发，坚持严打与严治相结合、从重从快与公正执法相结合、集中行动与日常打击相结合，积极履行各项边防管理职能。各所扎实开展了沿海地区治安整治行动，严厉打击各类违法犯罪活动。2010年，大队党委结合社会治安“春季行动”、“两节两会”安保等专项活动，大力开展了执法规范化建设工作。全大队深入查摆自身执法突出问题,认真梳理近三年来的积案,广泛收集案件线索,破获一批大案要案,山头所破获系列特大破坏国家电力设施案,为国家挽回经济损失10余万元;盐场所精心部署、周密研究,成功破获系列持刀抢劫、盗窃案,抓获犯罪嫌疑人3名,成功打掉这个危害辖区群众生命、财产安全的恶势力团伙。至年底,大队共接出警454起,破获刑事案件22起,其中侵财性刑事案件19起,打掉团伙1个,刑事拘留7人,取保候审2人;抓获网上逃犯6人;查结行政案件186起,行政拘留7人,治安罚款134人;查处违岗违章船只5条,罚款4700元,救助96起,调解民事纠纷192起;搜集有价值情报信息17条,严厉打击了违法犯罪活动,维护了人民群众的生命财产安全,收到了良好的社会效果。

(撰稿人:孙贵栋 审稿人:程海涛)

消 防

■**概况** 2010年,旅顺消防大队有人员150人,其中现役官兵65人(干部14人、战士51人),政府合同制消防员76人(文职人员9人),外聘人员9人。大队下辖6个消防队站,1个消防科。共有消防战斗车辆27台,载水108吨,泡沫8吨。几年来,区委、区政府切实加强对消防工作的领导,认真履行消防工作职能,先后建立了七项消防工作制度,即:政府定期研究消防工作制度、政府消防工作联席会议制度、政府对重大火灾隐患挂牌督办制度、政府火灾隐患整改报请制度、政府定期向社会公布重大火灾隐患制度、政府抢险救援联席会议制度、政府对相关部门和新闻媒体消防职责监督制度。2010年,区政府就全区消防队站建设、特种装备购置、应急抢险救援等事项,先后五次召开区长办公会议和联席会议,切实加强了对消防工作的领导。同时将消防经费纳入区财政计划,基本做到了将消防工作与全区社会经济同步发展,消防设施与城乡公共设施同步建设,消防工作与社会治安综合治理同步开展。

■**基础设施建设** 2010年,消防大队先后投入4100余万元,新建了旅顺口区消防指挥中心特勤消防站,新建了龙头、北海二级消防站,总占地面积18380平方米,总建筑面积8800平方米。当年,在开发区管委会大力支持下,协调大连今冈船务有限公司投资1682万元,将开发区原来二级消防站易地换建成特勤消防站,占地面积15000平方米,建筑面积4500平方米。至年底,全区有6个专职消防队站,提前完成了"十一五"消防规划任务,实现了科学规划、合理布局、有效防控的格局,达到了全区城乡10分钟消防,在全省乃至全国都走在了前列。为提高消防作战能力,先后投入1390余万元,配备了大批高精尖、现代化的车辆器材装备,基本满足了攻坚队员的基本作战需要。安装了消防通信指挥系统,完善了火警受理、通信调度、车辆水源导航和辅助决策指挥等功能,并与公安等有关部门联网,实现了资源共享。

■**应急救援支撑体系建设** 2010年初,区政府依据国务院有关文件精神,依托区公安消防大队,组建了应急救援大队,在应急救援力量、装备、训练等三个基础要素上下工夫,大力加强了应急救援支撑体系建设。坚持"高起点规划、多渠道投入、高标准建设、全方位发展"的思路。累计投入2000余万元,针对建筑物倒塌事故,配备了生命探测仪、球形起重气垫等6大类48种2100余件(套)装备;针对危险化学品泄漏事故,配备了有毒气体检测仪、堵漏、洗消等7大类35种1160余件（套）装备；针对道路交通事故，配备了机动液压破拆组合工具、起重气垫等5大类45种2750余件（套）装备；针对地下隧道事故，配备了救生正压式空气呼吸器、避火服等4大类37种2350余件（套）装备；针对水域灾害事故，配备了潜水装具、机动橡皮舟等4大类35种110余件（套）装备。2010年底，全区共有各类专业救援队伍22支，专业救援人员1267人。应急救援大队组建后，以打造公安消防铁军为契机，通过开展专业技能训练、体能极限训练、装备应用训练、应急心理训练和模拟实战训练，大力加强骨干队伍建设，着力提升应急救援攻坚能力。通过深化应急救援体制、机制创新，旅顺口区应急救援工作探索出了一条具有区域特色的改革之路。2010年7月，全国公安消防部队应急救援现场会在旅顺召开，推广了旅顺经验。

■消防监督管理 2010年，全区消防监督管理得到进一步加强，明确了内部监督执法责任，明确了消防行政审批权限和行政许可项目，建立了逐级监督检查制度，从立案到结案，实行全程公开；行政许可从受理到实行全程公开，建立和落实了执法例会制度，行政处罚案件集体讨论制度，推行执法过错责任追究制度，认真贯彻落实公安部消防局制订的“四项严禁”。

加强监督员培训，提高了业务素质和执法水平。坚持教育消防监督人员树立“立警为公，执法为民”的执法理念，做到执法依据准确，程序合法，文书规范、档案建立；坚持定期学习法规，规范制度，开展技术学术讨论，有效地促进了消防监督员业务素质和执法水平的提高。

强化了分级管理，推进了派出所消防监督工作。重新明确了消防科分片指导责任和二、三级管理范围，坚持做到对民警进行业务培训和工作检查、指导。将消防工作融入警务之中，将公安派出所消防监督管理工作纳入公安主项工作范畴。

■治理火灾隐患 2010年，根据二、三级列管单位不同特点，把大型商场、市场、宾馆、酒店、公众娱乐场所、高层建筑、建筑内消防设施及易燃易爆单位，地下建筑、旧棚户区、七小场所等为重点，全面进行排查和专项整治。先后排查了4583多家次，发现大小隐患1235处，火灾隐患整改率达到95%。“三停”53家，罚款81.47万元，查封或取缔118家，行政拘留43人，警告5人。

■社会单位“四个能力”建设 2010年，区消防大队积极推动政府部门落实消防工作“四项责任”，开展单位消防安全“四个能力”建设，层层确定不同类型的典型；组织列管重点单位开展消防安全自检自查，按照应急疏散预案并组织演练4次，集中开展消防培训活动9次。每个单位培养了1至2名消防安全“四个能力”明白人。所有单位建立了义务、志愿、“保消合一”的多种形式消防队伍。设有消防控制室单位的自动消防系统值班操作人员消防安全专门培训率100%。人员密集的消防安全重点单位验收达标率100%。夯实农村、社区火灾防控“四个基础”。社区民警和社区物业保安消防培训率达到100%。

■消防宣传培训 2010年，全区举办“五进”宣传消防常识讲座38次，举办“手牵手”“119”等大型广场宣传活动5次，开放消防队站12次，发放宣传单20000余份，展出挂板图展100余块，直接受教育达28000余人次。发挥新闻媒体宣传作用，区电视台、电台播报消防宣传稿件64篇，《大连晚报》、《半岛晨报》各刊登消防宣传稿件12

件,大连电视台播放5件,《大连日报》3件。开办社会单位法人防火管理人及重点岗位人员消防培训班6次,受训人员1000人次,完成了支队下达的消防培训任务,取得了良好效果。

■**队伍建设** 2010年,全区大力发展以政府专职消防力量为主体的多种形式消防队伍,构建以公安消防部队为主力军,政府和企业专职消防力量为补充,群众性消防组织为基础,全面覆盖城镇、辐射农村的消防力量体系。全区先后聘用了82名合同制专职消防员充实到消防执勤队伍,由原来不足50名消防官兵增加到连同协勤人员共有150名,从根本上缓解了公安现役消防警力不足的状况,增强了社会抗御火灾能力,有效遏制了重特大火灾事故,稳定了消防安全形势。旅顺消防大队官兵常年坚持开展"魔鬼式"特种训练,打造消防铁军。

体能训练。在运动生理学专家指导下,制订了每日"七个一"体能训练科目,每人每天100个俯卧撑,100个仰卧起坐,100个杠端臂曲伸,100个引体向上,一套体能综合训练操,一次负重登楼,一次5000米跑。

技能训练。反复开展立体进攻、纵深进攻、排险抑爆、破拆堵漏、紧急避险等20套操法训练。开展实装实战演练,坚持在噪音、浓烟、密闭、黑暗等复杂环境下进行,以强化恶劣条件下攻坚队员的作战能力。

心理训练。坚持突出攻坚队员的认知应急能力训练。制订了11套心理训练操法,训练队员在高空、高温、浓烟和亡人条件下的预判、反应和处变能力。经考核,参训人员合格率为98%,优秀率为61%,不合格率仅为2%。

2010年,区消防官兵成功处置了居民楼燃气爆炸、建筑工地绞索架倒塌等10余起有影响的重大灾害事故,抢救遇险群众300余人,保护财产价值3亿多元。得到全区各界群众的一致好评,被区委、区政府授予特别能战斗的贡献奖。

(撰稿人:聂新江 审稿人:闫祥武)

司法行政

■**概况** 2010年,旅顺口区司法行政工作坚持"创新、科学、务实、服务、高效"工作原则,紧紧围绕"保增长、保民生、保稳定"这一中心工作,深入贯彻落实科学发展观,充分发挥职能作用,深入推进中央提出的"社会矛盾化解、社会管理创新、公正廉洁执法"三项重点工作,为旅顺绿色经济区建设提供了优质高效的法律服务、坚实有力的法律保障、公平正义的法治环境。2010年,旅顺口区荣获大连市唯一一家全国首批法治区荣誉称号,旅顺口区司法局被评为大连市司法行政系统先进单位。

■**普法和依法治理工作** 2010年,是"五五"普法的最后一年,也是对普法成果考核验收的关键一年。区司法局在做好对基层"五五"普法考核验收的基础上,普法教育的对象重点是抓好各级领导干部这个"龙头"、青少年这个"源头"、司法机关、行政机关及企业经管人员这个"重头"和农村、农民这个"大头"。在普法教育形式上,进一步推进"进机关、进乡村、进社区、进学校、进企业、进单位"六进普法宣传活动。充分利用"消费者维权日"、"综治宣传日"及各种专项整治活动和农村集贸日等有利时机开展普法宣传;采取举办法制报告会、每月宣传一法和悬挂横幅、标语、办法制宣传板报的方法。在普法教育的内容上,大力宣传与构建和谐社会、与平安建设、与群众生产生活密切相关的法律法规,进一步提高公民法治意识，营造了浓厚的法治氛围，一年来，举办全区普法骨干培训班1次，培训普法骨干126名；举办其他各类法制讲座和报告共20场次，开展集中宣传活动20余场次。通过丰富多样的宣传教育活动，在全区扩大了“五五”普法宣传教育覆盖面，法制宣传教育取得了良好的社会效果。“五五”普法工作顺利通过了区人大调研、单项工作审议，并获得“满意”的最佳成绩和大连市检查验收，得到了区人大和市检查组的高度评价，此项工作走在了大连市乃至辽宁省的前列。

区委十三届八次全会暨经济工作会议报告和政府工作报告，提出了实现首批进入全国“法治区”的目标。2010年初，区争创全国“法治区”活动领导小组召开了成员(扩大)会议，进一步提高认识，布置工作，提出明确的任务、考核标准和要求；制发了《旅顺口区关于进一步做好开展全国“法治区”创建活动工作的通知》；制发了《旅顺口区关于开展法治区创建活动考核内容及评分标准》；转发了《全国法治县(市区)创建活动考核指导标准》；制作完成了“沐浴法治春光，实现科学发展”光碟片；区委书记熊博力的《深入推进民主法治建设，努力争创首批全国法治区》书面讲话在《辽宁法治》、《大连司法行政》月刊和《领导决策参考》、《旅顺口》报上发表，提升了区委、区政府领导对创建全国法治区的重视程度和档次。投资2万元，在《旅顺口》报设立了《创建法治区》专栏；记述旅顺口区司法局的《法治社会引领者，普法教育结硕果》在《辽宁职工报》第8版上整版刊载；积极和大连天途有线电视旅顺分公司沟通协调，充分利用农村文化信息共享工程信息传输平台，在辽宁省乃至全国首家建立法治之窗专栏，24小时不间断点播，搭建起了一个满足群众学法用法需求，为群众提供法律宣传、法律服务的阵地，此举得到国家发改委、国家广电总局领导的充分肯定。

创新普法载体。大力开展法律“进机关、进乡村、进社区、进学校、进企业、进单位”六进活动，采取职务犯罪以案说法、农村送法进农户、“模拟法庭”、“现身说法”、“法制夏令营”等形式广泛开展法制宣传。制订下发了《旅顺口区司法行政百日主题宣传活动方案》。在继续抓好“民主法治村”、“民主法治社区”创建活动的基础上，实现了依法治理与平安建设、和谐社区建设的有机结合，仅区司法局就到各街道、社区(村)、企业、学校授法制课15场，授课人数达1450余人。

创新普法机制。旅顺口区建立完善了干部任职前法律培训机制，建立完善平等主体之间的权利利益协调机制，建立完善普法讲师团、普法志愿者、法律明白人、学法中心户等队伍带头学法、讲法、用法机制，强化法制宣传园地、教育基地、大众媒体等阵地建设，以村“两委”班子成员法律知识培训为龙头，农村法制宣传教育队伍的法律知识培训为牵手，实现每个农民家庭培养1名法律明白人为目标，共培训法律明白人800余名。

创新普法重点对象。根据区《2009年社会主义新农村建设实事》及区委书记熊博力关于加强村“两委”班子民主法制和廉政建设的指示精神，区司法局会同区纪委、民政局等单位在区委党校联合举办2009年村级“两委”班子成员法律知识培训班，对全区村级“两委”班子成员246人分两期进行培训，系统学习了《村民委员会组织法》、《土地管理法》等相关法律6部；聆听了“农村基层党风廉政建设”、“农村反贪污贿赂”等专题讲座；观看了《玩火者必自焚》等专题教育片；考察了全国民主法制示范村铁山街道王家村，提高了村“两委”班子的法律素质和依法决策、依法管理、依法办事的能力,确保村民委员会工作依法有序地进行,得到了区委、区政府及市司法局的高度评价,市司法局在全市推广了这一做法。

创新依法治区工作。全面深化依法治区建设,区委、区政府下发了《旅顺口区争创全国开展"法治区"活动实施方案》,区委依法治区办公室,将具体任务分解至各部门、单位,并召开了区委依法治区领导小组成员会议,统一思想,一项一项抓好落实,提出了率先进入全国"法治区"行列的目标。区委依法治区办公室于6月下旬会同区人大、区政协对重点部门进行工作督办。大连法治网、市法制报刊登了题为《旅顺口区争创全国"法治区"活动扬帆起航》的文章。区委、区政府将旅顺口区荣获大连市唯一一家全国首批法治区荣誉称号写入2010年工作报告。

■人民调解工作 2010年,区司法局紧紧围绕矛盾纠纷化解这一重点工作,下发了《开展迎新春、保稳定、促和谐矛盾纠纷排查、调处活动的通知》、《司法行政配合新一轮农村政权组织改选工作意见》、《开展人民调解"抓源头、固防线、化解矛盾纠纷专项攻坚活动"实施方案》、《旅顺口区2010年村党组织和村民委员会换届选举工作指导方案》,上报市《旅顺司法局全力以赴做好村"两委"班子换届选举工作》信息,得到市局及市委政法委领导的批示。人民调解工作实现了"六突破",特别是将配齐配强基层专职人民调解员写入区"两增一保"考核内容,促使工作顺利开展,这一做法得到了市、区政法委、综治办、司法局领导的充分肯定。着力强化人民调解与司法调解、行政调解相互衔接工作体系的规范化运行,进一步规范基层法律服务工作,使相关的社会矛盾纠纷得到了及时的化解,取得了预期的工作效果。全年共排查调处矛盾纠纷723起,成功调解了709起,调解率100%,调解成功率98%。全区没有发生因调解不及时或调解不当引起的"民转刑"等重大矛盾纠纷。

■社区矫正和安置帮教工作 2010年,区司法局在3月份之前,就对15名当年预计回归人员全部做好了衔接工作,并签订了超前安置协议书。对各街道安置帮教工作领导小组进行了重新调整,确保安置帮教工作有条不紊地开展。充分运用全国刑释解教人员信息管理系统,完成了全区服刑在教人员基本信息核查工作,实现服刑在教人员基本信息的资源共享,大大提高了工作的准确度和工作效率。同时按照社会管理创新的工作任务要求,认真研究工作方法,创新工作思路,到南京、宁波等地对社区矫正工作进行了调研,积极借鉴先进地区的管理经验,完成了外出考察调研报告,同时对全市如何开展社区矫正工作提出了合理化建议,《关于社区矫正工作存在的问题与建议》在省法学会上进行了交流,得到陈慧芝会长的高度评价,为省全面推进社区矫正工作和立法奠定了基础。在原有《社区矫正对象暂行规定》的基础上,拟定了《社区矫正对象奖惩考核试行办法》及社区矫正工作管理办法,为全面铺开奠定了基础,得到市局领导的好评。5月份,对部分社区服刑人员进行了一次心理测试,摸索出了较为合理的矫正方式方法。至2010年底,全区释解人员共计617人,其中刑满释放578人,解除劳动教养39人;社区服刑人员共计96人,其中管制14人、缓刑79人,暂予监外执行3人。试点单位登峰街道累计接收社区服刑人员79人,已有57人依法解除矫正。

■法律服务 2010年,区司法局围绕"三保”和地域重点工作、工程项目,积极服务经济平稳快速发展,较好地完成了区领导交办的1起涉法信访案件的处理和1起区法院《关于请求拨付国家赔偿费用的申请》的处理意见。基层各司法所、法律服务所积极参加街道经济及各项事业的法律咨询、服务和保障,在信访、动迁及社会稳定工作中作出了应有的贡献。基层法律服务共代理诉讼事务109件,代理非诉讼事务31件,调解纠纷42件,解答法律咨询870人次,担任法律顾问16家,避免和挽回经济损失329万元,业务收费22.8万元。公证处严格公证程序、收费标准,公证软件运营顺利,经局党组讨论研究决定制订下发了《旅顺口区公证处目标管理责任制》。积极稳妥推进公证员助理工作,编写印发了《旅顺公证指南》,修改完善了公证程序流程,《旅顺公证处便民有新举措》刊登在《辽宁法治》季刊和《大连法制报》上,免费办理水师营街道三八里回迁区460户流动人口证据保全公证,为区8起有影响的信访案件出具信访人收到专项救助资金后签订承诺书进行免费公证,配合有关部门出现场公证5期,得到好评。通过市、区两级调卷检查,公证卷宗得到了市主管部门的好评,卷宗质量名列全市第一。至年底,办理公证3803件,其中民事3200件、经济18件、涉外585件,创历史新高。律师工作在上年的基础上有新的提高,执业水平有所提升,积极参与法援、信访、化解矛盾、法律顾问及法律宣传工作,完成了4个律师事务所增加注册资金和信用等级评定复查工作。律师共办理各类案件391件,其中刑事52件、民事356件、行政11件,担任法律顾问45家,解答法律咨询3800人,代写法律文书260件。

区司法局始终把维护人民群众合法权益作为司法行政工作的根本出发点和落脚点,教育和引导法律服务工作者情系百姓、扎根基层、服务群众,把就业、就医、就学、失地、失海、动迁补偿、为农民工讨薪和社会保障等人民群众生产、生活密切相关的民生问题作为法律援助的重点。年内,借大部制改革,增设了法律援助科,增编2人,协调资金购置了专用车辆,建起了法援调解室、档案室,购置了数码相机、电脑等设备。共办理了法律援助71件,解答法律咨询3700人次,为农民工提供法律服务10件,涉及人数100多人、金额200多万元。同时,不断加强法律援助信息网络化建设和规范化建设,此项工作得到省厅和市法律援助中心领导的高度赞誉。

■队伍建设 2010年初,区司法局围绕解决制约司法行政工作发展的源头性、根本性、基础性问题,确立了2010年12项重点调研课题,号召全局上下将课题调研当作履行职能的重要内容,作为深入思考、改革创新的必要前提,作为筹划工作、当好参谋的重要途径,作为归纳总结、提高水平的重要载体,针对工作中遇到的新问题、新困难、新矛盾,积极实践,创新思考,努力寻求新思路、新办法,通过认真开展工作调研,不断提高司法行政工作能力。刘建民局长撰写的《抓好九项工作落实,着力提高司法行政工作能力》被市《司法行政》季刊、区《领导决策参考》和《旅顺口》报采用。共完成调研文章19篇,信息181篇,被省、市、区级媒体采用149篇。同时在利用好已有的报刊、广播、网络等宣传阵地的基础上,分别在《旅顺口》报和旅顺有线电视台开设了法治专栏,全面开展宣传,累计刊载文章信息28篇。

区司法局进一步加大了司法所规范化建设的巩固、完善、提高工作,争取上级资金,装修了司法大厅,改善了局领导、公律科、法援中心、社区矫正科的办公条件，购置了电脑18台、空调10台、复印机1台、文件柜12个、办公桌11张、碎纸机2台、传真机2台、摄像机1台、数码相机13台。不定期深入各司法所开展督导检查，全区各司法所100%达到规范化标准。开发区司法所、龙头司法所代表大连市接受省司法厅规范化司法所建设检查，受到省司法厅领导的高度评价。

区司法局顺利完成了新老班子的交替，加强了队伍建设。1名干部调正处、3名干部调副处，3名调正科，1名调副科，5名同志被区委组织部纳入后备干部管理，4名同志被组织部纳入青年后备干部，创历史新高。调整充实了公证处和登峰司法所、双岛湾司法所、水师营司法所人员，调进8人。局领导班子从年龄、知识和组织能力等方面更加科学合理。相继开展了“我的岗位我负责，我的工作请放心”主题实践活动、律师队伍警示教育活动、“深入开展创先争优活动”和“连心活动”，在全系统全面开展“五查、五整”和“五比、五看”活动。特别是“连心活动”被区树为典型单位，在经验交流大会进行了书面交流。通过加强党建，深入学习邹立源、吴战保等先进典型事迹，引导机关公务员和法律服务工作者牢固树立“忠诚、为民、公正、廉明、奉献”的思想观念，切实提高执法执业能力、执法执业水平和执法执业的公信力，更好地履行经济社会又好又快发展的服务者、当事人合法权益的维护者、社会公平正义的保障者和社会和谐稳定的促进者的神圣职责，全面推动司法行政工作更好更快发展。

（撰稿人：孙万成　　审稿人：刘建民）

信　访

■概况　2010年，全区信访工作紧紧围绕区委、区政府中心工作，以创建科学示范区为目标，以建设和谐旅顺为己任，以解决人民群众合理诉求为出发点和落脚点，完善制度，创新机制，争先创优，务实进取。全年共受理信访案件2452件次5658人次，同比件次和人次分别下降30%和27%　。其中，集体访173批次2698人次，同比批次和人次分别下降28%和42%；区级领导大接访受理的案件130件次556人次，同比件次和人次分别下降21%和31%，结案率达100%，息访率95.4%。全区重信率控制在8%以下，重访率控制在4%，总体实现了“两下降、三提高和三确保”：即实现了重信重访量下降、进京去省访量下降；联合排查稳控率提高、初信初访化解率提高、疑难案件结案、息访率提高；确保及时受理、确保按期办结、确保办理质量，做到信访渠道畅通，群众合理诉求及时化解，促进社会和谐稳定。

2010年，旅顺口区信访局先后获得辽宁省信访工作先进集体、大连市“全国‘两会’”信访工作先进集体、旅顺口区社会治安综合治理工作先进单位、旅顺口区防范和处理邪教工作先进单位、旅顺口区扶残助残先进集体、旅顺口区人口和计划生育工作特别贡献奖、旅顺口区机关工委“三个一流四个模范”优胜单位等称号。2010年7月，全市信访稳定工作现场经验交流会在旅顺成功举办，旅顺口区信访工作经验在大会上进行交流，并代表大连市在辽宁省信访工作大会上作经验介绍，得到市委、市政府领导的充分肯定。

■信访体系建设　2010年，旅顺口区按照中央、省、市的统一部署，在继续完善区联席会议制度和全区各级党委、政府及各单位各部门一把手为信访第一责任人，对信访工作负总责，分管领导对信访工作负具体责任；其他领导干部实行“一岗双责”，负责抓好各自领域的信访工作的同时，为了加大对信访突出问题和疑难复杂问题的处置力度，依照“属地管理，分级负责，谁主管，谁负责”的原则，整合了人大、政法、公检法司、信访、综治、劳动、城建、土地、环保、卫生、房产、交通、民政、农林水等各方面力量，建立了信访问题联合排查、联合预防、联合调处、联合治理、联合办结的“五联”工作平台。实行集中接待、直接调处、协同办理的一站式服务，使这个工作平台由接待信访问题的“中转站”变为解决问题的“终点站”。同时实行全区部分委、办、局每个工作日派一名较高素质人员进入接访大厅参与联合接访，方便了群众，提高了工作效率。

■法规制度建设 2010 年，旅顺口区继续建立信访工作新秩序。

1. 完善修订了《旅顺口区领导干部大接访工作方案》。2010 年继续推行“两级”领导干部接访活动，着力解决突出问题。区委书记、区长身先士卒亲自接访，亲自约访并深入基层、深入现场解决问题。其他区级领导及基层单位主要领导也都转变作风，以全区开展的党员干部与群众的“连心活动”为载体，开展机关干部下访活动。全区近 2000 名机关干部每月不少于 1 次深入到“连心户”家中，了解群众的疾苦，帮助群众解决困难，变群众上访为主动带案下访。区领导全年接访处理集体访 43 案次、个体访 328 人次，有效控制和减少了越级上访。

2. 制订了《旅顺口区信访事项领导包案处理制度》。年初实行领导包案，全年信访结案率达到 100%，息访率达到 100%。是年在全省开展积案化解年活动中，上级交办 12 件信访案件和自排查 36 件积案，由于领导亲自包案，使全部信访案件结案息访，得到市联席会的好评。

3. 制订了《旅顺口区信访事项联合督导工作制度》。2010 年，全区所受理的案件全部纳入督查督办范围，针对不同情况实施全程跟踪，都在规定时限内得到处理并结案，使矛盾纠纷得到及时化解，促进了信访各项责任制的贯彻落实。

4. 制订了《旅顺口区矛盾纠纷排查化解工作制度》。2010 年，面对信访工作中的热点难点问题较多的实际，全区信访系统干部认真开展矛盾排查和化解工作，取得了工作主动权。一是触角灵敏，全面摸排，及早发现，狠抓预防；二是加强排查，互通信息，对重大集体访和不稳定因素及早预报，及早处理。

5. 制订了《关于进一步完善信访事项复查复核工作意见》。2010 年，规范信访事项复查复核的每个工作程序，确保复查复核及上级交办的信访事项“案结事了”，全年共受理信访事项复查申请 9 件，已全部办结。

6. 制订了《2010 年旅顺口区信访工作目标管理考核方案》。2010 年，通过该项目标管理考核，加大信访工作激励机制，强化了全区信访工作基础，队伍、工作、成效有了明显的提高。经考核，凡参加考核单位全部达标，并圆满完成市信访局对旅顺信访工作目标管理考核，各项指标在全市区（市）县中名列前茅。

■《信访条例》宣传 2010 年是新的《信访条例》颁布五周年，为了引导群众依法有序信访，正当反映合理诉求，区信访局采取了以下办法：一是精心组织，加强《信访条例》宣传工作，印发条例内容向社会宣传；二是利用街道集贸市场、人群集中的地段用宣传车、橱窗、板报、图片、广播、电视等形式进行宣传,期间悬挂横幅45条,设立咨询台40个,设置展板200余块,发放宣传单和宣传册7万余份;三是利用接待场所进行面对面的宣传教育疏导,进一步规范了信访工作秩序,增强了广大干部群众依法信访的观念和意识。

■解决信访问题 2010年,全区各级领导高度重视信访案件化解工作。

1. 对信访热点和难点问题,早发现,早处理,初信初访第一时间办结率达100%。

2. 注重民生、舍得投入。2010年,区财政仅在社保、卫生、住房、取暖、饮水等民生问题上投入资金10亿多元,彻底化解了一大批热点难点问题。

3. 在化解积案上下工夫。2010年,省委、省政府实施信访积案化解年活动,期间从中央、省、市以及全区自排查的疑难案件做到全部化解。截至2010年11月末,化解各类信访积案107件,投入稳定资金478万元,受到省、市联席会议的肯定。

4. 发挥信访接待大厅和综治中心的作用,为群众信访提供一站式服务。利用信访接待大厅,有22个职能部门参与接访,每天有区委、区政府领导和各级党政领导接访,使大部分矛盾化解在本地,处理在初发阶段,全区信访形势趋于总体平稳。

■圆满完成"世博会"稳控任务 2010年5月初至10月底,"世博会"在上海成功举办,按照省委、省政府关于做好"世博会"期间稳控工作的部署要求,区委、区政府高度重视。一是经费充足有保障;二是组成专门工作组,一方面做好本地区重点人员的稳控工作,另一方面赴上海现场实施劝返工作。期间没有发生一起到上海"世博会"上访事件。

■队伍建设 信访干部是各级党组织和政府联系群众的桥梁和纽带,其素质能力、工作效果,直接关系党和政府的形象。多年来,旅顺口区以打造"工作一流、群众满意"的信访干部队伍为着力点,教育和引导全区信访系统的党员干部始终遵循胡锦涛总书记"牢记为民宗旨,发扬务实作风,坚持依法办事"的谆谆教诲,充分发挥基层信访工作的战斗堡垒作用和共产党员的先锋模范作用,锻造了一支特别能吃苦、特别能奉献、特别有思想、特别能作为的信访干部队伍。全区信访干部把做好信访工作的过程变为做群众工作的过程,变为服务群众、宣传群众、教育群众、发动群众的过程,使信访工作在增强基层党组织的凝聚力、向心力、夯实党的执政基础中发挥了重要作用,其一言一行、一举一动诠释党的先进性,为全区稳定作出了积极贡献。2010年,以加强领导班子建设为重点,促进和带动信访队伍整体素质的提高,努力实现"五个一流",即建设一流班子、带出一流队伍、培育一流作风、争取一流工作、创造一流制度。每年专门举办一次全区信访干部理论业务培训班,不断提高全区信访干部的政治素质、业务能力和工作水平。

(撰稿人:卢永清　审稿人:史淑萍)

医 疗 卫 生

■国家基本药物制度顺利启动实施 2010年2月25日，旅顺口区正式实施了国家基本药物制度，第一时间在全区的7家街道卫生院、3家社区卫生服务中心和1家区级医院实施了药品零差率销售，全面贯彻落实国家基本药物制度的相关政策。共完成基本药品采购金额总计为523.69万元，配送总金额为306.81万元，入库总金额为288.06万元。

■旅顺口区中心医院建设 2010年，全区加大民生投入，实现全区卫生资源共享共用及缓解百姓住院难的问题，区政府立项新建一所三级甲等综合性医院。该项目总投资2.8亿元，占地10万平方米，建筑面积8万平方米，建设时间2011—2012年，地址位于旅顺水师营新城区，项目规模为床位1000张的三级甲等综合性医院。年内，完成了前期基础工作，土地、环保、规划、立项等条件具备，可研方案开始进行，概念性设计已获区政府批准。

■社区卫生服务 社区卫生服务工作是基本公共卫生服务体系建设的重要组成部分。2010年，旅顺口区按照省、市有关文件要求，规范了得胜、登峰、市场街道和开发区社区卫生服务中心的各项工作，并在7家街道卫生院增挂社区卫生服务中心牌匾，履行社区卫生服务功能，为社区居民提供"六位一体"的居民健康卫生服务，初步形成"小病不出社区，大病及时转诊"的就诊模式，实现老百姓"大病去医院、康复回社区"的便捷服务。全年完成居民健康档案建档8万份。

■疾病预防控制 2010年，全区坚持"政府主导、部门配合、群防群控"的工作方针，在原有基础上，进一步完善了甲型H1N1流感、手足口病、人感染高致病性禽流感、鼠疫、霍乱等应急处理预案。完成甲流疫苗接种任务，完成率100%，无接种事故发生；完成了甲型H1N1流感疫苗接种网报工作任务；完成了45岁以下重点人群麻疹查漏补种接种任务，接种率为96.74%，无异常反应和接种事故发生。在全区范围内开展8月龄至4周岁儿童麻疹强化免疫接种摸底调查工作，接种率为98.45%。报告疑似异常反应病例83例，其中75例为发热，8例为出疹(荨麻疹)，已按照要求进行了网报。完成编写职业技术服务(乙级)、职业健康检查资质材料，并于8月20日通过市专家复审。完成了有害企、事业单位13家82个点次检测任务，合格率为97.37%。饮用水监测点119个，项目合格率为94.80%。环境卫生检测311户，合格率90.01%，年内无集体中毒事件。截至"十一五"末期，全区法定传染病发病率为80.69/10万，同比下降27.68%。

■卫生执法监督 2010年，旅顺口区以抓卫生监督队伍建设为基础，以解决群众关心、关注的突出问题为重点，以集中开展专项执法行动为突破口,重点开展了打击餐饮业违法添加非食用物质和滥用食品添加剂、地沟油、使用不合格一次性筷子等专项整治工作;同时采取积极有效措施,预防和控制食物中毒的发生,做好旅游集餐单位、企业食堂、学校食堂、工地食堂等重点行业及重大节日活动的饮食卫生安保工作。辖区内监管单位1995户,出动卫生监督人员3668余人次,监督覆盖率100%,监督检查食品生产经营单位、学校、公共场所、生活饮用水单位、医疗机构、厂矿企业等3631户次。对18家百座以上餐饮单位、24家中型饭店、194家小型餐饮业进行了量化分级管理。受理群众举报投诉26起,实施行政处罚83起,处罚金额14.96万元。

■妇幼保健 2010年,旅顺口区妇幼保健院提高妇幼保健服务能力,大力实施母婴安全工程,保障母婴安全,加强街道妇幼保健工作指导,使基层妇幼保健工作人员的业务能力和技术水平有所提高。严格落实《辽宁省高危妊娠管理规范》、《大连市高危妊娠转诊、会诊制度》,强化培训,落实到人,进一步规范全区高危孕产妇的筛查、报告、转诊、会诊和追访程序,使高危孕产妇得到有效的监护和及时的转诊治疗。全年共有孕产妇1570人,活产1581人,无孕产妇死亡;围产儿死亡率5.67‰。全年孕产妇系统管理1542人,系统管理率97.53%,筛查高危妊娠390人,高危妊娠产妇100%住院分娩。婴儿死亡率2.40‰,5岁以下儿童死亡率2.40‰。切实贯彻落实大连市农村孕产妇补助方案,全年共补助孕产妇248例,总计12万多元,确保政策惠及百姓。

■卫生应急 2010年,区疾病控制中心根据《辽宁省卫生应急示范区建设标准》,加强对重大疾病和突发公共卫生事件应急机制和体系建设,有效地提高了预警、检测、处置能力。利用《传染病自动预警信息系统》对全区的传染病进行时时监控,开设2部24小时待机电话,随时密切关注疫情动态,确保预警信息系统及时、准确、有效。2010年,全区共接预警54次,无突发公共卫生事件的发生。对重大传染病监测和重点人群防控工作进行督导,全区未出现重大传染病流行。

积极做好应急物资的储备,对应急物资进行了两次重新整理和清点,建立了应急物资电子档案。按照应急示范区标准对过期的物资及时进行了清理、报废,对需要补充的物品以文件形式上报区政府,积极申请补充。

■卫生科技教育和人才科教工作 2010年,旅顺口区加大科技兴医力度,加强区内外学术交流,使科教工作又上新台阶。申报并获批国家级继教项目2项,开展省级继教项目1项,申报并通过市级重点学科1项,申报市级科研项目立项2项,获批举办医疗学术讲座8期,护理学术讲座10期。各医疗机构医疗技术不断更新,形成了争创继教立项,带动其他学科发展,提高了全区医疗水平。共有18名医护人员到上级医疗机构进行为期三个月的进修,共有21名基层医务人员参加成人学历教育,共有5人参加住院医师规范化培训,共有33名街道卫生院的医生和护士参加临床实践技能模拟培训。

■"连心"活动与行风建设 2010年,根据区委的统一部署,区卫生局认真落实党员干部"连心"活动,局机关13名党员干部与长城街道长岭子村和黄家村73户群众结成连心对子,在全系统464名党员干部中开展

"手牵手服务,心连心微笑"主题活动,使"连心"活动与行业作风建设相结合,与深入开展"创先争优"活动相结合。全面贯彻落实《建立健全惩治和预防腐败体系2008—2012年工作规划》,加强医德医风建设,建立健全医德考评机制,规范医务人员服务行为,促进临床合理用药,完善分级护理制度,积极化解医患纠纷,稳步提高医疗服务质量。大力推行政务公开、院务公开,探索建立单病种最高限价和住院费用查询制度,畅通了群众监督渠道,不断加大纠风专项整治工作力度,积极推进治理商业贿赂工作。有效开展了行风建设明察暗访,努力在医疗卫生机构和人民群众之间搭建起沟通理解的"连心桥"。

(撰稿人:王贵琦　审稿人:王　巍)

劳动就业

就　业

■概况　就业再就业工作是促进全区经济社会发展、保持社会稳定的重要民生工作。2010年,区人力资源和社会保障局把就业工作摆在更加突出的位置,采取多种有力措施,稳定就业局势。每月18日固定召开用工洽谈会,全年召开各种类型的就业用工洽谈会16期,发布就业信息4700余条,提供就业岗位9686个,接待求职人员6200余人次。实现实名制就业7590人,超额完成22.6%,稳定就业3891人,超额完成25.7%,再就业3148人,超额完成1.7%,帮助大龄及困难群体实现就业17人,城镇登记失业率控制在3%以内,零就业家庭动态保持为零。区内三个街道被评为AAA级劳动保障事务所,全区13个社区全部被评为充分就业社区,为1829家企业办理用工手续,企业招工12991人,其中城镇企业失业人员2146人,农民工2471人,外来劳动力8088人,退离休人员253人。

■职业技能培训　2010年,人力资源和社会保障局举办各类培训班74期,培训各类人员4764人,超额完成13.4%。其中,失业人员培训2709人,超额完成17%,创业人员培训629人,超额完成57%,进城务工人员培训2055人,超额完成8.2%,1919人参加职业技能鉴定,超额完成46.8%,115人参加机关事业单位工人职业技能鉴定。加快推进培训网络建设,形成了以培训中心为龙头、技工学校和民办培训机构为补充的培训网络。采取了"送教上门、就近就地"培训模式,将培训重点逐步下移到乡镇村民中去,就近设立培训点,就地组织失业人员、农民工参加技能培训。各培训机构采取全日制与业余时间培训相结合、校内与校外实习相结合、集中训练和单个指导相结合、操作训练与顶岗实习相结合等培训模式,既方便了参培人员,又扩大了培训生源。

■政策助力创业　2010年,人力资源和社会保障局扶持创业带头人82人,超额完成2.5%,带动就业492人,超额完成2%,自主创业946人,超额完成5%,创业带头人平均带动6人就业。小额担保贷款优惠政策使创业人员积极性普遍增强,为160名下岗失业职工认定小额担保贷款600万元。为10家创业企业178人争取社会保险补贴132万余元,对9436名大龄灵活就业人员进行社保补贴3714万元,用于公益性岗位社保补贴866.6万元,筹集再就业基金4269万元。街道、社区劳动保障平台发挥积极作用,为创业者提供创业指导、项目推介和跟踪管理等一条龙服务,同时把就业政策、援助措施、岗位信息、技能培训、就业服务等送给每户困难家庭,执行政策能力和落实各项创业扶持政策能力得到提升。

劳　动

■劳动关系　2010年,人力资源和社会保障局深入贯彻实施劳动合同法及其实施条例,加强劳动用工备案管理,不断扩大劳动用工备案总量,实现全区各类企业劳动用工全覆盖。实行了"状况分类清晰、招工手续完整、招用人员符合法律法规标准"等三项制度,加强与相关部门的协调配合,严格劳动用工备案、登记工作的衔接,实现资源共享,按照数据信息全面、准确、规范、统一的要求,建立和完善劳动用工信息数据库,实现了用人单位劳动用工及劳动合同制度实施情况的动态管理。

■劳动保障监察　2010年,劳动和社会保障监察大队对全区723个用人单位实施了常规巡视检查,对975个用人单位实施了劳动保障资料审查,受理投诉案件55件,立案26件,结案26件,结案率100%,参与处理突发事件3起,责令51个用人单位与劳动者补签劳动合同10373份,责令补发5138名劳动者被拖欠和克扣的工资3742万元(其中街道二级网络补发3276名劳动者被拖欠和克扣工资1661.1万元),对招用农民工较多的企业监察覆盖面达到96%以上,追缴社会保险费516万元。责令101个用人单位给895个从事技术工种岗位人员提供了职业技能培训,网络化管理覆盖面达到50%,下达限期整改指令书20份,对两个用人单位作出了行政处理决定,对存在违法行为又不按指令改正的12个用人单位实施了行政处罚。

■信访仲裁　2010年,信访仲裁工作坚持"以人为本、关注民生、依法信访、创建和谐"的工作宗旨,加强信访工作组织领导,为来访职工及时提供政策咨询,帮助解决实际问题,有效化解了各种矛盾纠纷。仲裁院立案受理案件240件,涉及劳动者130余人,为劳动者挽回经济损失百余万元。信访部门受理职工来访871批984人次(其中集体访11批70人),热线电话咨询386件,上级交办件37件。来访及来电办结率、息访率均达100%。

(撰稿人:李星卫　审稿人:丛贵立)

社会保障

社保

■概况 2010年，区人力资源和社会保障局着力加强社会保障体系建设，社会保障能力不断提升。一是全面完成社会保险扩面指标，保障各项基金运行安全，社会保障待遇水平不断提高；二是进一步完善各项社会保障政策，社会保障体系逐步健全；三是积极推进大项目实施，促进全区经济社会和谐发展；四是加强行政审批工作，努力提高服务水平。全区各项社会保险扩面征缴工作成绩显著，全年各项社会保险基金征缴达6.45亿元，五险征缴超额完成了市区下达的奋斗目标，在大连市各区市县排名第二，达到旅顺口区征缴工作历史最好水平。社会保险基金监管力度不断强化，各项基金运行平稳，收支平衡，并实现了保值增值，失业保险、养老保险、医疗保险以及其他社会保障方面工作取得了突破性进展。

■失业保险 2010年，全区参加机关事业单位失业保险的单位455个，参保人数8479人，失业基金收缴1114万元，完成计划指标的159%，比上年同期增长11%，失业基金支出34万元。全年征缴企业失业保险基金1772万元，超指标26.5%，参保28673人，超指标4.3%。失业金领取由560元提高到720元，供养直系亲属救济费由360元提高到380元，失业保险实现了企业职工全覆盖。

■养老保险 2010年，全区参加机关事业单位社会养老保险统筹的单位455个，参保人数8765人，养老保险基金收缴15724万元，完成计划指标的236%，比上年同期增长8%，养老基金支出14693万元。

全年征缴企业基本养老保险基金3.9亿元，其中完成养老保险统筹基金2.63亿元，超指标19.5%，参保64180人，超指标1.9%。为31308名离退休人员支付养老金4.65亿元，按时足额社会化发放率100%。出台了城镇无社会保障老年保障暂行办法，完成了新型农村养老保险实施前的准备工作。为32027名老年无保障居民参加了养老保险，征缴基金3341万元。被征地农民养老保险参保人数3053人，支付养老保险金487万元。人均养老金增加121元，全区企业退休人员养老金人均达到1236元。养老保险已实现城镇职工、个体工商户、自由职业者、小城镇居民、失地失海农民和城镇无保障老年居民全覆盖。

■医疗保险 至2010年底，全区累计参保人数115081人。其中：城镇职工累计参保人数78004人；退休职工37077人，累计完成全年指标103%。全年城镇居民累计参保人数25607人，累计完成全年指标114%，基金累计收入22353万元，其中个人帐户累计收入9442万元；统筹基金累计收入12459万元；大病救助基金累计收入452万元，累计完成全年指标149%。全年基本医疗保险累计支出22529万元，其中个人账户累计支出6626万元;统筹基金累计支出15325万元;大病救助基金累计支出578万元。城镇职工全年基金累计结余-176万元,其中个人账户基金累计结余2816万元;统筹基金累计结余-2866万元;大病基金累计结余为-126万元。全年新型农村合作医疗参合农民累计为70005人,其中农民56005人;学生14000人,参合率99%。全年新型农村合作医疗累计筹资1439.06万元,其中市级配款690万元、区级配款417.69万元、街道配款139.40万元、个人缴纳181.92万元、医疗救助5.83万元、其他4.22万元。全年新型农村合作医疗基金支出总额累计为1778万元,累计受益10980人次,当年收支结余-338.97万元,累计结余774.90万元,基金结余率53.85%。全年新增慢性病补助人数1539人,为2009年度享受慢性病补助和大病补助的参保职工及时发放补助,享受慢性病补助2788人,补助金额557.6万元;享受大病补助387人,补助金额137.5万元。

2010年,医保中心从工作实际出发,本着医疗保险惠民、便民的服务理念,认真贯彻落实现行的医疗保险政策法规,全区医疗保险工作迈上一个新台阶。一是参保人医疗保险待遇不断提高。2010年1月1日起基本医疗保险的最高支付限额由4万元提高至7万元,提高了透析患者的门诊统筹报销比例,取消了部分病种的住院起付标准,扩大了单病种结算范围并提高了结算标准,退休人员的住院待遇不受所在单位在职人员是否缴费的限制。二是全区城镇居民医疗保险市级统筹工作全面展开。2010年4月1日起全区城镇居民医疗保险市级统筹工作已全面启动。三是稳步推进新型农村合作医疗保险工作,认真落实相关政策。依据《关于印发〈大连市农村困难居民医疗救助资金管理办法〉的通知》(大财社[2009]127号)的文件精神,全区农村困难居民医疗救助纳入新农合信息管理网络系统,由医保中心按规定统一管理,到2010年底,有262人次农村困难居民得到民政医疗救助资金31.5万元。依据《关于巩固和发展大连新型农村合作医疗制度的指导意见的通知》(大卫发[2009]281号)文件要求,经测算,从统筹基金累计结余资金调出20%,为2009年度累计总医疗费超过1万元以上的参合农民进行再次补偿,全区共有686人次参合农民享受到了补偿,补偿金额222.69万元。四是完善《服务协议》内容,加强定点医疗机构及零售药房的管理。当年8月份开始,根据市医保中心的协议内容,对旧协议进行了全面修改,增加了新的管理内容,使其更加科学规范。9月初召开了签订服务会议,分别与17家定点医疗医院、37家定点门诊、80家定点药房签订协议,并对以往存在的违规行为进行通报,以强化定点单位自觉遵守协议的管理意识。全年办理转诊1191人,为参保人办理异地就医手续128人,外伤及时转结医保433人,现金审核医疗报销3656人,核减自付金额458万元。五是为加强医疗保险基金内控管理,确保基金安全和合理使用,在中心内部成立了医疗保险基金监督委员会,并发挥社会各界监督作用,制订医疗保险违规举报奖励政策,聘用社会监督员12名。

■工伤保险和生育保险 2010年,全区参加机关事业单位工伤保险的单位433个,参保人数10609人,工伤保险基金收入230万元,完成计划指标的153%,比上年增长12%,工伤基金支出59万元。企业工伤保险参保人数达到7.22万元,实现全区企业职工全覆盖。全年企业工伤保险基金累计支付900万元。其中:1—4级42人,供养

36人,累计补助金额103万元;一次性伤残累计补助162人,补助金额175万元;工亡补助7人,累计补助金额174万元;工伤医疗费累计1763人,补助金额448万元。出台《工伤保险条例》,提高了工伤人员的待遇水平。全年受理工伤认定申请1943件,作出工伤认定决定1835件,审批退休人员1620人,认定审批享受供养直系亲属待遇105人,完成11件企业不定时工作制和综合计算工时工作制审批。

全年参加机关事业单位生育保险的单位455个,参保人数8599人,生育保险基金收入197万元,完成计划指标的164%,比上年增长13%,生育保险基金支出67万元。企业生育保险参保人数达到20.75万人,实现了全区企业职工全覆盖。生育保险基金累计支付292万元。其中:生育津贴累计支出183万元,护理津贴累计支出26万元,医疗费累计支出83万元。农民工全年累计参保23000人,超额完成全年指标。

全区755户企业纳入采暖费补贴专项资金征缴范畴,在职职工缴费人数12411人,筹集专项资金1074万元,基本解决了破产、关闭、改制企业采暖费逾期拖欠问题。职工最低工资标准由700元提高到900元。

随着全区经济的快速发展和全域城市化、绿色经济区建设的稳步推进,面对全区涉及到占地、动迁的项目较多的实际,制发了各种惠民政策十余项,先后为农转城居民、无保障居民、镇改街小城镇居民开通了绿色参保通道,为3008名城镇老年居民办理了参保手续,征缴保险基金3331万元,为2943人发放养老保险金236万元。配合相关单位对5个街道50多家企业职工进行核定,采取认真审核与实地监督相结合的方式,办理征地61批次,有力推进了本区重大项目实施步伐。

(撰稿人:李星卫　审稿人:丛贵立)

低　保

■概况　2010年,全区共有城市低保对象1574户3135人,农村低保对象1263户2219人。全年共撤销超标低保家庭396户661人,新增低保家庭459户713人。自4月1日起,城市低保标准由原来每人每月360元提高至380元,月人均救助额由199元提高至283元;农村低保标准由原来每人每年2400元提高至2600元,年人均救助额由1632元提高至1896元,全年城乡低保金累计投入1300万元。

■加强低保管理　2010年,全区范围内推行城市低保集体(听证)审批制度,并在城市低保管理全过程引入阳光监督机制。实施低保审批制度改革后,全区城市低保由三级审批变成了两级监督、一级审批。其中,各街道办事处从过去的复核机关变成了审批主体。为保证审批的准确和公正,各街道除加强日常规范化管理工作外,完善街道城市低保审批流程、丰富审批手段,推行城市低保集体审批,并对有争议的申请对象实行听证审批。

■落实低保政策　2010年,全区办理城市低保居民报销医疗费和医疗补贴75万元,使城乡特困家庭医疗费用得到一定缓解。为630户居住暖气房的城市低保户减免取暖费75万元;对580户无采暖设施城市低保户发放采暖补贴23万元,切实帮助他们解决实际生活困难。

扶贫救济

■开发扶贫　2010年3月起,在做好前期调研筹备工作基础上,旅顺口区组织各涉农街道确定开发扶贫对象,因户制宜,制订相应的开发扶贫救助方案和措施。根据他们不同特点,帮助其分别制订以养殖业、种植业、手工业和小商店等为主的投资少、见效快、周期短、宜操作的脱贫项目。抓好资金落实、项目进展、技术扶持等环节,重点在资金、技术上给予支持,区级共投入资金20万元,年底前有30%以上低保家庭增收脱贫。

■社会捐助活动 2010年,全区各级党政机关、企事业单位、社会团体、省市属单位和私营、个体、工商业主以及驻区部队开展了一次大规模的"扶贫帮困慈善捐助"活动,共募集捐款1800万元。

■临时救济 2010年,对全区城乡低保户、五保户、低保边缘户、农村重点优抚对象和困难企业特困职工等对象进行临时性救济。全区救济各类困难对象5886户(人)次,救济标准每户400—600元,共发放救济金375万元。临时救济款发放后,区监察、审计、财政、民政四部门联合组成检查组,对全区临时救济款管理使用情况进行专项检查,大连市相关部门又对全区救济款发放情况进行了专项检查。得到了市检查组的肯定,做到了救济对象真实准确,救济款发放及时足额,无截流、抵顶、贪污、挪用等不良情况的发生。

■救助超市 2010年,区民政部门大力创新救助超市运作模式,将救助超市作为提高全区社会救助水平的主要突破口,重新制订下发《关于全面启动全区城乡救助超市的实施意见》。发挥区级救助物资调配中心作用,改革救助超市管理办法,规范救助超市管理制度。召开了"旅顺口区救助超市工作现场会",将救助超市与临时救济、开发扶贫、扶贫助学、救灾救济、特殊救助等专项救助机制进行有效衔接,困难群众在领取实物型救济物资的同时可以申请专项救助机制,更加全面、高效发挥救助超市作用。全年区、街两级共投入资金约40万元,确保各救助超市全年对救助对象的救助额度达到人均110元以上。

■结对帮扶 2010年,区民政部门深入开展全区副处以上领导干部包户活动,包户结对子500户,有效解决困难群众实际生活困难。

■特困户危房改造 2010年,区民政部门对全区农村低保户住房情况进行调查,经筛选,将15户居住条件较差的低保户列入特困户建房计划,共投入资金20万元,对15户低保户住房进行新建或改造工作,于9月中旬全部竣工。

■扶贫助学 2010年,区民政部门创新开展了"爱心助学月"活动并以此为载体,在全区范围内开展扶贫助学工作,举行"旅顺爱心助学活动启动暨圆梦资助联合行动助学金发放仪式",共发放扶贫助学金60余万元。

养　老

■高龄老人生活补贴 2010年,区民政部门制订下发了《旅顺口区关于提高百岁老人(孤儿)生活补贴标准的通知》,全区百岁老人生活补贴标准由360元提高至380元。全年共发放各类生活补贴24万元。

■老年权益 2010年投入资金300万元,在全市率先实行城乡一体的老年人优惠乘车待遇。定期走访慰问百岁老人、高龄老人、福利机构的老人和孤儿,送去慰问品。

开展各项文化体育活动，积极组织开展敬老助老活动，经常性开展座谈会、茶话会、联欢会等老年娱乐活动。

■养老机构 2010年，全区新建设区域性养老院1所（长城街道区域性中心敬老院）。全区城乡共有各类养老福利机构23所，床位1800余张，床位利用率70%。其中：国办1所、集体办7所、个体民营办15所。从4月1日起，全区提高了集中供养五保老人供养标准，由原来每人每年4800元提高到5800元。推进了全区社会福利事业的发展。

（撰稿人：邹 静 审稿人：丁学波）

残疾人事业

■概况 2010年，旅顺口区共有各类残疾人11000人，占户籍人口总数的5.31%，涉及33000多家庭人口。至2010年底全区共为5182人办理残疾证。

■残疾人综合服务中心 该中心于2009年5月20日开工建设，2010年10月落成使用，占地面积1100平方米、建筑面积2100平方米、总投资1051万元。此中心完全按照残疾人无障碍设施建设的要求进行设计和施工，室外有无障碍坡道、扶手护栏；室内有电梯、扶手、盲道走廊、盲人语音提示系统等。功能包括残疾人康复训练指导、劳动就业培训、辅助用品用具供应、残疾人文化活动等，为全区11000余名残疾人提供了一个全方位、多功能、高档次的综合性服务场所，对全区残疾人事业更好更快地发展，起到了组织指导、窗口示范和辐射带动作用。

■残疾人就业 2010年，区残联与区人社局共同举办了就业洽谈会，40余家用人单位共提供就业岗位300余个，有221名求职人员与用人单位达成了就业意向，126名求职人员落实了工作岗位。为鼓励残疾人就业和自主创业，全区各街道均开办了残疾人劳动就业技能培训班，如龙头街道针对辖区部分人员失海失地的实际，为无业的残疾农民进行种植品种推荐和种植业技能培训。广泛开展残疾人劳动技能竞赛活动，盲人李艳秋参加了省残疾人职业技能比赛，获得了竞赛成功奖。区街两级先后开办了计算机、按摩、面点、插花、禽畜饲养、果树栽植、蔬菜种植等培训班，培训各类残疾人890余人次，新增就业100人。全区实现残疾人集中就业、个体经营、分散就业、自谋职业共2633人，就业率达到91%。

2010年是区残联与慈善总会实施“助残创业工程”的最后一年。从2007年起对30户有创业愿望、劳动能力和职业技能的贫困残疾人家庭，连续扶持了3年，每户每年投入扶持资金5000元，3年投资45万元，重点扶植了手工编织、设备维修、家庭养殖、蔬菜种植等创业项目，同时协助工商、卫生、税务、环保等部门，向残疾人创业者提供优惠服务。全区自主创业的残疾人已达205人。12月9日，区残联与区慈善总会联合召开了“助残创业”座谈会，总结了第一轮“助残创业”的成果，启动了第二轮“助残创业”项目。

■残疾人康复 2010年，区残联深入贯彻落实《关于将残疾人社区康复工作纳入社区卫生服务的意见》，与卫生部门联合开展了康复工作调研，明确了残疾人社区康复工作任务。根据“六位一体”的功能要求，广泛将残疾人康复训练与服务纳入街道社区卫生服务中心和乡镇卫生院，并提供了康复器材，采取多样化的康复形式，提高了康复训练的有效性,使广大残疾人就近得到了康复服务,实现了残疾人"人人享有康复服务"的目标。利用爱耳日、精神卫生日等进行广泛的助残宣传和助残康复活动。全年为各类残疾人提供康复服务2927人次,为残疾人发放各种辅助器具278件(例)。在全区开展的"光明行动"活动中,完成白内障患者复明手术119例,脱盲率100%。本区被全国残康办授予"全国白内障无障碍县"称号。

■残疾人维权 2010年,区残联认真做好理事长接访日和日常信访工作。组织了15次理事长接访日活动,接待来访残疾人26批42人次,处理残疾人来信来访58件(次),结案率100%。及时协调有关部门,解决残疾人反映的生活困难、入学难等实际问题,一些久拖未决的信访案件得以圆满解决,区残联的信访工作得到了相关部门的好评,在2010年信访工作目标考核中被评为优胜单位。积极开展"无障碍进家庭"工作,完成了315户残疾人家庭无障碍改造任务,如光荣街道一名残疾人,儿女不在身边,住的又是老式楼房,全楼共用一个室外厕所,无障碍改造时在她家的门前建了一个近8平方米的过道和卫生间。另一肢体残疾老人居住在不到30平方米的旧房里,室内没有卫生间,无障碍改造时在她家厨房里角建了一处3平方米的卫生间,无障碍改造大大方便了这部分残疾人的生活。

■残疾人扶贫解困 2011年,区残联将元旦、春节等重大节日和"助残日"期间走访慰问贫困残疾人纳入长效机制。全区各街道、社区(村)及部分企业共走访残疾人服务机构4个,走访贫困残疾人家庭1650多户,发放救济金、慰问金、慰问品折合人民币123.6万元。为残疾人办理100多张宽带优惠卡。双岛湾街道开展三级干部认亲责任制和个体私营企业包户责任制,对11户残疾人家庭进行包户。三涧堡街道积极协调8个村委会为近500名残疾人免费参加合作医疗保险,为160名残疾职工办理了社会养老保险、医疗保险。加强助学工作,资助残疾学生及残疾人家庭子女64人,资助金额7.3万元,奖励残疾人大学生1人,确保了符合条件的上线残疾考生和残疾人家庭的考生100%走进高等学府。长年监管接送盲哑学生到大连盲哑学校就学,并争取资金4万多元用于盲哑学生的通勤。

■残疾人托养 2010年,区残联为智力、精神和重度残疾人提供托养服务。有21名重度低保残疾人在大连阳光家园精神残疾人托养中心、大连阳光家园残疾人托养中心进行了托养。对全区符合日间照料和居家安养条件的残疾人进行了全面摸底筛查,并确定了81人进行日间照料;对54名低保家庭和一级残疾人实行了居家安养。

■残疾人就业保障金收缴 2010年,区残联依据《中华人民共和国残疾人保障法》、《残疾人就业条例》、《大连市残疾人就业保障金征缴管理办法》等文件精神,结合年检,加大力度继续抓好残疾人保障金年审征缴工作,依法对未完成残疾人就业比例的机关、团体、事业、企业等单位重新核定职工人数,准确掌握第一手资料。按照有关要求,对未依法缴纳残疾人保障金的单位下发了催缴通知书400份,补审企业96家,补缴金额14万元。与区地税局通力协作,共审核企业1200多家,征收残保金680万元。

■创建全国残疾人工作示范城市 2008年

大连市创建全国残疾人工作示范城市工作启动以来，区委、区政府更加重视和支持残疾人事业的发展。2010年3月，区政府与市政府签订了创城工作责任状。按照全市总体部署和市残联的工作要求，结合本区具体实际，下发了旅顺口区《创城工作实施细则》。6月29日，区政府召开了由创城工作责任单位、残工委成员单位、各街道主管残联的领导和专干等参加的创建残疾人工作示范城市工作推进会，之后区政府向各责任单位下达了督查通知。7月23日，区人大组织人大代表，就本区创城工作开展情况进行了专题视察。区残联先后印制下发了《大连市创建全国残疾人工作示范城市文件汇编》和《残疾人工作文件汇编》；转发了《大连市创建全国残疾人工作示范城市区市县评估验收标准》，对创城目标、指标、任务及完成的时间进行明确，任务落实到部门、科室，责任落实到人。区政府分管领导牵头多次召开创城工作专题碰头会，发现问题及时协调解决。与此同时，区残联组织各科室人员及基层各单位到甘井子区等周边地区学习创城工作的做法和经验。11月9日，市创城工作领导小组对全区创建工作进行了初检，由于全区近几年全区为残疾人事业投入1.1亿元，残疾人事业发展的各项指标均达历史最好水平，残疾人工作组织网络更加健全，区残联配备了一名残疾人领导干部等，得到市创城工作领导小组的充分肯定。

■残疾人文体宣传工作 2010年，区残联组织了50名残疾人参加区里举办的万人健身徒步大会。得胜街道30余名精神残疾运动员，在市残联组织的第三届精神康复患者趣味运动会上参加了部分比赛项目，获得了名次。得胜、水师营、北海、光荣、三涧堡等街道残联在“全国助残日”期间，举办了残疾人趣味运动会、歌咏、书法、歌唱、手工等比赛活动。得胜街道在大连狮子会的资助下，在残疾人康复中心建立了图书室，有5000余册图书供残疾人阅览。区残联积极组织策划了第20个全国助残日的宣传活动，组织各新闻单位开展残疾人事业宣传，在旅顺电视台制作了3篇公益广告；在中残联、省市残联等各类新闻媒体播发11篇宣传报道；制作了残疾人工作专题片，营造了扶残助残的社会环境。

（撰稿人：王淑霞　审稿人：贾琨琪）

慈善事业

■概况 2010年，在区委、区政府的正确领导和市慈善总会、区民政局的积极指导以及社会各界的大力支持下，区慈善总会认真贯彻党的十七大精神，按照科学发展观和构建和谐社会的要求，始终坚持“发动社会办慈善，办好慈善为社会”的方针，较好地发挥了慈善事业在社会保障体系中的补充作用，为促进本区社会和谐与进步发挥了应有的积极作用。

■慈善募捐 2010年，区慈善总会全年共募集款物2190万元，其中资金2092.3万元，物资折价97.7万元。

1. 做好慈爱月捐款工作。全区共收到捐款1792万元，其中257家企业捐款1504万元，捐款10万元以上的企业54家；77个机关事业单位个人捐款288.2万元。

2. 做好企业冠名捐款工作。认真落实市政府为民办实事提出的建立“亿元”慈善基金的要求，先后建立了“亿达慈善基金”、“世达慈善基金”、“万隆居慈善基金”、“韩伟集团慈善基金”、“张玫慈善基金”、“中庚慈善基金”、“华垒慈善基金”、“华通夕阳红慈善基金”、“今冈慈善基金”等21只慈善基金,基金总规模4050万元,年到位资金810万元。这些基金的建立,充分体现了企业的高度责任感和企业家的大爱情怀,有力地促进了慈善募捐长效机制水平的提升。

3. 做好爱心人士捐款工作。为了方便爱心人士随时表达自己的慈善意愿,区慈善总会采取赈灾募捐、定向捐赠及个人小额捐赠等多种形式接受捐款,共接受捐款351万元,其中玉树地震赈灾223万元,舟曲泥石流赈灾57万元,日常捐款71万元。2010年,区委、区政府为了表彰捐赠单位的慈行义举,弘扬企业的社会责任意识,把慈善捐赠先进单位与"两增一保"、"纳税大户"同台表奖。授予亿达集团等年捐款50万元以上的10家企业"慈善捐赠突出贡献单位"称号,授予年捐款10万元以上的44家企业"慈善捐赠先进单位"称号。同时授予经济开发区等11个单位"慈善捐赠最佳组织单位"和"慈善捐赠优秀组织单位"称号。

■慈善救助 2010年,积极开展各项社会救助活动,发放救助款物2010.2万元。其中用于"情暖万家"两节临时救助290万元,支付各街道临时救助款280.7万元,用于助学、助医、助残、安老、济困和各项公益事业建设等959.7万元,重大灾难支出200万元,支付灾区279.8万元,救助社会弱势群体1.2万余人次。

精心实施慈善救助项目,增强慈善社会感召力。区慈善总会对每项救助项目都制订了救助方案,明确界定救助的目的、对象、标准和程序,并根据救助对象和内容的不同,实行不同形式的启动仪式。对老项目实行跟踪服务,随时发现问题,及时修正;对开发式扶贫项目实行全程介入,努力摸索造血式扶贫的新方式、新经验。

■慈善义工 2010年,为了扩大义工队伍,加强义务服务工作,总会会同区委宣传部、机关工委和区民政局联合下发了《关于加强慈善义工(志愿者)工作的意见》。为把此意见精神落到实处,区委宣传部和总会分别召开了专题工作会议进行部署,并多次听取各党工委和慈善办工作进展情况汇报。各党工委高度重视义工队伍建设,把义工工作纳入议事日程。各级慈善组织广泛发动、积极工作,从而使义工队伍建设得到长足发展,义工站(队)由42个发展到81个,注册义工由4299人发展到14016人。为充分发挥义工在全区精神文明和和谐社会建设中的作用,区文明办和总会联合开展了"弘扬旅顺精神,展现义工风采"主题活动。活动得到了各义工站队和广大义工的热烈响应和积极参与。全区义工组织集体活动465次,参加活动人数达1.4万人次,累计奉献时间达14.8万小时,受助人数达1.3万人次。省《民心网》、大连《文明网》、《天健网》对"弘扬旅顺精神,展现义工风采"活动做了宣传报道,树立了旅顺义工的良好形象。区精神文明建设指导委员会和区慈善总会召开总结颁奖大会,对活动中涌现出来的12个优秀组织单位、12个义务服务精品项目及15个杰出义工进行了表彰。

■慈善宣传 2010年,慈善总会广泛普及慈善文化,充分发挥市区电台、电视台、报刊等主流媒体舆论导向作用,主动争取新闻媒体的参与,全年仅在市区主流媒体上就发表全区慈善工作稿件近200篇。与此同时,慈善总会立足加大自身宣传力度,通过提高和完善旅顺慈善网站建设,增快网页更新频率,发挥时空网站和上级相关网站作用,改版"旅顺慈善之声",出版发行《爱撒旅顺口》一书等形式,加大了对全区慈善工作和先进典型的宣传，形成了以各街道慈善办兼职慈善报道队伍为基础、区级专业新闻工作者为主力的慈善报导队伍。精心组织大型公益活动，彰显慈善文化的号召力。慈爱月活动中，推出了“以爱的名义”为主题的大型公益活动。该活动以三轮捐款为主线，贯穿三次被救助对象情景讲述，其间穿插歌曲、舞蹈等艺术表演，唱响爱的旋律，讴歌爱的奉献，引起社会各界强烈反响，对慈善文化的宣传起到了积极的推动作用。

■自身建设 2010年，慈善总会完善组织网络，充分发挥组织作用。及时做好决策机构人员调整，保证决策机构正常运转；完善三级组织网络，发挥基层慈善组织的作用；强化培训和工作指导力度，不断提高工作人员的专业素质和工作能力，充分发挥慈善总会四个工作委员会的职能作用，并以此为桥梁和纽带，密切与相关部门的联系，保证慈善工作的顺利开展。建立健全规章制度，实现慈善阳光化运作。建立健全以《章程》为核心的内部管理制度，加强救助项目和财务管理。慈善总会募捐、救助等工作和财务收支情况，在向年度理事大会进行报告的前提下，通过区电视台、旅顺慈善网向社会公开，自觉接受社会监督和相关部门的监督。建立健全了工作程序和资料档案，确保善款安全有效运作。提高服务质量，体现以人为本的慈善理念。通过倾听意见和建议、汇报善款使用情况、推荐救助项目等方式，同捐赠人建立并保持密切联系。深入基层调查研究，倾听弱势群体求助需求，帮助他们解决实际困难。全心全意做好日常捐赠或求助的接待工作，竭尽努力提高服务质量，弘扬以人为本的慈善理念，树立良好的社会形象。

（撰稿人：陈仁彬 审稿人：董志慧）

拥军优属

■双拥共建 2010年，旅顺口区双拥工作以创建第七轮双拥模范城工作为契机，以深化科技拥军、智力拥军和政策拥军为重点，不断创新双拥载体，实施创新项目，使旅顺双拥工作不断取得新成效。一是大力开展创建双拥模范城工作。组织了庆“八一”双拥专栏拍摄，并于“八一”前夕，举行了庆祝建军83周年暨全区双拥工作总结表彰大会，表彰了拥军优属模范单位50个、拥政爱民模范单位40个、双拥共建先进单位34对、爱国拥军模范70人、拥政爱民模范50人和爱军习武标兵50人。投入40余万元，为获奖部队购买了电脑、照相机、摄像机、电视机。6月中旬举行了“军旅歌曲”大奖赛。7月28日举行了“旅顺舰”命名大会，此舰的命名是军地双拥共建的重大成果。二是深化文化智力保障拥军。投入20万元在原来援建的6个学习型军营电子图书室的基础上，又援建2个高标准的学习训练中心；与区慈善总会共同搭建民营企业拥军平台，实施了连续三年投入60万元的“鸿基园拥军”项目。三是协调部队参加地方文化活动。协调部队2000名官兵和一个军乐队参加了中国大连（旅顺）国际樱花节、樱桃节开幕式、欢乐中国行、旅顺国际合唱节和万人健身徒步走等文化活动。

■优抚安置 2010年，旅顺口区全面落实《军人抚恤优待条例》和上级有关文件精神。依法落实《旅顺口区优抚对象医疗保障暂行办法》和《关于调整部分优抚对象抚恤补助标准的通知》精神，全年投入各项优抚保障资金407万元，完善优抚对象医疗保障政策，使全区重点优抚对象优待标准在原来基础上提高15%；投入资金40多万元，强化春节、“八一”、“十一”等重大节日对重点优抚对象的走访和慰问工作;通过"鸿基园"慈爱救助项目的实施,共受理大病救助重点优抚对象、复转军人51人次,为重点优抚对象危房改造3户,救助资金达17.5万元;利用三个月的时间,对全区419名优抚对象档案资料进行全面审核,建立重点优抚对象档案信息数据库,实现重点优抚对象档案管理信息化、规范化;办理完成160名冬季退役士兵(士官)的档案接收、报到落户和安置工作;全区共发放义务兵优待金106万元;农村义务兵优待金由每人每年12000元提高到14000元;积极推进退役士兵安置方式改革,全年有76人办理自谋职业,发放自谋职业补助金160万元;全年投入40万元,为全区21名军队部分退役人员落实了生活补助、取暖费补贴、劳动保险和独生子女补助等相关政策,解决复员干部的后顾之忧。

■军休管理 2010年,旅顺口区进一步加强无军籍退休退职职工管理,全面完成各项安置任务。一是审核职工档案,测算调整全区502名无军籍退休退职职工地方性津贴补贴,协调财政局及各街道确保补助资金及时足额拨付到位,督促各街道及时落实无军籍退休退职职工医疗保障制度。二是依据《大连市人民政府关于提高城乡居民最低生活保障标准的通知》(大民发[2010]20号)精神,协调区财政局下发了"关于提高军工遗属生活补助标准"的文件,并将其由每月468元提高到494元。三是为确保2010年无军籍退休退职职工工资改革工作的完成,还聘请了区人社局工资科专业领导给予军工工改情况进行抽查审核,政策落实、测算结果都没发现纰漏。四是做好军休人员的服务工作,协调上级部门的支持和帮助,争取资金5万余元,在春节前对全区无军籍退休退职职工进行普遍走访,使全区军休工作水平上了一个新台阶。

■干休所管理 2010年,旅顺口区军休服务中心始终坚持以科学发展观统领中心工作,以创先争优活动为载体,紧紧围绕人性化服务这一主题,树立新观念,探索新方式,倡导新行为,积极探索出一条服务方式社会化、服务内容人性化、管理形式组织化、管理内容规范化的新路子。3月下旬,局党委对局直单位中层领导干部进行了调整。新一届班子成员有效地提高了班子领导的管理能力和执政水平。组织军休干部春季踏青赏樱,"七一"组织休干参观大连现代博物馆,坚定理想信念,增强政治责任感;重阳节,举办了"重阳杯"门球邀请赛。

■苏军烈士陵园管理 2010年9月,在接待俄罗斯总统梅德韦杰夫一行参观陵园活动中,苏军烈士陵园工作人员积极工作,圆满完成任务,受到了各级领导的高度赞扬。全年免费接待游客5万多人(次),其中外宾4000余人(次),发挥了爱国主义教育基地作用。

(撰稿人:邹 静 审稿人:丁学波)

社 会 生 活

人口和计划生育

■概况 2010年，旅顺口区人口和计划生育局全面深入学习实践科学发展观，坚持以人为本，牢固树立民需为先和民生关怀的工作理念，紧紧围绕稳定低生育水平和惠家惠民的工作目标，进一步解放思想，认真研究解决工作中出现的新情况、新问题，各项工作取得显著成绩。全区户籍人口20.2万人，年出生人口1225人，人口出生率为6.06‰，人口自然增长率为-1.32‰，计划生育率99.92%，初生婴儿性别比为106.23，计划生育家庭各项奖励扶助政策全面落实，奖扶资金兑现率100%。在全市率先落实城镇无业人员计划生育补助费政策，并圆满完成了年度各项任务。

■拓展服务工作 2010年，全市启动以"生育、生命与健康幸福"为主题的"健康家庭促进计划"之后，旅顺口区把计划生育工作重心转变为"管理少数人，服务多数人"，围绕人的生命全过程实施健康促进，并细化成为群众看得见、摸得着的4大系列、10大行动和15项惠家惠民项目，共为8万个家庭和30多万人次提供各项服务，实现了人口计生工作"以数为本"向"以人为本"、以育龄群众为中心向以家庭为中心、单一技术服务向生命全过程优质服务的转变，成为政府为群众提供计划生育优质服务、改善民生福祉的有效载体。

■精品服务 2010年，区人口和计划生育局依托"健康家庭促进计划"，以生育管理与指导、信息统计监测、宣传教育、技术服务、健康咨询、人员培训、药具指导发放为基本功能，突出计划生育、生殖健康知识传播和咨询指导为特色，创立精品服务项目，推进新型人口计生服务体系建设。全区已建立各级健康家庭指导站(中心)68个，新建和改造高档农村社区健康家庭指导站9个，共配备健康家庭指导员89名。形成了以区健康家庭指导中心为龙头，以街道和村级人口文化传播基地、青少年生殖健康及生命奥秘教育基地为代表的精品服务示范项目及示范项目点。

■延伸服务链条 2010年，区人口和计划生育局实施"家庭生命周期服务链"工作模式，把人口计生部门为群众办哪些事在城乡健康家庭指导站公布出来，既公示承诺，又自觉接受群众监督。按照家庭形成和发展的不同阶段，划分为新婚家庭、计划怀孕家庭、怀孕家庭、婴幼儿家庭、青少年家庭、更年期家庭、老年家庭等7种类型。提供新婚随访，孕前风险评估、知识干预，增补营养素，病原体抗体筛查，生育手续代理，生殖健康教育，更年期及老年健康咨询和关怀救助等40多个精细化、个性化、面对面的零距离服务项目。全区已建立各级孕前风险评估点12个，2个街道推广使用双情检测指纹识别系统，建立开放、易得的免费药具发放点300个，累计免费发放孕育系列智能服务卡3000张，免费向家庭发放《健康家庭读本》、《家庭历书》等人口计生宣传品16万册,在区婚姻登记处设立健康家庭指导员,为新婚家庭提供先入性服务。区计划生育技术服务站通过进家入户的巡回服务,全面推进"双情"检测和对已婚育龄妇女免费生殖健康服务工作,每年均有10万人次的育龄妇女受益。特别是为无业人员、失业人员、环卫女工、贫困母亲、外来女工、现役军属的免费体检,已成为优质服务六大亮点。

■落实计划生育各项奖励政策 2010年,全区先后实施了农村部分计划生育家庭奖励扶助制度和计划生育家庭特别扶助制度,惠及扶助对象1930人,以直通车的形式兑现1.3万人次的独生子女父母奖励待遇;在全市率先解决了10多年来的企业改制中失业转退休人员的计划生育补助费,受益群众达2323名。区、街两级财政把兑现计划生育各项奖励政策的资金纳入预算,保证了人口计生利益导向政策的持续性,计生民生工程稳步推进。

■人口发展战略研究 2010年,旅顺口区围绕绿色生态经济区和"五城一都"建设过程中的人口数量、素质、结构、分布、迁移与流动、人口安全等重大问题,首次开展人口发展战略研究,制订人口发展规划,谋划人口发展布局。与北京大学人口研究所共同对全区人口承载力及发展趋势进行研究,科学编制"十二五"人口和计划生育事业发展规划,为政府决策提出可行性建议。到2015年,全区常住人口预计达到27万人,其中户籍人口预计达到22.3万人。2010年,全区还启动了人口协调发展区建设工作,稳步推广4个试点街道的工作经验,力争在全市率先把全区打造成人口协调发展区。创新流动人口计划生育服务模式,把流入人口作为新市民与户籍人口同样对待、同样管理、同样服务。建立了区、街道、村(社区)三级流动人口计生服务责任区和98个流动人口服务中心,开展综合服务,增强流动人口的归属感。切实做好"双抓双管"工作,对流出人员适时介入,掌握去向,延续管理;协调相关部门落实"抓房主、管房客,抓雇主、管雇员"各项具体工作,流入人员来有登记、走有注销。

■综合治理格局 2010年,区政府构筑统筹解决人口问题格局,依法推进相关部门齐抓共管、综合治理。各相关部门在出台文件、安排工作时,都将有利于计划生育工作、有利于调动群众计划生育积极性作为前提条件,主动征求计生部门的意见,加大了政策协调的力度。民政的低保、劳动的"新农合"、教育的"希望工程"、妇联团委的"蓓蕾计划"等等,都将维护计划生育家庭的合法权益融入其中,形成合力,实现多赢。统筹安排、整合资源、多方参与、齐抓共管人口和计划生育工作已经在全区形成共识。建立了稳定可靠的经费投入机制,完善了以财政投入为主渠道、逐年稳定增长的经费保障机制。一是强化监督管理。区人口计生局每年都与计划生育免费手术定点机构签订《出生性别比治理工作责任状》,并与卫生局、药监局联合执法,规范卫生医疗机构、计划生育技术服务机构的B超机管理使用及终止妊娠手术等行为,全力杜绝非医学需要鉴定胎儿性别和选择性别终止妊娠等违法行为。二是加强宣传引导,通过广播、电视、网络、公开信等多种方式,广泛开展"婚育新风进万家"、"关爱女孩"等活动,加强经常性宣传。特别是在传统节日和重大活动日期间,通过文艺演出、知识竞赛等形式加大宣传力度,进一步让群众接受"生男生女一样好"、"女儿也是传后人”等科学、文明、进步的婚育观念。三是健全长效机制，规范了终止妊娠审批、B超机管理使用、婴儿死亡报告、相关部门信息通报、定期检查等制度，并强化了孕期保健和随访服务工作，从源头上遏制了出生人口性别比升高势头，保持出生人口正常的性别结构。

■**流动人口计划生育服务管理** 2010年，旅顺口区全面加强流动人口计划生育服务管理。一是推出了流动人口“双抓双管”模式，实现“管得住”。建立了由公安、工商、劳动、人口计生部门参与的“抓房主、管房客，抓雇主、管雇员”的工作模式，与出租房主签订《责任书》，与用工单位签订《流动人口目标管理责任状》，定期排查出租房屋和用工单位，做到流动人口来有登记、走有注销，不留死角。二是建立流动人口服务平台，实现“管得好”。依托区、街道和社区三级健家指导站，建立了98个流动人口服务平台，重点为外来务工人员提供办证、咨询、租房、就业等服务，及时解决外来人员的临时困难，增强了流动人口的归属感。三是推进“属地化管理，市民化服务”，流动人口计划生育合法权益得到保障。通过开展为实行计划生育的流动人口免费提供基本项目和计划生育技术服务、避孕药具供应方式的改革、《流动人口婚育证明》的免费发放工作，让流动人口更多地享有公平待遇，感受到政府的关怀。

■**完善计划生育利益导向政策体系** 2010年，旅顺口区继续采取措施，逐步完善计划生育利益导向政策体系。一是落实独生子女父母奖励政策。当年，全区先后实施了农村部分计划生育家庭奖励扶助制度和计划生育家庭特别扶助制度，惠及扶助对象1930人；农村村民独生子女父母奖励费全部纳入财政转移支付；失业及无职业人员独生子女父母奖励费全部列入区、街道两级财政预算，从源头上保证了独生子女父母奖励费及时足额兑现，2005—2010年累计为65990户独生子女家庭兑现独生子女父母奖励费667余万元。二是按照“四权分离”的原则，落实农村部分计划生育家庭奖励扶助政策，兑现计划生育特殊家庭扶助政策。近三年共有5569人次享受农村奖励扶助金，906人次享受每人每年1200元特殊家庭扶助金。三是落实失业转社会退休人员退休补助政策。2007年出台了《旅顺口区企业失业转社会退休人员的独生子女父母补助费发放办法》，当年为1750名符合条件的职工兑现了320万元独生子女父母退休补助费。2009年出台了《旅顺口区城镇无业人员计划生育补助办法》，当年为2328名符合条件的无业人员发放了448.4万元计划生育补助费。2010年出台了《旅顺口区村级计划生育干部补助费发放办法》，年底前发放工作结束。

（撰稿人：石亚男　　审稿人：郝子良）

婚姻登记

■**概况** 2010年，旅顺口区婚姻登记处在完善各项规章制度的基础上，继续做好《婚姻法》、《婚姻登记条例》等法律法规的宣传工作，切实落实民政部《婚姻登记工作暂行规范》，加强婚姻登记队伍建设，定期对婚姻登记员进行培训，使婚姻登记工作步入了规范化管理轨道。为认真落实《民政部关于“十一五”期间深入推进婚姻登记规范化建设的意见》，登记处继续设立专职“健康家庭指导员”，负责优生优育知识宣传、优孕优育项目服务和人口信息采集，并免费为当事人提供“三送服务”，发放免费婚检卡、优孕通卡、优生优育亲情卡、《出生缺陷一级预防宣传手册》等,通过宣传呼吁,大力倡导自愿婚检,降低了出生人口缺陷率,进一步提高了出生人口素质。2010 年 10 月 10 日,婚姻登记处又圆满完成了结婚高峰的婚姻登记工作,为 50 对新人办理了结婚登记。切实加强婚姻登记档案管理工作,建立健全婚姻登记档案室,派专人向区档案局学习档案的规范化管理,同时还购置防潮袋、温湿度计等档案室必备用品,每天有专人记录档案室的温湿度,并形成文字存档。增设了排队叫号机、二代身份证读卡器、液晶电视等配套设施,并对内部环境进行了规划,新增婚姻登记颁证室,将颁证仪式引入结婚登记流程。2010 年,全区共办理结婚登记 1704 对,离婚登记 430 对,补领结婚证 753 对,补领离婚证 70 份,补领婚姻登记记录证明、出具无婚姻登记记录证明及档案查询 3005 份。登记处在办理各项登记及出具各种证明合格率均达 100%,无工作人员违法、违规、违纪现象发生,无群众上访、举报、投诉,无行政败诉现象。

殡葬管理

■**概况**　2010 年 3 月,根据工作需要,旅顺殡葬管理所正式成立。成立后,该所积极创新工作思路,对全区的殡葬行业进行细致的调研,落实旅顺殡仪馆新馆的选址工作及各涉农街道公益性公墓(散坟集中点)的规划(已在地图上定位),相继完成《旅顺口区殡葬设施规划意见》、《关于建设公益性公墓(散坟集中点)的相关要求》、《关于公益性公墓(散坟集中点)管理的承诺书》等文稿。2010 年 12 月 24 日,区政府正式出台了《旅顺口区农村公益性公墓(散坟集中点)管理实施意见》(旅政发〔2010〕114 号文件)。与此同时,对全区各涉农街道的散坟分布情况进行了摸底,各涉农街道的散坟总数为 100561 盔。规范平迁坟手续,完善平迁坟工作程序。配合登峰街道、市场街道及相关部门做好大项目的开发工作,迁坟 2200 余盔。协助铁山街道南鸦户嘴村公益性公墓、水师营街道学堂山公益性公墓、三涧堡街道小黑石公益性公墓的手续办理工作。清明节期间,积极开展"文明祭祀、平安清明"活动,未发生因为清明祭祀而引起的安全事故,并协助相关部门做好防火工作。旅顺殡仪馆依然坚持"阳光服务、诚信服务、亲情服务、丧户至上、服务第一"的服务标准,认真履行服务承诺,拒收丧户各类馈赠,树立了良好的形象,获得全省殡葬改革示范单位称号。旅顺龙凤山墓园本着"用户利益无小事"的服务理念,坚持规范、有序、达标的服务标准,在日常工作中均按照行业标准和要求实施操作,积极推动龙凤山墓园的墓园文化、基础设施的建设与完善。同时,为了配合全区全域城市化建设的需要,以大大低于市场标准的价格安置大项目涉及区域内的散坟 2200 余盔,有力地推进了大项目的开发。2010 年 11 月,及时有效地处理了双岛湾街道山头村村民肖作群修建豪华祖坟一事。

民族宗教

■**概况**　2010 年,全区共有佛教、道教、基督教、天主教四个教别,11 处宗教活动场所,其中基督教 8 处,分为"两堂六点",即:黄河路、水师营教堂,铁山、双岛、三涧堡、龙头、北海、长城聚会点。佛教 1 处:蟠龙山正觉讲寺。道教 1 处:塔河湾龙王观。天主教 1 处:惠工街 3 号天主教聚会点。信徒共计 21000 多人。其中基督教徒 7200 余人,佛教徒 13600 人左右,天主教近 200 人,道教徒 30 多人,伊斯兰教徒近 20 人。全区有满、蒙古、朝鲜、苗、藏、回、壮、布依、土家、达斡尔、锡伯、鄂伦春等24个少数民族，户籍人口8242人，其中满族6354人。另有420多名外来务工少数民族人员。

2010年，加强了民族宣传和少数民族流动人口普查，积极落实民族政策，全年共为22名符合条件的少数民族居民出具了民族变更证明。为切实落实《宗教事务条例》，加强对宗教工作的监管，区民族宗教部门坚持属地化管理原则，进一步完善"三级网络、两级责任制"的宗教管理体系，会同统战、公安等部门开展了宗教场所普查和安全防范检查，落实宗教场所的各项规章制度，规范外请教务人员的逐级请示报告制度，积极做好防渗透工作。联合公安部门对来旅涉疆人员进行了排查；配合有关部门处理好蟠龙山森林文化公园建设过程中存在的问题；组织了旅顺登峰基督教礼拜堂的献堂庆典仪式，旅顺登峰基督教礼拜堂的重建工作历时4年施工顺利完工，并于10月12日举行了庄严的献堂仪式。巩固依法治理基督教私设聚会点工作成果，完善长效机制，密切关注，防止反弹。加强宗教场所队伍建设，确保宗教领域和谐、健康、文明。

（撰稿人：邹　静　审稿人：丁学波）

资　源　环　保

国土资源

■土地利用　2010年底，按国家标准统计，旅顺口区土地总面积40458.43公顷，当年发生变化的有耕地、园地、林地、居民点用地、建制镇用地、独立工矿用地、铁路用地、未利用地，除建制镇、独立工矿、铁路用地、公路用地面积增加外，其余均为减少。

旅顺口区2010年底各地类增减情况表

（单位：公顷）

序号	地类	减少面积	增加面积
1	耕地	154.35	
2	园地	159.8	
3	林地	44.75	
4	草地	40.54	
5	城镇村及工矿用地		391.86
6	交通运输用地		19.65
7	水利及水利设施用地	8.33	
8	其他用地	3.75	
合计	411.52	411.51	

2006—2020年土地利用总体规划确定，全区新增建设用地总量确定为43.8平方公里，年均2.92平方公里，较上一轮（年均0.79平方公里）规划提高了269.62%。基本农田减少11.82平方公里，降低了19.7%。

全区农用地减少的主要原因是经济快速发展,项目建设增加,对土地的需求增大,全年建设用地增加了411.51公顷,占用农用地407.77公顷,其中耕地154.35公顷。

2010年旅顺口区土地等级区域划分

商业、住宅用地级别范围

级别	范围
一级地	1. 由长江路-自新街-海岸桥-黄河路-九三路-九三小学南-白云街-黄河路-新开路-新开广场北-博爱街-迎春街-长兴街-英武街-红光街围合的区域 2. 由新启街-斯大林路南一巷-海岸-友谊路-斯大林路-白山街-新华大街围合的区域
二级地	1. 东至:迎春街-慧工街-登峰街-和顺街　西至:友谊桥-斯大林路-新启街西100米-文明街-民主街-进步街-八一路-新华大街延长线-五一路西100米 南至:长江路-四八一〇工厂北-旅顺军港 北至:九三路-汽车站北-白云街-向阳街 2. 旅顺南路(鲍鱼肚村(含)以西)沿线
三级地	1. 东至:白银山隧道-山林 西至:龙河 南至:海岸(黄金山—白银山) 北至:山林(新启街—龙河) 2. 三里桥 3. 太阳沟建成区范围(光荣小学南、406医院、旅顺基地司令部) 4. 水师营政府所在地建成区、旅顺经济开发区南部建成区(世界和平公园以南)、盐厂村、鲍鱼肚村、龙王塘镇黄泥川村政府所在地规划区 5. 旅顺南路(鲍鱼肚村以东)沿线 6. 郭水路(盐长路以东)沿线
四级地	1. 旅顺城区一、二、三级地以外,规划区范围内 2. 铁山街道政府所在地建成区、三涧堡政府所在地建成区 3. 旅顺经济开发区北部建成区(世界和平公园以北) 4. 水师营政府所在地规划区范围 5. 郭水路(盐长路以西)沿线
五级地	1. 江西、双岛湾、北海、长城、龙头、奶牛场政府所在地规划区 2. 三涧堡、铁山政府所在地建成区外,规划区范围内 3. 旅顺北路沿线
六级地	其他区域

工业用地级别范围

一级地	长江路 、黄河路、自新街、得胜街、大华街、忠诚街、红光街、长兴街、和顺街、新开街、博爱街、白云街（北至白云隧道）、向阳街（北至齿轮箱厂）、迎春街（东至迎春小学）、友谊路、斯大林路、中央大街、列宁街、新华大街、新启街、解放街、东明街、光荣街道路两侧
二级地	黄金山－模珠街－4309 工厂 －迎春街－山林（启新街）－向阳街－旅顺北路－跃进桥－五一路－山林－3 中南－疏港路－革新街南 100 米－406 医院东－旅顺基地司令部东－旅顺军港围合范围内除一级以外的区域
三级地	1. 旅顺基地司令部,406 医院周围 2. 石板桥、孙家沟周围 3. 龙河工业区 4. 北至赵家沟,西至迎春街,南至长江路,东至白银山围合区域 5. 西至龙河,北至刘家沟,南至向阳街,东至山林围合区域 6. 旅顺经济开发区北部建成区（世界和平公园北） 7. 水师营、三涧堡政府所在地建成区范围
四级地	1. 旅顺城区一、二、三级地以外,规划区范围内 2. 旅顺经济开发区南部建成区（世界和平公园南） 3. 水师营、三涧堡政府所在地建成区外,规划区范围内 4. 长城、双岛湾、铁山政府所在地建成区范围 5. 龙王塘盐场村、黄泥川村政府所在地规划区内 6. 旅顺南路、北路、郭水路沿线 7. 双岛石化工业园区
五级地	1. 长城、双岛湾、铁山政府所在地建成区外,规划区范围内 2. 北海、江西、龙头、奶牛场政府所在地规划区范围内 3. 其他区域

2010年旅顺口区土地利用现状

单位:公顷

一级类			二级类		
名 称	面 积	占总面积%	名 称	面 积	占一级类%
耕 地	6819.73	16.86	水浇地	2377.4	34.86
			旱 地	4442.33	65.14
园 地	3408.69	8.43	果 园	3407.24	99.96
			其他园地	1.45	0.04
林 地	12878.8	31.83	有林地	11494.32	89.25
			灌木林地	269.83	2.10
			其他林地	1114.65	8.65
草 地	1665.42	4.12	人工牧草地	0.44	0.03
			其他草地	1664.98	99.97
城镇村及工矿用地	10632.19	26.28	城 市	1567.43	14.74
			建制镇	478.03	4.50
			村 庄	5932.81	55.80
			采矿用地	1593	14.98
			风景名胜及特殊用地	1060.92	9.98
交通运输用地	1508.46	3.73	铁 路	225.54	14.95
			公 路	728.71	48.31
			农村道路	532.4	35.29
			港口码头	21.81	1.45
水域及水利设施用地	2504.38	6.19	河流水面	5.13	0.20
			水库水面	92.95	3.71
			坑塘水面	987.43	39.43
			沿海滩涂	1239.39	49.49
			内陆滩涂	2.2	0.09
			沟 渠	163.26	6.52
			水工建筑用地	14.02	0.56
其他土地	1040.76	2.57	设施农用地	252.09	24.22
			田 坎	41.57	3.99
			裸 地	747.1	71.78

2010年旅顺口区基本农田保护区面积

单位:平方公里

地名＼项目	现有耕地	基本农田保护区	%	其中			
				一级	%	二级	%
全区	7175.1	4820.85					
铁山	1096.68	700.62					
双岛湾	832.5	876.38					
北海	700.18	581.71					
三涧堡	1386.76	1226.83					
长城	738.24	667.1					
水师营	906.57	577.92					
龙头	375.86	190.29					
开发区	734.01	0					

■**用地审批** 2010年,旅顺口区认真落实国土资源部"保经济增长、保耕地红线"的行动部署,实行重点项目领导负责制和部门联动机制,深入基层,现场办公,提前掌握用地情况,简化办事流程,缩短报批时间,积极主动争取上级主管部门的支持,千方百计保障经济社会发展用地。市政府下达给全区的新增建设用地指标为180公顷,通过积极争取,实际使用新增建设用地指标480公顷,增加了166.7%。保证了北车集团、中远造船、大机车等一批重点项目的用地需求。全年项目建设供地121宗,供地面积416公顷,出让金入库47亿元。在保经济增长的同时,严格管理,保耕地红线得到有效落实。区政府与各涉农街道签订了《耕地保护责任书》,明确了耕地保护、特别是基本农田的保护责任。

2009—2010年旅顺口区建设用地审批统计表

单位:平方公里

年份＼项目	件数	审批面积	非耕地	耕地	国有	集体
2009	105	4.01	2.51	1.5	4.01	
2010	121	4.16	2.8	1.36	4.16	

■**规划地籍** 2010年,根据全区的产业布局要求,为使全区的产业布局符合土地利用总体规划,对不符合土地利用总体规划的重点项目,国土资源分局积极协调,想方设法地进行规划调整,做到依法合理用地。坚持在土地管理中以规划为"龙头",对建设项目用地报批进行严格管理。全年地类测算、规划分析共146宗地,面积为3302.7

公顷,项目选址规划审核共97宗,完成10宗非开放区域军事用地的确权工作。《土地利用总体规划修编大纲》已取得省有关部门批复,并已将修改后的《大纲》上报市、省备案。初步完成了区级土地利用总体规划修编文本的编制,乡级土地利用总体规划修编工作也同步进行。第二次土地调查工作基本完成,已上报国家并通过前期核查。全年共办理土地登记1641宗,面积666.86公顷,其中国有土地登记213宗,面积621.30公顷;集体土地登记1428宗,面积45.56公顷。

■土地出让 2010年,国土资源分局在国有建设用地使用权出让过程中,充分发挥市场配置资源的作用,规范土地交易市场行为,严格执行旅顺口区综合地价标准,按照国务院关于"工业用地必须采取招标拍卖挂牌方式出让"和国土资源部《招标拍卖挂牌出让国有建设用地使用权规定》的要求,在公开、公正、公平的市场原则下进行国有建设用地使用权交易。依照《土地储备管理办法》,合理确定土地储备规模,在符合规划计划的前提下,优先储备闲置、空闲和低效利用的国有存量建设用地。加大土地储备的资金筹措,解决土地储备前期征收和安置补偿资金短缺问题,当年先后融资5亿元用于土地储备,区财政从土地收益中又拨付土地储备资金1.3亿元,为全区土地储备发展奠定了资金保障基础。全年有42宗储备土地挂牌成交、面积307.21公顷,成交额62.15亿元,比2009年增加4倍和5.7倍。全年国有建设用地使用权挂牌交易72宗,比2009年增加1倍,成交额68.26亿元,比2009年增加5倍,出让国有建设用地使用权面积464.6公顷,创旅顺口区实行土地有偿使用以来历史新高。

2009—2010年旅顺口区土地挂牌成交统计表

内容 年份	宗地数	挂牌面积 (公顷)	成交金额 (亿元)
2009	36	151.5	9.1
2010	72	464.6	68.26
合计	98	616.1	77.36

■矿产资源 2010年,旅顺口区在淘汰落后矿山企业的基础上,增加了采矿权管理。全年办结区属延续登记采矿权14家,注销登记3家;对省属发证的1家地热采矿权延续申请进行初审;统一对全区矿区范围坐标系进行转换和变更登记;重新埋设了采矿权标识牌;顺利通过国土资源部专项检查。共收缴矿产资源补偿费等各项费用63万多元。加强地质环境保护,对矿山企业实施收缴矿山环境保证金制度。地质灾害防治工作进一步落实,编制了《旅顺口区2010年度地质灾害防治方案》,全区列入三级监测网络的27处地质灾害隐患点全部落实了监测预防责任人,其中危险性大、威胁严重的3处重点地质灾害隐患点,列入市级防治方案,区级重点地质灾害隐患点12处,进行重点监测。建立了区、街道、监测人三级群测群防网络,切实做好地质灾害防范警示工作,共向隐患点附近群众增发《防灾明白卡》和《避险明白卡》79张,发放《工作明白卡》21张,设立警示牌12个。加强对重点隐患点的预防和治理工作,积极推进对盐场新村台山部分地段地质灾害隐患的治理工作,全年全区未发生因地质灾害原因造成的人员、财产损失,被市局评为年度汛期地质灾害防治工作先进单位。

■执法监察 2010年,旅顺口区加大依法监察力度,有效遏制违法用地反弹。一是接受了国家土地督察沈阳局例行督察,通过对全区的档案、卷宗、卫星遥感、立案情况、外业及180个在建项目等进行全面检查，总体工作受到了上级领导的充分肯定。二是加大巡查力度，监察大队分成四个巡查中队，实行全天候工作制，不休节假日，确保城区3小时内、农村6小时内到达现场。全年共立案查处违法违规用地40宗，违法用地面积68.3万平方米，下达责令停止国土资源违法行为通知书93份，制止土地违法违规行为12件，自行纠正违法用地行为10件，恢复土地原貌4616平方米。三是完成第10次卫片执法检查，对卫片影像中所涉及的156个图斑、63宗地进行了逐块落实，查处违法用地12宗、面积125.3亩，违法用地中耕地66.2亩，占新增建设用地中耕地的1.51%。

■**法规宣传** 2010年，旅顺国土资源分局把国土资源法律宣传作为国土资源管理工作的重点之一，在全区范围内开展依法合理用地、促进经济平稳较快发展的主题活动，并按照国土资源部“保增长、保红线”行动的要求加大宣传力度，充分利用广播、电视、报纸等，加大依法用地宣传力度，营造珍惜土地、保护资源、维护权益、保障发展的良好氛围，并在“4·22世界地球日”、“6·25全国土地日”进行大型的广场纪念宣传活动，宣传全区国土资源管理的服从服务经济社会的做法，让社会进一步了解保护资源与保障发展的关系；深入涉农街道和农村集市进行宣传，全年共向社会发放宣传画册、宣传品近3万份。

（撰稿人：车　军　审稿人：徐卫国）

环境保护

■**空气环境质量** 2010年，区环境监测站通过空气自动监测系统，对全区的大气环境质量状况进行24小时不间断的监测，通过计算机网络读取数据并进行汇总分析，第一时间掌握全区的空气环境质量状况。影响本区环境空气质量的主要原因：一是煤烟、扬尘、汽车尾气混合型污染。二是受外来沙尘暴恶劣天气和逆温天气对全区的影响。2010年，全区环境空气质量总体良好，各项统计数据见下表。

2010年全区空气监测数据统计表

（单位：mg/m^3）

项目／年度	二氧化硫	二氧化氮	可吸入颗粒物	自然降尘（吨/平方公里·月）	API优良以上天数（天）
2010年	0.027	0.025	0.049	9.4	360
空气二级标准	0.06	0.08	0.10	8.0(省定标准)	--

■**海水环境质量** 2010年，区环境监测站对海水的监测主要为三港二海，即旅顺军港、龙王塘渔港、新港、渤海和黄海。共设9个监测点位，监测项目包括盐度、pH、溶解氧、化学需氧量、生化需氧量、石油类等20余项。根据监测站全年的海水监测数据，旅顺近岸海水水质总体水平较好，各点位的监测指标均符合相应功能区海水标准，未出现超标现象，海域年均值可达国家二类以上水质标准，综合评价均为清洁。与上年相比，综合污染指数基本无大变化，且本辖区域的评价结果均为“清洁”（综合污染指数<3.5），证明全区的海水水质良好，整个海域无污染现象。

2010年旅顺海域主要污染物监测数据一览表

(单位:mg/L)

表首		化学需氧量	石油类	无机氮	活性磷酸盐
二类海水标准		3	0.05	0.3	0.03
旅顺海域(所有点位均值)	2010年	0.4	0.017	0.017	0.013
	2009年	0.5	0.010	0.106	0.012
	差值	-0.1	+0.007	-0.035	+0.001
旅顺港	2010年	0.5	0.015	0.086	0.016
	2009年	0.6	0.014	0.145	0.014
	差值	-0.1	+0.001	-0.059	+0.002
龙王塘港	2010年	0.7	0.019	0.093	0.016
	2009年	0.8	0.015	0.134	0.015
	差值	-0.1	-0.004	-0.041	+0.001
新港	2010年	0.7	0.077	0.097	0.017
	2009年	0.9	0.034	0.134	0.014
	差值	-0.2	+0.043	-0.039	+0.003
黄海	2010年	0.3	0.004	0.095	0.012
	2009年	0.3	0.004	0.085	0.011
	差值	0	0	-0.021	+0.001
渤海	2010年	0.3	0.004	0.052	0.010
	2009年	0.2	0.003	0.080	0.010
	差值	+0.1	+0.001	-0.020	0

■地下水环境质量 2010年,全区地下水监测点位共8个,分别设在8个涉农街道。根据监测站全年的监测数据,20个监测项目中,主要污染物为氯化物、总硬度、氨氮、硝酸盐氮、总大肠菌群和细菌总数。地下水生物学指标总大肠菌群超标严重,超标率为100%。具体情况见下表:

序号	点位	执行标准	评价结论
1	铁山街道	Ⅲ类	良好
2	原江西街道	Ⅲ类	较差
3	龙头街道	Ⅲ类	良好
4	北海街道	Ⅲ类	较差

续表

序号	点位	执行标准	评价结论
5	长城街道	Ⅲ类	较差
6	三涧街道	Ⅲ类	较差
7	水师营街道	Ⅲ类	良好
8	双岛街道	Ⅲ类	较差

■地表水环境质量 全区地表水监测对象为小孤山水库。根据当年的监测数据,旅顺口区地表水质量一般,监测结果超标的项目有:化学需氧量、生化需氧量、总氮。监测结果及简要统计结果详见下表。

2010 年旅顺口区地表水监测数据统计表

单位:mg/L

水库名称	统计项目	pH	溶解氧	高锰酸盐指数	化学需氧量	生化需氧量	氨氮	总氮	总磷	氟化物
小孤山水库	数值	7.82	8.3	6.2	36	6.0	0.597	2.13	0.128	0.29
	超标倍数	0	0	0.03	0.8	0.5	0	1.13	0	0
	统计项目	总砷	六价铬	总铅	总氰化物	挥发酚	石油类	阴离子洗涤剂	硫化物	粪大肠菌群(个/L)
	数值	未	未	未	未	未	未	未	未	260
	超标倍数	0	0	0	0	0	0	0	0	0

■声环境质量 根据2010 年监测数据,全区声环境质量良好,噪声监测结果均能符合相应的功能区标准,1 类居民区昼间噪声在55 分贝以下,夜间噪声在 45 分贝以下,2、3、4 类区昼间噪声分别在 60 分贝、65 分贝和70 分贝以下,夜间噪声在 50 分贝、55 分贝和 55 分贝以下,因此各功能区均能符合相应标准。综合全区各个环境因素,旅顺口区环境质量在全市排在前列。

■环境监察 2010 年,区环保局以解决影响群众健康和可持续发展的突出环境问题为工作重点,开展了海带加工业、畜禽养殖业、重金属行业、涉钢铁行业、污水处理厂、饮用水源地及上游企业环保专项行动和环保后督察工作;同时,对化工、电镀、食品等重点行业污染治理设施运转情况进行全面深入监察,认真细致的做好冬季烟尘监察、夜间施工专项检查、中高考护考工作等监察工作。为加强应急管理工作,对全区 48 家企业开展了环境安全隐患排查,建立环境风险源档案,为 61 家企业建立了重点污染源动态数据库,积极参与了区政府组织的全国应急演练,提高了全局监察人员应对紧急事件的能力。在"7·16"特大事故发生后,全局上下齐心协力,按照上级部署,经过十几个昼夜的连续奋战,清污工作取得了全面胜利。区环保局以环境信访稳定工作为重点,坚持"12369"环保热线电话 24 小时畅通。对上级转办的信访案件,及时将调查情况和处理结果进行反馈,共受理环境信访投诉件349 件,信访处理率100%,结案率100%,全部在时限内处结;完成区人大建议、政协提案办理工作,共办结 12 件;共出动监察人员3325 人次,对 297 家单位实施了现场检查;立案查处各类环境违法案件 56 件,收缴罚款 26.9 万元。对全区 523 家排污单位申报的排污量进行了核查、核定;对重点企业和新建企业开展了排污费稽查工作。全年共收缴排污费 404.8 万元,其中建筑施工收费83.6 万元。环境监察大队通过了省环境监察标准化验收,本区成为全省首批通过"县区级环境监察队伍标准化建设达标验收"的城区。

■"十二五"规划 2010 年,区环保局聘请大连理工大学人员编制完成了《旅顺口区"十二五"生态环境保护规划》,并通过专家评审。"十二五"环保规划作为区政府提出的"建设国家级生态区"后的第一个五年环保规划,把建设生态文明作为其最高纲领。做好"十二五"的环保规划,是落实本区

“环境优先”战略的首要任务。

■**污染物减排** 2010年,为确保“十一五”减排目标责任书的完成,区环保局积极采取各种措施,及时将减排重点项目的进展情况、存在问题向区政府和大连市环保局汇报,提出解决思路,确保了减排工作的顺利进行。制订了2010年减排工作计划,分解2010年污染物减排任务,调查2010年各街道减排重点项目,向市局上报减排项目清单和“十二五”减排潜力分析报告。促进减排工程项目建设,旅顺北路污水处理厂于2010年底建成具备通水条件;旅顺小孤山污水处理厂选址结束,土地正在调编;旅顺经济开发区污水处理厂一期工程(1.5万吨/日)BOT特许经营协议已签署完毕,动迁工作正在进行;大连学园供热有限公司已按《旅顺口区主要污染物总量减排目标责任书(2010年)》的要求,完成了2台80吨锅炉烟气脱硫工程,并与市环保局联网;大连供暖集团有限责任公司脱硫工程,11月投入使用。全年共发放环补专项资金180万元,减排项目资金100万元。“十一五”期间,全区共削减化学需氧量1406吨,二氧化硫1383吨,达到了“十一五”污染减排考核要求。

■**项目审批** 2010年,区环保局严格按照《建设项目环境保护管理条例》等法律、法规,坚持可持续发展战略,严把建设项目审批准入关,严格执行总量控制原则,对不符合城市发展总体规划的、国家产业政策明令禁止的和能耗大、治污难的生产项目坚决不予审批,对群众反映强烈的项目不予审批,对选址未进工业园区的项目不予审批,防止出现新的污染源。积极推进全区重点项目落实,开辟绿色通道,对企业提供无偿帮扶,大大缩短审批时限。对重点项目提前介入,主动与相关部门沟通,对需要出具前期手续的85个项目,严格审查,按规定出具环保预审意见。加强建设项目的验收管理,实行“催验制度”,敦促企业严格执行“三同时”制度。全年共审批项目561项、验收699项,变更122件,否定28项。

■**环保宣传** 2010年,区环保局围绕当年世界环境日的中国主题,全面开展宣传纪念活动:在区政府综合办公楼大屏幕上,打出了“同心共创生态旅顺,携手打造绿色家园—— 隆重纪念第39个世界环境日”的字幕和背景图片;在旅顺政务信息网公布了《旅顺口区2009年环境质量公报》;在旅顺世达广场举行了“隆重纪念第39个世界环境日暨创建国家级生态区启动仪式”。区委、区人大、区政府、区政协领导和区环保局、区得胜街道领导出席了纪念会议,其他各街道也结合主题现场开展了丰富多彩的宣传活动,营造出浓厚的宣传氛围,取得很好的宣传效果。并与区科协共同举办了2010全国科普日——“低碳生活,从我做起”主题宣传活动,发放宣传单近2000份、展出宣传板20余块;大连市环保志愿者协会现场讲授了《我们的生活与环保》。2010年,全区环保系统在国家、省、市、区各级各类媒体播发稿件120余篇。

■**环保创建** 2010年,区环保局继续巩固环境友好型创建成果,不断拓展环境友好型系列创建的内涵与外延,在努力提高创建品位与档次上下工夫。辽宁对外经贸学院被命名为大连市首批“环境友好型大学”;光荣街道新华社区、得胜街道黄金社区被命名为大连市“环境友好型社区”;长城街道中心幼儿园被评为大连市“环境友好型幼儿园”。铁山中心小学、大连60中学、旅顺迎春小学、旅顺中心幼儿园被命名为辽宁省首批"环境友好型学校(幼儿园)"。区广播电视台等5个单位被大连市委宣传部、大连市环境保护局评为环境宣传教育工作先进集体,姜学楠等6人被评为先进个人。北海街道袁家沟村党支部书记兼主任李皆辉被评为大连市第三届"十大环保人物"。

2010年,区环保局与区委宣传部联合开展"创文明新村,建生态家园"主题活动,开发区三羊村、铁山街道牧羊城村、三涧堡街道石付村、双岛湾街道胡家村被评为"旅顺口区第三批生态文明家园"。此项活动被评为旅顺口区2010年度精神文明建设"精品工程"。

■污染源普查 2010年,区环保局根据大连市环保局《关于开展污染源普查动态更新工作的通知》(大环发[2010]18号)要求,完成了污染源动态更新调查工作。旅顺口区2009年污染源动态更新调查上报工业源重点调查单位90家,非重点估算表1份,农业源调查畜禽养殖业11家,水产养殖业20家,农业污染源基本情况调查表1份,城镇居民生活调查表1份,集中式污染治理设施2家,总计126份调查表。

■生态区建设 2010年,由惠凯区长主持的首次政府区长办公会上,讨论并通过了《旅顺口国家级生态区建设规划》,提出了举全区之力建设旅顺口国家级生态区。2010年10月,《旅顺口国家级生态区建设规划》通过区人大审议。

2010年12月3日,由辽宁省环境保护厅组织,以国家海洋监测中心、中国工程院院士丁德文、省环保厅副厅长王治江、市环保局局长董伟为代表的验收组,对旅顺口区省级生态区创建工作进行了验收。经过验收组的讨论,指出旅顺口区全面达到了省级生态区考核标准,特别是在经济结构调整、环境综合整治、生态宜居环境建设等方面特色突出;随机调查满意率为99%,同意通过考核验收。

■环境优美乡镇建设 旅顺口区三涧堡街道、北海街道、龙头街道、铁山街道、水师营街道、长城街道被命名为辽宁省环境优美乡镇,三涧堡街道土城子村、北海街道袁家沟村、龙头街道龙头村、铁山街道王家村、双岛湾街道艾子口村、水师营街道小南村、长城街道黄家村、长城街道赵家村被命名为辽宁省环境优美村。组织、指导三涧堡街道、铁山街道、长城街道、北海街道、龙头街道、双岛湾街道和双岛湾街道艾子口村、北海街道袁家沟村开展国家级生态乡镇、村创建申报工作。

(撰稿人:王 飞 审稿人:王 辉、高广凡)

辽宁蛇岛老铁山国家级自然保护区

■概况 辽宁蛇岛老铁山国家级自然保护区地处辽东半岛南端、大连市旅顺口区的西部,是1980年经国务院批准建立的野生动物类型保护区,是我国环保系统批准建立的第一个国家级自然保护区。保护区的主要保护对象是蛇岛蝮蛇、候鸟及其栖息生态环境。保护区的主要任务分为两方面,一是保护好蛇岛的生态环境,为蛇岛蝮蛇创造良好的生存条件,保证蛇岛蝮蛇种群的稳定和稳步增殖;二是保护老铁山的候鸟种群多样性及生态环境,研究候鸟的迁徙规律,营造良好的环境,保证候鸟迁徙通道的畅通。2009年,为进一步解决旅顺地方经济发展与资源管护之间的矛盾,保护区被进行第四次范围调整,调整后保护区总面积9072公顷。保护区分为两部分:一是四周环海的蛇岛及其周围500米海域,面积329公顷(以下简称蛇岛地区)。二是以老铁山为代表的陆地部分,面积为8743公顷,包括老铁山、老虎尾、九头山及其周边地区(以下简称老铁山地区)。

蛇岛又名蟒岛,小龙山岛,位于旅顺西北方的渤海中,东距陆地5.3海里,南距海猫岛5海里,地理坐标为东经120°58′00″~120°59′15″,北纬38°56′28″~38°57′41″。其中岛屿面积73公顷,蛇岛周围500米海域256公顷,总面积329公顷。全岛略成不规则之长方形,长约1460米,宽760米,主峰海拔215米。蛇岛植物种类繁多,林木茂密。植物种类有210种,约占陆地植物种类的50%。植被覆盖率在70%以上。其植物大体可分为灌状乔木林、灌木林、草本植物群和层外植物。蛇岛的主要动物是单一种类的蛇岛蝮蛇,种群数量为两万条左右。除此还有鸟类和昆虫等动物,蛇岛上的鸟类有115种,隶属16目36科,多为候鸟,雀形目鸟类有72种,非雀形目鸟类有43种,留鸟10种,夏候鸟有39种,旅鸟61种,冬候鸟5种。其中小形候鸟是蛇岛蝮蛇的主要食源。岛上昆虫种类为58科122种。另外,还有少量的褐家鼠和蝙蝠。蛇岛拥有独立的海岛生态系统,在自然生态系统中处于特殊的地位,在地理、地质和生物学、生态学上具有特异性。蛇岛蝮蛇以其特殊的物种和极高的药用价值闻名于世,而蛇岛则堪称"世界奇岛"。

老铁山地区位于辽东半岛南端,大连市旅顺口区的西部。地理坐标为:东经121°04′53″~121°15′19″、北纬38°43′02″~38°57′16″。面积8743公顷。老铁山自然保护区的地貌属于辽东山地丘陵、半岛丘陵地貌类型,系长白山山系余脉、千山山脉末端,地处辽东半岛最南端。老铁山由于特殊的地理位置和生态环境,使其成为东北亚大陆候鸟迁徙的主要通道之一。老铁山保护区鸟的种类多、数量大,鸟类资源十分丰富,迄今已掌握的鸟类有19目57科307种,每年有上千万只候鸟经此迁徙。老铁山现有鸟类约占全国鸟类种数的20%,占东北鸟类种数的50%。国家一级保护鸟类9种,二级保护鸟类46种,其中猛禽39种,占全国猛禽82种的47.56%。中、日候鸟保护协定所列的227种鸟类中,老铁山就有167种,占70.9%,因而被誉为"老铁山鸟栈"。老铁山地区的植被属于华北植物区系,有维管束植物108科703种。

辽宁蛇岛老铁山国家级自然保护区建立以来,经过保护区人的不懈努力,取得了一定的成绩。1999年首批被纳入"中国生物圈保护区网络",当年被国家环保总局等四部委授予"全国自然保护区管理先进集体"称号,并荣获全球环境500佳提名奖;2002年被国家科技部、中宣部、中国科协授予"全国科普工作先进集体"称号;2002年被国家科技部、中宣部、教育部、中国科协命名为"全国青少年科技教育基地";2003年被大连市命名为"大连环境教育基地";2005年被辽宁省评为自然生态保护先进集体;2009年被全国鸟类环志中心评为"2009年度全国鸟类环志表彰单位";同年,被国家环保部评为"2009年度国家环保科普基地"称号。

■**管理机构** 1981年,经辽宁省编制委员会批准,成立了辽宁蛇岛老铁山国家级自然保护区管理处,管理处为全民事业单位(全额拨款),县团级建制,实行省、市环境保护局双重领导,以省局领导为主,省编委下达编制人数24名。1985年,辽宁省人民政府决定将"辽宁蛇岛老铁山自然保护区管理处"下放给大连市管理,隶属于大连市环保局领导。1987年,根据工作需要,大连市编制委员会下达增加编制人数 11 名，达到编制 35 名。2008 年 4 月，经辽宁省人事厅研究，同意辽宁蛇岛老铁山国家级自然保护区管理处参照《中华人民共和国公务员法》管理。同年 12 月，经大连市机构编制委员会研究，同意辽宁蛇岛老铁山国家级自然保护区管理处更名为辽宁蛇岛老铁山国家级自然保护区管理局。管理局领导指数 3 人，局长一人，副局长两人，下设办公室、综合管理科、执法监察科、蛇岛管理科、海监科、科研信息科、法规宣教科七个科室。至 2010 年底，保护区管理局有大、中专学历 21 人，占总人数 61%；专业技术人员 25 人，占总人数的 74%，其中高级职称 5 人，中级职称 7 人。保护区管理局集管理、科研、宣教工作于一体，根据不同阶段各有侧重。保护区主要职责是加强对迁徙候鸟的保护，以及蛇岛和蛇岛蝮蛇及其生态环境的管护，开展相关科研工作，开展必要的生态环境宣传教育活动等。

■行政执法工作 2010 年，保护区管理局坚持全面做好行政执法工作。首先是坚持蛇岛值班和护岛巡逻制度，确保蛇岛生态安全。坚持早住岛、晚撤岛的原则，轮流值班，履行值班职责，建立严格的交接班手续，不断完善各种管理制度，按规章制度对蛇岛进行管理，坚持对蛇岛进行早、晚围岛巡逻制度，发现问题及时处理和解决，确保蛇岛生态安全。

其次是重拳出击，加强候鸟保护工作。积极开展打击非法捕猎联合行政执法工作，定期召开联防工作会议，分析形势，强化管理措施，与保护区的村、镇签订了护鸟责任状。近几年，保护区加大了护鸟工作的投入，在经费非常困难情况下，调动各方面积极性，自筹部分资金，装备了护鸟巡逻车辆 5 台，每年成立护鸟领导小组，组成 3 个护鸟执法小队，实行区域划分，责任目标明确，各负其责地做好护鸟工作。2010 年，保护区在总结以往护鸟工作经验的基础上，一改过去以收缴网具为主的工作思路，重点对核心区实施封闭管理，严厉打击违法偷猎人，坚决查处，绝不姑息。主要做法：一是对老铁山核心区实施封闭管理。依据《中华人民共和国自然保护区条例》、《蛇岛老铁山国家级自然保护区管理办法》的规定，继续对老铁山核心区实施封闭管理，共计在通往核心区的重要路口设置 6 个“核心区封闭管理岗亭”，安排专人进行二十四小时监督检查，严格限制未经批准的人与车辆入内，严格检查允许进入的人及车辆是否携带鸟类等野生动物下山。二是营造社区共管新局面。保护区着重开展了一系列社区共管工作，加强了与保护区内各街道、村委会的沟通，广泛宣传鸟类保护及打击非法捕猎工作的意义，充分调动广大群众的积极性，吸引了护鸟志愿者参与保护区管护工作。累计 22 名志愿者，其中来自铁山街道 14 名，来自保护区内各企业的志愿者 8 名，工作中他们献计献策，对秋季鸟类保护工作起到了积极的推动作用。同时，这些志愿者用实际行动影响和带动了周边群众，形成良性引导，使保护区联合行政执法工作得到更多群众的认同与支持，对于保护区进一步建立和完善社区共管机制具有积极的意义。三是加强宣传工作。在《大连日报》上刊登《大连市环境保护局关于加强辽宁蛇岛老铁山国家级自然保护区核心区封闭管理的通告》，向全市人民通告老铁山实施封闭管理的信息；加强与保护区内街道及村委会间的沟通交流，召开村官座谈会，发放《致保护区村民的一封信》；走进保护区内各中小学校，发放《致保护区内中小学校的一封信》；走进饭店、集贸市场，宣传相关法律、法规；召开“老铁山地区餐饮业不经营野生鸟类承诺会",与保护区内21家有经营野生鸟类历史的饭店业主签订《不经营野生鸟类等野生动物承诺书》。通过上述宣传措施,有效确保了联合行政执法工作的顺利实施。联合执法的新举措、新思路也吸引了广大媒体的关注。《大连日报》、大连电视台、旅顺电视台等主流媒体争相报道了联合执法工作信息。2010年,累计报道18篇(次),其中《大连日报》5篇、《大连晚报》3篇、《半岛晨报》3篇、《新商报》3篇,旅顺电视台2次、大连电视台2次,特别是大连电视台于10月18日《今晚60分》栏目开辟专栏,重点对联合执法工作进行了长达10分钟的报道,社会反响强烈,引起社会广泛关注。四是开展联合执法大行动。按照《老铁山地区2010年秋季打击非法捕猎联合行政执法工作实施方案》的要求,开展了多次联合执法大行动。(1)开展集中收缴网具行动,对核心区内各山头实施"地毯式"收缴,力争不让一块网、一只竿留在山上。(2)对保护区内30余家饭店进行多次检查,对试图经营出售野生鸟类的饭店加以提醒和警告。期间,保护区与旅顺森林公安派出所联合执法,共同抓获非法捕猎犯罪嫌疑人4名,均因非法猎捕、杀害国家重点保护的珍贵、濒危野生鸟类而构成刑事犯罪,4起刑事案件的查处,在社会上引起强烈反响,对心存侥幸的非法猎捕者起到极大的震慑作用。

再次是进行了保护区环境监察和建设项目的管理工作。针对保护区存在企业和污染源较多的现状,保护区加强了环境监察和建设项目的管理工作,并进行了摸底调查,对生态破坏项目和企业污染事件及时向市环保局汇报,做到及时有效地处理各类突发事件,阻止生态破坏事件的发生,保障生态环境不遭破坏,自然资源不受损失。2010年,重点对老铁山、九头山核心区及缓冲区内进行日常监察,对发现的违章建设项目进行了现场调查、取证,特别是在保护区确认执法权限后,对核心区内现存的违章项目逐一排查,同时采用强制措施全面叫停在建违章项目。

(撰稿人:丘　磊　审稿人:王建军)

党的建设

- □组织工作
- □宣传工作
- □纪检监察工作
- □统战工作
- □政法工作

组 织 工 作

领导班子和干部队伍建设

■干部教育培训 2010年,区组织部完成上级调训120余人次,讲座式培训五期,其中境外培训6人。为进一步提高区管副职领导干部的理论素养,增强其组织协调能力,丰富从政经验,更好地适应新形势需要,对2008年4月以后新提职、没有参加过任职培训的副处级领导干部进行了统一的任职培训;又集中利用一个月的时间,分两期对全区原有183名区管副职领导干部进行了集中轮训。为加强培养选拔优秀年轻干部工作,推进后备干部队伍建设,围绕基本理论、知识更新、能力提升、心理调试四个版块,分别从党建、经济、法律等多方面对97名区管后备干部和63名优秀青年干部进行系统化培训。在全市率先实现了党群序列和政府机关同时启动在线学习系统,真正实现了公务员培训的全员化、个性化和差别化。

■干部培养选拔任用 2010年,旅顺口区立足大部制改革后工作实际,通过合理使用各年龄段干部,加大优秀年轻干部、党外干部、女干部以及高学历干部的选拔力度,推进干部跨部门、跨岗位交流等举措,优化各级领导班子,提高干部队伍素质。全年共调整干部159人次,先后提拔领导干部49人,处级非领导职务晋升27人,接收安置团职军转干部8人。有计划、有针对性地选派了32名后备干部到信访、重点项目主管单位和产业一线等部门学习锻炼。

■干部人事制度改革 2010年,旅顺口区认真贯彻落实中央、省、市《2010—2020年深化干部人事制度改革规划纲要》和《实施意见》精神,进一步深化全区干部人事制度改革。注重扩大干部工作民主,提高干部群众参与度,确保干部群众的知情权、参与权、选择权和监督权得到保障落实。建立健全竞争择优机制,促进优秀人才脱颖而出。以提升干部队伍整体素质为目标,采取"民主推荐、组织考察、知识考试"三位一体的后备干部选拔方式,进一步提高区管后备干部的准入标准;注重从实战出发,积极引导干部参与全市公推遴选等竞争性选拔工作,内修素质,外塑形象。贯彻落实全国干部监督工作会议精神,立足于教育、预防、监督、查处,进一步完善了党政领导干部选拔任用相关工作制度,规范了干部考察预告制、任前公示制等制度,全面推行了领导干部述职述廉、谈话诫勉、重大事项报告、经济责任审计等制度。全年,共组织区级及区管领导干部2009年个人申报重大事项及全年收入情况420人次,安排领导干部经济责任审计32人次。

■人才工作 2010年,旅顺口区在大部制改革完成后,适时调整了人才工作协调小组成员。引进一批优秀党政人才:除新招录32名公务员外,人才工作站进站32人,另外汇集全区事业单位面向社会从2392多人中公开招聘了82名优秀人才。其中,区委党校招聘的3名教师中有2人是全日制硕士、1人是全日制博士。完成2010年市政府特殊津贴专家的申报工作,组织上报了4名专业技术人才申报市政府特殊津贴,1名专业技术人才申报特聘专家奖。协调区人社局、区总工会等相关单位,依托旅顺口区人才市场,积极做好高校毕业生就业工作,全年共举办了5场高校毕业生就业洽谈会,参加招聘会的企业达到了206家,提供就业岗位900余个,共有4000多人次参加,与企业达成就业意向的求职者700余人。以农村党政人才和农村技能人才队伍建设为重点,以人才培养工程、人才支持工程、智力服务工程和开发资助工程为载体,把新农村人才"振兴之光"计划推向深入。

基层党建

■概况 2010年,旅顺口区夯实组织基础、创新工作方式,各领域党建工作扎实推进。结合机关机构改革,对6个机关党委党组织设置及名称进行了调整,新设置党组4个,进一步理顺了党组织隶属关系。加强党(工)委委员队伍建设,考核调整了15名党(工)委委员。有序完成了村"两委"换届工作,在全面推行"两推一选"选举方式的同时,扩大了"公推直选"范围,村"两委"班子结构得到进一步优化。进一步加大党员活动室建设力度,开展了新一轮标准化党员活动室的创建工作,授予6个党员活动室为"旅顺口区标准化党员活动室示范点",42个党员活动室为"旅顺口区标准化党员活动室"。组织召开党组织阵地建设拉练会,区管党费和财政经费累计投入资金25万元,升级改造了一批高标准党组织阵地,改善了党员开展活动的硬件条件。结合开展"连心"活动,在机关事业单位党组织和城乡基层党组织中广泛开展"和谐共建"活动,建立起了社区党组织与共建单位党组织双向联系、双向反馈、双向服务的结对共建机制。在非公企业党组织中开展了"非公企业文化建设展示月"活动,激发了非公企业党建工作活力,该项工作荣获了全市组织工作创新项目三等奖。

■创先争优活动 2010年,根据中央和省、市委关于开展创先争优活动的安排部署,旅顺口区结合实际迅速抓好贯彻落实,积极采取有效措施,夯实工作基础,健全工作机制,丰富活动载体,扎实推进创先争优活动有序开展。成立了区委创先争优活动领导小组,领导小组下设办公室,具体负责对创先争优活动的领导和指导。建立了区级领导联系点制度,成立了分领域、分系统指导小组,从区直机关选派了15名副处级党员领导干部担任各党(工)委创先争优活动指导员,定期不定期深入所联系的基层党组织督促指导工作。各级基层党组织也成立了相应的领导机构和工作机构,全区形成了党组织一把手亲自抓,分管领导直接抓,上下联动、齐抓共管的工作格局。研究制订了《在全区基层党组织和党员中深入开展创先争优活动的实施意见》,细化先进基层党组织、优秀共产党员和优秀党务工作者的创争标准,进一步明确工作要求,规定工作步骤,创新活动载体等,确保创先争优活动各项任务落到实处。区委于6月1日召开了全区深入开展创先争优活动动员部署会议,对全区开展创先争优活动进行动员和部署。制订了活动宣传方案,充分发挥报刊、广播、电视、互联网以及现代远程教育网络、党建信息网等作用,对全区开展创先争优活动的情况进行宣传报道。在旅顺先锋网、旅顺电视台、电台、《旅顺口》报开辟了专栏,及时宣传全区开展创先争优活动的进展情况、经验和成果,大力宣传开展活动的经验做法和涌现出的先进典型,努力营造浓厚氛围,在全社会形成学习先进、崇尚先进、争当先进的良好风气。

(撰稿人:张曙光　审稿人:彭建伟)

党　校

■概况　2010 年,区委党校履行职责,服务大局,不断掌握党校工作规律,强化班子自身建设和教职员工队伍建设,集中精力抓教育培训,规范管理抓后勤保障,较好地完成了各项工作任务。

■内部建设　为适应新形势下党校教学的发展需要, 2007 年 4 月,旅顺党校移地重建,于 2008 年 5 月竣工乔迁。新校址是旅顺光荣街道春城路 1 - 1 号。校园占地面积 25321 平方米,校园内有篮球场、排球场、网球场和拓展训练区。主楼有容纳 370 人的多功能教学会议厅和容纳 80 人到 200 人不等的多媒体教室及微机室、图书阅览室和大小会议室;并有单人间、标准间、四人间客房,可容纳 200 多人住宿;主、附楼内电话、网络畅通。在附属楼内,有容纳 400 人的用餐大厅和数间贵宾餐厅及设施先进的多功能娱乐厅、健身室、乒乓球室、台球室等多种活动场所。

2010 年,区委党校突出四种意识,以校委班子建设带动全校干部和教职员工队伍建设。责任意识——谋划全面工作新思路。年初,校委班子从科学发展角度出发,及早动手制订党校 2010 年工作计划。确立了以教学为中心、科研为基础、信息化为手段、行政后勤为保障、队伍建设为根本的工作思路,为实现党校科学发展、和谐发展和创新发展提出了努力方向。自律意识——加强自身学习和修养。领导班子建立了中心组学习制度,重点学习中国特色社会主义理论体系、十七届三中、四中、五中全会精神、《中国共产党党员干部廉洁从政若干准则》、《干部教育培训改革纲要》,以及区委十三届九次全会精神等内容。班子一把手就“在建设绿色经济区中如何加强人才环境建设”为题,撰写了一篇较有分量的研究性文章并在区委《领导决策参考》上发表,受到一定关注。组织意识——坚持民主集中制原则。每周一次校委会,广纳班子成员意见,研究决策重要事宜。校内基础设施维修、招用临时工、教员外出培训学习、兑现离退休人员校内相关待遇等问题都本着民主集中的原则达成共识。每月一次科室长会,汇报交流月份工作,班子主要成员点评科室工作并提出下一个月的工作要点和要求。团队意识——注重教职员工队伍建设。第一,结合创先争优活动展开全员综合素质教育。一是认真开展连心活动,投入 1 万多元给连心村和联系户送去了理论信息、科普图书和物资帮助。党校连心活动经验被区委收录在册;二是以“读书滋润人生”主题活动为平台深化学习型组织建设。投资 3300 余元,新购《推进学习型党组织建设》、《哲学思维与领导方法》等光盘和图书,为延展教职工阅读视野提供了保证;三是开展“学先进,比贡献,争优秀”主题活动。组织观看农村基层干部的楷模《沈浩先进事迹报告会》和优秀教师代表杨爱军事迹专题片,邀请援藏干部马殿文作报告等,激发全校党员干部增强公仆意识、奉献意识。第二,结合岗位职责特点强化专业人员培训。一是请进来:特聘请市委党校教授,围绕夯实专业知识、精心备课、精彩讲课等常规技能进行实际指导;聘请市外企经理对拓展培训团队培训师进行12个项目的培训。二是走出去：分批选派教师参加市委宣传部主办的"学习型党组织建设"和市委主办的"公务员基本功训练"培训班；到省行政学院和市委党校听讲座、报告10余场。三是引进三名法律、经济学、人力资源专业师资。第三，关心教职工身心健康，真心为大家办实事、解难题。先后组织员工到碧流河水库和庄河歇马山庄"山水一日游"、到铁山街道刁家村采摘樱桃，组织全体干部职工健康体检等，得到教职工一致拥护。

■**干部培训** 2010年，区委党校充分发挥培训党员领导干部的基地和主渠道作用，以"两个满意"为目标，共举办各类主体班15期，培训学员1386人；非主体班38期，培训学员3000余人次。一、按需施教，丰富培训内容。区管副职领导干部的培训重点是廉洁从政若干准则、领导科学与艺术、积极推进大连全域城市化等内容，突出针对性。区管后备干部的重点是区情介绍，如何提高调查研究能力、哲学思维与领导方法等，突出实践性。区管优秀青年人才的重点是中国特色社会主义理论体系、中共党史、社会主义核心价值体系等内容，突出指导性。入党积极分子重点是党的基本常识，突出引领性。非公企业党组织书记和新经济代表人士重点是党建工作，突出时效性。同时完成了2007、2008级建筑管理、经济管理、农业经济与管理和工商管理四个专业233人的函授学历教育，为旅顺经济发展再输送人才。二、改进方法，提高教育质量。请进来，提高授课质量的权威性。2010年，先后请来东北财经大学、大连理工大学、大连舰艇学院、辽宁省委党校、大连市委党校的著名教授给主体班次讲授前沿学科知识，使学员开阔了眼界。走出去，培训骨干教师和推出精品课。至2010年底，全校有5名教师先后到省、市党校参加专业培训，有两名教师先后分别到大连市公安局、大连理工大学等单位授课4次。同时，通过讨论式、情景模拟式、现场观摩式等方式收到很好的"做中学"的培训效果。三、强化管理，坚持从严治学。一是抓好教学管理。编辑主要课程提纲，拟定学员讨论课题，跟进培训的教学评估。2010年主体班次的教学满意度达到95%；二是抓好班级管理。配备得力的班主任，严格执行学员考勤、请销假日公布和班主任日总结制度。三是抓好结业管理。严格实施结业考试和学分考核制，满分30学分，25分以上为培训合格。四、加强调研，发挥咨政作用。围绕发展大局进行调研。突出旅顺经济开发区建设特点的调研文章在省沿海经济带六城市党校系统研讨会上获三等奖。围绕典型经验进行总结。常年跟踪和研究旅顺信访工作，2010年先后在省信访联席会议办公室简报上发表了4篇旅顺信访工作经验性信息，受到省市信访局的关注。全面加强本校对外宣传工作，全年在旅顺新闻媒体、区委决策参考、区各类网站、市民心网、市委党校网站等宣传平台上，共计发表新闻和信息100余条(篇)。五、开放办学，提升服务功能。先后举办了市中级法院全市法检干部培训班、市慈善总会区市县专题培训班、区纪检监察干部培训班、财政局财会人员培训班、司法局业务培训班、人力资源和社会保障局公务员网络在线学习培训班、妇联干部业务培训班和大连市信用联社入党积极分子培训班等，共培训各类人员3000余人。

■**社会宣传** 2010年，区委党校充分发挥理论宣传阵地作用。为满足基层需要，成立了宣讲团，进一步加强十七大精神和旅顺绿色经济区建设的理论宣传力度,精心推出了涵盖基本理论与前沿问题、重大决策与实践问题、领导能力与知识素养、党性修养与廉洁从政等四大方面27个课题,这些专题课,首先突出了理论价值,包括中国特色社会主义理论体系、建设学习型政党、践行社会主义核心价值体系等理论热点问题。其次突出了实践导向,针对旅顺的发展实际,推出了加快转变经济发展方式、全域城市化与旅顺的发展趋势、大力发展旅顺都市型现代农业等专题,进一步做到紧密联系旅顺实际。再次突出了能力培养,面对当前干部的需求,开设了与培养领导能力相关的专题课程,包括做好群众工作、突发事件与危机处理、提高调研水平、公务员创新能力开发与培养等内容。这些专题课年初下发给全区各部、委、办、局和街道等单位供其选择。一年中,深入基层各单位,宣讲科学发展观、构建社会主义和谐社会和旅顺绿色经济区建设等专题课40多场次,受教育者近5000人次,收到良好的社会效果。

■**函授办学** 多年来,旅顺党校函授办学工作在大连市各县区党校中一直名列前茅,被省委党校评为十佳函授站和函授综合评估先进单位,被中央党校评为全国百家先进辅导站。党校坚持从严办学、质量第一的方针,全面加强管理,提高学员素质,在办学中始终坚持"六不准"(不准提高上级规定的学费标准,不准让学员办私事,不准接受学员礼物,不准接受学员吃请,不准在录取、考试、毕业等环节上营私舞弊,不准对学员有亲有疏)。另外,针对形势发展和任务变化,目前党校函授学历教育已经停办,但本着对学员负责、对党校负责、对党的干部教育事业负责的精神,严格教学和教务管理,认真做好函授学历教育的收尾工作。截至2010年12月,在读的有8个函授学历班,本专科学员498人,学员总数列全市各县区党校第一。

(撰稿人:陈 伟 审稿人:张向新)

老干部管理

■**概况** 2010年,旅顺口区老干部工作坚持以科学发展观为指导,以开展"亲情服务年"为牵动,"两个待遇"落实,特别是企业离休干部生活待遇落实取得突破性进展,通过"四项先进"评选,激发了全区老干部工作者的工作热情,离退休干部精神文化生活进一步丰富,全区老干部工作呈现创新发展新局面。至2010年底,全区共有离休干部396名;抗战时期老干部16名;区级离退休干部29名,退休干部3564名;异地离休干部11名;老干部大学学员710名;全年离休干部减少21名。

■**老干部待遇** 2010年,区委老干部局以开展"亲情服务年"为牵动,推进了"三个机制"保障和生活待遇落实。一是全面开展为老干部献爱心"亲情服务年"活动。下发《关于在全区老干部系统开展"亲情服务年"活动的实施意见》,号召全区老干部工作者以"服务零距离、满意全方位"为标准,用"真心、真情、真诚"提升服务老干部的工作水平。建立了40名特困老干部档案,完善了帮扶机制,实行个性化服务。"七一"、春节期间,区四大班子领导和各党委领导走访慰问抗战老干部和生活困难老干部,区委老干部局在春节期间集中下发6.2万元离退休干部困难补助。二是企业离休干部住房补贴发放到位,企业离休干部生活待遇瓶颈问题得以破解。与房产局、财政局密切配合,精细操作,积极推进企业离休干部住房补贴落实问题。至6月底,为190

名企业离休干部和遗属发放住房补贴735万元,此项工作走在全省前列,成为旅顺口区解决老干部生活待遇问题的一个里程碑。三是为老干部健康体检。国庆节前夕,区委老干部局和区委组织部联合下发《关于为离退休干部健康体检的通知》,全区各部门共投入资金27万元,在重阳节前为全区400余名副处级以上离退休干部进行了健康体检。

■**基础设施建设** 2010年,区委老干部局启动了八一街门球场改造工程,投资15万元对门球场进行了全面改造,其中区财政投资12万元,活动经费中支出3万元。购置2台投影仪,1台钢琴,改善了老干部大学办学条件。

■**文体活动** 2010年,区委老干部局举办了"铁山杯"门球赛、迎国庆乒乓球赛、"海离素"杯台球赛,全区老干部扑克比赛、迎重阳离退休干部文艺演出等。组织老干部参加大连市老干部门球赛、台球赛和乒乓球赛,取得了较好成绩。为离退休干部举办了老干部骨病防治知识讲座、老年心理健康知识讲座、高血压合并糖尿病防治知识讲座、老年人化妆常识讲座,丰富了老干部的精神文化生活,进一步增强了老干部活动中心的凝聚力、吸引力。加强了老干部大学管理人员和教学骨干队伍建设,为规范教学管理提供组织保证。组织学员开展教学实习、野外写生、创作采风、教学成果展示等活动,切实提高老干部大学的办学水平。成立了老干部合唱团,参加了旅顺国际合唱节,老干部首次迈向全区合唱舞台,展示了老干部的精神风貌。

■**自身建设** 2010年,区委老干部局进一步加强领导班子和老干部工作者自身建设,以"政令畅通、团结协作、风正气顺、充满活力"为目标,抓好建设和谐机关活动。全局两名区管领导班子副职后备干部在实践中不断进步。强化财务管理,全局上下积极开源节流。老干部活动场所环境不断得以改善,办公条件日益好转。注重加强全区老干部工作者队伍建设,通过开展"四项评选"活动,激发老干部工作者爱岗位、做奉献的服务热情。组织老干部工作者到厦门老干部活动中心学习考察,举办老干部工作者培训班和业务知识竞赛,提高老干部工作者自身素质。区委老干部局被评为全市老干部工作先进单位,局长张永海被评为全市老干部工作先进工作者。

(撰稿人:曲德宇　审稿人:张永海)

关心下一代工作

■**概况** 2010年,区关工委认真贯彻落实中国关工委成立20周年暨全国关心下一代工作表彰大会精神,坚持以科学发展观为统领,以社会主义核心价值体系教育为引领,牢固树立服务大局、以青少年为本、协同配合的观念,按照"急党政所急,想青少年所需,尽关工委所能"的指导方针,做了大量工作,取得显著成绩。到2010年末,全区有各级关工委组织245个,新增14个。青少年教育基地88个,新增20个。"五老"志愿者1824人,网吧义务监督员114人,新增41人。

2010年,区关心下一代基层工作不断充实加强。一是开发区、各街道领导对关心下一代工作高度重视,把关心下一代纳入党工委工作统一考核,加强领导,健全街道、社区、行政村、学校组织机构,配备得力常务副主任,建立关心下一代工作各项规章制度,按照"领导班子建设好、骨干队伍作用好、制度健全执行好、活动经常效果好、积极探索创新好”的“五好关工委”标准,加强规范化管理。二是较好地落实区委十三届28次常委会《纪要》精神,解决了关心下一代工作经费、常务副主任补贴等问题。三是加强楼院和村级关心下一代工作,全区256个成片楼院和69个行政村,关工组织覆盖率达100%。四是企业组建关工委开始打破僵局。到2010年底,已组建企业关工委61家,其中规模以上企业43家,6月,省、市关工委领导对本区视察时给予较高评价。五是“五老”队伍建设和培训工作得到加强。一年来,各级关工组织对“五老”队伍不断充实调整,并建立培训机制。区关工委结合中国关工委成立20周年大会精神,专题举办“五老”和专干培训班,从关工委工作性质、工作方针到工作方法,进行全面讲解,有力促进了关工队伍素质提高。

■**经常性理论学习** 2010年,区关工委采取措施继续加强理论学习。一是把理论学习作为一件大事来抓,从年初开始明确部署,制订学习计划,多次召开会议和下发文件,从思想上明确学习的重要性和紧迫性。二是以中心理论组为主要形式,开展经常性学习活动。全年安排7次集中学习,邀请区委党校副校长张鸿志、区关工委报告团团长张奎藩、市关工委老教授报告团成员,就全国“两会”、中美关系、全球气候变暖与低碳经济、上海世博会、加快经济方式转变、当前经济形势等专题进行讲解,使老同志及时学到新精神,掌握新知识,把关心下一代工作更好地融入国家大局和中心工作中。同时,有力带动基层关工委把加强学习放到突出位置上。三是把理论学习过程作为用科学发展观指导关工委工作的过程。通过学习,提高了班子成员和老同志知识素养,有力促进了工作的提高。通过弘扬革命传统、巩固主题教育成果,丰富载体,创新“雷锋精神永驻”品牌,把传统文化教育融入关心下一代工作中等,把学习能力转化为工作能力,推进了全区关工委工作深入开展。

■**学习型创新型关工委调研** 2010年,为加强自身建设,不断推进关心下一代工作创新发展,区关工委就如何建设学习型创新型关工委,组织基层人员从三个方面进行研讨。一是充分认识建设学习型关工委的必要性、紧迫性。在大调整、大变革、大发展的时代,许多新的问题需要迫切回答和解决,“不学习,知识会老化,思想会僵化,能力会退化”,只有加强学习,才能更好地帮助青少年认清社会的本质主流,使之思想观念跟上时代步伐,坚定不移地走中国特色社会主义道路,实现晚霞与朝霞同辉映。二是坚持理论与实践相结合,增强学习实践性。建设学习型关工委,要始终把提高学习的实践性放在第一位,不断深入基层调查研究,发现和了解当代青少年成长的新特点和存在的问题,针对实际,用社会主义核心价值体系指导教育。通过“五老”报告团等途径,着重进行“劳动创造世界”、“八荣八耻”、社会主义荣辱观等教育,指导青少年做有正确“三观”的“四有”新人。三是坚持开拓创新,把学习能力转化为工作动力。其一,把握契机,引领青少年弘扬革命传统。其二,主动作为,编写“两史一情”教材。其三,创新载体,开展“雷锋精神永驻”品牌活动。其四,牢记使命,把弘扬传统优秀文化作为关工委工作重要内容。研讨活动再次给大家深刻启迪:建设学习型关工委与建设创新型关工委是密不可分的。创新既是学习的成果,又是学习能力转化为工作动力的体现。没有工作创新作基础,建设学习型关工委势必是空中楼阁,也是不可能实现的。区关工委理论研讨文章在市关工委理论研讨会上进行了交流。

■**关工委成立20周年和编辑出版《足迹》一书** 2010年4月10日是区关工委成立20周年纪念日。4月23日,区委、区政府召开纪念大会。区关工委执行主任郭天福在大会作《以人为本,开拓创新,推动我区关心下一代工作不断向前发展》工作报告,回顾区关工委成立20年取得的巨大成绩,总结了基本经验,部署了今后任务。本次大会既是纪念大会,又是表彰大会,会上对54个关心下一代工作先进集体和97名先进工作者进行表奖,水师营街道关工委和"五老"志愿者李永义介绍了经验。会后,关工委及时组织人力,编辑出版了纪念关工委成立20周年的资料性、综合性文集《足迹》,这本22万字的文集是继已编辑出版的《历史上的今天》等三本学习资料后又一重大成果,是区关工委20年工作集大成,也是献给旅顺口区关心下一代事业和奋斗在关心下一代工作岗位上所有人员的最好礼物,对推进关心下一代工作继往开来、科学发展、开创新局面提供借鉴、参考。

■**社会主义核心价值体系教育活动** 2010年,区关工委继续深入开展一系列社会主义价值体系教育活动。一是"雷锋精神永驻"活动。2010年,"雷锋精神永驻"活动继续保持品牌特色,重点设计了"唱响雷锋"的载体,全区30多所学校通过教唱歌颂雷锋的18首歌曲,引领青少年在唱雷锋中学雷锋、做雷锋,弘扬雷锋精神,让雷锋之声响彻校园,雷锋精神永驻青少年心间。3月26日,区关工委、团区委、教育局关工委联合召开总结大会,28所学校受表彰。暑假期间,区关工委又会同团区委、区图书馆、教育局关工委在中小学广泛开展《英雄事迹伴我成长》征文活动,讴歌以雷锋为代表的英雄人物感人事迹,使青少年受到熏陶。17所学校1000余人参加,180篇优秀文章获奖,10篇文章受市关工委奖励。结合"雷锋精神永驻"主题教育活动,区关工委进一步深化"英雄中队"建设,提升集体凝聚力。二是以爱国主义为核心的革命传统教育及"八荣八耻"为主要内容的文明道德建设蓬勃开展。区关工委充分发挥本区历史遗迹多、爱国主义教育资源丰富的优势,组织青少年开展革命传统教育,参观"伯阳纪念馆"、"关东军司令部旧址展览馆"、万忠墓、旅顺日俄监狱旧址博物馆,到二〇三高地过队日等,作为教育青少年牢记历史、勿忘国耻的必修课;组织开展"吟红诗、收集红诗、创作红诗"和"唱红歌"主题实践活动;结合"纪念抗美援朝60周年",开展走访慰问抗美援朝老战士、讲抗美援朝战斗故事、看抗美援朝影视片、教唱抗美援朝歌曲系列活动,激发青少年爱国热情和文明道德风气的形成。在创建文明城市活动中,青少年主动走上街头,维护交通秩序,清除白色垃圾,争当文明小标兵、小市民,和爷爷奶奶一起巡逻等,从小养成讲文明、讲道德、讲秩序的好习惯。三是中华传统文化教育方兴未艾,网吧义务监督彰显成效。区关工委把《弟子规》作为教材,把孔孟山庄作为教育基地,引导青少年弘扬古训,孝敬父母,感恩社会,践行新时代《弟子规》,使以德为先的理念逐步为青少年接受。网吧监督工作更上一层楼。区关工组织把用爱心唤醒"网瘾"孩子作为重要使命,采取得力措施,健全"五老"义务监督长效机制,不断加大工作力度,组建以社区领导参加、家长紧密配合的监督队伍,解决了"网瘾"学生问题,全区网吧无一违规经营,无一未成年人进入,涌现一批新的监督工作先进典型,有11名"五老"义务监督员受省关工委表彰。

■青少年教育基地 2010年,区、街两级关工委一起努力,建成学工、学农、学军、国防、传统文化、影视文化、爱国主义、农家书屋、家庭科技辅导站、农业科技园、剪纸艺术等教育基地90个,创历史之最,青少年有了更多的课外文化学习和活动场所。在纪念抗战胜利65周年之际,省关工委在旅顺日俄监狱旧址博物馆建立辽宁省青少年爱国主义教育基地。

■推广经验 2010年10月,大连市社区楼院关心下一代工作现场会在本区召开,推广了旅顺口区楼院关心下一代工作经验,与会者参观了光荣街道科技楼院、得胜街道九三社区青少年教育园地。区关工委执行主任郭天福作了题为《立足基层,抓好楼院,推进关心下一代工作全面发展》经验介绍,得胜街道九三社区、光荣街道科技楼院、登峰街道互助楼介绍了开展楼院青少年活动经验,受到市关工委及各区市县与会人士好评。

■组织"五老"义工积极奉献 2010年,区关工委积极组织"五老"义工参加区文明办和区慈善总会开展的"弘扬旅顺精神,展现义工风采"义务奉献活动,大家以"我心有你,助人悦己"为格言,"不仅崇尚成功的事业,而且追求有价值的人生",积极投身慈善扶贫济困、敬老助残、环境保护、青少年科技辅导、关爱帮教等活动中,无私奉献自己的时间、精力和财力,取得良好社会效益,为构建和谐旅顺作出了积极贡献。2010年,158名"五老"义工奉献57469个小时。有3人晋升五星级义工;21人晋升四星级义工;23人晋升三星级义工;17人晋升二星级义工;23人晋升一星级义工。区关工委义工总队被评为区优秀组织单位;关工委"五老"家教项目被评为义务服务精品项目。

(撰稿人:赵　红　审稿人:郭士扬)

机关党建

■概况 2010年,旅顺口区直属机关工作委员会所属党组织91个,其中:党总支11个,直属党支部41个,二级支部40个,城市党委机关支部16个,党员共计1055人。区直机关工委紧密围绕区委十三届八次、九次全会提出的总体工作目标和工作部署,牢固树立和全面落实科学发展观,不断加强党的执政能力建设,提高机关党组织战斗力,机关党的思想、组织和作风建设得到了进一步加强。

■机关建设 2010年,区直机关工委以深入学习贯彻落实科学发展观为大局,精心组织实施学习实践活动,组织党员干部认真学习胡锦涛总书记关于科学发展观的一系列重要论述,重点学习贯彻党的十七大和十七届四中全会精神和区委十三届八次、九次全会精神,进一步增强广大党员干部学习的自觉性和坚定性。以建设"A级理论学习中心组"为目标,不断完善各项学习制度。各总支、支部深入落实《关于进一步加强和改进党委(党组)中心组学习的意见》,不断推进中心组学习方式方法的创新。以创建学习型党组织为载体,引导区直机关领导干部深入学习中国特色社会主义理论体系,学习做好本职工作必需的知识,通过学习推动各项工作向纵深发展,坚持学以致用,真正把学习的过程转化为破解难题、推动工作的过程,用工作的成效来体现学习的成果。为各总支、支部征订中心组学习资料450本，指导各总支、支部根据形势发展的需要和本单位、本部门实际，科学安排学习内容，保证了中心组学习有计划、有步骤地进行。在此基础上，召开了领导班子专题民主生活会，形成了分析检查报告。学习实践活动的开展，进一步提高了机关党员干部政治理论素质和综合能力，促进了学习型机关向深层次发展，为旅顺口区争创科学发展绿色经济示范区奠定坚实的思想基础。

■组织建设 2010年，区直机关工委以强化支部建设为重点，通过抓班子、抓制度、抓活动，努力增强基层党组织的活力。各基层党组织认真执行"三会一课"等党的组织生活制度。机关系统在全区各党组织中率先组织党员进行"创先争优"公开承诺，参与党员干部1000余人，收到承诺书和承诺表2000余份，下发《党员记实管理手册》978册，表彰"曹连新式好领导好干部好党员"74名。同时，通过进一步深化"连心"活动和"三个一流四个模范"等工作的开展，将机关各级党组织的思想统一到区委和机关党工委的部署上来，在机关中形成学习先进、崇尚先进、争当先进的良好氛围，推进了"创先争优"活动的开展。积极推行机关党组织书记"公推直选"工作。组织入党积极分子参加了全区第三批入党积极分子培训班，组织20名新党员于"七一"前夕统一进行了入党宣誓。在党员发展工作中，始终坚持发展原则，严格发展党员程序，认真执行党员发展"两公开"及票决制的规定，并打印下发了吸收新党员和党员转正各总支和支部所要准备的各种审核、归档材料及考核样表、相关材料的填写注意事项等10余份材料，确保了对各支部党员发展工作指导到位。

■服务型政府建设 2010年，区直机关工委扎实推进政务公开工作。及时、准确维护和更新政府信息管理系统，审核录入各类政府信息300多条，全区的政府信息公开录入工作受到市政府通报表扬。积极做好党务信息报送工作，上报各类信息59篇，被上级部门、媒体和网站采用45篇。分别组织了教育、卫生、行政审批、房产、供电等15个部门主要领导走进"在线访谈"栏目，针对社会热点和百姓关心的话题与市民进行在线交流，公众参与度较高，留言达200余条。

■党风廉政建设 2010年，区直机关工委组织机关广大干部认真学习贯彻中纪委全会、胡锦涛总书记的重要讲话以及区纪委三次全会精神，紧紧围绕提高党的纪律检查工作能力，推进机关党风廉政建设和反腐败工作的深入开展。强化党风廉政教育机制，把廉政教育和政法综治工作纳入区直机关党建工作的总体部署中。认真组织党员干部开展廉政月活动。组织机关工委所属的总支、支部50个、378名党员领导干部参加了《中国共产党党员领导干部廉洁从政若干准则》答卷。单位组织收看"专题宣教片"6场次，召开座谈会10次，党员干部撰写心得体会68篇，撰写廉洁从政格言、座右铭近百篇，签订廉政承诺书950余份。继续抓好三级部署的纠风专项治理工作，有效地遏制了机关干部腐败现象的发生。年内区直机关没有出现一起信访举报。

■干部作风和行政效能建设 2010年，区直机关工委以改进干部作风、提高行政效能为突破口，以加强党的先进性能力建设和执政能力建设为目标，牢牢把握"发展为了百姓、发展依靠百姓、发展惠及百姓"这个主题，加强领导，精心组织，创新载体，合力推进干部作风、行政效能建设。广泛开展“践行科学发展观,争创突出服务品牌”评比活动,在机关作风建设简报上开设了专刊,编发《干部作风建设简报》50多期,树立和宣传了一批先进典型。经过一年多的集中建设,干部作风明显改善,行政效能显著提高。

■群团和老干部工作 2010年,区直机关工委关心职工生活,维护职工权益。广泛开展向困难职工和困难学子“献爱心、送温暖”活动,为机关困难职工、困难学子、一线职工送去救助金及慰问品357800元。“三八”节前夕,组织机关女职工为光荣街道龙河社区生活贫困的妇女家庭捐款9200元。区直机关党工委荣获“旅顺口区扶残助残先进集体”。成功举办机关春节联欢会和组织8支机关合唱队参加了全区合唱节活动。紧密结合机关实际,开展各项文体活动,举办“徒步走”、“广播操”等活动。充分重视老干部工作,加强对老干部工作的规范化、制度化管理,抓好老干部政治待遇和生活待遇的落实,以丰富多彩的活动为载体,把对老干部的关怀落到实处。

(撰稿人:王薇阁 审稿人:王珍和)

宣 传 工 作

理论学习

■概况 2010年,旅顺口区委宣传部紧紧围绕实现旅顺科学发展新跨越这一目标,突出重点,服务大局,紧跟全区改革发展的新形势,围绕区委的重大决策部署,围绕社会热点难点问题,围绕干部群众的需求,扎实开展理论学习和宣传教育,着力提高广大党员干部和群众的思想政治素质,提高把握形势政策的能力,为积极应对经济形势变化、保持经济平稳较快发展,推动全区各项事业跨越式发展,提供科学的理论依据,凝聚改革发展共识。

■中心组学习 2010年,区委宣传部不断健全完善学习组织、管理、个人自学、集体学习等制度,量化考核标准。全年区委理论学习中心组开展集中学习7次,各单位也根据形势发展需要和工作实际,有计划、有步骤地抓好理论学习,保证每月集中学习一次。各级党委中心组坚持每月学习制度,学习的针对性和实效性普遍提高,涌现出16个“A级理论学习中心组”,全区加强党委中心组建设的经验得到省委宣传部、省委讲师团的充分肯定,并在全省推广。

■理论宣讲活动 2010年,区委宣传部以培育基层理论示范点为载体的“理论教育大众化工程”不断推进,在全区村、企、社区等基层单位,共培育31个理论学习示范点,组织基层党员群众理论宣讲活动120多场次,受教育群众近万人,理论宣讲向广度和深度推进。本区的理论教育大众化工程做法得到市委宣传部的肯定,并在全市推广。

■理论阵地建设 2010年,区委宣传部在《旅顺口》报、旅顺政务信息网开辟了理论专版,刊登领导干部的理论文章。对全区16个A级理论学习中心组经验做法进行了认真总结,在《旅顺口》报开辟专栏集中报道;总结了近年来全区理论武装工作以及部分基层单位开展理论教育的成功经验,市委宣传部在全市推广了本区经验。

■理论研究 2010年,区委宣传部围绕区委、区政府的中心工作和当前干部群众关心的现实问题、改革发展中的热点难点问题,精心选题策划,提出关系全区经济社会发展全局的战略性、前瞻性研究课题。区委下发文件将调研课题分解到各相关单位和部门,并提出明确要求。以学以致用为目的,形成了一批有价值的理论研究成果,全区正处级以上领导干部共撰写调研报告50篇,其中对工作具有极强指导作用的有30篇,有10篇被上级或有关理论研究刊物选用。各单位、各部门都以座谈会、研讨会等形式,深化理论研究,客观、理性、准确地认识和把握全面开放的新形势、新任务,提出科学的发展思路和对策。

宣传教育

■概况 2010年,区委宣传部抓住旅顺全面开放和全域纳入辽宁沿海经济带开发战略的有利时机,紧密联系实际,精心设计各种有效载体,以通俗易懂、深入浅出、喜闻乐见的形式,全方位、多角度地对干部群众进行思想教育,引导全区广大干部群众充分认识改革开放的伟大意义、巨大成就、成功经验和前进方向,进一步统一思想,振奋精神,抢抓机遇,争先进位。

■宣传活动 2010年,区委宣传部组织开展了一系列宣传活动。

一是成功举办了《欢乐中国行,魅力旅顺口》大型文艺演出。为庆祝旅顺口区全面对外开放,进一步扩大全区的知名度和美誉度,2010年6月19日,邀请中央电视台金牌综艺节目《欢乐中国行》走进旅顺,这是本区有史以来举办的规模最大、规格档次最高、影响最广的一次大型活动,为全区人民提供了一道高档次的文化盛宴,既丰富了精神文化生活,又增强了全区人民的自豪感,极大提升了全区干部群众建设旅顺的干劲和士气,在国内外产生强烈反响。

二是成功举办了旅顺国际合唱节。精心策划组织合唱节,多支合唱团以饱满的激情和精湛的技巧演绎了合唱艺术的魅力。为突出国际性,本次合唱节还邀请了香港知青艺术团、大连外国语学院留学生合唱团和大连医科大学留学生合唱团,展现了开放的旅顺融合多元文化的胸怀。合唱节以“颂祖国、赞家乡、庆开放、唱和谐”为主题,塑造了旅顺全面对外开放的新形象,国内外文化交流不断增强,历史文化名城品味进一步提升,为科学发展示范区、绿色经济区建设营造了良好的社会文化环境。旅顺国际合唱节被评为“2010年度大连市十件有影响的文艺活动”之一。

三是组织开展了“红诗祖国·激情旅顺”活动。全区红诗创作吟诵活动开展得有声有色、红红火火,群众的激情和热情被充分调动。为增强活动的吸引力,组织开展了“红诗辽宁·激情旅顺”旅顺口区群众性诗歌创作征文、展演等丰富多彩的活动,全区共创作红诗4000多首,编辑出版诗歌集《旅顺口之歌》,并积极向市委宣传部、新闻媒体推荐;机关、街道、社区组织各种群众咏诵会100余场,参与群众5000余人。组织以“红诗祖国,激情旅顺”为主题的红诗吟诵展演,节目中饱含激情的吟诵和美轮美奂的表演,将红诗吟诵活动推向了高潮,得到了市区与会领导的一致好评。

四是成功举办了“大连旅顺国际人居节”。为全面展示全区得天独厚的人居环境优势,广泛宣传旅顺全面开放的崭新形象,促进人居领域的文化交流与合作,推动房地产业的健康发展,于9月24日至26日在友谊塔广场举办了“大连旅顺人居节”。对这项活动高位策划,周密部署,统筹安排,制订了详细的活动方案,编排了丰富多彩的演出节目。整个开幕式和文艺晚会喜气热烈,既有浓郁的地方文化特色,又体现出全面开放后旅顺口与世界交融的胸怀,同时,又充分展示出旅顺口区在进一步扩大开放后的全新面貌以及旅顺人民高素质的文化内涵,吸引了更多人对旅顺的关注。

五是成功举办了“春的放歌 庆开放 迎新春”移动杯原创歌曲电视大赛。为庆祝旅顺全面对外开放,进一步繁荣全区音乐创作,激发全区人民热爱家乡、赞美家乡、建设家乡的积极热情,在全区开展了原创歌曲电视大赛。此次活动得到了全区广大音乐爱好者的热烈响应,参赛者有机关干部、部队官兵、学校教师、青年学生和普通农民以及外来打工者。大赛共创作了120多首风格各异、内容丰富的原创歌曲,经过初评、复评、专家审议,最终有20首歌曲入围电视总决赛。一首首动听的原创歌曲伴着选手们自己编排的舞蹈,歌唱了秀美的滨城风光,也展现了奋斗在各条战线上工作者们的风采。

六是全面开展市民艺术素质教育活动。为适应旅顺全面开放的新形势,积极开展文学研讨、文艺采风等多种形式的文艺创作活动,实施文化普及出精品工程,集中推出一批弘扬时代主旋律的精品力作,打造一批有活力、有影响的艺术创作、表演团队,提升地区文学艺术水平。召开了由大连市作家吴中洋以旅顺商人为体裁创作的长篇小说《沉重的海》出版发行座谈会。成功举办了“迎中秋,庆国庆,赞家乡”金日万个人摄影展、纪念世界反法西斯战争胜利65周年图片文献展以及“樱之影”杯魅力旅顺风光摄影展。旅顺民间艺术馆正式开馆,为全区民间艺术爱好者和收藏者提供了展示、交易的平台,丰富了本区的历史文脉,成为广大市民观赏、休闲的好去处和旅游产业的新景观。全区首个农村综合文化站落成,为街道开展文化活动搭建了新的平台,也为丰富全街群众精神文化生活、提升百姓文化品位提供了良好的设施、环境和条件。选派本区两名优秀舞蹈爱好者,参加大连市市民健康舞培训活动,并组织70人参加了全区“百姓健康舞”骨干培训班。组织区内三个街道开展了市民剪纸培训班,受众300余人。旅顺口区10人被评为“大连市民艺术素质培训工程”优秀辅导员,5个社区被评为“大连市民艺术素质培训工程”示范社区。

新闻宣传工作

■概况 2010年,旅顺口区新闻宣传工作密切联系区情和各部门工作实际,不断加强基层信息员队伍建设,以主题宣传活动为重点,不断创新方式方法,积极引导舆论导向,以各类重大活动为平台,积极宣传区委、区政府的新决策新举措,凝聚全区科学发展、创先争优向心力,为推进旅顺绿色生态区建设、促进全区的稳定与发展营造了良好舆论氛围。

■新闻内宣 2010年,区委宣传部充分发挥本地区媒体优势,依托区电台、电视台、旅顺口信息等区内各新闻媒体,始终坚持正确的舆论导向,紧紧围绕区委、区政府的中心工作,集中时间和力量,先后开展了六大主题舆论宣传活动。

一是围绕学习贯彻十七届四中、五中全会精神开展战役性宣传。对各街道、各部门立足本职发挥主观能动性,学习、贯彻、落实十七届三中、四中全会精神情况作了综合性报道。对区委中心组及全区社会各界积极踊跃以各种方式开展学习四中、五中全会精神进行全面报道,在全区掀起了学习十七届四中、五中全会精神的热潮。

二是开展"提振发展信心 实现激情跨越"系列主题宣传活动。宣传全区贯彻区委十三届八次、九次全会精神,充分显示了全区广大党员干部群众满怀发展信心、抢抓战略机遇、奋力争先进位的生动实践,发掘出新亮点、突出新气象、总结新经验,全区各街道、各部门二十余位主要领导深入重点项目一线,深入解读全区快速发展的良好态势,为实现绿色经济区建设奠定了基础。

三是在全区开展"创先争优 科学发展"主题宣传活动。积极配合全区活动的顺利展开,在全区基层党组织和广大党员干部中掀起"创先争优"活动的新一轮宣传热潮,全面报道本区在创先争优活动中的工作要求、进展程度、重要动态、典型经验等,以及各部门、各单位涌现出的先进基层党组织、优秀共产党员、优秀党务工作者的先进事迹。

四是持续开展"连心活动"主题宣传活动。区内各媒体设立专栏,对开展活动在群众中的反响、采取的先进做法、取得的成效开展了跟踪式报道,在活动开展一周年之际,推出系列专题,重点报道全区广大党员干部转变作风,深入基层,走进普通群众家庭,通过帮扶、家访、谈心等多种形式,关注群众对项目建设、劳动就业、征地动迁、新农村建设等涉及切身利益的问题的意见和反映,积极帮助广大群众解开心理疙瘩,解决实际问题。

五是开展了"树文明市风,做文明市民"主题活动宣传。区内各媒体开设专栏,大力宣传和普及文明礼仪常识,跟踪报道全区全面开展"树文明市风,做文明市民"主题活动的各项举措和成效,以及在活动中涌现出的先进典型。开设《道德点评台》等专栏,对人们生活中的不文明现象和行为进行点评,引导市民主动融入文明城市建设当中。

六是围绕全市"北方明珠 多彩大连"主题宣传活动,在全区开展"魅力旅顺口 生态宜居城"系列报道。重点宣传旅顺口区优美的自然环境、丰富的物产资源、极具特色的地方文化和人文历史景观以及正在逐步兴起的绿色产业。

六大战役性宣传,共组织200余人次深入城乡基层进行采访,共发新闻稿件近800篇,充分发挥了新闻宣传工作联系群众、服务群众的桥梁纽带作用,在全区营造了有利于发展稳定的主导舆论氛围。

■新闻外宣 2010年,旅顺口区新闻外宣工作确立了以重大主题宣传为中心、以重大外宣活动为载体、以上三级主流媒体宣传为重点、以海外媒体宣传为突破口的工作思路。

一是把握全面开放机遇,吸引国际媒体多方关注,海外媒体外宣实现重大突破。借助旅顺实现全面开放历史机遇,国际媒体对旅顺发展关注度日趋提高,多渠道积极拓宽与海外媒体的交流合作。3月26日,日本NHK国际新闻频道《今日中国》用6分钟的时间详细报道了旅顺实现全面对外开放后的战略机遇和发展前景,全面展示了旅顺的发展优势和当前经济社会各项成就。全年海外媒体发稿量40多篇。

二是以重大外宣活动为载体,强势聚焦旅顺,上三级媒体外宣迈上新台阶。先后十余次邀请30多家境内外新闻媒体记者300多人次到旅顺进行集中采访,重点宣传了旅顺实现全面对外开放、旅顺绿色经济区纳入辽宁沿海经济带重点发展区域、欢乐中国行走进魅力旅顺、旅顺国际樱桃节、旅顺国际合唱节、旅顺国际人居节、旅顺美食文化节等重大举措和活动。全年上三级主流媒体发稿量1300余篇。

三是围绕中心工作策划选题,积极引导舆论,旅顺形象塑造工程亮点纷呈。一年来分别在《文汇报》、《中国商报》、《辽宁日报》、《大连日报》等各级主流媒体按季度相继推出《旅顺:昂起龙头站在辽宁开放最前沿》、《勇立潮头铸辉煌》、《崛起在辽东半岛最南端的绿色经济先行区——旅顺口》等大型宣传专版,全区全年的外宣工作遵循着既定的总体思路,步步为营,营造了"全面对外开放——实现争先进位——建设绿色经济先行区"的整体氛围。

■网络宣传 一是推进旅顺外宣网进一步发展,扩大影响力和实用范围,增强新闻的时效性。升级改版后的外宣网更能适应现代网络技术的发展,更具有安全性和严密性,可读性强,访问网站方便快捷,外宣网作为旅顺对外宣传的平台,积极发布旅顺招商引资、精神文明建设、民生改善成效等新闻和信息,扩大了城市影响力,提升了宣传效应。二是规范旅顺口区各部门、各单位网站建设管理,通过相互链接、信息共享、定期发布宣传要点等模式,整合全区网络资源,在全区打造全方位、全覆盖、立体式的网络外宣平台。三是推进与人民网大连视窗、中国经济网地方频道、天健网等上级网站的合作,通过定期报送信息,在扩大信息传播覆盖范围方面发挥了重要作用。举办首届全国网络媒体旅顺行活动,增强了旅顺与各个网络媒体的联系,同时提升了网络媒体对旅顺的关注度。

■媒体沟通和舆情研判 一方面引导媒体发挥好媒体监督的作用,对社会上一些不良行为进行曝光揭露,另一方面正确引导主流媒体的导向,积极为地区经济社会发展服务。通过积极开展各种形式的媒体沟通联谊活动,更多地吸引媒体良性关注。与此同时,加强对舆情信息的监控和研判,针对全区高速发展的实际及当年村"两委"换届等敏感时期的敏感问题,提前预判,采取了多种准备措施。通过积极、正确的姿态与媒体沟通,正确处理全区发生的突发性事件和问题5起,有效地维护了全区改革、发展、稳定大局。

精神文明建设

■概况 2010年,旅顺口区精神文明建设工作按照中央、省、市文明委的统一部署和要求,紧紧围绕区委区政府的中心工作和重大决策,以学习贯彻党的十七大精神为主线,以建设社会主义核心价值体系为重点,以促进人的全面发展为目标,坚持以人为本、统筹兼顾,公民思想道德建设再上新水平,群众性精神文明创建活动实现新突破,农村精神文明建设跃上新台阶,未成年人思想道德建设取得新成效,为旅顺科学发展示范区和绿色经济区建设提供了强大的精神动力。

■公民思想道德建设 2010年,"情暖滨城"感动人物和道德模范托起了旅顺城市文明光环。广泛宣传"情暖滨城"感动人物先进事迹,扩大典型的影响力和感召力。

此项活动得到了市文明办和区委、区政府的高度肯定，并浓墨重彩地写进区委全委会报告当中，号召在全区广泛开展向“十大感动人物”学习活动。如果说第一届的评选是一石激起千层浪，那么最近两年的评选宣传活动则是滚滚洪流形成了壮阔的波澜。特别是2010年“情暖滨城”十大感动人物的评选活动，更加注重了典型的先进性、代表性和影响力，使社会主义核心价值观念深深植根于平常百姓心中，筑牢了坚固的道德基石，全区的社会公德、职业道德和家庭美德整体水平得以全面提升。

突出党政领导干部、青少年学生、“窗口”行业等重点人群，深入开展社会主义荣辱观教育实践活动，“八荣八耻”深入人心、家喻户晓。充分利用春节、清明节、端午节、中秋节等传统节庆日，广泛开展“我们的节日”主题活动，在全社会大力营造弘扬传统美德、促进社会和谐的良好风尚。组织开展廉政文化进机关、进农村、进学校、进企业、进社区、进家庭、进工程“七进”活动，培育建设了一批制度比较完善、基础建设较好、活动经常扎实、教育成效明显的示范点。在全区开展了“道德之星”、“慈孝之星”、“文明外来建设者之星”等评选表彰活动，在全社会形成了学习典型、关爱典型、崇尚典型和争当典型的浓厚氛围。旅顺绿化处于庆文被评为2010年度大连市十大道德模范，他为养育被遗弃的聋哑儿放弃了生育权的感动事迹在群众中广为传颂。

义工志愿服务活动深入开展。以“弘扬旅顺精神，展现义工风采”为主题，围绕“关爱空巢老人”、“创建全国文明城市”、“文明交通系列行动”、“迎亚运”、“迎世博”、“爱心助学月”、“文明旅顺义务监督”、“雏鹰小导游”等活动，充分发挥新闻媒体舆论引导作用，在旅顺电台、电视台开设专栏、专题，精心制作专题片，大力宣传志愿服务理念，引导广大人民群众积极加入到志愿者行列，营造了我为人人、人人为我的社会氛围。至2010年10月底，全区已建立义工志愿者服务队伍103支，义工和志愿者人数达2万人。

■未成年人思想道德建设 2010年，学校德育等主渠道效应进一步扩大。引导广大青少年从小立志热爱家乡、建设家乡，在全区各中小学校中开展了“做一个有道德的人——我与家乡共成长”未成年人主题实践活动。以“在家里孝敬父母、在学校尊敬师长、在社会奉献爱心”为主题，以未成年人和谐发展为培养目标，以“红领巾心向党”、“迎国庆、讲文明、树新风”、“争做道德小公民”等主题实践活动为重点，通过“我们的节日”、“红诗诵读”等教育载体，强化道德养成，践行道德规范，做一个有道德的人。充分发挥旅顺“万忠墓”、“日俄监狱旧址博物馆”等20多处未成年人教育示范点和爱国主义教育基地的作用，在全区中小学中分批定期进行教育，每年有3万多中小学生及近5万群众接受教育。免费为区域外的未成年人进行爱国主义教育服务。2010年，旅顺日俄监狱旧址博物馆被省关工委命名为全省爱国主义教育基地。家庭教育基础作用充分发挥。扎实开展以“知荣辱、树新风、迎世博、我行动”为主题的家庭教育道德实践活动，共开设各类家庭教育讲座34期，受益家长近万人。农村和特殊群体未成年人得到更多实惠。大力推进“春蕾计划”，启动“未成年人阳光驿站”和“爱心妈妈”关爱行动，面向全区招募“爱心妈妈”55名，有70多名贫困家庭孩子和特殊家庭子女得到关照。旅顺“爱心助学月”活动中有67名贫困学生得到资助，使12个家庭困难的大学生顺利完成学业。

青少年网络环境建设扎实推进。大力

推进绿色上网工程,启动开展了青少年网络文明活动,聘任了15名绿色网络公益使者。旅顺口区登峰小学、大华小学在全区率先实施了未成年人绿色网络工程。文化设施建设与管理切实加强。区图书馆、旅顺博物馆、少年宫等公共文化设施充分发挥校外活动阵地作用,实现了优质文化资源共享,为未成年人健康成长提供了优良环境。文化市场管理规范有序。深入开展"扫黄打非"行动,全面启动"娱乐场所阳光工程",组织开展全区小音像店整治与规范工作,严厉查处网吧接纳未成年人、音像店经营非法音像制品等各类违规违法经营行为,净化了文化娱乐市场。

长效机制建设逐步完善。对照《全国未成年人思想道德建设工作测评体系(试行)》,开展调查摸底,在广泛征求意见建议的基础上,研究拟定了全区未成年人思想道德建设工作责任分工,切实落实了未成年人教育工作的各项任务。区青教办、教育局、关工委、社区家长学校共同承担起了青少年思想教育的责任,形成了家庭、学校、社会三位一体的教育网络。围绕未成年人思想道德建设,开展了"我们的节日"、"我成长,我快乐"、"母亲学校"、"家长学校"等活动,以此保障青少年健康成长。

■精神文明创建 2010年,以"精品工程"建设为抓手,全区精神文明建设整体水平有了新提升。旅顺口区实施精神文明建设"精品工程"六年来,其载体活动在创新中不断发展、深化和升华,取得了很好的成效,为2010年大连市开展的精神文明建设"十大品牌工程"积累了丰富的经验。是年,全区33个党委开展的精品项目就有67个,基层单位开展的精品项目136个,形成了精神文明创建活动异彩纷呈、精神文明之花处处绽放的喜人景象。

1. 始终坚持精神文明建设载体化、目标化,实现了虚功实做。精神文明建设是无形的,旅顺口区通过精神文明建设"精品工程",将精神文明建设活动载体化、目标化,给予精神文明创建活动以明确的方向和准确的定位,同时也将无形的工作纳入到巨大的有形载体当中。六年来,430多个精品项目,70个区级"精品工程"集中反映出旅顺抓精神文明建设的成果。"文明交通在行动"、"爱国歌曲大家唱"、"五好新农家"等一批"精品工程"走出了一条由低到高,从局部到整体的发展之路,形成了精神文明建设真正的"精品工程",取得了让群众满意的成效。

2. 建立健全精神文明建设激励机制,积极增加创建投入。每年旅顺口区开展的精神文明建设"精品工程"都以区委区政府的联合文件下发到各部门各单位,明确要求各部门各单位每年都有"精品工程"创建载体参与评选。年终精神文明十大"精品工程"由区委常委会研究确定。每个被评为区级精神文明建设"精品工程"项目都在全区表彰大会上予以表彰。"精品工程"奖励资金由最初每个项目奖励3000元,到每个项目奖励1万元。生态文明家园(生态文明村)除"精品工程"的奖励外,另给3万元的奖励资金。在精神与物质的双重激励下,基层精神文明建设工作投入的人力、财力、物力都大大增加。北海街道袁家沟村三年来用于"生态文明家园"建设的资金7800多万元。2010年区街两级财政用于精神文明建设的资金近千万元,用于农村基础设施建设的资金近亿元,率先迈出全域城市化建设步伐。

3. 做大做强精神文明建设品牌,不断丰富创建内涵。"重在建设,贵在坚持"是精神文明建设的工作理念,旅顺口区精神文明建设"精品工程"创建活动,在向城市品牌迈进中,需要做强做大原有的品牌,同时,离不开持之以恒的坚持,也离不开在丰富内涵中建设。"家庭读书节"、"传统文化诵读行"等一批精神文明建设项目就是在持之以恒的坚持下建成了"精品工程"。从"绿色家庭"建设,"生态文明家园"创建,到建设旅顺绿色经济区,正是在不断丰富其内涵中向着精神文明建设的更高目标迈进。通过坚持不断地进行建设,"生态文明家园"、"文明交通在行动"等一批"精品工程"已形成旅顺精神文明建设的品牌。

4. **不断拓展精神文明建设空间,有力提升精神文明整体水平**。2010年,旅顺口区在精神文明建设的高度、深度和广度上做文章,想办法,出实力,不断拓展精神文明建设的空间。中国大连旅顺"国际合唱节"展示了旅顺的群众文化水平,"情暖滨城"感动人物体现出旅顺道德建设的水准,代表着旅顺的文明高度。中国大连旅顺"人居节",注入了旅顺和谐文化的新生机,充分体现了旅顺这座城市文明的深度。"得胜街道文化艺术节"、"百户特色文明家庭"评选、"广场文化天天乐"、"农民文化广场展演"、"全民读书月"等活动,展示出旅顺这座城市文明的广度。正是这种高度、深度和广度体现出了旅顺精神文明建设的水平。

■城乡文化生活 2010年,旅顺口区以"生态文明家园"创建为载体,农村精神文明建设跃上新台阶。在农村精神文明建设工作上,旅顺口区坚持创建"文明生态、和谐幽雅"的生活环境理念,把"村庄绿化、道路硬化、街道亮化、墙体美化、水质净化、燃料气化"作为创建生态文明家园的硬性标准;把"全民阅读、文化娱乐、广场活动、科普应用、法律学习及和谐邻里"作为软性标准和硬性要求。制订并完善了《旅顺口区"生态文明家园"建设考核评分标准》,每年分两次对申报达标的村进行检查验收,取得理想成效。"生态文明家园"创建活动被评为大连市十大精神文明建设品牌工程。

1. 农村生态环境明显改善。继续深入推进农村环境卫生集中整治和水环境治理活动,进一步完善区、街道、行政村、自然屯的垃圾收集处理设施网络,全区垃圾集中收集覆盖面达到100%。污水处理覆盖率达到80%。全域内村屯道路达到全部硬覆盖,95%的农村居民吃上了自来水,70%的村屯用上了太阳能路灯。进一步完善街道和村屯规划,做到了村庄建房有规可循、村内拆房有据可依。在全区72个村中开展了"生态文明家园"创建活动,其中有12个村被评为示范村,有23个村被评为达标村。全区村容村貌得到明显改观,农民素质得到普遍提升,低碳环保、文明健康的生活方式在广大农村初步形成,其中北海街道袁家沟村成为全省新农村建设示范村。

2. 城乡结对帮扶卓有成效。继续开展"五帮一"活动,使全区13个年收入不足30万元的贫困村全部脱贫。开展党员干部与群众"连心"活动。共71个单位的1961名机关干部与8737户群众结成了连心对子,覆盖面占全区户籍总数的13%。活动开展以来,全区干部利用业余时间走访近5万人次,帮助群众解决各类问题2766件,征求群众对旅顺发展方面的意见建议960余条。军民共建工作进一步深化。深入推进"军民携手共建新农村"活动,开展了军民"绿化家园"和村庄环境整治大会战,绿化村屯道路和河道10多公里,栽种树木20多万棵,绿化面积5万多平方米。

3. 农村文化生活繁荣丰富。深入开展"旅顺农民广场文艺汇演"、"欢乐得胜艺术节"、"文化大蓬车"、"小剧团到农家"等文化服务基层行活动,全面丰富农村文化生活。2010年全区共开展广场文艺演出1600多场,送戏、送文化下乡30多场,培育农村业余文化团队79支。全面实施农村公共文化服务工程,加强农村文化基础设施建设,有62个行政村完成体育健身设施安装任务,22个村建起了标准化文体活动中心。

连心活动

■**连心活动** 2010年,区委宣传部在连心活动中,着力突出一个"情"字,用亲情结交民心,用真情赢得民心,用温情暖化民心,真正和老百姓结亲戚、做朋友,为群众办实事、解难题,受到了连心户的广泛认可,搭起了一座与群众沟通与联络的连心桥。

一、从一环一节落实,提供组织支持和保障

为把连心活动抓实,让每个党员干部都发挥作用,有所作为,区委宣传部认真研究工作中的每一个环节,积极创造条件,提供组织支持和保障。

首先,抓好组织领导环节。区委连心活动启动大会召开后,区委宣传部第一时间召开领导班子专题会和全体党员干部会议,学习传达区委会议精神,研究制订了宣传部开展连心活动的实施方案,并成立了以常委部长为组长、副部长为副组长的活动领导小组,确定了联络员。提出,宣传部的人员虽少,但活动的质量不能降低,贡献不能少做,要把连心活动作为增进群众感情、促进自身成长的重要载体。在开展活动过程中,除了按要求组织党员干部下基层走访,还积极鼓励党员干部利用业余时间深入群众家中,并从用车等方面全力给予支持。2010年,按照区委要求,每月坚持组织集中走访群众2次,累计走访470多户次,入户率100%。

其次,抓好入户前的准备环节。活动中,区委宣传部干部感到,要和群众"连心",前提是必须抓好学习,提高做好群众工作的本领。因为干部深入群众家,群众一定有很多问题要问,或方针政策上的、或法律法规上的、或生产生活上的等等。所以,区委宣传部要求每个连心干部必须熟悉政策,了解相关的法律法规,在入户前做好充分准备,做足功课。他们在抓好入户前准备工作中,重点组织干部学习区委下发的政策汇编,学习相关的政策法规,使每位党员干部在最短的时间内就熟悉了连心活动应当掌握的政策汇编内容,做到心中有数,为随后的走访、解疑释惑打下基础;对遇到的一些政策性较强、不能当场解答的问题,就带回来咨询相关部门,下次去集中进行解答,直至群众满意为止。

第三,抓好考评环节。为保障活动顺利开展,规范运作,建立了检查评比、定期例会、走访调研、帮扶、问题处理、信息工作等6项、12条制度,并建立了机关干部连心活动百分考核办法,把连心活动作为年末公务员考核的一条重要内容、作为考评干部的一个重要条件。建立了连心活动会议记录、信息、照片档案等,做到了活动有计划、效果有考核、过程有总结、查询有档案。干部到居民家中都要带着连心卡、连心手册,走访后要把情况及时上报记录,特别是个人无法解决的问题一一记录在案,统一上报解决。

二、从一家一户入手,有针对性地解决难题

区委宣传部针对所联系的45户群众,坚持从一家一户入手,有针对性地进行连心。

首先,调查摸清情况。每名干部入户前必须对连心户的家庭情况进行了解,按照街道提供的资料,在熟悉连心户的一般情况基础上,入户与居民群众进行面对面的沟通、交流,结亲戚交朋友,对每一家的生产生活状况进行详细的调查摸底,包括家庭人口、收入来源、子女就业、老人赡养等等,特别是了解每家所面临的实际问题,对这些情况都一一做了登记,分类归档,做到心中有数。

其次,深入了解群众所需所求。随着与连心户交流的不断深入,干部们感到,群众对这次全区党员干部开展的连心活动十分满意,它给百姓提供了一个反映内心真实想法、解决日常困难的途径。同时不同的家庭反映了不同问题,共搜集反映的问题12条,政策咨询10条。例如:两个村的村民多数以种植果树和蔬菜为生,但是旱涝等天气经常给樱桃等种植户带来损失,全区的樱桃还无法参加保险;刘钟村在合并后由于原来两村经济保持独立,造成村民名义上同属一村实际上享受不了同等福利待遇,长期患有慢性病神经官能症的患者无法享受合作医疗;已超过参加养老保险年龄的农民如何参加保险的问题;农转非后,农民的待遇有哪些提高等,这些问题是连心户们最关心的。干部们把这些问题集中起来,一一进行研究。

第三,实实在在为群众解决难题。针对了解的问题,进行认真梳理,提出解决的对策。凡属于思想上的问题,就做好解疑释惑工作;凡属于政策上的问题,能当场解答的当场解答,不能当场解答的,事后详细了解后或上报给连心办统一答复,保证村民提出的问题能够获得及时的反馈;凡属于具体困难,毫不含糊,干部个人能帮助解决的就个人给予解决,不能个人帮助的,由部里进行协调解决。原宣传部副部长孔秀莲联系的周家村一户农民,男主人因做过手术,身体比较虚弱,每天要靠拔罐疗养,由于用的是土办法,费事又容易受伤。孔秀莲同志了解情况后,特意买来了一套真空拔罐器,送给了他,令他十分感动。在与群众的接触中,还了解到,由于信息不畅通,一些群众种植的苹果不能及时出手,就多方寻找信息,主动与客商联系,使连心户的苹果卖上了好价钱。春节期间还走访慰问了困难群众,为他们送去米面油和生活费,共向群众提供各种物资帮助5000余元。

三、从一村一事做起,发挥职能作用

在连心活动中,既注重发挥个人的能量,又注重发挥宣传部整体的作用,最大限度地为群众带来实惠。

首先,送知识送文化。区委宣传部积极协调大连市宣传文化部门,为刘钟村文化活动室配备电教设备1套、图书1000册,价值2万元,提升了村里文化活动中心的档次;2009年国庆节前夕,邀请大连市专业演出团体,送戏到村里,为村民送去了一台高质量的文艺节目;2010年9月,组织连心户到大商新玛特大地数字影院观看了电影《山楂树之恋》;还组织45户家庭参观旅顺开发区、烟大火车轮渡、闯关东影视基地,看建国60周年旅顺的变化,增强他们对旅顺发展的信心,鼓舞了干劲。

其次,送文明送新风。为推进所联系村的生态文明建设,提高新农村建设水平,积极指导,帮助村里加强生态环境治理、搞好生态文化建设,对村容村貌进行规划、整治,绿化美化生活环境;同时,开展文明知识讲座,提高村民文明素质,其中刘钟村的各项指标通过了生态文明村的评选考核,被评为旅顺口区生态文明村,获得了表彰和2万元环境改造补助经费。

第三,送教育送贷款。为促进农村的社会和谐、家庭和睦,帮助联系村进行村民教育,提高村民素质,评选出21户大连市级十星级文明户。在此基础上,协调旅顺信用联社,为15户市级十星级文明户办理小额贷款45万元,扶持他们发展生产,提高生活质量。

队伍建设

■学习培训　2010 年，区委宣传部注重开展学习培训工作，提高宣传干部的综合素质。注重加强理论学习，进一步增强政治意识、大局意识和责任意识，同时还加强经济、文化、法律等方面知识的学习，加大知识储备，改善知识结构。年初举办了宣传干部培训班，并积极选派优秀宣传干部参加省市举办的各类培训班，为他们提供外出学习交流的机会，增强宣传干部把握形势的本领、开拓创新的本领、引导群众的本领、凝聚人心的本领。

■能力培养　2010 年，区委宣传部切实加强干部创新能力的培养，创造性地开展工作。围绕新时期宣传思想工作的规律和特点，开展调查研究，多次组织宣传干部深入基层、深入群众、深入生产建设一线，在实践中思考问题、感受变化，创造了很多特色鲜明的宣传思想工作内容形式、方法手段，提高了宣传思想工作的水平。

■监督管理　2010 年，区委宣传部努力做好监督管理工作，树立宣传干部良好形象。建立健全了各种规章制度，加强对宣传干部的监督管理。进一步明确了新闻宣传纪律，确保新闻报道事实准确，导向正确。同时，加强对新闻工作者的管理，强化人员培训和职业道德教育，开展了“十佳新闻工作者”、“优秀通讯员”、“旅顺好新闻”评选活动，对先进工作者进行了表彰奖励。

（撰稿人：李忠民　审稿人：张守财）

纪　检　监　察　工　作

■区纪委常委（2010 年底情况）

李　军　区纪委书记
陈秉琨　区纪委副书记、区监察局长
闫　勇　区纪委常委
王绍山　区纪委常委
韩丽杰　区纪委常委
马　勇　区纪委常委

■纪委全会　中共旅顺口区纪律检查委员会第六次全体会议于 2011 年 1 月 20 日在行政中心会议楼第二会议室举行。全会总结了 2010 年的党风廉政建设和反腐败工作，研究部署了 2011 年的工作任务，区委副书记、区长惠凯主持会议，区委常委、纪委书记李军作了《保障绿色发展，坚持为民利民，在新的起点上扎实推进反腐倡廉建设》的工作报告，区委书记熊博力作了重要讲话。

■宣传教育工作　2010 年，旅顺口区深入开展“讲党性，树三观，促发展”党风廉政主题教育，以中纪委五次全会精神和《廉洁从政若干准则》为主要内容，组织包括区级领导干部参加的全区党员干部学习答卷活动。举办了以“防范岗位风险，增强廉政意识”为主题的廉政教育月活动。开展示范教育，考核推荐史淑萍同志为大连市“廉洁从政标兵”，在全区开展学先进活动。开展警示教育，发放廉政教育片17期600余盘，通过剖析案例、参观监狱听服刑人员现身说法，教育警醒党员干部。深化“读书思廉”活动，推荐发放廉政文章5200余份。深化廉政文化建设，继续开展“友善促清廉”系列活动，在主要交通路段设立廉政公益广告80余个，修建了本区廉政文化主题公园。进一步发挥了旅顺勤廉网的宣传作用。全区廉政教育成果得到了《中国监察》、《党风月报》、《大连日报》等媒体的关注宣传。

■**党风廉政监督工作** 2010年，全区不断完善反腐倡廉工作体制和机制，以区委、区政府文件下发《关于进一步完善旅顺口区反腐败协调机构及相关工作机制的通知》，制订了反腐败协调小组工作细则，召开了联席会议，充分发挥了各成员单位作用，整合了反腐败力量。调整了区农村党风廉政建设工作、区党风廉政建设责任制、区委贯彻落实惩防体系实施纲要三个领导小组，反腐倡廉工作力度得到加强。加强了对党员干部廉洁自律的监督检查，制订下发了领导干部外出考察学习、举办培训班及因公出国(境)审批有关制度、规定，严格执行申报审批制度。巩固谈话和诫勉制度，区委书记、区纪委书记分别与涉及婚丧喜庆事宜的市管干部谈话2人次、区管干部谈话6人次。坚持区管领导干部年度廉政承诺书制度，对2009年领导干部廉洁承诺书履行情况进行审核。大力开展“小金库”专项治理工作，对10家违规单位进行查处，纠正违纪金额83万余元，处理了4名责任人。对全区公务用车进行了专项清理。进一步加强农村基层党风廉政建设，市纪委在本区召开了区市县农村党风廉政建设专题观摩会，区纪委的做法得到了上级的认可。

■**信访和查办违纪违法案件** 2010年，旅顺口区纪检监察部门牢固树立用群众观念统揽信访工作的新理念，进一步加强信访举报工作。开展“信访工作效率年”活动，对村级换届选举反映贿选问题的信访件进行调查，立案2起。对信访反映涉及的区管干部进行诫勉谈话。全年共受理信访举报232件次，其中直查快办14件次；受理市转“三要件”16件次。初核案件线索63件，立案30件，结案29件，其中，大要案12件，涉及区管处级干部5件、党员27件、村干部8件，为国家和集体挽回经济损失115万元。严格案件审理程序，发挥案件查办治本功能，坚持把查办案件的过程作为教育案件当事人的过程，坚持用“身边事”教育“身边人”，做到警钟长鸣。

■**行政监察和纠风治乱工作** 2010年，全区执法监察工作立结17项，提出监察建议18条。认真完成区政府主要领导交办的工作任务，对全区149个重点项目和140个拆迁项目进行检查和督办，对土羊高速公路两翼绿化、全区大规模绿化、龙河一期等重点项目进行了专项跟踪督办。牵头对旅顺国营农场进行清查，将涉嫌犯罪人员移交司法机关追究刑事责任。开展工程建设领域突出问题专项治理工作，共下达行政处罚决定书26份、监察建议书17份，立结案7件，专项治理工作成果得到了上级的肯定。加强对“四个要素市场”的监督检查，参加工程项目招标47项，参与监督政府采购项目88项，审查重点重大项目招投标程序文件42件，节约资金5100万元。开展安全生产法律法规和政策贯彻落实情况执法监察,开展全区事业单位招录工作执法监察,参与中高考等重要考试及全区人才选调工作的监察。对全区使用国家开发银行软贷款项目资金管理情况、城镇廉租住房相关政策落实情况、伏季休渔及区文化市场管理开展专项执法监察。完成特邀监察员换届工作,强化了监督力量。

制订了《民主评议基层站所工作考核办法(试行)》,在全市率先开展对以街道为主体的基层评议机构考评,增设了43个政风行风建设和行政效能监测点,细化评议标准,全区118个行政机关、驻区机构、服务单位和188个基层站所参加了民主评议。评选出政风行风建设先进单位56个,优秀站所37个,先进个人24名。在全市率先开通电子监察系统,已有7个部门的行政审批事项纳入电子监察系统管理,数据传输量居各区市县前列。开展行政权力运行制度建设试点工作,组织协调相关部门完成10个试点单位的清权确权工作。开通《在线访谈》栏目,增强部门和站所工作的透明度。加强对民心网举报投诉件的跟踪督办,共受理民心网转办的投诉件28件,已办结26件,名列全市各区市县前列,获得辽宁省第一届民心网诉求办理经验大赛优秀奖。开展了扶贫帮困款专项检查,检查资金350万元、涉及5712户,未发现违纪问题。开展了庆典、论坛问题专项清理。开展了强农惠农专项检查,共检查资金380笔20.05亿元,对检查中发现的9个方面的问题进行监督整改。

■队伍建设 2010年,区纪委、监察局以"做党的忠诚卫士、当群众的贴心人"主题实践活动为载体,深入开展学习实践科学发展观活动和创先争优活动,建立了学习、教育、培训、实践锻炼等方面的长效机制,进一步加强领导班子思想政治建设。在区委、区政府高度重视、大力支持下,全面贯彻落实中央五部委《关于加强地方县级纪检监察机关建设的若干意见》精神,保证了区纪检监察机关机构、编制、经费和设备的需要。制订了纪检监察干部资格准入制度、《关于进一步加强区纪委委员履职工作的意见》,充实了机关干部队伍,进一步发挥了区纪委委员作用。加大教育培训力度,组织纪检监察干部参加市级以上纪委组织的培训学习17人次。积极开展连心活动,为连心户解决实际生活困难,组织100余户百姓到金州新区参观都市农业项目和关向应纪念馆,进一步密切了干群关系,得到了基层和群众的认可。

(撰稿人:宫 宇 审稿人:李 军)

附录：

保障绿色发展　坚持为民利民 在新的起点上扎实推进反腐倡廉建设

——在中共旅顺口区纪委第六次全会暨全区行政监察工作会议上的报告 (2011年1月20日)

李　军

同志们：

我受区纪委常委会委托向全会报告工作。

2010年纪检监察工作简要回顾

在旅顺全面对外开放、全域纳入辽宁沿海经济带重点发展区域的第一年，在“十一五”规划的收官之年，区纪委、监察局在市纪委、监察局和区委、区政府的正确领导下，团结和带领广大纪检监察干部，立足岗位，深入学习实践科学发展观，积极开展创先争优活动，以党风廉政建设的实际成果有力保障了我区经济社会健康快速发展。

——提倡教育为本，不断强化党风廉政宣传效果

深入开展“讲党性，树三观，促发展”党风廉政主题教育，以中纪委五次全会精神和《廉洁从政若干准则》为主要内容，组织包括区级领导干部参加的全区党员干部学习答卷活动。举办了以“防范岗位风险，增强廉政意识”为主题的廉政教育月活动。开展示范教育，考核推荐史淑萍同志为大连市“廉洁从政标兵”，在全区开展学先进活动。开展警示教育，发放廉政教育片17期600余盘，通过剖析案例、参观监狱听服刑人员现身说法，教育警醒党员干部。深化“读书思廉”活动，推荐发放廉政文章5200余份。深化廉政文化建设，继续开展“友善促清廉”系列活动，在主要交通路段设立廉政公益广告80余个，修建了我区廉政文化主题公园。进一步发挥了旅顺勤廉网的宣传作用。我区廉政教育成果得到了《中国监察》、《党风月报》、《大连日报》等媒体的关注宣传。

——推进制度创新，不断扩大党内监督范围

不断完善反腐倡廉工作体制和机制，以区委、区政府文件下发《关于进一步完善旅顺口区反腐败协调机构及相关工作机制的通知》，制订了反腐败协调小组工作细则，召开了联席会议，充分发挥了各成员单位作用，整合了反腐败力量。调整了区农村党风廉政建设工作、区党风廉政建设责任制、区委贯彻落实惩防体系实施纲要三个领导小组，反腐倡廉工作力度得到加强。加强了对党员干部廉洁自律的监督检查，制订下发了领导干部外出考察学习、举办培训班及因公出国(境)审批有关制度、规定，严格执行申报审批制度。巩固谈话和诫勉制度，区委书记、区纪委书记分别与涉及婚丧喜庆事宜的市管干部谈话2人次、区管干部谈话6人次。坚持区管领导干部年度廉政承诺书制度，对2009年领导干部廉洁承诺书履行情况进行审核。大力开展“小金库”专项治理工作，对10家违规单位进行查处，纠正违纪金额83万余元，处理了4名责任人。对全区公务用车进行了专项清理。进一步加强农村基层党风廉政建设，市纪委在我区召开了区市县农村党风廉政建设专题观摩会，我区的做法得到了上级的认可。

——拓宽信访渠道，不断加强案件查处力度

牢固树立用群众观念统揽信访工作的新理念，进一步加强信访举报工作。开展“信访工作效率年”活动，对村级换届选举反映贿选问题的信访件进行调查，立案2起。对信访反映涉及的区管干部进行诫勉谈话。全年共受理信访举报232件次，其中直查快办14件次；受理市转“三要件”16件次。初核案件线索63件，立案30件，结案29件，其中，大要案12件，涉及区管处级干部5件、党员27件、村干部8件，为国家和集体挽回经济损失115万元。严格案件审理程序，发挥案件查办治本功能，坚持把查办案件的过程作为教育案件当事人的过程，坚持用“身边事”教育“身边人”，做到警钟长鸣。

——维护群众利益，不断推进政风行风建设

制订了《民主评议基层站所工作考核办法(试行)》，在全市率先开展对以街道为主体的基层评议机构考评，增设了43个政风行风建设和行政效能监测点，细化评议标准，全区118个行政机关、驻区机构、服务单位和188个基层站所参加了民主评议。评选出政风行风建设先进单位56个，优秀站所37个，先进个人24名。在全市率先开通电子监察系统，已有7个部门的行政审批事项纳入电子监察系统管理，数据传输量居各区市县前列。开展行政权力运行制度建设试点工作，组织协调相关部门完成10个试点单位的清权确权工作。开通《在线访谈》栏目，增强部门和站所工作的透明度。加强对民心网举报投诉件的跟踪督办，共受理民心网转办的投诉件28件，已办结26件，名列全市各区市县前列，获得辽宁省第一届民心网诉求办理经验大赛优秀奖。开展了扶贫帮困款专项检查，检查资金350万元、涉及5712户，未发现违纪问题。开展了庆典、论坛问题专项清理。开展了强农惠农专项检查，共检查资金380笔20.05亿元，对检查中发现的9个方面的问题进行监督整改。

——保障政令畅通，不断优化执法监察职能

全区执法监察工作立结17项，提出监察建议18条。认真完成区政府主要领导交办的工作任务，对全区149个重点项目和140个拆迁项目进行检查和督办，对土羊高速公路两翼绿化、全区大规模绿化、龙河一期等重点项目进行了专项跟踪督办。牵头对旅顺国营农场进行清查，已将涉嫌犯罪人员移交司法机关追究刑事责任。开展工程建设领域突出问题专项治理工作，共下达行政处罚决定书26份、监察建议书17份，立结案7件，专项治理工作成果得到了上级的肯定。加强对“四个要素市场”的监督检查，参加工程项目招标47项，参与监督政府采购项目88项，审查重点重大项目招投标程序文件42件，节约资金5100万元。开展安全生产法律法规和政策贯彻落实情况执法监察。开展全区事业单位招录工作执法监察，参与中高考等重要考试及我区人才选调工作的监察。对我区使用国家开发银行软贷款项目资金管理情况、城镇廉租住房相关政策落实情况、伏季休渔及区文化市场管理开展专项执法监察。完成特邀监察员换届工作，强化了监督力量。

——发扬传统作风，不断提升纪检监察干部队伍素质

以“做党的忠诚卫士、当群众的贴心

人”主题实践活动为载体，深入开展学习实践科学发展观活动和创先争优活动，建立了学习、教育、培训、实践锻炼等方面的长效机制，进一步加强领导班子思想政治建设。在区委、区政府高度重视、大力支持下，全面贯彻落实中央五部委《关于加强地方县级纪检监察机关建设的若干意见》精神，保证了区纪检监察机关机构、编制、经费和设备的需要。制订了纪检监察干部资格准入制度、《关于进一步加强区纪委委员履职工作的意见》，充实了机关干部队伍，进一步发挥了区纪委委员作用。加大教育培训力度，组织纪检监察干部参加市级以上纪委组织的培训学习 17 人次。积极开展连心活动，为连心户解决实际生活困难，组织 100 余户百姓到金州新区参观都市农业项目和关向应纪念馆，进一步密切了干群关系，得到了基层和群众的认可。

过去的一年，我们之所以做到常项有突破、专项有力度、工作有活力、成果有创新，是得益于区委、区政府的正确领导，得益于区人大、区政协的鼎力支持，得益于全区各单位的大力配合，得益于全区各级纪检监察干部的拼搏奉献。借此机会，我代表区纪委常委会向多年来给予纪检监察工作关怀、支持、帮助和理解的各级领导、向在纪检监察战线勤奋工作的同志们表示衷心的感谢。

在肯定成绩的同时，我们也清醒地看到，当前经济社会正处于转型期，腐败现象易发多发，且向各领域蔓延，反腐败形势依然严峻，主要表现在：大要案时有发生；个别单位落实党风廉政建设责任制还没有完全落实；对权力监督还不到位；对村级干部和基层关键岗位的监督还比较薄弱，损害群众利益的现象时有发生；纪检监察机关自身建设方面还需要改革和加强。我们将在今后的工作中认真加以研究和解决。

2011 年主要工作任务

2011 年是“十二五”规划实施的第一年，也是《建立健全惩治和预防腐败体系 2008—2012 年工作规划》的关键一年，我们要认真学习贯彻胡锦涛总书记在十七届中央纪委六次全会上的重要讲话精神，贯彻落实上级纪委全会和区委十三届十次全会精神，以人为本，执政为民，进一步加强党风廉政建设和反腐败工作。2011 年纪检监察工作总的指导思想是：**以邓小平理论和“三个代表”重要思想为指导，深入贯彻落实科学发展观，坚持标本兼治、综合治理、惩防并举、注重预防的方针，围绕区委、区政府工作中心，创新开展工作，服务科学发展，助推绿色经济，保障“环境优先、科教兴区、产业强区、全域城市化”四大战略顺利实施，忠诚卫党，真心为民，在新的起点上，扎实推进反腐倡廉建设，为实现我区科学发展新跨越提供坚强的政治保证。**

根据这一指导思想，今年纪检监察工作要实施“1131 工程”，即突出一个重心、构建一个新格局、抓好三个重点、建设好一支队伍，为经济社会又好又快发展提供服务和保障作用。

——以推进惩防体系建设为重心，全面加强党风廉政建设和反腐败工作。今年是惩防体系建设攻坚年，要对照《五年规划》的目标要求，进行责任分解落实，加强推进，严肃考核，在此基础上，开展好各项工作。一是发挥教育在惩防体系建设中的基础性作用。要着力加强以人为本、执政为民教育，加强党的性质和宗旨教育，引导党员干部牢固树立群众观念，坚持党的群众路线，组织开展党风廉政主题教育活动。在领导干部中开展“做廉政党课宣讲员”活动。深化“学身边廉政典型”活动，注重运用典型案例开展好警示教育。深化提高“读书思廉”活动，落实领导干部每年写一篇思廉文章的要求。组织开展一次学习答卷活动。积极推进岗位廉政教育。按照上级要求做好领导干部任前廉政法规考试工作。深化廉政文化建设,评比表彰"廉政文化精品工程"。加强反腐倡廉社会宣传,完善"旅顺勤廉网"功能。

二是发挥制度、监督在惩防体系建设中的保障和关键性作用。扎实推进党的作风建设,以保持党同人民群众血肉联系为重点,大力弘扬密切联系群众的优良作风,大力弘扬求真务实和艰苦奋斗的优良作风。认真贯彻落实党内监督条例和《廉政准则》,加强领导干部廉洁自律工作,坚持领导干部述职述廉、廉政承诺制度,开展评职评廉,对承诺人进行廉政监督。认真贯彻落实中纪委、中组部《关于严肃换届纪律保证换届风清气正的通知》(中组发〔2010〕21号)和辽宁省《关于严肃换届纪律确保党委换届顺利进行的通知》(辽组发[2010]15号)精神,确保党委换届工作顺利完成。严格执行领导干部办理婚丧喜庆事宜的相关规定,对违规者一经查实,严格按照规定进行处理。推进党务公开工作,并实施目标考核。积极落实《关于领导干部报告个人有关事项的规定》和《关于对配偶子女均已移居国(境)外的国家工作人员加强管理的暂行规定》,严肃查处违规违纪行为。坚决整治领导干部违规收受礼金问题。深入推进农村(社区)基层党风廉政建设,在村级机构探索新的监督模式,促进村务公开工作。深化"小金库"和公务用车、庆典、论坛专项治理。

三是发挥查办案件在惩防体系建设中的治本功能。积极开展《关于集中解决我区群众到中纪委信访问题专项治理活动》,预防和减少"三访"(越级访、集体访、重复访)。进一步做好实名举报信访件的答复工作,做到"件件有落实,事事有回音"。加大直查快办工作力度,积极开展信访监督工作。深化工程建设领域突出问题专项治理,严肃查处规避招标、虚假招标、违法转包分包以及违规项目审批、规划调整等问题,重点查办工程建设领域违纪违法案件。重点查办影响我区经济社会发展及民生工程的案件,严肃查办党员领导干部以权谋私、失职渎职的案件,重点领域和关键环节中的案件,重大责任事故和群体性事件涉及的失职渎职及背后的腐败案件。严肃查办商业贿赂案件。注意查处发生在基层单位和重点岗位贪污贿赂、滥用职权的案件。严肃查办征地拆迁中弄虚作假骗取国家补偿金的案件。改进案件审理和管理工作,严格依纪依法安全文明办案,进一步发挥查办案件的治本功能。

——充分发挥纪委组织协调作用,全力构建反腐倡廉建设新格局。以贯彻落实新修订的《关于实行党风廉政建设责任制的规定》为契机,坚持"党委统一领导、党政齐抓共管、纪委组织协调、部门各负其责、依靠群众的支持和参与"的反腐败领导体制和工作机制,在区委、区政府的正确领导下,充分发挥纪委在反腐败工作中的组织协调作用,充分落实反腐败协调领导小组各成员单位的责任,发挥好联席会议作用。各部门、各单位领导班子要对分管范围内的党风廉政建设负责;领导班子主要负责人要认真履行第一责任人的职责,做到重要工作亲自部署、重大问题亲自过问、重点环节亲自协调、重点案件亲自督办;其他成员要对职责范围内的党风廉政建设负主要领导责任。各级纪委注重抓好任务分解和检查考核,并把考核结果作为领导班子总体评价和领导干部业绩评定、奖励惩处、选拔任用的重要依据。要支持和保证群众监督,依法保障人民群众知情权、参与权、表达权、监督权。要高度重视舆论监督,注重网络舆情搜集、分析、研判,把握工作主动权。

——突出三个工作重点，全力抓好对区委、区政府重大决策部署贯彻实施的监督检查。坚持把维护党的政治纪律摆在首位，坚决维护党的团结统一，坚决保障区委、区政府重大决策的贯彻落实。一是围绕绿色经济区建设，加强对科学发展观落实情况的监督检查。要准确把握“十二五”规划纲要的指导思想和总体目标，加强对贯彻落实区委全会精神情况的监督检查。督促和会同有关部门，抓好发展绿色经济各项政策措施执行情况的监督检查，对重点项目进行督办，保障新兴产业、现代服务业、优势产业顺利实施。抓好节约用地、资源节约和环境保护等政策规定落实情况的监督检查。

二是加大纠风和效能监察工作力度，保障富民惠民政策的贯彻落实。坚持执政为民，全力保障“十大民生工程”的实施，重点对各项富民政策、征地拆迁、失地失海农民的“双保”问题、经济适用房分配、城乡低保、新型合作医疗、廉租房建设、食品药品安全、教育收费、医药购销、医疗服务进行监督检查，切实维护群众利益。加强对涉及富民工程资金的监督检查，确保资金的安全、及时拨付。对不履行或不正确履行职责严重侵害群众利益的，要追究有关人员的责任。进一步加强政务公开工作，增强政策透明度和公众参与度。进一步推进公共企事业单位办事公开，发挥好民主评议政风行风和基层站所活动的作用。全面推进行政权力运行制度建设，发挥电子监察系统作用，深化行政效能监督，促进政府部门廉洁、高效。

三是强化执法监察在推进全域城市化战略中的突出作用。全力保障“五城一都”建设，加大对各功能园区建设的督办力度。围绕全域城市化的重大项目建设开展检查和督办，加大对全区“510”绿化工程、“五横两纵一环”路网体系等基础设施项目的督办力度，保障工程顺利实施。建设公共资源交易中心，对工程招投标、政府采购、土地挂牌和产权交易等“四个要素市场”进行集中统一监管。加强对全域城市化建设相关职能部门的行政执法检查，推行政府绩效管理和行政问责制度。

——开展“忠诚卫党、真心为民”主题活动，进一步加强纪检监察干部队伍建设。进一步贯彻落实好区委连心活动和创先争优活动要求，结合工作实际，在全区纪检监察干部中开展“忠诚卫党、真心为民”主题活动，加强学习型机关建设，提高履职能力，争做先进党组织。在基层设立纪工委、监察分局，实施基层纪检监察工作月报制度，加强对各基层单位纪检监察队伍的考核。广大纪检监察干部要与时俱进，不断解放思想，更新观念，牢固树立监督检查是职责、保障发展也是职责，严惩违纪是职责、澄清是非也是职责，防范违纪是职责、激励创业更是职责的工作理念，尽职尽责工作；牢固树立群众工作观念，坚持从群众最不满意的地方抓起，从群众最需要的地方做起，从群众最关注的地方改起；牢固树立监督者更要带头接受监督的意识，自觉接受党和群众的监督，接受社会各界和社会舆论的监督，秉公执纪、依法办事，维护纪检监察干部可亲、可信、可敬的良好形象。

同志们，深入开展党风廉政建设和反腐败斗争，任务艰巨，使命光荣，责任重大，我们一定要以奋发有为的精神和求真务实的作风，认真完成反腐倡廉各项任务，树立新风，激扬正气，做到为党分忧、为国尽责、为民奉献，充分发挥纪检监察工作职能，为实现旅顺科学发展新跨越而努力奋斗。

统战工作

■**概况** 2010年,全区统战工作紧扣争先进位主题,围绕服务全域城市化和绿色经济区建设,激发各党派、各民族、各宗教、各阶层及海内外同胞的创造活力,形成智力、资源、政策和项目等有效集合,实现统一战线多层优势叠加,为促进全区经济发展、社会和谐进步发挥了积极作用。

■**核心价值体系教育工作** 2010年,旅顺口区在统一战线工作中开展树立和践行社会主义核心价值体系的学习教育活动,引导统一战线广大成员从价值认同和内心自觉上巩固政治共识,不断增强坚持走中国特色社会主义政治发展道路的自觉性。一、深化主题教育,举办三期培训班,在对处级领导干部进行轮训中增加统战理论课,有450多人受教育;在对党政领导干部培训的同时,吸收统战干部和民主党派班子成员参加,有100多人受教育;选送20名党外干部、无党派代表人士参加中央、省、市培训;组织15名新阶层人士和民营企业后备人才,参加北大研修班学习等,不断巩固统一战线大团结、大联合的思路政治基础和精神纽带。二、细化政治引导,组织民主党派基层组织负责人、无党派人士、宗教寺观堂点负责人赴革命老区学习考察,进行革命传统教育。"七一"前,召开党外代表人士座谈会、研讨会、报告会,靠政治共识和价值认同凝心聚力,为旅顺经济建设提供强大的精神动力和思想政治保障。三、强化激励机制,在非公有制企业和新的社会阶层人士中开展"争先创优"和争做优秀中国特色社会主义事业建设者活动,举行"迎国庆、庆中秋"优秀建设者表彰大会,评选表彰47名旅顺口区第二届优秀中国特色社会主义事业建设者。

■**民主党派及无党派工作** 2010年,旅顺口区认真做好民主党派及无党派工作。一、加强基层组织建设。认真贯彻落实《关于协助民主党派加强思想建设的意见》,支持和帮助民主党派基层组织搞好换届工作,支持和帮助民主党派基层组织选好一把手和配齐配强领导班子成员,成立了民进旅顺基层委员会、农工党旅顺支部;支持和帮助民主党派基层组织做好组织发展工作,不断增强民主党派基层组织活力。对无党派人士进行调查摸底,为筹备召开大连市无党派人士联谊会旅顺分会作准备。二、开展特色支部创建。召开民主党派、无党派代表人士座谈会,围绕经济结构调整、全域城市化、发展都市农业、建设国际知名生态宜居城市和编制"十二五"规划等重大问题建言献策,协调发动民主党派基层组织撰写调研报告32篇,协调发动区政协委员撰写提案160多条。邀请民盟市委的专家学者来旅顺进行调研,听取旅顺海域管理及海洋经济、海洋环保等有关部门的汇报,实地考察了董砣子渔港、柏岚子渔港的自然状况;围绕烟大火车轮渡后续发展,组织专家赴山东烟台、威海等地进行专题调研,为旅顺海洋经济发展、绿色经济区建设建言献策。各民主党派基层组织与涉农街道及卫生院缔结共建对子，并积极开展"四个一"活动。发挥医疗专家作用，建立了5个医疗服务基地，为城市、农村200多名居民义诊；实施专家定点坐诊，解决农村老百姓看病难看病贵的问题；开展烛光教育、社区服务、技术讲座等，有500多人受益；开展扶贫帮困、捐资助学活动，资助10名贫困学生上学等。全区6个民主党派基层组织的负责人均获市级以上荣誉，有4个民主党派基层组织获区特色支部荣誉称号。

■民族宗教工作 2010年，旅顺口区认真贯彻中央《关于深入开展民族团结宣传教育活动的意见》和《城市民族团结教育工作条例》，完善对少数民族流动人员服务与管理。认真贯彻落实省有关文件和市宗教工作领导小组扩大会议精神，全面贯彻落实党的宗教信仰自由政策，依法管理宗教事务，有效保护合法，制止非法，抵御渗透，确保宗教活动规范有序。坚持独立自主、自办教会的原则，引导各宗教依靠自身力量，改善宗教活动场所。10月12日，基督教登峰教堂举行献堂典礼，平稳、顺利地实现了新老教堂过渡。鼓励和支持宗教界人士以慈悲为怀，乐善好施，服务社会。基督教登峰教堂连续两年出资上万元，资助10名贫困学生上学。区统战部牵头筹备召开区宗教工作联席会议，建立了从组织协调、宣传教育、信息预警、应急处置、区域协办、法制保障、责任追究等全方位保障管理体系，加强对宗教工作的领导，引导宗教与社会主义社会相适应。

■海外统战工作 2010年，区统战部积极开展"以网招商、以会招商、以友招商、以台招商、以侨招商、以商招商"的特色招商，积极履行招商引资协助单位的职责，推动全区招商引资和扩大民营资本投入。全年跟踪洽谈协助引荐项目5个，其中洽谈待签约项目4个，协议引资22.3亿元。一、加强交流交往。全年共接待台湾宜兰县党际参访团、台湾退役将军参访团、海外华人华侨和港澳台同胞观光考察团组等15个，320余人。组织3个经贸考察团赴台招商引资，洽谈项目5个，有3个农业项目洽谈落地，投资额1.3亿元。借助"连台经贸合作推介会"、"辽宁台湾周大连行"和"2010大连台湾现代农业合作研讨会"，积极推介旅顺。同台湾东森电视台等媒体合作，以报纸、杂志和电视等媒体为平台，全方位、多角度地宣传介绍全面开放的新旅顺，扩大旅顺在岛内和海外的知名度及影响力。二、积极牵线搭桥。主动邀请欧美同学会企业家联谊会副会长南昌明一行来旅顺参观考察，并就创建直升机航空俱乐部项目和欧美大学进行洽谈，大连中建工程建设开发有限公司拟投资20亿元在中科院旅顺科技创新园上BT项目。并已入驻科技创新园。三、维护台侨利益。落实《旅顺口区涉台突发事件应急预案》和《台胞投资保护法》，完善涉台投诉协调工作制度和机制，较好地协调解决一起台属动迁补偿争议案和台资企业兼并案，及时协调处理了多件涉台婚姻投诉、重要案件协查等事件，确保台胞合法利益得到保障。加大对《中华人民共和国归侨侨眷权益保护法》宣传力度，积极联合涉侨部门利用座谈会、走访侨企等机会，开展各种形式的侨法宣传活动，为困难归侨侨眷申请救助，走访慰问困难归侨侨眷，积极服务侨界，维护侨益。

■非公有制经济人士工作 2010年，区统战部继续举办民营企业安排就业洽谈会，为民营企业和求职人员牵线搭桥。3月18日，区统战部会同区政府有关部门继续举行“春风行动”民营企业用工洽谈会，共组织73家民营企业参加，为求职者提供了1555个就业岗位，先后有1300多人参加，371人在现场与用工单位达成了就业意向。开展回报社会感恩行动，向社会弱势群体捐款600多万元。

■党外代表人士队伍建设 2010年，区统战部继续落实《2008—2012年旅顺口区党外代表人士队伍建设规划》，充实和完善了党外代表人士“六支队伍”，在民主党派、党外知识分子、民族、宗教、新的社会阶层、港澳台及海外六个领域，分层次建立总量为500人左右的党外代表人士队伍。区党外代表人士、海外代表人士队伍建设经验分别在省、市调研座谈会上作介绍。全区已安排党外干部15人，其中有3人任正职。安排作政协委员、人大代表、工商联执委、民主党派班子成员、群团及协会等党外代表人士200多名，一支政治上靠得住、学识上有造诣、品德上能服众的素质优良、结构合理、数量充足的党外代表人士成长起来。

■统战服务连心活动 2010年，区统战部准确把握连心活动与统战工作的切入点和结合点，拓宽连心活动的空间，实现连心活动的新突破。开展资助“老革命、老党员、老模范、老职工、老统战”的“五老”活动，引导统一战线成员开展“回报社会感恩行动”，采取“一员一人，一员一户，一员多人，一员多户”的办法，在自觉自愿的基础上，实行一次性帮扶或连续帮扶相结合，以连心促统战，以统战促连心，不断提高统战履职能力和服务水平。全年统战部机关党员走访连心户230多次，发动统战成员结对子350多个，为群众办实事100多件。进一步密切了党群关系，增强了统战工作服务社会的能力。

■机关党的建设和作风建设 2010年，区统战部开展了以“提高五种能力 争创一流业绩”为主题的“创先争优”活动，机关党员干部按照优秀党员标准做出岗位承诺24项，在“创先争优”中进一步提高了政治把握、学习创新、调查研究、团结交友和处理问题能力。建立了党员干部深入基层活动日，定期听取统战成员对统战工作的意见和要求，并结合实际不断加强和改进统战工作。加强统战理论和信息调研工作，全年编发《旅顺统战工作》内刊12期，被上三级统战信息网等采用信息和调研文章20余篇，较好地发挥了统战理论宣传平台的作用。

（撰稿人：张翠兰　　审稿人：王　岩）

政 法 工 作

■概况 2010年，全区政法干警和维稳战线干部，认真履行第一责任，主动服务第一要务，深入推进“社会矛盾化解、社会管理创新、公正廉洁执法”三项重点工作，为全区经济平稳较快发展和百姓安居乐业作出了积极贡献。

■**社会矛盾化解工作** 2010年,区委政法委更加注重矛盾源头化解,积极探索社会稳定风险评估机制。坚持开展"连心"活动,畅通群众的诉求渠道,拉近与百姓的距离,在解决民生问题的同时,及时发现化解矛盾纠纷,推动维稳防线前移。整合部门资源,开发区、各街道综治信访维稳中心全部建立并发挥作用。继续巩固完善人民调解、行政调解、司法调解"三调联动"为主的"大调解"机制,及早排查,妥善化解了一批矛盾纠纷。全年共排查调处矛盾纠纷723起,调解成功709起,成功率98%。常年坚持领导大接访和干部下访制度,2010年全年信访总量同比下降30%,其中集体访同比下降27%,没有出现有严重影响的进京非正常访事件。加大涉法涉诉信访案件化解力度,政法部门进驻信访接待大厅,提高了接访效率。在提高办案质量的同时,更加重视保护法律关系中的弱势群体,全年共使用涉法涉诉救助资金近100万元,化解了21件涉法涉诉信访案件。全区的涉法涉诉信访工作经验在全市大调解工作现场会上作了介绍。

■**社会管理创新工作** 2010年,区委政法委在流动人口服务管理中继续推行一证多能的居住证制度,切实维护外来人员在就业、保险、子女接受教育等方面的权益。继续做好刑释解教人员安置帮教和社区矫正工作,与15名预计2011年刑释解教人员所在街道单位签订超前安置协议书,对16名管理难度较大的社区服刑人员进行心理测试,制订合理的矫正方式方法。完成全区服刑在教人员基本信息核查工作,实现信息资源共享。深入开展学校幼儿园周边环境整治行动,区、街财政投资500余万元,为学校、幼儿园新增探头600余个,增配保安148名,校园周边安全系数大幅度提高。将妇女儿童维权工作与社区(村)综治服务站职能有机结合,选取四个街道的社区(村)开展了"妇女儿童暨社会治安综合治理示范工作站"试点工作。在开发区、各街道推行综治工作信息化建设,真正做到辖区行业、人员、重点部位底数清、情况明。不断延伸综治工作触角,在光荣街道试点开展"综治进物业"工作,建立了物业小区综治工作站。

■**政法队伍建设** 2010年,区政法委在全区政法系统深入开展"连心活动"、"创先争优活动"、"我的岗位我负责,我的工作请放心"和"三个至上、四个在心中"等主题实践活动,广大政法干警进一步树立了宗旨意识,明确了理想信念,提升了执法能力。公安分局通过"大走访征求意见月"、"双感动"等活动,帮助群众解决问题71件;检察院在开发区、各街道建立检务公开便民工作站,随时了解和掌握社会各界对检察机关"诉讼监督年"和干警"公正廉洁执法"意见建议;法院的"千名法官进百企"活动,通过走访各类企业、举办法律课堂等形式,为企业提供司法保障和法律服务;司法局在全系统全面开展"五查、五整"和"五比、五看"活动,切实提高执法执业能力水平和公信力。

■**对敌斗争工作** 2010年,全区涉及维护国家安全的多部门密切配合,协同作战,牢牢把握对敌斗争的主动权,确保全年未出现国外敌对势力渗透和涉疆涉藏等敏感问题。不断巩固对"法轮功"等邪教组织的斗争成果,通过"教育宣传基地"开展警示教育,通过"转化安置基地"安置"法轮功"人员就业。在反邪教工作中积极引入"连心"活动,促使"法轮功"习练者脱离邪教组织。省委常委、政法委书记李峰亲自批示,省政法委副书记陈英专程来本区调研。

■发挥政法机关职能 2010年,政法机关加强部门配合,投入千名警力,圆满完成了俄罗斯总统梅德韦杰夫一行来旅顺访问及中央电视台“欢乐中国行,魅力旅顺口”大型文艺晚会期间的安保任务。加大打击违法犯罪力度,公安机关全年共破获各类刑事案件718起,抓获犯罪嫌疑人421人。检察机关共受理审查逮捕案件273件366人,批准逮捕225件304人。受理审查起诉案件336件499人,提起公诉307件458人。加大查办和预防职务犯罪工作力度,全年共立案侦查各类职务犯罪15件15人。法院受理刑事案件282件,判处各类犯罪分子465人,受理行政案件77件。司法行政机关积极提供法律服务,基层法律服务代理诉讼事务109件,办理法律援助71件,接待法律咨询1.6万人次。在大连“7·16”特大爆炸火灾事故扑救中表现突出,消防大队、交警大队有4人荣立一等功,21人立二等功,35人立三等功。

■加强基层基础建设 2010年,在区委、区政府的支持下,区政法各部门加强了基层防控体系建设,开通了“网上公安机关”,启动了重点人员动态管控三级联动应用机制。新增专用巡逻车辆52台,组建了110人的专职社区巡逻队伍,抽调分局机关警力40余人投入社会面巡逻。为加强对突发事件的处置能力,区政府共投入200余万元,购置了运兵车、指挥车、高科技警用装备,组建了一只装备精良的特警突击队。努力提高应急处突工作水平,成功承办了公安部在本区召开的全国公安消防部队应急救援工作现场会,展示了旅顺口区应急救援工作建设成果。全面开展全国“法治区”创建活动,本区成为大连市唯一进入全国首批“法治区”行列的县市区,并被省授予“法治文明示范区”称号。

■政法成就展示 2010年,区政法各部门平安建设工作成果显著,公安分局百名民警侦破五类侵财案件数名列全省区公安分局第二名,登峰街派出所被公安部授予“全国公安机关爱民模范集体”称号,开发区派出所被公安部评为一级达标所;区检察院在全省B类院中冲进前3名;旅顺司法局被市局评为2010年司法行政先进单位,登峰派出所被市授予“十佳普法公益先进单位”称号;旅顺消防大队获全省总队“三争优”先进大队称号。全区政法干警先后荣立国家一等功4人,省二等功21人、三等功3人;荣立市二等功3人、三等功22人。在平安区迎检中,本区各项考核指标均位列全市第一,连续第五年获省平安区殊荣。

(撰稿人:何 杨 审稿人:夏翠萍)

附　　录

□部分区委区政府文件

□社会经济统计资料

部分区委区政府文件

2010年旅顺口区委文件目录

文　号	发文时间	文　件　标　题
旅委发1号	1月6日	中共旅顺口区委关于印发熊博力同志在区委十三届八次全会暨经济工作会议上的报告的通知
旅委发2号	2月1日	关于表彰旅顺口区2009年度平安稳定创建工作先进集体、先进个人的通报
旅委发3号	2月2日	关于表彰2009年度开发区、各街道“两增一保”竞赛活动红旗单位和先进单位的通报
旅委发4号	2月2日	关于表彰旅顺口区2009年度“勤政为民最佳单位、先进单位”“最佳人民公仆”的通报
旅委发5号	2月2日	关于命名表彰旅顺口区2009年度精神文明建设“精品工程”的通报
旅委发6号	2月2日	关于表彰旅顺口区贡献突出先进集体、特别贡献集体和贡献突出先进个人的决定
旅委发7号	2月2日	关于表彰2009年度扶贫帮困献爱心慈善捐赠贡献突出单位的通报
旅委发8号	4月28日	关于表彰旅顺口区2008—2009年度劳动模范、先进单位(集体)的决定
旅委发9号	5月10日	中共旅顺口区委关于进一步加强和改进人大工作的有关意见
旅委发10号	5月14日	关于加快慈善事业发展的意见
旅委发11号	8月31日	中共旅顺口区委关于进一步深入开展连心活动的实施意见
旅委发12号	12月27日	中共旅顺口区委关于印发《旅顺口区进一步加强和改进新形势下机关党建工作的实施意见》的通知
旅委3号	6月9日	中共旅顺口区委关于区委常委工作分工的通知
旅委5号	8月17日	关于双岛湾街道大甸子村第十届村委会换届选举情况的报告
旅委6号	8月17日	关于火石岭村“两委”换届选举的情况报告
旅委9号	11月10日	中共旅顺口区委关于区委常委民主生活会情况的报告
旅委11号	12月3日	关于网友反映旅顺口区迎春街81－87号楼爆炸事故善后有关问题的查办报告

2010年旅顺口区委办公室文件目录

文　号	发文时间	文件标题
旅委办2号	4月27日	关于进一步加强督查联络点建设的通知
旅委办3号	5月24日	中共旅顺口区委办公室关于进一步做好重要紧急信息报送工作的通知
旅委办5号	6月11日	中共旅顺口区委办公室关于调整区委密码工作领导小组成员的通知
旅委办6号	6月24日	关于调整区双拥共建领导小组成员的通知
旅委办7号	7月6日	关于调整旅顺口区全民科学素质工作领导小组成员的通知
旅委办8号	7月6日	关于调整旅顺口区社区矫正工作领导小组成员的通知
旅委办9号	7月13日	关于调整旅顺口区工程建设领域突出问题专项治理领导小组成员的通知
旅委办10号	7月27日	关于调整区委贯彻落实《建立健全教育、制度、监督并重的惩治和预防腐败体系实施纲要》领导小组成员的通知
旅委办11号	7月27日	关于调整旅顺口区实行党风廉政建设责任制领导小组成员的通知
旅委办12号	7月27日	关于调整旅顺口区农村基层党风廉政建设工作协调领导小组成员的通知
旅委办13号	8月10日	中共旅顺口区委办公室关于成立区委党务公开工作领导小组的通知
旅委办14号	8月13日	关于成立旅顺口区处置非法集资工作领导小组的通知
旅委办15号	8月17日	关于调整旅顺口区“两增一保”竞赛活动考核领导小组成员的通知
旅委办16号	8月31日	中共旅顺口区委办公室关于调整区委连心活动领导小组成员的通知
旅委办18号	10月15日	中共旅顺口区委办公室关于报送2010年工作总结及2011年工作要点的通知
旅委办20号	11月9日	关于将区宗教工作领导小组更名为区宗教工作联席会议领导小组并对其成员进行调整的通知
旅委办发1号	1月4日	关于加强机构改革中档案管理的通知
旅委办发2号	1月18日	关于印发《旅顺口区2010年领导干部大接访工作方案》的通知
旅委办发3号	1月27日	关于印发《旅顺口区2010年村党组织和村民委员会换届工作指导方案》的通知
旅委办发4号	2月2日	关于印发《旅顺口区2010年度开发区街道“两增一保”竞赛活动考核方案》的通知
旅委办发5号	1月28日	关于印发《旅顺口区2008－2009年度劳动模范、先进单位评选表彰方案》的通知
旅委办发6号	2月3日	转发《中共大连市委办公厅关于加强领导批示件办理工作的通知》的通知

续表

文 号	发文时间	文 件 标 题
旅委办发7号	2月9日	关于调整开发区、街道2010年度“两增一保”固定资产投资计划指标的通知
旅委办发8号	2月25日	关于继续开展精神文明建设“精品工程”创建活动的通知
旅委办发9号	3月4日	关于转发《旅顺口区2010年文化体育广播影视工作要点》的通知
旅委办发10号	3月12日	关于印发《旅顺口区2010年都市型现代农业发展要点》的通知
旅委办发11号	3月15日	关于印发《旅顺口区2010年重点项目区级领导包干责任表》的通知
旅委办发12号	3月23日	关于切实做好2010年清明节期间森林防火工作的通知
旅委办发13号	4月6日	关于表彰2008—2009年基层站所政风行风建设先进集体和先进个人的通报
旅委办发14号	4月21日	关于设立全民“读书月”的通知
旅委办发15号	5月17日	转发《中共旅顺口区委政法委员会关于深入推进社会矛盾化解、社会管理创新、公正廉洁执法的实施意见》
旅委办发16号	5月31日	转发《区委组织部、区委宣传部关于在全区基层党组织和党员中深入开展创先争优活动的实施意见》的通知
旅委办发17号	6月2日	中共旅顺口区委办公室关于落实区委十三届八次全会暨经济工作会议主要任务的通知
旅委办发18号	6月12日	中共旅顺口区委办公室关于开展庆祝中国共产党成立89周年活动的安排意见
旅委办发19号	6月24日	关于印发《旅顺口区创建双拥模范城实施方案》的通知
旅委办发20号	7月6日	关于转发《旅顺口区加强行政权力运行制度建设试点工作实施方案》的通知
旅委办发21号	8月5日	转发《中共大连市委办公厅 大连市人民政府办公厅关于实行“无会月”制度的通知》的通知
旅委办发22号	8月9日	中共旅顺口区委办公室关于印发《旅顺口区2010—2013年党员教育培训工作实施意见》的通知
旅委办发23号	8月9日	中共旅顺口区委办公室关于建立党员教育管理联系会议制度的通知
旅委办发24号	8月9日	关于转发《旅顺口区2010年党风廉政建设和反腐工作要点及责任分工方案》的通知
旅委办发25号	8月11日	中共旅顺口区委办公室印发《关于推进全区学习型党组织建设的实施意见》的通知
旅委办发26号	8月17日	关于印发《旅顺口区领导干部因公出国(境)审批有关规定(试行)》的通知
旅委办发27号	8月30日	关于调整旅顺广播电视台管理体制的通知

续表

文　号	发文时间	文　件　标　题
旅委办发28号	9月6日	关于进一步完善区反腐败协调机构及相关工作机制的通知
旅委办发29号	9月8日	关于印发《旅顺口区机关事业单位引进博士及安家补贴等政策的有关规定》的通知
旅委办发30号	9月26日	转发《关于认真做好国庆节期间有关工作的通知》的通知
旅委办发31号	11月1日	关于印发《旅顺口区开展2010年扶贫帮困献爱心暨慈爱月活动实施方案》的通知
旅委办发32号	11月16日	转发《关于做好人民网网民留言办理工作的暂行规定》的通知
旅委办发33号	10月25日	关于印发《旅顺口区继续开展对低收入村"五帮一"活动实施方案》的通知
旅委办发34号	12月6日	关于旅顺口区2010年度"创新之星"大赛和知识产权示范单位评选结果的通报
旅委办发35号	12月21日	关于做好人民网等网络媒体网民留言办理工作的暂行规定
旅委办发36号	12月22日	关于开展党政机关正版软件使用和需求情况调查工作的通知
旅委办发37号	12月30日	关于做好2011年元旦、春节期间有关工作的通知
旅委办发38号	12月27日	关于旅顺口区2010年扶贫帮困献爱心暨慈爱月活动募捐情况的通报

2010年旅顺口区政府文件目录

文　号	文　件　标　题	发文日期
旅政发〔2010〕1号	关于印发《2010年政府工作报告任务分解表》的通知	2010.1.16
旅政发〔2010〕2号	关于将大连旅顺闯关东影视文化产业基地项目纳入市财政扶持计划的请示	2010.1.8
旅政发〔2010〕4号	关于旅顺口区"1·2"液化气爆炸事故善后处置工作情况的报告	2010.1.13
旅政发〔2010〕5号	关于旅顺口区2009年度民主评议政风行风优胜单位的通报	2010.1.11
旅政发〔2010〕6号	关于张国毅等同志职务任免的通知	2010.1.13
旅政发〔2010〕7号	关于张学武同志职务任命的通知	2010.1.15
旅政发〔2010〕8号	关于对大连南山森林公园等项目调编的请示	2010.1.20
旅政发〔2010〕9号	旅顺口区人民政府关于表彰2009年度纳税大户的通报	2010.1.20
旅政发〔2010〕10号	旅顺口区人民政府关于对城市垃圾和散流体物料运输车辆实行封闭改装的通告	2010.1.25

续表

文 号	文 件 标 题	发文日期
旅政发〔2010〕13号	旅顺口区人民政府关于赴韩旅游推介相关情况的报告	2010.2.9
旅政发〔2010〕14号	关于批准旅顺口区社会主义新农村示范村规划的通知	2010.2.8
旅政发〔2010〕15号	旅顺口区人民政府关于建设大连国际医学康复中心有关事项的请示	2010.2.25
旅政发〔2010〕16号	关于落实旅顺热电厂项目规划选址的请示	2010.2.25
旅政发〔2010〕17号	关于鲁永祥等同志职务任命的通知	2010.2.29
旅政发〔2010〕20号	旅顺口区人民政府关于对黄斌猪场生猪进行扑杀的决定	2010.3.5
旅政发〔2010〕22号	关于张学武同志免职的通知	2010.3.16
旅政发〔2010〕23号	关于表彰2009年旅顺口区先进工业企业的决定	2010.3.19
旅政发〔2010〕24号	旅顺口区人民政府关于做好全区人口普查工作的通知	2010.5.11
旅政发〔2010〕25号	关于向兴业银行大连分行贷款并列入财政预算的议案	2010.3.15
旅政发〔2010〕26号	关于设立兴业银行大连分行贷款项目专项偿债资金的承诺函	2010.3.15
旅政发〔2010〕27号	旅顺口区人民政府关于履行旅顺新港扩建(旅游休闲区项目)工程用海手续的请示	2010.3.23
旅政发〔2010〕28号	旅顺口区人民政府关于规划建设大连至旅顺快速路的请示	2010.3.24
旅政发〔2010〕29号	关于《旅顺口区国家科技进步示范区建设发展规划》的报告	2010.3.22
旅政发〔2010〕31号	关于调整我区国有土地出让收入使用管理的通知	2010.4.10
旅政发〔2010〕32号	关于商请减免旅顺奥运文化广场项目基础设施配套费的函	2010.4.30
旅政发〔2010〕33号	关于建立大连国际钢材物流中心的请示	2010.4.21
旅政发〔2010〕34号	旅顺口区人民政府关于车民、夏德永同志职务任命的提请	2010.4.30
旅政发〔2010〕35号	旅顺口区人民政府关于区政府领导分工的通知	2010.5.4
旅政发〔2010〕36号	旅顺口区人民政府关于表彰王正斌同志的通报	2010.5.11
旅政发〔2010〕37号	旅顺口区人民政府关于于涛等同志职务任免的提请	2010.5.6
旅政发〔2010〕38号	关于印发《旅顺口区委托投资建设项目管理暂行办法》的通知	2010.5.14
旅政发〔2010〕39号	关于建设大连旅顺国家湿地公园的请示	2010.5.31
旅政发〔2010〕40号	关于大连旅顺建设发展投资有限公司受让大连华信信托股份有限公司持有大连顺兴投资有限公司股权的议案	2010.5.28
旅政发〔2010〕41号	关于田承琳等同志职务任免的通知	2010.5.28
旅政发〔2010〕42号	关于重新明确区政府领导分工及政务活动组合的通知	2010.5.28

续表

文　号	文　件　标　题	发文日期
旅政发〔2010〕43号	关于中科院大连旅顺科技创新园基础设施建设项目委托大连顺兴投资有限公司建设的批复	2010.5.22
旅政发〔2010〕44号	关于双岛湾临港工业区基础设施建设项目委托大连顺兴投资有限公司建设的批复	2010.5.22
旅政发〔2010〕45号	关于大连顺兴投资有限公司增资与股权受让相关事宜的批复	2010.6.2
旅政发〔2010〕46号	关于大连顺兴投资有限公司增资与股权受让相关事宜的承诺函	2010.6.2
旅政发〔2010〕47号	旅顺口区人民政府关于表彰区农林水利局的通报	2010.6.22
旅政发〔2010〕52号	关于调整旅顺口区基本农田保护指标的请示	2010.7.9
旅政发〔2010〕54号	关于报送中小企业创业发展信贷风险补偿专项资金贷款项目的函	2010.7.21
旅政发〔2010〕55号	关于同意成立大连科技创新园管理办公室的批复	2010.7.28
旅政发〔2010〕63号	旅顺口区人民政府关于各涉农街道环境规划的批复	2010.8.12
旅政发〔2010〕64号	关于以市政府名义邀请并宴请世界电影联盟总部选址考察团的请示	2010.8.17
旅政发〔2010〕65号	关于建设大连国家城市湿地公园的请示	2010.8.24
旅政发〔2010〕66号	关于大连交通大学建设国家级大学科技园的报告	2010.8.23
旅政发〔2010〕69号	关于《大连市旅顺口国家级生态区建设规划》的报告	2010.8.25
旅政发〔2010〕70号	关于收回国有建设用地使用权的批复	2010.8.19
旅政发〔2010〕75号	关于《大连旅顺高新技术产业园区(龙头街道)概念性总体规划》方案的批复	2010.9.8
旅政发〔2010〕76号	关于《旅顺口区双岛湾临港新区控制性规划》方案的批复	2010.9.9
旅政发〔2010〕77号	关于转发《大连市人民政府关于调整城区供暖价格的通知》的通知	2010.9.9
旅政发〔2010〕78号	关于王艳岩同志免职的通知	2010.9.13
旅政发〔2010〕79号	关于组建农业代表团赴台湾考察交流的请示	2010.9.15
旅政发〔2010〕80号	关于大齐公司职工成建制迁移户籍关系的请示	2010.9.10
旅政发〔2010〕82号	旅顺口区人民政府关于车民等同志赴新加坡进行招商活动的请示	2010.10.8
旅政发〔2010〕84号	关于大连国际花卉中心项目所需资金扶持的请示	2010.10.20
旅政发〔2010〕85号	关于旅顺口区花卉产业发展所需资金扶持的请示	2010.10.20

续表

文 号	文 件 标 题	发文日期
旅政发〔2010〕86号	关于进一步规范领导干部外出请假报告制度和会议(活动)请假制度的通知	2010. 10. 11
旅政发〔2010〕87号	旅顺口区人民政府关于对奶牛“两病”阳性畜进行扑杀的决定	2010. 10. 18
旅政发〔2010〕88号	关于大连市旅顺口区土地例行督察发现有关问题的报告	2010. 10. 26
旅政发〔2010〕89号	关于宋玉梅等同志职务任免的通知	2010. 11. 10
旅政发〔2010〕92号	关于转发《大连市人民政府关于废止32件市政府规章的决定》的通知	2010. 11. 2
旅政发〔2010〕93号	关于旅顺口区国有建设用地使用权挂牌出让的请示	2010. 10. 31
旅政发〔2010〕94号	关于旅顺口区国有建设用地使用权挂牌出让的请示	2010. 10. 31
旅政发〔2010〕95号	关于尽快解决大连亚明汽车部件股份有限公司上市有关问题的意见	2010. 11. 10
旅政发〔2010〕96号	关于印发《旅顺口区企业离退休人员采暖费补贴专项资金筹集管理办法》的通知	2010. 9. 10
旅政发〔2010〕97号	关于旅顺口区第二步规范津贴补贴工作有关事项的请示	2010. 11. 15
旅政发〔2010〕98号	关于郐文悦等同志任职的通知	2010. 11. 19
旅政发〔2010〕99号	关于旅顺口区国有建设用地使用权挂牌出让的请示	2010. 11. 15
旅政发〔2010〕100号	旅顺口区人民政府关于中止国有建设用地使用权挂牌出让的请示	2010. 11. 17
旅政发〔2010〕101号	关于转发《大连市人民政府关于贯彻落实国务院通知精神进一步加强企业安全生产工作的实施意见》的通知	2010. 11. 18
旅政发〔2010〕102号	关于2010年旅顺口区人口计生工作情况的汇报	2010. 11. 23
旅政发〔2010〕103号	旅顺口区人民政府关于提请区人大常委会调整2010年财政预算方案的议案	2010. 11. 23
旅政发〔2010〕104号	旅顺口区人民政府关于对铁山街道张兴涛等同志予以表彰的通报	2010. 12. 31
旅政发〔2010〕106号	关于转发《大连市人民政府关于印发大连市房屋建筑工程竣工验收备案管理暂行办法的通知》的通知	2010. 12. 20
旅政发〔2010〕108号	旅顺口区关于对农村集体出租土地违法违规建设进行专项整治的通知	2010. 12. 20
旅政发〔2010〕109号	关于印发《旅顺口区保证粮油市场供应稳定粮油价格工作方案》的通知	2010. 12. 20
旅政发〔2010〕110号	关于转发《大连市节约能源监察和检测管理办法》的通知	2010. 12. 31
旅政发〔2010〕111号	关于旅顺口区国有建设用地使用权挂牌出让的请示	2010. 12. 16
旅政发〔2010〕112号	关于印发《旅顺口区有线电视管理实施意见》的通知	2010. 12. 24

续表

文　号	文　件　标　题	发文日期
旅政发〔2010〕113号	旅顺口区人民政府关于申报大连市重点开发开放经济区的请示	2010.12.20
旅政发〔2010〕114号	关于印发《旅顺口区农村公益性公墓(散坟集中点)管理实施意见》的通知	2010.12.24
旅政发〔2010〕115号	关于提高我区社区工作人员补贴和社区办公经费标准的通知	2010.12.24
旅政发〔2010〕116号	旅顺口区人民政府关于涉农街道住宅房屋分户登记管理的通知	2010.12.24
旅政发〔2010〕117号	关于印发《旅顺口区国家公务员医疗补助暂行办法》的通知	2010.12.31
旅政发〔2010〕118号	关于转发《大连市人民政府关于继续执行城市基础设施配套费有关政策的通知》的通知	2010.12.24
旅政发〔2010〕119号	关于旅顺口区原文化体育局所属新华书店等3户事转企单位政为按照“530”政策处理的请示	2010.12.27
旅政发〔2010〕121号	关于印发《旅顺口区二轮土地延包工作指导意见》的通知	2010.12.31
旅政发〔2010〕122号	关于印发《旅顺口区征地补偿资金使用管理办法》的通知	2010.12.31
旅政发〔2010〕123号	关于印发《旅顺口区关于调整部分房屋拆迁政策的意见》的通知	2010.12.31
旅政发〔2010〕124号	关于李彩荣等同志职务任免的通知	2010.12.31
旅政发〔2010〕125号	关于赵纯伯等同志职务任免的通知	2010.12.31

2010年旅顺口区政府办公室文件目录

文　号	文　件　标　题	发文日期
旅政办发〔2010〕2号	关于转发《大连市2010—2012年民主评议基层站所工作实施方案》的通知	2010.1.11
旅政办发〔2010〕4号	转发关于进一步规范行政机关签订合同工作意见的通知	2010.2.9
旅政办发〔2010〕5号	旅顺口区人民政府关于对行政服务中心2009年红旗窗口和先进个人进行表彰的决定	2010.2.9
旅政办发〔2010〕6号	关于下达2010年招商引资和外贸出口指标分解的通知	2010.2.12
旅政办发〔2010〕7号	关于成立大连国际医学康复中心产业园项目推进工作领导小组的通知	2010.3.1
旅政办发〔2010〕8号	关于成立旅顺口区无规定动物疫病区建设与评估工作领导小组的通知	2010.3.1
旅政办发〔2010〕9号	关于成立旅顺口区北大河河道生态治理工程项目工作办公室的通知	2010.3.1

续表

文 号	文 件 标 题	发文日期
旅政办发〔2010〕10号	关于印发《旅顺口区深化医药卫生体制改革工作方案》的通知	2010.3.2
旅政办发〔2010〕12号	关于调整旅顺口区畜禽屠宰流通管理工作领导小组成员的通知	2010.3.15
旅政办发〔2010〕13号	关于成立旅顺口区第八轮中国全球基金结核病项目(一期)流动人口结核病防治工作领导小组的通知	2010.3.24
旅政办发〔2010〕14号	关于成立旅顺口区郭水路—马北路绿化工程项目工作办公室的通知	2010.3.25
旅政办发〔2010〕15号	关于报送旅顺口区人民政府办公室主要职责、内设机构和人员编制规定的函	2010.3.26
旅政办发〔2010〕16号	关于印发《2010年旅顺口区主要污染物总量减排任务分解表》的通知	2010.3.30
旅政办发〔2010〕17号	关于表彰全区2009年度“门前三包”工作优胜单位的决定	2010.3.30
旅政办发〔2010〕18号	关于印发《旅顺口区2010年公共机构节能工作计划》的通知	2010.4.8
旅政办发〔2010〕19号	关于表彰2009年度商贸服务业工作先进单位和先进个人的通报	2010.4.19
旅政办发〔2010〕20号	关于印发《大连市旅顺口区人民政府办公室主要职责、内设机构和人员编制规定》的通知	2010.4.21
旅政办发〔2010〕21号	关于印发《大连市旅顺口区教育局主要职责、内设机构和人员编制规定》的通知	2010.4.21
旅政办发〔2010〕22号	关于印发《大连市旅顺口区财政局主要职责、内设机构和人员编制规定》的通知	2010.4.21
旅政办发〔2010〕23号	关于印发《大连市旅顺口区人力资源和社会保障局主要职责、内设机构和人员编制规定》的通知	2010.4.21
旅政办发〔2010〕24号	关于印发《大连市旅顺口区环保局主要职责、内设机构和人员编制规定》的通知	2010.4.21
旅政办发〔2010〕25号	关于印发《大连市旅顺口区交通局主要职责、内设机构和人员编制规定》的通知	2010.4.21
旅政办发〔2010〕26号	关于印发《大连市旅顺口区港口与口岸局主要职责、内设机构和人员编制规定》的通知	2010.4.21
旅政办发〔2010〕27号	关于印发《中共大连市旅顺口区委、大连市旅顺口区人民政府信访局主要职责、内设机构和人员编制规定》的通知	2010.4.21
旅政办发〔2010〕28号	关于印发《旅顺口区关于开展严厉打击私自勘探打捞水下文物专项行动实施方案》的通知	2010.4.23
旅政办发〔2010〕29号	关于成立旅顺口区双岛湾街道、北海街道供水工程项目工作办公室的通知	2010.5.13
旅政办发〔2010〕30号	关于印发《第二届中国大连(旅顺)国际樱花节方案》的通知	2010.4.23
旅政办发〔2010〕31号	转发国务院办公厅秘书局关于加强对行政机关公文中涉及字母词审核把关的通知	2010.5.4

续表

文号	文件标题	发文日期
旅政办发〔2010〕32号	关于在旅顺口区建设工程中使用商品砂浆的通知	2010.5.4
旅政办发〔2010〕33号	关于印发《2010年旅顺口区人民政府依法行政工作要点》的通知	2010.4.26
旅政办发〔2010〕34号	旅顺口区贯彻落实《大连市创建全国残疾人工作示范城市总体实施方案》的实施细则	2010.5.5
旅政办发〔2010〕35号	旅顺口区人民政府办公室关于明确区政府领导政务活动"AB制"组合的通知	2010.5.12
旅政办发〔2010〕36号	关于印发《大连市旅顺口区发展和改革局主要职责、内设机构和人员编制规定》的通知	2010.5.11
旅政办发〔2010〕37号	关于印发《大连市旅顺口区科学技术局主要职责、内设机构和人员编制规定》的通知	2010.5.11
旅政办发〔2010〕38号	关于印发《大连市旅顺口区农林水利局主要职责、内设机构和人员编制规定》的通知	2010.5.11
旅政办发〔2010〕39号	关于印发《大连市旅顺口区文化体育广播影视局主要职责、内设机构和人员编制规定》的通知	2010.5.11
旅政办发〔2010〕40号	关于印发《大连市旅顺口区审计局主要职责、内设机构和人员编制规定》的通知	2010.5.11
旅政办发〔2010〕41号	关于印发《大连市旅顺口区安全生产监督管理局主要职责、内设机构和人员编制规定》的通知	2010.5.11
旅政办发〔2010〕42号	关于印发《大连市旅顺口区统计局主要职责、内设机构和人员编制规定》的通知	2010.5.11
旅政办发〔2010〕43号	关于印发《大连市旅顺口区民政局主要职责、内设机构和人员编制规定》的通知	2010.5.11
旅政办发〔2010〕44号	关于调整推进依法行政工作领导小组成员的通知	2010.5.22
旅政办发〔2010〕45号	关于开展严厉打击违法收售加工经营病死畜禽行为专项执法整治行动的通知	2010.5.18
旅政办发〔2010〕46号	关于调整旅顺口区高考中考指挥部成员的通知	2010.5.26
旅政办发〔2010〕47号	关于调整旅顺口区高中等学校招生考试委员会成员的通知	2010.5.26
旅政办发〔2010〕48号	关于印发《关于建立依法治理基督教私设聚会点工作长效机制的意见》的通知	2010.5.27
旅政办发〔2010〕49号	关于印发《旅顺口区二〇一〇年伏季休渔管理工作实施方案》的通知	2010.5.27
旅政办发〔2010〕50号	转发关于在机关事业单位国有企业等开展废弃电子产品集中回收处理的通知	2010.6.22
旅政办发〔2010〕51号	关于调整旅顺口区建设工程竣工综合验收工作领导小组成员单位的通知	2010.6.15
旅政办发〔2010〕52号	关于做好旅顺经济开发区管委会行政执法职能交接工作的通知	2010.6.22

续表

文 号	文 件 标 题	发文日期
旅政办发〔2010〕53 号	旅顺口区人民政府办公室印发《关于对全区拆迁工作开展效能监察的实施方案》的通知	2010.6.21
旅政办发〔2010〕54 号	关于明确区政府常务会议议题及提请区委常委会讨论议题确定程序的通知	2010.6.8
旅政办发〔2010〕55 号	旅顺口区人民政府办公室印发《关于对全区重点项目开展监督检查的实施方案》的通知	2010.6.21
旅政办发〔2010〕56 号	关于报送上半年工作总结和下半年工作安排的通知	2010.6.24
旅政办发〔2010〕57 号	关于调整旅顺口区建设工程招投标工作领导小组成员的通知	2010.6.15
旅政办发〔2010〕58 号	关于印发《旅顺口区安全社区建设实施方案》的通知	2010.6.15
旅政办发〔2010〕59 号	关于开展旅顺口区公共机构节能宣传周活动的通知	2010.6.8
旅政办发〔2010〕60 号	关于调整区防治重大动物疫病指挥部成员的通知	2010.6.15
旅政办发〔2010〕61 号	关于印发《旅顺口区人民防空专业队伍整组方案》的通知	2010.6.8
旅政办发〔2010〕63 号	关于成立旅顺口区大樱桃开发项目协调服务小组的通知	2010.8.17
旅政办发〔2010〕64 号	关于印发《旅顺口区查处违法违规使用林地专项治理工作实施方案》的通知	2010.7.1
旅政办发〔2010〕65 号	关于对经济开发区和涉农街道违章建(构)筑物进行统计调查的通知	2010.6.28
旅政办发〔2010〕66 号	关于印发《旅顺口区 2010 年户外烧烤整治工作实施方案》的通知	2010.6.22
旅政办发〔2010〕67 号	关于印发《旅顺口区 2010 年度地质灾害防治方案》的通知	2010.6.22
旅政办发〔2010〕68 号	关于调整旅顺口区防汛抗旱指挥部成员的通知	2010.6.22
旅政办发〔2010〕69 号	关于成立旅顺口区自然保护区调整工作领导小组的通知	2010.7.5
旅政办发〔2010〕70 号	关于印发《旅顺口区老年人优惠乘坐公交车实施办法》的通知	2010.7.23
旅政办发〔2010〕71 号	关于成立旅顺口区农村环境综合整治工作领导小组的通知	2010.7.5
旅政办发〔2010〕72 号	关于印发“开发区杯”辽宁省合唱邀请赛暨第六届旅顺(国际)合唱节活动方案的通知	2010.7.5
旅政办发〔2010〕73 号	关于调整旅顺口区爱国卫生运动委员会成员的通知	2010.7.20
旅政办发〔2010〕74 号	关于成立大连国际医疗城项目工作领导小组的通知	2010.7.20
旅政办发〔2010〕75 号	关于做好 2009 年冬季退役士兵接收安置工作的通知	2010.7.26
旅政办发〔2010〕76 号	关于印发《2010 年旅顺口区食品安全整顿工作方案》的通知	2010.7.26
旅政办发〔2010〕77 号	关于调整旅顺口区建设工程竣工综合验收工作领导小组成员单位的通知	2010.7.20

续表

文　号	文　件　标　题	发文日期
旅政办发〔2010〕78号	关于区政府领导同志与经济开发区、各街道对口联系的通知	2010.7.20
旅政办发〔2010〕79号	关于成立旅顺口区问题乳粉清查联合工作组的通知	2010.7.27
旅政办发〔2010〕80号	关于成立旅顺口区海上清污工作领导小组的通知	2010.8.3
旅政办发〔2010〕81号	关于在区直部门和开发区、各街道开展"献良策、解难题、促发展"活动的通知	2010.8.24
旅政办发〔2010〕82号	关于区政府领导对口联系各街道的通知	2010.8.31
旅政办发〔2010〕83号	关于转发《2010年度大连市各区市县政府和先导区管委会工作绩效考评方法》的通知	2010.9.21
旅政办发〔2010〕84号	关于转发《大连市病媒生物预防控制管理实施细则》的通知	2010.9.2
旅政办发〔2010〕85号	关于印发《旅顺口区2010年度污染物减排计划》的通知	2010.9.26
旅政办发〔2010〕87号	旅顺口区2010年民主评议政风行风工作实施意见	2010.10.14
旅政办发〔2010〕88号	关于印发《2010年旅顺口区万人健身徒步大会方案》的通知	2010.10.19
旅政办发〔2010〕89号	关于拨付ISO质量管理体系导入工作费用的请示	2010.10.22
旅政办发〔2010〕90号	旅顺口区人民政府办公室关于加强农村气象机构建设有关问题的通知	2010.10.29
旅政办发〔2010〕91号	关于印发《大连市旅顺口区司法局主要职责、内设机构和人员编制规定》的通知	2010.10.29
旅政办发〔2010〕92号	关于印发《大连市旅顺口区商务局主要职责、内设机构和人员编制规定》的通知	2010.10.29
旅政办发〔2010〕93号	关于印发《大连市旅顺口区旅游发展局主要职责、内设机构和人员编制规定》的通知	2010.10.29
旅政办发〔2010〕94号	关于印发《大连市旅顺口区经济和信息化局主要职责、内设机构和人员编制规定》的通知	2010.10.29
旅政办发〔2010〕95号	关于印发《大连市旅顺口区海洋与渔业局主要职责、内设机构和人员编制规定》的通知	2010.10.29
旅政办发〔2010〕96号	关于印发《大连市旅顺口区规划局主要职责、内设机构和人员编制规定》的通知	2010.10.29
旅政办发〔2010〕97号	关于印发《大连市旅顺口区城市建设管理局主要职责、内设机构和人员编制规定》的通知	2010.10.29
旅政办发〔2010〕98号	关于印发《大连市旅顺口区机构编制委员会办公室主要职责、内设机构和人员编制规定》的通知	2010.10.29
旅政办发〔2010〕99号	关于印发《〈旅顺口区国家科技进步示范区建设发展规划〉实施细则》的通知	2010.11.11
旅政办发〔2010〕100号	关于印发《大连市旅顺口区房产局主要职责、内设机构和人员编制规定》的通知	2010.11.2

续表

文　号	文　件　标　题	发文日期
旅政办发〔2010〕101号	关于转发《关于开展全市节能减排百日攻坚活动的通知》的通知	2010.11.2
旅政办发〔2010〕102号	关于转发《大连市人民政府办公厅关于公布现行有效市政府规章目录的通知》的通知	2010.11.2
旅政办发〔2010〕103号	旅顺口区人民政府办公室关于切实做好城区冬季除雪工作的通知	2010.11.10
旅政办发〔2010〕104号	关于成立旅顺口区电力基础设施建设领导小组的通知	2010.11.18
旅政办发〔2010〕105号	关于成立旅顺口区泛海国际休闲度假项目推进工作领导小组的通知	2010.11.19
旅政办发〔2010〕106号	关于对大规模造林绿化工作开展督察的通知	2010.11.30
旅政办发〔2010〕107号	关于成立旅顺口区第一次全国水利普查领导小组的通知	2010.11.25
旅政办发〔2010〕108号	关于转发《关于解决当前政府投资工程建设中带有普遍性问题实施意见的通知》的通知	2010.11.30
旅政办发〔2010〕109号	关于印发《大连市旅顺口区人口和计划生育局主要职责、内设机构和人员编制规定》的通知	2010.12.8
旅政办发〔2010〕110号	关于印发《大连市旅顺口区食品药品监督管理局主要职责、内设机构和人员编制规定》的通知	2010.12.8
旅政办发〔2010〕111号	关于印发《大连市旅顺口区卫生局主要职责、内设机构和人员编制规定》的通知	2010.12.8
旅政办发〔2010〕112号	关于成立旅顺口区残疾人社会保障体系和服务体系建设工作领导小组的通知	2010.12.13
旅政办发〔2010〕113号	关于成立大连市旅顺口区劳动人事争议仲裁委员会的通知	2010.12.21
旅政办发〔2010〕114号	关于印发《旅顺口区2011年春节期间“夜景亮化工程”建设实施方案》的通知	2010.12.27
旅政办发〔2010〕115号	转发国务院办公厅关于2011年部分节假日安排的通知	2010.12.30
旅政办发〔2010〕116号	关于调整旅顺口区第一次全国水利普查领导小组的通知	2010.12.27
旅政办发〔2010〕117号	关于印发《旅顺口区既有管道液化气用户购买燃气报警器安装补贴实施方案》的通知	2010.12.30
旅政办发〔2010〕118号	关于转发《大连市人民政府办公厅关于调整大连市企事业单位一次性缴纳离退休人员采暖费补贴资金标准的通知》的通知	2010.12.31
旅政办发〔2010〕119号	关于成立旅顺口区安岭220KV和北海66KV送变电建设项目专项工作组的通知	2010.12.31

社会经济统计资料

旅顺口区社会经济基本情况

	单　位	2010 年	2009 年	2010：2009(%)
一、土地、人口与劳动力				
土地面积	平方公里	506.74	506.74	100
年末总人口	人	204994	203565	100.7
其中：非农业人口	人	160515	157961	101.6
在岗职工	人	45978	40751	112.8
乡村劳动力	人	67614	67259	100.5
从业人员中农林牧渔业劳动力	人	22104	20200	109.4
二、综合经济				
国内生产总值(现价)	万元	1801166	1478857	117.5
三、农村经济				
农林牧渔业总产值(现价)	万元	330770	330406	100.1
(1)农业产值	万元	71813	76452	93.9
(2)林业产值	万元	2500	3193	78.3
(3)牧业产值	万元	47957	52260	91.8
(4)渔业产值	万元	183000	170001	107.6
(5)农林牧渔服务业	万元	25500	28500	89.5
农作物播种面积	公顷	5235	5863	89.3
粮豆总产量	吨	16493	22209	74.3
油料产量	吨	52	76	68.4
蔬菜产量	吨	113400	138844	81.7
水果产量	吨	36051	45611	79.0
猪肉羊肉产量	吨	18961	16741	113.3
水产品产量	吨	233020	222050	104.9
化肥使用量(折纯)	吨	4385	4398	99.7
农药使用量	吨	365	288	126.7
地膜使用量	吨	112	121	92.6
农业机械总动力	万千瓦	28.21	27.9	101.1

旅顺口区社会经济基本情况(续表)

	单　位	2010 年	2009 年	2010：2009(%)
四、工业				
全部工业企业单位数	个	1909	1909	100
全部工业总产值(现价)	亿元	324	265.4	122.1
规模以上工业企业主要指标:				
产品销售收入	万元	1824400	1492100	122.2
工业增加值	万元	592076	435218	136.0
工业增值税	万元	41900	16100	260.2
产品销售成本	万元	1466400	1240600	118.2
产品销售利润	万元	172400	110300	156.3
利税总额	万元	187335	140195	133.6
其　中:利润	万元	139412	105604	132.0
产成品销售率	%	96.3	93.4	103.1
产成品库存	万元	68000	43000	158.1
固定资产原值	万元	1276400	751500	169.8
流动资产	万元	1280700	1001500	127.9
全员劳动生产率	万/人	137054	111881	122.5
亏损企业	个	59	82	72.0
亏损额	万元	14800	12700	116.5
五、运输、邮电业				
公路线路长度	公里	287	310	92.6
公路客运量	万人次	2100	2077	101.1
公路货运量	万吨	3294	3213	102.5
六、固定资产投资				
全社会固定资产投资总额	万元	2132383	1600043	133.3
1. 城镇固定资产投资	万元	2130456	1598616	133.3
其中:建设项目投资	万元	1528784	1275600	119.8
房地产开发	万元	601672	323016	186.3
2. 农村固定资产投资	万元	1927	1427	135.0
七、商业、外经与外贸				
社会消费品零售总额	万元	397482	326247	119.2
城乡集市贸易成交额	万元	43784	38521	113.66
新批外商投资企业数	个	14	12	116.7
协议合同外资金额	万美元	24009	14922	160.9

旅顺口区社会经济基本情况(续表)

	单　位	2010 年	2009 年	2010：2009(%)
实际利用外资金额	万美元	33565	16878.5	198.9
八、财政、金融、保险				
地方财政一般预算收入	万元	182789	130306	140.3
地方财政一般预算支出	万元	199293	150353	132.6
年末金融机构各项存款余额	万元	2355878	1818526	129.5
其中:城乡居民储蓄存款余额	万元	1264343	1086201	116.4
年末金融机构各项贷款余额	万元	1134385	865004	131.1
各保险公司保费收入	万元	23181	19263	120.3
各保险公司赔款支出	万元	6442	5267	122.3
九、人民生活				
在岗职工工资总额	万元	163771	134938	121.4
在岗职工平均工资	元	35620	33113	107.6
城镇居民人均可支配收入	元	19093	17164	111.2
城镇居民人均消费性支出	元	14762	12726	116
农村居民人均纯收入	元	15681	13900	112.8
农村居民人均生活消费支出	元	9811	9268	105.9
十、教育、卫生				
本学年末在校学生	人	30482	31111	98
其中:普通中学	人	11410	11524	99
职业高中	人	719	932	77.1
小学	人	13159	13475	97.7
学龄儿童入学率	%	100	100	100
医院床位数	张	924	913	101.2
卫生机构人员	人	1613	1450	111.2

全区户数和人口

单位:户、人

	年　末 总户数(户)	户籍人口(人)			人口总计中: 非农业人口	平均人口
		总　计	男	女		
合计	81340	204994	101207	103787	160515	204280
登峰街道	9688	23989	11788	12201	23982	24055
市场街道	9216	22436	11099	11337	22401	22525

续表

	年末总户数(户)	户籍人口(人)			人口总计中:非农业人口	平均人口
		总计	男	女		
得胜街道	12639	30369	14922	15447	30348	30662
光荣街道	5423	12344	6174	6170	12320	12315
水师营街道	8939	23021	11386	11635	18518	22901
龙王塘街道	1418	7256	3060	4196	6587	7297
铁山街道	7132	18301	9065	9236	11375	18198
经济开发区	6493	19014	9699	9315	15113	18500
双岛湾街道	4461	10512	5185	5327	4640	10329
北海街道	2530	6172	3091	3081	1359	6122
三涧堡街道	5920	14485	7248	7237	5094	14468
长城街道	4369	10741	5352	5389	5481	10661
龙头街道	3112	6354	3138	3216	3297	6247

注:区公安分局提供。龙头街道包含奶牛场。

人口自然变动情况

单位:人、‰

	出生		死亡		自然增加	
	人口	出生率	人口	死亡率	人口	自然增长率
合计	1270	6.28	1491	7.38	-221	-1.09
登峰街道	153	6.35	160	6.64	-7	-0.29
市场街道	131	5.79	140	6.19	-9	-0.4
得胜街道	165	5.32	192	6.19	-27	-0.87
光荣街道	82	6.68	85	6.93	-3	-0.24
水师营街道	155	6.81	173	7.60	-18	-0.79
铁山街道	116	6.43	147	8.15	-31	-1.72
江西街道	35	5	65	9.33	-30	-4.3
经济开发区	69	6.4	65	6.03	4	0.37
双岛湾街道	65	6.42	100	9.88	-35	-3.46
北海街道	54	8.90	64	10.54	-10	-1.65
三涧堡街道	104	7.20	123	8.51	-19	-1.31
长城街道	74	6.99	91	8.60	-17	-1.61
龙头街道	67	5.45	86	6.99	-19	-1.55

注:区计生局提供。

全区固定资产投资汇总表

单位:万元

	总	区　直	乡　村
本年新增固定资产	620713	390100	159.1
本年完成投资额	2132383	1600043	133.3
其中:住宅投资完成额	444018	290423	152.9
(一)按资金来源分			
国家省市投资	2950	5402	54.6
区财力投资	106342	34355	309.5
自筹资金	1817177	1418929	128.1
银行贷款	195417	98285	198.8
利用外资	10497	43072	24.4
(二)按投资方向分			
第一产业	182488	28148	648.3
第二产业	467444	597163	78.3
工业	442978	531201	83.4
其中:1. 采掘业			
2. 制造业	442978	531201	83.4
建筑业		36446	
第三产业	1482451	974732	152.1
1. 交通运输、仓储	79837	53840	148.3
2. 房地产业	635672	370230	171.1
3. 批发和零售业	24033	10348	232.2
4. 住宿餐饮业	2800	800	350
5. 租赁和商务服务业	1480	1745	84.8
6. 水利环境和公共设施	567007	382770	148.1
7. 居民服务和其他服务	6060	2450	247.3
8. 教育	33214	42748	77.7
9. 卫生、社会保障	3615	4546	79.5
10. 文化、体育和娱乐业	8700	23898	36.4
11. 科学研究、技术服务	42650	64540	66.1
12. 公共管理和社会组织	50943	16817	302.9
13. 信息传输、计算机服务和软件业	4600	-	-
14. 其他	21840	-	-

建筑业情况

	单位	2010 年	2009 年	2010:2009(%)
1. 建筑业产值	万元	205097	148600	138
2. 建筑业竣工产值	万元	103624	101920	101.7
3. 施工企业个数	个	46	39	117.9
4. 房屋建筑施工面积	万平方米	126.9	83.1	152.7
5. 劳动生产率	元/人	144326	132940	108.6
6. 利润总额	万元	12205	6038	202.1
7. 资产总计	万元	210283	120433	174.6
其中:固定资产合计	万元	47355	24489	193.4
流动资产合计	万元	160496	90552	177.2
8. 负债合计	万元	120751	71406	169.1
其中:流动负债合计	万元	108884	71401	152.5
长期负债合计	万元	11867	5	237340
9. 所有者权益合计	万元	89532	49027	182.6

全区房地产开发投资情况

	单位	2010 年	2009 年	2010:2009(%)
1. 商品房建设投资总额	万元	601672	323016	186.3
其中:住宅投资额	万元	444018	290423	152.9
2. 本年新增固定资产	万元	143396	191897	74.7
3. 施工房屋面积	万平方米	442	257.1	171.9
其中:住宅施工面积	万平方米	396.5	233.4	169.9
4. 竣工房屋面积	万平方米	37.3	46.4	80.4
其中:住宅竣工面积	万平方米	33.4	43.6	76.6
5. 商品房销售面积	万平方米	100.4	97.4	103.1
其中:住宅	万平方米	98.3	94.5	104
商品房空置面积	万平方米	15.3	17.8	86
6. 商品房销售额	万元	586317	509531	115
其中:个人销售额	万元	586317	509531	115

旅游业基本情况

	单位	2010 年	2009 年	增减量	%
一、旅游业机构情况					
1. 旅行社合计	个	6	6	0	0
滨海旅行社	个	1	1	0	0
银波旅行社	个	1	1	0	0
现代旅行社	个	1	1	0	0
金程旅行社	个	1	1	0	0
中铁旅行社	个	1	1	0	0
大连瑞隆旅行社	个	1	1	0	0
2. 星级饭店	家				
其中:三星	家	4	4	0	0
二星	家	2	2	0	0
3. 旅游购物中心	家	3	3	0	0
二、旅游业资金投入情况					
当年总投入资金	亿元	1.5	1.24	0.26	121
三、旅游业收入情况					
接待旅游人数	万人次	792	725	67	109.2
主要景点:白玉山景区	万人次	46.9	41.4	5.5	113.3
东鸡冠山景区	万人次	58	16.3	41.7	355.8
海岸公园	万人次	121	103.7	17.7	116.7
二O三景区	万人次	9.6	8.2	1.4	117.1
蛇博物馆	万人次	87	93.2	-6.2	93.3
旅顺博物馆	万人次	22	19.5	2.5	112.8
日俄监狱旧址博物馆	万人次	18	17.4	0.6	103.4
黄渤海分界线	万人次	3.9	3.75	0.15	104
大连市世界和平公园	万人次	3.8	3.5	0.3	108.6
水师营会见所	万人次	1.7	1.45	0.25	117.2
万忠墓纪念馆	万人次	17	18.7	-1.7	90.9
苏军烈士陵园	万人次	1	0.8	0.2	125
老铁山温泉	万人次	9	8.2	0.8	109.8
接待海外游客总人数	万人次	10.2	7.8	2.4	130.8
主要国家:日本	万人次	10	5.1	4.9	196.1
韩国	万人次	0.17	0.3	-2.83	56.7
俄罗斯	万人次	0	0.3	–	–
旅游业总收入	万元	102000	89000	13000	114.6
其中:外汇收入	万美元	60	45	15	133.3

社会消费品零售总额

单位:万元

	2010 年	2009 年	2010:2009(%)
总计	397482.5	333595.6	119.2
一、批发业	36349.3	30328.1	119.9
限额以上	19170	16682.7	114.9
限额以下	17179.3	13645.4	125.9
二、零售业	324050	271113.6	119.5
限额以上	73034.9	65573.9	111.4
限额以下	251015.1	205539.7	122.1
三、住宿业	4660.1	4289.6	108.6
限额以上	2711.3	2635.8	102.9
限额以下	1948.8	1653.8	117.8
四、餐饮业	32423.1	27864.3	116.4
限额以上	3926.8	3614.1	108.7
限额以下	28496.3	24250.2	117.5

限额以上批发零售贸易业

	单位	2010 年	2009 年	2010:2009(%)
一、企业个数	个	26	15	173.3
二、从业人员	人	2956	2502	118.1
三、购进总额	万元	104209	76949	135.4
四、销售总额	万元	120759	91247	132.3
1. 批发	万元	70259	43520	161.4
2. 零售	万元	50500	47727	105.8
五、年末库存总额	万元	5222	4833	108.0

外商投资企业情况

	单 位	2010 年	2009 年	2010:2009(%)
1. 当年新批外商投资企业	个	14	12	116.7
总投资额	万美元	33682	32182	104.7
合同外资额	万美元	24009	14922	160.9
实际使用外资额	万美元	33565	16878.5	198.9
2. 内资				
引进内资项目	个	412	64	640
合同内资额	万元	3580000	3226042	111.0
实际使用内资额	万元	2354000	1015800	231.7

星级住宿业和限额以上餐饮业经营情况

	单 位	2010 年	2009 年	2010:2009(%)
一、企业个数	个	20	8	250
1. 住宿业	个	4	4	100
2. 餐饮业	个	16	4	400
二、从业人员	人	1221	554	220.4
三、营业额	万元	12195	4690	260
1. 客房收入	万元	1349	543	248.4
2. 餐费收入	万元	10722	4067	263.6
3. 商品销售收入	万元	0	14	0
4. 其他收入	万元	124	66	187.9

财政收入

单位:万元

	2010 年	2009 年	增减额	增减%	累计为预算%
一、税收收入小计	151888	115410	36478	31.6	117.3
(一)共享税收	92364	67259	25105	37.3	118.6
国内增值税	14367	11356	3011	26.5	110.5
营业税	49290	32787	16503	50.3	132
企业所得税	14805	11503	3302	28.7	100
企业所得税退税					
个人所得税	3360	2325	1035	44.5	134.4
房产税	3649	2941	708	24.1	106.6
城镇土地使用税	6893	6347	546	8.6	101.4
(二)地方税收	59524	48151	11373	23.6	115.2
资源税	5361	1427	3934	275.7	389.9
印花税	1904	1505	399	26.5	119
土地增值税	7902	6488	1414	21.8	125.4
车船使用税和牌照税					
耕地占用税	13634	14369	−735	−5.1	74.1
契税	23337	18679	4658	24.9	129.7
二、非税收入小计	30901	14896	16005	107.4	143
1. 专项收入	3592	3064	528	17.2	112.3
排污费收入	364	355	9	2.5	104
教育附加收入	3158	2426	732	30.2	117
2. 行政性收费收入	11080	6381	4699	73.6	78.7
3. 罚没收入	1908	1457	451	31	124.7
4. 国有资本经营收入					
5. 国有资源有偿使用收入	14302	3994	10308	258.1	510.8
6. 其他收入	19		19		
一般预算收入合计	182789	130306	52483	40.3	120.9

财政支出

单位:万元

	2010 年	2009 年	增减额	增减%	累计为预算%
一般预算支出合计	199293	150353	48940	32.6	93.6
1. 一般公共服务	28855	21044	7811	37.1	100
2. 外交					
3. 国防	579	800	-221	-27.6	100
4. 公共安全	4412	3603	809	22.5	88
5. 教育	36034	24917	11117	44.6	97.1
6. 科学技术	2959	2051	908	44.3	100
7. 文化体育与传媒	2539	2071	468	22.6	97.8
8. 社会保障和就业	33752	26712	7040	26.4	99.3
9. 医疗卫生	11993	9537	2456	25.8	99.5
10. 环境保护	883	868	15	1.7	97.2
11. 城乡社区事务	38561	26827	11734	43.7	100
12. 农林水事务	10086	7123	2963	41.6	100
13. 交通运输	1039	378	661	174.9	100
14. 资源勘探电力信息等事务	1348	1598	-250	-15.6	100
15. 商业、服务业等事务	802	1425	-623	-43.7	100
16. 金融监管等事务支出		273	-273	-100	
17. 国土资源气象等事务	2804	5291	-2487	-47	74.6
18. 住房保障支出	5806	5332	474	8.9	100
19. 粮油物资储备管理事务	946	851	95	11.2	100
20. 债务付息支出	9605	5600	4005	71.5	100
21. 其他支出	6290	4052	2238	55.2	37.2

经济开发区和街道财政收入

单位:万元

	2010 年	2009 年	增减额	增减%	累计为预算%
铁山街道	6504	4291	2213	51.6	163.2
双岛湾街道	3091	2355	736	31.3	113.1
北海街道	2770	1879	891	47.4	124.1
三涧堡街道	6225	4415	1810	41	121.5
长城街道	6177	4128	2049	49.6	142.4

续表

	2010 年	2009 年	增减额	增减%	累计为预算%
水师营街道	10187	5769	4418	76.6	161.4
龙头街道	5008	3240	1768	54.6	133.2
登峰街道	3942	2873	1069	37.2	230.9
得胜街道	9016	6662	2354	35.3	139.6
光荣街道	4806	3529	1277	36.2	160.4
经济开发区	62677	40238	22439	55.8	139.9
合　计	120403	79379	41024	51.7	142.6
区本级	62386	50927	11459	22.5	93.5
总　计	182789	130306	52483	40.3	120.9

经济开发区和街道财政支出

单位:万元

	2010 年	2009 年	增减额	增减%	累计为预算%
铁山街道	4501	3472	1029	29.6	100
双岛湾街道	2528	2079	449	21.6	100
北海街道	2108	1638	470	28.7	100
三涧堡街道	3319	2908	411	14.1	100
长城街道	3362	2144	1218	56.8	100
水师营街道	4360	2223	2137	96.1	100
龙头街道	2382	2208	174	7.9	100
登峰街道	2726	1714	1012	59	100
得胜街道	4901	4163	738	17.7	100
光荣街道	2273	1951	322	16.5	100
经济开发区	55159	28803	26356	91.5	100
合　计	87619	53303	34316	64.4	100
区本级	111674	97050	14624	15.1	100
总　计	199293	150353	48940	32.6	100

金融、保险和居民储蓄

	单位	2010 年	2009 年	2010：2009(%)
一、各类银行存款余额总计	万元	2355878	1818526	129.5
各类银行贷款余额总计	万元	1134385	865004	131.1
各类银行现金收入总计	万元	3785565	3483812	108.7
各类银行现金支出总计	万元	4011132	3676567	109.1
二、各保险公司保费收入总计	万元	23181	19263	120.3
赔款支出总计	万元	6442	5267	122.3
赔款率	%	44.2	47.2	93.6
1. 财产保费收入合计	万元	9971	8906	111.9
赔款合计	万元	5666	4644	122
赔款率	%	55.8	52.6	103.2
2. 寿命保费收入合计	万元	13210	10357	127.5
赔款合计	万元	776	623	124.6
赔款率	%	28.7	38.7	74.2
三、城乡居民储蓄余额总计	万元	1264343	1086201	116.4
人均储蓄额	元	61893	52181	118.6
平均人数	人	204280	208159	98.1

旅顺口区劳动保险公司、劳动服务公司业务情况

	业务收入和支出(亿元)		参加保险和支出人次	
	2010 年	2009 年	2010 年	2009 年
一、业务收入				
1. 劳动保险公司	6.32	5.3	263062	248346
养老保险基金	3.9	2.67	64180	61704
工伤保险基金	0.14	0.12	52634	51555
生育保险基金	0.04	0.03	31178	24980
医疗保险基金	2.24	2.48	115070	110107
2. 劳动就业管理中心失业保险金收入	0.17	0.15	28673	29129
二、业务支出				
1. 劳动保险公司	6.95	5.99	148288	139669
养老保险基金	4.65	3.9	31308	28367
工伤保险基金	0.09	0.08	1540	620
生育保险基金	0.03	0.02	370	575

续表

	业务收入和支出(亿元)		参加保险和支出人次	
	2010 年	2009 年	2010 年	2009 年
医疗保险基金	2.18	1.99	115070	110107
2. 劳动就业管理中心失业保险金支出	0.06	0.07	7342	11330

科技计划项目、经费投入和科研成果

	单位	2010 年	2009 年	2010：2009	
				增减量	%
一、科技计划项目总计	个	84	89	-5	94.4
1. 国家级科技计划项目	个	5	1	4	500
2. 省级科技计划项目	个	-	2	-	-
3. 市级科技计划项目	个	13	15	-2	86.7
4. 区级科技计划项目	个	66	71	-5	92.9
二、科技计划项目经费投入总计	万元	1978.8	1881	97.8	105.2
1. 国家级拨款	万元	385	110	275	350
2. 省级拨款	万元	-	35	-	-
3. 市级拨款	万元	458.8	601	-142.2	76.3
4. 区级拨款	万元	1135	1135	0	100
三、科技成果状况					
1. 科技成果鉴定数	个	1	2	-1	50
2. 科技成果奖励数	个	1	2	-1	50
四、高新技术认定累计					
1. 高新技术企业	个	18	9	9	200
2. 高新技术产业增加值	亿元	21.6	17.25	4.35	125.2
五、专利情况					
1. 申请专利数	件	447	283	164	158
(1)发明	件	104	40	64	260
(2)实用新型	件	-	232	-	-
(3)外观设计	件	-	11	-	-
2. 授权专利数	件	-	243	-	-
(1)发明	件	-	11	-	-
(2)实用新型	件	-	227	-	-
(3)外观设计	件	-	5	-	-

索　　引

索　引

说明：

1. 本索引采用主题分析方法，按索引词首汉语拼音字母次序排列(同音字按声调)，首字相同的按第二字音序排列，依次类推。

2. 大事记和附录的具体内容不做索引。

3. 索引词后的阿拉伯数字表示内容所在页码。

4. 部分索引词采用中心词或简称。